優專家楊維哲教授為中學生編寫的數學專書

人人是資優生
人人可以是資優生
數學要讀向前
不是溫故知新

楊維哲高中資優數學講義之二

代 

第三版

作者：楊維哲

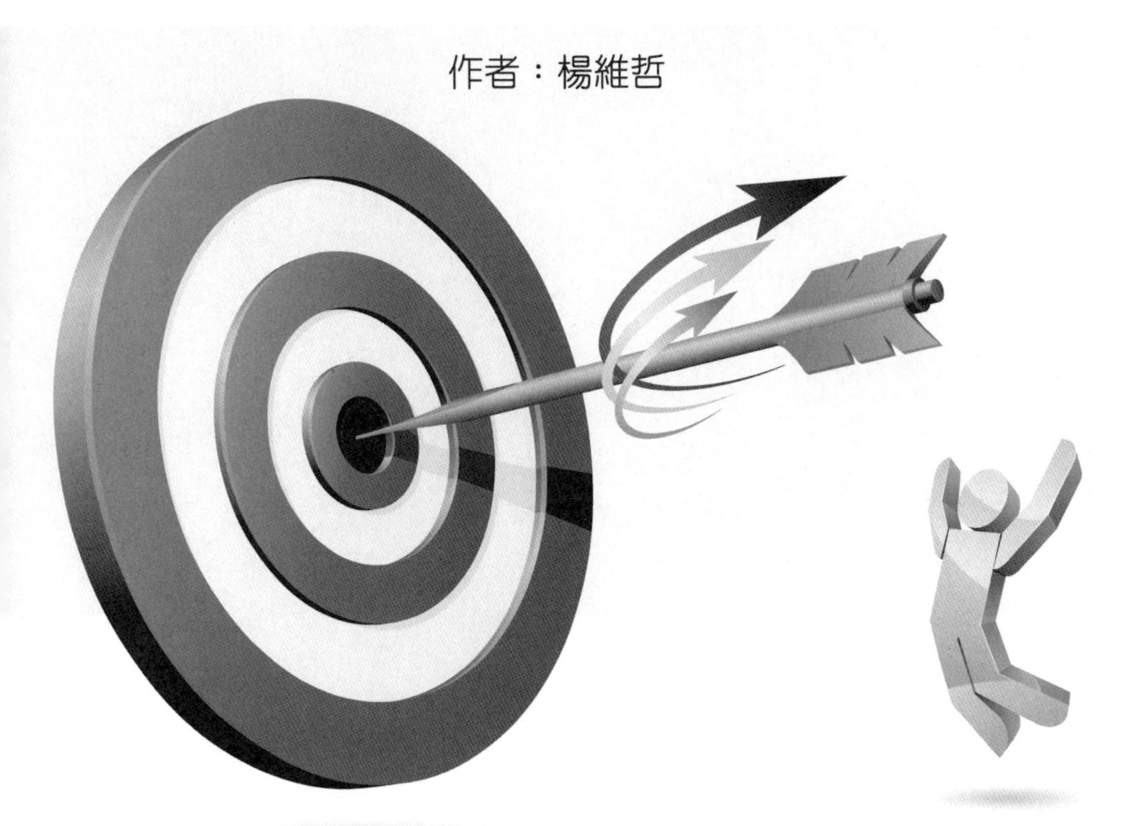

五南圖書出版公司 印行

序

在高中階段的學習，無疑地，代數學還是站在主軸。

在寫這本書的時候，我經常想到快 60 年前的自已，以及那個時候所讀的代數書本。

我們高中時期，同學們（或者補習界？）用的字詞是把高中的代數學叫做大代數，初中的叫做小代數。（好像我們中一中的陸費老師被認為是小代數的權威名師。）我接受這個字則是由於《范氏大代數》這本書，H. B. Fine 是 Princeton 大學的教授，這本書《*College Algebra*》，似乎是當時很標準的美國大一教科書，翻譯者是駱師曾（及他的兒子），應該是譯過許多數學書（世界書局出版的）。古時候經常就拿英美的大一課本漢譯成高中的書。我大兄（我其實只有這個哥哥，但是稱呼還是如此）維楨念的是台中高工，似乎這也是他們的教科書。大兄進大一，我進初一，許多書都落入我的掌握了，這是其中之一。在這本書中，我印象最深刻的是一次不定方程式的整數解，以及 Lagrange 內插法，當然還有很多我讀不懂的東西。

有一本書我確定是台灣出的書，林景元著，他是台灣師範學院（台師大前身）的教授。印象中，那是有些「升學參考書」的意思。似乎有一個例子，提到 Fiboncci 數列的性質，書末的廣告說是「斯界權威」。等我大了，打聽這位教授，人家告訴我：他在二二八後就消失了！

但是我念的主要的代數書，也許是（東京工業大學教授）渡邊孫一郎的《新編高等代數學》，昭和七年（1932）版。（我後來有看到裳華堂同一系列的書，竹內端三的《高等積分學》與《高等微分學》，其序言中提到：高等的意思是「高等學校用的書」，所以這本也是這個意思。）

我是戰爭結束後才進小學的，我們家也不是「國語家庭」，所以我當然不懂日文。（我的二姊大我三歲，只念了兩年多的小學日文，但是她就可以自修而學得日文！讓我欣羡！）但是由於性情，我從小就喜歡讀「書」。那些日文講談社的繪本書，看不懂也看得津津有味。進了中學之後，我可以開始看一些日文的書，最用心的是化學與數學，反倒物理學比較困難！（這是學習心理學的一個小題目！）我的解釋是：化學書中，有些字詞，雖然日本用法與台灣的用法不同，但是，只要問清楚了，其後就不是問題。物理學裡頭，很多概念必須費心解說，本來就困難！例如 energy，「能量」。當然「數學日文」是最容易的！（或者說數學德文，數學法文，數學俄文，是很容易的！）有時題目的意思還不很懂，反正是這一節的東西，只有這幾個公式可以代，隨便代，看書末的答案，「對了」。好，你也就順便知道題目在問什麼。

中學裡，當然是整天只想讀「微積分」。信的是「微積分教」，其最重要的一條教義就是：「任何東西，如果裡面沒有微導或積分的記號出現，那一定是沒有實質內容的東西，沒什麼學問，不讀也罷！」

到了高中時，才知道有一些參考書。例如說：彭商育先生的那一套。他標榜以例題解答為中心。我沒有機會拿來讀，只有翻一下的機會。印象是很好。在台中一中，這套書，在剛開始的時候，應該不算很普遍。（反正我當時大概已經不需要這套書了。）在 1970 年代，我偶爾牽扯到中學的數學教育時，有好幾次機會見到彭先生，完全符合我心目中好老師的形象。在台中一中，印象中，老師們都很推崇范際平的那一套《大學先修》數學書，楊肖震老師都認為范際平的習題「不好做」。要講到以例題演練為中心的高中數學套書，我知道後來還有陳明哲的一套，我的評價是稍遜一籌。除此而外，在日文書中，我以為可以列入大上茂喬，我在高三的時候，從廖天才老師處借到一本大上的解析幾何學演習。在此首度遇到重心座標射影幾何的概念。（似乎是他們日本當時，要考高等教員檢定的話，會考這種內容！）我進大學後才看到他也有微分學演習、積分學演習、代數學演習。我想這些都是屬於高等學校的程度。

只講高中代數學的話，印象最深刻的是上野清的《大代數學講義》。（翻譯校訂者是紹興壽孝天、駱師曾等四人。）這是商務印書館印行的。因為有一天同學們在討論一個題目，他們最後決定要叫我做，我竟然做不出來！鄰座的張孟文也就拿去看，他說：「……，這樣子變換就解決了！」我嚇了一跳！他是極聰明極靜默的人。（若我們現在是同學，也許我會開玩笑說他是「自閉症」。）當然我想他數學應該不如我的，可是怎麼我不會的他會呢？我問他，他說這是上野清的第幾頁上的題目！「好吧，那麼你明天拿來借我讀吧！」

（兩年前我在舊書攤上買到一本上野清的，那是從英人19世紀末的 Hall-Knight，Smith 的兩本書拼湊而成。依我的評價，這書不算是佳著。）

我們當時一個年級有五班，我們高一高二同是丙班，高三才分班。畢業時，中一中保送台大的有九人，原丙班的就是我和他。他填了法律系，因為他是法律世家。（他的外公是台灣第一個高文及第的律師，他父親他舅舅是台中的名律師，他哥哥是律師司法官高考狀元，他姊姊念台大法律系。）每年寒暑假我回到台中的時候當然都會去找他。當我 1971 回國時，他媽媽說他留學日本去了！

孟文兄連續考了四年高考。最接近上榜的一次是「總分只差一分」。

我們一中同學中，讀書不如他的，就有幾個是名律師。（當然不是考得比他好！）最後，他就結了婚，到東京工業大學，從電機系大一讀起！（沒問題！他數學那麼好！而且四年學費，他家還負擔得起。）

孩子們：如果你的數學程度這麼好的話，萬一你遇到類似的逆境，不要怕！你絕對有能力應付的！（當然也要深思：什麼樣的邪惡，恩賜給你這種境遇呢？）

上面我提到讀日文的數學書籍，是「不知亦能讀」！我必須稍稍引申一下。在很大的程度內，我們可以說：數學（尤其代數）本身就是一種語文。人的思考，必須「用語文」。學「數學」，其實就是在學「思考」。我認為那種「不知亦能讀」的經驗，雖說常常有「走冤枉路」的時候，但我還是認為：我賺得多，虧得少。你知道此路不通，但你是自己摸索得到的這個經驗，那麼以後你的感覺會更敏銳，遇到類似的狀況，馬上知道此路不通。知道往哪個方向才通。因為我不懂它這一段在講什麼，我嘗試做這樣解釋，做那樣解釋，腦筋只會變得更靈活。

現在是寫序言最快樂的時刻了：我要感謝一些人，懷念一些人！這本書在我的湖濱系列中是高中的第一本。（但是也許高中數學的書最多只會再有一本。）我現在拿它和渡邊的書比較一下，發現題材差不多一樣！（寫書的人，其虛擬讀者第一號總是他自已！）

我翻這本《新編高等代數學》的最後一頁，這裡有毛筆簽名：昭和八年林碧滄。林先生我沒有見過面。但是，書為何到我手上？到我大兄手上？1948年，我大兄台中一中初中畢業，「ㄛ舵嗓」說：「你不要念一中念大學了。讀高工，早一點卒業，幫爸爸負擔家計吧！」就這樣子，那個崇拜魯迅的小孩子就乖乖的念電機科了。（騎鐵馬，每天單程要 40 分鐘吧。）放榜後，我們的「ㄛ舵嗓」就去拜訪朋友，其中之一就是台中農學院的林碧滄教授。（台灣人能夠當教授的意思是「非常聰明，而且家世很好，可以到日本讀大學」，讀的東西，不是那些「新殖民者」可以輕易把你排斥取而代之的學問。）林先生就拿了這本書當作給我大兄的賀禮。（另外類似的賀禮是竹內潔的高等物理學上下；簽的名是陳培芬。似乎是爸爸豐原的友人之子。）我猜這個林姓世家還是出之於霧峰林家。但是我與林碧滄先生的兒子林宗次是同學好友。我們高一高二同是丙班！宗次的文筆極佳，而且有一樣我甘拜下風的才能：圍棋。可是他英年早逝，幸喜他的兒子很傑出。（好幾年前，宗次嫂還來請教我，是要上 Princeton 好還是東京大學？）所以我感謝林碧滄先生，我懷念宗次兄。也懷念遠遠地在美國的孟文兄。

其實我也要感謝大兄：從我很小，就對我很有信心。我記得平生第一次玩 Napoleon 的情景。你和朋友們五個人正玩得高興，忽然一個人為了家裡什麼事被調回去了，看過很多次這個遊戲的我，就說「我可以替代他嗎？」你居然就同意了，雖然朋友們將信將疑。（大概你們的年紀是虛歲 14 歲，我只一半。）我看看那麼湊巧，第二輪馬上吃下來，接著，「baba se kiu！」（用王牌三，請求（sekiu）鬼（baba）出來）四個人都又驚又笑！

你在台電服務的時候，在台電工程月刊上，經常翻譯介紹日本同性質的刊物上的文章。有一次，你說：「主編認為這個式子很重要，原日文沒有推導的步驟，只敘述了結果，萬一錯了豈不糟糕！必須附上推導的步驟，你就用心幫我想一想吧！」這時候我高三。物理尤其電磁學只是一知半解（對於輸配電的實務，更是一竅不通），我就只好硬著頭皮拚命想，拚命湊，居然就湊出那個答案來，於我這是非常奇怪但是難得的好經驗。

我感謝高中時的數學老師。教三角的曾允晉老師，是謹守教育理念的人，她心目中沒有壞的學生。對於不錯的學生，她鼓勵愛護不遺餘力。她說你該認識這位許仲平同學，她就拉這位「大樹將軍」與我見面。教平面幾何的林青老師由愛國的僑生陷身白色恐怖之中，幸而脫險，而且與楊肖震教授美滿一生。楊老師教我們高三代數，他居然就試著講范氏大代數裡的代數學基本定理的證明！（他說：我想你可能聽得懂！我應該試試看。）霍樹楠老師教解析幾何。他是非常規矩的人，但是他非常容忍我。我說我不要寫書上的無聊的習題。我的習題簿，只寫我想做的題目。（例如說，從「矢算論」抄來的。）據說他的評語是：「有許多計算，非常冗長愚蠢，居然幾頁之後的答案還是正確的」。我高二的代數老師蔡國淚曾經跟我提到 n 維空間與非歐幾何。（可惜我當時只對向量分析與 Maxwell 方程有興趣。）另外，廖天才老師與洪瑞德老師都沒有直接教過我，但是都對我很好！現在寫這本書，心中湧起無限的懷念。尤其曾老師，與楊林兩老師，都移民美洲去了，不知有無再見的日子！

初中有一位老師很討厭我。（當然我從頭就認定她考微積分一定考不過我。）我記得畢業後不久，在路上遇到我。笑容滿面的問我：「你畢業了，準備考什麼？」我說我保送醫科，但是我很不喜歡，我想讀物理。她說：「那你就不要保送，自己考嘛！你如果考了狀元，我就給你獎學金，但是要說是我們的補習班出來的。」啊，金龜*也好，蟾蜍*也好，我都要感謝：感謝你們，讓我在一中六年，這樣的老師只遇到一位！

最後我還要感謝湖濱的這些小孩子！你們學得很好！（現在要和你們鬥「假使沒課」，已經快要有必敗的把握了。）想想：因為有你們，才會寫下這些講義！有時我熱心過度，就和楊肖震老師講到代數學基本定理的證明一樣！謝謝你們的容忍。

（我特別要挑出李柏翰來感謝，因為他挑出原版本中許多的印刷錯誤。）

本書的內容，在古時候是很標準的，在現在的高中課程看來當然不標準。我以為這缺點正好是一個優點：與高中生在學校裡的聽課考試「脫鉤」！因為這是要給資優生自習的講義。書中很多地方，還保留我本來的，時而有之的演

---

* 這兩位是我初中與高中時的校長，我用綽號表示懷念。

講的口氣。整本書的文句筆調並不均勻。這是我可以輕易原諒自己的小毛病。書大致分成兩半，後半第6到第9章，包含了：排列組合、向量與定準、指數與對數，以及機率。而高中程度的方程式論，佔了前一半，即是到第 5 章為止，末一節果然是代數學基本定理的證明。接著附錄了兩篇文章，分別是李白飛教授與 M. Kac 所寫（蔡聰明教授譯）。

我最敬重的同事好友李白飛教授，文章妙闢流暢難及！M. Kac 的文章，剛剛看到標題時，以為會講到機率論，因為他是機率論（尤其應用於物理）這方面的一代大師。（我們，我與譯者蔡聰明教授，都算是徒子徒孫。）原來是因緣自Cardan公式！也好，放在這裡最適當了。非常謝謝李教授與蔡教授。讀者只要看到他們的通俗文章，絕勿錯過！

【特別的叮嚀】我相信這本書的讀者有很多是資優生（依照我的定義，等於「可以自己閱讀、自己思考的孩子」！）那麼要慢慢練習判斷「需要做多少的習題」（也許「做一半就夠了」）。這幾節：§32 笛卡兒符號律、§57 Sturm 序列、§67 一種鏡射原則，比較算是支路，也許可以先跳過。最後，若是要寫信與我討論，可以郵寄到台大數學系或者用 Email：yangboy@ntu.edu.tw。本書的節次用兩位數碼。十位數碼表示第幾章。各章節數不等，因此§17之後沒有§18，而直接跳到§21。

目錄

第五章 導來式與根本定理

第六章 遞迴與點算

第七章 向量與定準

第八章 指數與對數

第九章　機　率

希臘字母

小寫	大寫	讀音	小寫	大寫	讀音
α	A	alpha	ν	N	nu
β	B	beta	ξ	Ξ	xi
γ	Γ	gamma	o	O	omicron
δ, ∂	Δ	delta	π	Π	pi
ϵ	E	epsilon	ρ	P	rho
ζ	Z	zeta	σ	Σ	sigma
η	H	eta	τ	T	tau
θ	Θ	theta	υ	Y	upsilon
ι	I	iota	ϕ, φ	Φ	phi
κ	K	kappa	χ	X	chi
λ	Λ	lambda	ψ	Ψ	psi
μ	M	mu	ω	Ω	omega

【註】大寫字母有很多（小寫字母只有 o）是與拉丁字母相同的！（是被羅馬人抄襲！）那麼你不用理它。

但是讀法不同！（這些字母變成斯拉夫語文的字母，因為他們採用希臘東正教！所以你看到俄文的P，是英文的R。）

英文「alphabet」（字母集）就是取自希臘字母頭兩個。

講拉丁字母，我們說「從 a 到 z」，但是說希臘字母，就說「從α到ω」。用λ, μ, ν，相當於 ℓ, m, n；用 ξ, η, ζ，相當於 x, y, z；用α, β, γ，相當於 a, b, c。

使用了哥德體（德文）字母的記號的讀法

$\mathfrak{Cov}$ = Covariance（協變異）。

$\mathfrak{E}$ = Expectation（期望值）。

$\mathfrak{V}$ = Variance（變異數）。

$\mathfrak{M}$ = Mean（平均值）。

sd = standard deviation（標準差）。

第零章

初中代數的複習

這一章的內容是初中資優生相當熟悉的代數。更具體地說，這些東西在我們的「資優國中數學系列」的幾本書中，都可以找到。

這個系列（由五南公司出版），一共有：

《代》＝代數一，

《座》＝基礎座標幾何，

《幾》＝基礎平面幾何，

《整》＝簡單整數論。

你不要被騙：以上的順序當然是「由易到難」，最不簡單的就是最末一本，最容易的就是《代》。（本書中我們所列的參考所在，實際上差不多都在《代》之內，只有「定準」，是在《座》的那幾頁。）

但是，這些書當然都不是必備的！如果（高中生的）你不熟悉這些內容，那麼，你可以「就此讀起」，恰好可以把這些東西當作代數的練習，自己閱讀，自己思考。你一定做得到！

● 數系的記號

我們先引入一些數的集合：$\mathbb{N}$是「自然數系」，$\mathbb{N}_0$是「非負整數系」，$\mathbb{Z}$是「整數系」，$\mathbb{Q}$是「有理數體」，$\mathbb{R}$是「實數體」，$\mathbb{C}$是「複數體」，這裡的「（體）系」（system），就是「全體所成的集合」；換句話說：當我們遇到「$u\in\mathbb{N}$」，你就把這句話讀成「u是個自然數」。

「體」（field），只是比較特別的系！（意思是這個體系「允許通常的四則運算」）所以讀法完全一樣！

$\in$是「屬於」，它的「否定」，就記做$\notin$。換句話說：當我們遇到「$u\notin\mathbb{Q}$」，你就把這句話讀成「u不是個有理數」。

● 區間的記號

我們也引入種種區間。假定實數$a<b$，那麼：

$[a..b]$表示「從a到b的閉區間」，而$(a..b)$表示「從a到b的開區間」；換句話說：

當我們遇到「$x\in[a..b]$」，你就把這句話讀成「$a\leq x\leq b$」；

當我們遇到「$x\in(a..b)$」，你就把這句話讀成「$a<x<b$」；

當我們遇到「$x\notin(a..b)$」，你就把這句話讀成「或者$a\leq x$或者$b\leq x$」；

當我們遇到「$x\in(a..\infty)$」，你就把這句話讀成「$a<x$」。

問　你能寫出其他的「有閉有開的區間」？其他的「無限的區間」？

§01　二次方程式

所謂一個一元二次方程式指的是

$$a*x^2+b*x+c=0; \tag{1}$$

其中a,b,c都是常數，而且領導項係數$a\neq 0$；若是$a=1$，這是個么領（monic，么=壹）二次方程式。

● 規範化

方程式兩側同乘除以一個非零常數，完全不影響到它的根，因此我們認為這種操作之後的方程式與原來的方程式是等價的。（方程式兩側同加減以一個常數也是如此。）

特別地，將方程式除以領導項係數 a，得到么領二次方程式，這樣叫做么領化。這是一種（最常見的）規範化的操作！

配方法

將二次式寫成

$$ax^2+bx+c=a\left(x^2+\frac{b}{a}*x+\left(\frac{b}{2a}\right)^2\right)+\left[\frac{b^2-4ac}{4a}\right]; \tag{2}$$

這叫做「配方」。當然這也是一種規範化的動作。

根的公式

二次方程式的兩個根，就是

$$x=\frac{-b\pm\sqrt{b^2-4ac}}{2a}. \tag{3}$$

判準＝判別式

$D=b^2-4ac$ 叫做（判準，discriminant＝）判別式：

- 通常給你的係數 a, b, c，都是實數，只要算出 $D<0$，兩個根就一定是「虛根」！若 $D>0$，就是有兩個不相同的實根！而若 $D=0$，就是有重根：兩個實根變成同一個根！
- 特別是 a, b, c，都是有理實數，（尤其通常是整數！）而 D 是完全平方，那麼兩個根就都是有理根；否則就一定是無理根！

Vieta 定理：根與係數的關係

方程式 $ax^2+bx+c=0$ 兩根為 α, β，則：

$$\text{兩根的和}=\alpha+\beta=-\frac{-b}{a};$$

$$兩根的積 = \alpha * \beta = \frac{c}{a}. \tag{4}$$

● 十字交叉因式分解

反過來說：解得二次方程式：$ax^2+bx+c=0$ 的兩根 α, β，就得到因式分解：

$$ax^2+bx+c = a(x-a)(x-\beta). \tag{5}$$

● 最簡單的 Newton 恆等式

已知 $\alpha+\beta=p, \alpha*\beta=q$，則有恆等式：

$$\begin{aligned} &\alpha^2+\beta^2=(\alpha+\beta)^2-2*\alpha*\beta=p^2-2q; \\ &\alpha^3+\beta^3=(\alpha+\beta)*[(\alpha+\beta)^2-3\alpha*\beta]=p^3-3pq; \\ &\alpha^4+\beta^4=(\alpha^2+\beta)^2-2(\alpha*\beta)^2=p^4-4p^2q+2q^2. \end{aligned} \tag{6}$$

● 最簡單的 Newton 定理

已知 $x+y=p, x*y=q$，則：x, y 兩元的對稱多項式 $f(x,y)=f(y,x)$，一定可以寫成 p, q 的多項式，就是所謂的 Newton 表達式：

$$f(x,y)=F(p,q)=F(x+y, x*y). \tag{7}$$

證明 多項式 $f(x,y)$ 是單項式 $c_{i,j}*x^iy^j$ 的和。這裡 i, j 是兩個非負整數。對稱性 $f(x,y)=f(y,x)$ 就表示說：若它含有這個單項式 $c_{i,j}*x^iy^j$ 就一定也有單項式 $c_{i,j}*x^iy^j$，而 $c_{i,j}=c_{j,i}$。

如果：$i=j$，這個單項式 $c_{i,j}*x^iy^j$ 就是一個<u>二元對稱單項式</u>。當然可以 Newton 表達為 $c_{i,i}q^i$。

否則，兩元對稱多項式 $f(x,y)$ 就含有一個<u>二元對稱兩項式</u> $c_{j,i}*(x^iy^i+x^jy^i)$，而 $|i-j|=m>0$，m 是它的<u>階差</u>[1]。我們不妨設 $i>j$，於是

$$(x^iy^j+x^jy^i)=q^j*(x^m+y^m);$$

1　一個二元對稱單項式應該叫做階差為 0。

因此我們只要證明：

$$S_m = x^m + y^m \tag{8}$$

必定有Newton的表達法就好了。這裡要用到遞迴法(數學歸納法§61)，這是以後才要講解的。現在只略提大意：其實我們已經驗證了 m=0, 1, 2, 3, 4 的情形了！想像我們已經確知$S_0, S_1, \cdots, S_{m-1}$, 都是可以表達為$p$與$q$的（整係數）多項式：

$$S_j(x,y)=g_j(p,q), j=0, 1, \cdots, m-1; \tag{9}$$

我們就可以進一步把S_m表達為p與q的（整係數）多項式！這是因為：

$$\begin{aligned} S_m = x^m + y^m &= (x+y) * (x^{m-1}+y^{m-1}) - xy * (x^{m-2}+y^{m-2}) \\ &= p * g_{m-1}(p,q) - q * g_{m-2}(p,q) \end{aligned} \tag{10}$$

習題 萬一你讀這段證明，「覺得怪怪的」，那麼就思考如下的例子：

$$f(x,y) := 3x^7y^3 + 8x^5y - 7x^4y^4 - 6x^4y^2 + 3x^3y^7 + 9x^3y^3 - 2x^3y^2 - 6x^2y^4 - 2x^2y^3 + 8xy^5$$

§02 虛根

虛數單位

發明一個記號：$\mathbf{i}$，使得：

$$\mathbf{i}^2 = -1; \tag{1}$$

當然它是−1的平方根；我們就可以用實數a, b，和它，去生出一切複數

$$\gamma = a + b * \mathbf{i}; \tag{2}$$

此地a是複數γ的實部；b是複數γ的虛部；若虛部$b=0$，則複數$\gamma=a$為純實

數！實數為複數的特別情形！若實部$a=0$，則$\gamma=b\mathbf{i}$ 為純虛數！

● 四則運算

對於兩個複數間的運算，我們要求：一切運算定律都要保持原狀！要點在分配律！

● 虛虛實實原理

兩複數相等，則「虛部＝虛部」；「實部＝實部」。

● 共軛複數

若 a, b 是實數，則兩個複數 $a+b\mathbf{i}, a-b\mathbf{i}$ 稱為<u>共軛</u>（conjugate）；它們的和與積都是實數：

$$(a+b\mathbf{i})+(a-b\mathbf{i})=2a\;;\;(a+b\mathbf{i})*(a-b\mathbf{i})=a^2+b^2; \tag{3}$$

這裡 $\sqrt{a^2+b^2}=|a\pm\mathbf{i}b|$，稱為此複數 $a\pm\mathbf{i}b$ 的<u>絕對值</u>（absolute value）或者<u>範數</u>（norm）。$a^2+b^2=|a\pm\mathbf{i}b|^2$ 稱為此複數 $a\pm\mathbf{i}b$ 的<u>範方</u>。只要 $a+b\mathbf{i}\neq 0$，則範方>0

$$\frac{1}{a+b\mathbf{i}}=\frac{a-b\mathbf{i}}{a^2+b^2}; \tag{4}$$

● 定理

實係數的 2 次方程式 $ax^2+bx+c=0$，若判準 $D=b^2-4ac<0$，則有共軛的一對虛根！

註 但是，兩根的和$=\frac{-b}{a}$，兩根的積$=\frac{c}{a}$；還是成立！

兩根 α, β的差 $\frac{\sqrt{D}}{\alpha}$ 的平方，就是

$$(\alpha-\beta)^2=(\alpha+\beta)^2-4\alpha*\beta=\frac{D}{a^2}; \tag{5}$$

永遠是實數！

複數的開方

一個複數，$A+\mathbf{i}*B$，（其中A, B都是實數）要如何開平方？

如果$B=0$，而且$A>0$，我們是用$\sqrt{A}$表示「正的平方根」，也就是說：$\sqrt{A}>0$，$\sqrt{A}^2=A$，所以，滿足$x^2=A$的解答其實有不同的兩個，互相差了個正負號！這就是$\sqrt{A}$與$-\sqrt{A}$。我們規定：$\sqrt{A}$指的是「正的那個」，這就是主值規約！

不過，如果$A<0$，$B=0$，則沒有主值規約了！換句話說：你寫$3\mathbf{i}$，一定是指$x^2=-3$的兩個不同的根之中的某一個。（你甚至於不知道你的$3\mathbf{i}$與她的$3\mathbf{i}$是否相同！）

「方程式$x^2=A+\mathbf{i}B$只有一個解」，就只有$A+\mathbf{i}B=0$的情形！

現在思考$B\neq 0$的情形：今設$x=\alpha+\beta\mathbf{i}$滿足$x^2=A+\mathbf{i}*B$，那麼：

$$x^2=\alpha^2-\beta^2+2\alpha\beta\mathbf{i}=A+\mathbf{i}*B;$$

依照虛虛實實原則，

$$\alpha^2-\beta^2=A，2\alpha\beta=B;$$

故：$(\alpha^2+\beta^2)^2=(\alpha^2-\beta^2)^2+4\alpha^2\beta^2=A^2+B^2;\ \alpha^2+\beta^2=\sqrt{A^2+B^2},$

$$\alpha^2=\frac{\sqrt{A^2+B^2}+A}{2};\ \beta^2=\frac{\sqrt{A^2+B^2}-A}{2}, \tag{6}$$

我們必須由$A\gtrless 0$，決定$\alpha^2\gtrless\beta^2$，又由$B\gtrless 0$，決定α, β同號或異號。但是無論如何，(α, β)總有兩組解，而且只是差了個正負號！

推論

一個複數係數的一元二次方程式$ax^2+bx+c=0$，$(a\neq 0)$公式解仍然成立！

$$x=\frac{-b\pm\sqrt{b^2-4ac}}{2a}$$

式子中的$\pm\sqrt{b^2-4ac}$就是指平方為b^2-4ac那兩個複數（相差個正負號！）兩

根可以重合，條件還是判別式 $=0$。

● 1 的立方虛根

方程式 $x^3=1$ 除了一個實根 1 之外，有兩個虛根

$$\omega, \omega^2=\frac{-1\pm\sqrt{3}\mathbf{i}}{2} \tag{7}$$

誰是 ω，誰是 ω^2，原則上是不能分辨的！

於是對於任何一個複數 $A+\mathbf{i}B$，只要你找到方程式 $x^3=A+\mathbf{i}B$ 的一個根 γ，那麼另外的兩個根，就是 $\omega*\gamma$，$\omega^2*\gamma$。（只有 $A=0=B$ 時，才會重合！）

例題 求 $\mathbf{i}$ 的立方根！

解析 因為有一根是 $-\mathbf{i}$，因此另外兩根是

$$\left(\frac{-1\pm\sqrt{3}\mathbf{i}}{2}\right)*(-\mathbf{i})=\frac{-\mathbf{i}\pm\sqrt{3}}{2}.$$

§03　聯立一次方程的定準法

聯立二元一次方程的定準法

本節我們首先要介紹二元一次聯立方程的一種解法，這是一種「公式法」！

例 1

求解 (i)：$3x+5y=25$;

(ii)：$4x-7y=6$.

● 公式法的要領

- 首先，這裡的方程式已經整理好！這就是說：含 x 與含 y 的項必須放在左邊且 x 與 x 對齊！y 與 y 對齊！而常數項放在右邊；
- 其次，先不管右側的常數項，只把左側的係數，「照抄」，成「兩行兩

列」的方陣；此例，你就寫出：

$$\begin{matrix} 3, & 5 \\ 4, & -7 \end{matrix}$$

請特別小心負號！也請特別注意到：我在左右項之間，加上逗號。這不是「主流的寫法」！可是我很堅持！這絕對是好的規約！本來，左右項之間的互相干擾，必須不計一切代價加以避免，而加上逗號，不是負擔，這其實是更自然！

- 現在，在這方陣的左右，各寫上一條縱線，這個左右包抄的兩縱線，叫做「取定準」：它叫你把對角斜線的兩元相乘，再以這兩個乘積相減！左上到右下，相乘得−21，右上到左下，相乘得 20，所以相減得−41。算出的答案是「係數方陣的定準」，最好是以（希臘字母）Δ代表。換句話說，你在答卷上，第一句話應該就寫：

$$\Delta := \begin{vmatrix} 3, & 5 \\ 4, & -7 \end{vmatrix} = 3*(-7) - 5*4 = -41.$$

- 如果那個Δ算出來是零，意思就是「面臨非常」，「有麻煩了！」（這在後面再說！）否則的話，就是正常的情形，就可以計算解答了：

$$x = \frac{x*\Delta}{\Delta}; y = \frac{y*\Delta}{\Delta};$$

只剩下你必須計算這裡的分子：

- 分子 $x*\Delta$ 就是：以常數項那右側行，去代替 x 那一行的係數！

分子 $y*\Delta$ 就是：以常數項那右側行，去代替 y 那一行的係數！

此地就是：

$$x*\Delta = \begin{vmatrix} 25, & 5 \\ 6, & -7 \end{vmatrix} = 25*(-7) - 5*6 = -205;$$

$$y*\Delta = \begin{vmatrix} 3, & 25 \\ 4, & 6 \end{vmatrix} = 3*6 - 25*4 = -82;$$

因此：

$$x=\frac{-205}{-41}=5，y=\frac{-82}{-41}=2;$$

換句話說，對付二元一次聯立方程：

$$\begin{cases}\text{(i)} & a*x+c*y=e,\\ \text{(ii)} & b*x+d*y=f,\end{cases} \tag{1}$$

這個 Cramer 公式，就是說：

$$x=\frac{e*d-c*f}{a*d-b*c};\ y=\frac{a*f-b*e}{a*d-b*c};$$

定準的寫法，就是：

$$\Delta := \begin{vmatrix} a, & c\\ b, & d\end{vmatrix};\ x*\Delta := \begin{vmatrix} e, & c\\ f, & d\end{vmatrix};\ y*\Delta := \begin{vmatrix} a, & e\\ b, & f\end{vmatrix}; \tag{2}$$

至於公式的證明，可以硬算！要得到 x，我們就消去 y！故先做：

$$\begin{aligned}
&\text{(iii)}=d*\text{(i)}： && a*d*x+d*c*y &&=d*e;\\
&\text{(iv)}=c*\text{(ii)}： && c*b*x+c*d*y &&=c*f;\\
&\text{(iii)}-\text{(iv)}： && (a*d-c*b)*x &&=d*e-c*f.
\end{aligned}$$

習題 1　要得到 y，你就消去 x！試試看！

習題 2　假定你有《代》這本書，做《代》§2.3 (p.44)的習題，用定準公式！

非常的狀況

若 $\Delta=0$，當然不能代公式。

（所以你該一步一步做！先算出 $\Delta\neq 0$，再算 $x*\Delta$，與 $y*\Delta$。）

今舉如次的例子：

$$3*x+2*y=11,$$
$$9*x+6*y=14,$$

你算出

$$\Delta=3*6-2*9=0,$$

一定是係數的兩列成比例！

你由第2個方程減去第1個方程的3倍，馬上得到：

$$0*x+0*y=14-33=-19;$$

這當然是不可能的！這就是矛盾（inconsistent）方程組！

現在看下例：

$$5*x-2*y=11,$$
$$20*x-8*y=88,$$

你算出

$$\Delta=5*(-8)-(-2)*20=0,$$

一定是係數的兩列成比例！

事實上在此，你由第1個方程，乘上8，馬上得到第2個方程！換句話說：給我們的這兩個方程，其實是同一個！因此，「條件不足以確定！」我們有無窮多組解答！這就是相依（mutually dependent）方程組！

定理：正則性與奇異性之兩擇

兩個二元一次聯立方程式，若係數定準非零，則解答恰恰一組（正則性）；反之，若係數定準為零，則（奇異性）要嘛沒有解答（矛盾方程組），要嘛有無窮多組解答（相依方程組）。

聯立三元一次方程的定準法

求解三元一次聯立方程：

$$\begin{cases} \text{(i)} & a*x+d*y+g*z=\ell, \\ \text{(ii)} & b*x+e*y+h*z=m, \\ \text{(iii)} & c*x+f*y+k*z=n. \end{cases} \tag{3}$$

Cramer 公式法的要領

與前面完全一樣！只是二維方陣之定準，改為三維的方陣之定準！

Sarrus 計算法

（「三維」）係數方陣之定準，為

$$\Delta := \begin{vmatrix} a, & d, & g \\ b, & e, & h \\ c, & f, & k \end{vmatrix} := a*e*k+d*h*c+g*b*f-g*e*c-d*b*k-a*h*f; \tag{4}$$

只要它不是零，那麼，

$$x*\Delta = \begin{vmatrix} \ell, & d, & g \\ m, & e, & h \\ n, & f, & k \end{vmatrix}; \text{（等等！）} \tag{5}$$

我們在此不證它！請努力試試看！

註解

實際上，

$$\begin{aligned} \Delta &= (e*k-f*h)*a+(f*g-d*k)*b+(d*h-e*g)*c; \\ &= (h*c-b*k)*d+(a*k-c*g)*e+(g*b-a*h)*f; \\ &= (b*f-c*e)*g+(c*d-a*f)*h+(a*e-b*d)*k; \end{aligned}$$

那麼，

要得到x，就試：

$(e*k-f*h)*(\text{i})+(fg-d*k)*(\text{ii})+(d*h-e*g)*(\text{iii});$

要得到y，就試：

$(h*c-b*k)*(\text{i})+(a*k-c*g)*(\text{ii})+(g*b-a*h)*(\text{iii});$

要得到z，就試：

$(b*f-c*e)*(\text{i})+(c*d-a*f)*(\text{ii})+(a*e-b*d)*(\text{iii}).$

● 定理：正則性與奇異性之兩擇

三個三元一次聯立方程式，若係數定準非零，則解答恰恰一組；反之，若係數定準為零，則要嘛沒有解答（矛盾方程組），要嘛有無窮多組解答（相依方程組）。

§03.1 定準

● 定準

（determinant，通常翻譯為「行列式」，我極不喜歡！）我們只用到二維與三維。你有 Sarrus 規則可用！（以下我們只寫二維的情形！你自己寫三維的情形吧！你也可以寫出四維的情形！試試看！）

● 轉置

行與列轉置（transpose），結果是一樣的！

$$\begin{vmatrix} a, & b \\ c, & d \end{vmatrix} = \begin{vmatrix} a, & c \\ b, & d \end{vmatrix}. \tag{6}$$

● 交錯（alternating）

交換兩行，則變號！兩行相同，則定準＝0。

$$\begin{vmatrix} a, & b \\ c, & d \end{vmatrix} = -\begin{vmatrix} b, & a \\ d, & d \end{vmatrix}. \tag{7}$$

● 展開

給了一個三維定準，我們對（例如說）第三列來展開（你要注意正負號的交替性！）

$$\begin{vmatrix} a, & b, & c \\ d, & e, & f \\ x, & y, & z \end{vmatrix} = x\begin{vmatrix} b, & c \\ e, & f \end{vmatrix} - y\begin{vmatrix} a, & c \\ d, & f \end{vmatrix} + z\begin{vmatrix} a, & b \\ d, & e \end{vmatrix}; \quad (8)$$
$$= \alpha * x + \beta * y + \gamma * z;$$

這裡的係數都是「小定準」，（由另外的兩列決定！）但是要注意正負號，例如：$\beta = -\begin{vmatrix} a, & c \\ d, & f \end{vmatrix}$。

你應該練習一下：寫出對於每一列每一行的展開！

● 降維

上面這個式子告訴我們：如果 $x = 0 = z$，則原來的定準就降維而變成

$$\begin{vmatrix} a, & b, & c \\ d, & e, & f \\ 0, & y, & 0 \end{vmatrix} = -y\begin{vmatrix} a, & c \\ d, & f \end{vmatrix}.$$

當某行只剩下一個非零的成分 t_{ij} 時，把這第 i 列與第 j 行刪去後的小方陣的定準，記為 $\det(T_{ij})$，於是原來的定準

$$\det(T) = (-1)^{i+y}\det(T_{ij}) * t_{ij}. \quad (9)$$

● 線性（linearity）

如上述展開式的狀況，定準成為 x, y, z 的「齊次一次式」，（我們是要把 x, y, z 看成變數，而其他兩列的元素看成常數，因而係數都是常數！）因此有線性，也就是說，有加性與齊性。

● **齊性（homogeneity）**

由上述展開式，（例如說）如果第三列各元素都有因子 t，我們可以把它括出去定準的外面，而從這一列的各元素同時除掉！

$$\begin{vmatrix} a, & b, & c \\ d, & e, & f \\ t*x, & t*y, & t*z \end{vmatrix} = t* \begin{vmatrix} a, & b, & c \\ d, & e, & f \\ x, & y, & z \end{vmatrix} \tag{10}$$

● **加性（additivity）**

（例如，對第三列）

$$\begin{vmatrix} a, & b, & c \\ d, & e, & f \\ x_1+x_2, & y_1+y_2, & z_1+z_2 \end{vmatrix} = \begin{vmatrix} a, & b, & c \\ d, & e, & f \\ x_1, & y_1, & z_1 \end{vmatrix} + \begin{vmatrix} a, & b, & c \\ d, & e, & f \\ x_2, & y_2, & z_2 \end{vmatrix}; \tag{11}$$

● **滑移**

定準式中，將某一行減去另外一行（的共同倍數），結果不影響這個定準！例如說：

$$\begin{vmatrix} a, & b, & c \\ d+t*x, & e+t*y, & f+t*z \\ x, & y, & z \end{vmatrix} = \begin{vmatrix} a, & b, & c \\ d, & e, & f \\ x, & y, & z \end{vmatrix}. \tag{12}$$

● **有聊解原理**

（以三變數為例）三元齊一次聯立方程式 (3) 中，常數項均為零 $0=\ell=m=n$，則此組方程式具有某一個「有聊解」（也就是說：不是全為零的解）之條件是：係數定準 $\det(A)=0$。

● **Vandermonde 定準**

三元的基本交錯式是

$$\begin{vmatrix} 1, & 1, & 1 \\ a, & b, & c \\ a^2, & b^2, & c^2 \end{vmatrix} = (a-b)(b-c)(c-a). \tag{13}$$

要小心：唯一可能犯的錯，就是要命的正負號！你可以比較一下展開式中的 a^2b 的正負號！

§04 幾個常用的公式

累加和的平方公式

用 Σ 表示累加（參見 p.252 的解說）

$$(\Sigma X)^2 = \Sigma X^2 + 2 * \Sigma X * Y; \tag{1}$$

許多東西的和的平方

＝它們的平方的和＋〔它們的交叉項（每兩個相乘積）的和的兩倍〕。

二項式公式

$$(X+Y)^3 = X^3 + 3 * X^2 * Y + 3 * X * Y^2 + Y^3;$$

$$(X+Y)^4 = X^4 + 4 * X^3 * Y + 6 * X^2 * Y^2 + 4 * X * Y^3 + Y^4;$$

$$(X+Y)^5 = X^5 + 5 * X^4 * Y + 10 * X^3 * Y^2 + 10 * X^2 * Y^3 + 5 * X * Y^4 + Y^5;$$

$$\cdots \quad \cdots\cdots$$

$$(X+Y)^n = X^n + \cdots + {}_nC_m * X^{n-m} * Y^m + \cdots + Y^n; \tag{2}$$

這些係數叫做<u>二項係數</u>或Pascal係數；（見p.21；詳細解說見§63、§65。）

$${}_nC_m = \frac{n*(n-1)*(n-2)* \text{共 } m \text{ 個} \cdots (n-m+1)}{m*(m-1)*(m-2)*\cdots 1}; \tag{3}$$

平方差公式

$$X^2 - Y^2 = (X-Y)*(X+Y); \tag{4}$$

割圓恆等式

這是推廣上述公式！

$$\begin{aligned}
&X^3-Y^3=(X-Y)*(X^2+X*Y+Y^2)\text{；}\\
&X^4-Y^4=(X-Y)*(X^3+X^2*Y+X*Y^2+Y^3)\text{；}\\
&X^5-Y^5=(X-Y)*(X^4+X^3*Y+X^2Y^2+X*Y^3+Y^4)\text{；}\\
&\quad\cdots\qquad\qquad\qquad\cdots
\end{aligned}\tag{5}$$

奇數次冪的割圓恆等式

（你要習慣於奇偶的不相同！）

$$\begin{aligned}
&X^3+Y^3=(X+Y)*(X^2-X*Y+Y^2);\\
&X^5+Y^5=(X+Y)*(X^4-X^3*Y+X^2Y^2-X*Y^3+Y^4);\\
&\cdots\qquad\cdots\cdots
\end{aligned}\tag{6}$$

問 如何分解 $X^4+X^2Y^2+Y^4$？辦法是把它寫成為

$=X^4+2X^2Y^2+Y^4-X^2Y^2=(X^2+Y^2)^2-(X*Y)^2$，於是得到：

$$X^4+X^2Y^2+Y^4=(X^2+Y^2-X*Y)*(X^2+Y^2+X*Y).\tag{7}$$

三元三次對稱恆等式

這幾乎是關於三元的須要熟悉的唯一的公式！

$$X^3+Y^3+Z^3-3XYZ=(X+Y+Z)(X^2+Y^2+Z^2-XY-YZ-ZX).\tag{8}$$

§05 帶餘除法原理

對於整數我們也稍做複習，你可以參看《整》（pp.53-55）。

帶餘除法原理

若 $a\in\mathbb{N}, b\in\mathbb{N}$，則有唯一之 q，以及唯一之 r，使得：

$$b = a * q + r;\ q \in \mathbb{N}_0;\ r \in \mathbb{N}_0,\ 0 \le r < a. \tag{1}$$

這裡的 q 叫做 b 被 a 除的整商，而 r 叫做 b 被 a 除的整餘。

輾轉相除法的原理

對於兩個自然數 a, b，它們的最大公因數記做 $\mathrm{hcf}(a, b) = \mathrm{hcf}(b, a)$。

我們當然規定：$\mathrm{hcf}(a, 0) := a$。

若 $a = b$，就不用算了：$\mathrm{hcf}(a, a) = a$。

所以我們可以假設 $b > a$，我們就（帶餘除法！）用 $a = r_1$ 去除 $b = r_0$；

不必管整商 q(!) 只看整餘 r_2：

如果 $r_2 = 0$，意思是「除盡」，那麼 a 就是所求的 hcf。

否則 $r_2 > 0$，則我們該用 r_2 去整除 $r_1 = a$，得到整餘 r_3，

同樣地，如果除得盡，則問題已經解決了！

否則，我們轉而用這個餘數 r_3 去整除 r_2，一直做下去！這就是「輾轉相除法」一詞的來由！

不會沒完沒了：

$$r_0 \ge r_1 > r_2 > \cdots > r_m > r_{m+1} = 0, \tag{2}$$

必然會出現如上的 m，取最先出現的 m，於是 r_m 整除 r_{m-1}。這就是所要的 $\mathrm{hcf}(a, b) = r_m$。

例題 求 hcf (72, 157)。

解析 $r_0 = 157,\ r_1 = 72,\ 157 = 2 * 72 + 13,\ q_1 = 2,\ r_2 = 13;\ 72 = 5 * 13 + 7,\ q_2 = 5,\ r_3 = 7;$ $13 = 1 * 7 + 6,\ q_3 = 1,\ r_4 = 6;\ 7 = 1 * 6 + 1,\ q_4 = 1,\ r_5 = 1;\ r_6 = 0.$

因此：$\mathrm{hcf}(72, 157) = 1$。

我們列式如下：

$$r_0 = 2 * r_1 + r_2;$$
$$r_1 = 5 * r_2 + r_3;$$

$$r_2 = 1 * r_3 + r_4;$$

$$r_3 = 1 * r_4 + r_5;$$

$$r_4 = 6 * r_5 + 0; r_5 = \text{hcf}(r_0, r_1).$$

現在，（除了最後一個式子之外）我們可以這樣子倒逆來寫：

$$r_5 = r_3 - 1 * r_4; (1')$$

$$r_4 = r_2 - 1 * r_3; (2')$$

$$r_3 = r_1 - 5 * r_2; (3')$$

$$r_2 = r_0 - 2 * r_1; (4')$$

那麼，由上而下！(1')中的 r_4，用(2')代入，因此：

$$r_5 = r_3 - 1 * r_4 = r_3 - (r_2 - r_3) = 2 * r_3 - r_2;$$

此式子中的 r_3，用(3')代入，因此：

$$r_5 = 2 * r_3 - r_2 = 2 * (r_1 - 5 * r_2) - r_2 = 2 * r_1 - 11 * r_2;$$

此式子中的 r_2，用 (4') 代入，因此：

$$1 = r_5 = 2 * r_1 - 11 * r_2 = 2 * r_1 - 11 * (r_0 - 2 * r_1) = 24 * r_1 - 11 * r_0.$$

最大公因數的組合表達定理

對於兩個自然數 a, b，它們的最大公因數 $c = \text{hcf}(a, b)$ 一定可以寫成如下形式：

$$c = p * a + q * b, p \in \mathbb{Z}, q \in \mathbb{Z} \text{（整數系）} \tag{3}$$

證明 依照上述輾轉相除法的原理，一定有一連串的：

$$r_{j-1} = q_j * r_j + r_{j+1}, j = 1, 2, \cdots, m. \quad r_0 \geq r_1 > r_2 > \cdots > r_m = c > r_{m+1} = 0.$$

那麼就用剛剛所說的辦法，（讓 j 從 $m-1, m-2$，⋯一直下降到 2 為止）寫出：

$$r_{j+1}=r_{j-1}-q_j * r_j;\ j=m-1,\ m-2, \cdots, 2;$$

就把 $r_m=c$ 寫成 r_{m-1}, r_{m-2} 的「整組合」，也就是「用整數乘之再加起來」！

於是，寫成 r_{m-2}, r_{m-3} 的「整組合」，

於是，寫成 r_{m-3}, r_{m-4} 的「整組合」，

一直下去，最後就寫成 $r_0=b, r_1=a$ 的「整組合」。

習題 把 hcf (3546, 2268) = 18 寫成為 $r_0=3546, r_1=2268$ 的「整組合」。

【補白：Pascal 係數】$_nC_r$

									1									
								1		1								
							1		2		1							
						1		3		3		1						
					1		4		6		4		1					
				1		5		10		10		5		1				
			1		6		15		20		15		6		1			
		1		7		21		35		35		21		7		1		
	1		8		28		56		70		56		28		8		1	
1		9		36		84		126		126		84		36		9		1

- 數碼 n 從上到下，數碼 r 從左到右，都是從 0 起算！
- 每個係數都是其左上與右上兩個係數之和。

補白：函數

在高中，我們會遇到 6 個三角函數以及常用對數函數，這些是有名字的（named）函數。

我們從初中開始，代數的學習中，都是一步一步學習「代數物件」，先學會它的運算，然後延伸到方程式（也就是把兩個物件用等號聯結起來），或者是不等式（也就是把兩個物件用不等號聯結起來）。這些代數物件，最簡單的就是（一元的）多項式，然後推廣到有理分式，以及含根號的無理式。

就拿相當簡單的一個一元二次式來說吧。通常這是沒有名字的。當有需要的時候，我們就臨時說：

「令 $f(x)=2x^2-8x+9$」。這就得到一個二次式 $f(x)$ 了。如果再令 $g(x)=3x^2-6x-7$，那麼就可以對這兩個多項式做演算了！例如 $f(x)-g(x)=-x^2-2x+16$。（但是這個減法的結果，是一個沒有名字的（unnamed）二次式。）

很有趣：我們通常不是「令：$F=2x^2-8x+9$，$G=3x^2-6x-7$」，我們的寫法是「函數的寫法」！因為，我們打算「計值」！我們要去計算 $f(2.3)=1.18$, $f(2.4)=1.32$, $f(-4.2)=77.88$，等等。

於是由多項式 $f(x)$，就得到一個函數 f 了。函數 f 是個「機器」：它把原料 2.3 變成產品 1.18，把原料 2.4 變成產品 1.32，把原料 −4.2 變成產品 77.88。原料是自（=獨立 independent）變數，產品則依賴於原料自變數，因此是「依賴（dependent）變數」。

如果你令 $F=2x^2-8x+9$，$H=2u^2-8u+9$，這是兩個不同的「二次式」，你寫 $F=H$ 的話，你是錯了！

不過，如果你令：$f(x)=2x^2-8x+9$，$h(u)=2u^2-8u+9$，這就定義出兩個完全相同的（二次）函數！根本 f 就是 h。

當我們要把數學用到科學的時候，二次函數比二次多項式有用。所以，即使是臨時性的取名字（給記號），我們也是給二次函數 f 命名，不用給二次多項式 F 命名。

當你說，「令 $f(x)=2x^2-8x+9$」的時候，這個變數 x，叫做「啞巴（dummy）變數」，因為，你也可以寫成「令 $f(u)=2u^2-8u+9$」，或者「令 $f(v)=2v^2-8v+9$」，等等。

當然，我們在臨時定義一個有理分式的時候，我們還是習慣上定義一個有理函數，例如說，令 $h(x)=\dfrac{2x^2-8x+9}{x^2+x-6}$。

於是可以算出：

$$h(2.3)=0.7421383648,\ h(2.4)=0.6111111111,\ h(-4.2)=10.46774194。$$

有理函數也是機器！只有一個小小的麻煩：此地，$h(-3)=$？，$h(2)=$？

這個「機器」h不允許這兩個數做原料！放進這樣子的「原料」，會引起「機器爆炸」！有一種說法是：函數h的<u>定義域</u>，是「整個實數系扣除這兩個數」。

$$\text{Dom}(h)=\mathbb{R}\backslash\{2,-3\}.$$

那麼無理根式函數呢？例如，令$\phi(x)=\sqrt{x^2+x-6}$，則其定義域是

$$\text{Dom}(\phi)=\mathbb{R}\backslash\{2,-3\}=(-\infty..-3]\sqcup[2..\infty)$$

【平方函數的「兩點中點凸性」】

如果我們畫出「平方函數圖」Γ：$y=x^2$，在這條曲線上任意取兩點$P=(p,p^2)$, $Q=(q,q^2)$，其中點是S，而此曲線Γ上，橫坐標$\mathrm{r}=\dfrac{p+q}{2}$處的點是$R=(\mathrm{r},\mathrm{r}^2)$，鐵定在中點$S$的正下方。

對於一般的正領二次函數$f(x)=ax^2+bx+c, (a>0)$也有這個性質！

$$\frac{f(p)+f(q)}{2}>f\left(\frac{p+q}{2}\right)\text{。（設}p\neq q\text{）}$$

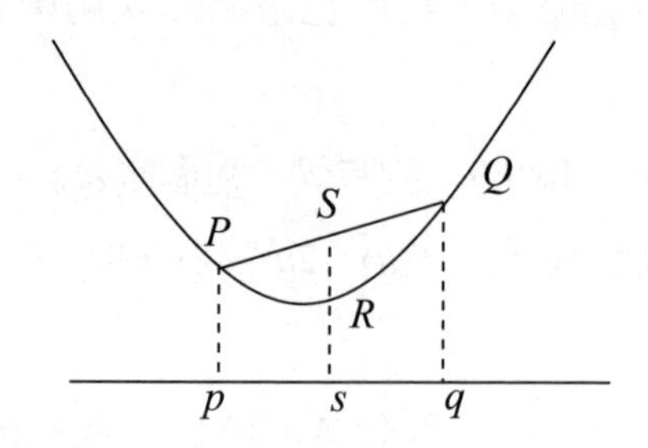

第一章

餘數定理

本章是第一章，果然是高中代數的開始。雖然是「很簡單」，但是卻有概念上的深度！請仔細閱讀並且用心思考！

前面三節主要是解說整式（＝多項式）系與整數系之間的類推。

餘數定理差不多是主角。由此得到一次因式定理與共軛原理。

實際上它在整數論的因數倍數的討論中，也有它的類推，例如九餘法。

有理函數的分項分式，實際的操作當然很煩，（所以你不必多做！）不過以概念來說，卻是很簡單的！相比較的話，對於綜合除法的操作，絕對是必須「滾瓜爛熟」！

Newton 有理根定理當然有它的（「考試的！」）實用性。理論層次更高的是 Gauss 的補題與 Eisenstein 的定理。你就試著讀讀看吧！

§11　體上的多項式

● 體

我們是用 $\mathbb{Q}$ 表示所有的有理數的全體，稱之為有理數體，為什麼這樣稱呼？這是因為對於任意兩個有理數 α, β，我們可以算出 $\alpha+\beta, \alpha-\beta, \alpha*\beta, \alpha\div\beta$，結果都還是有理數，「體」的意思就是說：「這個體系，允許四則運算，如同人身有四肢。」

（體的英文是「field」，所以常常看到翻譯為「域」，翻譯本身無誤，但是不太好，還有人譯成「場」，那是絕對糟糕的！那會與電場磁場的場混淆了！法文與德文都是用身體的體，corps, Körper，這是最妥當的。）

我們也用 $\mathbb{R}$ 表示所有的實數的全體，稱之為實數體，用 $\mathbb{C}$ 表示所有的複數的全體，稱之為複數體。

我們寫 $\mathbb{Q}\subset\mathbb{R}\subset\mathbb{C}$，當然是說：有理數一定是實數，實數一定是複數。體的要義在於可以「做四則運算」，而且「合乎所有我們熟悉的規則」！

・可締律：$x+(y+z)=(x+y)+z$;	$x*(y*z)=(x*y)*z$;
・可換律：$x+y=y+x$;	$x*y=y*x$;
・具么律：$x+0=0+x=x$;	$x*1=1*x=x$;
・可逆律：對於 a，存在 $-a$，使得 $a+(-a)=(-a)+a=0$;	對於 $a\neq 0$，存在 $-a$，使得 $a*a^{-1}=a^{-1}*a=1$;
・分配律：$x*(y+z)=x*y+x*z$;	$(x+y)*z=x*z+y*z.$　　(1)

● 可減可除律

實際上，加法的可逆律就等於可減律：

對於任何 a, b，方程式 $x+a=b$ 有解答 $x=b-a:=b+(-a)$。

乘法的可逆律就等於可除律：

若 $a\neq 0$，則對於任何 b，方程式 $x*a=b$ 有解答 $x=b\div a:=b*a^{-1}$。

以下，我們就用 K 來泛指 $\mathbb{Q}$，$\mathbb{R}$，$\mathbb{C}$ 之中的一個。（其實可以泛指數學上的任何一個「（可換）體」。）它的元素就稱為「數」。

整數環

我們是用 $\mathbb{Z}$ 表示所有的整數的全體，稱之為整數環。（因此 $\mathbb{Z} \subset \mathbb{Q}$。）

當然它是稍有欠缺：乘法可逆性不成立：整數 $a \in \mathbb{Z}$ 會使得 $a^{-1} \in \mathbb{Z}$ 的，就只有 ± 1 兩個而已！

這就使得除法 $b \div a$ 在 $\mathbb{Z}$ 中，（通常）行不通！當然我們知道其理由：對於整數 $a, b \in \mathbb{Z}$，除法 $b \div a$ 所得的商，通常只是有理數 $\frac{b}{a} \in \mathbb{Q}$，但非整數。

可約除律

實際上，整數環 $\mathbb{Z}$ 中的除法，只有很小的缺陷！除法的意思是：給你 $a \in \mathbb{Z}$, $b \in \mathbb{Z}$, $a \neq 0$，要在 $\mathbb{Z}$ 中，尋找一個元素 x，使得 $a * x = b$。我們知道這樣子的解答不一定存在（於 $\mathbb{Z}$ 中），但是如果存在的話，就一定是只有一個！這就是乘法的可約除律：

$$\text{若 } a \neq 0, a * c_1 = a * c_2, \text{ 則 } c_1 = c_2. \tag{2}$$

多項式環

指定了一個可換體 K，取定一個自然數 $m \in \mathbb{N}$，又取定 $m+1$ 個常數 $a_0, a_1, a_2, \cdots, a_m$，然後又指定一個確定的文字記號，例如（以下通常所用的）x，我們就可以寫下一個東西

$$f(x) = a_0 + a_1 x + a_2 x^2 + \cdots + a_m x^m; \tag{3}$$

我們就說：$f(x)$ 是一個「K 中的（升冪形式的）多項式」，以 x 為不定元（indeterminate），a_j 是這個多項式 $f(x)$ 的 j 次項的係數，而 m 是它的「形式上的次數」，因而記做

$$\deg(f(x)) \leq m; f(x) \in \mathcal{P}_m(x; K). \tag{4}$$

如果 $a_m \neq 0$，我們就說 m 是此多項式 $f(x)$ 的「真正的次數」，因而記做

$$\deg(f(x)) = m \text{，也許可以寫做 } \deg(f)=m. \tag{5}$$

次數

我們這樣子咬文嚼字，是因為我們認為：（即使是採用升冪形式）係數為零的項通常應該可以省略不寫！因此

$$3 + 0x + 2x^2 + 0x^3 + 0x^4 + 0x^5 - 5x^6 = 3 + 2x^2 - 5x^6.$$

但是這一來，我們就必須允許寫

$$3 + 0x + 2x^2 + 0x^3 + 0x^4 + 0x^5 - 5x^6 + 0x^7 + 0x^8 = 3 + 2x^2 - 5x^6.$$

形式上的次數大於或者等於真正的次數！因此，一方面，我們必須說：

$$\mathcal{P}_1(x; K) \subset \mathcal{P}_2(x; K) \subset \mathcal{P}_3(x; K) \cdots$$

那麼，對於 $f(x) = a_0 + a_1 x \in \mathcal{P}_1(x; K)$，如果 $a_1 = 0$，我們就可以寫 $f(x) \coloneqq a_0 \in \mathcal{P}_0(x; K)$，這也就是說：單獨一個常數 $a_0 \in K$ 也可以看成是一個多項式，而且其「次數」≤ 0。這時候，如果 $a_0 \neq 0$，當然次數 $\deg(a_0) = 0$，但是若 $a_0 = 0$，它單獨成為「零多項式」。

我們硬性規定說：「零多項式」的真正次數為

$$\deg(0) \coloneqq -\infty. \tag{6}$$

我們把 K 中的多項式的全體，記做

$$K[x] \cdots \mathcal{P}_{m+1}(x; K) \supset \mathcal{P}_m(x; K) \supset \mathcal{P}_{(m-1)}(x; K) \cdots \supset \mathcal{P}_1(x; K) \supset \mathcal{P}_0(x; K) = K.$$

加法

今設

$$f(x)=a_0+a_1x+\cdots a_mx^m,\ g(x)=b_0+b_1x+\cdots+b_nx^n;$$

於是：

$$f(x)+g(x)=(a_0+b_0)+(a_1+b_1)x+(a_2+b_2)x^2+\cdots+(a_l+b_l)x^l;\ l=\max(m,n).$$

註 max (u, v) 讀做「maximum of u and v」，指的是 u 與 v 之最大者。

這裡如果 $m<n=l=\max(m,n)$，我們當然把 $f(x)$ 的欠缺的係數「補以零」：$a_j=0$，當 $j>m$。（若 $n<m$ 也一樣。）

所以，對於多項式 $f(x)$ 如(3)，我們可以就寫

$$f(x)=\sum_{j=0}^{m}a_jx^j\text{，或者就寫為}f(x)=\sum_{j=0}^{\infty}a_jx^j \tag{7}$$

只是我們當然把 $f(x)$ 的欠缺的係數「補以零」：$a_j=0$，當 $j>m$。所以這裡所寫的 $\sum_{j=0}^{\infty}a_jx^j$，絕對不是所謂的「無窮級數」，它還是「有限個之和」。（我們不用煩惱收斂與發散！）

定理 1

若 $\deg(f(x))\neq\deg(g(x))$，則 $\deg(f(x)+g(x))=\max(\deg(f(x)),\deg(g(x)))$；若 $\deg(f(x))=\deg(g(x))$，則 $\deg(f(x)+g(x))\leq\deg(f(x))=\deg(g(x))$；

問

舉例子說明上述定理。

乘法

今設 $f(x), g(x)$，如上，於是我們當然定義：

$$f(x)*g(x)=\sum_{j=0}^{m+n}c_jx^j;\ c_j=a_0*b_j+a_1*b_{j-1}+\cdots+a_j*b_0;\ 0\leq j\leq m+n. \tag{8}$$

例題 求 $(x^2+3x+3)*(x+2)$.

解析　分離係數法

		1	+3	+3
×)			1	+2
	1	+3	+3	
		2	+6	+6
	1	+5	+9	+6

註 所以，在使用分離係數法的時候，對於係數 $c_j=0$ 的時候，要特別小心！

● 定理 2

$$\deg(f(x) * g(x)) = \deg(f(x)) + \deg(g(x)). \tag{9}$$

● 註：零多項式的次數

我們引入負無窮大 $-\infty$ 的意思，就是要讓它具有這種性質：對於任意的一個實數 α'，要

$$a > -\infty; a + (-\infty) = -\infty.$$

於是我們定義 $\deg(0) = -\infty$，就是很好的規約了！

● 計值

假設 $f(x) \in K[x]$，而且 $\alpha \in K$，那麼，我們可以把 $f(x)$ 式子中的 x，用 α 去代替，於是就計算出「函數值」$f(\alpha)$ 來。這個動作叫作計值（evaluation）。當然這一方面牽涉到多項式 $f(x) \in K[x]$，另一方面也牽涉到數 $\alpha \in K$。

我們就暫時引入這樣子的記號：

$$\mathrm{ev}_\alpha(f(x)) := f(\alpha). \tag{10}$$

計值同態定理

對於$f(x) \in K[x], g(x) \in K[x]$，以及$\alpha \in K$，

$$\begin{aligned}&\mathrm{ev}_\alpha((f(x)+g(x))=\mathrm{ev}_\alpha(f(x))+\mathrm{ev}_\alpha(g(x));\\&\mathrm{ev}_\alpha((f(x)*g(x))=\mathrm{ev}_\alpha(f(x))*\mathrm{ev}_\alpha(g(x)).\end{aligned} \tag{11}$$

「計值」這個概念有何重要性？本書上半可以說是「多項式方程式的理論」。方程式的意思就是，給了一個多項式$f(x) \in K[x]$，我們希望找到$\alpha \in K$，使得$\mathrm{ev}_\alpha(f(x))=0$。這樣子你也多少可以看出這個意思了！

除法與因式分解

在整數系$\mathbb{Z}$中，「乘法的逆運算」，其實有兩種意義！通常說「除法是乘法的反運算」，意思是：已給了兩個整數$f \in \mathbb{Z}, g \in \mathbb{Z}$，我們要問：有無整數$q \in \mathbb{Z}$，使得：$g=f*q$？若答案肯定，我們就說：$g$是$f$的倍數，$f$是$g$的因數。

另外，我們也可以有不同的問題：已給了一個整數$g \in \mathbb{Z}$，我們要問：有無兩個整數$q \in \mathbb{Z}, f \in \mathbb{Z}$，使得：$g=f*q$？這就是因數分解的問題！

在多項式環$K[x]$中，我們也同樣對於「乘法的逆運算」，給出兩種不同的解釋！

一種是除法：已給了兩個多項式$f(x) \in K[x], g(x) \in K[x]$，我們要問：有無多項式$q(x) \in K[x]$，使得：$g(x)=f(x)*q(x)$？若答案肯定，我們就說：$g(x)$是$f(x)$的倍式，$f(x)$是$g(x)$的因式。

另外一種是因式分解：已給了一個多項式$g(x) \in K[x]$，我們要問：有無兩個多項式$q(x) \in K[x], f(x) \in K[x]$，使得：$g(x)=f(x)*q(x)$？

在$\mathbb{Z}$中，0是任何數$a \in \mathbb{Z}$的倍數（包括$a=0$的情形）。而且0是0唯一的倍數；±1則是任何數$a \in \mathbb{Z}$的因數，這稱做「無聊的因數」。在$K[x]$中，零多項式0是任何多項式$f(x) \in K[x]$的倍式，而且零多項式是其自身唯一的倍式。

真正的零次多項式，也就是非零的常數c是任何多項式$g(x)$的因式：因為$g(x)=c*\left(\frac{g(x)}{c}\right)$。所以我們把非零的常數$c$稱做是$g(x)$的無聊的（trivial）因式。

§12　帶餘除法

● 整數系中的帶餘除法定理

（這是從小學就懂得的計算：）

$$\begin{aligned}&\text{倘若：}a, b\in\mathbb{N}, a<b\text{，}\\&\text{則有：}q\in\mathbb{N}, r\in\mathbb{N}_0\text{，}\\&\text{使得：}0\le r<a\text{，且 }b=q*a+r\text{。}\end{aligned}\tag{1}$$

此種「整商」q 及「整餘」r 為唯一！

不限定 $b>a$ 亦可，但是商 q 就要在 $\mathbb{N}_0$ 中了。

如果我們談的是整數系 $\mathbb{Z}$，而非「自然數系」$\mathbb{N}$，我們就必須咬文嚼字了。可以有不完全相同的規定，我們就選擇一個很方便的：

● 帶餘除法定理

$$\begin{aligned}&\text{倘若：}a, b\in\mathbb{Z}, |a|>0\text{，}\\&\text{則有：}q\in\mathbb{Z}, r\in\mathbb{N}_0\text{，}\\&\text{使得：}0\le r<|a|\text{，且 }b=q*a+r\text{。}\end{aligned}\tag{2}$$

此種「整商」q 及「整餘」r 為唯一！

注意到：餘數 $r=0$ 時，就等於說：在 $\mathbb{Z}$ 中，

b 可以被 a「整除」！而 b 是 a 的倍數，a 是 b 的因數。

例題 求算「帶餘除法」：

$13 \div 5$，則：商 $q_1=2$，餘 $r_1=3$，

$(-13) \div 5$，則：商 $q_1=-3$，餘 $r_1=2$，

$13 \div (-5)$，則：商 $q_1=-2$，餘 $r_1=3$，

$(-13) \div (-5)$，則：商 $q_1=3$，餘 $r_1=2$。

註 在數學軟體中，必須很小心地處理！否則就是不合格的了！

多項式系中的帶餘除法

這是從初中就懂得的計算：

$$\begin{aligned}&\text{倘若：} f(x)\in K[x], g(x)\in K[x], \deg(f(x))\geq 0\text{，}\\&\text{則有：商式 } q(x)\in K[x] \text{ 及餘式 } r(x)\in K[x]\text{，}\\&\text{使得：} g(x)=q(x)*f(x)+r(x)\text{；且 } \deg(r(x))<\deg(f(x));\end{aligned} \tag{3}$$

注意到：「餘式 $r(x)=0$（零多項式）」，就相當於說，在 $K[x]$ 中，$g(x)$ 可以被 $f(x)$，「整除」！而：$g(x)$ 是 $f(x)$ 的倍式，$f(x)$ 是 $g(x)$ 的因式。

附註：歐氏賦值

這是一個小小的註解：如果我們比較以上的 (1) 與 (2)，從 $\mathbb{N}$ 改為 $\mathbb{Z}$，我們必須以 $0\leq r<|a|$ 代替 $0\leq r<a$。這裡用到絕對值的概念。（零元是具有最小的絕對值的元素。）如果我們比較 (2) 與 (3)，從 $\mathbb{Z}$ 改為 $K[x]$，這就用到次數的概念。必須讓零多項式是具有最小的次數的元素。所以我們規定其次數為 $-\infty$。

但是 $\mathbb{Z}$ 中的「絕對值」具有「乘性」，而「次數」則是「把乘法變為加法」。這是後面會提到的，「對數」的功能。所以我們在 $K[x]$ 中，可以經過指數變換，來把「次數」改變成具有乘性的東西。這就是「歐氏賦值」「 ⌉。（我們此地的記號只是暫時性的。）

對於多項式 $f(x)\in K[x]$，我們利用其「次數」$\deg(f(x))$ 來定義其歐氏賦值

$$\lceil f(x)\rceil := 2^{\deg(f(x))};\ 2^{-\infty}:=0. \tag{4}$$

於是有：

對於 $f(x), g(x)\in K[x]$,	對於 $f, g\in\mathbb{Z}$,
$\lceil f(x)+g(x)\rceil\leq\lceil f(x)\rceil+\lceil g(x)\rceil$;	$\lfloor f+g\rfloor\leq\lfloor f\rfloor+\lfloor g\rfloor$;
$\lceil f(x)+g(x)\rceil\leq\max(\lceil f(x)\rceil,\lceil g(x)\rceil)$;	
$\lceil f(x)*g(x)\rceil=\lceil f(x)\rceil*\lceil g(x)\rceil$;	$\lfloor f*g\rfloor=\lfloor f\rfloor*\lfloor g\rfloor$;

● **多項式系中的帶餘除法定理（利用「歐氏賦值」⌈ ⌉來敘述！）**

$$\begin{aligned}&\text{倘若：} f(x), g(x) \in K[x]，\lceil f(x) \rceil > 0，\\&\text{則有：} q(x) \in K[x], r(x) \in K[x]，\\&\text{使得：} 0 \le \lceil r \rceil < \lceil f(x) \rceil，\text{且 } g(x) = q(x) * f(x) + r(x)。\end{aligned} \tag{5}$$

此種「整商」$q(x)$ 及「整餘」$r(x)$ 為唯一！

註 我們的例題甚至於考題，通常是取「整係數」，這通常只是怕給你太大的麻煩。我們就用 $\mathbb{Z}[x]$ 表示所有整係數多項式的全體，那麼它也是一個整環：有加法與乘法，滿足所有應該滿足的性質。

可是，如果 $f(x), g(x), \in \mathbb{Z}[x]$，進行帶餘除法的結果，商式 $q(x) \in K[x]$ 與餘式 $r(x) \in K[x]$，都不一定是整係數的！（這是消極的一面！）但是，（也有積極的一面！）應該注意到：在 $\mathbb{Z}[x]$ 中，有一種限制性的「帶餘除法」！我們只要限制：「$f(x)$ 是么領的」，就好了！

● **整數的 hcf 與 lcm**

在整數環 $\mathbb{Z}$ 中，如果 $h \in \mathbb{Z}$ 同時是許多數 $f_1, f_2, \cdots, f_n \in \mathbb{Z}$ 的倍數時，它就是它們的公倍數，同樣也可以定義公因數。

在公因數之中，<u>絕對值最大（「高」）的</u>，就叫做最高公因數。記做 $h = \text{hcf}(f_1, f_2, \cdots, f_n)$。

在<u>非負的</u>公倍數之中，<u>最小（「低」）的</u>那個，就叫做最低公倍數。記做 $h = \text{lcm}(f_1, f_2, \cdots, f_n)$

我們只要思考 $n = 2$ 的情形就夠了：事實上：

$\text{hcf}(f_1, f_2, f_3) = \text{hcf}(\text{hcf}(f_1, f_2), f_3); \text{hcf}(f_1, f_2, f_3, f_4) = \text{hcf}(\text{hcf}(f_1, f_2), \text{hcf}(f_3, f_4))$；等等

對於兩個整數 f, g，如果 $\text{hcf}(f, g) = 1$，我們就說它們互質（relatively prime），記做 $f \perp\!\!\!\perp g$。

整式的 hcf 與 lcm

我們可以仿照整數環 $\mathbb{Z}$ 中的辦法，來定義多項式環 $K[x]$ 中的最高公因式 hcf (= highest common factor)，以及最低公倍式 lcm (= lowest common multiple)。

當 $h(x)$ 是 $f(x) \in K[x]$ 的倍式而且也是 $g(x) \in K[x]$ 的倍式時，它就是它們的公倍式，同樣也可以定義公因式；在公因式之中，有次數最高的，這幾乎就叫做最高公因式了。可是這裡有個小小的咬文嚼字：我寫的是

$$\text{hcf}(x^4+2x^3-x-2, x^3+4x^2+x-6) = x^2+x-2,$$

你寫的是

$$\text{hcf}(x^4+2x^3-x-2, x^3+4x^2+x-6) = 7x^2+7x-14,$$

你沒有錯！事實上，$(x^4+2x^3-x-2) = (7x^2+7x-14) * \frac{x^2+x+1}{7}$；

$(x^3+4x^2+x-6) = (7x^2+7x-14) * \frac{x+3}{7}$,

因此 $7x^2+7x-14$ 果然是個公因子，而且是 2 次的，已經是最高次的了！事實上，在說 hcf, lcm，的時候，乘以一個非零的常數，完全沒有影響到因式倍式的關係，也沒有改變次數。所以，我們把只是相差了一個常數倍數的答案看成一樣。如果你堅持要一個標準的答案，那麼就取它的么領化。

對於兩個多項式 $f(x)$, $g(x)$，如果 hcf $(f(x), g(x)) = 1$（非零常數），我們就說它們互質（relatively prime），記做 $f(x) \perp\!\!\!\perp g(x)$。

輾轉相除法原理

對於任何兩個多項式 $f(x), g(x), \in K[x]$，一定有個最高公因式 $\text{hcf}(f(x), g(x))$。事實上我們可以用輾轉相除法算出！

習題1 計算 $\text{hcf}(x^4+2x^3-x-2, x^3+4x^2+x-6)$。

（這是前面 §05. 講過的，但是現在再「形式地」寫一遍！你也可以先略過。）分成幾步驟：

- 首先證明一個補題甲（「滑移補題」）：對於整數 $f, g, k, \in \mathbb{Z}$, hcf $(f, g) =$

hcf $(f, g-k*f)$。如何證明？我們先證明：

- 補題乙：若整數 u 是 (f, g) 的公因數，則它也是 $g-k*f$ 的因數。
  （這個證明太簡單了：如果 $f=u*a,\ g=u*b,\ a\in\mathbb{Z},\ b\in\mathbb{Z}$，則 $g-k*f=(b-k*a)*u$ 也是 u 的倍數。）由此可知：
- 若整數 u 是 (f, g) 的公因數，則它也是 $(f, g-k*f)$ 的公因數。
  由此，記 $k_1=-k,\ g_1=g-k*f$，就得到 $g=g_1-k_1*f$，那麼：把補題乙用到 (f, k_1, g_1)，結論是：若整數 u 是 $(f, g-k*f)$ 的公因數，則它也是 (f, g) 的公因數。
  這樣子一來，$(f, g-k*f)$ 的公因數，恰恰就是 (f, g) 的公因數，不多也不少！其中次數最高者，就是 hcf。所以證明了補題甲。
- 輾轉相除法的意思，就是：對於 $f, g, \in\mathbb{N}$，
  令 $f_{-1}:=g\geq f_0:=f$；以下 $f_{j-2}=q_j*f_{j-1}+f_j$；$0\leq f_j<f_{j-1}$；$j=1, 2, \cdots, m$。
  從 $j=1$ 開始，一直進行到 $f_m=0$ 才停。那麼，$f_{m-1}=\text{hcf}(g, f)$。事實上，因為 $f_j:=f_{j-2}-q_j*f_{j-1}$，所以由滑移補題，

$$\text{hcf}(f_{j-2}, f_{j-1})=\text{hcf}(f_{j-1}, f_j).$$

  由 $j=1$ 開始到 $j=m$ 為止，就得到：$\text{hcf}(g, f)=\text{hcf}(f_{m-1}, f_m)=f_{m-1}$。（我們其實已經用到遞迴法了！）

習題2 要證明 $K[x]$ 中的輾轉相除法原理，只要模仿 $\mathbb{Z}$ 中的證明法。請把上述的每一步，都把 $\mathbb{Z}$ 改為 $K[x]$。重新寫寫看！

問1 若 $f(x), g(x), \in\mathbb{Z}(x)$，而且都是么領的，則帶餘除法在 $\mathbb{Z}[x]$ 中行得通：整商 $q(x)\in\mathbb{Z}[x]$ 整餘 $r(x)\in\mathbb{Z}[x]$，你想，可否用輾轉相除法，求得 $\text{hcf}(f(x), g(x))=h(x)\in\mathbb{Z}[x]$？

● 整組合

若 $P, Q, f, g, \in\mathbb{Z}$，則我們稱

$$h=P*f+Q*g$$

為f, g（在$\mathbb{Z}$中）的一個整組合；

類推地，若$P(x), Q(x), f(x), g(x), \in K[x]$，則我們稱

$$h(x) = P(x) * f(x) + Q(x) * g(x) \tag{6}$$

為$f(x), g(x)$，（在$K[x]$中）的一個整式組合。（「整式」=「多項式」。）

最大公因式的組合表達定理

對於兩個多項式$f(x), g(x), \in K[x]$，它們的最大公因式$h(x) = \text{hcf}(f(x), g(x))$一定是$f(x)$與$g(x)$的整式組合，也就是說，可以寫成如上 (6) 的形式。

（參考 §05. 中的「最大公因數的組合表達定理」，你可以模仿其證明！）

證明的一個要點是：

重複的整組合補題

在整數系$\mathbb{Z}$中，若$h \in \mathbb{Z}$是$F, G, \in \mathbb{Z}$的整組合，而F與G都是$f \in \mathbb{Z}$，$g \in \mathbb{Z}$的整組合，則h也是(f, g)的整組合！

把$\mathbb{Z}$改為$K[x]$也對！那麼，在上述的輾轉相除法之中，

$$h(x) = \text{hcf}(f(x), g(x)) = f_{m-1}(x);$$

但是，$f_j(x) := f_{j-2}(x) - q_j(x) * f_{j-1}(x)$，所以，$f_j(x)$乃是$f_{j-2}(x)$，$f_{j-1}(x)$，兩者的整組合。那麼，由$j = m$開始，逆推回去，$j = m-1, j-2, \cdots, j = 1$，可知：$h(x)$乃是$f_{-1}(x) = g(x), f_0(x) = f(x)$，兩者的整組合。

問 2 $h(x) := \text{hcf}(f(x), g(x)) = P(x) * f(x) + Q(x) * g(x)$；而且我們永遠可以假設：

$$\deg(P(x)) < \deg(g(x)), \ \deg(Q(x)) < \deg(f(x)).$$

§13 質因式分解

素樸的原子論

（請參看《整》pp.23-26.）科學中，最重要的一個方法論，就是：「複雜

的東西，其實是由簡單的東西湊成的！」當然，這就牽涉到「何謂簡單」，何謂「湊」。當我們確立了「湊法」之後，其後的工作，就是其反向的思考，也就是「拆」，要認識清楚（=分析）一個複雜的東西是如何湊成的。例如說，化學上，

「混合物」，是由「純粹物」混合起來的！（湊=混合。）

「化合物」，是由「元素」化合起來的！水是由氫與氧化合起來的！（湊=化合。）完全同樣地，「雙氧水」也是由氫與氧化合起來的！（湊=化合。）

所以在這兩個例子的比較之中，我們就體認到：不但要定性分析（知道這個複雜的東西由哪些簡單的東西湊成的），也要定量分析（知道那些東西的量），於是在度量的時候，發現到應該有自然的基本單位。（例如純物的分子 molecule，元素的原子 atom。）

當然，更進一步，當我們發現：乙醇（ethanol，酒精）$C_2H_5OH \neq$ 雙甲醚（dimethyl ether）CH_3-O-CH_3 的時候，我們就需要把「化合」更進一步分辨：「湊」=鍵結。

在學習英文的時候，你已經發現：每個字都是由拉丁字母拼起來的。更進一步，你就發現：有時一個字是由「字幹」、「附首詞」、「接尾詞」，拼起來的（a-tom, a-tom-ic）。

● 數學上的湊

數學上大概有三種湊的方式：加法、乘法，與函數的合成。

● 加法與係數乘法

數學上，最簡單的「湊」，就是「加法」。例如說，多項式（polynomial）$f(x)=5x^4-2x^2+3x+7$，就是由四個單項式（monomial）加起來的。

（說黑話：$f(x)$ 的「加性分解」，就得到 $5x^4, -2x^2, 3x, 7$，這四件簡單的東西。）但是，我們最好把加法的「湊」，與「係數乘法」結合起來，得到一個概念，叫做線性組合。「係數乘法」是乘以一個係數（例如說：$3*(2x^2-7)=6x^2-21$），這樣說的好處是：如上例，$f(x)$ 就是由四個「基本的東西」（么領單項式）$x^4, x^2, x, 1=x^0$，湊起來的。

乘法

數學上另外一種「湊」，就是「乘法」，這當然比加法稍微複雜一點。這是本節的主角：在 $K[x]$ 或者 $\mathbb{Z}$ 中，乘法的反湊（乘性分解）就是因式分解（或者因數分解），通常就簡稱為「分解」。

因數分解

我們在小學已經學過自然數系 $\mathbb{N}$ 中的因數分解。例如說，624，我們可以寫成：

$$624=6*104=6*26*4=12*4*13=\cdots,$$

它是由 6 與 104 湊成的，也是由 12, 4，與 13 湊成的。等等。

那麼，我們就可以把 $\mathbb{N}$ 中的數 n，用因數分解的立場，分為三類：

- $n=1$，單獨成為一類，因為對於乘法來說，它非常特別！

  首先，它是「乘法的么元」，用它去乘任何數 $a\in\mathbb{N}$，等於「動都不動」$1*a=a*1=1$。

在任何的乘法的式子中，1 是「毫無意義的存在」，例如說，在上述的 624 中，

$$\begin{aligned}624&=1*6*104=6*1*26*1*1*4\\&=12*1*1*1*4*1*1*1*13*1*1=\cdots,\end{aligned}$$

我們可以在任何地方插入 1. 因此，在相乘的式子中，遇到 1，本來就應該刪去！

註 這樣子想來，我們應該規定「空乘積」（empty product）= 零個數相乘 = 1。另外一方面說，在 $\mathbb{N}$ 中，除法 $b\div a$ 的意思是：給了 $a, b, \in\mathbb{N}$，想要找 $c\in\mathbb{N}$，使得：$a*c=c*\text{a}=b$。找得到，$b\div a$ 才是「可除」。如果固定了 $a\in\mathbb{N}$，而對於任意的 $b\in\mathbb{N}$，$b\div a$ 都是可除，我們就說 $a\in\mathbb{N}$ 是 $\mathbb{N}$ 中的一個「可除元」。如此說來，在 $\mathbb{N}$ 中，只有 1 才是可除元！其他的元都不

是可除元。

- n 是質數。它完全沒有什麼好分解的，因為，如果 n 是個質數，它的分解，一定是

$$n=n*1=1*n=n*1*1=1*n*1=1*1*n=\cdots$$

雖然是無窮多種寫法，總歸都是許多個 1，以及單獨一個 n，相乘。如果把所有的 1 刪掉，那麼一定就是一個因子 n 而已。

當然另外一個說法是：n 在 $\mathbb{N}$ 中的因數，只有兩個，也就是 $1, n$。

- n 是個<u>合成數</u>。這就是說可以寫成 $n=a*b, a\in\mathbb{N}, b\in\mathbb{N}, a>1, b>1$。

● 算術基本定理

任一個自然數 $a\in\mathbb{N}$ 都可以分解成幾個質數之乘積！若不計較先後次序，那麼恰恰只有一個分解法！

事實上，若將這些質數從小到大排列，則寫法唯一：標準分解式。

例如：

$$205504=2*2*2*2*2*2*13*13*19=2^6*13^2*19;$$

它的質因子只有 3 種：2, 13, 19；但它的<u>總重（複）度</u>=9；事實上，2 出現的重度=6, 13 出現的重度=2, 19 出現的重度=1。

註 所以，以乘法當作「湊」，$\mathbb{N}$ 中的「質數」，（可以稱為算術的原子，）就相當於化學中的單一個「原子」。每個自然數 a，（可以稱為算術的分子，）相當於一個「化學的分子」，其中所含的「原子」之個數，就是 a 的總重度。一個合成數就是一個多原子分子；可逆元 1 相當於「無物質」。

基本定理主要就是說明質因式分解的（存在性與）唯一性。更精確地說：若

$$a=p_1*p_2*\cdots*p_m=q_1*q_2\cdots q_n; p_i, q_j \text{ 都是質數，}$$

則：$m=n$，而且諸 p_i，與諸 q_j 只是順序不同而已。

要證明這個唯一性，只要利用如下的補題：

● 質因數補題

若p_1與q_1互質，而$q_1 * Q_1$是p_1的倍數，則Q_1是p_1的倍數。

● 補題的證明

今$q_1 * Q_1 = p_1 * w$，而已知p_1, q_1互質，也就是說：$1 = \mathrm{hcf}(p_1, q_1)$。由 hcf 的組合表達定理，存在$u, v \in \mathbb{Z}$，使得：

$$1 = \mathrm{hcf}(p_1, q_1) = p_1 * u + q_1 * v;$$

此式乘以Q_1，就得到：

$$Q_1 = p_1 * u * Q_1 + q_1 * v * Q_1 = p_1 * u * Q_1 + p_1 * v_1 * w = p_1 * (u * Q_1 + v_1 * w).$$

回到算術基本定理唯一性的證明，今$a = p_1 * p_2 * \cdots * p_m = q_1 * q_2 * \cdots q_n$; p_i, q_j，於是，若質數$q_1 \neq p_1$，則因為p_1也是質數，兩者不等就是互質，而$q_1 * (q_2 * q_3 \cdots q_n)$是$p_1$的倍數，因而，依照補題，$q_2 * q_3 \cdots q_n$是$p_1$的倍數；於是再看質數$q_2$是否$= p_1$，若不是，則再用一遍補題，可知$q_3 \cdots q_n$是$p_1$的倍數；繼續下去，可知必定有某個$q_j = p_1$。我們就掉換足碼 1 與$j$（標籤而已），就可以說$q_1 = p_1$；那麼從原來的$a$的質因數分解式，約去質因數$p_1 = q_1$，就得到：

$$a' = p_2 * \cdots * p_m = q_2 * \cdots q_n; \ p_i, q_j \text{ 都是質數，}$$

現在再思考：右側中必有一個$q_j = p_2$？當然也對！

依此類推，由遞迴法，就證明了定理！

● 註：歐氏定理

質數（「算術中的元素」）個數無限多！（不是 92 或 108 個，參看《整》p.33.）

整數系中的因數分解

在整數系中，用乘法的觀點，數分成幾類？

數 $a \in \mathbb{Z}$ 稱為「可除的」（或者「可逆的」），意思就是在除法 $b \div a$ 中永遠有答案，不論 $b \in \mathbb{Z}$ 如何。

我們只要思考 $\frac{1}{a} \in \mathbb{Z}$ 成立否？立知：可逆元就恰好是 ±1 這兩個而已！可逆元乃是任何數的因數。而它們不可能是任何 $b \in \mathbb{Z}$ 的倍數，除非 $b = \pm 1$。其次我們知道：0 自成一類，叫做<u>零類</u>。它和「可逆元」可以說是極端相反！零元乃是任何數的倍數，而且對偶地，它不可能是任何數 b 的因數，除非 $b = 0$。（這是上述 $\mathbb{N}$ 的討論中沒有的一類。）

同態的觀點

我們可以把 $\mathbb{Z}$ 中的乘法，歸併到 $\mathbb{N}$ 中，事實上，由於同態定理：

$$|m * n| = |m| * |n|. \tag{1}$$

對於任意的整數 $n \in \mathbb{Z}$，我們就考慮其絕對值 $|n| \in \mathbb{N}_0$。這就是說，我們可以很乾脆地，把 $+n, -n$ 簡直看成同一個東西！（兩者稱為正負「相伴」。）亦即：若 $n \neq 0$，我們就由 $|n| \in \mathbb{N}$ 的分類，（可逆數、質數抑或合成數？）做為 n 的分類。剛剛已經談了可逆元，果然就只有±1。

$\mathbb{Z}$ 中的質數，就是 $\mathbb{N}$ 中的質數，但是也許多了個負號。因此每個質數 n，在 $\mathbb{Z}$ 中的因數，一定是 4 個，即是：$+1, -1, +n, -n$。（以正負「相伴」的眼光看，只有 $\pm 1, \pm n$ 兩個。）

$\mathbb{Z}$ 中的合成數 n，就是可以寫成：$n = a * b, |a| > 1, |b| > 1$ 者。因此每個合成數 n，在 $\mathbb{Z}$ 中的因數，最少有 8 個。

我們可以這樣子敘述整數系中的質因數分解定理：每個非零的整數 n，都可以寫成如下形式：

$$n = \pm p_1^{m_1} * p_2^{m_2} * \cdots p_\ell^{m_\ell}. \tag{2}$$

其中 $\ell>0$，除非 $|n|=1$，而 $p_1<p_2<\cdots<p_\ell$ 都是正的質數，諸 m_j 都是自然數，而 $\pm1=\text{sign}(n)=\frac{n}{|n|}$ 是 n 的正負號。這樣子的寫法是唯一的。

習題 將 -777600 在 $\mathbb{Z}$ 中，做質因數分解。

問 若是填空題 $-777600=\boxed{A}^3*\boxed{B}^3*\boxed{C}^2*\boxed{D}^2$，限定 A,B,C,D，為正或負的整數，請問可以有幾種正確的答案？

多項式的分類

多項式也分成四類！

- 零多項式自成一類，叫做<u>零類</u>。它和「可逆元」可以說是極端相反！零元乃是任何多項式的倍式，而且對偶地，它不可能是任何別的多項式 $f(x)$ 的因式。
- 多項式 $f(x)$ 稱為「可除的」（或者「可逆的」），意思就是：除法 $g(x)\div f(x)$ 在 $K[x]$ 中永遠有答案，不論 $g(x)\in K[x]$ 如何。立知：可逆元 $f(x)$ 就恰好是「非零」常數而已：$\deg(f(x))=0$。可逆元 $f(x)$ 乃是任何多項式的因式。而且如果它是任何 $g(x)\in K[x]$ 的倍式，則 $g(x)$ 也可逆。
- 質式 $f(x)$ 的意思是：當你有 $f(x)=g(x)*h(x)$ 的時候，$g(x)$ 與 $h(x)$ 之中，一定恰好有一個是「非零」常數。
- 合成式 $f(x)$ 的意思是：可以寫之為 $f(x)=g(x)*h(x)$，而有 $\deg(g(x))>0$，$\deg(h(x))>0$ 者。

相伴

對於任何一個「非零」常數 c 與任何一個多項式 $f(x)\in K[x]$，我們都說：$f(x)$ 與 $c*f(x)$ 相伴。這時候它們一定是同類的！

定理

在 $K[x]$ 中，任何一個多項式 $f(x)$ 都有質因式分解，而且實質上是唯一的：如果

$$f(x)=p_1(x)*p_2(x)*\cdots*p_m(x)=q_1(x)*q_2(x)*\cdots*q_n(x), \tag{3}$$

而且其中的$p_i(x)$與$q_j(x)$都是質式，則$m=n$，而且只要調換順序，就得到$p_j(x)$與$q_j(x)$相伴！

例題1 對於「多項式之除法求餘」，我們用 mod 來表示。

已知：$f(x)*(x-2) \quad \text{mod}\,(x^2+x+1)=5x+4$，

求：$f(x) \quad \text{mod}\,(x^2+x+1)=Ax+B=$？

今設：

$$f(x)=g(x)*(x^2+x+1)+Ax+B.$$

然則：

$$\begin{aligned}(x-2)*f(x)&=(x-2)*g(x)*(x^2+x+1)+(x-2)*(Ax+B)\\&=(x-2)*g(x)*(x^2+x+1)+Ax^2+(B-2A)x-2B.\end{aligned}$$

那麼：

$$\begin{aligned}(x-2)*f(x) \quad \text{mod}\,(x^2+x+1)&=(Ax^2+(B-2A)x-2B) \quad \text{mod}\,(x^2+x+1)\\&=(B-3A)x+(-2B-A).\end{aligned}$$

由題意，

$$B-3A=5,\ -2B-A=4;\ A=-2;\ B=-1.$$

例題2 剛剛的習題，是在多項式環 $\mathbb{Q}[x]$ 中來討論的。請你提出一個在整數環中的類似的題目！

解答 例如說：「已知某一個自然數f的 5 倍，被 17 除，得到的餘數是 6，請問這個數是多少？」

這裡我們採取 Newton 式的做法，則 $5*f=6(\quad \text{mod}\ 17)$，亦即：

$$5*f=6,\ 6+17=23,\ 23+17=40,\ \cdots,$$

故以 $5*f=40$，可得：

$$f=8,\ 8+17,\ \cdots,$$

要點並非 17 為質數，而是 5 與 17 互質。（17 為質數，讓我們不用煩惱互質性。）

§14 餘數定理

綜合除法

例如，以 $x-2$ 去除 $F=2x^4-5x^2-7x+9$。

2	+0	−5	−7	+9	2
	+4	+8	+6	−2	
2	+4	+3	−1	‖7	

商式是 $2x^3+4x^2+3x-1$，餘數（= 餘式）是 7。

請參看《代》pp.73-75 的說明！也許要練習一兩題習題，或者就思考一下如下的計算方式：

用「二階綜合除法」，以 x^2-2x+1 去除 $F=2x^4-5x^2-7x+9$。

2	+0	−5	−7	+9		
		−2	−4	−1		−1
	+4	+8	+2		2	
2	+4	+1	‖−9	−8		

商式是 $2x^2+4x+1$，餘式是 $-9x-8$。你要注意斜對角線往右上的三條：2 [+4 − 2]; +4[+8 − 4]; −1[+2 − 1]。

餘數定理

用（么領）一次式 $x-\alpha$ 去除多項式 $f(x)$ 所得到的餘數 r，就是以 α 對多項式 $f(x)$ 的計值 $f(\alpha)=r$。

證明　因為 $f(x)=q(x)*(x-\alpha)+r, f(\alpha)=q(0)*(\alpha-\alpha)+r=r.$

綜合除法與多項式的計值

等式 $r=f(\alpha)$ 有兩個方向的用途！一方面說：算出函數值 $f(\alpha)$，就知道餘數 r，反過來說，如果除出餘數 r，就算出函數值 $f(\alpha)$ 了！

那麼到底哪個方向的用途比較大？事實上，作綜合除法常常是「比較死板」因而「比較輕鬆」的事！

因式定理

一次式 $x-\alpha$ 會是多項式 $f(x)$ 的因式的條件是 α 乃是方程式 $f(x)=0$ 的根。

當然這是餘數定理的一個特例而已！（當然這也是特別重要的特例。）同樣地，這個定理也是有兩個方向的用途：一方面說：知道 α 是方程式 $f(x)=0$ 的一個根，就知道多項式 $f(x)$ 有一個因子 $(x-\alpha)$，反過來說，如果多項式 $f(x)$ 有一次因子 $(x-\alpha)$，就知道方程式 $f(x)=0$ 有一個根 α 了！

根的個數定理

若多項式 $h(x)=\sum_{j=0}^{n} c_j x^j$ 的次數為 $\deg(f(x))=n>0$，則：方程式 $h(x)=0$ 最多只有 n 個相異的根 $\alpha_1, \alpha_2, \cdots, \alpha_n$。

證明　事實上，此時 $h(x)=c_n*(x-\alpha_1)(x-\alpha_2)\cdots(x-\alpha_n),\ c_n\neq 0.$

由此就推論出：

待定係數法定理

若多項式 $h(x)=\sum_{j=0}^{n} c_j x^j$ 的形式上的次數為 n，諸數 $\alpha_j, j=0, 1, 2, \cdots, n$ 都不相

同，而且它們對於多項式 $h(x)$ 的計值都是零：$h(\alpha_j)=0, j=0, 1, \cdots n$，那麼 $h(x)$ 根本就是零多項式！

更常見的說法是：若兩個多項式 $f(x)=\sum_{j=0}^{n} a_j x^j, g(x)=\sum_{j=0}^{n} b_j x^j$ 的次數都不超過 n，而且有 $n+1$ 個不同的數 $\alpha_j, j=0, 1, 2, \cdots n$，使得它們對於兩個多項式 $f(x)$，$g(x)$ 的計值都相同：$f(\alpha_j)=g(\alpha_j), j=0, 1, \cdots, n$，那麼兩個多項式 $f(x)$，$g(x)$ 根本就是全等！也就是說：

$$a_j=b_j, j=0, 1, 2, \cdots, n.$$

證明　後者只要令 $h(x):=f(x)-g(x)=\Sigma(a_j-b_j)x^j$，就好了！

複係數多項式質式

在複係數多項式的環 $\mathbb{C}[x]$ 中，所有的么領質式，就是形如 $x-\gamma$ 者，其中 $\gamma \in \mathbb{C}$。

證明　設 $f(x)\in\mathbb{C}[x]$。若 $\deg(f(x))>1$，則由代數學根本定理，$f(x)=0$ 最少有一個根 $\gamma\in\mathbb{C}$，但是這一來，由因式定理，$f(x)$ 具有因式 $x\in\gamma$，於是 $f(x)$ 為合成式，不是質式。

反過來說，$K[x]$ 中的一次式 $f(x)$ 當然是質式，因為 $f(x)=g(x)*h(x)$，則 $\deg(h(x))=1=\deg(g(x))+\deg(h(x))$，故：$\deg(g(x))=0$ 或 $\deg(h(x))=0$，二者必居其一。

實係數多項式質式

在實係數多項式的環 $\mathbb{R}[x]$ 中，所有的一次式當然都是質式，但是有些質式，不一定是一次式。事實上，這種質式，一定是二次式之具有負的判別式者。

證明　若 $f(x)$ 是 $\mathbb{R}[x]$ 中的質式，且 $\deg(f(x))>1$。今 $f(x)=0$ 有一個複數根 $\gamma\in\mathbb{C}$。若 $\gamma\in\mathbb{R}$，則 $f(x)$ 具有質因子 $x-\gamma\in\mathbb{R}[x]$，$f(x)$ 只好就是與之相伴者。

今設$\gamma=a+\mathbf{i}*b, b\neq 0, a, b\in\mathbb{R}$；現在考慮

$$g(x):=(x-\gamma)*(x-\overline{\gamma})=(x-(a+\mathbf{i}*b))*(x-(a-\mathbf{i}*b))$$
$$=(x-a)^2+b^2\in\mathbb{R}[x].$$

$$\deg(g(x))=2.$$

將$f(x)$對$g(x)$做帶餘除法，於$\mathbb{R}[x]$中，得：

$$f(x)=g(x)*q(x)+c*x+d;$$

於是以$x=\gamma=a+\mathbf{i}*b$代入，得：

$$f(\gamma)=0=g(\gamma)*0+c(a+\mathbf{i}*b)+d=(c*a+d)+\mathbf{i}*(c*b);$$

此處，$a, b, c, d, \in\mathbb{R}$，於是依虛虛實實原則，

$$(c*a+d)=0=(c*b);$$

但是因為$b\neq 0$，所以$c=0$，於是就得到：$d=0$。因此：$f(x)$具有因式$g(x)$ $\in\mathbb{R}[x]$，只好與之相伴！

實係數二次方程式$g(x)=(x-a)^2+b^2=0$有共軛虛根，判別式為負。

註 這裡已經證明了：實係數多項式方程式的虛根必定共軛成對出現！

例 1 若$6x^2-11xy-10y^2-19y+\lambda$能分解為兩個一次因子之積時，$\lambda=$？

解析 若$6x^2-11xy-10y^2-19y+\lambda=(a_1x+b_1y+c_1)(a_2x+b_2y+c_2)$，則：

$$\text{齊二次部分}=6x^2-11xy-10y^2=(a_1x+b_1y)(a_2x+b_2y);$$

因此可設：$a_1x+b_1y=3x+2y$，$a_2x+b_2y=2x-5y$，即是：

$$6x^2-11xy-10y^2-19y+\lambda=(3x+2y+c_1)(2x-5y+c_2);$$

於是：

$$3c_2+2c_1=0;\ 2c_2-5c_1=-19,\ c_1=3,\ c_2=-2,\ \lambda=c_1c_2=-6.$$

例 2 求常數 a, b，使得 $x^4+ax^3+2x^2+bx-2$ 可被 x^2-x-2 整除。

解析 因為 $x^2-x-2=(x-2)(x+1)$，此多項式 $f(x)$ 有 $f(2)=0=f(-1)$。因此：

$$22+8a+2b=0=1-a-b;\ a=-4;\ b=5.$$

例 3 求三次式 $f(x)$，使得：$f(1)=0, f(2)=-16, f(3)=-20, f(4)=0$。

解析 由頭尾兩條件，可知 $f(x)=(x-4)(x-1)(ax+b)$，於是：

$$f(2)=-16=-2(b+2a), f(3)=-20=-2(b+3a),\ b+2a=8,\ b+3a=10,$$
$a=2$, b$=4$，

例 4 求多項式 $f(x)$，使得：用 $(x-2)^3$ 除，餘 3；用 $(x-1)^2$ 除，餘 -3。

解析 令 $f(x)=g(x)*(x-2)^3+3$；而 $f(x)+3=g(x)*(x-2)^3+6$ 可被 $(x-1)^2$ 除盡。

因而，$g(x)*(3x-4)+6$ 可被 $(x-1)^2$ 除盡。故設 $g(x)=Ax+B$，得：

$$(Ax+B)(3x-4)+6=3Ax^2+(3B-4A)x+(6-4B)=3A(x^2-2x+1)$$
$$=3Ax^2-6Ax+3A;$$
$$3B-4A=-6A,\ 6-4B=3A;\ A=18,\ B=-12,$$

答案是：$f(x)=18x^4-120x^3+288x^2-288x+99+h(x)*(x-2)^3(x-1)^2$。

例 5 求（真正的）二次式 $f(x)$，使得：$f(x)$ 能夠整除 $f(x^2-1)$。

解析　設$f(x)=ax^2+bx+c$，於是$f(x^2-1)=a(x^2-1)^2+b(x^2-1)+c$

$$=ax^4+(b-2a)x^2+(c-b+a)。$$

必須可以被$f(x)=ax^2+bx+c$除盡。記住：此時商式是不用煩惱的！因此，在做長除法的時候，只要扣剩的多項式，領導係數非a的倍數，我們就先把被除式乘上a，方便於除法！

首先，由$f(x^2-1)$扣去$ax^2*f(x)=ax^4+bx^3+cx^2$，得到$G_1(x)=-bx^3+(b-2a-c)x^2+0x+(c-b+a)$；

其次，由$a*G_1(x)=-abx^3-a(b-2a-c)x^2+0x+a(c-b+a)$扣去$-bx*f(x)=-abx^3-b^2x^2-bcx$，得到

$$G_2(x)=(b^2+ab-2a^2-ac)x^2+bcx+(ac-ab+a^2);$$

這必須是$f(x)$的倍數。因此：

$$(b^2+ab-2a^2-ac):bc:(ac-ab+a^2)=a:b:c;$$

注意到中間項，先把$b=0$的情形考慮掉：

$$-2a^2-ac:ac+a^2=a:c;\ c^2+3ac-a^2=0;\ c=-\frac{-3\pm\sqrt{5}}{2}a;$$

答案是：$f(x)=a\left(x^2+\frac{-3\pm\sqrt{5}}{2}\right)$。

若$b\neq 0$，則：

$$(b^2+ab-2a^2-ac)=ac,\ (ac-ab+a^2)=c^2;$$

後一式子可以解出$b=\frac{ac+a^2-c^2}{a}$，代入前一式子，整理成為「a, c的齊4次方程式」：

$$c^4-2ac^3-2a^2c^2+a^3c=0;$$

得到：$c=0, -a, \frac{3\pm\sqrt{5}}{2}a$；

因而：$b=a, -a, (-1\mp\sqrt{5})a$；

答案是：

$$f(x)=a(x^2+x), a(x^2-x-1), a\left(x^2-(1\pm\sqrt{5})x+\frac{3\pm\sqrt{5}}{2}\right)$$

插值問題

回去看例 3，Newton 的解法是逐步考慮所給的條件！

$f(1)=0$，我們就選 $f_0(x)=0$（零多項式）好了，更一般的解答，而滿足 $\deg(f(x))\le 1$ 者，就是 $f_1(x)=f_0(x)+A_1(x-1)$；

那麼要滿足第二個條件 $f(2)=-16$，我們就必須選：$A_1=-16$。於是滿足此兩條件而且次數 $\deg(f(x))\le 2$ 者，必定是 $f_2(x)=f_1(x)+A_2(x-1)(x-2)$；

再考慮第三個條件 $f(3)=-20$，我們就必須選：$A_2=6$，於是滿足此三條件而且次數 $\deg(f(x))\le 3$ 者，必定是 $f_3(x)=f_2(x)+A_3(x-1)(x-2)(x-3)$；

再考慮第四個條件 $f(4)=0$，我們必須選：$A_3=3$。因此得到解答！

這就是 Newton 的插值定理：若 $\alpha_0, \alpha_1, \cdots, \alpha_m$ 是不相等的實數，而 $\beta_0, \beta_1, \cdots, \beta_m$ 是任意的，要找一個多項式 $f(x)$，使得：

$$f(\alpha_j)=\beta_j, (j=0, 1, \cdots, m) \tag{1}$$

解答一定存在，而且如果限定 $\deg(f(x))\le m$ 的話，則答案唯一。

Lagrange 的插值公式

上述定理中的唯一性，是待定係數法的結論。Newton的辦法是建構性的！而 Lagrange 就提出如下的公式：（習題！）

$$f(x)=\sum_{j=0}^{m}\beta_j*\prod_{i\neq j}\frac{(x-x_i)}{(\alpha_j-\alpha_i)}; \tag{2}$$

§15　共軛原理

● 虛根共軛定理

實係數多項式方程式 $f(x)=0$ 的虛根必定共軛成對出現！

我們前面已經解釋了：只要此方程式有一虛根 $a+\mathbf{i}b,(a,b\in\mathbb{R},b\neq 0)$，就一定有其共軛根 $a-\mathbf{i}b$，這一對滿足了 $g(x)=(x-a)^2+b^2=0$，而多項式 $\frac{f(x)}{g(x)}\in\mathbb{R}[x]$。

其證明也不難：在 $\mathbb{R}[x]$ 中，進行帶餘除法：$f(x)$ 被 $g(x)$ 除，其餘式設為 $r(x)=c*x+b\in\mathbb{R}[x]$，則因為在 $\mathbb{C}[x]$ 中，

$$f(a+\mathbf{i}*b)=0=c*(a+\mathbf{i}b)+d=0。$$

於是實部與虛部分別為零：$c*a+d=0=c*b$；

然則：$f(a-\mathbf{i}*b)=c*(a-\mathbf{i}b)+d=0$。

● 無理根「共軛」定理

有理實係數多項式方程式 $f(x)=0$，如果有個實的二次無理根 $a\pm\sqrt{b}$，其中，a 為有理數，b 為正有理數，且 $\sqrt{b}$ 為無理數，則此方程式必有其「共軛」根 $a\mp\sqrt{b}$。

證明的方法是一樣的！我們令有理係數多項式

$$g(x):=(x-(a+\sqrt{b}))*(x-(a-\sqrt{b}))=(x-a)^2-b\in\mathbb{Q}[x]；$$

然後在 $\mathbb{Q}[x]$ 中，進行帶餘除法：$f(x)$ 被 $g(x)$ 除，其餘式設為 $r(x)=c*x+d\in\mathbb{Q}[x]$，現在假定 $f(x)=0$ 有無理根 $a+\sqrt{b}$, $f(a+\sqrt{b})=c*(a+\sqrt{b})+d=0$，若 $c\neq 0$，$\sqrt{b}=\frac{-d}{c}-a$ 就是個有理數了，與假定不合！故 $c=0$；結果 $d=0$，因此：$f(a-\sqrt{b})=0$。當然也同樣由 $f(a-\sqrt{b})=0$，就導致 $f(a+\sqrt{b})=0$。

例1　寫出一個整係數方程式使其有一根 $\sqrt{3}+\sqrt{2}+\mathbf{i}$，並且次數要盡量低。

解析 這裡的技巧只有一樣：

當有一個式子 $U+V=0$ 時，就乘以 $(U-V)$，得到 $U^2-V^2=0$。（減少根號！）

首先是 $0=x-\sqrt{3}-\sqrt{2}-\mathbf{i}$；因此有 $0=(x-\sqrt{3}-\sqrt{2}-\mathbf{i})(x-\sqrt{3}-\sqrt{2}+\mathbf{i})$。

整理出：$0=x^2+6+2\sqrt{6}-2(\sqrt{3}+\sqrt{2})x$；

於是得到：

$$0=(x^2+6+2\sqrt{6}-2(\sqrt{3}+\sqrt{2})x)*(x^2+6+2\sqrt{6}+2(\sqrt{3}+\sqrt{2})x);$$

於是有：

$$x^4-8x^2+60-4\sqrt{6}(x^2-6)=0.$$

那麼：

$$0=(x^4-8x^2+60-4\sqrt{6}(x^2-6))*(x^4-8x^2+60+4\sqrt{6}(x^2-6)).$$

答案是：

$$x^8-16x^6+88x^4+192x^2+144=0.$$

例 2 整係數三次方程式：$2x^3+3x^2+\cdots=0$ 有一根 $-3-\sqrt{2}\,\mathbf{i}$，求此方程式並解之。

解析 $x=-3-\sqrt{2}\,\mathbf{i}$，則 $x+3=-\sqrt{2}\,\mathbf{i}$，於是

$$(x+3)^2=-2,\ x^2+6x+11=0;\ 2x^3+3x^2+\cdots=(x^2+6x+11)(2x+A);$$

於是，$12+A=3;\ A=-9;\ 22+6A=-32;\ 11A=-99;$

方程式為 $2x^3+3x^2-32x-99=0$。另外兩根為：$-3+\sqrt{2}\mathbf{i},\ \dfrac{9}{2}$；

例 3　三次方程式：$x^3-9x^2+33x-65=0$。有一虛根模數為$\sqrt{13}$，求解此方程式。

解析　兩個共軛虛根之積$=13$，設另外一實根為α，故得：

$$x^3-9x^2+33x-65=(x^2-px+13)(x-\alpha);\ \alpha=5;\ -p-5=-9,\ p=4.$$

兩個共軛虛根為$2\pm3\mathbf{i}$。

例 4　四次方程式：$x^4-4x^3+11x^2-14x+10=0$ 有兩個虛根呈現為$a+b\mathbf{i},\ a+2b\mathbf{i}$之形，其中$a, b$，為實數，$b>0$。求解此方程式。

解析　因此另外的根為$a-b\mathbf{i}$，$a-2b\mathbf{i}$，故得：

$$4a=4,\ 6a^2+5b^2=11,\ 4a^2+10ab^2=14;\ a^4+5a^2b^2+4b^4=10;$$

於是：$a=1=b^2$。

註　實際上，我本來想把題目改為如下：

四次方程式：$x^4-4x^3+11x^2-14x+10=0$有一虛根之虛部為另外一虛根虛部之兩倍，求解此方程式。當然這還是可以解，只是煩得多！

例 5　方程式：$x^6+3x^5-3x^4-6x^3+11x^2+27x-9=0$ 有一根$\sqrt{2}+\mathbf{i}$，求解此方程式。

解析　（思考例題 1 的技巧！）

若$x-(\sqrt{2}+\mathbf{i})=0$，則$(x-\sqrt{2})^2+1=0=x^2-2\sqrt{2}x+3$。

$x^2+3=2\sqrt{2}x$，因而$x^4+6x^2+9=8x^2;\ x^4-2x^2+9=0$。原方程式就是：

$$(x^4-2x^2+9)(x^2+3x-1)=0。$$

根是：$\sqrt{2}\pm\mathbf{i};\ -\sqrt{2}\pm\mathbf{i};\ \dfrac{-3\pm\sqrt{13}}{2}$。

習題1 方程式：$2x^3-7x^2+10x-6=0$ 有一根 $1+\mathbf{i}$，求解此方程式。

習題2 方程式：$x^6+x^5-3x^4-2x^3+27x^2+25x-25=0$ 有一根 $\sqrt{3}-\sqrt{2}\mathbf{i}$，求解此方程式。

習題3 實係數方程式：$x^3+px-q=0$ 有一虛根 $\alpha+\beta\mathbf{i}, (\alpha, \beta\in\mathbb{R})$，則方程式 $x^3+px+q=0$ 有實根2α。

§16 有理函數的分項分式

例1 化 $\frac{x^2+1}{x^4+x^2+1}-\frac{x-1}{x^3+1}$ 為單項分式。

解析 要活用平方差與立方差的公式！

$$X^2-Y^2=(X+Y)(X-Y), X^3-Y^3=(X-Y)(X^2+XY+Y^2)\text{。}$$

於是，

$$\frac{x^2+1}{x^4+x^2+1}=\frac{(x^2-1)(x^2+1)}{x^6-1}=\frac{x^4-1}{x^6-1}; \frac{x-1}{x^3+1}=\frac{(x^3-1)(x-1)}{x^6-1}=\frac{x^4-x^3-x+1}{x^6-1};$$

相加

$$=\frac{x^3+x-2}{x^6-1}=\frac{x^2+x+2}{(x^2+x+1)(x^3+1)};$$

實際上，$\text{hcf}(x^4+x^2+1; x^3+1)=x^2-x+1$。

例2 簡化繁分式 $\frac{x^2}{1-\frac{1}{x^2+\frac{\frac{1}{x}}{x+\frac{1}{x}}}}+\frac{x^2-1}{1-\frac{1}{x^2-\frac{\frac{1}{x}}{x-\frac{1}{x}}}}$

解析　當然這是很容易的題目，「只要脾氣好！」但是我要稍微解釋一下。最不好的方式是這樣子做，每一次都只是進步一點點，把整個時間都花在「抄寫」。

$$(\text{i})=\frac{x^2}{1-\dfrac{1}{x^2+\dfrac{\frac{1}{x}}{\frac{x^2+1}{x}}}}+\frac{x^2}{1+\dfrac{1}{x^2+\dfrac{\frac{1}{x}}{x-\frac{1}{x}}}}$$

$$(\text{ii})=\frac{x^2}{1-\dfrac{1}{x^2+\dfrac{1}{x^2+1}}}+\frac{x^2}{1+\dfrac{1}{x^2+\dfrac{\frac{1}{x}}{x-\frac{1}{x}}}}$$

$$(\text{iii})=\frac{x^2}{1-\dfrac{1}{\frac{x^4+x^2+1}{x^2+1}}}+\frac{x^2}{1+\dfrac{1}{x^2+\dfrac{\frac{1}{x}}{x-\frac{1}{x}}}}$$

$$(\text{iv})=\frac{x^2}{1-\dfrac{x^2+1}{x^4+x^2+1}}+\frac{x^2}{1+\dfrac{1}{x^2+\dfrac{\frac{1}{x}}{x-\frac{1}{x}}}}$$

$$(\text{v})=\frac{x^2}{\dfrac{x^4}{x^4+x^2+1}}+\frac{x^2}{1+\dfrac{1}{x^2+\dfrac{\frac{1}{x}}{x-\frac{1}{x}}}}$$

$$(\text{vi})=\frac{x^4+x^2+1}{x^2}+\frac{x^2}{1+\dfrac{1}{x^2+\dfrac{\frac{1}{x}}{x-\frac{1}{x}}}}$$

這樣子你做了那麼久，六步，只做了一半。另外的一半又要六步：

$$(\text{vii})=\frac{x^4+x^2+1}{x^2}+\cfrac{x^2}{1+\cfrac{1}{x^2+\cfrac{\frac{1}{x}}{\frac{x^2-1}{x}}}}$$

$$(\text{viii})=\frac{x^4+x^2+1}{x^2}+\cfrac{x^2}{1+\cfrac{1}{x^2+\cfrac{1}{x^2-1}}}$$

$$(\text{ix})=\frac{x^4+x^2+1}{x^2}+\cfrac{x^2}{1+\cfrac{1}{\frac{x^4-x^2+1}{x^2-1}}}$$

$$(\text{x})=\frac{x^4+x^2+1}{x^2}+\cfrac{x^2}{1+\cfrac{x^2-1}{x^4-x^2+1}}$$

$$(\text{xi})=\frac{x^4+x^2+1}{x^2}+\cfrac{x^2}{\frac{x^4}{x^4-x^2+1}}$$

$$(\text{xii})=\frac{x^4+x^2+1}{x^2}+\frac{x^4-x^2+1}{x^2}$$

$$(\text{xiii})=2\left(x^2+\frac{1}{x^2}\right)$$

我們似乎應該這樣寫，（對於兩個繁分式的最下面最內部的分式開始做！）

(i) $x\pm\frac{1}{x}=\frac{x^2\pm1}{x}$;

(ii) $x^2+\frac{1}{x^2\pm1}=\frac{x^4\pm x^2+1}{x^2\pm1}$;

(iii) $1\mp\frac{x^2\pm1}{x^4\pm x^2+1}=\frac{x^4}{x^4\pm x^2+1}$;

(iv) 原式$=\frac{x^4+x^2+1}{x^2}+\frac{x^4-x^2+1}{x^2}=2\left(x^2+\frac{1}{x^2}\right)$.

當你用等號一直接下去的時候，文法上，你是繼續在講一句話。我們現在的寫法是分成四句話。

習題1 化簡 $\dfrac{2x+1}{x^2+x-6}-\dfrac{x+3}{2x^2-3x-2}+\dfrac{5x}{2x^2+7x+3}$。

習題2 化簡 $\dfrac{\dfrac{x}{1+\dfrac{1}{x}}-\dfrac{1}{x+1}+1}{\dfrac{x}{1-\dfrac{1}{x}}-\dfrac{1}{x-1}-x}$。

分項分式

本節以下的部分，主題是分項分式，可以暫時略過不讀。

● 有理函數體

我們還是用 x 表示一個「不定元」，用 K 表示 $\mathbb{Q}, \mathbb{R}, \mathbb{C}$，之一。那麼對於 $f(x)\in K[x], g(x)\in K[x]$，只要 $f(x)$ 不是零多項式，那麼我們就可以寫一個「K 上的」有理函數

$$\frac{g(x)}{f(x)}\in K(x)；$$

似乎有點奇怪：方括號代表「多項式的環」，而圓括號代表「有理函數的體」，但是一定要小心分辨。

● 整數與整式

本節的主題是說：我們學過有理分數系 $\mathbb{Q}$ 中的加減計算，和有理函數體 $K(x)$ 中的計算，非常類似。實際上，$\mathbb{Q}$ 之於 $\mathbb{Z}$，就和有理函數體 $K(x)$ 之於多項式環 $K[x]$ 一樣！

很多書，就把多項式簡稱為「整式」，只少了一個字，談不上是「簡」稱，其實要點在於：讓你看清楚 $\mathbb{Q}$ 與 $K[x]$ 的類推。

例如說：有理數可以定義為 $\dfrac{f}{g}, f\in\mathbb{Z}, g\in\mathbb{Z}, g\neq 0$。但是我們再定義其標準的寫法是要求：$f\perp g, g\in\mathbb{N}$。因而 $\dfrac{f}{g}$ 是既約分數。（我們額外要求 $g\in\mathbb{N}$。）

那麼，所有的整數就都是有理數的特例，相當於：分母 $g=1$ 的情形。

同樣地，有理式可以定義為 $\frac{f(x)}{g(x)}, f(x)\in K[x], g(x)\in K[x], g\neq 0$。但是我們再定義其標準的寫法是要求：$f(x) \amalg g(x), g(x)$ 是么領的。因而 $\frac{f(x)}{g(x)}$ 是既約分式。（我們額外要求 $g(x)$ 是么領的。）

那麼，所有的整式就都是有理函數的特例，

相當於：分母 $g(x)=1$，$\deg(g(x))=0$ 的情形。

帶分數

我們複習一下小學就熟悉的分數計算。小學老師常常要我們寫帶分數，例如說，把 $\frac{22}{7}$ 寫成 $3\frac{1}{7}$。（我們必須警告：到了中學，「寫成帶分數」，常常不是好主意！尤其是在解題的半途中，不要寫成帶分數！通常你必須是到了最後關頭，才做這個計算！）

到了中學，「寫成帶分數」還有一個困擾：要如何把 $\frac{22}{-7}$ 寫成帶分數？

當然不要把負號留給分母，所以問題是：

$\frac{-22}{7}=-3+\frac{-1}{7}=-4+\frac{6}{7}$，兩個答案哪個對？

這個情形就等於有人問：「$-\pi$ 的整數部分是多少？」（$\pi=$ 圓周率），我們並不清楚問的人是啥意思！（並沒有「正確答案」！因為「正確答案」是由「問的人」規定的。）問話的人所說的 x 的「整數部分」，可能是指 $\text{floor}(x):=$ 不大於 x 的最大整數，（我們叫 floor 為地板函數，我不贊成你用 $[x]$ 這樣子的 Gauss 的記號，太方便的記號很快就會引起混淆。我們用 ceil 為天花板函數。）那麼答案是 -4；如果他或她的意思是指 $\text{floor}(|x|)*\text{sign}(x)$，那麼，答案是 -3。

同樣地，如果有人問你：$\frac{-22}{7}$ 的「真分數部分」是多少？

他或她預期的正確答案，也許是 $\frac{-1}{7}$，也許是 $\frac{6}{7}$。

例 1 $\frac{17}{5}+\frac{18}{7}=\frac{209}{35}.$

解析 寫成帶分數，則為 $\left(3+\frac{2}{5}\right)+\left(2+\frac{4}{7}\right)=\left(5+\frac{34}{35}\right)$。

換句話說：整數部分與「真分數部分」，分別相加！

例 2 $\frac{28}{5}+\frac{31}{9}=\frac{407}{45}$。

解析 寫成帶分數，則為 $\left(5+\frac{3}{5}\right)+\left(3+\frac{4}{9}\right)=\left(9+\frac{2}{45}\right)$。

換句話說：整數部分與「真分數部分」，分別相加就有問題了！因為

$$\frac{3}{5}+\frac{4}{9}=\frac{47}{45}=1+\frac{2}{45}。$$

（這相當於我們在小學的時候，學到加法時，$7+8=15$，進位的問題！）

例 3 $\frac{1}{3}+\frac{1}{6}=\frac{1}{2}$.這例子和前面兩個例子不同！前兩個例子，相加的兩項分母互質，通分相加的結果，分母相乘，變得更大（「更重」），但是在本例，一項分母 $6=2*3$，（重量為 2）相加之後，和的分母為 2。分母 3 相消了！

命題 假設 $\frac{f_1}{g_1}$ 與 $\frac{f_2}{g_2}$ 都是既約分數（分子 $f_j \in \mathbb{Z}$ 與分母 $g_j \in \mathbb{N}$ 互質），兩個分母 $g_1>1$，$g_2>1$ 也互質，則兩者的和或差 $\frac{f_1}{g_1} \pm \frac{f_2}{g_2}$，化為單一個既約分數時，分母就是 $g_1 * g_2$。

證明 $\frac{f_1}{g_1} \pm \frac{f_2}{g_2}=\frac{f_1 * g_2 \pm f_2 * g_1}{g_1 * g_2}$.

分子與分母互質！

● 分項分數補題

假設有一個既約分數 $\frac{f}{g}$，其中的分母是 $g=g_1 * g_2$ 而 $g_1>1$，$g_2>1$ 互質，則我們可以把它拆解成兩個既約分數之和

$$\frac{f}{g}=\frac{f_1}{g_1}+\frac{f_2}{g_2}. \tag{1}$$

證明 因為 $g_1 \perp\!\!\!\perp g_2$，就存在整數 p_1, p_2，使得 $1=p_1*g_1+p_2*g_2$；於是：

$$\frac{f}{g_1 g_2}=\frac{f*(p_1*g_1+p_2*g_2)}{g_1*g_2}=\frac{f*p_2}{g_1}+\frac{f*p_1}{g_2}.$$

正則與奇異

假設給了我們一個有理函數，我們一定可以把它寫為標準形式，也就是單一既約分式 $\Phi(x) := \dfrac{f(x)}{g(x)}$，其中，$f(x) \perp\!\!\!\perp g(x)$，且 $g(x)$ 是么領的。如果 $\deg(g(x))=0$, $g(x)=1$；則這個有理函數 $\Phi(x)=f(x)$ 是一個多項式。（借用下面的語句，我們說這個有理函數 $\Phi(x)$ 沒有奇異部分，它是正則的。）

現在假設 $\deg(g(x)) \geq 1$，那麼我們做帶餘除法，得到商式 $q(x) \in K[x]$，以及餘式 $r(x)$，因而

$$\Phi(x)=\frac{f(x)}{g(x)}=q(x)+\frac{r(x)}{g(x)}. \tag{2}$$

其中，$\deg(g(x))>\deg(r(x)) \geq 0$。多項式 $q(x)$ 是原來的分式 $\Phi(x)$ 的正則部分，而 $\dfrac{r(x)}{g(x)}$ 是原來的分式 $\Phi(x)$ 的奇異部分。正則的部分就只是多項式而已。正則的意思是它是「很好的函數」。奇異表示「行為不太好」。我們已經假定 $f(x) \perp\!\!\!\perp g(x)$，因此必然存在奇異的部分。這個「正則部分」與「奇異部分」的加性拆解，可以類推為把有理分數拆解為「整數部分」與「真分數部分」。但是此地的拆解比較簡單！奇異部分，分子當然不是零多項式，而且它的次數小於分母的次數。

定理

兩個有理函數相加，就等於兩者的「正則部分」與「奇異部分」，分別做加法！

證明 如果 $\deg(r_1(x))<\deg(g_1(x)), \deg(g_2(x))<\deg(g_2(x))$，則：

$$\frac{r_1(x)}{g_1(x)}+\frac{r_2(x)}{g_2(x)}=\frac{r_1(x)*g_2(x)+r_2(x)*g_1(x)}{g_1(x)*g_2(x)},$$

但是因為：$\deg(r_1(x)*g_2(x))<\deg(g_1(x)*g_2(x))$，

$\deg(r_2(x)*g_1(x))<\deg(g_1(x)*g_2(x))$，

故：上面分式中的分子之次數

$\deg(r_1(x)*g_1(x)+r_2(x)*g_1(x))<\deg(g_1(x)*g_2(x))$。

因此，「奇異部分」做加法的結果並不會產生出正則的部分！（不會有類似於進位的效果！不會有「真分數加出整數部分」的效果。）

分項分式補題

假設有一個既約分式 $\frac{f(x)}{g(x)}$,（$0\leq\deg(f(x))<\deg(g(x))$），其中的分母是 $g(x)=g_1(x)*g_2(x)$ 而兩個因子 $g_1(x), g_2(x)$ 互質，則我們可以把它拆解成兩個既約分式之和

$$\frac{f(x)}{g(x)}=\frac{f_1(x)}{g_1(x)}+\frac{f_2(x)}{g_2(x)}. \tag{3}$$

證明 因為 $g_1(x)\perp g_2(x)$，就存在整式 $p_1(x)$，$p_2(x)$，使得 $1=p_1(x)*g_1(x)+p_2(x)*g_2(x)$；於是：

$$\begin{aligned}\frac{f(x)}{g_1(x)*g_2(x)}&=\frac{f(x)*(p_1(x)*g_1(x)+p_2(x)*g_2(x))}{g_1(x)*g_2(x)}\\&=\frac{f(x)*p_2(x)}{g_1(x)}+\frac{f(x)*p_1(x)}{g_2(x)};\end{aligned}$$

上式右側兩項分別寫成帶分式：

$$\frac{f(x)*p_2(x)}{g_1(x)}=q_1(x)+\frac{f_1(x)}{g_1(x)},\ \frac{f(x)*p_1(x)}{g_2(x)}=q_2(x)+\frac{f_2(x)}{g_2(x)};$$

那麼，右側的正則部分，一定是左側的正則部分：$0=q_1(x)+q_2(x)$。

分項分式問題的解說

本節討論 $K(x)$ 的湊與拆。我們只談論 $K=\mathbb{C}$，$\mathbb{R}$ 兩種體。而這裡所說的「湊」就是加法。

單項分式，指的是 $\frac{f(x)}{g(x)}$，$f(x)\in K[x], g(x)\in K[x]$，

當然我們通常都做約分的運算，使得：$f(x), g(x)$ 互質。

此時，如果 $g(x)$ 變成非零常數，可設為 1，那麼分式就成為多項式。

如果分式 $\Phi(x)$ 是多項分式，

$$\Phi(x) := \frac{f_1(x)}{g_1(x)}+\frac{f_2(x)}{g_2(x)}+\cdots\frac{f_k(x)}{g_k(k)}, (k>1,)$$

我們可以進行通分，亦即找出諸分母 $g_i(x)$ 的最小公倍式，

$$G(x)=g_1(x)*h_1(x)=g_2(x)*h_2(x)=\cdots=g_k(x)*h_k(x);$$

於是得到單項分式：

$$\Phi(x)=\frac{f_1(x)*h_1(x)+f_2(x)h_2(x)+\cdots+f_k(x)h_k(x)}{G(x)};$$

當然要再進行約分，因而 $\Phi=\frac{f(x)}{g(x)}$，分母 $g(x)$ 為 $G(x)$ 的因式。

不過，我們知道：若諸分母 $g_j(x)$ 互質，

則：$G(x)=g_1(x)*g_2(x)*\cdots g_k(x)$，而且，以 $f_j(x)\perp\!\!\!\perp g_j(x)$，

就知道 $g(x)=G(x)$。（上面 $\Phi(x)$ 的式子中的分子與 $G(x)$ 互質。）

所以我們現在的問題就是：給了我們一個單項分式，$\Phi(x)=\frac{f(x)}{g(x)}$ 我們要如何正準地（canonically）把它拆解為如上的形式，而且必須是最簡單且「正準」。

上面已經有了分項分式補題，由這個補題，當單項分式，$\Phi(x)=\frac{f(x)}{g(x)}$ 的分

母 $g(x)=g_1(x)*g_2(x)*\cdots g_k(x)$ 是幾個互質的多項式 $g_j(x)$ 的積時，($\deg(g_j(x))>0$，) 一定可以做這種拆解，甚至於上面的證明中，也提出了建構！

● 複數體中的分項分式

如果 $K=\mathbb{C}$，我們由代數學根本定理，知道：$\mathbb{C}[x]$ 中的所有的么領質式，就是所有的么領一次式 $x-\gamma$，($\gamma\in\mathbb{C}$) 因此，對於任意的多項式 $g(x)\in\mathbb{C}[x]$，都有質因式分解：

$$g(x)=\prod_j (x-\gamma_j)^{m_j}. \tag{4}$$

這裡，γ_j 是方程式 $g(x)=0$ 的相異的根，其重度（multiplicity）為 $m_j\in\mathbb{N}$。若 $m_j=1$，則 γ_j 為單純根（simple root）。我們記 $g_j(x)=(x-\gamma_j)^{m_j}$，於是：

● 複數體中的分項分式定理（初步的）

任何有理函數 $\Phi(x)=\dfrac{f(x)}{g(x)}\in\mathbb{C}(x)$，假定：$f(x)\perp\!\!\!\perp g(x), \deg(f(x))<\deg(g(x))$，必可寫為分項分式：

$$\Phi(x)=\frac{f(g)}{g(x)}=\sum_j \frac{f_j(x)}{(x-\gamma_j)\,m_j}; f_j(x)\perp\!\!\!\perp(x-\gamma_j), 0\le\deg(f_j(x))<m_j. \tag{5}$$

例 4 把 $\Phi(x)=\dfrac{5x^3+6x^2+5x}{(x^2-1)(x+1)^3}$ 寫為分項分式。

解析 要小心陷阱：分母的因式分解是

$g(x)=(x^2-1)(x+1)^3=(x-1)*(x+1)^4$。因此有

$$\Phi(x)=\frac{5x^3+6x^2+5x}{(x-1)(x+1)^4}=\frac{f_1(x)}{x-1}+\frac{f_2(x)}{(x+1)^4}.$$

$f_1(x)$ 只是常數而已！現在我們將上式通分，

$$5x^3+6x^2+5x=(x+1)^4*f_1+(x-1)*f_2(x).$$

我們現在用$x=1$代入上式，得到$16=2^4*f_1, f_1=1$。於是，移項：

$$5x^3+6x^2+5x-(x+1)^4=-x^4+x^3+x-1=(x-1)*f_2(x).$$
$$f_2(x)=-x^3+1。$$

（初步的）答案是：

$$\frac{5x^3+6x^2+5x}{(x-1)(x+1)^4}=\frac{1}{x-1}+\frac{1-x^3}{(x+1)^4}.$$

更精細的答案，必須把$f_2(x)=1-x^3$展開成

$f_2(x)=-x^3+1=-(x+1)^3+3(x+1)^2-3(x+1)+2$，從而得到

$$\frac{5x^3+6x^2+5x}{(x-1)(x+1)^4}=\frac{1}{x-1}+\left(\frac{-1}{x+1}+\frac{3}{(x+1)^2}+\frac{-3}{(x+1)^3}+\frac{2}{(x+1)^4}\right).$$

奇異性與極點

在上面這個例子中，我們有一個有理函數$\Phi(x)\in\mathbb{R}[x]$，它定義出一個「實函數」Φ，因為，你只要「任意」寫一個實數ξ。就可以將它代進去式子中的x，而算出函數值$f(\xi)$來。

說錯了！因為你不能用$x=\pm1$代入$\Phi(x)$中，因為那會使得$\Phi(x)$的分母變成$g(-1)=0=g(1)$。我們還可以這樣說：當ξ越來越接近1（或-1）時，$\Phi(\xi)$的絕對值，就會越來越大，「大得不像話」，「要多大就多大」。（因此寫成$\Phi(1)=\infty$。）

總而言之，有理函數Φ在1（與-1）處，有「奇異性」（singularity），也就是說，±1是Φ的奇異點（singularity）。

更定量的說法是：-1是Φ的「四重」極點（pole），1是單純（simple）極點。

前面所說的「初步的答案」，分為兩項，每一項各自對應到一個極點。第一項對應到極點1，第二項對應到極點-1。

單純極點 1 的意思是：雖然當 x 趨近 1 時，$\Phi(x)$ 會趨近∞，可是，我們如果將 $\Phi(x)$ 乘以$(x-1)$，那麼它會趨近。

$$\lim_{x\to 1}(\Phi(x)*(x-1))=\lim\left(\frac{f_1}{x-1}*(x-1)\right)=f_1,$$

那卻是一個有限值，（非零！）不是無窮大。

至於「初步的答案」之第二項，對應到「四重的極點」-1，它被精細地拆開成四項（用了大圓括弧括起來），

不但　$\lim_{x\to 1}\Phi(x)=\infty$，而且，$\lim_{x\to 1}(\Phi(x)*(x+1))=\infty$，

其實　$\lim_{x\to 1}(\Phi(x)*(x+1)^2)=\infty, \lim_{x\to 1}(\Phi(x)*(x+1)^3)=\infty$。

這是因為：我們本來就知道$f_2(x)$沒有$(x+1)$的因式！（它和$(x+1)^4$互質。）但是，「四重的極點」，意思就是

$$\lim_{x\to 1}(\Phi(x)*(x+1)^4)=\lim f_2(x)=f_2(-1)\neq\infty.$$

在這個例子中，我們已經算出$f_2(x)=1-x^3$，當然可以由此而直接算出$f_2(-1)=2$，不過，假定我們沒有算出來$f_2(x)$，我們也還是知道：

$\deg(f_2(x))<4=\deg((x+1)^4)$，並且也可以算出：

$$f_2(-1)=\lim_{x\to 1}\Phi(x)*(x+1)^4=\lim\frac{5x^3+6x^2+5x}{(x-1)}=\frac{-4}{-2}=2.$$

這當然是對應到大圓括弧中的第四項，就是由於這一項，才使得：$\Phi(x)$在-1處，有個「四重強度的奇異性」！

如果從中扣除掉這一項$\frac{2}{(x+1)^4}$，那麼，奇異性就沒有那麼強，事實上，會降成 3 重的奇異性：

$$\lim_{x\to -1}(x+1)^3*\left(\Phi(x)-\frac{2}{(x+1)^4}\right)=-3;$$

這當然對應到大圓括弧中的第三項！如果再把這一項也扣掉，那麼，奇異性就降為兩重（以下的）：

$$\lim_{x\to-1}(x+1)^2*\left(\Phi(x)-\frac{2}{(x+1)^4}+\frac{3}{(x+1)^3}\right)=3.$$

例5 在複數體 $\mathbb{C}$ 中，把 $\Phi(x)=\dfrac{3x^3-5x^2+3x-3}{(x^2+1)(x-1)^2}\in\mathbb{C}[x]$ 寫為分項分式。$x^2+1=0$ 的兩根是 $\pm\mathbf{i}$，因此 Φ 有兩個單純極點 $\pm\mathbf{i}$ 與一個兩重極點 1。因此可設：

$$\frac{3x^3-5x^2+3x-3}{(x^2+1)(x-1)^2}=\frac{A}{x-\mathbf{i}}+\frac{B}{x+\mathbf{i}}+\frac{f_3(x)}{(x-1)^2}.$$

因為 $\pm\mathbf{i}$ 是單純極點，我們直接寫待定常數為 A, B。通分後，得到：

$$3x^3-5x^2+3x-3=(x-1)^2*\ (A*(x+\mathbf{i})+B*(x-\mathbf{i}))+f_3\ (x)*(x^2+1).$$

要算出 A，只要用 $\mathbf{i}$ 代入，（可以讓 $x-\mathbf{i}=0=x^2+1$，減輕計算了！）

$$3(\mathbf{i})^3-5(\mathbf{i})^2+3(\mathbf{i})-3=((\mathbf{i})-1)^2*A*(2\mathbf{i}).\text{故 }A=\frac{1}{2}。$$

當然，只要用 $+\mathbf{i}$ 代入，就可以算出 B。（這是因為含有 $A, f_3\ (x)$ 的項就變成零，不用計算了！）你應該做做看！

可是更高深的想法是：原本的 $\Phi(x)\in\mathbb{R}[x]$ 是實係數，因此把上一個式子共軛化，就知道 A, B 共軛，就不用計算了：$B=A=\dfrac{1}{2}$。

那麼我們就可以移項：

$$3x^3-5x^2+3x-3-(x-1)^2*\frac{1}{2}((x+\mathbf{i})+(x-\mathbf{i}))=f_3\ (x)*(x^2+1).$$

即：$2x^3-3x^2+2x-3=f_3\ (x)*(x^2+1),\ f_3\ (x)=2x-3$。

答案是：

$$\begin{aligned}\frac{3x^3-5x^2+3x-3}{(x^2+1)(x-1)^2}&=\frac{\frac{1}{2}}{x-\mathbf{i}}+\frac{\frac{1}{2}}{x+\mathbf{i}}+\frac{2x-3}{(x-1)^2}\\&=\frac{\frac{1}{2}}{x-\mathbf{i}}+\frac{\frac{1}{2}}{x+\mathbf{i}}+\frac{2}{x-1}+\frac{-1}{(x-1)^2}\end{aligned}$$

● 對於多項式的 Taylor 定理

對於任何常數 $\alpha \in K$，以及多項式 $f(x) \in K[x]$，都有唯一的 Taylor 展開式：

$$f(x) = \sum_{j=0}^{n} \beta_j (x-\alpha)^j,\ n = \deg(f(x)),\ \beta_n \neq 0. \tag{6}$$

事實上，我們只要一再地使用綜合除法，就可以依次算出 $\beta_0, \beta_1, \cdots, \beta_m$。換用另外一種講法：在多項式的空間 $K[x]$，是有一個（很自然的）「基底」，由所有的么領單項式

$$(x-\alpha)^j,\ j = 0, 1, 2, 3, \cdots$$

組成。

例 6　把多項式 $f(x)$ 對 $x-2$，以及 $x+2$ 展開：

$$f(x) \coloneqq 2x^4 - 4x^3 - 13x + 9.$$

解析　$f(x) = 2(x-2)^4 + 12(x-2)^3 + 24(x-2)^2 + 3(x-2) - 17;$
又 $= 2(x+2)^4 - 20(x+2)^3 + 72(x+2)^2 - 125(x+2) + 99.$

● 複數體中的分項分式定理（精細的）

對於有理函數

$\Phi(x) = \dfrac{f(x)}{g(x)} \in \mathbb{C}(x)$，假定：$f(x) \perp g(x),\ 0 \leq \deg(f(x)) < \deg(g(x)),$

我們先相對於它的極點來寫分項分式：

$$\Phi(x) = \frac{f(x)}{g(x)} = \sum_j \frac{f_j(x)}{(x-\gamma_j)\, m_j};\ f_j(x) \perp (x-\gamma_j),\ 0 \leq \deg(f_j(x)) < m_j. \tag{7}$$

然後把 $0 \leq n_j\ (< m_j)$次的多項式 $f_j(x)$ 對於 $(x-\gamma)$ 做 Taylor 展開，就得到（複數體中的）精細的分項分式。

實數體中的分項分式（精細的）

對於實係數有理函數 $\Phi(x)=\dfrac{f(x)}{g(x)}\in\mathbb{R}(x)$，我們先把它看成複數係數有理函數，那麼它的虛極點

$$\gamma_j=a_j+\mathbf{i}*b_j,\ \overline{\gamma_j}=a_j-\mathbf{i}*b_j,\ b_j>0,$$

就會共軛成對，而且，在其精細的分項分式展開中，一切係數都共軛對應！因此，這樣子的一對共軛極點 γ_j，$\overline{\gamma_j}$（固定 j），其所有的分項分式加起來，就一定是如下的形式：

$$\sum_{i=1}^{m_j}\frac{c_{j,i}\,x+d_{j,i}}{((x+a_j)^2+b_i^2)^i}. \tag{8}$$

（a, b, c, d，一切係數都是實的。$c_{j,m_j}x+d_{j,m_j}\neq 0$。）

例 7 在實數體 $\mathbb{R}$ 中，把 $\Phi(x)=\dfrac{3x^3-5x^2+3x-3}{(x^2+1)(x-1)^2}\in\mathbb{R}[x]$ 寫為分項分式。

解析 在例 5 中，已經有了

$$\Phi(x)=\frac{\frac{1}{2}}{x-\mathbf{i}}+\frac{\frac{1}{2}}{x+\mathbf{i}}+\frac{2}{x-1}+\frac{-1}{(x-1)^2};$$

前面兩項的和式 $=\dfrac{x}{x^2+1}$，因此，答案是：

$$\Phi(x)=\frac{x}{x^2+1}+\frac{2}{x-1}+\frac{-1}{(x-1)^2};$$

當然你可以直接用待定係數法來做！這就是令：

$$\frac{3x^3-5x^2+3x-3}{(x^2+1)(x-1)^2}=\frac{Cx+D}{x^2+1}+\frac{A}{x-1}+\frac{B}{(x-1)^2};$$

因此：

$$3x^3-5x^2+3x-3=(Cx+D)(x-1)^2+A(x-1)(x^2+1)+B(x^2+1)\text{；}$$

要得到 B，只要令 $x=1$，代入就得到：

$$-2=B*2, B=-1\text{，}$$

要得到 C, D，只要令 $x=\mathbf{i}$，代入就得到：

$$-3\mathbf{i}+5+3\mathbf{i}-3=(C\mathbf{i}+D)(\mathbf{i}-1)^2=2C-2D\mathbf{i}=2;$$

虛虛實實，因此：

$$C=1, D=0.$$

那麼將這些都代入，

$$3x^3-5x^2+3x-3=x(x-1)^2+A(x-1)(x^2+1)-(x^2+1);$$

只要比較常數項，即是：

$$-3=-A-1, A=2.$$

例 8 在有理數體上做出分項分式：$\dfrac{2x^4-15x^2-27x-19}{(x+2)^2(x^2-3)}$。

解析 首先，$(x+2)^2(x^2-3)=x^4+4x^3+x^2+12x+12$，因此要化為帶分式：

$$\frac{2x^4-15x^2-27x-19}{(x+2)^2(x^2-3)}=2+\frac{-8x^3-17x^2-3x+5}{(x+2)^2(x^2-3)}=2+\frac{Ax+B}{(x+2)^2}+\frac{Cx+D}{x^2-3}.$$

即 $-8x^3-17x^2-3x+5=(Ax+B)(x^2-3)+(Cx+D)(x^2+4x+4)$；
現在比較各次的係數：

$$-8=A+C, 5=-3B+4D, -17=B+D+4C, -3=-3A+4D+4C.$$

（只要脾氣好！）就可以解出：$A=-3, B=1, C=-5, D=2$。因此，原式=

$$2+\frac{-3}{x+2}+\frac{7}{(x+2)^2}+\frac{-5x+2}{x^2-3}.$$

你不必拘泥於一定的方法。（可以混著用！）有一個辦法是：令 $x=\pm\sqrt{3}$ 代入兩邊，得到：

$$-27\sqrt{3}-46=(7C+4D)\sqrt{3}+(7D+12C),\ -27=7C+4D,\ -46=7D+12C,$$

於是得到：$C=-5, D=2$。比較 x^3 的係數，得到：$A=-3$，比較 x^2 的係數，得到：$B=1$。

習題 在實數體上做出分項分式：

(i) $\dfrac{2x^4-15x^2-27x-19}{(x+2)^2(x^2-3)}$;

(ii) $\dfrac{2x+1}{x^2(x+1)(x+2)^3}$;

(iii) $\dfrac{2x^5+5x^4+5x^3+5x^2+2x}{(x^2+x+1)^2(x+1)}$;

(iv) $\dfrac{x^2}{(x^2+x+1)(x^2+1)}$;

(v) $\dfrac{x}{x^2+3x+2}$;

(vi) $\dfrac{x^2}{(x-1)^2(x+2)}$.

§17 因式定理與方程式

例 1 方程式 $x^3-(4+\sqrt{3})x^2+(5+4\sqrt{3})x-5\sqrt{3}=0$ 有一根為 $\sqrt{3}$，求其餘兩根。

解析 作綜合除法：

$$\begin{array}{llll|l} 1 & -(4+\sqrt{3}) & +(5+4\sqrt{3}) & -5\sqrt{3} & \sqrt{3} \\ & +\sqrt{3} & +(-4\sqrt{3}) & +5\sqrt{3} & \\ \hline 1 & -4 & +5 & \| & \end{array}$$

$x^3-(4+\sqrt{3})x^2+(5+4\sqrt{3})x-5\sqrt{3}=(x-\sqrt{3})(x^2-4x+5)$，求得其餘兩根為 $2\pm\mathbf{i}$。

例 2　方程式 $x^5-409x+285=0$ 有某兩根的和為 5，求此兩根。

解析　這兩根為 α, β，則：$\alpha+\beta=5, (x-\alpha)(x-\beta)=x^2-5x+A$，於是

$x^5-409x+285=(x^2-5x+A)(x^3+Dx^2+Bx+C)$.

比較 x^4 的係數，立知 $D=5$。

比較 $x^j, (j=3, 2, 1)$的係數，立知

(i)：　$A+B-5=0$;

(ii)：　$5A-5B+C=0$;

(iii)：　$A*B-5C=-409$;

由 (ii) 知道 $A-B=\frac{-C}{5}$；與 (i)「和差」，$A=\frac{25-\frac{C}{5}}{2}$；代入 (iii)，得：

$$\left(25-\frac{C}{5}\right)\frac{C}{5}=144.$$

一個解是 $\frac{C}{5}=19, A=3, B=22$。事實上：

$$x^5-409x+285=(x^2-5x+3)(x^3+5x^2+22x+95).$$

兩根為

$$\frac{5\pm\sqrt{13}}{2}.$$

習題　方程式 $x^3-5x^2-16x+80=0$ 有兩根和為零，求解此方程式。

既約多項式

本節中，以下的內容乃是附錄。

我們已經說明了：不可約實係數多項式，只有一次多項式與不可約二次多項式這兩種，而後者指的是判別式為負者。

但是，數學上更難的是 $\mathbb{Q}[x]$中的既約多項式。因為，一個有理係數多項式

$$f(x)=c_n*x^n+\cdots+c_0\in\mathbb{Q}[x]; \tag{1}$$

如果在 $\mathbb{R}[x]$中（做為實係數的多項式！）是既約的，那麼它在 $\mathbb{Q}[x]$中，也一定是既約的！例如：x^2+2；

但是，反過來說：如果$f(x)$在 $\mathbb{Q}[x]$中是既約的，它在 $\mathbb{R}[x]$中不一定是既約的！

例如：x^2-2，在 $\mathbb{R}[x]$中，它有唯一的分解

$$x^2-2=(x-\sqrt{2})*(x+\sqrt{2});$$

而無理數 $\sqrt{2}\neq\mathbb{Q}$，即：$(x\pm\sqrt{2})=\mathbb{Q}[x]$。

所以，x^2-2，在 $\mathbb{Q}[x]$中是既約的！

總之：在 $\mathbb{Q}[x]$中的因式分解問題，更有趣更困難！

考慮一個整係數多項式

$$f(x)=c_n*x^n+\cdots+c_0\in\mathbb{Z}[x]; \tag{2}$$

的因式分解問題。當然$f(x)$也可以看成是 $\mathbb{Q}[x]$的元素；於是既約性與可約性也可能有兩種解釋！（但是以下我們會看出：本質上只有一種解釋！）

首先，在 $\mathbb{Q}[x]$中，任何非零常數都是可逆元，但是，在 $\mathbb{Z}[x]$中，可逆元只有常數 ±1；

所以，在 $\mathbb{Z}[x]$中，任何非零整係數多項式的因倍相伴元，狹義地說，只有兩個！於是，例如 $4*x+10$ 與 $6*x+15$，狹義地說，就不是因倍相伴了！但是，在 $\mathbb{Q}[x]$中，它們因倍相伴！所以我們應該說兩者是「廣義地因倍相伴」。

如果有一個有理係數多項式

$$g(x)=a_n*x^n+\cdots+a_0\in\mathbb{Q}[x];$$

把係數寫成既約分數 $a_j = \frac{c_j}{b_j}$，算出諸分母 b_j 的最小公倍數

$$b := \operatorname{lcm}(b_n, b_{n-1}, \cdots, b_0);$$

於是 $b * g(x) \in \mathbb{Z}[x]$就具有整係數，而且它與 $g(x)$在 $\mathbb{Q}[x]$中，因倍相伴！現在計算 $b * g(x)$的諸係數 $b * a_j = c_j * \frac{b}{b_j}$ 的最大公約數 c，那麼：$\frac{b}{c} * g(x) = f(x)$與 $g(x)$在 $\mathbb{Q}[x]$中，因倍相伴！

● 樸式

一個整係數多項式如(2)，稱為<u>樸式</u>（primitive），若是它的係數互質：$\operatorname{hcf}(c_n, c_{n-1}, \cdots, c_1, c_0) = 1$，而且（我們還可以要求）：樸式有正的領導項係數！（而我們已經證明：）

● 補題

任何一個有理係數多項式 $g(x) \neq 0$；都與唯一的一個（整係數多項式！）樸式 $\hat{g}(x)$，在 $\mathbb{Q}[x]$中，因倍相伴！

$$g(x) = \alpha * \hat{g}(x); \alpha \in \mathbb{Q}, (\alpha \neq 0,) \tag{3}$$

樸式 $\hat{g}(x)$當然叫做 $g(x)$的相伴樸式，而 α 叫做 $g(x)$的<u>非樸內含</u>；

● Gauss 補題

若有兩個樸式

$$\begin{aligned} f(x) &= a_m * x^m + a_{m-1} * x^{m-1} + \cdots + a_0, \\ g(x) &= b_n * x^n + b_{n-1} * x^{n-1} + \cdots + b_0, \end{aligned} \tag{4}$$

則相乘積

$$h(x) = f(x) * g(x) = c_{m+n} * x^{m+n} + c_{m+n-1} * x^{m+n-1} + \cdots + c_0; \tag{5}$$

也是樸式！

證明 此地已假定$a_m \in \mathbb{N}, b_n \in \mathbb{N}$，故$c_{m+n}=a_m * b_n \in \mathbb{N}$.

我們已假定互質性：

$$\text{hcf}\,(a_m, a_{m-1}, \cdots\cdots a_0)=1=\text{hcf}\,(b_n, b_{n-1}, \cdots\cdots b_0);$$

要證明互質性：

$$\text{hcf}\,(c_{m+n}, c_{m+n-1}, \cdots, c_0)=1;$$

我們的辦法是歸謬法！若不互質，則有共同的某個質因數p：

$$c_{m+n}=a_m * b_n=0(\mod p);$$
$$c_{m+n-1}=a_{m-1} * b_n+a_m * b_{n-1}=0(\mod p);$$
$$\cdots=\cdots=0(\mod p);$$
$$c_0=a_0 * b_0=0(\mod p);$$

但p不是$a_0, a_1, \cdots, a_{m-1}, a_m$,的公因數，也不是$b_0, b_1, \cdots, b_{m-1}, b_m$,的公因數，因此：可以找到：最小的足碼$i$與最小的足碼$j$，使得：

$$a_i \neq 0(\mod p), b_i \neq 0(\mod p);$$

舉例來說，如果：$i=2, j=3$，意思就是：

$$a_0=0=a_1(\mod p); b_0=0=b_1=b_2(\mod p);$$

但是這一來，就和

$$c_{2+3}=a_0 * b_5+a_1 * b_4+a_2 * b_3+a_3 * b_2+a_4 * b_1+a_5 * b_0=0(\mod p)$$

相矛盾！這是因為單單$a_2 * b_3 \neq 0(\mod p)$

● **補題**

任何兩個非零有理係數多項式$g_1(x), g_2(x)$，其相乘積的含樸分解，亦即是個別含樸分解的相乘積：

$$g_1(x)=\alpha_1*\hat{g}_1(x); g_2(x)=\alpha_2*\hat{g}_2(x)\text{；則 } g_1(x)*g_2(x)=(\alpha_1*\alpha_2)*(\hat{g}_1(x)*\hat{g}_2(x)); \quad (6)$$

定理 一個有理係數多項式$g(x)$的因式分解問題，就等於其同伴樸式$\hat{g}(x)$在$\mathbb{Z}[x]$中的因式分解問題！

● **Newton 有理根定理**

若一個樸式$f(x)=\hat{f}(x)=c_n*x^n+\cdots+c_0\in\mathbb{Z}[x]$；有一次樸式$a*x+b$為因式，則$a\prec c_n, b\prec c_0$。

● **Eisenstein 定理**

對於整係數多項式

$$f(x)=a_n*x^n+a_{n-1}*x^{n-1}+\cdots+a_0, \quad (7)$$

如果：領導項係數a_n與質數p互質，其它係數盡為p之倍數，但常數項a_0非p^2之倍數，

則：$f(x)$為既約於$\mathbb{Q}[x]$。

證明 （這其實和 Gauss 補題的證明一樣！）例如

$$f(x)=5*x^5-12*x^4+6*x^3-9*x^2-21;$$

領導項係數 5 與 3 互質，其它係數盡為 3 之倍數，但常數項 21 非 $3^2=9$ 之倍數！

今若$f(x)$可以寫成$f(x)=g(x)*h(x), g(x), h(x)\in\mathbb{Z}[x]$,

$\deg(g(x))>0, \deg(h(x))>0$，則

$$g(x)=a_0+a_1*x+\cdots,\ h(x)=b_0+b_1*x+\cdots,$$

那麼：$a_0*b_0=-21$，於是，a_0, b_0,兩者之中，有一個含有因數 3，而另一個鐵定與 3 互質！我們選 $a_0=0(\mod 3)$，$b_0\neq 0(\mod 3)$；

$\deg(g(x))=k$（次數，）最少是 1，最多是 4，我們現在證明：所有的係數 $a_j=0(\mod 3)$；

已經假定了 $a_0=0(\mod 3)$，現在看 1 次項係數：

$$0=a_0*b_1+a_1*b_0=0(\mod 3);$$

但是由剛剛得到的結論，$a_0=0(\mod 3)$，因此 $a_1*b_0=0(\mod 3)$；但 $b_0\neq 0(\mod 3)$，可知：$a_1=0(\mod 3)$；（如果 $k=1$，則已經結束！否則）再看 2 次項係數：

$$-9=a_0*b_2+a_1*b_1+a_2*b_0=0(\mod 3);$$

但是 $0(\mod 3)=a_0, b_0 \perp\!\!\!\perp 3$，可知 $a_2=0(\mod 3)$，（如果 $k=2$，則已經結束！否則）再看 3 次項係數，

$$6=0(\mod 3)=\cdots+a_3*b_0;$$

可知 $a_3=0(\mod 3)$，（如果 $k=3$，則已經結束！否則）再看 4 次項係數：

$$-12=0(\mod 3)=\cdots+a_4*b_0;$$

可知 $a_4=0(\mod 3)$。

總之：$g(x)$所有的係數 $a_j=0(\mod 3)$；這和 $f(x)=g(x)*h(x)$的領導項係數 $5 \perp\!\!\!\perp 3$ 相矛盾！

● **註：【（昇冪的）Eisenstein 定理】對於整係數多項式**

$$f(x) = a_0 + a_1 * x + \cdots + a_n * x^n, \tag{8}$$

如果：常數項 a_0 與質數 p 互質，其它係數盡為 p 之倍數，但領導項係數 a_n 非 p^2 之倍數，則 $f(x)$ 為既約於 $\mathbb{Q}[x]$。

例　$5 - 10x + 50x^2 + 3x^3$，以及 $3x^3 + 50x^2 - 10x + 5$，既約於 $\mathbb{Q}[x]$。

問　$x^5 - 21x^4 + 14x^3 + 49x^2 - 28$，既約於 $\mathbb{Q}[x]$。

第二章

對稱式

前面三節介紹種種的「對稱型」。然後 Vieta 登場了。Newton 的對稱多項式基本定理其內容很容易了解，而且在高等代數中非常重要！其後是方程式之根的變換，它的一個應用是自逆方程的求解。

§21 奇函數與偶函數

奇函數與偶函數

如果將多項式 $f(x)$ 中的 x，用 $-x$ 代入，結果不改變，

$$f(-x)=f(x), \tag{1}$$

那麼這個多項式函數 $f(x)$ 就叫做偶（even）函數；反過來說，如果將多項式 $f(x)$ 中的 x，用 $-x$ 代入，結果恰恰只是改變了正負號，

$$f(-x)=-f(x), \tag{2}$$

那麼這個多項式函數 $f(x)$ 就叫做奇（odd）函數。不論是奇函數或偶函數，都是具有奇偶性的函數（function with parity）。

例 1 $f(x)=1-\frac{x^2}{2}+\frac{x^4}{24}-\frac{x^6}{720}$ 是偶函數；$g(x)=x-\frac{x^3}{6}+\frac{x^5}{120}-\frac{x^7}{5040}$ 是奇函數。

$h(x)=1+x-\frac{x^2}{2}-\frac{x^3}{6}+\frac{x^4}{24}+\frac{x^5}{120}-\frac{x^6}{270}$ 是不具有奇偶性的函數。

註 事實上，多項式函數 $h(x)=c_0+c_1x+c_2x^2+c_3x^3+\cdots+c_nx^n$，會是個偶函數的條件就是：

$$0=c_1=c_3=c_5=\cdots,$$

所有的奇次項係數都是零，只剩下偶次項。而它會是個奇函數的條件就是：

$$0=c_0=c_2=c_4=\cdots,$$

所有的偶次項係數都是零，只剩下奇次項。這當然就是函數的奇偶性的概念的起源。

最重要的註

奇函數與偶函數這兩個概念當然不限於多項式函數。例如：

$$\phi(x)=\frac{x-\frac{x^3}{6}+\frac{x^5}{120}-\frac{x^7}{5040}}{\sqrt{1+x^2+x^4}}$$

是一個奇函數，因為 $\phi(-x)=-\phi(x)$。為什麼？

奇偶性的乘法定理

具有相同奇偶性的函數相加減會保持原來的奇偶性。

奇函數與奇函數相乘，或者相除，會變成偶函數；

偶函數與偶函數相乘，或者相除，會變成偶函數；

奇函數與偶函數相乘，或者相除，會變成奇函數。（換句話說：「偶與奇，類似於正與負」！）

加法的奇偶分解定理

任何一個函數 $h(x)$ 都可以分解成一個偶函數 $h_e(x)$ 與一個奇函數 $h_o(x)$ 的和，這個「奇偶分解」是唯一的！

證明 從 $h(x)=h_e(x)+h_o(x)$, $h_e(-x)=h_e(x)$, $h_o(-x)=-h_o(x)$，就得到：$h(-x)=h_e(-x)+h_o(-x)=h_e(x)-h_o(x)$；於是：

$$h_e(x)=\frac{h(x)+h(-x)}{2},\ h_o(x)=\frac{h(x)-h(-x)}{2} \tag{3}$$

這個計算（建構）就證明了唯一性！而如此得到的函數 $h_e(x), h_o(x)$，果然分別具有偶性與奇性，這就證明了存在性！

定理

對於任何的奇函數 $h(x)$，必定 $h(0)=0$。

證明 因為 $h(0)=h(-0)=-h(0)$。

註 這個定理並不需要限定此奇函數為多項式函數。事實上，若此奇函數 $h(x)$

為多項式函數，則依照因式定理 $h(x)$ 必有一個因式是 x，而且我們知道：$\frac{h(x)}{x}$ 必定是偶函數！（當然這些都是太過無聊的推論。）

§22　交錯式與對稱式

● 兩元交錯式與對稱式

現在考慮兩個變元 x 與 y 的多項式函數 $f(x, y)$。如果當我們把式子 $f(x, y)$ 中的 x 與 y 相交換（x 改寫為 y，同時把 y 改寫為 x），結果完全不變，

$$f(y, x) = f(x, y), \tag{1}$$

我們就說：$f(x, y)$ 是對稱的（symmetric）；反過來說，如果當我們把式子 $f(x, y)$ 中的 x 與 y 相交換（x 改寫為 y，同時把 y 改寫為 x），結果恰恰只是改變了正負號，

$$f(y, x) = -f(x, y), \tag{2}$$

那麼我們就說：$f(x, y)$ 是反對稱的（anti-symmetric），或者交錯的（alternating）。

例 1　$f(x, y) = 1 + x^4 + y^4 - x^2y^2$ 是對稱式，$g(x, y) = x^4y - y^4x$ 是交錯式。

● 最重要的註

不論是交錯或對稱，都是具有明確的對調性的函數，而且這兩個概念當然不限於多項式函數。例如：$h(x, y) = \dfrac{x^4y - y^4x}{1 + x^4 + y^4 - x^2y^2}$ 是交錯函數。

● 乘法定理

具有相同對調性的函數相加減會保持原來的對調性。

交錯函數與交錯函數相乘，或者相除，會變成對稱函數；

對稱函數與對稱函數相乘，或者相除，會變成對稱函數；

交錯函數與對稱函數相乘，或者相除，會變成交錯函數。（換句話說：「對稱與交錯，類似於正與負」！）

加法的對調分解定理

任何一個兩元函數 $h(x,y)$ 都可以寫成一個對稱函數 $h_e(x,y)$ 與一個交錯函數 $h_o(x,y)$ 的和，這個「奇偶對調分解」是唯一的！

證明 從 $h(x,y)=h_e(x,y)+h_o(x,y)$, $h_e(y,x)=h_e(x,y)$, $h_o(y,x)=-h_o(x,y)$，就得到：$h(y,x)=h_e(y,x)+h_o(y,x)=h_e(x,y)-h_o(x,y)$；於是：

$$h_e(x,y)=\frac{h(x,y)+h(y,x)}{2},\ h_o(x,y)=\frac{h(x,y)-h(y,x)}{2} \tag{3}$$

這個計算（建構）就證明了唯一性！而如此得到的函數 $h_e(x,y), h_o(x,y)$，果然分別具有對稱性與交錯性，這就證明了存在性！

問 1 請花最少的力氣，寫出一個對稱式，它含有一項是 x^2y。

問 2 請花最少的力氣，寫出一個交錯式，它含有一項是 x^2y。

問 3 請把多項式 x^2y 寫成一個對稱函數與一個交錯函數的和！

定理

對於任何的交錯函數 $h(x,y)$，將其中的 y 用 x 代入，（而 x 不動！）必定得到 $h(x,x)=0$。

證明 因為 $h(x,x)=-h(x,x)$。

註 這個定理並不需要限定此交錯函數為多項式函數。事實上，若此交錯函數 $h(x,y)$ 為多項式函數，則依照因式定理（我們把 y 看成常數，把 $h(x,y)$ 看成只是一個變數 x 的多項式），$h(x,y)$ 必有一個因式是 $x-y$，

$$h(x,y)=(x-y)*g(x,y);$$

而且我們知道：商式 $g(x,y)=\dfrac{h(x,y)}{x-y}$ 必定是對稱的多項式。

三元交錯式與對稱式

現在考慮三個變元 x, y, z 的多項式函數 $f(x, y, z)$。我們如何講交錯性與對稱性呢？

很簡單：我們利用偏函數的想法。這就是說：我們「一次只對付兩個變數！」把剩下的一個，看成常數，保持不動。所以，如果：當我們把多項式 $f(x, y, z)$ 中的 z 看成常數不動時，$f(x, y, z)$ 是 x 與 y 的兩元對稱函數：

$$f(y, x, z) = f(x, y, z),$$

並且依此類推（一共有三個式子）：

$$f(y, x, z) = f(x, y, z), f(z, y, x) = f(x, y, z), f(x, z, y) = f(x, y, z),$$

我們就說：$f(x, y, z)$ 是對稱的（symmetric）。所謂三元對稱函數，只是對於三個變元任取兩個來看，都是對稱（兩兩對稱）。

（仿此！）反過來說，如果當我們把式子 $f(x, y, z)$ 中的任意兩個變元相交換，另外的變元不動，結果恰恰只是改變了正負號，

$$f(y, x, z) = -f(x, y, z) = f(z, y, x) = f(x, z, y).$$

那麼我們就說：$f(x, y, z)$是反對稱的（anti-symmetric），或者交錯的（alternating）。

例 2　$f(x, y, z) = 1 + x^4 + y^4 + z^4 - x^2y^2 - x^2z^2 - y^2z^2$ 是對稱式，

$g(x, y, z) = x^3y^2 + y^3z^2 + z^3x^2 - x^2y^3 - y^2z^3 - z^2x^3$ 是交錯式。

最重要的註

不論是交錯或對稱，都是具有明確的對調性的函數，而且這兩個概念當然不限於多項式函數。

例如：$h(x, y, z) = \dfrac{x^3y^2 + y^3z^2 + z^3x^2 - x^2y^3 - y^2z^3 - z^2x^3}{1 + x^4 + y^4 + z^4 - x^2y^2 - x^2z^2 - y^2z^2}$ 是交錯函數。

不但是三元函數，任意$n(\geq 3)$個元的函數，我們也可以考慮對稱性與交錯性。我們只是每次取兩個變元來看，把其他的變元都固定，就得到兩個變元的函數，這是原來的n元函數的二元偏函數，（一共有$\frac{n(n-1)}{2}$種組合！）我們要求所有這些偏函數都有對稱性（或交錯性），於是就說原來的n個元的函數有對稱性（或交錯性）。

乘法定理

具有相同對調性的函數相加減會保持原來的對調性。

交錯函數與交錯函數相乘，或者相除，會變成對稱函數；

對稱函數與對稱函數相乘，或者相除，會變成對稱函數；

交錯函數與對稱函數相乘，或者相除，會變成交錯函數。（換句話說：「對稱與交錯，類似於正與負」！）

問 1' 請花最少的力氣，寫出一個三元對稱式$f_1(x, y, z)$，它含有一項是x^2y。

問 2' 請花最少的力氣，寫出一個三元交錯式$f_2(x, y, z)$，它含有一項是x^2y。

加法的對調分解定理不成立

三元多項式x^2y無法寫成一個三元對稱函數與一個三元交錯函數的和！

一個三元函數$h(x, y, z)$如果可以分解成一個對稱函數$h_e(x, y, z)$與一個交錯函數$h_o(x, y, z)$的和，那麼這個「奇偶對調分解」，將是唯一的！因為

$$h_e(x, y, z) = \frac{1}{6}(h(x,y,z) + h(x,z,y) + h(z,y,x) + h(y,x,z) + h(y,z,x) + h(z,x,y));$$

$$h_o(x, y, z) = \frac{1}{6}(h(x,y,z) - h(x,z,y) - h(z,y,x) - h(y,x,z) + h(y,z,x) + h(z,x,y))。$$

如果$h(x, y, z) = x^2y$，則其對稱部分與交錯部分應該各是$h_e(x, y, z) = \frac{1}{6}f_1(x,y,z), h_o(x,y,z) = \frac{1}{6}f_2(x,y,z)$，如上述習題 1', 2'。可惜這兩者相加，卻湊不攏x^2y。

問 1'' 請花最少的力氣，寫出一個四元對稱式$f_1(x,y,z,u)$，它含有一項是x^2y。（你要寫幾項？）

你要寫 12 項，因為要在x, y, z, u中，選出一個當X，在剩下來的三個中選出一個當Y，代入X^2Y中；公式是${}_4\mathfrak{P}_2=4*3=12$。

註 此地出現了排列數$\mathfrak{P}$與組合數$\mathfrak{C}$的記號。在第六章中再詳細解釋。

交錯多項式的基本定理

任何的n元交錯多項式$h(x_1, x_2, \cdots, x_n)$，都含有這n元的 Vandermonde 基本交錯式$\Delta(x_1, x_2, \cdots, x_n)$作為因子：

$$\Delta(x_1, x_2, \cdots, x_n)=\prod_{i<j}(x_i-x_j). \tag{4}$$

證明 我們在這n個變數之中，任意選擇兩個（這樣子一共有$n\mathfrak{C}_2=\frac{n(n-1)}{2}$種組合），當作$x_i, x_j$，不妨記$i<j$。現在利用偏函數的想法：我們只看單一個變數$x_i$，把剩下的$n-1$個變數都看成常數，保持不動。然後將變數$x_i$用常數$x_j$代入，必定得到函數值$h(\cdots x_j, \cdots x_j\cdots)=0$。因為對於兩元$x_i, x_j$來說，這是交錯函數：$h(x_i, x_j)=-h(x_j, x_i)$。

於是依照因式定理，單變數x_i的多項式必有一個因式是x_i-x_j，於是證明完畢！

由此可知：習題2''是欺負人的題目！四元交錯多項式，最少是$4\mathfrak{C}_2=6$次。

問 1''' 如果有一個 26 元的對稱式（變數就用全部的拉丁字母好了！）$f_1(a, b, \cdots)$，它含有一項是x^2y，那麼你最少要寫幾項？

記號

所以我們就寫這個對稱式為$\Sigma_{1\le i,j\le 26, i\ne j}x_j^2x_j$。（和式中，一共有 650 項。）

問 2''' 我們寫出 26 元的基本交錯式

$$\Delta(x_1, x_2, \cdots, x_{26}) := \prod_{1\le i<j\le 26}(x_i-x_j).$$

積式中，一共有$\frac{650}{2}=325$個因子。

例 3 請將交錯式$f(x,y,z)$因式分解：

$$f(x,y,z) := x(y^2-z^2)+y(z^2-x^2)+z(x^2-y^2)$$

解析 由基本定理 $f(x,y,z)=k*(x-y)(y-z)(z-x)$。只要比較兩側 x^2y 的係數，就知道：$k=-1$。
當然你也可以用「代入法」，例如，令 $x=0, y=1, z=-1$，代入兩側：
$1+1=-2k, k=-1$。

例 4 請將交錯式$f(x,y,z)$因式分解：

$$f(x,y,z) := x(y^3-z^3)+y(z^3-x^3)+z(x^3-y^3)$$

解析 由基本定理$f(x,y,z)=k*(x-y)(y-z)(z-x)(x+y+z)$。只要比較兩側 xy^3 的係數，右側有 $k*(-y)*y*(-x)*y=kxy^3$，左側為 xy^3，故 $k=1$。如果你用「代入法」，例如，令 $x=0, y=1, z=-2$，代入兩側：
左$=-8+2=-6$，右$=k*(-1)(3)(-2)(-1)=-6*k$。也一樣！

例 5 請將四元交錯式 $f(x,y,z,u)$ 因式分解：

$$\begin{aligned} f(x,y,z,u) := {} & x^4(y-z)(y-u)(z-u)-y^4(z-u)(z-x)(u-x) \\ & +z^4(u-x)(u-y)(x-y)-u^4(x-y)(x-z)(y-z). \end{aligned}$$

答 $(x+y+z+u)(x-y)(x-z)(x-u)(y-z)(y-u)(z-u)$.

習題 1 請將三元交錯式因式分解：

(i) $xy(x^2-y^2)+yz(y^2-z^2)+zx(z^2-x^2)$;

(ii)　$x^4(y^2-z^2)+y^4(z^2-x^2)+z^4(x^2-y^2)$;

(iii)　$y^3z^3(y-z)+(z^3x^3(z-x)+x^3y^3(x-y)$;

(iv)　$(y^2-z^2)(1+xy)(1+xz)+(z^2-y^2)(1+yz)(1+yx)+(x^2-y^2)(1+zx)(1+zy)$;

(v)　$(a-x)(b-x)(c-x)(y-z)+(a-y)(b-y)(c-y)(z-x)$

$+(a-z)(b-z)(c-z)(x-y)$;

習題 2 請將三元 (x,y,z) 之對稱式，因式分解：

(i)　$(x+y+z)^5-\Sigma(y+z-x)^5$;

(ii)　$(x+y+z)^5-\Sigma x^5$;

(iii)　$\Sigma x^2(y+z)-\Sigma x^3-2\Pi x$;

習題 3 試證四元對稱式 $f(x,y,z,u)=\Sigma(x+y)^3=3(\Sigma x)*(\Sigma x^2)$。

習題 4 計算對稱式之值：

(i)　三元 $f(x,y,z)=\Sigma\dfrac{x^2(A-y)(A-z)}{(x-y)(x-z)}$;

(ii)　四元 $f(x,y,z,u)=\Sigma\dfrac{yzu}{(x-y)(x-z)(x-u)}$;

§23　輪換式

輪換式

現在考慮三元多項式函數 $f_1(x,y,z)=x^2y+y^2z+z^2x$，它既不對稱，也不交錯，不過它是三元輪換（cyclic）式。記號為 $\Sigma_{cyc}x^2y$。

同理，$f_2(x,y,z)=x^2z+y^2x+z^2y=\Sigma_{cyc}x^2z$ 也是三元輪換式。

我們如果讓三個變數同時變動，x 變成 y， y 變成 z，z 變成 x，結果是不變的！情形如下圖左：

$$f_1(y,z,x)=f_1(x,y,z);\ f_2(y,z,x)=f_2(x,y,z);$$

（如果讓 x 變成 z，z 變成 y，y 變成 x，情形如下圖右！）

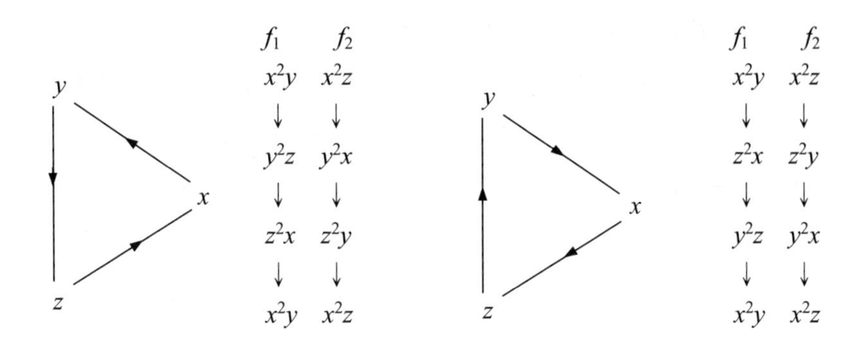

記號

同理，$f_3(x, y, z, u) = x^2y + y^2z + z^2u + u^2x$ 也是四元輪換式。所以我們就寫這個輪換式為 $\Sigma_{cyc} x^2y$。n 元輪換式，只含有 n 項。但是必須先講好元數，以及輪換的順序。（我們通常輪換的順序就是依照慣例！如果有疑惑，就必須明白說出！）

習題 在三元的情形，不論是交錯式或者對稱式，都一定是三元輪換式！

而且，更進一步：一個三元的輪換函數 $h(x, y, z)$ 一定可以分解成一個對稱函數與一個交錯函數的和。（這個分解是唯一的！）

例如上述的 $f_1(x, y, z)$ 是輪換式，$f_2(x, y, z)$ 也是輪換式，兩者看起來差不多，卻又不同！這是一種「鏡影」。只要對調任何兩個變數，兩者就對調了！事實上，此時，$g(x, y, z) = f_1(x, y, z) - f_2(x, y, z)$ 乃是一個交錯式，$h(x, y, z) = f_1(x, y, z) + f_2(x, y, z)$ 乃是一個對稱式；於是 $f_1(x, y, z) = \frac{h(x, y, z)}{2} + \frac{g(x, y, z)}{2}$。果然是個對稱與交錯的分解。

§24 Vieta與Pascal定理

字典序

作為初中代數的複習，你要如何寫出如下計算問題的答案？

$(A_1 + B_1) * (A_2 + B_2), (A_1 + B_1) * (A_2 + B_2) * (A_3 + B_3), (A_1 + B_1) * (A_2 + B_2) * (A_3 + B_3) * (A_4 + B_4),$

乘開來，各有 $2^2 = 4, 2^3 = 8, 2^4 = 16$ 項，你必須保證不會算錯！

$$(A_1+B_1)*(A_2+B_2)=A_1A_2+A_1B_2+B_1A_1+B_1B_2;$$

$$\begin{aligned}(A_1+B_1)*(A_2+B_2)*(A_3+B_3)=&A_1A_2A_3+A_1A_2B_3+A_1B_2A_3+A_1B_2B_3+B_1A_2A_3\\&+B_1A_2B_3+B_1B_2A_3+B_1B_2B_3;\end{aligned}$$

$$\begin{aligned}(A_1+B_1)*(A_2+B_2)*(A_3+B_3)*(A_4+B_4)=&A_1A_2A_3A_4+A_1A_2A_3B_4+A_1A_2B_3A_4\\&+A_1A_2B_3B_4+A_1B_2A_3A_4+A_1B_2A_3B_4\\&+A_1B_2B_3A_4+A_1B_2B_3B_4+B_1A_2A_3A_4\\&+B_1A_2A_3B_4+B_1A_2B_3A_4+B_1A_2B_3B_4\\&+B_1B_2A_3A_4+B_1B_2A_3B_4+B_1B_2B_3A_4\\&+B_1B_2B_3B_4.\end{aligned}$$

以上的寫法很有系統，這是所謂的字典（lexicographical）序（order）。16 項，每項有四個因子，依照足碼 1234 的順序來寫 A 或 B。16 項的排序，先看足碼 1 的因子，寫 A_1 的，一定在 B_1 之前；如果這個因子相同，再看其次的足碼 2 的因子，也是：寫 A_2 的一定在 B_2 之前，如果這個因子也相同，再看其次的足碼 3 的因子；也是：寫 A_3 的一定在 B_3 之前，如果連這個因子也相同，再看其次的足碼 4 的因子；也是：寫 A_4 的一定在 B_4 之前。

這個辦法可以用到 $\Pi_{j=1}^{n}(A_j+B_j)$，就知道，這個展開式一共有 2^n 項，每項有 n 個因子，第 j 個因子不是 A_j 就是 B_j。

● 組合數

那麼，2^n 個項中，「因子中寫 A 的有 r 個」這樣子的項，有幾項？我們記做 ${}_nC_r$，我們也把這些項全部加在一起，暫時記作 $\mathcal{S}_r$。

我們馬上知道：

$$ {}_nC_r={}_nC_{n-r}; \tag{1}$$

其實這是一種對稱性！「角色上，我們只要將 A 與 B 對調」就好了！

當然：${}_nC_n=nC_0=1$，實際上這是最先的一項「的項數」，以及最後的一項「的項數」；事實上，

$$\mathcal{S}_0=B_1B_2B_3\cdots B_n;\ \mathcal{S}_n=A_1A_2A_3\cdots A_n.$$

其次：${}_nC_{n-1}={}_nC_1=n$。（A 只出現一次，那麼我們只要在足碼從 1 到 n 中，找一個 j，給它因子 A_j 而其餘足碼的因子都是 B。所以這樣的項，項數 $=n$。）而對應的「和」，為：

$$\mathcal{S}_1=A_1B_2B_3\cdots B_n+B_1A_2B_3\cdots B_n+B_1B_2A_3B_4\cdots B_n+\cdots+B_1B_2B_3\cdots B_{n-1}A_n;$$
$$\mathcal{S}_{n-1}=A_1A_2\cdots A_{n-1}B_n+\cdots+B_1A_2A_3\cdots A_n;$$

其實你知道：${}_nC_2={}_nC_{n-2}=\dfrac{n(n-1)}{2}$，而且：

$$\mathcal{S}_2=A_1A_2B_3B_4\cdots B_n+A_1B_2A_3B_4B_5\cdots B_n+A_1B_2B_3A_4B_5\cdots B_n+\cdots+B_1B_2B_3\cdots A_{n-2}B_{n-1}A_n$$
$$+B_1B_2B_3\cdots B_{n-2}A_{n-1}A_n;$$

當然我們知道全部展開式的總項數為

$$2^n={}_nC_0+{}_nC_1+{}_nC_2+\cdots+{}_nC_{n-1}+{}_nC_n=\sum_{j=0}^{n}{}_nC_j. \tag{2}$$

而全部展開式的總和為

$$\prod_{j=1}^{n}(A_j+B_j)=\sum_{j=0}^{n}\mathcal{S}_j.$$

Vieta 展開公式

現在我們令：所有的 A_j 都相同！

$$A_1=A_2=A_3=\cdots=A_n=A.$$

那麼，固定了 $j=0, 1, 2, 3, \cdots, n$，我們知道

$$\mathcal{S}_{n-j}=A^{n-j}p_j,$$

這裡 p_j 就是：在全部（n 個）B_j 中，取出 j 個（組合）來相乘，所得到的和！（其他的足碼，因子都選擇 A。）例如說：

$$p_n=B_1B_2B_3\cdots B_n;\ p_1=B_1+B_2+\cdots+B_n;\ p_0=1.$$

註 你要想清楚：$p_0=1$ 是合理的規定！

因此有：

$$\prod_{j=1}^{n}(A+B_j)=\sum_{j=0}^{n}A^{n-j}p_j=A^n+p_1*A^{n-1}+p_2*A^{n-2}+\cdots+A*p_{n-1}+p_n; \quad (3)$$

這裡引申出一種寫法，（在方程式論中，比較有用！）

$$\prod_{j=1}^{n}(x-B_j)=\sum_{j=0}^{n}(-1)^j x^{n-j}p_j=x^n-p_1*x^{n-1}+p_2*x^{n-2}+-+-\cdots$$
$$+(-1)^{n-1}x*p_{n-1}+(-1)^n p_n; \quad (4)$$

$n=2$ 時，這是你已熟知的：

$$(x-B_1)(x-B_2)=x^2-p_1*x+p_2;\ p_1=B_1+B_2,\ p_2=B_1*B_2;$$

$n=3$ 時，$(x-B_1)(x-B_2)(x-B_3)=x^3-p_1*x^2+p_2*x-p_3;$

$$p_0=1;\ p_1=B_1+B_2+B_3;\ p_2=B_1B_2+B_1B_3+B_2B_3;\ p_3=B_1B_2B_3.$$

● **二項式定理**

若一切 B_j 都相等：$B_1=B_2=B_3=\cdots=B_n=B$，則 $p_j=B^j*{}_nC_j$，

$$(A+B)^n=\sum_{j=0}^{n}{}_nC_j\,A^{n-j}B^j=A^n+nA^{n-1}B+\frac{n(n-1)}{2}A^{n-2}B^2+\cdots+nAB^{n-1}+B^n. \quad (5)$$

§25　Newton 定理

● **註：記號的系統化**

記號必須有系統！這樣子對於我們的思考，以及記憶，比較有利。

數學上我們經常要拿一些東西，相提並論，一起考慮。那麼，系統化的記

號與這些東西的個數 n 有關。

剛開始學習的時候，從 $n=1$（單一個東西）變成 $n=2$（兩個東西）。例如說：一元二次方程式的兩個根，我們可以用 α, β。那麼，等到我們要討論一元三次方程式的時候，我們用 α, β, γ 來表示它的根，就很自然了！

三個文字記號，我們當然是盡量取「成組的」，例如 (P, Q, R)；或者(ℓ, m, n)；或者（λ, μ, ν）；或者(x, y, z)。

在幾何學、三角形、頂點或其角，用 (A, B, C)，而對應邊長用 (a, b, c)；這也是「對應」的原則！

如果 n 很大，我們被迫使用足碼！例如說，我們就用 $(\beta_1, \beta_2, \beta_3, \cdots, \beta_n)$ 代表 n 個根，這是很自然的。

例如說，現在要列出 n 個根的「交叉積」（$\frac{n(n-1)}{2}$ 個），用「字典序」是很自然的：

$$\beta_1\beta_2, \beta_1\beta_3, \beta_1\beta_4, \cdots\cdots, \beta_1\beta_n, \beta_2\beta_3, \beta_2\beta_4, \cdots\cdots, \beta_2\beta_n, \cdots\cdots\beta_{n-1}\beta_n;$$

但是如果 $n=3$，最常用到的寫法是：

$$\beta\gamma, \gamma\alpha, \alpha\beta;$$

以下我們要解說對稱多項式的基本定理。讀懂意思之後，也許可以先略過證明。

我們要對付 n 元的多項式。這 n 元，本節就使用$(\beta_1, \beta_2, \cdots \beta_n)$好了。（因為這個生意的最大主顧是 n 次方程式的根的對稱多項式。）

我們已經解釋過交錯多項式的基本定理：任何交錯多項式 $\phi(\beta_1, \beta_2, \cdots\beta_n)$ 都是「基本交錯多項式」的倍式：

$$\phi(\beta_1, \beta_2, \cdots\beta_n) = \Delta(\beta_1, \beta_2, \cdots\beta_n) * g(\beta_1, \beta_2, \cdots\beta_n).$$

其中另外一個因子 $g(\beta_1, \beta_2, \cdots\beta_n)$為對稱多項式！

基本交錯多項式$\Delta(\beta_1, \beta_2, \cdots\beta_n) = \Pi_{i<j}(\beta_i - \beta_j)$。只有一個！（有可能兩個人

的答案，差了一個負號。）

但是，$(\beta_1, \beta_2, \cdots \beta_n)$ 的「基本對稱多項式」，卻是有 n 個，也就是我們在上面記為 $p_1, p_2, \cdots, p_n$ 的這些式子。p_j 可以稱為第 j 個基本對稱多項式，而這些，一共 n 個，就是可以湊出一切對稱多項式的「基本元件」，因此才叫做「基本對稱多項式」。那麼什麼是「湊」？整數系 $\mathbb{Z}$ 是環（ring），它的運算就是「加，減，乘」（沒有「除」），這就是 $\mathbb{Z}$ 中的「湊」。

● 整係數的 Newton 定理

整係數的 n 元對稱多項式，一定可以用（這 n 元的）n 個基本對稱多項式，利用「加，減，乘」，去湊出來！所以，整係數的 n 元交錯多項式，一定可以用（這 n 元的）n 個基本對稱多項式，利用「加，減，乘」，最後另外再去乘以基本交錯式，而湊出來！

註 但是，非整係數的情形，例如說，$\frac{1}{3}p_1$，當然無法用「這些基本材料」，只限於「加，減，乘」，去湊出來！不論如何，總需要「乘以 $\frac{1}{3}$」，這樣的操作。換句話說：

● 對稱多項式的基本定理

若是「係數體」取好 $K=\mathbb{Q}$，$\mathbb{R}$，或 $\mathbb{C}$，則 n 元對稱多項式 $G(\beta_1, \beta_2, \cdots, \beta_n) \in K[\beta_1, \beta_2, \cdots, \beta_n]$，一定可以用（這 n 元的）n 個基本對稱多項式，$p_1, p_2, \cdots, p_n$，利用「加，減，乘」，以及「係數乘法」，去湊出來！

更清楚些：一定找得出一個多項式 H，使得

$$G(\beta_1, \beta_2, \cdots, \beta_n) = H(p_1, p_2, \cdots, p_n).$$

註 如果 G 的次數 $\deg G = \ell\ (<n)$，那麼，右邊只要用到 $p_1, p_2, \cdots, p_\ell$ 就夠了！剛剛的 $\Sigma\beta_j^2 = p_1^2 - 2p_2$ 就是一個例子。

● 交錯多項式的基本定理

n 元交錯多項式 $\in K[\beta_1, \beta_2, \cdots, \beta_n]$，一定可以用（這 n 元的）n 個基本對稱多

項式，利用「加，減，乘」，以及「係數乘法」，最後另外再去乘以基本交錯式，而湊出來！

如何證明 Newton 的這個定理？我們用數學歸納法（即遞迴法）：也許可以對「元」數 n 來做，也可以對「次」數來做，或者做「雙重歸納」。但是更重要的是要用到「疊合原理」：

如果「G_1 可以這樣子表達，G_2 也可以這樣表達」，那麼：「G_1+G_2 也可以這樣子表達」，

「把 G_1 乘上一個常數，也可如此表達」。

這個原理很容易證明（試試看！）

這個原理看來似乎是無聊的，不過，它可以大大簡化我們的討論，因為，這一來，我們只要討論這樣子的對稱多項式就好了：

$$G(\beta_1, \beta_2, \cdots, \beta_n) = \Sigma\,(\beta_{j1}^{\ell 1} * \beta_{j2}^{\ell 2} * \cdots * \beta_{jm}^{\ell m})$$

這裡設 $\ell_1 \geq \ell_2 \geq \cdots \geq \ell_m \geq 1$。（如果是零次就不用寫了！）（由於對稱性，我們把次數大的因子先寫！）

我們把 $p_1, p_2, \cdots, p_n$ 叫做「$(\beta_1, \beta_2, \cdots, \beta_n)$的基本對稱多項式」，它們就相當於 $m=1, 2, \cdots, n$，而一切 $\ell_1=\ell_2=\cdots=\ell_m=1$ 的情形；這些就是「混積」的情形，（像 $\Sigma\beta_j^2$ 是很「純」的積「$\beta_j \cdot \beta_j$」的和，$\Sigma\beta_j^3$ 也很純，$\Sigma_{j=k}\beta_j^2\beta_k$ 是「有點混」，$\Sigma_{j<k<\ell}\beta_j\beta_k\beta_\ell$ 是「更混」。）

回到定理的證明來！由前面 $\Sigma\beta_j^2=p_1^2-2p_2$ 的例子來看，我們再試試 β_j^3。如果先試著用 $p_1^3=(\Sigma\beta_j)^3$ 來逼近 $\Sigma\beta_j^3$，那麼，差了多少？多寫幾項來看看：例如設 $N=4$，（你要想一想！）

$(\beta_1+\beta_2+\beta_3+\beta_4)^3=\Sigma\beta_j^3+3\Sigma_{j\neq k}\beta_j^2\beta_k+6\Sigma\beta_i\beta_j\beta_k$；所以，

$$\sum_j \beta_j^3 = p_1^3 - 3\Sigma\beta_j^2\beta_k - 6p_3$$

我們就把問題推給：「如何用 p_1, p_2, p_3，表達 $\Sigma\beta_j^2\beta_k$？」這是比較「混」的多項式，我們把 $\beta_j^2\beta_k$ 改為$(\beta_j)\cdot(\beta_j\beta_k)$，這出現在 $p_1=\Sigma\beta_j$ 與 $p_2=\Sigma\,\beta_j\beta_k$ 乘積之中，

所以，試著用 p_1p_2 來「逼近」$\Sigma\beta_i^2\beta_k$，看看差多少？但是

$$p_1p_2=(\Sigma\beta_j)(\sum_{j<k}\beta_j\beta_k)=\Sigma\beta_j^2\beta_k+3\sum_{i<j<k}\beta_i\beta_j\beta_k,$$

所以 $\Sigma_{j\neq k}\beta_j^2\beta_k=p_1p_2-3p_3$，結束了！

所以，對稱多項式的基本定理可以這樣來證明：

對於對稱式 $\Sigma_{j1<j2<\cdots<jm}\beta_{j1}^{\ell 1}\beta_{j2}^{\ell 1}\cdots\beta_{jm}^{\ell m}=G$。設定 $j_1\geq j_2\geq\cdots\geq j_m\geq 1$，我們先用 $p_1^{\ell_1-\ell_2}p_2^{\ell_2-\ell_3}\cdots p_m^{\ell_m}$ 去逼近 G，這裡要用 $p_m^{\ell m}$ 的因子，是因為 G 中的項都有「p_m 的某項的 ℓ_m 次方」，而且，除去了這一因子後，又必含有「p_{m-1} 的某項的 $(\ell_{m-1}-\ell_m)$ 次方」，依此類推！

例如，$\beta_1^7\beta_2^4\beta_3^4\beta_4^2=(\beta_1\beta_2\beta_3\beta_4)^2$ 乘 $(\beta_1^5\beta_2^2\beta_3^2)$，而 $\beta_1^5\beta_2^2\beta_3^2=(\beta_1\beta_2\beta_3)^2$ 乘 β_1^3，故我們應該用 $p_1^3p_3^2p_4^2$ 去逼近 $G=\Sigma\beta_1^7\beta_2^4\beta_3^4\beta_4^2$。（這個例子可以做到底！試試看！）

$G=p_1^3p_3^2p_4^2$ 減去 G_1，這裡 G_1 所含的「純冪」之次數 <7。換句話說，我們對 ℓ_1 來歸納就好了！但 $\ell_1=1$ 時卻不用證，所以證明完畢！

例題　已知：$p=a+b+c;\ q=ab+bc+ca;\ r=abc$；

請將 P, Q, R 用 p, q, r 表達出來：

$P=(a-b)^2+(b-c)^2+(c-a)^2;$

$Q=(a-b)^2*(b-c)^2+(c-a)^2*(a-b)^2+(b-c)^2*(c-a)^2;$

$R=(a-b)^2(b-c)^2(c-a)^2.$

解析　由 Newton 定理，

$$\begin{aligned}
\Sigma a^2 &= p^2 - 2q;\\
\Sigma a^3 &= p^3 - 3pq + 3r;\\
\Sigma a^4 &= p^4 + 2q^2 + 4pr - 4p^2q;\\
\Sigma a^2b &= pq - 3r;\\
\Sigma a^3b &= p^2q - 2q^2 - pr; \qquad (1)\\
\Sigma a^2b^2 &= q^2 - 2pr;\\
\Sigma a^3b^3 &= q^3 - 3pqr + 3r^2;\\
\Sigma a^4b^2 &= p^2q^2 - 2p^3r - 2q^3 + 4pqr - 3r^2;\\
P &= 2p^2 - 6q;\\
Q &= p^4 + 9q^2 - 6p^2q;\\
R &= p^2q^2 - 4rp^3 - 4q^3 - 27r^2 + 18pqr.
\end{aligned}$$

對於 Newton 定理的補充註解

整係數的 Newton 定理乃是最精準的說法：一切整係數的對稱多項式 $f(\beta_1, \beta_2, \cdots, \beta_n)$ 都可以用這個 Newton「原子」$p_1, p_2, \cdots p_n$ 去湊出來！只要用加減法，與乘法！用不到「係數乘法」！事實上，另外有個：

Newton 補充定理：令 $s_k = \Sigma\beta_j^k$，（$k = 1, 2, 3\cdots$）則：$s_1, s_2, \cdots, s_n$，是對稱多項式空間中的「準原子」。意思是說：任何一個 p_j，($j = 1, 2, \cdots, n$)都可以用 $s_1, s_2, \cdots, s_j$ 去湊出來！如何湊？用到加減法，與乘法，但是還要用到「係數乘法」！事實上，例如說：（$p_1 = s_1$，但是）

$$p_2 = \frac{s_1^2 - s_2}{2},$$

$$p_3 = \frac{1}{6}(s_1^3 - 3s_1s_2 + 2s_3);$$

§26　Vieta 定理的應用

● Vieta 定理

設 n 次么領方程式

$$x^n+b_1x^{n-1}+b_2x^{n-2}+\cdots+b_n=0$$

的 n 個根為 $\beta_1, \beta_2, \cdots\beta_n$，則（前節(4)式）：

$-b_1=p_1=\beta_1+\beta_2+\cdots+\beta_n$，即是各根之和；

$b_2=p_2=\beta_1\beta_2+\beta_1\beta_3+\cdots+\beta_{n-1}\beta_n$，即所有根的一對根相乘積之和；等等，

$(-1)^n b_n=p_n=\beta_1\beta_2\beta_3\cdots\beta_n$，即是全部 n 個根相乘積。

此定理非常簡單非常重要。（而我們已經證明過了！）但是這裡必須再提醒幾件事：

- 如上的講法都是先要「么領化」。（用最高次項的係數去除整個方程式。）
- 這裡有個負號陷阱。最好是不用 b_j，而用 $p_j=(-1)^j b_j$。
- 當然，上述的負號陷阱，就引起缺項陷阱，也就是：某個 $p_j=0=b_j$ 時。所以寫完抄完一個多項（方程）式，馬上就要點算一下：有幾項？項數必須是「次數加一」，才是「完全」無缺。否則就要提高警覺。
- 這裡所寫的 $\beta_1, \beta_2, \cdots, \beta_n$ 諸根，意思是「重根」就要重複寫！（n 次方程式必有 n 個複數根，乃是這樣解釋的！）

例1　$2x^3+3x^2-23x-12=0$ 有根 3 與 -4，他根若何？

解析　設此根為 β，則因三根之和為 $\dfrac{-3}{2}$，可知此根 $\beta=-3/2-(3+(-4))=\dfrac{-1}{2}$；

另法為：三根之積 $=6=3*(-4)*\beta,\ \beta=\dfrac{-1}{2}$。

例2　方程式 $x^3-5x^2-16x+80=0$ 有兩根和為零，求解此方程式。

解析 另外一根為β，因此：

三根之和$=0+\beta=5$，即是$\beta=5$；括出$x-5$，得：

$$(x-5)*(x^2-16)=0, x=5, \pm 4.$$

例3 $x^3+8x^2+5x-50=0$，若有二重根，試解之。

解析 以α, α, β表諸根，則

$$2\alpha+\beta=-8, \alpha^2+2\alpha\beta=5, \alpha^2\beta=50$$

解第一、第二兩方程，則得$\alpha=-5, \beta=2$，或$\alpha=-1/3, \beta=-22/3$。

前者$\alpha=-5, \beta=2$適合此方程$\alpha^2\beta=0$，但$\alpha=-1/3, \beta=-22/3$則不適合。故所求之根為$-5, -5, 2$。

根的對稱函數

我們對於二次方程式的根的對稱函數，已經相當熟悉，要點是：若方程式$x^2-px+q=0$的兩根為α, β，則必：$\alpha+\beta=p, \alpha*\beta=q$。

整個意義在於：我們不需要去算出兩根α, β，就可以算出$\alpha+\beta$，與$\alpha*\beta$。雖然，根據公式，我們是可以算出來這兩個根的。

接下去，我們可以算出：

$$\alpha^2+\beta^2=p^2-2q; \alpha^3+\beta^3=p*(p^2-3q); \alpha^4+\beta^4=(p^2-2q)^2-2q^2.$$

等等。當然這裡的要點都是：我們不需要去算出兩根α, β，就可以算出來這些式子，都可以直接由方程式的係數去算出來！

例4 求方程式$2x^3-3x^2-4x-5=0$之根之平方和。

解析 命諸根為 α, β, γ，得

$$\alpha^2+\beta^2\gamma^2=(\alpha+\beta+\gamma)^2-2(\alpha\beta+\beta\gamma+\gamma\alpha)$$
$$=\left(\frac{3}{2}\right)^2+4=\frac{25}{4}.$$

整個意義在於：雖然（根據§44 Cardan公式），我們是可以算出來這三個根的，但是我們不需要去算出三根，就可以算出 $\alpha^2+\beta^2+\gamma^2$。

我們要清楚這個要點：根據Ferari公式，我們是可以算出來一個四次方程式的四個根 $\alpha, \beta, \gamma, \delta$ 的，但是我們不需要去算出四根，就可以算出 $\alpha^2+\beta^2+\gamma^2+\delta^2$。

我們要清楚這個要點！因為，如果是五次以上的方程式，問題就不同了。就不再是「需要不需要」，因為彼時就沒有公式了！

我們再思考一下剛剛這個題目，如果題目改成：求 $S=\alpha^2+2\beta^2+3\gamma^2$，我們就不能用這一招了！這是因為，三個根，誰是 α，誰是 β，誰是 γ，並不清楚！一共有6種可能性！所以必須先算出三個根來，然後，就6種可能的排列，一個一個算出對應的 S。

所以 Vieta 定理的要義是：求算的函數，總是「根的對稱函數」：從而，誰是誰，不重要，因為算出來的答案是一樣的！

習題1 方程式：$2x^3+x^2-4x+1=0$ 之根為 α, β, γ，求

(i) $\Sigma\alpha^2$;

(ii) $\Sigma\alpha^3$;

(iii) $\Sigma\frac{1}{\beta\gamma}$;

(iv) $\Sigma\alpha^2\beta$;

習題2 方程式：$x^3-2x^2+x-3=0$ 之根為 α, β, γ，求

(i) $\Sigma\frac{\alpha}{\beta\gamma}$;

(ii) $\Sigma\frac{\alpha\beta}{\gamma}$;

(iii) $\Pi(\beta+\gamma)$;

(iv) $\Pi(\beta^2+\gamma^2)$;

(v) $\Sigma\alpha\left(\frac{1}{\beta}+\frac{1}{\gamma}\right)$.

一個推論

利用 Newton 定理與 Vieta 定理，馬上知道：

- 實係數多項式方程式即使有些根是虛數，這些根的實係數對稱多項式函數還是實的；
- 有理係數多項式方程式即使有些根不是有理數，這些根的有理係數對稱多項式函數還是有理數；
- 整係數么領多項式方程式即使有些根不是整數，這些根的整係數對稱多項式函數還是整數。

何者較容易？

這一類的問題，有一種，是給你數值的係數，即是 $p_1, p_2, \cdots$ 都有了數值。然後要你計算對稱有理函數 $f(\beta_1, \beta_2, \cdots, \beta_n)$；另一種，並不是給你數值的係數，而是要你直接用 $p_1, p_2, \cdots, p_n$ 去表達。出題的老師常常說「後者較抽象」、「較難」，所以她或他出的題目都是前一類型。當然你很清楚：恰好顛倒！兩者難度完全相同，但是，前者多了「要具體計算」的這件工作，工作量更多，（即是更繁瑣！）而且隨時都會算錯！

問　若 $\alpha, \beta, \gamma, \delta$ 為 $x^4-px^3+qx^2-rx+s=0$ 的根，求
(i) $\Sigma\alpha^2$, (ii) $\Sigma\alpha^2\beta\gamma$, (iii) $\Sigma\alpha^3\beta$, (iv) $\Sigma\alpha^2\beta^2$.

答　(i) p^2-2q, (ii) $p*r-4s$, (iii) $p^2q-2q^2-pr+4s$, (iv) $q^2-2pr+2s$.

例 5　方程式 $x^3+ax+b=0$ 之根為有理數 α,β,γ，
則方程式 $\alpha x^2+\beta x+\gamma=0$ 之根亦為有理數。

解析　因為

$$\alpha+\beta+\gamma=0;\ \alpha\beta+\alpha\gamma+\beta\gamma=a;\ \alpha\beta\gamma=-b;$$

於是 $\beta=-(\alpha+\gamma)$；$\beta^2=\alpha^2+\gamma^2+2\alpha*\gamma$；
有理係數二次方程式 $\alpha x^2+\beta x+\gamma=0$ 之判別式

$$\beta^2-4\alpha*\gamma=(\alpha-\gamma)^2$$

為完全平方，因此其根亦為有理數。
（事實上由公式，根為 $\dfrac{-\beta\pm\sqrt{\beta^2-4\alpha\gamma}}{2\alpha}=1$ 與 $\dfrac{\gamma}{\alpha}$。）

例 6　方程式：$x^3+3x^2+px-q=0$ 之三根等差，而方程式：
$x^3+(2-p)x^2-(q+3)x-8=0$ 之三根等比。求算 p,q。

解析　設前者的公差為 δ，我們記此三根為 $-1,\ -1\pm\delta$，因而

$$p=3-\delta^2;\ q=-1+\delta^2;$$

設後者的公比為 γ，我們記此三根為 $2,\ 2*\gamma,\ \dfrac{2}{\gamma}$，因而

$$p-2=2+2\gamma+\frac{2}{\gamma};\ 2\left(2\gamma+\frac{2}{\gamma}\right)+4=-q-3;$$

於是，

$$p+q=2,\ 2p+q=1;\ p=-1;\ q=3.$$

例 7 方程式：$x^4-4x^3-34x^2+ax+b=0$之四根等差，求解此方程式並計算出a, b。

解析 設四根的公差為2δ，我們記此四根為$\alpha-3\delta, \alpha-\delta, \alpha+\delta, \alpha+3\delta$。於是，四根之和為：

$$4\alpha=4; \alpha=1;$$

四根兩兩相乘積之和為：

$$6\alpha^2-10\alpha^2=-34; \delta=\pm 2;$$

四根為：$-5, -1, 3, 7; a=-76, b=105$。

註 要點之一是對稱性！我們讓四根之平均為α。同時，我們讓四根之公差為2δ。若公差寫成δ，則四根為$\alpha\pm\frac{3\delta}{2}, \alpha\pm\frac{\delta}{2}$。顯然稍微不淨。對稱性會使得$\delta$有正負兩根。你預期有含$\delta^2$的方程式！

習題 3 方程式：$x^3-9\sqrt{2}x^2+46x-30\sqrt{2}=0$ 之三根等差，求解此方程式。

習題 4 方程式：$x^4-x^3-56x^2+36x+720=0$有兩根比為$2:3$，另外兩根差1，求解此方程式。

例 8 方程式：$x^3-px^2+qx-r=0$之兩根互相倒逆，求係數間之關係。

解析 設三根為$\alpha, \frac{1}{\alpha}, \beta$，於是：

$$p=\alpha+\frac{1}{\alpha}+\beta; q=\beta\left(\alpha+\frac{1}{\alpha}\right)+1; r=\beta;$$

那麼$p-r=\alpha+\frac{1}{\alpha}, q=1+r(p-r)$.

所求關係為$r^2-pr+q-1=0$.

習題5 方程式：$x^4-px^3+qx^2-rx+s=0$ 之兩根乘積等於另兩根乘積，求係數間之關係。

例9 解方程式組：

$$\begin{aligned} x+\quad y+\quad z&=\quad 15,\\ x^2+\quad y^2+\quad z^2&=\quad 83,\\ x^3+\quad y^3+\quad z^3&=\quad 495; \end{aligned}$$

解 Newton 告訴我們：

$$\Sigma xy=xy+xz+yz=\frac{1}{2}((\Sigma x)^2-\Sigma x^2)=71.$$

$$\Sigma x^3-3\Pi x=(\Sigma x)(\Sigma x^2-\Sigma xy)=180;\ \Pi x=105;$$

那麼 Vieta 告訴我們：x, y, z 是下述三次方程式的三個根

$$X^3-15X^2+71X-105=0;$$

我們解出：$X=3, 5, 7$，於是就有 6 組解：（$x=3, y=5, z=7,$）等等，作各種排列！

方程式之變換

以下三節§27-§29，我們的主題就是如下的：

思考題 設 α, β, γ 為 $x^3+px^2+qx+r=0$ 之根，試作方程使其根為：

(1) $-\alpha, -\beta, -\gamma$

(2) $\frac{1}{\alpha}, \frac{1}{\beta}, \frac{1}{\gamma}$

(3) $\alpha+k, \beta+k, \gamma+k$

(4) $k\alpha, k\beta, k\gamma$

(5) $\alpha^2, \beta^2, \gamma^2$

(6) $-\frac{1}{\alpha^2}, -\frac{1}{\beta^2}, -\frac{1}{\gamma^2}$

註 我們只要知道 Vieta 關係式，這些都可以解決了。這裡面，

(1)是變動正負號，(2)是倒逆；事實上，(1)是加性的倒逆。這兩種操作都是「對合的」（involutive）：做兩次就等於白做（=沒做）！

(3)是平移（=加減以常數），(4)是伸縮（=乘除以常數），我們可以說是「乘性的平移」。

當然，(5)還可以推廣為「立方」，等等。

最後，(6)是先用到(5)，然後再做(2)與(1)，把三者結合起來。

§27 諸根之初等變換

§27.1 諸根變號

例1 試求一個方程式，它的根恰好就是方程式 $x^6-5x^3-6x^2-x+5=0$ 的根，逐個都變了號。

● **解法 1：Vieta**

如果 $x^6-5x^3-6x^2-x+5=\Pi j=1^6(x-\alpha_j)=0$ 的根 α_j，逐個都變了號，新的方程式就是 $\Pi j=1^6(x+\alpha_j)=x^6-p'_1x^5+p'_2x^4-+\cdots=0$。這裡 $p'_1=\Sigma(-\alpha_j)=-p_1, p_1=\Sigma\alpha_j=0$。

同理，$p'_2=\Sigma_{i<j}(-\alpha_i)(-\alpha_j)=p_2=0$。依此類推，

$$p'_j=(-1)^jp_j. \tag{1}$$

答案是：$\prod_{j=1}^{6}(x+\alpha_j)=x^6+5x^3-6x^2+x+5=0$。

所以我們已經知道這個規則：欲求一個方程式，它的根恰好就是方程式

$$x^n-p_1x^{n-1}+p_2x^{n-2}-+\cdots+(-1)^jp_jx^{n-j}+\cdots=0 \tag{2}$$

的根，逐個都變了號，那麼辦法很簡單：只要把係數 p_j 改為 $(-1)^jp_j$（如(1)式）。

● **另外一個辦法**

現在記 $X=-x$，當然這也就是 $x=-X$，代入原來的式子中，得到 $f(-X)=0$。這是個含有文字變數 X 的方程式 $g(X)=0$。那麼，對於原來的方程式 $f(x)=0$ 的任何一個根 α_j，現在把 $-\alpha_j$ 代入這裡的新的方程式 $g(X)=0$ 中的變數 X，一定得到 $g(-\alpha_j)=f(-(-\alpha_j))=f(\alpha_j)=0$。總之：我們只要由原來的方程式 $f(x)=0$，改寫為新的方程式 $f(-x)=0$ 就好了。

註 以上所說的兩個辦法，在次數 n 為奇數時，似乎不相同，因為答案的整個方程式，差了一個正負號。但是這樣子的兩種答案，**實質上相同**！

習題1 試將下列方程式的根，全部變號：

(i) $x^5+15x^4-26x^2-7x-51=0$,

(ii) $x^5-4x^3+x^2-1=0$,

(iii) $x^6-2x^3+3x^2-x-5=0$,

(iv) $4x^5-9x^3+6x^2-13x+6=0$,

§27.2　諸根倒逆

例2 試求一個方程式，它的根恰好就是

將方程式 $x^5+15x^4-26x^2-7x-51=0$ 的根，逐個都倒逆了：α_j 變為 $\frac{1}{\alpha_j}$。

● **解法 1 Vieta**

原來的係數 $p_1=\Sigma\alpha_j=-15, p_2=\Sigma_{i<j}\alpha_i\alpha_j=-26, p_3=\Sigma_{i<j<k}\alpha_i\,\alpha_j\,\alpha_k=0$,

$p_4=\Sigma_{i<j<k<l}\alpha_i\,\alpha_j\,\alpha_k\,\alpha_l=-7; p_5=\Pi_{j=1}^5\alpha_j=51$。

現在要改變為 $p'j$，其中：

$$p'_1=\sum_j\frac{1}{\alpha_j}=\frac{\alpha_i\,\alpha_j\,\alpha_k\,\alpha_l}{\Pi_u\,\alpha_u}=\frac{p_4}{p_5}=\frac{-7}{-51}.$$

同理：

$$p_2' = \frac{p_3}{p_5} = \frac{-26}{-51}; p_3' = \frac{p_2}{p_5} = 0; p_4' = \frac{p_1}{p_5} = \frac{-15}{-51}; p_5' = \frac{1}{p_5} = \frac{1}{-51}.$$

所求方程式為：

$$x^5 - \frac{-7}{-51}x^4 + \frac{-26}{-51}x^3 + \frac{-15}{-51}x - \frac{1}{-51} = 0.$$

若通分之，則得：

$$-51x^5 - 7x^4 - 26x^3 + 15x + 1 = 0.$$

結論

對於 n 次多項式方程式

$$f(x) = a_0x^n + a_1x^{n-1} + a_2x^{n-2} + \cdots + a_n = 0, \tag{3}$$

如下方程式

$$a_nx^n + a_{n-1}x^{n-1} + \cdots + a_0 = 0 \tag{4}$$

的根，恰恰就是把原方程式的根逐個倒逆！

註 當然這樣子講，有點語病！我們應該要求：$a_n \neq 0$。

另外一個辦法

現在記 $X = \frac{1}{x}$，當然這也就是 $x = \frac{1}{X}$，代入原來的式子中，得到 $f\left(\frac{1}{X}\right) = 0$。這是個含有文字變數 X 的方程式 $g(X) = 0$。那麼，對於原來的方程式 $f(x) = 0$ 的任何一個根 α_j，現在把 $\frac{1}{\alpha_j}$ 代入這裡的新的方程式 $g(X) = 0$ 中的變數 X，一定得到 $g\left(\frac{1}{\alpha_j}\right) = f\left(\frac{1}{\frac{1}{\alpha_j}}\right) = f(\alpha_j) = 0$。

總之：我們只要由原來的方程式 $f(x) = 0$，

改寫為新的方程式 $f\left(\frac{1}{x}\right)=0$ 就好了。

註 當然這樣子講，有點語病！現在的式子 $f\left(\frac{1}{x}\right)=0$，不是 x 的多項式方程式！必須整個乘以 x^n 才是。

$$x^n * f\left(\frac{1}{x}\right)=a_n x^n+a_{n-1}x^{n-1}+\cdots+a_0. \tag{5}$$

習題 2 試求一個方程式，它的根恰好就是

方程式 $5x^6-x^4+3x^3-9x+10=0$ 的根，逐個都倒逆了。

例 3 試求方程式 $f(x)=x^3-px^2+qx-r=0$ 的三根成為調和數列的條件。

解析 這就是說：方程式 $rx^3-qx^2+px-1=0$ 的三根成為等差數列的條件。

今設此三根為 $\alpha, \alpha\pm\delta$，則：

$$\text{(i)}：3\alpha=\frac{q}{r};\ \text{(ii)}：3\alpha^2-\delta^2=\frac{p}{r};\ \text{(iii)}：\alpha(\alpha^2-\delta^2)=\frac{1}{r};$$

(i)，(ii)，得到：

$$-\delta^2=\frac{p}{r}-\frac{q^2}{3r^2};$$

因此代入(iii)，(i)，得到：

$$\frac{1}{r}=\frac{q}{3r}*\left(\frac{q^2}{9r^2}-\frac{p}{r}+\frac{q^2}{3r^2}\right).$$

整理而得；

$$27r^2-9pqr+2q^3=0.$$

§27.3　諸根伸縮

例 4 試求一個方程式，它的根恰好就是方程式 $5x^6-x^4+3x^3-9x+10=0$ 的根，

逐個都乘上−3倍。

解法 1：Vieta

原來方程式的根為：$\alpha_j, j=1, 2\cdots, 6$。於是有

$$p_1=\Sigma\alpha_j=0; p_2=\sum_{i<j}\alpha_i\alpha_j=\frac{-1}{5}; p_3=\sum_{i<j<k}\alpha_i\alpha_j\alpha_k=-\frac{3}{5};$$
$$p_4=\sum_{i<j<k<l}\alpha_i\alpha_j\alpha_k\alpha_l=0, p_5=\sum_i\frac{p_6}{\alpha_j}=\frac{9}{5}; p_6=\Pi\,\alpha_j=\frac{10}{5}.$$

新方程式的根是 $\alpha_j':=-3\alpha_j$，因此：

$$p_1'=\Sigma\alpha_j'=(-3)*p_1=0; p'_2:=\sum_{i<j}\alpha'_i\alpha'_j=(-3)^2*p_2;$$

依此類推，

$$p_3'=(-3)^3*p_3, p'_4=(-3)^4p_4, p'_5=(-3)^5p_5, p'_6=(-3)^6p_6.$$

於是新的方程式就是

$$\sum_{k=0}^{6}(-3)^k p_k(-3)^k x^{6-k}=0=5x^6-9x^4-81x^3+2187x+7290.$$

另外一個辦法

現在記 $X=(-3)x$，當然這也就是 $x=\frac{-1}{3}X$，代入原來的式子中，得到 $f\left(\frac{-1}{3}X\right)=0$。這是個含有文字變數 X 的方程式 $g(X)=0$。那麼，對於原來的方程式 $f(x)=0$ 的任何一個根 α_j，現在把 $(-3)\alpha_j$ 代入這裡的新的方程式 $g(X)=0$ 中的變數 X，一定得到

$$g((-3)\alpha_j)=f\left(\frac{-1}{3}*((-3)*\alpha_j)\right)=f(a_j)=0.$$

總之：我們只要由原來的方程式 $f(x)=0$，

改寫為新的方程式 $f\left(\frac{-1}{3}x\right)=0$ 就好了。

習題3 (i)試求一個方程式，它的根恰好就是方程式 $2x^5-x^3-4x^2+8=0$ 的根，逐個都乘上 -2 倍。

(ii)試求一個方程式，它的根恰好就是方程式 $2x^5-x^4-x^3-4x^2+8=0$ 的根，逐個都乘上 $\frac{1}{2}$ 倍。

(iii)試求一個方程式，它的根恰好就是方程式 $x^5-3x^2-8=0$ 的根，逐個都乘上 2 倍。

(iv)試求一個方程式，它的根恰好就是方程式 $x^7+5x^4-x^2+1=0$ 的根，逐個都乘上 3 倍。

習題4 試將方程式 $108x^3-270x^2-42x+1=0$ 的根，逐個都乘上某個倍數，使得它是個么領整係數方程式。

習題5 試將下列方程式的根，逐個都乘上某個倍數，使得它是個么領整係數方程式：

(i)：$x^4+\frac{x^3}{6}+\frac{x^2}{8}-\frac{x}{25}+\frac{1}{528}=0;$

(ii)：$x^4-\frac{5}{6}x^3+\frac{5}{12}x^2-\frac{13}{900}=0;$

§27.4　諸根平移

例5 試求一個方程式 $g(x)=0$，它的根恰好就是方程式 $f(x)=x^4-5x^3+7x^2-4x+5=0$ 的根，逐個減去 2。

解析 （不用 Vieta 方法！）如果原方程式 $f(x)=0$ 的根是 $\alpha_j, j=1, \cdots, 4$，則 $f(x)=\Pi_j(x-\alpha_j)$，於是 $g(x)=\Pi_j(x-(\alpha_j-2))=\Pi_j(x_j+2-\alpha_j)$。換句話說，$g(x)$ 只是在 $f(x)$ 的式子中，用 $(x+2)$ 去代入 x 就好了！

$$g(x)\equiv f(x+2)；也就是說 f(x)\equiv g(x-2)$$

所以得到

$$\begin{aligned} g(x) &= (x+2)^4 - 5(x+2)^3 + 7(x+2)^2 - 4(x+2) + 5 \\ &= (x^4 + 4*2x^3 + 6*2^2x^2 + 4*2^3x + 2^4) \\ &\quad -5(x^3 + 3*2x^2 + 3*2^2x + 2^3) \\ &\quad +7(x^2 + 2*2x + 2^2) - 4x - 8 + 5 \\ &= x^4 + 3x^3 + x^2 - 4x + 1. \end{aligned}$$

正宗解法

這樣子的計算相當煩，有點可怕！

如果我們寫

$$f(x) = \sum_{j=0}^{4} (-1)^j p_j x^{4-j};\ g(x) = \sum_j (-1)^j q_j x^{4-j};$$

那麼：

$$f(x) = \sum_j (-1)^j q_j (x-2)^{4-j};$$

所以，$g(x)$ 的常數項，就馬上可以算出來：

$$q_4 = f(2)$$

實際上，餘數定理告訴我們 $q_4 = f(2)$ 就是 $f(x)$ 用 $(x-2)$ 去除，所得的餘數！

$$\begin{array}{rrrrrl} 1 & -5 & +7 & -4 & +5 & \boxed{2} \\ & +2 & -6 & +2 & -4 & \\ \hline 1 & -3 & +1 & -2 & +1 & \end{array}$$

於是 $q_4 = g(0) = 1$。

這是計算 $q_4 = g(0)$ 的好方法！我們用了綜合除法，只是算出來（最後一元！）q_4，前面的三元都浪費了乎？

不是！我們也算出整商 $f_1(x) = x^3 - 3x^2 + x - 2$；因而 $f(x) = f_1(x) * (x-2) + q_4$。這就是說：

$$f(x)=f_1(x)*(x-2)+q_4=g(x-2)=\sum_{j=0}^{4}q_j(x-2)^{4-j}=\sum_{j=0}^{3}q_j*(x-2)^{4-j}+q_4;$$

結論是：

$$f_1(x)*(x-2)=\sum_{j=0}^{3}q_j*(x-2)^{4-j};$$

恆等的多項式兩側除以 $(x-2)$，因而：

$$f_1(x)=\sum_{j=0}^{3}q_j*(x-2)^{3-j};$$

這一下子，

$$q_4=f_1(2),$$

也就是說，我們又可以用綜合除法來計算它：

$$\begin{array}{rrrr|l}
1 & -3 & +1 & -2 & \boxed{2} \\
 & +2 & -2 & -2 & \\
\hline
1 & -1 & -1 & -4 &
\end{array}$$

得到 $q_3=-4$；

以下，依此類推，得到 $q_2=1, q_1=3, q_0=1$。

真正的計算是一口氣的，如下：

$$\begin{array}{lllllll}
1 & -5 & +7 & -4 & +5 & & \boxed{2} \\
 & +2 & -6 & +2 & -4 & & \\
\hline
1 & -3 & +1 & -2 & \| +1 & & \\
 & +2 & -2 & -2 & & & \\
\hline
1 & -1 & -1 & \| -4 & & & \\
 & +2 & +2 & & & & \\
\hline
1 & +1 & \| +1 & & & & \\
 & +2 & & & & & \\
\hline
1 & \| +3 & & & & &
\end{array}$$

習題6 試求一個方程式 $g(x)=0$，它的根恰好就是方程式 $f(x)=x^4-4x^3-18x^2-3x+2=0$ 的根，逐個減去 1。

習題7 試求一個方程式 $g(x)=0$，它的根恰好就是方程式 $f(x)=2x^3-5x^2+3x+2=0$ 的根，逐個減去 3。

● 配方法

將一個 n 次多項式 $f(x)=a_0x^n+a_1x^{n-1}+\cdots+a_n$ 寫為 $f(x)=\Sigma_{j=0}^{n} b_j(x-c)^{n-j}$，使得 $n-1$ 次項的係數變為零 $b_1=0$，那麼：$c=\frac{-a_1}{n*a_0}$。

習題8 試求一個方程式 $g(x)=0$，它的根恰好就是下列方程式 $f(x)=0$ 的根，逐個減去一個常數，而且缺少三次項：

(i)：$x^4+8x^3+2x-1=0$

(ii)：$x^4+16x^3+89x^2+200x+156=0;$

習題9 試求一個方程式 $g(x)=x^4+b_1x^3+b_3x+b_4=0$，它的根恰好就是方程式 $f(x)=x^4-4x^3-18x^2-3x+2=0$ 的根，逐個減去一個常數。而 $g(x)$ 缺少二次項！

以下的例子可說是綜合應用。

例6 若 α,β,γ 為方程式 $x^3+2x^2+3x+3=0$ 之三根，試求一個方程式 $g(x)=0$，它的根恰好就是

$$\alpha\left(\frac{1}{\beta}+\frac{1}{\gamma}\right), \beta\left(\frac{1}{\gamma}+\frac{1}{\alpha}\right), \gamma\left(\frac{1}{\alpha}+\frac{1}{\beta}\right).$$

解析 樣子很對稱！你可以用 Vieta 關係，算出新方程式的係數！

但是我們可以如此做：（只要對一個下手！）注意到

$$\Sigma\alpha=-2, \Sigma\alpha\beta=3, \Pi\alpha=-3;$$

$$\alpha\left(\frac{1}{\beta}+\frac{1}{\gamma}\right)=\frac{\alpha\beta+\alpha\gamma}{\beta\gamma}=\frac{\Sigma\alpha\beta}{\beta\gamma}-1=\frac{3}{\Pi\alpha}*\alpha-1=-\alpha-1.$$

因此只要將根變號再減 1 就好了！答案是 $x^3+x^2+2x-1=0$。

習題 10 就上例，試求一個方程式 $g(x)=0$，它的根恰好就是

$$\beta\gamma+\frac{1}{\alpha},\ \gamma\alpha+\frac{1}{\beta},\ \alpha\beta+\frac{1}{\gamma}.$$

§28　較高等的變換

我們首先想到：將諸根平方或立方。

例 1 試求一個方程式 $g(x)=0$，它的根恰好就是方程式 $f(x)=x^3-px^2+qx-r=0$ 的根，逐個平方。

● **解法 1：Vieta**

$f(x)=(x-\alpha)(x-\beta)(x-\gamma)$，則：

$$P=\Sigma\alpha^2=(\Sigma\alpha)^2-2(\Sigma\alpha*\beta)=p^2-2q;$$

$$Q=\Sigma\alpha^2\beta^2=(\Sigma\alpha*\beta)^2-2(\Sigma\alpha)\alpha*\beta*\gamma=q^2-2pr;$$

$$R=\Pi\alpha^2=(\Pi\alpha)^2=r^2;$$

因此，所求為：

$$g(x)=x^3-(p^2-2q)x^2+(q^2-2pr)x-r^2=0$$

● **解法 2**

今令 $y=x^2$，我們問：如果 x 滿足 $f(x)=0$，則：y 會滿足怎樣的三次方程式 $g(y)=0$。

今 $y=x^2$，$f(x)=x^3-px^2+qx-r=0$，因此，$x, y,$ 一起，會滿足

$$f(x)=(x^2+q)x-(px^2+r)=(y+q)x-(py+r)=0;$$

於是 $(y+q)x=(py+r)$，平方之：

$$((y+q)x)^2=(py+r)^2,$$

因此：

$$(y+q)^2y-(py+r)^2=0;\ g(y)=y^3-(p^2-2q)y^2+(q^2-2pr)y-r^2=0.$$

例 2 試求一個方程式 $g(x)=0$，它的根恰好就是方程式 $f(x)=x^3-px^2+qx-r=0$ 的根，逐個立方。

● 解法 1：Vieta

這裡的代數需要兩個（三元）對稱恆等式：

(*i*) $\Sigma A^2=(\Sigma A)^2-2\Sigma AB;$

(*ii*) $\Sigma A^3-3\Pi A=(\Sigma A)*((\Sigma A)^2-3\Sigma AB);$

今若 $f(x)=(x-\alpha)(x-\beta)(x-\gamma)$，則：

$$P=\Sigma\alpha^3=(\Sigma\alpha)*((\Sigma\alpha)^2-3(\Sigma\alpha*\beta))+3\Pi\alpha=p*(p^2-3q)+3r;$$

$$Q=\Sigma\alpha^3\beta^3=(\Sigma\alpha*\beta)*((\Sigma\alpha*\beta)^2-3(\Sigma\alpha)\Pi(\alpha))+3\Pi\alpha^3=q*(q^2-3pr)+3r^2;$$

$$R=\Pi\alpha^3=R^3;$$

因此，所求為：$g(x)=x^3-(p^3-3pq+3r)x^2+(q^3-3pqr+3r^2)x-r^3=0$。

● 解法 2

今令 $y=x^3$，我們問：如果 x 滿足 $f(x)=0$，則：y 會滿足怎樣的三次方程式 $g(y)=0$。

今 $y=x^3$，$f(x)=x^3-px^2+qx-r=0$，因此，x, y，一起，會滿足

$$y-px^2+qx-r=0; px^2-qx=y-r;$$

將它立方：

$$p^2y^2-q^3y-3*px^2*qx*(px^2-qx)=y^3-3ry^2+3r^2y-r^3;$$

亦即：

$$p^2y^2-q^3y-3*pqy*(y-r)=y^3-3ry^2+3r^2y-r^3;$$

因此：$g(y)=y^3-(p^3-3pq+3r)y^2+(q^3-3pqr+3r^2)y-r^3=0$。

習題 試求一個方程式 $g(x)=0$，它的根恰好就是

方程式 $f(x)=x^4-x^3+2x^2+3x+1=0$ 的根，逐個立方。

以下是更一般的變換。

例 3 若 α,β,γ 為方程式 $x^3+qx-r=0$ 之三根，試求一個方程式 $g(x)=0$，它的根恰好就是 $(\alpha-\beta)^2,(\beta-\gamma)^2,(\gamma-\alpha)^2$。

解析 樣子很對稱！你可以用 Vieta 關係，算出新方程式的係數！但是用代數的解法更好！

此地已有 $\alpha+\beta+\gamma=0$，另外有 $\alpha\beta+\beta\gamma+\gamma\alpha=q$，$\alpha\beta\gamma=r$；

我們必須拿新的根之一，例如 $(\beta-\gamma)^2$，將它化為純粹的 α 與 q,r 的式子，不要含有 β,γ！

現在 $(\beta-\gamma)^2=(\beta+\gamma)^2-4\beta\gamma=\alpha^2-\frac{4r}{\alpha}$。於是我們令

$$\text{(i)}：y=x^2-\frac{4r}{x};$$

要將 x 的方程式

$$\text{(0)}：x^3+qx-r=0$$

改變為 y 的方程式！則由

$$y=x^2-\frac{4r}{x},xy=x^3-4r,$$

得到：$xy+4r=x^3=-qx+r$，

$$\text{(ii)}：x=\frac{-3r}{y+q};$$

代入(i)，

$$y=\frac{9r^2}{(y+q)^2}+\frac{4y}{3}+\frac{4}{3}q;$$

清理之：$(y+q)^2(y+4q)+27r^2=0$。

$$y^3+6qy^2+9q^2y+27r^2+4q^3=0.$$

習題 2 若α,β,γ為方程式$x^3+6x^2+7x+2=0$之三根，試求一個方程式$g(x)=0$，它的根恰好就是$(\alpha-\beta)^2,(\beta-\gamma)^2,(\gamma-\alpha)^2$。

例 4 若α,β,γ為方程式$x^3+qx-r=0$之三根，試求一個方程式$g(x)=0$，它的根恰好就是$\frac{\beta}{\gamma}+\frac{\gamma}{\beta},\frac{\gamma}{\alpha}+\frac{\alpha}{\gamma},\frac{\alpha}{\beta}+\frac{\beta}{\alpha}$。

解析 把$\frac{\beta}{\gamma}+\frac{\gamma}{\beta}$寫成：

$$\frac{\beta}{\gamma}+\frac{\gamma}{\beta}=\frac{(\beta+\gamma)^2}{\beta\gamma}-2=\frac{\alpha^2}{\beta\gamma}-2=\frac{\alpha^3}{r}-2.$$

此地已經用到$\alpha+\beta+\gamma=0,\alpha\beta\gamma=r$。

現在令$y=\frac{x^3}{r}-2$，要將x的方程式

$$x^3+qx-r=0,$$

改變為y的方程式！則以$x=\frac{r-x^3}{q}=\frac{r-r(y+2)}{q}=\frac{-r}{q}(y+1)$；立方之：

$$x^3=\frac{-r^3}{q^3}(y+1)^3=r(y+2).$$

這就得到了所要的方程式：

$$r^2y^3+3r^2y^2+(3r^2+q^3)y+(r^2+2q^3)=0.$$

例 5 若α,β,γ為方程式$x^3+qx-r=0$之三根，試求一個方程式$g(x)=0$，它的根恰好就是$\alpha+\beta\gamma, \beta+\gamma\alpha, \gamma+\alpha\beta$。

解析 $\alpha+\beta\gamma=\alpha+\dfrac{\alpha\beta\gamma}{\alpha}=\alpha+\dfrac{r}{\alpha}$。因此

令：$y:=x+\dfrac{r}{x}$，$x^2-xy=-r$：(i)，要將x的方程式

$$x^3+qx=r,：(0)$$

改變為y的方程式！（由(i)，）今後者為；

$$x^3+qx+(x^2-xy)=0; x^2+x=y-q：(ii)$$

於是由(i)，(ii)聯立，解出x, x^2用y, q, r，表達：

$$(ii)-(i)：x+xy=q+r+y; x=\frac{y-q+r}{1+y}：(iii)$$

代入(i)，得到

$$(iv)：x^2=y-q-\frac{y-q+r}{1+y};$$

於是由 (iii) 與 (iv)，消去x, x^2：

$$q-y+\frac{y-q+r}{1+y}+\frac{(y-q+r)^2}{(1+y)^2}=0$$

即是：

$$y^3-qy^2+y(q-3r)-r-(q-r)^2=0.$$

習題 3 設 α, β, γ, 是方程式 $f(x)=x^3-px^2+qx-r=0$ 的三根，試求一個方程式 $g(x)=0$，它的根恰好就是 $\alpha\beta+\alpha\gamma, \beta\gamma+\beta\alpha, \gamma\alpha+\gamma\beta$。

習題 4 設 α, β, γ, 是方程式 $f(x)=x^3-px^2+qx-r=0$ 的三根，試求一個方程式 $g(x)=0$，它的根恰好就是 $\frac{\alpha}{\beta+\gamma-\alpha}, \frac{\beta}{\gamma+\alpha-\beta}, \frac{\gamma}{\alpha+\beta-\gamma}$。

§29 自逆方程

例題 求一個方程式，使得它的根就是如下方程式的根，逐個倒逆。

$$f(x)=2x^8-x^7-12x^6+14x^5-14x^3+12x^2+x-2=0.$$

解析 這個倒逆方程式，就是它自己！所以這就是一個自己倒逆方程式。當然，一個數可以自己是自己的倒逆：$x=\frac{1}{x}, x^2=1, x=\pm 1$。實際上，在這個例子中，果然如此！

2	−1	−12	+14	+0	−14	+12	+1	−2	1
	+2	+1	−11	+3	+3	−11	+1	+2	
2	+1	−11	+3	+3	−11	+1	+2	‖	−1
	−2	+1	+10	−13	+10	+1	−2		
2	−1	−10	+13	−10	−1	+2	‖		

現在把這兩個根丟棄掉，剩下 6 次方程式

$$2x^6-x^5-10x^4+13x^3-10x^2-x+2=0$$

實際上，我們可以這樣子解出這方程式來！

這個方程式的 6 個根，可以寫為三對：$x_1, \frac{1}{x_1}; x^2, \frac{1}{x_2}; x^3, \frac{1}{x_3}$；要確定這一對，只要知道它們的和就好了：（每一對的兩個，地位相等，你不能厚此薄彼！）

令$y_j=x_j+\frac{1}{x_j}$，則只要知道y_j，就可以算出：

$$\text{此兩根為 } \frac{y_j\pm\sqrt{y_j^2-4}}{2};$$

那麼y_1, y_2, y_3要滿足怎樣的三次方程式？如果我們令$y=x+\frac{1}{x}$，則因為x滿足了：

$$2x^3-x^2-10x+13-\frac{10}{x}-\frac{1}{x^2}+\frac{2}{x^3}=0;$$

也就是：

$$2\left(x^3+\frac{1}{x^3}\right)-\left(x^2+\frac{1}{x^2}\right)-10\left(x+\frac{1}{x}\right)+13=0;$$

但是：

$$y=x+\frac{1}{x}\text{，則}\left(x^2+\frac{1}{x^2}\right)=y^2-2;\left(x^3+\frac{1}{x^3}\right)=y^3-3y;$$

由此可知：這三個y，要滿足怎樣的三次方程式

$$2(y^3-3y)-(y^2-2)-10y+13=0; 2y^3-y^2-16y+15=0;$$

解得y方程式的三根為：$y=1, -3, \frac{5}{2}$那麼，對應的x方程式的三對根為：

$$x=\frac{1\pm\mathbf{i}\sqrt{3}}{2}; \frac{-3\pm\sqrt{5}}{2}; 2, \frac{1}{2};$$

形式與實質

這個例子中，方程式$f(x)=0$的倒逆，按照我們前面的處方，就是：

$$x^4*f\left(\frac{1}{x}\right)=-2x^8+x^7+12x^6-14x^5+14x^3-12x^2-x+2=-f(x)=0.$$

方程式乘上一個非零常數，實質上當然是同一個方程式。所以方程式

$$f(x)=a_0x^n+a_1x^{n-1}+\cdots+a_{n-1}x+a_n=0$$

要成為自逆，必須是有比例關係：

$$[a_0,a_1,a_2,\cdots,a_{n-1},a_n]\propto[a_n,a_{n-1},a_{n-2},\cdots a_1,a_0].$$

結論是：此比例只能是±1。因此，

・或者是頭尾對稱：

$$a_{n-j}=a_j, \tag{1}$$

此時，若次數 n 為奇，則必有一根為 -1。

・或者是頭尾交錯：

$$a_{n-j}=-a_j, \tag{2}$$

此時，方程式必有一根是 1。

因此，自逆方程式，必要時約去±1的根，就變成：頭尾對稱偶數次的形式！

定理

$n=2m$ 次自逆方程式

$$f(x)=a_0x^{2m}+a_1x^{2m-1}+\cdots+a_mx^m+a_{m-1}x^{m-1}+a_{m-2}x^{m-2}+\cdots+a_1x+a_0=0 \tag{3}$$

都可以經由變換 $y=x+\frac{1}{x}$ 把方程式的次數折半，變為 y 的方程式

$$g(y)=b_0y^m+b_1y^{m-1}+\cdots+b_m=0, \tag{4}$$

於是，解出的每個根 y_j，就對應到 x 方程式的一對根

$$\frac{y_i\pm\sqrt{y_j^2-4}}{2}. \tag{5}$$

證明　方程式 $f(x)=0$ 可以改寫為（標準型）：

$$a_0\left(x^m+\frac{1}{x^m}\right)+a_1\left(x^{m-1}+\frac{1}{x^{m-1}}\right)+\cdots+a_m=0.$$

但是，如：

$$x^2+\frac{1}{x^2}=y^2-2,\ x^3+\frac{1}{x^3}=y^3-3y,\ x^4+\frac{1}{x^4}=y^4-4y^2+2,\ \cdots,$$

故可用 y 之 p 次式以表 $x^p+\frac{1}{x^p}$，以此種公式代入 x 之（標準型）方程式，則得 y 之 m 次方程，如所欲證。

註　四次以下的方程式都可以用公式解出（見§44～§45），因此，9 次以下的自逆方程式都可以用公式解出！

習題　解下列方程式

1. $3x^6-2x^5+6x^4-2x^3+6x^2-2x+3=0$
2. $2x^8-9x^7+18x^6-30x^5+32x^4-30x^3+18x^2-9x+2=0$
3. $6x^7-x^6+2x^5-7x^4-7x^3+2x^2-x+6=0$
4. $x^5-1=0$
5. $x^5+1=0$

第三章

實係數方程式之實根

這一小章主要的是末節，考慮方程式的實根。當然這是很實用的。爲此，先要解説函數之連續性，以及直覺上很顯然的勘根定理。

Descartes 的符號律，在電腦時代，當然不甚實用。

Horner 氏的方法概念上很重要。這當然是「很實用」的方法！（只要你不用眞正去操作！）

電腦時代，概念才重要。有概念，就可以寫程式讓電腦替你工作！

§31 實函數之連續性

規定

在這一節中，我們假定有了一個實係數的多項式$f(x)=a_0x^n+a_1x^{n-1}+\cdots+a_n \in \mathbb{R}[x]$。比較有趣一點，應該設$n\geq 2$，$a_0\neq 0$。例如說$f(x)=2x^2-5x+3$。

函數的表現：雙螢幕

在這個電腦時代，我們很容易設想這樣子的場景：我們有一部電腦，在它的螢幕上有兩個視窗，分別叫做x視窗與X視窗。兩個視窗上，分別有一條直線，就叫做x軸與X軸，或者叫做「原料軸」與「產品軸」。當然在這兩條直線上已經設置了座標系，換句話說，軸上的每一點都用個「座標」（是個實數）來代表！

那麼我們就可以想像這樣子來設置一個「函數機器」f。（是一個軟體！）我們用滑鼠來操縱一個「光點」，（原料光點，）讓它<u>在x軸上</u>隨我們的意思而移動。當我們把光點放在x軸上的某一點時，電腦馬上感知這一點的座標，例如說是$x=2.2$，那麼，它馬上代入計算：$f(2.2)=1.68$，於是馬上在另外的那個X軸上，顯現出那個光點，於那個位置。（當然我們應該用不同的顏色顯現光點，例如說，原料光點用紅色，產品光點用綠色。）這樣是個很理想的教學工具。你用滑鼠的操作，讓「原料點」x在x軸上變動，立即可以看到X軸上的產品點，如何地「隨之變動」。（函數的意義就在於這個「隨之變動」。）

當然在技術上有一些該注意的細節，例如說，視窗不可能無限大，所以真實可以體現的「原料軸」，「產品軸」，都只是有限的區間。但是你可以想像把它們無線伸展出去！

連續性

我們馬上明白這個函數（機器）是「連續的」：當我們在這個「原料軸」上移動這個「原料點」時，非常微小的變動，讓「產品點」的變化也是很小！只要讓前者很小很小很小，我們就可以讓後者也是很小很小很小！絕對不會突兀！這就是連續性！

假設一個六歲小孩子沒學過代數，但是我們讓她操作這個（滑鼠引起的）原料點的移動，她也會察覺到。

(i)函數的「遞增性」與「遞減性」：讓「原料點」從左邊，如 $x=-10$ 處，開始往右慢慢移動，「產品光點」從 $X=253$ 開始往左移動，兩者的變動方向是相反的，這樣叫做「遞減性」。可是 x 移動到了點 1.25 處，X 就移動到 $X=-0.125$，情況就改變了，此後將是「遞增的」，即是 x 往右，而 X 也是往右。

(ii)函數的「極小值」與「極小點」：不論她如何操控（紅色的）原料光點，（綠色的）產品光點總是越不過 $X=-0.125$ 那一點而跑到其左側，而當 $X=-0.125$ 時，（紅色的）原料光點一定是在 $x=1.25$ 處。

註 當然，多項式函數都是連續函數。如果是像

$$g(x)=\frac{3x}{x^2-x-2}=\frac{2}{x-2}+\frac{1}{x+1}$$

這樣子具有奇異極點的函數，它在極點處（此地是 $-1, 2$ 兩點）就有非常突兀的行為了。電腦教學對此也是很有效果的！

例如說，當我們讓「原料點」從左邊，如 $x=-40$ 處，開始往右慢慢移動，產品光點從 $X\approx-0.075$ 處開始往左移動！（所以這時候函數是遞減的。）假設你的「產品軸」的可許範圍是 $[-100..100]$，那麼，當 x 快要接近 -1.01 時，「產品光點」已經逸出這個範圍了！這種突兀的行為，讓你知道「奇異點」的意義，以及「不連續性」。

如果繼續操控滑鼠，讓 x 超過奇異點 -1，到了大約 $x=-0.99$ 處，「產品光點」又再度出現在這個範圍內 $(X\approx 99.3)$，然後又持續遞減。同樣地，一直到靠近奇異點 2 時（差不多 $x=1.98$ 處），「產品光點」已經逸出這個能顯現的範圍了！實際上這個函數 g，就是在這兩點 $x=-1, 2$，有奇異性、不連續性。

中間值定理

如果在原料軸上的一段有限閉區間中，函數是連續的，那麼，如果你這樣操作「原料」的點，讓它從 x_1，一直慢慢變化到 x_2 處；如果「原料點」對應到「產品點」$X_1=f(x_1)$，「原料點」x_2，對應到「產品點」$X_2=f(x_2)$，那麼，介於

X_1, X_2 之間的任何一點Ξ，一定都曾經「閃亮過」，一定有某個原料點 ξ，介於 x_1, x_2 之間，使得 $f(\xi)=\Xi$。

● 極大與極小的存在定理

如果在原料軸上的一段有限閉區間 $[a..b]$ 中，函數是連續的，那麼，「原料」的點 x 從 a 到 b 演變的過程中，你看其產品 $X=f(x)$ 在產品軸上的演變，一定有跑到最右端（「極大值」）的一瞬，也有跑到最左端（「極小值」）的一瞬。

● Descartes-Fermat 的圖解法

上面所描述的電腦情境，當然是摩登的說法，我們稱之為「雙螢幕動態圖解法」。

要點是：並沒有「圖」！只是兩個「亮點」，一個點在「原料軸」上，一個點在產品軸上；你操控的是前者，隨著這個亮點的變化移動，後者那個亮點也隨著變化移動。

我們現在介紹古典的Descartes-Fermat的圖解法。這個圖解法可以這樣講：我們把剛剛講的「兩個螢幕」，改為一個螢幕。把「原料軸」（x 軸）放在螢幕的橫向上，把「產品軸」放在螢幕的縱向上，與前者垂直。但是現在不叫做 X 軸，改叫做 y 軸。現在不是採用「動態的」閃現兩個「動點」x 與 $X=f(x)$。我們是對於「一切的」x，都算出對應的 $y=f(x)$，然後並非「在兩軸上，分別標出兩點 x, y，而是以座標幾何的立場，劃出坐標平面上的一點 (x, y)。我們不是讓這一點「一閃即逝」，而是靜態地，標在座標平面上，是對於每個實數 x 都這樣子去計算 $f(x)$，再標出這一點 $(x, f(x))$；在想像中，我們是對於一切的 x，都這樣子做，所以得到無窮多個點。（真實的世界沒有無窮！但是最少在概念上可以想像！）這無窮多個點通常是一條圓滑的曲線Γ，畫在坐標平面上，我們就稱之為「此函數的圖解」（the graph of the function）。記號是：

$$\Gamma: y=f(x), (a \le x \le b) \text{或者} \Gamma: y=f(x), x \in [a..b].$$

（不寫範圍時，意思是「照通常的約定」！）

例 1 如下圖，就是函數的圖解

$$y=f(x)=0.2x^5-0.25x^4-3x^3+4.5x^2, (-4\le x\le 4)$$

注意到函數有四個臨界點（critical points）$-3, 0, 1, 3$；以此把實軸分成五段，在各段都是明確地遞增或遞減。（在 $x\le -3$ 的範圍內是遞增的，在 $-3\le x\le 0$ 遞減等等。）

所以看得出來：若是在區間 $-0.5\le x\le 3.5$ 的範圍內來看，「極大點」在 $x=1$ 處，極大值是 $f(1)=1.45$；而「極小點」在 $x=3$ 處，極小值是 $f(3)=-12.15$。

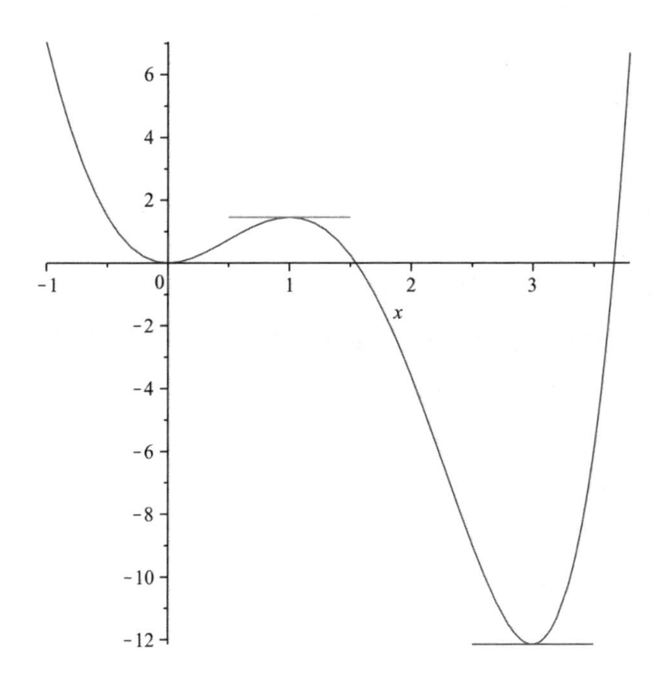

例 2 用 Descartes-Fermat 的圖解法解釋連續函數的極大與極小的存在定理。

答 對於兩條縱線 $x=a$ 與 $x=b, (a<b)$，我們一定可以畫出兩條橫線 $y=A$ 與 $y=B$ $(A\le B)$，使得：在兩條縱線之間的這段曲線 $y=f(x), (a\le x\le b)$ 一定是在這兩條橫線之間（因而在這個長方形區域內），而且這兩條橫線都一定與曲線有共通點（「交點」）。

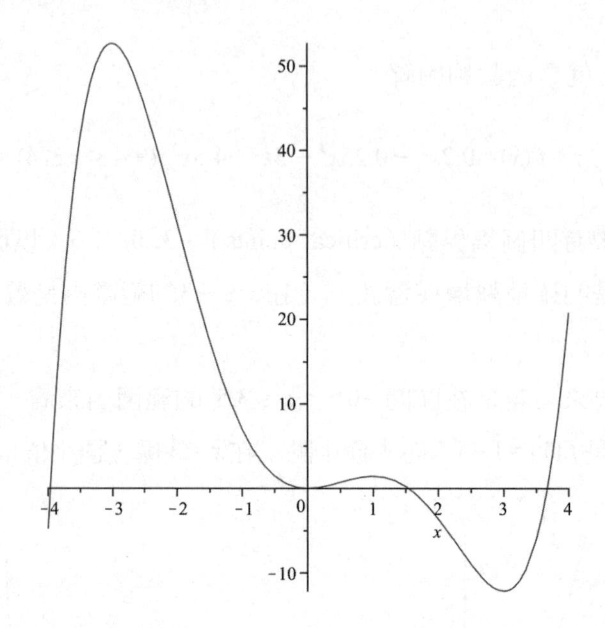

例 3　用 Descartes-Fermat 的圖解法，解釋連續函數的中間值定理。

答　今畫出一段曲線 $y=f(x)$, $(a\le x\le b)$，並且任意取其上的兩點 (x_1, y_1), (x_2, y_2)，（$y_1=f(x_1)$, $y_2=f(x_2)$，可設 $x_1<x_2$，而且假設兩點不同高 $f(x_1)\ne f(x_2)$）經過此兩點畫橫線 $y=f(x_1)$, $y=f(x_2)$，那麼任何一條介於這兩條橫線之間的橫線 $y=\eta$（意思是 $y_1<\eta<y_2$ 或者 $y_1>\eta>y_2$），都一定與曲線最少有一個交點 (ξ, η)，而 $x_1<\xi<x_2$。

勘根定理

對於 $f(x)\in\mathbb{R}[x]$，以及兩個實數 $a<b$，如果其函數值一正一負：$f(a)*f(b)<0$，則方程式 $f(x)=0$ 在這個區間 $(a..b)$ 中，最少有一個根！（當然這是中間值定理的特殊例子而已。）

例 4　假設這些數 $a, b, c, \cdots, k; a', b', c', \cdots, k'; \lambda$，都是實數，而且 $a', b', c'\cdots$，都是互異；$abc\cdots k\ne 0$。試證明方程式

$$\frac{a^2}{x-a'}+\frac{b^2}{x-b'}+\frac{c^2}{x-c'}+\cdots+\frac{k^2}{x-k'}-\lambda=0$$

之根都是實數。

解析

寫法（記號）很有關係！我建議先改寫！

設 $\lambda \in \mathbb{R}, a_j \in \mathbb{R}, b_j \in \mathbb{R}, a_j > 0, (j = 1, 2, \cdots, n,) \ b_1 < b_2 < b_3 \cdots < b_n$；

要證明：方程式

$$\sum_{j=1}^{n} \frac{a_j}{x - b_j} - \lambda = 0$$

之根都是實數。

註 我們的改寫，使得 a_j 代替了原來的 $a^2, b^2, \cdots$。我們又排定了 $a', b', c', \cdots$ 的左右順序！這對於我們要講連續性是非常有幫助的！

如果整個通分，我們會得到 n 次或 $(n-1)$ 次的實係數方程式，

$$\Phi(x) \coloneqq \sum_{i=1}^{n} a_i * \prod_{j \neq i} (x - b_j) - \lambda * \prod_{i=1}^{n} (x - b_i);$$

所以：

$$\mathrm{sign}(\Phi(b_i)) = (-1)^{n-i};$$

這樣子就知道：每個開區間 $(b_i..b_{i+1})$ 內有一個根！一共有 $(n-1)$ 個！所以當 $\lambda = 0$ 時，已證明完畢！

如果 $\lambda \neq 0$，就要考慮：

$$\mathrm{sign}(\Phi(-\infty)) = (-1)^{n-1} \mathrm{sign}(\lambda); \ \mathrm{sign}(\Phi(+\infty)) = -\mathrm{sign}(\lambda);$$

因此，在 $(-\infty \cdots b_1)$ 或者 $(b_n \cdots +\infty)$ 之內，也有一根！

根之界線

例 5 求方程式 $f(x) = x^4 + x^3 - 5x^2 - 60x + 18 = 0$ 的正根的上界。

解析 設想$x>1$。我們由如下恆等式出發：

$$x^m=(x-1)(x^{m-1}+x^{m-2}+\cdots+1)+1,$$

把$f(x)$的正係數項都改寫！負係數項都不動，一列一列，從最高次項寫下來！則方程式成為：

$$\begin{pmatrix}(x-1)\\+0\\+0\\+0\\+0\end{pmatrix}x^3+\begin{pmatrix}(x-1)\\+(x-1)\\-5\\+0\\+0\end{pmatrix}x^2+\begin{pmatrix}(x-1)\\+(x-1)\\+0\\-60\\+0\end{pmatrix}x+\begin{pmatrix}(x-1)\\+(x-1)\\+0\\+0\\+18(x-1)\end{pmatrix}+\begin{pmatrix}(x-1)\\+(x-1)\\+0\\0\\+18\end{pmatrix}=$$

現在考慮有負號的那兩行，若係數和都大於或等於零，則在$x>1$的條件下，這個方程式就不成立了！因此，不允許

$$2(x-1)-5>0\text{，且 }2(x-1)-60>0\text{；}x>3.5\text{，且 }x>31\text{；}$$

此方程式的正根有個「上界」31。

例 6 求方程式$x^4+x^3-5x^2-60x+18=0$的正根的上界。

解析 $x>0$時，第二項$x^3>0$；今二次項有負係數，而負係數最大絕對值為60，所以：只要領導項大於「二次以下各項係數改為60的和」，即是

$$x^4>60(x^2+x+1), \text{（且 }x>0\text{）}$$

則方程式不可能成立！若設$x>1$，則只要：

$$x^4>60\frac{x^3-1}{x-1},$$

則方程式不滿足。簡化一些：只要$x^4\geq 60\dfrac{x^3}{x-1}$，則方程式就不成立了！或者（約去$x^3>0$），$x(x-1)>60$，或即是

$$x \geq \frac{1+\sqrt{241}}{2}.$$

因此知道：此方程式的正根有個「上界」8.5。

習題 求如下方程式的正根的上界。

(*i*) $x^3+x^2+3x-100=0;$

(*ii*) $x^4-x^3+5x^2-7x+3=0.$

§32 笛卡爾符號律

這一節的目的是考慮一個實係數多項式 $f(x)=a_0x^n+a_1x^{n-1}+a_2x^{n-2}+\cdots+a_n$，當然此地都假設 $a_0*n\neq 0$。我們要追究方程式 $f(x)\neq 0$ 的正根的個數。

補題 實係數多項式 $f(x)$ 的所有係數 a_j 都是同樣的正負號，則 $f(x)=0$ 沒有正實根。

註 這當然是完全無聊！但是我們可以稍稍推廣一些：允許係數之中有零，補題照樣成立。換句話說，這個係數列，

$$a_0, a_1, a_2, \cdots, a_n; \tag{1}$$

出發是 $a_0\neq 0$，如果有一個足碼 $j>0$，使得 $a_0*a_j<0$，才算是有一個變號。

變號數

對於一個如上的係數列，若有變號，我們就找到一個最小的足碼 $j_1>0$，使得 $a_0*a_{j1}<0$，如果 $j_1<n$，我們再從此開始，考慮數列

$$a_{j1}, a_{j1+1}, a_{j1+2}, \cdots, a_n;$$

又可以看看有無變號？依此類推，我們就可以得到：

$$0<j_1<j_2<\cdots<j_\ell\leq n，使得\ a_{j_{i-1}}*a_{ji}<0, i=1, \cdots, \ell；$$

我們當然規定：$j_0\equiv 0$，而且，如果還有尾巴段，當 $m>j_\ell$ 時，$a_{j_\ell}*a_m\geq 0$，

無變號。於是 ℓ 就是這個係數列的<u>變號數</u>。我們可以記作

$$\ell := \mathrm{var}\,(f) = \mathrm{var}\,(a_0, a_1, \cdots, a_n); \tag{2}$$

剛剛的補題就是說：若係數列無變號，$\mathrm{var}\,(f)=0$，則 $f(x)=0$ 無正根。

笛卡兒變號數規則

方程式 $f(x)=0$ 之正根個數 $=\mathrm{var}\ (f)-2m$，$m\in\mathbb{N}_0$。當然，我們在講根的個數時，永遠要計較重度。

補題1 若 $\alpha>0, g(x)=b_0x^{n-1}+b_1x^{n-2}+\cdots+b_{n-1}\in\mathbb{R}[x]$,
令 $f(x):=\sum_{j=0}^{n}a_jx^{n-j}=(x-\alpha)*g(x)$,
則 $\mathrm{var}\,(f)=\mathrm{var}\,(g)+(2m+1), m\in\mathbb{N}_0.$ (3)

證明 我們要使用綜合除法到 $f(x)\div(x-\alpha)=g(x)$，而我們知道餘數為 $b_n:=0$。因此其算式如下圖左：
（我們以 $f(x)=3x^4-2x^3-13x^2+7x+6$，$g(x)=3x^3+4x^2-5x-3$ 為例。）

						‖						
3	−2	−13	+7	+6	2 (boxed)	‖	+	−	−	+	+	(: f)
	+6	+8	−10	−6		‖		+	+	−	−	(: g →)
3	+4	−5	−3	‖ 0		‖	+	+	−	−	‖ 0	(: g)

在上圖右，我們把圖左「簡化」，只寫了該實數的正負號！因為這是現在討論的要點。最上列，當然就是 f 列，最下列，當然就是 g 列，而中間列，在右側的簡圖中，鐵定只是最下列的拷貝，但是右移了一項。
我們要對於 $\mathrm{var}\,(g)$ 來遞迴。首先考慮 $\mathrm{var}\,(g)=0$ 的狀況。也就是說：

補題2 若 $\alpha>0, f(x)=(x-\alpha)*g(x), \mathrm{var}\,(g)=0$，則

$$\mathrm{var}\,(f)=(2m+1), m\in\mathbb{N}_0.$$

證明 我們從綜合除法簡式來看！但是對於正負號，我們就規定：♠與♡，恰好顛倒！於是，我們從次數 $n=\mathrm{def}(f(x))\in\mathbb{N}$ 一個一個看：

・$n=1$ 時的狀況是

$$\begin{array}{cc} \spadesuit & \heartsuit \\ & \spadesuit \\ \hline \spadesuit & \|0 \end{array}$$

$b_0=a_0\neq 0, \alpha>0$，$b_0*\alpha+b_1=b_{1+1}\equiv 0$，因此：$a_1*b_0<0$。這就是末行的意思！

・$n=2$ 時的狀況是

$$\begin{array}{ccc} \spadesuit & ? & \heartsuit \\ & \spadesuit & \spadesuit \\ \hline \spadesuit & \spadesuit & \|0 \end{array}$$

我們知道 $a_0=b_0$ 與 b_1 同號，由 $a_2+\alpha*b_1=0$ 可知：（末行的意思）$a_2*b_1<0$。末第二行是說：$b_1=a_1+\alpha*b_0$ 與 b_0 同號，但是我們無法判定 a_1 的正負號！我們用？表示這個不確定！不過不管如何，總是 $\mathrm{var}(f)=1, \mathrm{var}(g)=0$。

・$n>2$ 時，情形如下圖：

$$\begin{array}{cccccc} \spadesuit & ? & ? & ? & ? & \heartsuit \\ & \spadesuit & \spadesuit & \spadesuit & \spadesuit & \spadesuit \\ \hline \spadesuit & \spadesuit & \spadesuit & \spadesuit & \spadesuit & \|0 \end{array}$$

當然問號可以隨便填正負，可能得到：$\mathrm{var}(f)=1, 3, 5$。

・這裡有個疏漏：最下列可以出現 $b_j=0, j<n$。例如下圖：

$$\begin{array}{cccc} \spadesuit & \heartsuit & \spadesuit & \heartsuit \\ & \spadesuit & 0 & \spadesuit \\ \hline \spadesuit & 0 & \spadesuit & \|0 \end{array}$$

因為我們在講變號數的時候，係數為零的項都不用考慮。所以說 $\mathrm{var}(g)=0$ 的狀況可以改為如下的圖示：

我們用♣表示「與♠有同樣的正負號，或者是零；我們用◇表示「與♡有同樣的正負號，（與♠的正負號相反！）或者是零；

我們都是由最下列得到中間列，於是得到最上列。

・其實所有的這些情況，都只是一句話：由最末行，$a_n+\alpha*b_{n-1}=0=:b_n$，確定了$a_n*b_{n-1}<0$。但是 var(g)=0，因此$b_{n-1}$與$b_0=a_0$同號，意即：$a_n, a_0$異號。（也就是確定了最右上角為♡。）

・稍有疏漏：上圖的最右上角為◇（不是♡），也就是說：

也許最末行都是零$b_n:=0=b_{n-1}=a_n$?

那很簡單：我們從頭就可以把這一最末行刪掉！把次數降為$n-1$。

現在回到補題 1 的證明。我們對於 var(g)做遞迴。已經證明了 var(g)=0 的情形，現在假定 var(g)>0。所以我們可以找到足碼$j<n$，使得：$b_j*b_0<0$，而且我們找最小的j。如此一來，我們就考慮簡化的「綜合除法圖」，但是只先看從足碼 0 到j為止的這一段：

（注意到：這裡的最左行是足碼0，最右行是足碼$j<n$。）此地是由假定，得到$b_j*b_0<0$，確定了b_j的正負（即是♡），再由於b_{j-1}與b_0同號或者為零（即是♣），於是確定了a_j的正負（即是♡）。（因此確定了這一行！）在這一段當中，上下兩列的變號數是

$$\operatorname{var}(a_0, a_1, \cdots, a_j)=2m_1+1, (m_1 \in \mathbb{N}_0),$$

$$\operatorname{var}(b_0, b_1, \cdots, b_j)=1,$$

（這段f列的變號數，比起這段g列的變號數，只多不少，差別為一個不負的偶數。）

如果我們追究從足碼j到n的這一段綜合除法簡圖，則其最左行，上下確定同號（=♡），最左行中間項是$\alpha * b_{j-1} =$ ♣，但是對於我們來說是毫無關係，因為我們的目的是追究變號數，而此地

$$\mathrm{var}\,(b_j, b_{j+1}, \cdots, b_n) = \mathrm{var}\,(g) - 1,$$

於是可以用上遞迴法的假設：上面f列的變號數，比起下面g列的變號數多了一個奇正整數

$$\mathrm{var}\,(a_j, a_1, \cdots, a_n) = 2m_2 + 1 + \mathrm{var}\,(b_j, b_1, \cdots, b_n);\ (m_2 \in \mathbb{N}_0,)$$

如此得到：

$$\mathrm{var}\,(a_0, a_1, \cdots, a_n) = \mathrm{var}\,(a_0, a_1, \cdots, a_j) + \mathrm{var}\,(a_j, a_1, \cdots, a_j)$$
$$= (2m_1 + 1) + (2m_2 + 1) + (\mathrm{var}\,(g) - 1) = (2m + 1) + \mathrm{var}\,(g).$$

變號的奇偶性補題

若$a_0 * a_n \neq 0$，則$\mathrm{var}(a_0, a_1, a_2, \cdots, a_n)$的奇偶性，只是由$a_0 * a_n$的正負號決定：

$$(-1)^{\mathrm{var}(a_0, a_1, a_2, \cdots, a_n)} = a_0 * a_n.$$

Descartes 定理的證明

考慮$f(x) = 0$的所有的非零的根，記正的實根為$\alpha_1, \alpha_2, \cdots, \alpha_r$，負的實根為$\beta_1, \beta_2, \cdots, \beta_s$，而複虛根為$\gamma_1, \overline{\gamma_1}, \overline{\gamma_2}, \overline{\gamma_2}, \cdots, \gamma_t, \overline{\gamma_t}$；現在記

$$g(x) := \prod_{i=1}^{s} (x - \beta_i) * \prod (x - \gamma)(x - \overline{\gamma});$$

注意到$\beta_i < 0$，因此么領多項式$\Pi_{i=1}^{s}(x - \beta_i)$的常數項為正，又么領二次質式的積

$\Pi(x-\gamma)(x-\overline{\gamma})$ 常數項也為正，於是：么領多項式 $g(x)$ 的常數項為正，因此：

$$\text{var}(g)=2*m, m\in\mathbb{N}_0.$$

現在考慮 $f(x)=c_0*\Pi_{j=1}^{r}(x-\alpha_j)*g(x)$。一再使用變號數增奇補題，可知：$\text{var}(f)=\text{var}(g)+(2*m_3+r)$，因此知道：$\text{var}(f)=r+2*m, m\in\mathbb{N}_0$。

負根的個數

對此，我們就把 Descartes 定理，用到 $f(-x)$ 來！

例 1 $f(x)=x^6-x^5-x^3+x-1$ 有三個變號，又 $f(-x)=x^6+x^5+x^3-x-1$，有一個變號。故 $f(x)=0$ 有一個或三個正根，一個負根，因而有兩個或四個虛根。

例 2 證明 $x^5+x^2+1=0$ 有四個虛根。$\text{var}(f)=0$，而 $f(-x)=-x^5+x^2+1$，$\text{var}(f(-x))=-1$。

因此無正根，但恰有一負根，故恰有四個虛根。

習題 試用笛卡爾規則，討論下列各方程之正、負及實根個數：

(1) $x^4+1=0;$

(2) $x^4-x^2-1=0;$

(3) $x^4+2x^3+x^2+x+1=0;$

(4) $x^7+x^5+x^3-x+1=0;$

(5) $x^7+x^4-x^3-1=0;$

(6) $x^5-4x^2+3=0;$

(7) $x^{3n}-x^{2n}+x^n+x+1=0;$

(8) 若已知 $x^5+3x^4-15x^3-35x^2+54x+72=0$ 之諸根皆為實數，試述幾個正根，幾個負根。

§33 勘根法（Horner）

近似根的計算

前面已經提到「勘根定理」：若 $f(a)$ 與 $f(b)$ 異號，則 $f(x)=0$ 有一根介乎 $a,$

b之間。（此勘根定理僅涉及連續性！並非僅限於多項式函數。）由此想法當然可以得到近似根的計算法。

例 1 $f(x)=x^3-3x+1=0$ 有一根介乎 1 與 2 之間：$f(1)=-1$之符號為負，$f(2)=3$ 之符號為正。

於是更進一步，使 $x=1.1, 1.2, 1.3$，而依次計算$f(x)$之值，則可知$f(1.5)=-0.125$為負，而$f(1.6)=0.296$ 為正。故有一根介乎 1.5, 1.6 之間。

仿此，可以計算$f(1.51), f(1.52), \cdots$，於是算得：$f(1.53)=-0.008423$為負，而 $f(1.54)=0.032264$ 為正也。

如此推進就可以得到兩個（通常是）無窮的數列：

$$1, 1.5, 1.53, 1.532, \cdots, \quad \text{遞增}$$
$$2, 1.6, 1.54, 1.533, \cdots, \quad \text{遞降}$$

於是兩者收斂到同一之極限，此極限 c 必為$f(x)=0$ 之一根：$f(c)=0$ 此即連續性之含意。當然我們的實際操作一定是「適時停止」。

近似根的整數位置

以上所說的近似根的求法，想法非常簡單，它的第一步，就是利用勘根定理，決定「方程式在二連續整數之間有一根」。

例 2 試定$f(x)=x^4-6x^3+x^2+12x-6=0$ 之根之位置。

解析 由笛卡爾氏符號規則，此方程之正根不能多於三，負根不能多於一。
用綜合除法，得$f(0)=-6, f(1)=2, f(2)=-10, f(3)=-42, f(4)=-70, f(5)=-46, f(6)=120$。
故由勘根定理，一根在 0 與 1 之間，一根在 1 與 2 之間，又一根在 5 與 6 之間，此為其三個正根。
同理，$f(0)=-6$, $f(-1)=-10$, $f(-2)=38$，故負根在-1與-2之間。

註 若有偶數個根介乎此相鄰兩整數之間，則函數值同號，於是這個辦法失效。

● 對半分割（二分）逼近法

先說一個有理論意義的想法：如果先知道$f(a_1)*f(b_1)<0$，因而利用勘根定理，確定在二數a_1, b_1之間有一根。今設$a_1<b_1$，取$\xi_1=\frac{a_1+b_1}{2}$，這是$I_1=[a_1..b_1]$的中點，因而它把原來的搜索區間I_1對半分割為兩個小區間$[a_1..\xi_1]$，$[\xi_1..b_1]$，計算函數值$f(\xi_1)$（除非「瞎貓碰著死老鼠」，$f(\xi_1)=0$，得到根ξ_1），則$f(\xi_1)\neq 0$，將和$f(a_1)$或者$f(b_1)$異號，於是新的搜索區間$I_2=[a_2..b_2]$，就是$[a_1..\xi_1]$，或者$[\xi_1..b_1]$；這個對半分割的操作可以繼續下去，原則上也是得到一個根。（當然我們的實際操作還是「適時停止」。）

● Horner 氏的逼近法

因為我們人是使用十進位，故求近似根的時候，通常是先確定此所求的近似根的整數位置，然後確定第一位小數，然後，第二位小數，然後，等等。

實際的操作很簡單：例如上述的求近似根$\alpha\approx 1.532\cdots$，我們先得到根$\alpha$的「第零位」（=1）就做方程式的變形，就是「諸根都減去此」，於是得到新的方程式$f_1(x)=0$，這個方程式當然有個根在零一之間。那麼我們用勘根原理，計算$f_1(0.0), f_1(0.1), f_1(0.2), \cdots$，一定可以確定出根的第一位小數，當然也就是$\alpha$的「第一位小數」（此地=0.5）。於是，我們再做方程式的變形，就是「諸根都減去此」，於是得到新的方程式$f_2(x)=0$，那麼這個新的方程式，有個根在0與0.1之間。那麼我們用勘根原理，計算$f_2(0.00), f_2(0.01), f_2(0.02), \cdots$，一定可以確定出根的第二位小數，當然也就是根$\alpha$的「第二位小數」（=0.03）。我們再做方程式的變形，就是「諸根都減去此」，於是又得到新的方程式 $f_3(x)=0$，當然這個新的方程式，有個根在零與0.001之間，依此類推。

例3　求如下方程式的近似正根。

$$f(x)=2x^3+x^2-15x-59=0 \tag{1}$$

解析

1.因為$f(3)=-41$，$f(4)=25$，有（唯一）正根在 3 與 4 之間。

$$
\begin{array}{rrrr|l}
2 & +1 & -15 & -59 & \boxed{3} \\
 & +6 & +21 & +18 & \\
\hline
2 & +7 & +6 & -41 & \\
 & +6 & +39 & & \\
\hline
2 & +13 & +45 & & \\
 & +6 & & & \\
\hline
2 & +19 & & &
\end{array}
$$

2.原來的方程(1)之諸根各減去 3，則得變形之方程

$$f_1(x)=2x^3+19x^3+45x-41=0 \tag{2}$$

其根介乎 0 與 1 之間。以$x=0.1, 0.2, 0.3, \cdots$計算函數值$f_1(x)$，則得$f(0.6)<0<f_1(0.7)$，故新方程式 (2) 之根介乎 0.6 與 0.7 間，因而原方程式之根只含首位小數者為 3.6。

$$
\begin{array}{rrrr|l}
2 & +19 & +45 & -41 & \boxed{0.6} \\
 & +\ 1.2 & +12.12 & +34.272 & \\
\hline
2 & +20.2 & +57.12 & -6.728 & \\
 & +\ 1.2 & +12.84 & & \\
\hline
2 & +21.4 & +69.96 & & \\
 & +\ 1.2 & & & \\
\hline
2 & +22.6 & & &
\end{array}
$$

3.方程 (2) 之各根減去 0.6，則得

$$f_2(x)=2x^3+22.6x^2+69.96x-6.728=0 \tag{3}$$

其根在 0 與 0.1 之間。試驗$x=0.01, 0.02, \cdots$於$f_2(x)$中，得$f_2(0.09)<0<f_2(0.1)$，故其根在 0.09 與 0.1 之間，故原方程式有一根為 3.69⋯，到二位小數止。

Horner 氏的逼近法：配合伸縮

減根是「平移」，我們也可以配合「伸縮」以簡化計算。

例如，在上面這個例題內，其第一次變形後的方程 $\phi(x)=0$，根是 0 與 1 之間的小數。我們如果將這個方程式做伸縮操作：「將諸根乘以十」，得

$$\phi_1(x) \coloneqq 10^3 * f_1\left(\frac{x}{10}\right) = 2x^2 + 190x + 4500x - 41000 = 0.$$

它的正根整數部分，就是原方程式的第一位小數數碼 6。

現在將它做一個平移操作，「將諸根減 6」，計算結果當然就是「如上的方程式 $10^3 * f_2(\frac{x}{10}) = 0$，再將諸根乘以 10」。得：

$$\phi_2(x) \coloneqq 10^6 * f_2\left(\frac{x}{10^2}\right) = 2x^3 + 226x^2 + 6996x - 6728 = 0.$$

這樣子就可以算出原方程式正根的第二位數碼 9。

以上，麻煩的計算是在勘根的部分！「平移配合伸縮」的計算，就這個方程式 $2x^3 + x^2 - 15x - 59 = 0$ 來說，算到小數三位，情形如下：

2	+ 1	− 15	− 59	3
	6	21	18	
2	+ 7	+ 6	− 41	
	6	39		
2	+ 13	45		
	6			
2	+ 190	+ 4500	− 41000	6
	12	1212	34272	
2	+ 202	+ 5712	− 6728	
	12	1284		
2	+ 214	+ 6996		$\frac{6728}{6996} = 0.9+$
	12			
2	+2260	+699600	−6728000	9
	18	20502	6480918	

$$
\begin{array}{rrr|r}
2 & +2278 & +720102 & -247082 \\
 & 18 & 20664 & \\
\hline
2 & +2296 & 740766 & \\
 & 18 & & \\
\hline
2 & +2314 & &
\end{array}
\qquad \frac{247082}{740766} = 0.3+
$$

所以 Horner 氏法的意思很簡單：每一步都是「平移之後配合以伸縮」。

得到根的整數部分之後，就做方程式的兩步變形，第一步是「諸根都減去此整數」，第二步就是「諸根都乘以十」；於是新的方程式，有個根在零與十之間，其實就是根的下一位數碼。

大小的判斷

動一點兒腦筋，可以大大簡化計算！

上例計算時，要計算小數點以下第三位數碼時，

在「平移減根」之後，但尚未「乘以十」時，方程為

$$2x^3 + 2314x^2 + 740766x - 247082 = 0 \tag{4}$$

此時的根乃在零一之間，若將諸根乘以十，通常的寫法是

$$x^3 + 23140x^2 + 74076600x - 247082000 = 0$$

其實你可以寫為：

$$0.002x^3 + 23.14x^2 + 74076.6x - 247082 = 0 \tag{5}$$

現在你可以做這種近似計算：第一項係數太小了！以 $x = 10$ 來計算，它也比不過別人！其實整個說起來，我們也可以把各係數之小數部分，依四捨五入法處理掉，於是得二次方程式：

$$23x^2 + 74077x - 247082 = 0 \tag{6}$$

要求算這個方程式的正根，大約是 3.332。（如果有計算器，可以由公式

算出。）否則，可以如此做：

還是第一步先計算近似正整數根：$x=3$。再把此二次方程式 (6) 的各根，都減去 3，得變形方程

$$23x^2+74215x-24644=0 \tag{7}$$

$$\begin{array}{ccc|l}
23 & +74077 & -247082 & \boxed{3} \\
 & 69 & 222438 & \\
\hline
23 & +74146 & \multicolumn{1}{|c}{-24644} & \\
 & 69 & & \\
\hline
23 & +74215 & -24644 &
\end{array}$$

到此地步，連首（二次）項也可以略去！得一次方程式的近似根 $\frac{24644}{74215}\approx 0.332$。總之原來方程式的正根為 3.69332。

習題 求下列方程式，在所示範圍內之近似根，計算至三位小數：

1. $x^3+x-3=0$；根在 1 與 2 之間。
2. $x^3+6x^2+10x-2=0$；根在 0 與 1 之間。
3. $3x^3+5x-40=0$；根在 2 與 3 之間。
4. $2x^3-x^2-9x+1=0$；根在 -1 與 1 之間。
5. $x^3-2x^2-23x+70=0$；根在 -5 與 -6 之間。
6. $x^4-10x^2-4x+8=0$；根在 3 與 4 之間。
7. $x^4+6x^3+12x^2-11x-41=0$；根在 -2 與 -3 之間。
8. $3x^5+x^4-14x^3-x^2+9x-2=0$ 任意一個實根。

第四章

方程式之複數根

探討複數，最關鍵的一步，當然就是引入複數之極形式。於是很自然地得到了 de Moivre-Euler 的公式。確定了餘弦與正弦函數只是自然的虛指數函數的實部與虛部。

特別地，割圓方程式的意義就很清楚了！Gauss 的「希臘規矩的割圓術」，當然是數學史上極美麗的故事。

Cardano 與 Ferrari 之解決三次與四次方程式。刺激了 Galois 的天才偉業。這是近世代數的根源。

§41　複數之絕對值與輻角

假設有一個複數$z=x+\mathbf{i}y$，其實、虛部各為x與y，我們在平面上設定坐標系，而用點(x, y)代表這個複數z，這樣子，這個座標平面現在就叫做Gauss平面$\mathbb{C}$，點z和原點$O=(0,0)$的距離叫做向徑長，通常記做ρ（有時也用拉丁字母r），其實就是$|z|=\sqrt{x^2+y^2}$，即複數z的絕對值，或者「模」（norm，「範」）；我們把「從Ox軸（正向）轉到Oz向徑」的代數角度記做θ，叫做輻角（不要錯寫為「幅角」），記成$\theta\equiv\arg(z)$，我們允許它可正可負，但是，相差一個周角整數倍數時，當做是一樣的：一周角為2π（弧度！）即360°。

從(x, y)，或者z，可以確定出ρ來，但是θ有周期性，「相差整周角不算差」，如果同意了這個規定，我們可以說：由(x,y)可以確定(ρ,θ)，反之亦然，這樣子，(ρ,θ)是點(x,y)的極坐標；兩者之間有如下關係：

$$\begin{cases}\rho\cos(\theta)=x, & \text{(i)}\\ \rho\sin(\theta)=y, & \text{(ii)}\end{cases}\qquad \begin{cases}\rho=\sqrt{x^2+y^2}, & (1)\\ \cos(\theta)=\dfrac{x}{\sqrt{x^2+y^2}}, & (\text{甲})\\ \sin(\theta)=\dfrac{y}{\sqrt{x^2+y^2}}. & (\text{乙})\end{cases}\tag{1}$$

正號規約

這裡需註解一下，由(i)、(ii)只能得到$\rho^2=x^2+y^2$，我們規定了$\rho\geq 0$，才得到(1)，換句話說，由(i)及(ii)並不能全確定(ρ,θ)！同樣，由（1甲）及（1乙）可得

$$\tan(\theta)=\frac{y}{x}\quad（2\text{丙}）\tag{2}$$

這三者間任兩個，互相並不能完全確定，可能有正負號的差。

方便的記號

我們把$z=x+y\mathbf{i}$。寫成

$$\rho\cos(\theta)+\mathbf{i}\rho\sin(\theta)=\rho(\cos(\theta)+\mathbf{i}\sin(\theta))$$

由此可知：非常值得引入一個記號，這個記號是某些（或者很多）電工學的書的習慣，我們在本節中暫時採用，

$$\angle(\theta)=\cos(\theta)+\mathbf{i}\sin(\theta). \tag{3}$$

極形式

那麼，複數 $z=x+y\mathbf{i}$ 就可以記做 $\rho\angle(\theta)$，這叫做複數 z 的極形式，這個形式最方便於複數的乘除！

兩個複數

$$x+y\mathbf{i} \text{ 與 } u+v\mathbf{i}，(x, y, u, v \text{ 均是實數})$$

的乘積是

$$(x+y\mathbf{i})(u+v\mathbf{i})=(xu-yv)+\mathbf{i}(xv+yu)$$

這看不出有特別的地方。我們現在改用極形式來考慮這個運算，馬上即可看出端倪來！設 $x+y\mathbf{i}=r\angle(\theta)=r(\cos(\theta)+\mathbf{i}\sin(\theta))$

$$w=u+v\mathbf{i}=\rho\angle(\psi)=\rho(\cos(\psi)+\mathbf{i}\sin(\psi))$$

而 $x=r\cos(\theta), y=r\sin(\theta), r=\sqrt{x^2+y^2}>0,$

$u=\rho\cos(\psi), v=\rho\sin(\psi), \rho=\sqrt{u^2+v^2}>0,$

因此，$r=|x+\mathbf{i}y|, \rho=|u+\mathbf{i}v|, \theta=\arg(x+\mathbf{i}y)$，$\psi=\arg(u+\mathbf{i}v)$；

然後再用三角公式計算一下，則得：

$$\begin{aligned}z*w&=(x+y\mathbf{i})(u+v\mathbf{i})\\&=r(\cos(\theta)+\mathbf{i}\,sin(\theta))\rho(\cos(\psi)+\mathbf{i}\sin(\psi))\\&=r\rho[(\cos(\theta)\cos(\psi)-\sin\phi\sin(\psi))+\mathbf{i}(\cos(\theta)\sin(\psi)+\sin\phi\cos(\psi))]\end{aligned}$$

$$= r\rho\,[\cos(\theta+\psi)+\mathbf{i}\sin(\theta+\psi)],$$

換句話說：

$$|w*z| = |w|*|z| \tag{4}$$

$$\arg(w*z) \equiv \arg z + \arg w \tag{5}$$

多麼乾淨俐落！

(i)兩個複數相乘積的模（絕對值）是其模的相乘積。

(ii)兩個複數相乘積的輻角，是其輻角的和。

用極形式寫法，即

$$(r\angle(\theta))\cdot(\rho\angle(\psi)) = (r\rho)\angle(\theta+\psi). \tag{6}$$

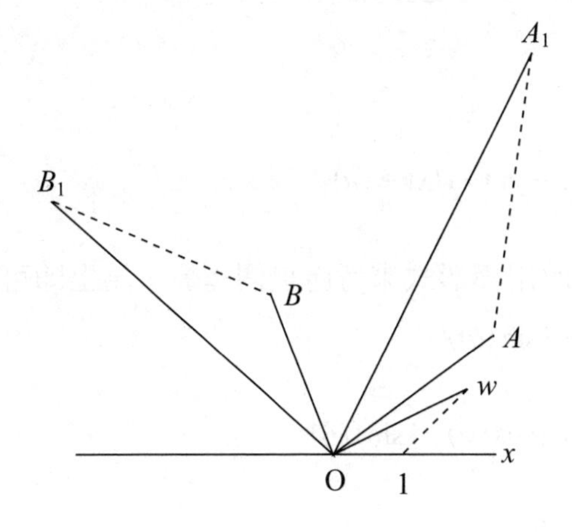

Gauss 平面上，
$0=O$是原點，
1 是單位點；
$\angle xOw=\psi$；
Ow之長$=\rho$；
$A_1=w*A;B_1=w*B;$
$\angle AOA_1=\psi=\angle BOB_1,$
$\Delta AOA_1\sim\Delta 1Ow,$
$\Delta BOB_1\sim\Delta 1Ow,$

用 w 去乘以複數 A，就是：把向徑 $\overrightarrow{OA}$ 旋轉了角度 $\psi=\arg(w)$，並且也膨脹了倍率 $|w|$。

注意 1

這公式有沒有實用的價值呢？如果複數 $z=x+\mathbf{i}y, w=u+\mathbf{i}v$，給我們的本來就是極形式 $z=r\angle(\theta)$，$w=\rho(\psi)$，當然 (6) 式是很方便的，若沒有給我們極形式，我們要由 x, y 算出 r, θ；由 u, v 算出 ρ, ψ，再去計算 ρr 及 $\theta+\psi$，再算 zw，就有點

得不償失了！

不過，有些計算器，會給我們作轉換的工作：$(x, y) \leftrightarrow (r, \theta)$；用電工計算尺，通常也很容易算出 $r=\sqrt{x^2+y^2}$ 及 $\tan(\theta)=\frac{y}{x}$（之 θ）來，那麼乘法公式 (6) 就有實用價值了，尤其是一長串的乘法時，更是如此。

注意 2

就模數而言，$|w*z|=|w|*|z|$，有一個寫法是把它平方，寫成

$$(x^2+y^2)(u^2+v^2)=(xu-yv)^2+(xv+yu)^2; \tag{7}$$

這個公式有一個有趣而簡單的應用：如果兩個自然數 m, n，分別都是兩個整數的平方和，那麼，其乘積 $m*n$，也是如此！

例題 知道$4^2+5^2=41$，$8^2+9^2=145$，請將 $41*145=5945$ 寫為兩個整數的平方和！

解析 $(4+5\mathbf{i})*(8+9\mathbf{i})=-13+76\mathbf{i}$。故：$13^2+76^2=5945$。

§42 Euler 的虛指數函數

么模複數

模是 1 的複數叫做單位複數，或者么模複數。

問：在 Gauss 平面上，么模複數會落在哪裡？當然是在么圓 $\mathbb{S}$ 上。所以我們不妨用 $w\in\mathbb{S}$，來表示 w 是么模複數。在這個情況下，那麼上述乘法公式的幾何解釋，就成了：

$w*z$ 與 z 的大小相同，但是輻角是：z 的輻角，加上 $\psi=\arg(z)$；換句話說：$w*z$ 就是把 z（也就是向徑 Oz）旋轉了角度 $\psi=\arg(z)$。

一種指數函數

剛剛說過：如果 $w\in\mathbb{S}$ 是么模複數，「以 w 乘 z」，對於 Gauss 面上的一點 z，只是把 z（也就是向徑 Oz）旋轉了角度 $\psi=\arg(z)$。

如果我們也取 $z \in \mathbb{S}$，那麼 $|w*z| = |w|*|z| = 1$，因此 $w*z$ 也還是在么圓上。因為 $z = \angle(\theta), w = \angle(\psi)$，上述公式，就成了如下的公式：

$$\angle(\theta) \cdot \angle(\psi) = \angle(\theta + \psi) \tag{1}$$

這多麼像指數法則：$A^{\theta} \cdot A^{\psi} = A^{\theta+A}$。最先提出這種觀點的也許是 de Moivre。（棣馬佛，法語發音，de 有如「得」，最後的字母 e 也是默音；母音 oi 唸做「哇」，唸唸看！）

關於指數函數，我們將在 §81 再談，現在所要用到的只是上面這個指數法則。

在那裡，我們會談到：指數函數，依照底數 $A > 1$（爆脹型），或者 $1 > A > 0$（衰減型），而只分成兩型，$A = 1$ 則是退化的情形！

現在回到這個 de Moivre 的「指數」函數 $\angle(\theta)$ 來。它雖然很像一個指數函數，卻既不是爆脹型，也不是衰敗型。大數學家 Euler 告訴我們：$\angle(x)$ 可以看成：把他所發明的自然指數函數的自變數做一個伸縮而得，但是這個（橫軸上的）伸縮倍率是純虛數 $\mathbf{i}$：

$$\angle(\theta) = e^{\mathbf{i}*\theta},$$

所以我們在以下，就不再使用 $\angle(\theta)$ 的記號，而代之以

$$e^{\mathbf{i}\theta} := \cos(\theta) + \mathbf{i}\sin(\theta) = \exp(\mathbf{i}\theta); \tag{2}$$

不過要闡釋虛指數函數的意義，需要在更高深些的數學才能講到，我們在此無法追究。我們毋寧是以上式的中右側，來定義左側。這個公式就可以說是 Euler 的定義式，在物理科學與工程科學上的應用很廣。

周期性

我們要小心的只是：如此定義的虛指數函數，不爆脹，也不衰敗，它有周期性：

$$e^{\theta} = e^{t}，\text{則}：\theta - t = (2\pi\mathbf{i}) * k, k \in \mathbb{Z}. \tag{3}$$

差不多一樣的說法是：

定理

「$e^{\mathbf{i}\theta}=1$」表示 $\theta=2\pi$ 之整數倍。

三角函數的基本恆等式

Euler 公式被許多現代人士說成是三角恆等式的基本。為什麼呢？因為最基本的三角恆等式，當然是基本的三角函數（只有 sin 與 cos）的（兩個）和角公式，這兩個和角公式，依照 Euler 的定義式，配合上虛虛實實原理，就等價於單單一個加法公式（或即乘法公式）

$$e^{\mathbf{i}\theta} * e^{\mathbf{i}\phi} = e^{\mathbf{i}(\mu+\phi)};$$

$$(\cos(\theta)+\mathbf{i}\sin(\theta)) * (\cos(\phi)+\mathbf{i}\sin(\phi)) = \cos(\theta+\phi)+\mathbf{i}\sin(\theta+\phi); \tag{4}$$

De Moivre 公式

由上述的加法（或乘法）公式，我們馬上推導出：對於任何自然數 n，

$$(\cos(\theta)+\mathbf{i}\sin(\theta))^n = \cos n\theta + \mathbf{i}\sin n\theta. \tag{5}$$

這就叫作 de Moivre 公式。證明很簡單：只是應用加法公式，再對 n 遞迴。

註 其實對於任何整數 n 都成立。要如何證明？當然，$n=0$ 是無聊的！對於負整數的情形，我們顯然只要證明 $n=-1$ 的情形就好了！
（要想清楚這件事！）
在這時候，想想 z^{-1} 的意思，這是 z 的倒數，也就是

$$(\cos(\theta)+\mathbf{i}\sin(\theta))^{-1} = \frac{1}{\cos(\theta)+\mathbf{i}\sin(\theta)}\frac{\cos(\theta)-\mathbf{i}\sin(\theta)}{\cos^2(\theta)+\sin^2(\theta)}$$
$$= \cos(\theta)-\mathbf{i}\sin(\theta) = \cos(-\theta)+\mathbf{i}\sin(-\theta).$$

由 de Moivre 公式，我們可以推得一切倍角公式，因為：以二項式定理，將左側展開，再依照虛虛實實原理，

$$\cos(n\theta)=\Sigma_{0\le j<\frac{n+1}{2}}\ {}_nC_{2j}\ \ \cos^{n-2j}(\theta)(-1)^j\sin^{2j}(\theta);$$
$$\sin(n\theta)=\Sigma_{1\le j<\frac{n+1}{2}}\ {}_nC_{2j-1}\ \ \cos^{n-2j+1}(\theta)(-1)^{j-1}\sin^{2j-1}(\theta);$$

由平方關係，對於 cos，我們可以把 $\sin^2(\theta)$ 寫為 $1-\cos^2(\theta)$，因此，

$$\cos(n\theta)=f_n(\cos(\theta));\tag{6}$$

其中，$f_n(x)$ 是 x 的 n 次多項式，而且具有明確的奇偶性，即是：

$$f_n(-x)=(-1)^n*f_n(x).\tag{7}$$

同樣地，

$$\sin(n\theta)=\begin{cases}g_n(\sin(\theta)), & n\text{ 為奇，}\\ g_{n-1}(\cos(\theta))\sin(\theta), & n\text{ 為偶，}\end{cases}\tag{8}$$

這些倍角公式，在三角學中，通常是利用加法公式，慢慢遞迴而上，來證明的。若是利用 de Moivre 公式，就變成直接計算證明了，多少是一個好處。

例 1　$\sin 3\theta=$？$\cos 3\theta=$？

$$\cos(3\theta)+\mathbf{i}\sin(3\theta)=(\cos(\theta)+\mathbf{i}\sin(\theta))^3$$
$$=\cos^3(\theta)+3\cos^2(\theta)\mathbf{i}\sin(\theta)+3\cos(\theta)(-\sin^2(\theta))+(-\mathbf{i}\sin^3(\theta)),$$

於是：

$$\cos(3\theta)=\cos^3(\theta)-3\cos(\theta)\sin^2(\theta)=4\cos^3\theta-3\cos(\theta);$$
$$\sin(3\theta)=3\cos^2(\theta)\sin(\theta)-\sin^3(\theta))=3\sin(\theta)-4\sin^3\theta;$$

習題 1 證明：

$$\cos(4\theta)=8\cos^4(\theta)-8\cos^2(\theta)+1,$$
$$\sin(4\theta)=\sin(\theta)(8\cos^3(\theta)-4\cos(\theta)),$$

習題 2 證明：

$$(1+\mathbf{i})^{4n+1}+(1-\mathbf{i})^{4n+1}=(-1)^n * 2^{2n+1}.$$

習題 3 計算：

$$(\sqrt{3}+\mathbf{i})^{15}, \left(\frac{\sqrt{3}+\mathbf{i}}{\sqrt{2}}\right)^{15}, \left(\frac{-1+\sqrt{3}\mathbf{i}}{2}\right)^{15}$$

習題 4 若 $\cos(\alpha)+\cos(\beta)+\cos(\gamma)=0=\sin(\alpha)+\sin(\beta)+\sin(\gamma)$，則：

$$\cos(3\alpha)+\cos(3\beta)+\cos(3\gamma)=3\cos(\alpha+\beta+\gamma);$$

$$\sin(3\alpha)+\sin(3\beta)+\sin(3\gamma)=3\sin(\alpha+\beta+\gamma);$$

解析 兩個式子，分別就是如下式子的實虛部分而已：

$$e^{\mathbf{i}\alpha}+e^{\mathbf{i}\beta}+e^{\mathbf{i}\gamma}=0.$$

現在利用恆等式

$$A^3+B^3+C^3-3ABC=(A+B+C)(A^2+B^2+C^2-AB-BC-CA).$$

例 2 若 $x=e^{\mathbf{i}\alpha}$，$y=e^{\mathbf{i}\beta}$，$z=e^{\mathbf{i}\gamma}$，則

$$(y+z)(z+x)(x+y)=8xyz\cos\left(\frac{\alpha-\beta}{2}\right)\cos\left(\frac{\beta-\gamma}{2}\right)\cos\left(\frac{\gamma-\alpha}{2}\right).$$

解析 題目很對稱！我們就做一個典型的「比例」$\frac{y+z}{x}=\frac{y}{x}+\frac{z}{x}$，如下：

$$\frac{y+z}{x}=e^{\mathbf{i}(\beta-\alpha)}+e^{\mathbf{i}(\gamma-\alpha)}=[\cos(\beta-\alpha)+\cos(\gamma-\alpha)]+\mathbf{i}[\sin(\beta-\alpha)+\sin(\gamma-\alpha)]$$

$$=2\cos\left(\frac{\beta-\gamma}{2}\right)*\left[\cos\left(\frac{\beta+\gamma-2\alpha}{2}\right)+\mathbf{i}\sin\left(\frac{\beta+\gamma-2\alpha}{2}\right)\right]$$

$$=2\cos\left(\frac{\beta-\gamma}{2}\right)*e^{\frac{\beta+\gamma-2\alpha}{2}};$$

§43　DeMoivre 公式與割圓方程式

分數指數的 De Moivre 公式

我們想要把公式推廣到 n 為有理分數的情形。那麼，要點就在於 $n=\frac{1}{k}$（k 為自然數）的情形。

回憶到初中代數，我們是把 $z^{\frac{1}{k}}$ 解釋為：一個數 w，使得 $w^k=z$ 者。例如 $k=2$，我們在前面已經複習過如何將一個複數開平方（§2(6)）。

如果複數 z, w，都用極式寫法，$z=re^{\mathbf{i}\theta}$，$w=\rho e^{\mathbf{i}\psi}$，則：$w^k=z$ 的意思就是：$r=\rho^k$，而且 $e^{\mathbf{i}\theta}=e^{\mathbf{i}k*\psi}$。

因為要求 $r>0$，$\rho>0$，所以馬上算出 $\rho=\sqrt[k]{r}$，特別地對於么模的 $z=e^{\mathbf{i}\theta}$，$r=1=\rho$，我們不需煩惱模數 ρ，只要思考輻角 ψ。

現在有 $e^{\mathbf{i}\theta}=e^{\mathbf{i}k*\psi}$，是否由 θ，就可以確定出 ψ？

但是我們已經知道輻角的概念本來就有一種不確定性：當 $e^{\mathbf{i}\theta}=e^{\mathbf{i}k*\psi}$ 時，一般地，我們只能說：左右兩個么模複數的輻角，可以確定到 mod 2π。也就是說：

$$\theta-k\psi=（2\pi\text{ 的整數倍}）.$$

解出來的 ψ，就是：

$$\psi=\frac{\theta}{k}+m*\frac{2\pi}{k}.\qquad (m\in\mathbb{Z}.)$$

m 是任意整數，好像有無窮多個解答，但是實質上，只有 k 個解答，因為輻角相差 $2\pi=360°$ 的整倍數，幾何上是同一個點。

例 1　求 $w=z^{\frac{2}{7}}$，$z=e^{\mathbf{i}*70°}=e^{\mathbf{i}\pi*\frac{7}{18}}$。

解析　換句話說，我們要問：$(e^{\mathbf{i}\pi*\frac{7}{18}})^{\frac{2}{7}}$ 要如何解釋？z 的輻角是 $\arg(z)=\theta_0=\pi*\frac{7}{18}$，實質上輻角必須是以 mod（$2\pi$）來解釋的，也就是說，$z$ 的輻角是 $\arg(z)=\theta_0+2\pi*m, m\in\mathbb{Z}$，那麼，$z^{\frac{2}{7}}$ 的輻角就是：

$$\frac{2}{7}*(\theta_0+2\pi*m)=20°+m*\frac{360°}{7}, (m=0, 1, 2, 3, 4, 5, 6.)$$

（請注意：$m=7$ 就等於 $m=0$，$m=8$ 就等於 $m=1$，等等！）

割圓方程

這是指如下形式的方程式（$n\in\mathbb{N}, n>1.$）

$$x^n=A. \tag{1}$$

我們當然假設 $A\neq 0$，否則就無聊了。（其實，任意一個只有兩項的多項式方程式，棄掉零根的因子之後，一定變成這個形式。）

最簡單而根本的情形是 $A=1$，這就得到：

1 的 n 次方根

標準割圓方程式 $x^n=1$ 的解答有 n 個，就是：

$$\omega^m, (m=0, 1, 2\cdots, n-1.) \quad 其中，\omega=e^{\mathbf{i}*\frac{2\pi}{n}}, \tag{2}$$

我們已經學過：

$x^2=1$ 的根是 $x=\pm1$。這兩點把么圓對半分割。

$x^3=1$ 的根是 $x=1$，$\omega_{\pm}=\frac{-1\pm\sqrt{3}\mathbf{i}}{2}$。這三點把么圓等分為三。

$x^4=1$ 的根是 $x=\pm1$，$\pm\mathbf{i}$。這四點把么圓等分為四。

$x^n=1$ 的根都在么圓上，輻角都是 $\frac{2\pi}{n}$ 的整倍數。於是就把么圓的 360° 的圓周，分為 n 等份。而且確定要有么點 $x=1=1+0\mathbf{i}$。

這 n 個根，都是 $\omega=\cos\left(\frac{2\pi}{n}\right)+\mathbf{i}\sin\left(\frac{2\pi}{n}\right)$ 的乘冪，這一根叫做原始根。推而廣之，如果所有的根都可以表達成某一根的乘冪時，我們就把這一根叫做原始根。例如，$n=4$ 時，原始根就是 $\pm\mathbf{i}$，但是 ±1 不是原始根。

n 為質數時，除了 1 之外的根都是原始根。例如 $n=3$ 時，兩個「一的立方虛根」都是原始根。

例 2　$n=15$ 的時候，1 的 n 次方根 ω^j，（$\omega=\cos\left(\frac{2\pi}{n}\right)+\sin\left(\frac{2\pi}{n}\right)=e^{\frac{2\pi\iota}{15}}$，）之中，有哪些是原始根？

解析　若 ω^k 是原始根，則 $(\omega^k)^j$，$(j=1, 2, 3, \cdots,)$ 就要窮盡全部這 n 個根。所以條件就是：n 與 k 互質。$n=15$，則 $k=1, 2, 4, 7, 8, 11, 13, 14$，都可以，但是例如說，$k=10$ 就不行！因為對 $x=\omega^{10}=e^{\mathbf{i}\frac{4\pi}{3}}, x^1, x^2, x^3$，都不同，但是，$x^4=x$, $x^5=x^2, x^6=x^0=1$，它的乘冪只會產生三個根，得不到全部的 $n=15$ 個根。

定理　對於自然數 $n>1$，得到它的 n 個不同的根 ω^j，（$j=1, 2, 3, \cdots, n$）之後，對於任何複數 $A\neq 0$，割圓方程式 $x^n=A$ 的根，只要找到一個 x_0，那麼全部的 n 個根，就是 $x_0 * \omega^j$。試證明之。（當然這些根，就在半徑為 $\sqrt[n]{|A|}$ 的圓上，而且這些割點，就把圓等分為 n 等份。叫做割圓方程式是有道理的！）

例 3　$x^3=-8$，有一根 $x=-2$，其他兩根就是 $-2\omega, -2\omega^2, \omega^{\pm 1}=\frac{-1\pm\sqrt{3}\mathbf{i}}{2}$。

習題 1 解方程式：

(i)　$z^5=-32\mathbf{i}$;

(ii)　$z^3=1+\mathbf{i}\sqrt{3}$;

(iii)　$z^6=1-\mathbf{i}$;

習題 2 考慮方程式 $x^7+1=0$ 的根與係數的關係，因而求出

(i)　$\cos\left(\frac{\pi}{7}\right)+\cos\left(\frac{3\pi}{7}\right)+\cos\left(\frac{5\pi}{7}\right)$;

(ii)　$\cos\left(\frac{\pi}{7}\right)*\cos\left(\frac{3\pi}{7}\right)*\left(\frac{5\pi}{7}\right)$;

Richmond 的 5 段割圓

已有了一圓 O，

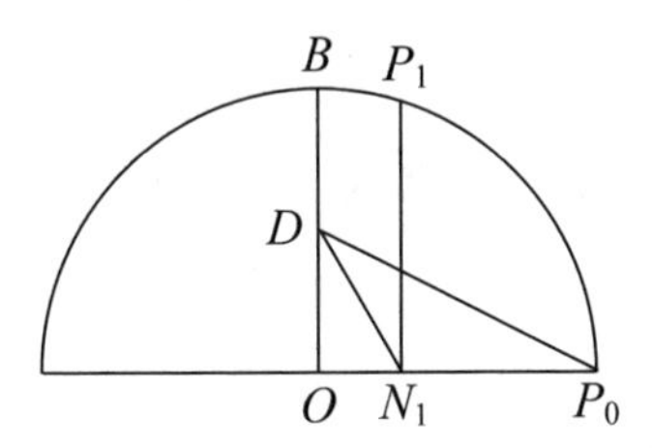

兩半徑 $\overline{OP_0}\perp\overline{OB}$
D 為 $\overline{OB}$ 中點，
$\angle P_0DO$ 之平分線 $\overline{DN_1}$
交 $\overline{OP_0}$ 於點 N_1，
畫 $\overline{N_1P_1}\parallel\overline{OB}$，
交圓於點 P_1，

則得圓內接正五邊形 $P_0P_1P_2P_3P_4$。

證明　設圓 O 為 Gauss 面上的么圓，$P_0=1$ 為么點，$B=\mathbf{i}$ 為虛么點。故 $D=\frac{\mathbf{i}}{2}$。

$DP_0=\left|1-\frac{\mathbf{i}}{2}\right|=\frac{\sqrt{5}}{2}$。

因為 $\overline{DN_1}$ 為內角平分線，

$$ON_1：N_1P_0=DO：DP_0=\frac{1}{2}：\frac{\sqrt{5}}{2}=1：\sqrt{5}.$$

故 $ON_1=\frac{1}{1+\sqrt{5}}=\frac{\sqrt{5}-1}{4}$，$N_1P_1=\sqrt{1-ON_1^2}=\frac{\sqrt{10+2\sqrt{5}}}{4}$。

其實這樣子就驗證了：$ON_1=\cos(72°)$，$N_1P_1=\sin(72°)$。

如果你不記得這個特別角 $\frac{2\pi}{5}=72°$ 的正餘弦，你可以令

$$\omega:=\frac{\sqrt{5}-1}{4}+\mathbf{i}\frac{\sqrt{10+2\sqrt{5}}}{4};\tag{3}$$

計算出：$\omega^2=\frac{-1-\sqrt{5}}{4}+\mathbf{i}\frac{\sqrt{10-2\sqrt{5}}}{4}$，

$\omega^4=(\omega^2)^2=\frac{\sqrt{5}-1}{4}-\mathbf{i}\frac{\sqrt{10+2\sqrt{5}}}{4}$；$\omega^5=1$。（只要脾氣好！）

● 簡約的割圓方程

方程式(1)固然是割圓方程，而$A=1$ 更是標準的割圓方程式。因為它是在「么圓」上做分割，而出發點也是「標準的基準點」1。$n=3$的情形，ω是你很熟悉的，而如上的$n=5$的割點ω你也要熟悉。

標準割圓方程的n個根之中，$x=1$ 當然是「無聊的」，所以，也許直接討論如下的方程式才對：

$$x^{n-1}+x^{n-2}+\cdots+x+1=0. \tag{4}$$

這就是簡約的（reduced）割圓方程。

三次及四次方程

這一部分我們要談著名的 Cardano 公式與 Ferrari 公式。

● 公式解答

我人周知普通二次方程，有公式解答或者說是代數解答。因為這個方程式之根，可用代數算法（即應用有限次數之加、減、乘、除、乘方、開方諸運算），施之於係數間而求得。

我們複習「二次方程式的根的公式」！它是怎麼來的？

(1°) 二次的割圓（二項）方程：

$$x^2=D$$

只要開方就好了，$x=\pm\sqrt{D}$；

(2°) 而一般的二次方程，利用平移（即配方）都可以化成二項方程！

§44 Cardano 方法

我們想模仿二次方程式的辦法，得到根的公式。

當然我們可以把任何三次方程式都么領化，成為：

$$f(x)=x^3+b_1x^2+b_2x+b_3=0. \tag{1}$$

三次的割圓方程

那麼，首先考慮三次的割圓方程。

$$x^3 = d.$$

它有三根，例如，設 $d \neq 0$ 為實數，取一實根 $\sqrt[3]{d}$，則它二根為 $\omega\sqrt[3]{d}$ 及 $\omega^2\sqrt[3]{d}$，這裡 $\omega = \dfrac{-1 \pm \sqrt{3}\mathbf{i}}{2}$ 是 1 的立方虛根，（取任何一個都可以！）已如前述。

但若 d 為非實數，則任取一根為 $\sqrt[3]{d}$，別的二根仍為：$\omega\sqrt[3]{d}$及 $\omega^2\sqrt[3]{d}$，但哪一根叫做 $\sqrt[3]{d}$，就悉聽尊便了！

平移

其次我們也想要用平移（即配立方）法，把么領的三次方程式化為割圓方程，我們當然是令

$$X = x + \frac{b_1}{3},$$

來取代 x 做為未知數，於是得到：

$$X^3 = x^3 + b_1x^2 + \frac{b_1^2}{3}x + \frac{b_1^3}{27}; f(x) = X^3 + \left(b_2 - \frac{b_1^2}{3}\right)x + \left(b_3 - \frac{b_1^3}{27}\right) = 0,$$

後面的一次與零次項，可以用 X 的一次與零次項表出，於是，任何三次方程式最終可以化為如下的標準形式，要點是：么領，且式中缺 x^2 項，（我們把 X 改寫為 x, $q = b_2 - \dfrac{b_1^2}{3}$, $-r = b_3 - \dfrac{b_1 b_2}{3} + \dfrac{2b_1^3}{27}$）

$$(\spadesuit)：x^3 + qx - r = 0$$

想法

Cardan的辦法是把這個方程式改用「兩個含二元的聯立方程式」去代替！

通常，元數越多越複雜，不過，大家都知道，方程組 $y+z=p$，$yz=q$（*）

與一元二次方程 $t^2-pt+q=0$ 其實全相當，後者的二根即前者的一組解 (y,z)（與其「對稱的解」(x,y)）。

註 這裡對稱性很重要，因為有 2 組解，但必然對稱，故實質上只有一組解。

事實上，如果算出來一元（t）二次方程的兩個根 α,β，則二元$(x,y,)$方程式的解，可以這樣子寫：

$$\{x,y\}=\{\alpha,\beta\}.$$

Cardan 方法中，方程 (1) 也用對稱的二元聯立方程代替！首先寫一個一次對稱的方程式：

$$x=y+z \tag{2}$$

所以，即使 x 已被解出，y,z 也不是唯一確定的！我們有很大的彈性，另外用一個方程式（條件），來與原先的方程式扯上關係！因而得到解答。

今(2)之立方為

$$x^3=(y+z)^3=(y^3+x^3)+3\,(y^2z+yz^2)=(y^3+z^3)+3yz\,(y+z)=(y^3+z^3)+3yzx; \tag{3}$$

（妙處是：我們把「交叉項」部份寫在後面，再括出 $x=y+z$。）

拿此式與（♠）式比較！因而得到這個結論：

想像 y 與 z 兩個數，它們滿足了

$$(\heartsuit):(y^3+z^3)=r,$$

$$(\diamondsuit):3yz=-q,$$

則它們的和，$y+z$，就是這個方程式（♠）的解！

改為和積問題

要解決聯立方程組（$\heartsuit\cap\diamondsuit$），我們不如把（$\diamondsuit$）立方：

$$(\clubsuit):y^3z^3=\frac{-q^3}{27};$$

它和（♡），恰好變成一個和積聯立問題，即：y^3, z^3 為如下伴隨的二次方程式之根

$$u^2 - r * u + \frac{-q^3}{27} = 0; \tag{4}$$

也就是說：

$$\begin{aligned} y^3 &= A = \frac{r}{2} + \sqrt{D}; \\ z^3 &= B = \frac{r}{2} - \sqrt{D}; \\ D &= \frac{r^2}{4} + \frac{q^3}{27}. \end{aligned} \tag{5}$$

由 $y^3 = A$ 可以得到 $y = \sqrt[3]{A}$，但是有其曖昧不明處：因為，只要開立方有一個根 y_1，就自動有三個值，其他兩個根是 $\omega y_1, \omega^2 y_1$；z 的情形也一樣！只要開立方有一個根 $z_1 = \sqrt[3]{B}$，就自動有三個值，其他兩個根是 $\omega z_1, \omega^2 z_1$。

但是，千萬不要以為有 $3 \times 3 = 9$ 組解！這是因為：我們要求的(y, z)的聯立方程是（♡∩♢），而不是（♡∩♣）。如果 (y_1, z_1) 滿足了（♢），則其它只有 $2 = 3 - 1$ 解，也可以滿足（♢），不是有 $8 = 3 * 3 - 1$ 組解！這兩組是$(y_1\omega, z_1\omega^2)$, $(y_1\omega^2, z_1\omega)$。

例 1 解 $x^3 - 6x^2 + 6x - 2 = 0$。

解析 先用 $x = y + 2$ 代入配方，則得 $y^3 - 6y - 6 = 0$。
令 $y = u + v$，則 $y^3 = 3uv * y + (u^3 + v^3)$，與 $y^3 = 6 * y + 6$ 相比較，故須：$3uv = 6, u^3 + v^3 = 6, u^3v^3 = 8$；故 u^3, v^3 為 $t^2 - 6t + 8 = 0$ 之兩根，2, 4。然則，三根為

$$y = \sqrt[3]{2} + \sqrt[3]{4},\ \omega\sqrt[3]{2} + \omega^2\sqrt[3]{4},\ \omega^2\sqrt[3]{2} + \omega\sqrt[3]{4}.$$

此方程之根，需用 $x = y + 2$。

習題 1 解 $x^3+3x^2+6x+5=0$。

● 根之判別式

我們也就模仿一元二次方程式 $ax^2+bx+c=0$ 的討論中，根的判別式的概念，來思考三次方程式（♠）應該如何定義標準三次方程式的根的判別式。

請注意：在二次方程式 $ax^2+bx+c=0$ 的討論中，根的判別式，通常定義為 $D=b^2-4ac$，也就是說，我們可以用它來討論：

(0°) 是否有重根（$D=0$）？

(1°)（在實係數時）是否有不等實根（$D>0$）？

(2°)（在實係數時）是否有虛根（$D<0$）？

(3°)（在有理係數時）是否為有理實根（D 為完全平方）？

但是，有時候人們把方程式寫為 ax^2+2b_1x+c，改定義「約化的判別式」為 $D_1=b_1^2-ac=\frac{D}{4}$。這兩種定義差了 4 倍，但是同樣地好用！因為改 D 為 D_1，一切命題都完全成立！

（要點是 $D=a^2*(\alpha-\beta)^2$，其中 α, β，是方程式的兩根！）

現在假設標準三次方程式的三根為 α, β, γ，取其「兩兩之差的平方」的累乘積，亦即三根的基本交錯式的平方，（就稱做此方程式的判別式）

$$\Delta := (\alpha-\beta)^2(\beta-\gamma)^2(\gamma-\alpha)^2.$$

你算算看 $\Delta=$？我們在§25 例 1（p.95）已經算過了：

$$\Delta=p^2q^2-4rp^3-4q^3-27r^2+18pqr;$$

此地，$p=\alpha+\beta+\gamma=0$，因此：

$$\Delta=-4q^3-27r^2=-108*D;$$

警告

D 與 Δ，輻角相差 180°，也就是一正一負相顛倒！但是習慣上，許多人還是說我們的三次方程式的判別式是

$$D := \frac{r^2}{4} + \frac{q^3}{27};$$

由定義，馬上看出：

(0°) $\Delta = 0 = D$ 則方程式有重根。

(1°)（在實係數時）$\Delta > 0$（即 $D < 0$），則方程式有不等實根。

(2°)（在實係數時）$\Delta < 0$（即 $D > 0$），則方程式有兩共軛虛根。

習題 2 求下列方程式之解（i-vi）

(i) $x^3 - 9x - 28 = 0;$

(ii) $x^3 - 9x^2 + 9x - 8 = 0;$

(iii) $x^3 - 3x - 4 = 0;$

(iv) $4x^3 - 7\text{x} - 6 = 0;$

(v) $x^3 + 3x^2 + 9x - 1 = 0;$

(vi) $3x^3 - 9x^2 + 14x + 7 = 0.$

習題 3 在直徑 $3\sqrt{3}$ 圓球形內接一方底之直角柱，若體積為 27，求角柱之高。

習題 4 設一直圓柱之體積為 50π，而其完全之表面積為 $105\pi/2$，求其底之半徑及其高。

不可約情形

考慮如上述的（1°），即：伴隨的二次方程式 $t^2 - rt - \frac{q^3}{27} = 0$ 之判別式為負：$D = r^2/4 + q^3/27 < 0$，則其兩根 A 及 B 為共軛複虛數，此即所謂三次方程式的不可約情形。此時原方程式之三根 x_1, x_2, x_3 皆為實數！我們將用三角函數來表達。

$$令\ A=\frac{r}{2}+\mathbf{i}\sqrt{-\left(\frac{r^2}{4}+\frac{q^3}{27}\right)},\ B=\frac{r}{2}-\mathbf{i}\sqrt{-\left(\frac{r^2}{4}+\frac{q^3}{27}\right)};$$

故它們可以用極形式表達為：

$$A=\rho(\cos\theta+\mathbf{i}\sin\theta);$$

$$B=\rho(\cos\theta-\mathbf{i}\sin\theta);$$

$$其中\quad \rho=\sqrt{\frac{r^2}{4}-\frac{r^2}{4}-\frac{q^3}{27}}=\sqrt{-\frac{q^3}{27}};\tag{6}$$

$$又\quad \cos\theta=\frac{r}{2\rho}=\frac{r}{2}\sqrt{\frac{-27}{q^3}}.$$

而三根為：

$$x_1=2\sqrt[3]{\rho}\cos\left(\frac{\theta}{3}\right),\ x_2=2\sqrt[3]{\rho}\cos\left(\frac{\theta+2\pi}{3}\right),\ x_3=2\sqrt[3]{\rho}\cos\left(\frac{\theta+4\pi}{3}\right).$$

且其中ρ及θ可由q, r計算之。

例 2　解$x^3-x+\frac{1}{3}=0$。

解析　今$\frac{r^2}{4}+\frac{q^3}{27}=-\frac{1}{108}<0$，為不可約情形。

代入公式而簡化之，得

$$\rho=\frac{1}{\sqrt{27}},\ \cos(\theta)=-\frac{\sqrt{3}}{2}，故\ \theta=150°。$$

故（用餘弦表）得：$x_1=\frac{2}{\sqrt{3}}\cos(50°)=0.7422$，

$x^2=\frac{2}{\sqrt{3}}\cos(170°)=-1.1371$，$x_3=\frac{2}{\sqrt{3}}\cos(290°)=0.3949.$

習題 5　欲使$x^3+3ax^2+3bx+c=0$之根皆為實數，其條件如何？

習題 6（查表計算！）解下列不可約三次方程：

(1) $x^3-3x-1=0$;

(2) $x^3-6x-4=0$.

Vandermonde 的解法

記住我們取定 $\omega=-\frac{1}{2}\pm\frac{\sqrt{3}}{2}\mathbf{i}$ 為 1 的立方虛根之一。

考慮么領三次方程 $f(x)=x^3-px^2+qx-r=0$，並設其三根為 α,β,γ。

想像能夠得到它們的三個線性組合：

$$\begin{aligned} p&=\alpha+\beta+\gamma,\\ u&=\alpha+\omega\beta+\omega^2\gamma,\\ v&=\alpha+\omega^2\beta+\omega\gamma, \end{aligned} \tag{7}$$

那麼我們就可以解出這方程式了。（例如說：一個根是 $\alpha=\frac{(p+u+v)}{3}$。）

問題是：p,q,r 是已知的，是否可能由此而計算出 u 與 v。

我們的寫法，使得三根的地位不相等，雖然它們的地位本來是平等的：誰是 α，誰是β，誰是γ，有 6 種不同之（排列）說法。

但是我們知道：

$$(\diamondsuit^V): u*v=\Sigma\alpha^2-\Sigma\,\alpha*\beta=p^2-3q.$$

這是 α,β,γ 三者的對稱式。

最後我們發現：雖然兩個立方 u^3, v^3 與（α,β,γ）之順序有關，可是其和則不然，而為 α,β,γ 之對稱式！

$$\begin{aligned}(\heartsuit^V): u^3+v^3&=(\alpha+\omega\beta+\omega^2\gamma)^3+(\alpha+\omega^2\beta+\omega\gamma)^3\\ &=2\,(\alpha+\beta+\gamma)^3-3\Sigma\,\alpha^2\beta+12\alpha\beta\gamma\\ &=2\,(p^3-3pq+3r)-3\,(pq-3r)+12r=2p^3-9pq+27r\end{aligned}$$

Vandermonde 的解法

給了我們么領三次方程式時，經由上面兩式 $(\diamondsuit^V),(\heartsuit^V)$，我們先寫出一個伴隨的二次方程式

$$X^2-X(2p^3-9pq+27r)+(p^2-3q)=0. \tag{8}$$

它的兩個解就是我們所要的u^3,v^3。我們要選擇其等之立方根，u,v，使得：$u*v=p^2-3q$。於是三根 α,β,γ，就可以解出了！

Lagrange 的說法

Lagrange 的辦法，效果相同，但說法不同：

今 α,β,γ，誰是誰，我們弄不清楚，故，除了如上的 u,v 之外，我們還可以湊上 $\omega u,\ \omega^2 u,\ \omega v,\ \omega^2 v$；那麼這六個東西，誰是誰，我們也無法分辨！但是這六個東西所共同滿足的六次方程，即

$$\psi(t):=(t-u)(t-\omega u)(t-\omega^2 u)(t-v)(t-\omega v)(t-\omega^2 v)=0 \tag{9}$$

因為對於 α,β,γ 對稱，因此，可以清楚寫出，我們將稱之為方程 $f(x)=0$ 之預解（resolvent）方程（equation）。

解出此六者，則 α,β,γ 就馬上可以算出了。

但是：用 6 次方程替代 3 次方程？不，事實上

$$\begin{aligned}\psi(t)&=(t^3-u^3)(t^3-v^3),\\&=t^6-t^3(2p^3-9pq+27r)+(p^2-3q)^3.\end{aligned}$$

於是預解方程式 $\psi(t)=0$ 仍是 t^3 的二次方程！

結果又回到原先之 Vandermonde 方法了。

Lagrange 說：

- 任意地取 $\psi(t)=0$ 的六根之一，而稱之為 u；
- 但以 $u*v=p^2-3q$，則可以算出 v，於是 $\alpha=\dfrac{p+u+v}{3}$ 為原三次方程式的一

根。

- 不論你如何選擇，你都是找到原方程式的三個根而已。

習題 7 解方程式：

(i) $x^3-15x-126=0.$

(ii) $x^3+6x^2+33x-292=0.$

(iii) $x^3+63x-316=0.$

(iv) $x^3+12x-12=0.$

§45 四次方程式

標準形式

用配方法，則已知四次方程可化為下列形式：

$$x^4+ax^2+bx+c=0 \tag{1}$$

加減 $x^2u+\frac{u^2}{4}$，因而(1)之第一邊可變成二平方之差，其中 u 為待定之常數，如此可得

$$x^4+x^2u+\frac{u^2}{4}-x^2u-\frac{u^2}{4}+ax^2+bx+c=0,$$

$$\text{即}\left(x^2+\frac{u}{2}\right)^2=\left[(u-a)x^2-bx+\left(\frac{u^2}{4}-c\right)\right]; \tag{2}$$

欲將右側變成完全平方，則要求：其判別式 $=0$

$$b^2=(u-a)(u^2-4c);$$

亦即我們應該選擇 u，使得：

$$u^3-au^2-4au+(4ac-b^2)=0; \tag{3}$$

這個三次方程式稱為原來的四次方程式之補助方程式。

使 u_1 表此（u 之）三次方程之一根。（如果 a, b, c 為實數，則此根 u_1 亦可

選為實根！）

當 (2) 中之 u 為 u_1 所代時，則方程式 (2) 變成 $U^2=V^2$ 之形，因此，相當於解：「$U-V=0$，或 $U+V=0$」，

$$x^2+\sqrt{u_1-a}\,x+\left(\frac{u_1}{2}-\frac{b}{2\sqrt{u_1-a}}\right)=0,$$

$$\text{或 } x^2-\sqrt{u_1-a}\,x+\left(\frac{u_1}{2}+\frac{b}{2\sqrt{u_1-a}}\right)=0, \qquad (4)$$

如此得到 $2*2=4$ 個根。

註 因補助方程式有三根，其中任何之一都可取作 u_1，這不會影響到最後所得的四個根！

事實上，不難證明：u_1 之選擇，只能影響到「(4) 的兩個方程式中，全部共四根，如何在兩個二次方程式內做分配」而已。

例 1 解 $x^4+x^2+4x-3=0$。

解析 此地 $a=1, b=4, c=-3$，故補助方程 (3) 為

$$u^3-u^2+12u-28=0,$$

其一根為 2，又使 $u_1=2$ 代入 (4)，得

$$x^2+x-1=0 \text{ 或 } x^2-x+3=0，$$

解此兩個二次方程，得 $x=\dfrac{-2\pm\sqrt{5}}{2}, \dfrac{1\pm \mathbf{i}\sqrt{11}}{2}$。

習題 解下列方程式

1. $x^4+x^2+6x+1=0.$
2. $x^4-4x^3+x^2+4x+1=0.$
3. $x^4+12x-5=0.$
4. $x^4+8x^3+12x^2-11x+2=0.$

一般么領形式

設四次方程為：

$$x^4+b_1x^3+b_2x^2+b_3x+b_4=0 \tag{5}$$

我們可以用「配平方」的方法，做兩次！

首先改寫為：

$$\left(x^2+\frac{b_1}{2}x\right)^2=\left(\frac{b_1^2}{4}-b_2\right)x^2-b_3x-b_4;$$

其次，在兩側都加上$\left(x^2+\frac{b_1}{2}x\right)y+\frac{y^2}{4}$，得到：（代替(2)式者，）

$$\left(x^2+\frac{b_1}{2}x+\frac{y}{2}\right)^2=\left(\frac{b_1^2}{4}-b_2+y\right)x^2+\left(\frac{b_1y}{2}-b_3\right)x+\left(\frac{y^2}{4}-b_4\right); \tag{6}$$

這裡的y是個待定的常數，要點是使得上面這個方程式右側為完全平方！這就需要右側二次式的判別式為零：

$$y^3-b_2y^2+(b_1b_3-4b_4)y+(4b_2b_4-b_3^2-b_1^2b_4)=0. \tag{7}$$

這就是原來的四次方程式之補助方程式。（代替 (3) 式者。）

任意找出一個根 y_1，代入 (6) 之後，右側就是完全平方，我們記其領導係數為

$$\frac{t^2}{4}=\frac{b_1^2}{4}-b_2+y_1; \tag{8}$$

如果$t=0$，這是退化的特例，當然很容易解，但是現在我們不討論它。

假設$t\neq 0$，則原來的方程式 (5)，就扯開為兩個二次方程式：

$$x^2+\frac{b_1-t}{2}*x+\left(\frac{y_1}{2}-\frac{\frac{b_1y_1}{2}-b_3}{t}\right)=0; \tag{8}$$

$$\text{或}\quad x^2+\frac{b_1+t}{2}*x+\left(\frac{y_1}{2}+\frac{\frac{b_1y_1}{2}-b_3}{t}\right)=0;$$

於是原來的方程式 (5) 的四個根，就是這裡 (8) 的上下兩個方程式的兩個根加上兩個根x_1, x_2，與下一個方程式的兩個根 x_3, x_4。

● 對稱性的思考

由根與係數的關係，

$$x_1+x_2=\frac{-1}{2}(b_1-t), x_1*x_2=\frac{y_1}{2}-\frac{\frac{b_1y_1}{2}-b_3}{t};$$

$$x_3+x_4=\frac{-1}{2}(b_1+t), x_3*x_4=\frac{y_1}{2}+\frac{\frac{b_1y_1}{2}-b_3}{t}; \tag{9}$$

於是：

$$y_1=x_1*x_2+x_3*x_4; \tag{10}$$

事實上，如果我們在補助方程式 (7) 的根之中選了別的根 y_2，或者 y_3，結果將是四個根的不同組合：

$$y_2=x_1*x_3+x_2*x_4; y_3=x_1*x_4+x_2*x_3;$$

另外一方面說，如果把補助方程式 (7) 平移（配立方），變成標準型：

$$Y^3+Q*Y-R=0; y=Y+\frac{b_2}{3};$$

則：

$$Q=b_1b_3-4b_4-\frac{b_2^2}{3}; -R=-b_1^2b_4+\frac{1}{3}b_1b_2b_3+\frac{8}{3}b_2b_4-b_3^2-\frac{2}{27}b_2^3;$$

這個標準型 3 次方程式的判別式是

$$\Delta = (y_1 - y_2)^2 (y_2 - y_3)^2 (y_3 - y_1)^2 = -4Q^3 - 27R^2;$$

但是

$$\begin{aligned} y_1 - y_2 &= (x_1 - x_4)(x_2 - x_3); \\ y_1 - y_3 &= (x_1 - x_3)(x_2 - x_4); \\ y_2 - y_3 &= (x_1 - x_2)(x_3 - x_4); \end{aligned} \tag{11}$$

因此，

$$\Delta = \prod_{i<j} (x_i - x_j)^2 = -4Q^3 - 27R^2. \tag{12}$$

補助方程式 (7) 的根的判別式（諸根的基本交錯式的平方），竟然就是原方程式 (5) 的根的判別式！

Lagrange 的做法

今方程式

$$f(x) = x^4 - \sigma_1 x^3 + \sigma_2 x^2 - \sigma_3 x + \sigma_4 = 0 \tag{13}$$

的四根是 $\alpha, \beta, \gamma, \delta$，他找到關鍵量

$$t = \alpha - \beta + \gamma - \delta, \tag{14}$$

（這當然是四個根的相當簡單的線性組合！）

這共有（4 中取 2 之排列數 ${}_4P_2 =$ ）12 種選擇。

不過，因為 $\alpha - \beta + \gamma - \delta$ 與 $\beta + \delta - \alpha - \gamma$ 異號，而且允許 α, γ 對調，β, δ 對調，因此，

$$t^2 = (\alpha - \beta + \gamma - \delta)^2 = (\beta + \delta - \alpha - \gamma)^2$$

另外只有兩種可能值

$$t^2=(\alpha-\gamma+\beta-\delta)^2,(\alpha+\delta-\beta-\gamma)^2;$$

以這三者為根的方程式是三次方程；此地先要算出它們的基本對稱式

$$\Sigma(\alpha-\beta+\gamma-\delta)^2=3\Sigma\alpha^2=3(\sigma_1^2-2\sigma_2);$$
$$\Sigma(\alpha-\beta+\gamma-\delta)^2(\alpha-\gamma+\beta-\delta)^2=4\Sigma\alpha^4-4\Sigma\alpha^3\beta+2\Sigma\alpha^2\beta^2+4\Sigma\alpha^2-24\Pi\alpha;$$
$$\Pi(\alpha-\beta+\gamma-\delta)^2=(\Sigma\alpha^3-\Sigma\alpha^2\beta+2\Sigma\alpha\beta\gamma)^2=W^2;$$

全部可用 $\sigma_1,\sigma_2,\sigma_3,\sigma_4$ 表示出來，因此我們可以寫下 t^2 的三次方程式，而解得此三者 t_1^2,t_2^2,t_3^2。

注意到 $W=(\alpha-\beta+\gamma-\beta)(\alpha+\beta-\gamma-\delta)(\alpha-\beta-\gamma+\delta)$ 也是對稱式

$$W=(\Sigma\alpha^3-\Sigma\alpha^2\beta+2\Sigma\alpha\beta\gamma)^2=\sigma_1^3-4\sigma_1\sigma_2+8\sigma_3.$$

我們解補助方程式 $\Pi(T^2-t_j^2)=0$（未知數 T^2，三次！）從而由其中任取兩根，再開方（正負號也任意），得到 t_1,t_2，然後令 $t_3=\frac{W}{t_1*t_2}$。

以上的量 t_1,t_2,t_3，都是由 σ_j（用代數運算）算出。於是解四元聯立一次方程式：

$$\begin{aligned}\alpha-\beta+\gamma-\delta&=t_1,\\ \alpha+\beta-\gamma-\delta&=t_2,\\ \alpha-\beta-\gamma+\delta&=t_3,\\ \alpha+\beta+\gamma+\delta&=\sigma_1,\end{aligned}\tag{15}$$

就解得 (5) 的四根 $\alpha,\beta,\gamma,\delta$。

推論：自逆方程

次數 ≤ 9 的自逆方程，一定有根式解！

證明　若次數 $=9$，則必有一根為 ±1，可以括出降次。成為 8 次以下。

於是用標準變換 $X=x+\frac{1}{x}$，我們可以將自逆方程 $f(x)=0$，變為 4 次以下

的方程式 $g(X)=0$，於是再用 Ferrari, Cardan 方法而解出。

例 2 解 $f(x)=2x^8-x^7-12x^6+14x^5-14x^3+12x^2+x-2=0$。

解析 此自逆方程 $f(x)=0$，有根 1 及 -1。括去 $f(x)$ 的因式 x^2-1：

$g(x)=2x^6-x^5-10x^4+13x^3-10x^2-x+2=0.$

以 x^3 除之，並令 $z=x+\dfrac{1}{x}$，則得：

$2(z^3-3z)-(z^2-2)-10z+13=0$，即 $2z^3-z^2-16z+15=0$；

解得 $z=1, -3$ 或 $\dfrac{5}{2}$，因此 $x=(1+\pm\mathbf{i}\sqrt{3})/2, \dfrac{-3\pm\sqrt{5}}{2}, 2$ 或 $\dfrac{1}{2}$。

習題 解下列方程式

1. $3x^6-2x^5+6x^4-2x^3+6x^2-2x+3=0$
2. $2x^8-9x^7+18x^6-30x^5+32x^4-30x^3+18x^2-9x+2=0$
3. $6x^7-x^6+2x^5-7x^4-7x^3+2x^2-x+6=0$
4. $x^7-1=0$

§46 規矩的割圓

● 希臘規矩數體

規是「圓規」（compass），矩是「直尺」（ruler），分別用於畫圓及畫直線。希臘的規矩，不允許直尺上有刻度，也不許用圓規去量距離，「必須固著圓心，才可以用圓規畫圓，當圓規的釘足離開圓心時，圓規就變形（collapse）了！」

在平面上取了定長 $\overline{AB}$ 作「單位長」；任何一個長度 $\overline{CD}$ 都此單位長的 x 倍，x 是實數。我們如果能夠運用希臘規矩，從 AB 兩定點，造出 CD，使得 $\overline{CD}/\overline{AB}=x$，我們就說 x 是一個（正的）規矩數（compass-ruler number）。於是，有著名的希臘三大「幾何作圖不能」的問題。

希臘不能定理

$\sqrt{\pi}, \sqrt[3]{2}$，以及 cos(20°)，都不是規矩數。

我們承認這三個定理都是超越了希臘人的程度。但它們是已經被解決了的難題。（所謂的「作圖不可能」，是容易引起「素人」的誤會的！）

重新定義**實規矩數**為：數系 $\mathbb{G}_R$ 的元素，數系 $\mathbb{G}_R$ 是 $\mathbb{R}$ 的最小子集，它含有一切自然數，而且，$\mathbb{G}_R$ 允許加、減、乘、除四則運算，以及（對正元素）進行開方。換言之，$x \in \mathbb{G}_R$ 時，x 必可表示成諸整數 $u_1, u_2, \cdots, u_\ell$ 經由這「五則運算」有限次數的操作之後所得！

我想這樣不好！用代數學的立場，我們不如定義複素的規矩數 $z \in \mathbb{G}$，於是，就說實的規矩數之集合為 $\mathbb{G}_R := \mathbb{G} \cap \mathbb{R}$。那麼何謂複素的規矩數？就是如上所說的，由自然數系 $\mathbb{N}$ 出發，經由加、減、乘、除以及開平方的五種運算有限次的操作所能得到的一切複數。一個複素的規矩數 $z \in \mathbb{G}$ 只不過是其「實部」與「虛部」都是實的規矩數而已。

基本規矩補題

如果 $a, b, c, \in \mathbb{G}$，則 $ax^2 + bx + c = 0$ 的兩個根都在 $\mathbb{G}$ 內！

定理

$\cos\left(\frac{2\pi}{17}\right)$，$\sin\left(\frac{2\pi}{17}\right)$，乃是兩個實規矩數！因此 $e^{\mathrm{i}\frac{2\pi}{17}} \in \mathbb{G}$。

這就是 Gauss 的正 17 邊形作圖法的本義！

後代人可以從他的科學雜記（他稱之為 Notizen journal），看出他的數學思想之一斑，可惜原文是以拉丁文寫的。我們摘錄此雜記中之第一條。（雜記起始於 1796 年的三月三十日，當時他才十八歲。）

「圓之分割定律，如何以幾何方法將圓分成十七等分等等。三月三十日，Braunschweich（布朗斯韋克）」。

就是這個發現使 Gauss 在數學家中一炮而紅。這牽涉到如何以「歐氏工具」，也就是圓規與直尺，作正的十七邊形之圖。Gauss 報告了他發現解答的經過：

「在 Braunschweich 度假的一天早上，我仍躺在床上，沉思於方程式 $\frac{x^p - 1}{x - 1}$ $= 0$ 的根與根之間的算術關係，冥冥之中突然有如親眼看到所要的關係，是那麼地清楚，我幾乎可以立刻應用到十七邊形上。」

Gauss 把他這個發現在 1796 年六月一日宣佈於《文獻新知》期刊上。這篇文章使 Gauss 首次在大眾傳播上現身，其中也說明了原題的歷史沿革。地質學家 Sartorius（von Waltershausen）是 Gauss 晚年的一位密友，在他的回憶錄中談到 Gauss 的一段文字中，透露了 Gauss 第一次確定他自己所要攻讀的學科是他發現了正十七邊形之作圖的時候，也就是進大學之一年後。

Gauss 對此一發現既高興又驕傲，他對他的朋友 Wolfgang Bolyai（沃漢・伯利艾）說，他的墓碑上要刻上一個正十七邊形。後來事與願違，在 Braunschweich 的 Gauss 紀念塔上所刻的是一個十七個菱角的星，因為彫刻的工人堅持說，正十七邊形刻出來之後，每個人都會誤以為是一個圓。

1 的基本 17 次方根

我們非常熟悉：1 的 n 次方根，就是

$$e^{\mathbf{i}\frac{j*2\pi}{n}} = \cos\left(\frac{j*2\pi}{n}\right) + \mathbf{i}\sin\left(\frac{j*2\pi}{n}\right); j = 0, 1, 2, \cdots, n-1.$$

我們最熟悉的是 $n = 3$，那麼我們可以模仿那個情形，就記：

$$\omega = e^{\mathbf{i}\frac{2\pi}{n}} = \cos\left(\frac{2\pi}{17}\right) + \mathbf{i}\sin\left(\frac{2\pi}{17}\right); \tag{1}$$

於是 1 的所有的 17 次方根，全部收容為一個集合，就記為

$$\Omega := \{\omega^j : j = 0, 1, 2, \cdots, 16\}.$$

我們在講「集合」（set）的時候，是不要講重度的，重複寫，也只算一次，因此上面的式子，也可以寫：

$$\Omega = \{\omega^j : j \in \mathbb{Z}\} = \{\omega^j : j \in \mathbb{N}\} = \{\omega^j : j = -8, -7, \cdots, 7, 8\}.$$

還是都一樣（只）有 17 個元素。Gauss 的定理是說：$\Omega \subset \mathbb{G}$。

Ω 就是「割圓方程式」$x^{17}-1=0$ 的解集合。但是，這裡面，$1=\omega^0$ 是無聊的！刮棄這個根以後的「割圓方程式」

$$1+x+x^2+\cdots+x^{16}=0 \tag{2}$$

的解集合，就是：

$$\Omega^{\times}:=\{\omega^j : j \neq 0 \quad \mathrm{mod}(17)\}. \tag{3}$$

要說這些數（一共有 16 個）是複數的規矩數，這才有聊。

● 分成兩堆

那麼天才的想法，如果分成一步一步，我們凡人也是可以讀懂的！我們且談最容易明白的一小步：

我們把這 16 個虛的（1 的 17 次方）根，適當地分為兩堆（各 8 個），可以讓兩堆各自的和 y_1, y_2，是規矩數。

更清楚些，我們就給出：（「虛根成對出席！」）

$$(\spadesuit:)\quad \begin{cases} Y_1 := \{\omega^1, \omega^{-1}, \omega^{-4}, \omega^4, \omega^{-8}, \omega^8, \omega^{-2}, \omega^2\}; \\ Y_2 := \{\omega^3, \omega^{-3}, \omega^{-5}, \omega^5, \omega^{-7}, \omega^7, \omega^6, \omega^{-6}\}; \end{cases}$$

可以驗證：

令
$$\begin{cases} y_1 := \Sigma\,(\omega^j \in Y_1) = \omega^1+\omega^{-1}+\omega^{-4}+\omega^4+\omega^{-8}+\omega^8+\omega^{-2}+\omega^2; \\ y_1 := \Sigma\,(\omega^j \in Y_2) = \omega^3+\omega^{-3}+\omega^{-5}+\omega^5+\omega^{-7}+\omega^7+\omega^6+\omega^{-6}; \end{cases}$$

則：
$$\begin{cases} y_1+y_2=-1 \\ y_1 * y_2=-4 \end{cases}. \tag{4}$$

換句話說，我們驗證了它們是二次方程式

$$y^2+y-4=0$$

的兩根！因此，事實上，兩者都是規矩實數：

$$y_1=\frac{-1+\sqrt{17}}{2}>0, y_2=\frac{-1-\sqrt{17}}{2}<0. \quad y_j\in\mathbb{G}_R. \tag{5}$$

要驗證$y_1+y_2=-1$是非常簡單的！因為Ω的元素，全部總和為零！這是割圓方程式$x^{17}-1=0$（其根之集$=\Omega$）的第16次項的係數。當然這是太笨了！現成的么領16次割圓方程式(2)（其根之集$=\Omega^\times$）第15次項的係數$=1$。因此不論把$\Omega^\times$怎麼分割為兩集，總加起來都是-1。

要驗證$y_1*y_2=-4$，是有一些繁瑣！但是我們還是可以驗證！

整個要點是：

$$\omega^j*\omega^k=\omega^{j+k}.$$

當然這是指數定律！可是我們在此地一定要記住：指數的加法是對於17「同餘」。因此$\omega^8*\omega^7=\omega^{-2}$。因為兩堆各自的和是$y_1, y_2$，那麼相乘的時候，就可以展開成$8*8=64$項。都是利用指數定律如上。我們的分割的要點是：在這樣子乘出來的

$$\omega^j*\omega^k=\omega^{j+k}$$

中，都不會出現$1=\omega^{17*m}$，也就是說，不讓$j+k=0 \bmod (17)$的兩個ω^j, ω^k，被分在不同的兩堆中。你看到我們正是如此！

不僅如此，我們還要讓這樣子乘出來的64項，恰好是讓$\Omega^\times$中（共16個）的每一元素，都出現了$4=\frac{64}{16}$次。那麼，就保證：$y_1*y_2=4*(-1)=-4$。這件事情似乎繁瑣，但是你可以耐心驗證！

大堆分成小堆

這樣子，你已經看出來一個道理了！我們再將這兩個大堆（各有8個東西），各自分成兩個小堆，每個小堆有四個元素。

實際上是這樣子：

$$(\heartsuit:)\begin{cases} Y_1 = Z_1 \cup Z_2; \\ \quad \begin{cases} Z_1 := \{\omega^1, \omega^{-1}, \omega^{-4}, \omega^4\}; \\ Z_2 := \{\omega^{-8}, \omega^8, \omega^{-2}, \omega^2\}; \end{cases} \\ Y_2 = W_1 \cup W_2; \\ \quad \begin{cases} W_1 := \{\omega^3, \omega^{-3}, \omega^5, \omega^{-5}\}; \\ W_2 := \{\omega^{-7}, \omega^7, \omega^6, \omega^{-6}\}; \end{cases} \end{cases}$$

我們把小堆的和就記作：

$$z_1 := \omega^1 + \omega^{-1} + \omega^{-4} + \omega^4;$$
$$z_2 := \omega^{-8} + \omega^8 + \omega^{-2} + \omega^2;$$
$$w_1 := \omega^3 + \omega^{-3} + \omega^5 + \omega^{-5};$$
$$w_2 := \omega^{-7} + \omega^7 + \omega^6 + \omega^{-6};$$

於是當然：
$$z_1 + z_2 = y_1, w_1 + w_2 = y_2. \tag{6}$$

我們要利用基本規矩補題，因此，要緊的是相乘積 $z_1 * z_2, w_1 * w_2$。但是，z_1, z_2 相乘的時候，當然是把 Z_1 中的每一元素 ω^j 與 Z_2 中的每一元素 ω^k 相乘，把這樣一共 $4 * 4 = 16$ 項 ω^{j+k} 加起來！顯然我們希望：這樣子的 16 項，恰好就是 $\Omega^\times$ 的 16 個元素，各出現一次！若是如此，則：

$$z_1 * z_2 = -1, w_1 * w_2 = -1. \tag{7}$$

（你可以驗證：果然如此！）於是上面這兩個式子讓我們得到：

$$z_1, z_2, w_1, w_2，\in \mathbb{G}_R.$$

事實上，

$$z_1 = \frac{y_1 + \sqrt{4 + y_1^2}}{2} > 0,$$
$$z_2 = \frac{y_1 - \sqrt[2]{4 + y_1^2}}{2} < 0,$$

$$w_1=\frac{y_2+\sqrt{4+y_1^2}}{2}>0,$$
$$w_2=\frac{y_2-\sqrt[2]{4+y_1^2}}{2}<0.$$

小堆分成共軛對

最後這一步最簡單：我們再把每個小堆（四個元素）分成兩個「共軛對」。

$$(\Diamond:)\begin{cases} Z_1=V_1\cup V_4,\\ Z_2=V_2\cup V_8,\\ W_1=V_3\cup V_5,\\ W_2=V_6\cup V_7,\end{cases}$$
$$V_j:=\{\omega^j,\omega^{-j}\};$$
$$v_j:=\omega^j+\omega^{-j}=2\cos\left(\frac{j*2\pi}{17}\right);$$
$$j\in\{1,2,3,4,5,6,7,8\}$$

於是：

$$v_1+v_4=z_1\in\mathbb{G}_R,\ v_1*v_4=w_1\in\mathbb{G}_R;$$

習題1 請計算填空：

$$v_2+v_8= \qquad v_2*v_8=$$
$$v_3+v_5= \qquad v_3*v_5=$$
$$v_6+v_7= \qquad v_6*v_7=$$

因此，由基本規矩補題，

$$v_j\in\mathbb{G}_R,(j=1,2,3,4,5,6,7,8,)$$

最後，由於：（當 $j=1,2,\cdots,8$ 時）

$$(\omega^j)*(\omega^{-j})=1,(\omega^j)+(\omega^{-j})=v_j\in\mathbb{G},$$

可知：$\omega^j \in \mathbb{G}$。

註 Gauss 的想法，是利用到數論中很要緊的一件事：$p=17$ 是質數，則 $\mathbb{Z}_p$ 是體，而且其非零元的群 $\mathbb{Z}_p^{\times}$ 是循環群。（參見《整》p.256.）

如果這個群的元素數 $p-1=16=2^4$ 是 2 的冪（換句話說：p 是所謂的Fermat 質數），那麼，割圓方程的有聊根的集合，就可以適當地一再地分成兩半，而保證所分成的一堆複數根之和為規矩數。

所以 Gauss 已經證明了：若 p 是 Fermat 質數，正 p 邊形一定可以用希臘規矩畫出來！或者說：我們可以用希臘規矩去把么圓分割為 p 段等長的圓弧。（或者：畫出內接正 p 邊形。）

$p=17$ 是 Fermat「擬質數」$F_m=2^{2m}+1$ 的第二個 $F_2=17$。

第零個是 $F_0=3$。（誰都會畫一圓的內接正三邊形。）

第一個是 $F_1=5$。（誰都會畫一圓的內接五三邊形。）

第三個是 $F_3=257$，Richelot 與 Schwendenwein 兩人在 1832 年就用此方法以希臘規矩去做出圓的內接正 257 邊形。

第四個是$F_4=65537$。J. Hermes 花了 10 年的工夫，造出圓的內接正 65537（$=F_4$）邊形。據說，論文尚存於 Göttingen 大學的某處，一個很大的箱子裡。（沒有功勞也有苦勞吧！）

這是空前絕後的，因為Euler已經知道 $F_5=4294967297$ 不是質數！（更高階的 F_m 應該都不是質數！）

註 即使不懂得大道理，但是如果有電腦幫忙，你還是可以慢慢試，而把有聊根的集合，適當地一再地分成兩半，因而得到與 Gauss 相同的結果。

割圓方程式的拆解

約簡自逆割圓方程 $\sum_{j=1}^{8}(x^j+x^{-j})+1=0$，利用標準變換 $u\equiv x+x^{-1}$，

$$u^2=x^2+x^{-2}+2,\ u^3-3u=x^3+x^{-3},\ u^4-4u^2+2=x^4+x^{-4},$$

及 $u^8-8u^6+20u^4-16u^2+2=x^8+x^{-8}$，就化成

$$u^8+u^7-7u^6-6u^5+15u^4+10u^3-10u^2=4u+1=0. \tag{8}$$

但是這似乎有點可怕！它分解成

$$\begin{cases} u^4+(1+y_2)\,u^3+(2y_2-1)\,u^2+(1-2y_2)\,u-1=0 & (i) \\ u^4+(1+y_1)\,u^3+(y_1-1)\,u^2+(1-2y_1)\,u-1=0 & (ii) \end{cases}$$

前者又分解成 $(u^2-z_1u+w_1)*(u^2-z_2u+w_2)=0$，

後者成為 $(u^2-w_1u+z_2)*(u_2-w_2u+z_1)=0$。

實際作圖法

在單位圓 O：$x^2+y^2=1$ 上，

作彼此正交的二直徑 AB：$x=0$ 及 CD：$y=0$；

過點 $A=(0，-1)$作切線 AS：$y=-1$，過點 $D=(-1,0)$ 做切線 $x=-1$；相交於點 $S=(-1,-1)$；

在直線 AS 上取點 $E=\left(\frac{-1}{4},-1\right)$，使 $AE=\frac{1}{4}AS$；

以 E 為圓心，$\frac{\sqrt{17}}{4}=OE$ 為半徑，畫圓弧交 AS 於 F, F' 兩點；則得：

$F=\left(\frac{y_1}{2},-1\right), F'=\left(\frac{y_2}{2},-1\right), y_1>0>y_2, y_1=\frac{\sqrt{17}-1}{2}, y_2=\frac{-1-\sqrt{17}}{2}.$

再以 F 為圓心，OF 為半徑，畫圓弧交 AS 於 $H=(z_1,-1)$；

又以 F' 為圓心，OF' 為半徑，畫圓弧交 AS 於 $H'=(w_1,-1)$；

（我們都取右側的點！）因此：$z_1=\frac{y_1+\sqrt{4+y_1^2}}{2}, w_1=\frac{y_2+\sqrt{4+y_2^2}}{2}$，

自 H 作直線 HT 垂直於 CD，而交 OC 於 $T=(z_1,0)$；

延長 HT 至 Q，使 $TQ=AH'$，則 $Q=(z_1,w_1)$，

以 BQ 為直徑，作圓交 CT 於 $M=(v_1,0)$；

因此：v_1 是方程式 $v^2-z_1v+w_1=0$ 的較大根。（我們都取右側的交點！）

再作線段 OM 之中垂線，交圓 O 於 P；則 $P=\left(\cos\left(\frac{2\pi}{17}\right),\sin\left(\frac{2\pi}{17}\right)\right)$。

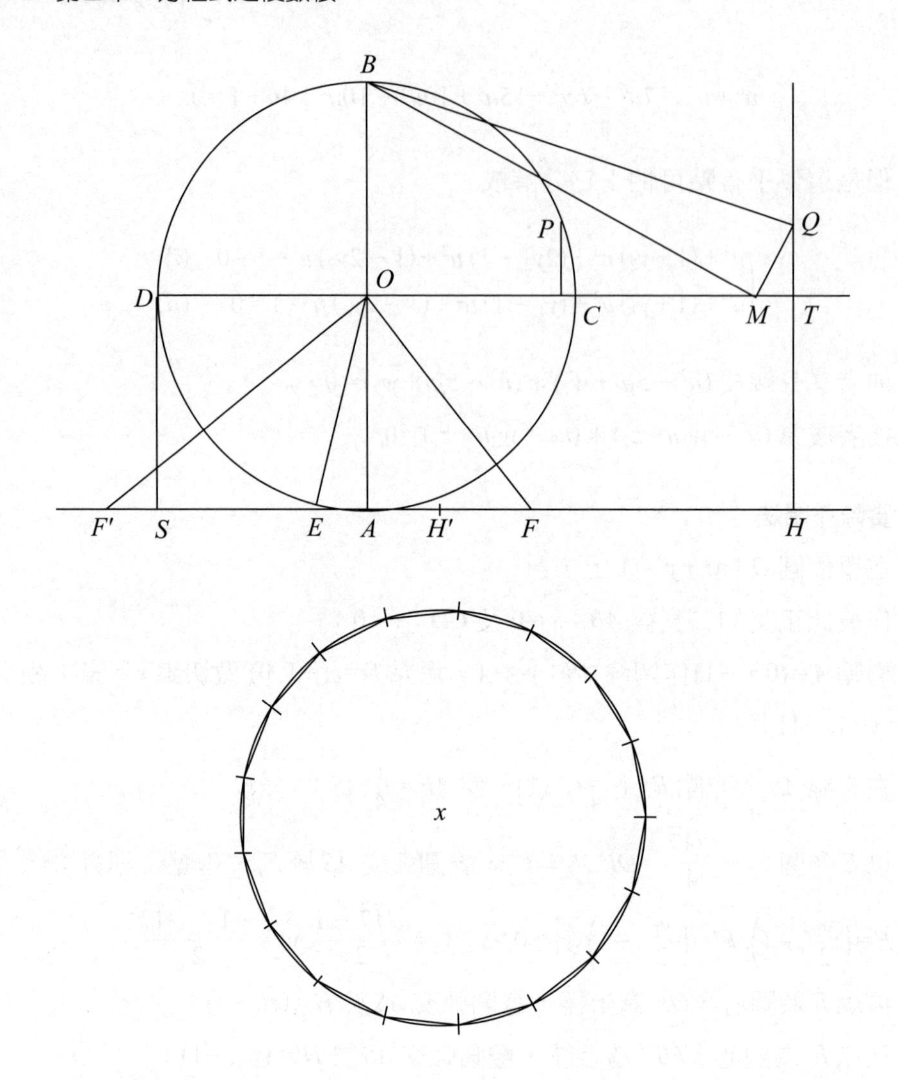

做雕像的師傅說：「17 太大了！畫內接正 17 邊形，和圓本身很難分辨！」所以我們標出那些頂點！

第五章

導來式與根本定理

這一章可以說是高中生的微分學入門。

我們對多項式來考慮微導，那就可以純粹用算術的方式來定義。而可以得到 Taylor 展式與重根判定法。

但是 Newton-Leibniz 發明的微分法，在物理科學與幾何學的應用上，當然要用差分商的極限來定義。有了這樣子的定義與解釋，平均變化率定理就非常容易理解，甚至於是很容易證明。（例如說：我們採取「運動的相對論」，由 Rolle 定理導得！）

我們加入 Sturm 定理誠然是歷史的理由。但是，代數學根本定理之這個證明，放在這一章是非常合理的。

§51　微導

良知良能

微積分學主要是 Newton, Leibniz 發明的。在這門學問中，必須用到極限的概念。開創者有直覺，就可以發展出一套很偉大很有用的數學，雖然很嚴格的定義其實有點繁瑣，大概要到了 Cauchy 的時代才完成。我們這裡是用 Newton-Leibniz 的那種不嚴格的態度，也就是訴諸於讀者的良知良能。

要緊的是「記號」與「讀法」。「如何寫」，與「如何讀」，影響到你的理解！

而且，記號與讀法不止一種。你必須會幾種記號，這樣子經常可以從上下文，就猜到人家的寫法是什麼意思。記號讀法，可說是「文法」的一部分。（當然，數學是一種語言。）

微導

微積分學主要是討論兩個非常有用的「機器」，就是「微導」與「累積」，我們這裡只講前者。這個「機器」的「原料」是函數，「產品」也是函數。不僅如此，在本章中，我們只限定在多項式函數的範圍內討論。這樣，一下子就可以把「微導機」D 的定義說清楚：

$$D\,(a_0+a_1x+a_2x^2+a_3x^3+\cdots+a_nx^n=a_1+2a_2x+3a_3x^2+\cdots+na_n\,x^{n-1}. \qquad (1)$$

例 1　$Dx^3=3x^2.$

問　求：$D\,(5x^5-4x^4+3x^3-2x^2+x)$, $D\,(6x^5-7x^4+8x^3-9x^2+10x)$。

微導操作，我們用的記號 D 是相當標準的，但並不是百分之百的人人接受。它來自 Differentiation, Differentiating, Derivation；原料是函數，而產品也是函數，叫做前者的導來函數（Derived function=Derivative）。例如立方函數 x^3 的導來函數是 $3x^2$。

反過來說，逆微導操作，我們就可以用記號 D^{-1}，原料是函數，而產品也是函數，叫做前者的原始函數（primitive function）。例如：$D^{-1}x^2=\dfrac{x^3}{3}$，平方函

數的原始函數是 $\frac{x^3}{3}$。

三大規則

數學思考的根本就是以簡馭繁。一切複雜的東西都是由簡單基本的東西湊起來的。這裡的「東西」是函數，而函數之間的拼湊有三種，就是「加法」，「乘法」與「銜接」。

線性規則

加法原則是說：

$$D(f(x)+g(x))=Df(x)+Dg(x); \tag{2}$$

「函數相加再導微」，等於「個別先導微，再相加」！

因 此：$D(2*f(x))=D(f(x)+f(x))=Df(x)+Df(x)=2*(Df(x))$；$D(3*f(x))=3*(Df(x))$等等。

事實上，對於任何常數 α，都有

$$D(\alpha*f(x))=\alpha*(Df(x)). \tag{3}$$

伸縮原則：「函數乘上係數再做導微」，等於「導微之後再做係數乘法」。

「廣義的加法」，就是包括了「加法」與「係數乘法」，因此，稱為線性組合，於是有（線性規則）：

$$(\heartsuit:)\ D(f(x)+\alpha*g(x))=(Df(x))+\alpha*(Dg(x));$$

Leibniz 乘法規則

$$(\diamondsuit:)\ D(f(x)*g(x))=(Df(x))*g(x)+f(x)*(Dg(x));$$

問 請用漢文說說看！

證明倒是很簡單：若是（單項式）

$f(x)=x^m, g(x)=x^n, f(x)*g(x)=x^{m+n}$，

但是 $Df(x)=mx^{m-1}, Dg(x)=nx^{n-1}; D(x^{m+n})=(m+n)x^{m+n-1};$

於是，待證式（◊）

右側 $=(Df(x))*g(x)+f(x)*(Dg(x))=mx^{m-1}*x^n+x^m*nx^{n-1}=(m+n)x^{m+n-1}=$ 左側

現在只要再利用線性規則，就證明了一般的情形。

多重的乘法規則

如果有 k 個多項式 $f_1(x), f_2(x), \cdots, f_k(x)$ 相乘，（$k>2$，）這 k 個乘積 $f_1(x)*f_2(x)*\cdots*f_k(x)$ 的導來多項式，就是 k 項的和，每一項都是有某一個 $f_j(x)$ 被導微，其他的 $f_i(x)$ 不動，再做乘積：

$$D(\prod_{j=1}^{k} f_j(x))=\prod_{j=1}^{k}[(Df_j(x))*\prod_{i\neq j} f_i(x)]. \tag{4}$$

微導的記號

微導太重要了，太常用了，非常需要有個簡便的記號。可是，方便於此處者，不一定（常常不！）方便於彼處！並且，「這個方便」也會與「那個方便」相衝突！本書中，基本上會使用現在這個記號 D，或者另外（稍後解釋的）一個記號。但是先介紹另外常見的兩個記號。

一個記號是在函數的名字加撇（於右上角）。例如：先定義了 $f(x)=5x^5-4x^4+3x^3-2x^2+x$ 之後，就有：$f'(x)=25x^4-16x^3+9x^2-4x+1$；同樣地，定義了 $g(x)=6x^5-7x^4+8x^3-9x^2+10x$ 之後，就有：$g'(x)=30x^4-28x^3+24x^2-18x+10$。後一式子，就讀成：「g prime of x 等於⋯」這樣子當然是很方便的。稍稍有一個壞處是：這一撇，有時不很清楚；第二個壞處是：對於無名函數，這個記號不太好！我不喜歡你寫這樣的數學式子

$$(5x^5-4x^4+3x^3-2x^2+x)'=25x^4-16x^3+9x^2-4x+1.$$

第三個壞處是：撇號太方便了，有時候有更好的「非微分法的」用途！

還有一個記號，就是在函數的名字上面加點。例如，對於上述的 $f(x)$，就

有：$\dot{f}(x)=25x^4-16x^3+9x^2-4x+1$；它的好處壞處與「加撇」差不多。我的感覺是它的好處壞處，比起「加撇」，都更強烈。在物理學的書籍上，它常常被使用。我的建議是：這兩種記號都可以使用。但是使用的時候，先趕快做個「使用聲明」！那就安全無虞了。

連鎖規則

函數之間的第三種拼湊是「銜接」，這是最困難掌握的，其實也因為是，在微積分學中，最有用的！於是，關於「函數之銜接」的導微，就有一個「連鎖規則」，這是微積分學的計算的根本規則！

要講這個規則，我先聲明，採用加撇做為導微的記號：$f'(x)=Df(x)$。於是有：

對於任何兩個多項式 $f(x), g(x)$，

$$(\diamondsuit:)\ \text{若}\ h(x)=f(g(x))\text{，則：}h'(x)=f'(g(x))*g'(x).$$

證明 因為 $f(x)$ 與 $g(x)$ 的銜接 $f(g(x))$，對於 $f(x)$ 而言，具有「線性」，所以，我們只要對於標準單項式 $f(x)=x^m$ 的情形來加以證明就好了。此時，$f'(x)=m*x^{m-1}$，所以我們要證明的只是：

$$D(g(x))^m=m*(g(x))^{m-1}*g'(x). \tag{5}$$

那麼，這只是「多重的乘法規則」的特例而已！

平移原理

設 k 是常數，

$$\text{若}\ h(x):=f(x-k)\text{，則：}h'(x)=f'(x-k). \tag{6}$$

● 伸縮原理

設$c\,(\neq 0,)$是常數，

$$\text{若 } h(x)=f(x*c)\text{，則：} h'(x)=c*f'(x*c). \tag{7}$$

兩個合起來：設$c\,(\neq 0)$是常數，k也是常數，

$$\text{若 } h(x):=f(c*x+k)\text{，則：} h'(x)=c*f'(c*x+k). \tag{8}$$

習題 1 計算導來多項式：

(i) $(x^2+1)^3$;

(ii) $2x^3+11x^2+12x-9$;

(iii) $x^5-6x^4+13x^3-14x^2+12x-8$;

習題 2 若多項式$f(x)$含有因式$h(x)^m$，其中$m\geq 2$，則$Df(x)$含有因式$h(x)^{m-1}$。

● 重根原理

記多項式$f(x)$與其導來式$f'(x)$之最高公因式為$h(x)$，若：次數 $\deg(h(x))>0$，則：方程式$f(x)=0$有重根：當$h(x)=0$有一根α之重度為$m-1>0$時，$f(x)=0$有m重根α；故「$f(x)$無重根」就等價於：$f(x)$與它的導來式$f'(x)$互質。

例 2 已知方程式$f(x):=x^4+8x^3+18x^2-27=0$有重根，求解此方程式。

解析 $f'(x)=4x^3+24x^2+36x=4x*(x^2+6x+9)=4x(x+3)^2$。事實上最高公因式$=(x+3)^2$，而$f(x)=(x-1)(x+3)^3$，$f(x)=0$有三重根$-3$，及另一根 1。

例 3 已知方程式$f(x)=4x^5-23x^3+33x^2-17x+3=0$有重根，求解此方程式。

解析 有些根，如± 1，由視察法就可以看出來！當然，看到$f'(x)=0$的根，不一定就是$f(x)=0$的根，不過如果是的話，那是後者的重根。

$$f'(x)=20x^4-69x^2+66x-17=(x-1)(2x-1)(10x^2+15x+17),$$

20+	0	−69	+66	−17	1
+	20	+20	−49	+17	
20+	20	−49	+17		1/2
+	10	+15	−17		
20+	30	−34			

而$f(x)=(x-1)^2(2x-1)^2(x+3)=0$ 有二重根 1，$\frac{1}{2}$，及另一根 3。

習題3 求下列方程式之重根。

(i) $2x^3+11x^2+12x-9=0;$

(ii) $x^4-4x^3+16x-16=0;$

(iii) $x^5-6x^4+13x^3-14x^2+12x-8=0.$

習題4 方程式$x^n-nqx+(n-1)r=0$ 有重根之條件為何。

§52 Taylor 展式

高階導來式

我們已經介紹了多項式（函數）$f(x)$的導來式 $Df(x)=f'(x)$。當然我們可以繼續導微它，得到二階導來式（second-order derivative），$(D^2f)(x)=f''(x)$。因為 $\deg(f'(x))=\deg(f(x))-1$，故 $\deg(f''(x))=n-2$；當然，我們這裡是把零多項式的次數規定為$-\infty$，因此我們是把$-\infty-1$也解釋為$-\infty$。在講多項式的次數時，我們就把一切負整數，都視同$-\infty=$「負無限大」。

二階以上的情形與記號也都差不多！不需贅言。

註 f'' 的讀法，有各式各樣的可能，只要讓你的老師聽得懂就好了！例如，

'f prime prime', 'f double prime' = 'f double'.

同樣地，f''' 念做 'f prime prime prime' = 'f triple prime' = 'f triple'。

Taylor 定理

對於任何一個 n 次多項式

$$f(x)=a_n x^n + a_{n-1} x^{n-1} + \cdots + a_1 x + a_0, (a_n \neq 0)$$

以及任何一個常數 α，都有：

$$\begin{aligned} f(x) &= f(\alpha) + f'(\alpha) * (x-\alpha) + \frac{f''(\alpha)}{2!}(x-\alpha)^2 + \cdots + \frac{f'''(\alpha)}{3!}(x-\alpha)^3 + \cdots \\ &= \Sigma_{j=0}^{n} \frac{D^j f(\alpha)}{j!} * (x-\alpha)^j = \Sigma_{j=0}^{\infty} \frac{D^j f(\alpha)}{j!} * (x-\alpha)^j. \end{aligned} \tag{1}$$

注意 最後的式子純粹是嚇唬人而已！事實上，展式從零次到 $n=\deg(f(x))$ 次為止，因為更高階的導來式一定是零。

證明 首先我們知道：$f(x)$ 一定可以寫成

$$f(x) = \sum_{j=0}^{n} c_j (x-\alpha)^j \tag{2}$$

之形。事實上，這只是一再地使用帶餘除法而已！

說得更完整些：我們將 $f(x)=g_0(x)$ 以么領一次式 $(x-\alpha)$ 除之，得

$$f(x) = g_0(x) = g_1(x) * (x-\alpha) + c_0; \tag{3}$$

此可以綜合除法而算出。於是，$\deg g_1(x) = n-1$，且 $g_1(x)$ 之領導係數仍為 a_n。

若 $n>1$，而 $\deg g_1(x) = n-1>0$，則可持續進行帶餘除法：

$$g_1(x) = g_2(x) * (x-\alpha) + c_1, \tag{4}$$

則 $g_2(x)$ 為 $n-2$ 次，而保持領導係數！依此類推！（用到遞迴法！）

$$g_j(x) = g_{j+1}(x) * (x-\alpha) + c_j. (j=0, 1, 2, \cdots, n-1.) \tag{5}$$

諸常數 c_j 都是唯一確定的，因為它們就是帶餘除法的餘數。而次數 $\deg(g_j(x))=n-j$, $g_n(x)=c_n$ 非零常數，即領導係數 $a_n\neq 0$。

把這些式子代入(3)式，就證明了(2)式。

現在以 $x=\alpha$ 代入 (2) 式，立得：

$$f(\alpha)=c_0\text{；}$$

我們將此式兩側都微導，就得到：

$$f'(x)=\sum_{j=1} j*c_j*(x-\alpha)^{j-1}; \tag{6}$$

同樣，現在以 $x=\alpha$ 代入，立得：

$$f'(\alpha)=c_1;$$

再將 (6) 式兩側都微導，就得到：

$$f''(x)=\sum_{j=2} j(j-1)*c_j*(x-\alpha)^{j-2}; \tag{7}$$

同樣，以 $x=\alpha$ 代入，立得：

$$c_2=\frac{1}{2!}f''(\alpha);$$

依此類推，（等於是遞迴法！）就知道待證式 (1) 與 (2) 式全等！

代數的註解

回憶起我們的記號：對於 $K=\mathbb{Q}, \mathbb{R}, \mathbb{C}, \mathbb{Z}$，用 $f(x)\in K[x]$ 表示 $f(x)$ 是以 K 中的常數為係數的多項式。我們馬上看出：

這裡的定義與計算都是「純粹的代數」！也就是說：導微 D 的定義，把 $f(x)\in K[x]$ 變為 $f'(x)\in K[x]$。而三大計算規則都照樣在不同的領域中成立！Taylor 展式定理也一樣！

● Maclaurin 展開式

（Taylor, 1685-1731; Maclaurin, 1698-1746。我沒有考證歷史！這個稱呼是通俗的。）若於(1)式中，令 $\alpha=0$，則得：

$$f(x)=\sum_{j=0}^{\infty}\frac{D^j f(0)}{j!}*x^j. \tag{8}$$

註 如果你知道：$D\sin(x)=\cos(x)$, $D\cos(x)=-\sin(x)$；而且你確知：此無限展開式對於正餘弦沒問題，那麼：

$$\cos(x)=1-\frac{x^2}{2!}+\frac{x^4}{4!}-\frac{x^6}{6!}+-\cdots; \tag{9}$$

$$\sin(x)=\frac{x}{1!}-\frac{x^3}{3!}+\frac{x^5}{5!}-\frac{x^7}{7!}+-\cdots;$$

§53　極限

● 良知良能

微積分學主要是 Newton, Leibniz 發明的。在這門學問中，必須用到極限的概念。開創者有直覺，就可以發展出一套很偉大很有用的數學，雖然很嚴格的定義其實有點繁瑣，大概要到了 Cauchy 的時代才完成。我們這裡是用 Newton-Leibniz 的那種不嚴格的態度，也就是訴諸於讀者的良知良能。

要緊的是「記號」與「讀法」。「如何寫」，與「如何讀」，影響到你的理解！

而且，記號與讀法不止一種。你必須會幾種記號，這樣子經常可以從上下文，就猜到人家的寫法是什麼意思。記號讀法，可說是「文法」的一部分。（當然，數學是一種語言。）

● 讀法

極限，英文是 limit，大概都省略而寫三個字母，成為 lim。（但是你應該完整地讀成 limit。）

基本上，極限依照定義域而分成兩種，一是離散自變數時的極限，一是連續自變數時的極限。微積分學中主要是用到後者。

連續性定理

若多項式 $f(x)$ 對於 α 的 Taylor 展式為

$$f(x)=\Sigma_{j=0}^{n}c_j(x-\alpha)^j\text{，}$$

$$\text{則}\quad \lim_{x\to\alpha}f(x)=c_0=f(\alpha). \tag{1}$$

解釋

我們必須先練習漢文翻譯！

- 在 lim 的下方所寫的，文法上是一個條件子句（conditional clause）；箭頭→是「象形文字」，意思是「趨近」，這個條件子句翻譯成：「當 x 趨近 α 時」。
- 我們可以把「lim＝」看成主要（及物）動詞，翻譯成「趨近於」（或者「收斂到」）；於是

  「lim 甲＝乙」，這個句式，可以翻譯成：「甲趨近乙」。這是主要子句。甲變成主詞，乙是受詞；所以整句話的翻譯是：當自變量 x 趨近 α 時，依賴變量 $f(x)$ 趨近於（或，「收斂到」）常數 $f(\alpha)$。
- 另外一種態度是把「$\lim_{x\to\alpha}f(x)$」解釋為主詞「片語」（phrase），翻譯成「當自變量 x 趨近 α 時，依賴變量 $f(x)$ 的極限」。那麼主要動詞是「等號」＝。（差不多是英文的 verb to be。）

  所以整句話的翻譯是：當自變量 x 趨近 α 時，依賴變量 $f(x)$ 的極限是常數 $f(\alpha)$。
- x 叫做「啞巴變量」（dummy variable）。意思是：你可以把式子中的 x，一個個全部都改為任何別的文字變數，換句話說，這個數學片語可以改寫為如下的任何一個片語：

$$\lim_{x\to\alpha}\quad f(x),$$

$$\lim_{u\to\alpha} \quad f(u),$$

$$\lim_{asaburu\to\alpha} \quad f(asaburu),$$

問1 上式請改用變數 v 來寫，又改用變數 tt 來寫。

問2 「啞巴變量」（dummy variable）在數學文中經常出現，例如在積分學中，就有這樣子的片語：

$$\int_a^b f(x)\,dx$$

上式請把（啞巴）變數 x 改用變數 v 來寫，又改用變數 tt 來寫。

平移的原則

顯然，條件子句 $\lim_{x\to\alpha}$ 可以改寫為 $\lim_{x-\alpha\to 0}$（「當 x 趨近於 α 時」=「當 $x-\alpha$ 趨近於 0 時」），

於是，連續性定理就可以改寫為：

若 $f(x)=\Sigma_{j=0}^{n} c_j (x-\alpha)^j$，則：$\lim_{x-\alpha\to 0} f(x)=c_0=f(\alpha)$。

如果你把 $x-\alpha$ 寫做 X，那麼這句話就是：

若 $g(X)=\Sigma_{j=0}^{n} c_j X^j$，則：$\lim_{X\to 0} g(X)=c_0$。

以上所說，是「自變數的平移」。另外也有「函數值的平移」。這是因為，「$g(X)$ 趨近於 c_0」就等於「$g(X)-c_0$ 趨近於 0」。因此，上面所說的連續性定理又可以改寫為：若我們有多項式

$$h(x)=c_1x+c_2x^2+\cdots+c_nx^n, \tag{2}$$

（缺少常數項）則：

$$\lim_{x\to 0} h(x)=0. \tag{3}$$

Cauchy 的定義

你只需要有直覺，可以接受那個連續性定理就夠了。以下的定義是Cauchy對於這個極限句子的解釋與證明。

為了明確起見，我們就說明：如上的最後一個式子 Cauchy 要怎麼解釋。這個式子當然是說：

我只要（甲：）「讓 x（的絕對值）夠小」（很靠近零），

就可以讓（乙：）「$h(x)=32x-257x^2+66778x^5$ 非常靠近零。」

這裡所說的「靠近零」，當然可以「定量地」（quantitatively）說，例如你認為絕對值小於$10^{-5}=\epsilon$ 算做「靠近」，你要求 $|h(x)|<10^{-5}$，我說，我做得到：我只要讓 $|x|<10^{-7}$，就一定沒問題！

事實上，此地$|h(x)|=|32x-257x^2+66778x^5|\le 32|x|+257|x^2|+66778|x^5|$，

那麼，我們只要讓 $|x|<\delta=10^{-7}$ 就好了。

因為$32\,|x|<\dfrac{100}{3}*10^{-7}<\dfrac{1}{3}*10^{-5}$；其次，$257*|x^2|<\dfrac{257}{10^7}*10^{-7}<\dfrac{1}{3}*10^{-5}$；

最後，$66778|x^5|<10^5*|x|^5<10^{-30}$，三個相加，當然$<10^{-5}$。

習題1 你想一下，要取怎樣的一個正數 δ，可以使得：當 $|x|<\delta$ 時，必然有：$|h(x)|<10^{-8}=\epsilon$？

以上所說的可以整理成：

● Cauchy 的連續性補題

對於任意一個缺常數項的多項式 $h(x)$ 如 (2) 式，以及任意一個正的實數 ϵ，一定可以找到一個正的實數 δ，使得：只要 $|x|<\delta$ 則必有 $|h(x)|<\epsilon$。

● 解釋

這樣子的 $\epsilon-\delta$，就是Cauchy的攻防戰。對方攻擊，就是指定一個 ϵ（>0）攻過來，要求：$|h(x)|<\epsilon$。我方防守，就是提出一個 δ（>0）來反要求，「只要你的 $|x|<\delta$，我就確保：$|h(x)|<\epsilon'$。

（當然，對方給的 ϵ（>0），越小，就是「要求得越苛刻」，我就越發要小心應付，δ 就必須越小。所以這個 δ 與 ϵ 有關！）

● 小巫見大巫補題甲

假設有：非負整數 $k<m$，實數 $\epsilon>0$，與兩個單項式$f(x):=c_kx^k$，$g(x):=c_mx^m$；其中係數 $c_k\neq 0$；那麼：一定可以找到 $\delta>0$，使得：只要$|x|<\delta$，就可以保證：

當 $0<|x|<\delta$ 時，$|g(x)|<\epsilon*|f(x)|$。（以下我們經常還多一個要求：$\delta\leq 1$。）

證明　提醒一下：對於兩個實數 α,β，我們用 $\min(\alpha,\beta)$ 表示兩者之中的較小者，用 $\max(\alpha,\beta)$ 表示兩者之中的較大者。

首先，我們打定主意要 $\delta<1$。這樣子就保證：

$$|x|^0>|x|>|x|^2>|x|^3>\cdots \tag{4}$$

那麼，$0<|x|<\delta$ 時，$\dfrac{|g(x)|}{|f(x)|}=\dfrac{|c_m|}{|c_k|}|x|^{m-k}\leq\dfrac{|c_m|}{|c_k|}|x|\leq\dfrac{|c_m|}{|c_k|}\delta$。

於是我們取：

$$\delta=\min\left(\frac{|c_k|}{|c_m|+1}*\epsilon,1\right)$$

● **小巫見大巫補題乙**

假設有：非負整數 $k<m\leq n$，正實數 ϵ，單項式 $f(x):=c_kx^k$，與多項式 $g(x)=c_mx^m+c_{m+1}x^{m+1}+\cdots+c_nx^n$；一定可以找到 $\delta>0$，使得：只要 $0<|x|<\delta$，就保證：$\dfrac{|g(x)|}{|f(x)|}<\epsilon$。

證明　我們針對每個單項式 $g_j(x)=c_jx^j$，（$m\leq j\leq n$），拿它和 $f(x)$ 比較，找到：δ_j，（$0<\delta_j\leq 1$，）使得當 $|x|<\delta_j$ 時，$|g_j(x)|<\dfrac{\epsilon}{n}*|f(x)|$。（注意到我們先在 ϵ 的下面安插了分母 n。）於是，取

$$\delta=\min(\delta_j:\ m\leq j\leq n)\leq 1,$$

就使得：當 $|x|<\delta$ 時，

$$|g(x)|\leq|g_m(x)|+g_{m+1}(x)|+\cdots+|g_n(x)|\leq n*\frac{\epsilon}{n}*|f(x)|=\epsilon*|f(x)|.$$

注意到：原來的連續性定理只是一個特例：$f(x)=\epsilon*x^0$。

• 以上談的「極限」，是指：某個變量與某個定值的距離或「差」，趨近零，我們現在思考涉及「無限大」的極限。

定理：無窮大的極限

以下考慮一個次數 $n>0$ 的多項式

$$h(x)=n_n n^x+c_{n-1}x^{n-1}+\cdots+c_1x+c_0. \tag{5}$$

若 $c_n>0$，則 (i)：　當 x 趨近正無窮大時，$h(x)$ 趨近正無窮大；

$c_n<0$，則 (ii)：　當 x 趨近正無窮大時，$h(x)$ 趨近負無窮大；

若 $(-1)^n * c_n>0$，則(iii)：當 x 趨近負無窮大時，$h(x)$ 趨近正無窮大；

$(-1)^n * c_n<0$，則(iv)：當 x 趨近負無窮大時，$h(x)$ 趨近負無窮大；

$n * c_n \neq 0$　則(v)：當 x 絕對值趨近無窮大時，$h(x)$ 的絕對值也趨近無限大。

習題 2 上面的幾句話，從「則」字以下（i, ii, iii, iv），請改用數學記號寫出。

Cauchy 的解釋法

(i)：$\lim_{x\uparrow+\infty}h(x)=+\infty$ 的意思是：對於任意一個正實數 M，（不論它有多大！）必可找到一個實數 $L>0$，使得：只要 $x>L$，就有 $h(x)>M$。

(ii)：$\lim_{x\uparrow+\infty}h(x)=-\infty$ 的意思是：對於任意數 $M>0$，必可找到一個數 $L>0$，使得：只要 $x>L$，就有 $h(x)>-M$。

(iii)：$\lim_{x\downarrow-\infty}h(x)=+\infty$ 的意思是：對於任意數 $M>0$，必可找到一個數 $L>0$，使得：只要 $x<-L$，就有 $h(x)>M$。

(iv)：$\lim_{x\downarrow-\infty}h(x)=-\infty$ 的意思是：對於任意數 $M>0$，必可找到一個數 $L>0$，使得：只要 $x=-L$，就有 $h(x)<-M$。

小巫見大巫補題丙

假設有：非負整數 $m<n$，正實數 $M>0$，與兩個單項式 $g(x):=c_mx^m$, $h(x):=c_nx^n$；其中係數 $c_n\neq 0$，一定可以找到 $L>0$，使得：只要 $|x|>L$，就可以保證：

$|g(x)| < \frac{1}{M} * |h(x)|$.（以下我們還多一個要求：$L > 1$.）

證明　首先我們打定主意要 $L > 1$。這樣子就保證：當 $|x| > L$ 時，

$$1 = |x|^0 < |x| < |x| < |x|^2 < |x|^3 \cdots < |x|^n. \quad (6)$$

同時有：$\frac{|g(x)|}{|h(x)|} = \frac{|c_m|}{|c_n|} |x|^{m-n} \leq \frac{|c_m|}{|c_n| * |x|} \leq \frac{|c_m|}{|c_n| L}$。

於是我們取：$L = \max\left(\frac{|c_m|}{|c_n| + 1} * M, 2\right)$ 就好了！

對於上述的（i－iv），我們先拿 $g(x) = 1$ 與 $h_0(x) = c_n x^n$ 比較，得到 $L_n > 0$，使得：當 $|x| > L_n$ 時，必定 $|h_0(x)| > 2M$。其次，對於每個 $j < n$，拿 $g_j(x) = c_j x^j$ 與 $h_0(x) = c_n x^n$ 比較，得到 $L_j > 0$，使得：當 $|x| > L_j$ 時，必定 $2^{j+1} * |g_i(x)| < |h_0(x)|$，$|g_i(x)| < \frac{1}{2^{j+1}} h_0(x)$。於是：

$$\sum_{j=0}^{n-1} |c_j| \, |x^j| < \frac{1}{2} |h_0(x)|;$$

這就保證：$h_0(x) + \sum_{j=0}^{n-1} c_j x^j = h(x)$ 與 $h_0(x)$ 有同樣的正負號，而且，其大小，$|h(x)|$，超過 $|h_0(x)|$ 的一半！

註　如果 $n \in \mathbb{N}$ 是偶數，那麼我們可以寫：

當 $c_n > 0$，$\lim_{x \to \pm\infty} h(x) = +\infty$；

當 $c_n < 0$，$\lim_{x \to \pm\infty} h(x) = -\infty$；

這樣的一個式子其實是包括了兩句話。（不論是「$x \uparrow +\infty$」這個條件，或者「$x \downarrow -\infty$」這個條件。）

如果 n 是奇數，而你寫了 $\lim_{x \to \pm\infty} h(x)$，是有一點點麻煩。這是因為「$h(x)$ 的極限，在這個情形下，不是定號的無限大（infinity of definite sign），而是沒有定號的無限大。這種情形，我們建議你寫成

$$\lim_{|x| \to \infty} |h(x)| = \infty. \quad (7)$$

它的意思即是：對於任意數 $M>0$，必可找到一個數 $L<0$，使得：只要 $|x|\geq L$，就有 $|h(x)|>M$。

● **無號的無限大**

「沒有定號的無限大」意思是：把「正無限大」與「負無限大」，「混做一談」！在某些情形下，這樣子稍稍模糊的概念，就已經夠用了！並不需要更精確的敘述！

如果 $h(x)\in\mathbb{C}[x]$，係數為複數值，這個式子就很有用了！它是這樣解釋：對於任意數 $M>0$，必可找到一個數 $L>0$，使得：只要 $|x|>L$，就有 $|h(x)|>M$。

對於任意數 $M>0$，必可找到一個數 $L>0$，使得：只要 $|x|>L$，就有 $|h(x)|>M$。

補註 請證明：對於任意的多項式函數 f 如 §52(1) 式，

$$D^1 f(\alpha)=\lim_{\epsilon\downarrow 0}\left(\left[f\left(\alpha+\frac{\epsilon}{2}\right)-f\left(\alpha-\frac{\epsilon}{2}\right)\right]\div\epsilon\right);$$
$$D^2 f(\alpha)=\lim_{\epsilon\downarrow 0}\left([f(\alpha+\epsilon)-2f(\alpha)+f(\alpha-\epsilon)]\div\epsilon^2\right);$$
$$D^3 f(\alpha)=\lim_{\epsilon\downarrow 0}\left(\left[f\left(\alpha+\frac{3\epsilon}{2}\right)-3f\left(\alpha+\frac{\epsilon}{2}\right)+3f\left(\alpha-\frac{\epsilon}{2}\right)-f\left(\alpha-\frac{3\epsilon}{2}\right)\right]\div\epsilon^3\right);$$
$$D^4 f(\alpha)=\lim_{\epsilon\downarrow 0}\left([f(\alpha+2\epsilon)-4f(\alpha+\epsilon)-6f(\alpha)-4f(\alpha-\epsilon)+f(\alpha-2\epsilon)]\div\epsilon^4\right);\quad(8)$$

我們這裡的式子，叫做中央差分格式（取函數值的諸點成等差，公差是 ϵ，而中點是 α）。因此，奇偶階的寫法，有些不同！

你應該試試寫出 $D^5 f(\alpha), D^6 f(\alpha)$。

要點是把 §52(1) 式寫成：

$$f(\alpha+\epsilon)=\sum_{j=0}^{\infty}\frac{D^j f(\alpha)}{j!}*\epsilon^j;\quad(9)$$

這樣子就可以把這個式子的 ϵ 用 $-\epsilon$ 代替，也可以用任何 $k*\epsilon$ 代替！

§54　曲線的漸近線

註 這一節可以先略去不讀。主要是「良知良能」的練習！

雙曲線

標準的雙曲線是

$$\Gamma: \frac{x^2}{a^2} - \frac{y^2}{b^2} = 1. \tag{1}$$

當然它有漸近線（asymptotes）

$$\Lambda_{\pm}: \frac{x^2}{a^2} - \frac{y^2}{b^2} = 0\text{，即 } y = \pm\frac{b}{a}x. \tag{2}$$

我們有一個辦法可以清楚這個幾何！只要解出Γ上面的點（ξ, η）：

$$\eta = \pm b\sqrt{\frac{\xi^2}{a^2} - 1};$$

那麼，很顯然，$|\xi| \to \infty$時，$|\eta|$也會趨近無窮大。而這一點（ξ, η）與直線$\Lambda_{\pm}$的距離會趨近零。當然這裡的正負號$\pm$，就是$\frac{\eta}{\xi}$的正負號。事實上，你如果記得「距離公式」則（ξ, η）與$\Lambda_{\pm}$的距離是

$$\text{dist}((\xi, \eta); \Lambda_{\pm}) = \frac{\left|\pm ab\sqrt{\frac{\xi^2}{a^2} - 1} \mp b|\xi|\right|}{\sqrt{a^2 + b^2}};$$

括去因子$\frac{b}{\sqrt{a^2+b^2}}$之後，則此式成為

$$\left|\sqrt{\xi^2 - 1} - |\xi|\right| = \left|\frac{1}{|\xi| + \sqrt{\xi^2 - 1}}\right|$$

其極限為零，$\xi \to +\infty$.（負無限大的情形也一樣，只是我們必須小心正負號。我們應該從頭就說一句話：曲線對於x軸y軸，都是對稱的！因此從頭就只需要思考在第一象限的情形！）

我們可以對座標系做旋轉與平移，因此，一般的雙曲線也都有其漸近線。（下圖左是$y^2 - 9x^2 = 25$。）

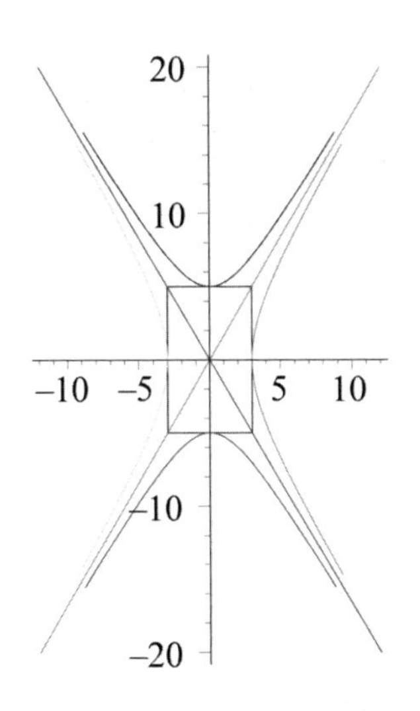

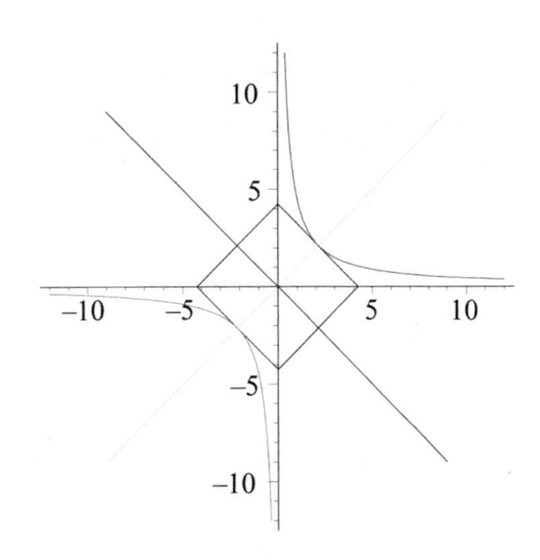

● 等軸雙曲線

標準的情形是$x^2-y^2=C$（$\neq 0$），轉軸 45°之後成了

$$x*y=K\ (\neq 0). \tag{3}$$

這時候它有水平漸近線$y=0$，與鉛垂漸近線$x=0$。

（上圖右是$x*y=5$。）

● 有理函數曲線的鉛垂漸近線

上述這個例子是$y=\frac{c}{x}$，更一般地，一個有理函數$y=\frac{f(x)}{g(x)}$的圖形，經常會出現鉛垂漸近線與水平漸近線。

我們假定上式已經是既約的形式（分子分母互質），這時候，如果$g(x)$有一個一次因子$x-\alpha$，換言之，$g(\alpha)=0$，則曲線Γ：$y=\frac{f(x)}{g(x)}$必定有鉛垂漸近線$x=\alpha$。

證明　分項分式之後，分式成為：

$$y=\sum_j \frac{f_j(x)}{g_j(x)}+\frac{f_A(x)}{(x-\alpha)^{\nu}};\ (\nu>0)$$

之形，其中，前面的分式之分母 $g_j(x)$，以及 $f_A(x)$，都與 $(x-\alpha)$ 互質，因此，當 $x\to\alpha$ 時，都是有確定的極限 $g_j(\alpha)\neq 0$，$f_A(\alpha)\neq 0$，於是，當 $x\to\alpha$ 時，$y\to\infty$。

水平漸近線

繼續考慮既約有理分式函數 $\frac{f(x)}{g(x)}$，如果這是「真分式」，（分子的次數小於分母的，）那麼：函數曲線有水平漸近線 $y=0$：

$$\text{若 } 0\le\deg(f(x))<\deg(g(x))\text{，則 }\lim_{|x|\to\infty}\left(\frac{f(x)}{g(x)}\right)=0. \tag{4}$$

其次，若：$1\le k=\deg(f(x))=\deg(g(x))$（分子的次數等於分母的），那麼：函數曲線有水平漸近線 $y=\frac{a_k}{b_k}$，即領導項（係數）的比（非零），

$$\text{若 } f(x)=\Sigma_{j=0}^{k}a_jx^j,\ g(x)=\Sigma_{j=0}^{k}b_jx^j;\ a_k*b_k\neq 0\text{，}$$

$$\text{則 }\lim_{|x|\to\infty}\left(\frac{f(x)}{g(x)}\right)=\frac{a_k}{b_k}. \tag{5}$$

斜漸近線

進一步，若：$\deg(f(x))=J+1$，$J=\deg(g(x))>0$（分子的次數等於分母的次數加一），那麼：函數曲線有斜漸近線

$$y=mx+K\text{；}m=\frac{a_{J+1}}{b_J}. \tag{6}$$

證明　實際上，$mx+K$ 就是做帶餘除法時 $\frac{f(x)}{g(x)}$ 的整商，分項分式之後，分式成為：

$$\frac{f(x)}{g(x)}=(mx+K)+\Sigma\frac{f_j(x)}{g_j(x)},\ \deg(f_j(x))<\deg(g_j(x)).$$

因此：曲線Γ：$y=\dfrac{f(x)}{g(x)}$上的點(x, y)，在$x\to\infty$，$y\to\infty$的時候，讓x：y趨近一個非零的比 1：m，而且點(x, y)與直線$y=mx+K$的距離也趨近零。

註 有理函數曲線的斜漸近線，就一定是這個樣子，因此也就只有一條斜漸近線。換句話說，通常具有兩條斜漸近線的雙曲線，當然不是「有理函數曲線」。

例題 求下列曲線之漸近線：

1.求曲線$y=\dfrac{x^3}{x^2+3a^2}$之漸近線。

2.求曲線$y^3=6x^2-x^3$之漸近線。

3.求蔓形線（cissoid）$y^2=\dfrac{x^3}{2a-x}$之漸近線。（$a>0.$）

4.求曲線$x^3+y^3=a^3$之漸近線。

5.求曲線$(x-2a)y^2=x^3-a^3$之漸近線。

6.求 Descartes 蔓葉線$x^3+y^3=3axy$之漸近線。

● **解釋：量綱分析**

在這些問題中，隨時注意文字常數是否可以丟棄不要。也就是「令之為一」。這常常只是一個「伸縮」，換句話說：重新擇取x, y的單位！

例 1 可設$a=1$。換句話說：重新擇取x, y的單位為$a>0$，也就是說，令：$X=\dfrac{x}{a}, Y=\dfrac{y}{a}$，則原來的式子變成：

$$X=\frac{X^3}{X^2+3}=X-\frac{3X}{X^2+3}.$$

遺留下來的真分式，分母是正定的二次質式。因此，只有斜漸近線$Y=X$，或即$y=x$。

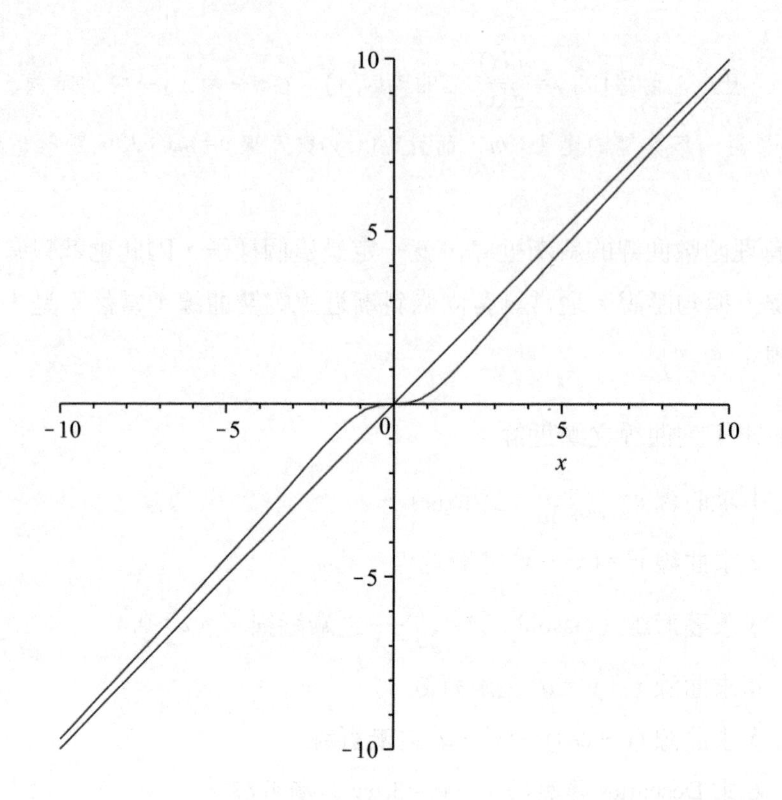

例 2　當 $|x| \to \infty$ 時，x^2 比起 x^3 是無窮小，相對之下，$\lim \frac{y^3}{x^3} = -1$，就是 $\lim \frac{y}{x} = -1$，可知漸近線的斜率是 -1。因此設之為 $y = -x + k$，則得：

$$y^3 = -x^3 + 3kx^2 - 3k^2x + k^3 \asymp 6x^2 - x^3;$$

故得 $k = 2$。漸近線為 $y = 2 - x$。

註　$\asymp$ 的意思是「漸近於」。當 $|x| \uparrow \infty$ 時，不但兩側的 x 的最高次項係數要相同，而且低一次的係數也要相同！（再低次的就不用了！）

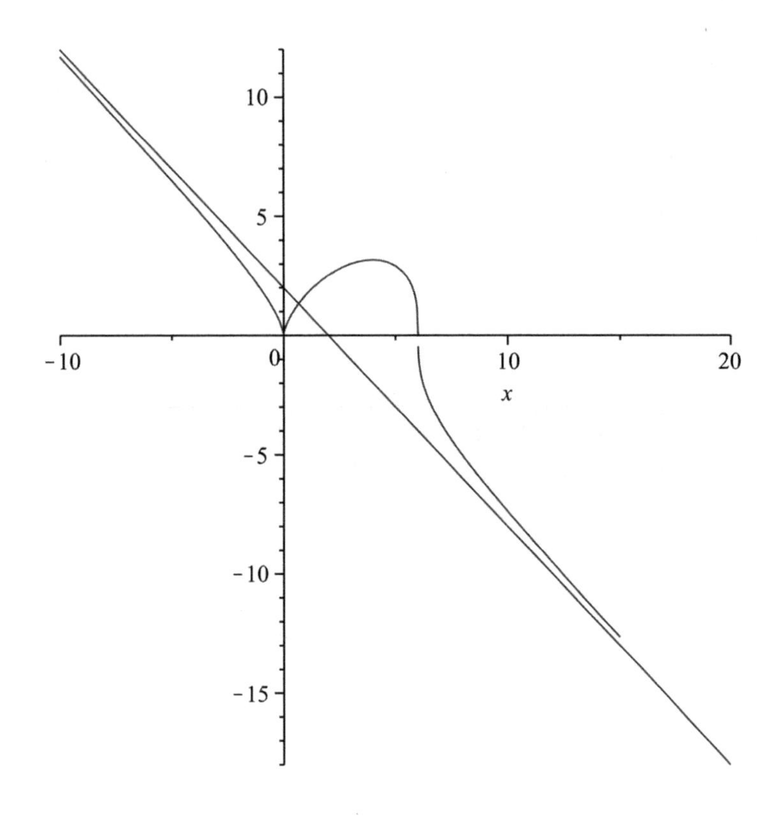

例 3　注意到對於 y 的偶對稱性！故只要討論上半 $y \geq 0$。

重新擇取 x, y，的單位為 $a>0$，也就是說，令：$X=\frac{x}{a}, Y=\frac{y}{a}$，則原來的式子變成：

$$Y^2=\frac{X^3}{2-X}$$

（這並非有理函數，因為 $Y=\sqrt{\frac{X^3}{2-X}}$。）

如果 $X>2$，則分母為負，分子亦然，而 Y 為虛。故必須 $X<2$。

考慮到左側 $Y^2 \geq 0$, 故須 $X \geq 0$.

但是如果 $X \uparrow 2$，則 $|Y| \uparrow \infty$。故 $X=2$ 是鉛垂漸近線。至於水平漸近線顯然不存在。

因為 $0 \leq X < 2$，故不用思考斜漸近線與水平漸近線。

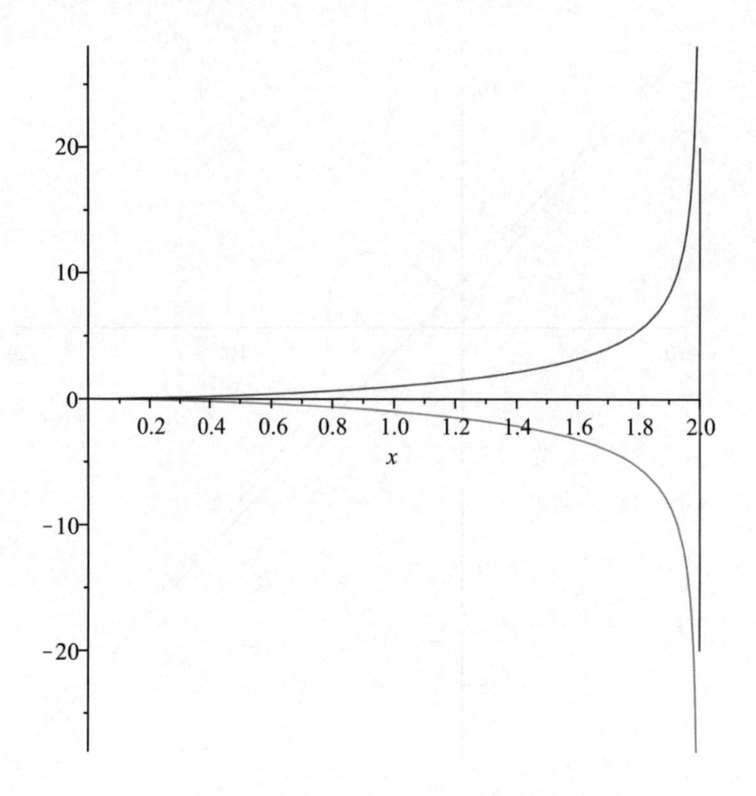

例 4　只要$|x|\uparrow\infty$，則必然$|y|\uparrow\infty$，而且，x, y必須異號！那麼：

$$x+y=\frac{a^3}{x^2-xy+y^2}\to 0.$$

由此可知：（斜）漸近線只有一條：$x+y=0$。

註　我們從頭就應該注意到(x, y)的對稱性！於是，只要有一條漸近線$a*x+b*y+c=0$，就必然有一條漸近線$a*y+b*x+c=0$，特別地說：我們要注意斜率$\frac{-c}{b}=\pm 1$的漸近線。

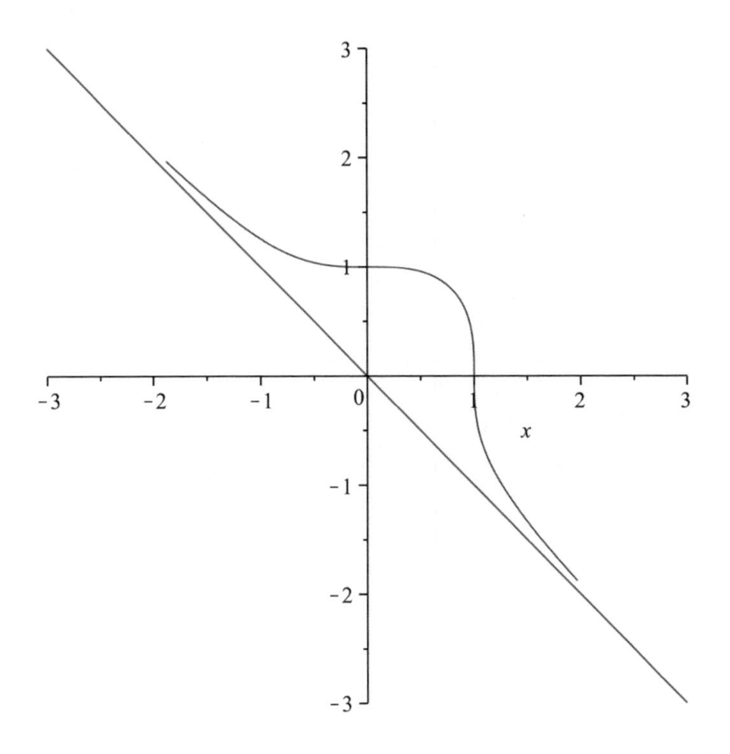

例 5 先用伸縮（亦即：去量綱化，使得 $a=1$）。$X=\dfrac{x}{a}$，$Y=\dfrac{y}{a}$，得：

$$\Gamma:(X-2)\,Y^2=X^3-1.$$

顯然 $X=2$ 為其鉛垂漸近線。因為

$$\lim_{X\downarrow 2} Y^2=\lim_{x\downarrow 2}\frac{X^3-1}{X-2}=+\infty.$$

顯然沒有水平漸近線。因為不可能有：$X\to 1$，$Y\to c$。

今思考斜漸近線 $Y=m*X+k$，則做「帶餘除法」，

$$\frac{X^3-1}{X-2}=X^2+2X+4+\frac{-7}{X-2}\asymp(\pm(X+1))^2;$$

得漸近線：$Y=\pm(X+1)$。（伸縮）回到原來的尺度，則得漸近線為：

$$x=2a\text{；及 }y=\pm(x+a)\text{。}$$

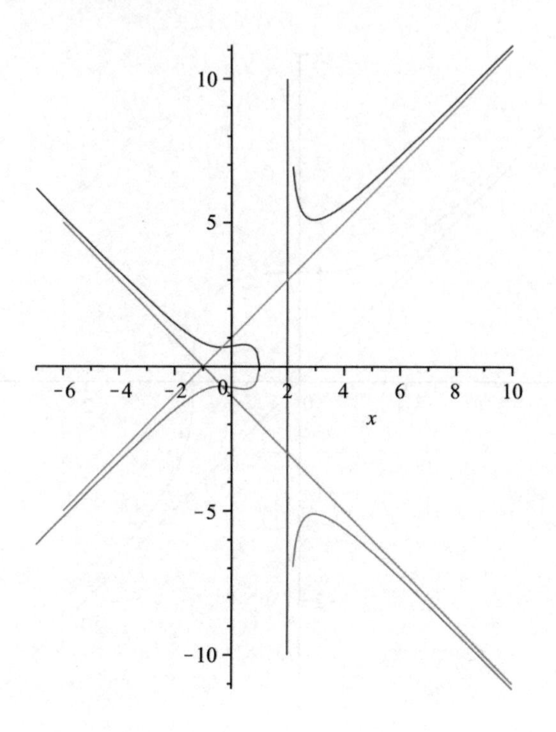

例 6 注意到 x 與 y 的對稱性！

不可能有水平的漸近線：因為這是要 $|x|\uparrow\infty$，而 y 收斂到一個有限的常數。由對稱性，鉛垂的也不可能！

設斜漸近線為 $y=m*x+k$，在 $|x|\uparrow\infty$，$|y|\uparrow\infty$ 的時候，

$$x^3+m^3x^3+3m^2kx^2+3mk^2x+k^3 \asymp 3amx^2+3akx;$$

因此比較 x^3, x^2 的係數，得：

$$1+m^3=0, 3m^2k=3am; m=-1, k=-a.$$

於是，得斜漸近線為 $x+y+a=0$。

（其實由對稱性，斜漸近線的斜率，<u>通常</u>只能是 $m=\pm 1$，這是因為對稱性就是說：y 之對 x，等於 x 之對 y。漸近線的斜率 m 與 $\frac{1}{m}$ 同時出現！）

實際上，知道斜率 $m=-1$，則可如此定出截距 k。

今 $\lim(x+y)=k$，則由方程式，

$$x^3+y^3=(x+y)(x^2+y^2-xy)\asymp 3axy,$$

故：

$$k=\lim(x+y)=\lim\left(\frac{3axy}{x^2+y^2-xy}\right)=\lim_{|x|\uparrow\infty}\left(\frac{3ax(k-x)}{x^2+(k-x)^2-x(k-x)}\right)=\lim\left(\frac{-3ax^2}{3x^2}\right)=-a.$$

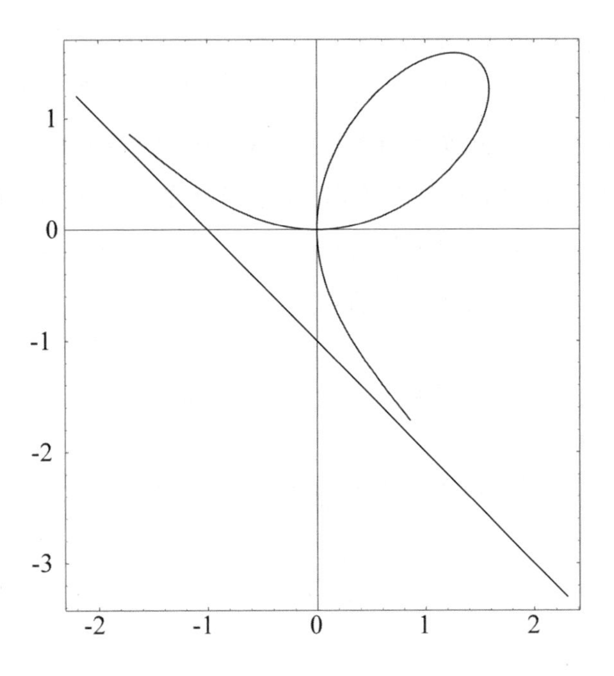

習題 1 請畫出曲線 $x^3+y^3+6xy=0$ 及其漸近線。

註 請注意(x,y)的對稱性。當然，你可以認為：此題就是例 6 的特別的例子：$a=-2$。

§55 導數的意義

Newton 對於導函數的解釋

有了§53 的極限的定義，對於任何一個多項式 $f(x)\in\mathbb{R}[x]$，以及常數 $\alpha\in\mathbb{R}$，就有：

$$\lim_{x\to\alpha}\left(\frac{f(x)-f(\alpha)}{x-\alpha}\right)=f'(\alpha). \tag{1}$$

註 這裡只是用到代數計算，因此，把係數體 K 由 $\mathbb{R}$ 改為 $\mathbb{C}$ 或 $\mathbb{Q}$，對於 $f(x)\in K[x]$ 也同樣適用，而可以有相同解釋！

● 座標幾何的解釋：切線斜率

我們把多項式 $f(x)\in\mathbb{R}[x]$ 做函數圖解，畫在Descartes平面上，得到曲線 Γ：$y=f(x)$。（我們知道這個意思是：對於一切的實數 α，計算函數值 $f(\alpha)=\beta$，於是在座標面上點出這一點 (α,β)，所有這些點 (α,β) 的全體，就是曲線 Γ。）

現在，假定有了實數 α，由 $\beta=f(\alpha)$，得到 Γ 上的一點 $P=(\alpha,\beta)\in\Gamma$。如果再另外取一個數 $\xi\neq\alpha$，同樣算出函數值 $\eta=f(\xi)$，那麼我們將得到 Γ 上的另外一點 $Q=(\xi,\eta)\neq P$。那麼就可以畫出一條直線

$$\Lambda_{P,Q}: y-\beta=\frac{\eta-\beta}{\xi-\alpha}*(x-\alpha). \tag{2}$$

這是兩個割點 P 與 Q 所定的，Γ 的割線。此地，兩點式給出割線的斜率為：

$$\frac{\eta-\beta}{\xi-\alpha}.$$

但是由上面的公式，我們算出：

$$\lim_{\xi\to\alpha}\left(\frac{\eta-\beta}{\xi-\alpha}\right)=\lim_{\xi\to\alpha}\left(\frac{f(\xi)-f(\alpha)}{\xi-\alpha}\right)=f'(\alpha).$$

那麼，上述割線的方程式 (2) 趨近於如下的方程式：

$$y-f(\alpha)=f'(\alpha)*(x-\alpha). \tag{3}$$

這當然代表一條直線，就叫做曲線 Γ 在其上一點 $P=(\alpha,f(\alpha))$ 處的切線 Γ_P。照定義，

此切線的斜率＝「過點 P，Q 的割線 L_{PQ} 的斜率，在 Q 趨近 P 時的極限」；

此切線＝「過點 P，Q 的割線 L_{PQ}，　　在 Q 趨近 P 時的極限」；

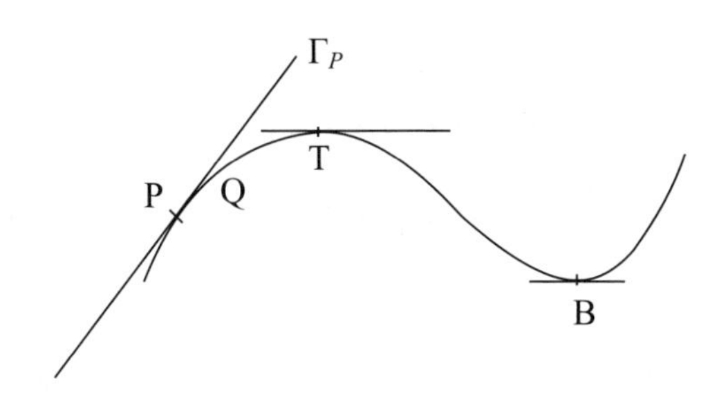

這就是導函數的幾何解釋。

局部極值

畫函數的曲線圖有一個好處是容易建立心中的圖像。例如「曲線的局部的最高點」T（＝Top），這是一個很容易看出來的幾何點；不難定義：函數 f 在 $x=\alpha$ 處，「有一個局部的（local），狹義的（strict）極大」，意思就是：我們可以找到在 α 點的左右一個小小的範圍，即是一個區間（$\alpha-\epsilon..\alpha+\epsilon$），使得：在這區間內的任何一個點 $\xi\neq\alpha$，其函數值 $f(\xi)<f(\alpha)$。注意：「狹義」的意思是用「純粹不等號」，不是用「寬鬆的不等號」。「局部」的意思是「只在小範圍內比較」。α 是局部的狹義的極大「點」，而 $f(\alpha)$ 局部的狹義的極大「值」，而點 $T=(\alpha, f(\alpha))$。

習題1 請定義局部的狹義的極小「點」β（＝Bottom）。（註：這是太笨的問題了！幾近侮辱！）

註 「狹義」這個字詞，對於多項式函數來說，簡直沒有作用。我們的用字只是為了你將來遇到更廣泛的討論時的需要。

函數的局部增減性

如果在一點 α 處，函數 f 的導數 $f'(\alpha)<0$，那麼在上述的定義式子中：

$\lim_{\epsilon\to 0}\frac{f(\alpha+\epsilon)-f(\alpha)}{\epsilon}=f'(\alpha)<0$ 中，在 α 的右側一點 $\alpha+\epsilon$,（$\epsilon>0$），只要 ϵ 夠小，「差分商」，$\frac{f(\alpha+\epsilon)-f(\alpha)}{\epsilon}$ 就會很接近 $f'(\alpha)$，因此一定是負的，由此看出：$f(\alpha)>f(\alpha+\epsilon)$。

反之，在 α 的左側一點 $\alpha+\epsilon$,（$\epsilon<0$），只要 $|\epsilon|$ 夠小，「差分商」$\frac{f(\alpha+\epsilon)-f(\alpha)}{\epsilon}$ 就會很接近 $f'(\alpha)$，因此一定是負的，但 $\epsilon<0$，由此看出：$f(\alpha)<f(\alpha+\epsilon)$。（假定 $\epsilon<0$。）

實際上，假定了 $f'(\alpha)<0$，那麼在一小段區間 I 內，都有 $f'(x)<0$，於是由剛剛的論證，在這個區間內，f 一定都是狹義遞減的：

$$\text{對於兩點 } \xi_1, \xi_2\in I\text{，若：}\xi_1<\xi_2\text{，則 } f(\xi_1)>f(\xi_2)\text{。} \tag{4}$$

完全相同的論證，就知道：若 $f'(\alpha)>0$，則 f 在 I 的附近一小段範圍內，一直都是狹義遞增的！

● Fermat 極值點臨界定理

那麼，若函數 f 在 α 處，有局部的極大值或極小值，則 $f'(\alpha)=0$。

滿足 $f'(\xi)=0$ 的點 ξ，通常稱為此函數 f 的臨界點（critical point），於是，局部極值所在的點必是臨界點。

● 國中生的 Fermat 臨界點原理

任何一個二次函數

$$f(x)=\alpha x^2+bx+c,$$

其僅有的（狹義）極值點就是

$$\alpha=\frac{-b}{2\alpha}, \tag{5}$$

這是由於配方法：

$$f(x)=\alpha(x-\alpha)^2+\frac{b^2-4\alpha c}{-4\alpha}.$$

例題 求函數 $f(x)=x^3-6x^2+9x-15$ 的增減範圍與局部的極值點。

解析 $f'(x)=3x^2-12x+9=3(x^2-4x+3)=3(x-3)(x-1)$，因此，

x	$\in(-\infty..-1)$	$=-1$	$\in(-1..3)$	$=3$	$\in(3..\infty)$
$f(x)=$	$+$	0	$-$	0	$+$
$f'(x)$	遞增	局部極大	遞減	局部極小	遞增

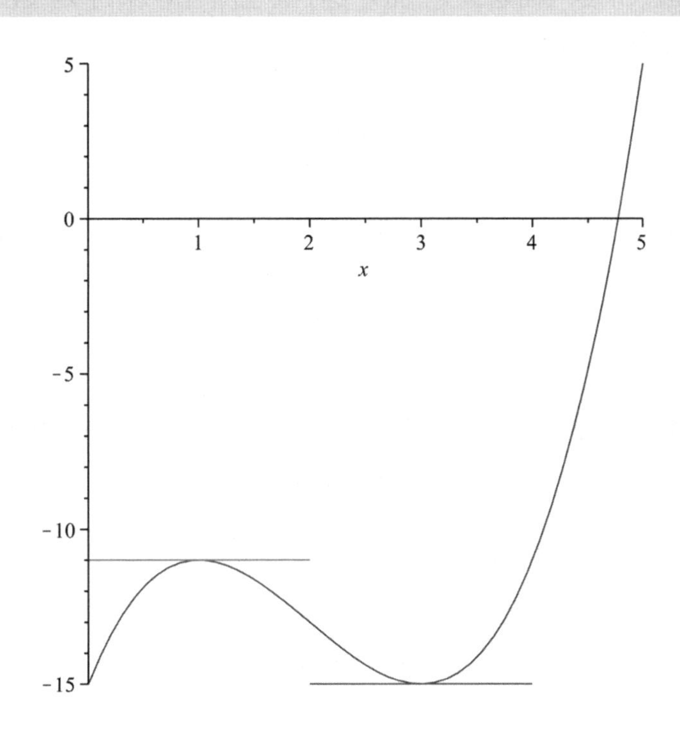

習題 2 求下列各函數的增減範圍與局部的極值點。

(i) $2x^3-3x^2-12x+6$;

(ii) $2x^3+9x^2+12x+8$;

(iii) $3x^4-16x^3+18x^2+5$;

(iv) $x^4+3x^2-10x-5$.

● **運動學的解釋：瞬時速度**

我們把自變數改用文字 t 來表示，並且解釋為時刻（time），我們想像有一個質點在一條座標直線上運動，而此質點在時刻 t 的位置，如果用座標來呈現，恰好是 $f(t)$。（我們現在只限定 $f(t) \in \mathbb{R}[t]$，但是在物理上當然有更有趣的函數。）

那麼，從時刻 t_1 到 t_2（$> t_1$），質點的位移是 $f(t_2) - f(t_1)$，（有正負可言！）因而這段時間質點的平均速度是 $\dfrac{f(t_2) - f(t_1)}{t_2 - t_1}$。如果讓時間（$t_1..t_2$）收縮到某時刻 τ，也就是說：t_1 變大而趨近 τ，而 t_2 變小而也趨近 τ，則平均速度的極限就是此質點在時刻 τ 的瞬時速度：

$$f'(\tau) := \lim_{t_1 \uparrow \tau,\, t_2 \downarrow \tau} \left(\frac{f(t_2) - f(t_1)}{t_2 - t_1} \right); \tag{6}$$

當然你會覺得上面所說的太複雜了，那就改回原來的定義(1)吧：

$$f'(\tau) := \lim_{t \to \tau} \left(\frac{f(t) - f(\tau)}{t - \tau} \right);$$

函數的遞增，就表示：時間變動時，質點一直在「往右」移動（即是座標增加），這將是速度為正的結果。當然遞減也有解釋。於是

● **靜止點原理：運動學的解釋**

當質點在某一瞬間 τ 的前後一小段時期中，就屬這一刻位於最右（或者最左），那麼這一刻，質點的速度為零，$f'(\tau) = 0$。（這一瞬間，質點是靜止的。）

● **加速度**

在運動學的解釋中，$f''(t)$ 就解釋為瞬時加速度。這是因為：在一段時間 $[t_1..t_2]$ 內，值點的平均加速度就定義為

$$\frac{f'(t_2) - f'(t_1)}{t_2 - t_1}.$$

其極限當然就是瞬時加速度：（求極限的過程與上述相同！）

$$f''(\tau) := \frac{f'(t_2) - f'(t_1)}{t_2 - t_1}. \tag{7}$$

用這樣子的解釋，就有：

極值的二階判定法

若在某一刻τ，瞬時速度為零，而瞬時加速度為負，則這一瞬間，質點是在它短期中的最右的位置！若在某一刻τ，質點瞬時速度為零，而瞬時加速度為正，則這一瞬間，質點是在它短期中的最左的位置！

補註與習題：高階的 Leibniz 乘法規則

對於任意兩個（多項式）函數f與g，其乘積$f*g$的n階導來函數，就是

$$D^n\,(f(x)*g(x)) = \sum_{j=0}^{n} {}_nC_j * \ [D^{n-j} f(x)] * [D^j g(x)]; \tag{8}$$

那麼這要怎麼樣子來理解（與記憶！）呢？我們把原本的 Leibniz 乘法規則§51（p.181）的公式（◇）這樣子來理解：

$$\begin{aligned} D\,(f(x)*g(x)) &= D_1\,(f(x)*g(x)) + D_2\,(f(x)*g(x)); \\ D_1\,(f(x)*g(x)) &:= (Df(x)*g(x)); \\ D_2\,(f(x)*g(x)) &:= f(x)*\ (Dg(x)); \end{aligned} \tag{9}$$

對於兩個（多項式）函數f與g相乘積$f*g$「施用導微算子」D，就等於是施用兩個算子的和：$D = D_1 + D_2$，而算子D_1的意思其實也等於是導微，只不過它在工作當中，「它會把函數g看做是常數」，而算子D_2的意思其實也等於是導微，只不過它在工作當中，「它會把函數f看做是常數」！

有了這樣子的理解，那麼高階的 Leibniz 乘法規則，就等於是說：

$$D^n = (D_1 + D_2)^n = \sum_{j=0}^{n} D_1^{\,n-j} * D_2^{\,j}; \tag{10}$$

這「只不過是平常的二項式定理而已」！

§56　平均變化率定理

● **Rolle 氏定理**

若實多項式$f(x)$有$f(a)=f(b)$，而$a<b$則在開區間$(a..b)$內，最少有$f'(x)=0$之一根。

證明　我們已經有了Fermat的臨界點原理，所以我們只要證明：在此開區間內，必有f的一個極值點。
所以我們只要再引用如下的定理就夠了！

● **Weierstrass 極值定理**

實值連續函數$g(x)$於囿閉區間$[a..b]$內，取得極大值與極小值，也就是說：存在$\alpha, \beta \in [a..b]$，使得：對於一切$x \in [a..b]$，必有

$$g(\alpha) \le g(x) \le g(\beta).$$

（超出程度！我們不能在此證明這個定理。）現在只剩下一個問題：在Weierstrass定理中，極小點α, 可能是在端點上。此地，因為假設$f(a)=f(b)$，所以，只要$f(\alpha)=f(a)$，自動使a, b同時是極小點！

此時，我們就改為找極大點β。希望它是在開區間內：$a<\beta<b$。好吧！如果你說β也是端點，那麼，函數$f(x)=$常數！（因為：其極大值＝極小值！）

● **Rolle 氏定理的解析幾何的解釋**

曲線圖在此段中，頭尾兩點$A=(a,f(a)), B=(b,f(b))$同高，則在曲線上必有一點$P=(\xi,f(\xi))$（且並非兩端點A, B之一），使得曲線在此點P的切線是水平的！

只要找出這樣子的點P：局部極高點或極低點，且不是端點！

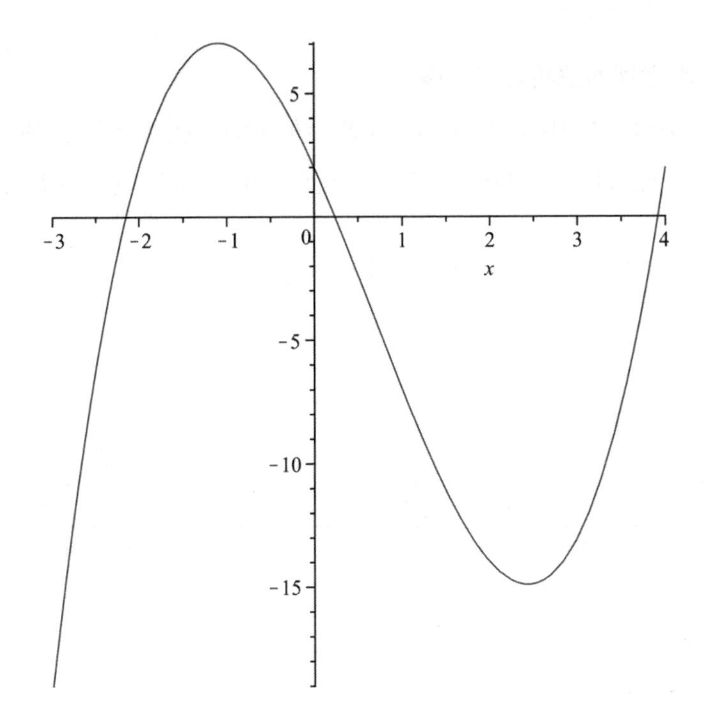

例1 如上圖，$f(x)=x^3-2x^2-8x+2, f(-2)=2=f(0)=f(4)$，在$[-2..0]$中，有局部極大點$\approx 1.098$，在$[0..4]$中，有局部極小點在$\approx 2.4305$。都是$f'(x)=3x^2-4x-8$的根。

● **Rolle 氏定理的運動學的解釋**

質點的運動，若是起始與結尾所處的位置相同，則必有某一瞬間$\tau\in(a..b)$，是靜止不動的。（只需在那一時刻$\tau, \tau\neq a, \tau\neq b$，而質點當時在最左或最右！）

● **平均變化率定理**

對於實（多項式）函數$f(x)$，以及閉區間$[a..b]$，必可在開區間$(a..b)$內找到一點ξ，使得：f在此區間內的平均變化率，恰好就是

$$\frac{f(b)-f(a)}{b-a}=f'(\xi). \tag{1}$$

● 平均變化率定理的解析幾何解釋

過曲線 $y=f(x)$ 上的兩點 $A=(a,f(a)), B=(b,f(b))$畫割線，則在曲線的此段內必有一點 $P=(\xi,f(\xi)),(a<\xi<b)$使得曲線在此點 P 的切線與割線平行！

例 2　下圖，$f(x)$ 如上例，$a=-1$，$b=4$，$\xi=\frac{7}{3}$。

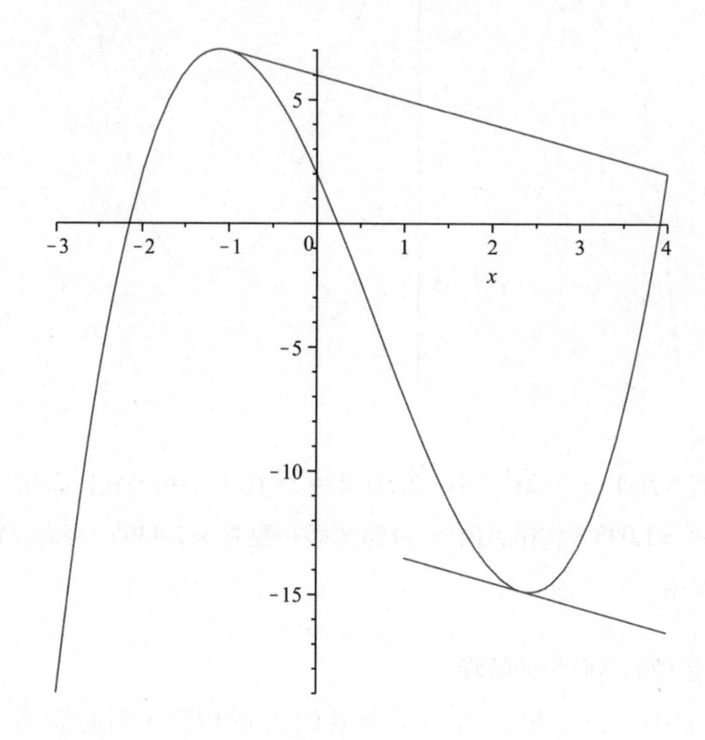

● 平均變化率定理的運動學解釋

考慮質點在一個時段中的運動，則必有某一瞬間 $\tau\in(a..b)$，質點的瞬時速度等於它在此時段中的平均速度。

● 定理之運動學的證明

把質點甲想成在高速公路（座標直線）上的車子甲。所說的平均速度是 $V=\frac{f(b)-f(a)}{b-a}$，而瞬時速度是：$f'(t)$。

現在想像有一部警車乙（亦即另一個質點乙），它與這個車子甲，有相同

的起始點，有相同的終結點，而且是等速度！換句話說：這質點在t時刻的位置是

$$g(t)=f(a)+V*(t-a);$$

因為這一來，$g'(t)=V$，而$g(a)=f(a), g(b)=f(b)$。（請注意這就是兩點式的要義！）

現在我們採用相對運動的觀點！我是說：在乙的眼光中，甲的運動如何？這是 Newton-Galileo 的相對論：在乙看起來，甲的運動就是$h(t)=f(t)-g(t)$。如此，函數h有$h(a)=0=h(b)$。（也就是說：在乙看起來，甲的運動就是「從原點出發」而且回到原點！）因此，根據 Rolle 定理，在這段時間$(a..b)$內，一定有某一瞬間τ，甲是相對靜止的：$h'(\tau)=0$。

於是，$h'(\tau)=f'(\tau)-g'(\tau)=f'(\tau)-V=0,\ f'(\tau)=V=\dfrac{f(b)-f(a)}{b-a}.$

切近計算法

Newton 切近法

微分法的應用，主要的大概有兩個：極大極小點的尋找；以及近似計算。以下說明後者，這就是所謂的 Newton 切近法。

我們可以用座標幾何的方式來解釋這個切近法的涵意。已經給了我們（多項式）函數f。我們想像畫出了函數的曲線圖Γ：$y=f(x)$。對於已知的a，我們算出函數值$b=f(a)$，就得到Γ上的一點$P=(a,\ b)=(a,\ f(a))$。

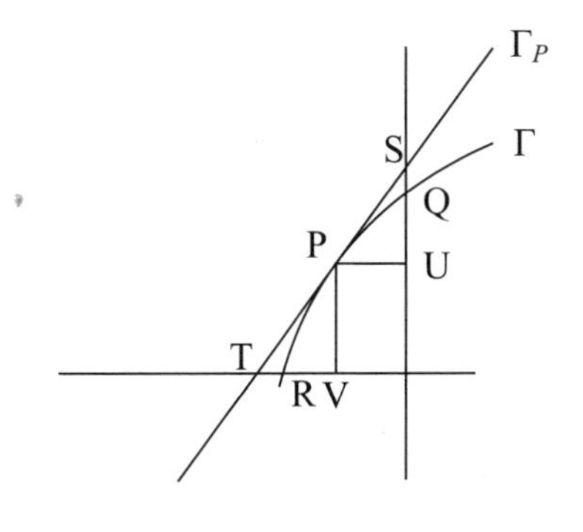

過曲線Γ上的基準點P，做Γ的切線Γ_P，在P點附近，曲線Γ與直線Γ_P差不多，我們把對於Γ的討論，改為（近似地，）對Γ_P討論。

● 再度提醒

看到寫Δx時，不可以念成 delta 乘以 x。delta 的意思是「小小的變化」，「小差分」。它必須與接著的文字合在一起看！合起來才是一個字！

● 近似的函數值

給我們曲線Γ上，點Q的橫坐標$x=a+\Delta x$, $\Delta x=\overrightarrow{PU}=x-a$（的絕對值）很小，要我們算出點$Q$的縱坐標$y=b+\Delta y$，也就是要算出：$\Delta y=\overrightarrow{UQ}$；我們把$y=f(x)$用$y=f(a)+f'(a)*(x-a)$取代，也就是說，我們計算出近似值$\overrightarrow{US}$來代替真確值$\Delta y=\overrightarrow{UQ}$。換句話說：近似的函數值就是

$$f(a+\Delta x)\approx f(a)+f'(a)*\Delta x. \tag{2}$$

（先決條件是：$f(a), f'(a)$, 都很容易計算！而$|\Delta x|$夠小。）

例 3　求2.9999998^5精確到第五位小數。

解析　$f(x)=x^5, f'(x)=5x^4, f(3)=243, f'(3)=405, \Delta x=-2*10^{-7}$。故：$f(a+\Delta x)\approx 243-2*10^{-7}*405=242.999919$。

● 常用的公式

對於自然數k, k次冪函數$f(x)=x^k$，就有：

$$(a+\Delta k)^k\approx a^k+ka^{k-1}*\Delta x; \tag{3}$$

其實，微分法的公式$Dx^k=kx^{k-1}$，對於更一般的實數k也成立。這常用到k為負整數，或者有理分數的情形。

習題 1 這樣子你就可以計算如下的近似值了！

(i) $\sqrt[10]{1020}=$ ？；

(ii) $f(x)=4x^3+2x; f(5.00002)=$ ？

(iii) 接上題 $\sqrt[3]{f(5.00002)}=$ ？

近似根

（還是看前頁的圖！）給我們曲線Γ上，點 R 的縱坐標 $y=f(a)+\Delta y=B$, $\Delta y=\overrightarrow{PV}=y-f(a)$（的絕對值）很小，要我們算出點 R 的橫坐標 $x=a+\Delta x$，（也就是要算出：$\Delta x=\overrightarrow{VR}$；）這是解方程式（右側已知！$x$ 未知！）

$$f(x)=f(a)+\Delta y,$$

我們把 $y=f(x)$ 用 $y=f(a)+f'(a)*(x-a)$取代，也就是說，我們用

$$f(a)+f'(a)*(x-a)=f(a)+\Delta y=B$$

代替原來的方程式，此地得到：

$$x=a+\frac{B-f(a)}{f'(a)}.$$

通常就是寫成 $B=0$，也就是解方程式 $f(x)=0$，那麼，所謂 Newton 法的近似根的公式就是

$$x\approx a+\frac{-f(a)}{f'(a)}. \tag{4}$$

（先決條件是：$f(a)$, $f'(a)$，都很容易計算！而$|f(a)|$夠小，$|f'(a)|$不小。）

例 4 求解 $x^{10}=1020$ 的正根，精確到第三位小數。

解析 $f(x)=x^{10}-1020, f'(x)=10x^9, f(2)=4, f'(2)=5120.\ \Delta x\approx\frac{-4}{5120}, x\approx 1.9992.$

習題 2 求解 $f(x)=2x^{10}-3x^4+2x^2+x-2009=0$ 的實近似根，精確到第四位小數。

習題3 求解 $f(x)=x^{11}+2x^4+2x^2-x+2009=0$ 的實近似根，精確到第四位小數。

例5 求曲線 Γ：$(a^4-b^4)\,y=x\,(x-a)^4-b^4x$ 在原點之切線。

解析 （不要上當，以為有多難！）$f'(x)=\dfrac{1}{a^4-b^4}(5x^4-16ax^3+18a^2x^2-8a^4x)+1$。因此 $f'(0)=1$。所求切線為 $y-x=0$。

二次錐線的切線原則

過二次曲線

$$\Gamma：\Phi\,(x,y):=ax^2+2bxy+cy^2+2Dx+2Ey+F=0 \tag{5}$$

上的一點 (ξ,η) 的切線為：

$$\Phi\,(x,y;\xi,\eta):=a\,(x\xi)+2b\left(\frac{x\eta+y\xi}{2}\right)+c\,(y\eta)+2D\left(\frac{x+\xi}{2}\right)+2E\left(\frac{y+\eta}{2}\right)+F=0. \tag{6}$$

證明 現在在 Γ 上取了兩點，定點 $P:=(\xi,\eta)$，與動點 $Q:=(x,y)$，因此有：

$$Q：\Phi\,(x,y):=ax^2+2bxy+cy^2+2Dx+2Ey+F=0,$$
$$P：\Phi\,(\xi,\eta):=a\xi^2+2b\xi y+c\eta^2+2D\xi+2E\eta+F=0;$$

兩式子相減：

$$a\,(x^2-\xi^2)+2b\,(xy-\xi\eta)+c\,(y^2-\eta^2)+2D\,(x-\xi)+2E\,(y-\eta)=0;$$

整理成用 $\Delta x:=x-\xi,\ \Delta y:=y-\eta$ 表達的式子，則得：

$$a\,(x-\xi)(x+\xi)+b[(x-\xi)(y+\eta)+(x+\xi)(y-\eta)]+c\,(y-\eta)(y+\eta)+2D\,(x-\xi)$$
$$+2E\,(y-\eta)=0;$$

因此：

$$[a(x+\xi)+b(y+\eta)+2D](x-\xi)+[b(x+\xi)+c(y+\eta)+2E](y-\eta)=0;$$

$$\frac{y-\eta}{x-\xi}=-\frac{a(x+\xi)+b(y+\eta)+2D}{b(x+\xi)+c(y+\eta)+2E};$$

結論是：當$Q \to P$時，割線$\overline{PQ}$的斜率$\frac{y-\eta}{x-\xi}$趨近

$$m=-\frac{2a\xi+2b\eta+2D}{2b\xi+2c\eta+2E}=-\frac{a\xi+b\eta+D}{b\xi+c\eta+E};$$

因此，過切點$P \in \Gamma$的切線是：

$$y-\eta=m*(x-\xi)=-\frac{a\xi+b\eta+D}{b\xi+c\eta+E}*(x-\xi).$$

換句話說，切線方程式是：

$$(a\xi+b\eta+D)(x-\xi)+(b\xi+c\eta+E)(y-\eta)=0;$$

乘開時把x, y的項放在一側，另外的移到另一側，即是：

$$a\xi x+b\eta x+Dx+b\xi y+c\eta y+Ey=a\xi^2+b\eta\xi+D\xi+b\eta\xi+c\eta^2+E\eta;$$

兩側加上常數F，則得所求！

問 二次錐線的切線原則如何敘述？

答 在曲線Γ如(5)式之上的一點(ξ, η)，切線的方程式如此寫出：拿Γ原來的方程式$\Phi(x, y)=0$做出一些變更：

對於二次的項，

用$x*\xi$代替純平方x^2（也就是用x與ξ的「幾何平均」代替x^2）；

用$y*\eta$代替純平方y^2（也就是用y與η的「幾何平均」代替y^2）；

用$\frac{x*\eta+y*\xi}{2}$代替「混積」$x*y$（與上述類似，但是交叉混雜了）；

對於一次的項，

用$\frac{x+\xi}{2}$代替x（也就是用x與ξ的「算術平均」代替x）；

用$\frac{y+\eta}{2}$代替y（也就是用y與η的「算術平均」代替y）；

對於零次的常數項，不必更動！

習題 4 求二次曲線在切點(ξ, η)處的切線！

i. 拋物線$y^2=4px$。

ii. 橢圓$\frac{x^2}{a^2}+\frac{y^2}{b^2}=1$。

iii. 等軸雙曲線$2xy=k^2$。

習題 5 求隱式曲線的切線！

沒有簡單的公式！你只好模仿上面的解法！但是也不太難！

i. 求曲線$x^5=a^3y^2$在其上一點(ξ, η)處之切線與法線。

ii. 求蔓形線（cissoid）$y^2=\frac{x^3}{2a-x}$在其上橫坐標$=a$處之點的切線與法線。

iii. 求箕舌線（Witch of Agnesi）$y=\frac{8p^3}{x^2+4p^2}$上，橫坐標$=2p$處的點之切線與法線。

iv. 求曲線$xy^2+yx^2=a^3$在其上一點(ξ, η)處之切線與法線。

v. 求 Descartes 蔓葉線$x^3+y^3=3axy$在點$\left(\frac{3a}{2}, \frac{3a}{2}\right)$處之切線與法線。

§57　Sturm 定理

本節的對象是一個實係數多項式函數$f(x) \in \mathbb{R}[x]$, $\deg(f(x))=n>0$。設$a<b$，我們問：在這個區間$[a..b]$中，方程式$f(x)=0$有幾個根？

Sturm 補題

假設α是$f(x)=0$的實根，重度為$k \geq 1$，則當x在α點的無限小範圍內由左至右，跨越α時，函數$f(x)$與它的導來函數$f'(x)$，本來是異號，就變成同號了：

$$f(\alpha-)*f'(\alpha-)<0<f(\alpha+)*f'(\alpha+). \tag{1}$$

註 記號$\alpha+$的意思當然是指：「比α多了一點點（應該說是無限小）很小的正數」。$\alpha-$的意思也仿此。

證明 今

$$f(x) := (x-\alpha)^k * \phi(x),$$
$$f'(x) = (x-\alpha)^{k-1}((x-\alpha)\phi'(x) + k\phi(x)); \quad (2)$$

因為我們假定了 $\phi(\alpha) \neq 0$，所以當 $|x-\alpha|$ 很小時，

$$\text{sign}((x-\alpha)\phi'(x) + k\phi(x)) = \text{sign}(\phi(\alpha)).$$

於是，當 $|x-\alpha|$ 很小時，我們取(2)式的正負號：

$$\text{sign}(f(x)) = \text{sign}((x-\alpha)^k) * \text{sign}(\phi(\alpha));$$
$$\text{sign}(f'(x)) = \text{sign}((x-\alpha)^{k-1}) * \text{sign}(\phi(\alpha)); \quad (3)$$

兩者相乘：

$$\text{sign}(f(x) * f'(x)) = \text{sign}(x-\alpha); \quad (4)$$

在 x 由左至右，跨越 α 時，函數 $f(x)$ 與 $f'(x)$ 間的異號數，被削去了！

Sturm 序列

我們首先定義第零第一兩項：

$$f_0(x) := f(x), f_1(x) := f'(x).$$

由 $r=1$ 開始，若 $f_r(x)$ 不是零多項式，我們就用 $f_r(x)$ 去整除 $f_{r-1}(x)$，記商式為 $q_r(x)$，餘式為 $-f_{r+1}(x)$，

$$f_{r-1}(x) = q_r(x) * f_r(x) - f_{r+1}(x); \quad (5)$$

注意負號！（當然這是一種輾轉相除法，所差的只是正負號！）

最後會得到$f_{m+1}(x)=0$（零多項式），而$f_m(x)$基本上就是$f_0(x)$與$f_1(x)$的最高公因式，因此，通常$f_m(x)$是零次的多項式也就是非零常數。

如果$\deg(f_m(x))>0$，那麼$f_m(x)=0$的根必然是$f(x)=0$的多重根！

切記：在計算的過程中，我們不計較「正的實數因數」。（但是負號則不行！）

我們就得到 Sturm 序列：

$$f_0(x),\ f_1(x),\ f_2(x),\ \cdots,f_m(x). \tag{6}$$

● Sturm 變號數函數

假設a非$f(x)=0$的根，然則，$f_0(a)\neq 0, f_m(a)\neq 0$。於是，我們用$V_f(a)$表示在序列

$$(\clubsuit:)\ f_0(a), f_1(a), f_2(a), \cdots, f_m(a).$$

之中，正負號的變更次數。（中間有零的項，就刪掉不看！）

● Sturm 定理

假設：$a<b, f(a)*f(b)\neq 0$，則：$V_f(a)-V_f(b)$就是：

含在此區間 $[a..b]$ 之中的，方程式 $f(x)=0$ 的實根數。

但是不計較重度！多重根也只算一次！

證明　我們先假設：

$\diamondsuit$：方程式$f(x)=0$在這個區間內沒有重根。

於是，在這個區間內，

$\spadesuit$：Sturm 序列的最末項$f_m(x)$，都保持固定的正負號！

$\heartsuit$：並且，$f_{r-1}(x), f_r(x)$（$1\leq r\leq m,$）不會同時為零！

現在思考 Sturm 變號數函數$V_f(x)$，

當x由a向b行進時，在何處會產生跳躍？

可能發生跳躍處ξ，一定是出現了某個階數j，($j=0, 1, 2, \cdots, m,-1,$)使得$f_i(\xi)=0$。

這要分成兩種狀況：

（甲）$j=0,$

（乙）$0<j<m.$

若是發生狀況甲：$f_0(\xi)=0$ 時，由 Sturm 補題，當然：

$$V_f(\xi-)-V_f(\xi+)=1. \tag{7}$$

若是發生狀況乙：$f_r(\xi)=0,$（$0<r<m,$）則由(5)式知道：

$$f_{r-1}(\xi)=-f_{r+1}(\xi)\neq 0\text{；}$$

可見得（在 Sturm 序列中）這接連的三項：

$f_{r-1}(x), f_r(x), f_{r+1}(x),$ 一定有「一個變號與一個順號」。因此，

$$V_f(\xi-)=V_f(\xi+). \tag{8}$$

以上是假定：發生狀況的點ξ處，發生的階數j只有一件，如果不止一件，因為我們已經有♡。那麼階數相差將超過 1；

於是，在◇的條件下，定理已經證明了！

最後，假定：$f(x)=0$ 在此區間內，有個k重根α，而$k>1$。

那麼，$(x-\xi)^{k-1}$ 將是 Sturm 序列的所有項的共同因子：

$$f_j(x) := \phi_j(x) * (x-\xi)^{k-1}; \tag{9}$$

如果有更多個這種多重根，你也仿此括去（「重度減一次」）。

現在用簡約的 Sturm 序列ϕ_j代替原來的 Sturm 序列f_j 來思考，則它將滿足上述的條件♠, ♡, ◇，於是，$V_\phi(a)-V_\phi(b)=V_f(a)-V_f(b)$ 就是$\phi(x)=0$ 在這個區間 $[a..b]$ 內的總根數，不計重度。

註 Sturm（1803-1855），在 1829 年發表他的定理。在現代，它已經不是很需要的實用工具了。不過，這個工作影響到他後面一個工作，就是微分方程式中所謂的 Sturm-Liouvill 理論，在數理科學中很重要！

例 1 $f(x)=x^3-7x+7=0.$

解析 $f_1(x)=3x^2-7; f_2(x)=2x-3; f_3(x)=1.$

3	+0	−7	1	+0	−7	+7	(1)
6	+0	−14	3	+0	−21	+21	
6	−9		3	+0	−7		
	9	−14			−14	+21	
	18	−28			$f_2=2$	−3	(3+9)
	18	−27					
		−1					
		$f_3=1$					

於是我們計算 $V_f(-\infty)$, $V_f(0)$, $V_f(+\infty)$，如下：

x	$f(x)$	$f_1(x)$	$f_2(x)$	$f_3(x)$	$V_f(x)$
$-\infty$	−	+	−	+	3
0	+	−	−	+	2
∞	+	+	+	+	0

因此有兩個正根，一個負根。兩個正根都在 (1..2) 內。

x	$f(x)$	$f_1(x)$	$f_2(x)$	$f_3(x)$	$V_f(x)$
1	+	−	−	+	2
2	+	+	+	+	0

負根在 (−4..−3) 內。

例 2 $f(x)=x^4-x^2+2x+2=0.$

解析 $f_1(x)=2x^3-x+1; f_2(x)=x^2-3x-4; f_3(x)=-x-1.$

此地最後的 $f_3(x)=-x-1$，故 $x=-1$ 是二重根。事實上，

x	$f(x)$	$f_1(x)$	$f_2(x)$	$f_3(x)$	V_f
$-\infty$	+	−	−	+	2
0	+	+	−	−	1
∞	+	+	+	−	1

故只有一個負的實根（-1 是二重根），沒有正根。

§58 根本定理之證明

註 本節中所談論的變數是複數的。多項式都是複係數。

連續性

若 $f(x)\in\mathbb{C}[x]$ 是個多項式，則函數 $f(x)$ 是連續的：對於 $\gamma\in\mathbb{C}$，當 x 趨近 γ 時，函數值 $f(x)$ 必趨近 $f(\gamma)$，

$$\lim_{x\to\gamma} f(x)=f(\gamma)$$

於是，再銜接以絕對值函數，可知：

$$\lim_{x\to\gamma}|f(x)|=|f(\gamma)|. \tag{1}$$

Weierstrass 絕對值極值定理

設 $L>0$，實值連續函數 ϕ 於閉圓盤 $\mathbb{B}(L):=\{z\in\mathbb{C}:|z|\le L\}$ 內，必取得極大與極小絕對值，即是：存在 α,β，$|\alpha|\le L$ 且 $\beta\le L$，使得，

$$\text{當}|z|\le L\text{時，}\phi(\alpha)\le\phi(z)\le\phi(\beta). \tag{2}$$

我們不能在此證明這個定理！（我們只用到 $\phi(z)=|f(z)|$，而 $f(z)\in\mathbb{C}[z]$ 是個複係素多項式函數的情形。）

● **補題** 1

若 $f(z)$ 是多項式且 $\deg f>0$，那麼：平面上找不到一點 z，使得 $|f(z)$ 是極大值！這是因為，我們已經證明過：

$$\lim_{|z|\to\infty}|f(z)|=\infty. \tag{3}$$

即是，對於任意的 $M>0$，必定找得到 $L>1$，使得：

$$\text{當}|z|>L\text{時，}|f(z)|>M. \tag{4}$$

現在，對於 $h(z)=a_0+a_1z+a_2z^2+\cdots+a_nz^n$，假定 $n*a_n\neq 0$，則取：

$$M:=|a_0|+|a_1|+\cdots+|a_n|>0$$

於是先找到上述的 $L>1$。然則，

$$\text{當}|z|>L\text{時，}|f(z)|>M=|a_0|+|a_1|+\cdots+|a_n|\geq|f(1)|. \tag{5}$$

現在由 Weierstrass 絕對值極值定理，找到一點 $\alpha\in\mathbb{C}, |\alpha|\leq L$，使得：它是在閉圓盤 $\mathbb{B}(L)$ 內，函數 $|f(z)|$ 的極小點，使得 (2) 式成立。（其中 $\phi(x)=|f(z)|$。）即：

對於一切 z，如果 $|z|\leq L$，就保證：$|f(z)|\geq|f(\alpha)|$。特別地：

$$M=|a_0|+|a_1|+\cdots+|a_n|\geq|f(1)|=|a_0+a_1+a_2+\cdots+a_n|\geq|f(\alpha)|. \tag{6}$$

由 (2) 與 (6)，可知：在整個 Gauss 平面上，α 是函數 $|f(z)|$ 的極小點！

$$\text{對於任何 } z\in\mathbb{C}, |h(z)|\geq|f(\alpha)|. \tag{7}$$

根本定理就是宣稱：$f(\alpha)=0$。

我們用歸謬法！也就是說：

若是 $f(\alpha)\neq 0$，即 $|f(\alpha)|>0$，我們將找到一點 $\zeta\in\mathbb{C}$，使得：

$$|f(\zeta)|<|f(\alpha)|. \tag{8}$$

這就違背了 α 為極小點的假定（(7)式）！（那就證明了根本定理。）以下就是要找出 ζ。

・今將 $f(z)$ 在 α 處展開：

$$(\spadesuit:)\ f(z)=c_0+c_1(z-\alpha)+c_2(z-\alpha)^2+\cdots+c_n(z-\alpha)^n;$$

我們已經知道：$c_0=f(\alpha)\neq 0$，這是歸謬的假定。而 $c_n=a_n\neq 0$。

（實際上 $c_j=\dfrac{D^j f(\alpha)}{j!}$。）

・我們在係數 $c_1, c_2, \cdots, c_n$ 之中，找到非零的，最先的一項：

$$\ell:=\min\{j: 1\leq j\leq n, c_j\neq 0\}.$$

（因為 $c_n\neq 0$，可知一定找得到！）而 $c_\ell\neq 0$。於是展開式成為：

$$f(z)=f(\alpha)+g(z)+h(z); \tag{9}$$

其中右側第二項是

$$(\heartsuit:)\ g(z)=c_\ell(z-\alpha)^\ell\text{，而 }1\leq\ell\leq n;$$

其中第三項是：

$$(\diamondsuit:)\ h(z):=\sum_{j=\ell+1}^{n}c_j(z-\alpha)^j;$$

在此，如果 $\ell=n$，則 $g(z)=0$ 是（空項）零多項式，否則 $g(z)$ 就不是空項，因為最少含有一項 $c_n(z-\alpha)^n$。

・至於(9)式前兩項，已經假設不為零。也就是說，兩個係數 c_0 與 c_ℓ，可以寫成極形式：

$$\begin{aligned} f(\alpha) = c_0 = r_0 * (\cos(\theta_0) + \mathbf{i}\sin(\theta_0)); \\ c_\ell = r_1 * (\cos(\theta_1) + \mathbf{i}\sin(\theta_1)); \end{aligned} \tag{10}$$

其中，$r_0 > 0, r_1 > 0$。

・我們把複數 $\zeta - \alpha$ 也寫成極形式：

$$\zeta - \alpha = r(\cos(\theta) + \mathbf{i}\sin(\theta)), \tag{11}$$

為了使得 (8) 式成立，我們在 (9) 式中，令 $z = \xi$，

$$f(\zeta) = f(\alpha) + g(\zeta) + h(\zeta);$$

把這右側三項看成（複數＝）向量（參看下圖左），

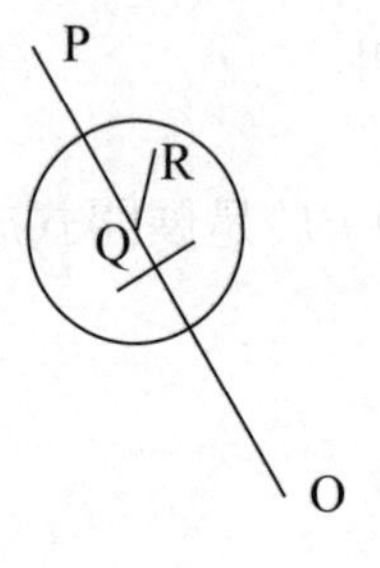

Gauss 平面上，O 是原點；
向量 $\overrightarrow{OP} = f(\alpha)$。
向量 $\overrightarrow{PQ} = g(\zeta)$。
(iii)：兩者方向相反！
向量 $\overrightarrow{QR} = h(\zeta)$。
(ii)：$\overline{PQ} < \frac{1}{2}\overline{OP}$；
(i)：$\overline{QR} < \frac{1}{2}\overline{PQ}$；

我們利用

$$|f(\zeta)| \le |f(\zeta) + g(\zeta)| + |h(\zeta)|; \tag{12}$$

希望達成：

$$|f(\zeta) + g(\zeta)| + |h(\zeta)| < |f(\alpha)|;$$

所以我們只要做到三件事就好了：

$$(i)：|h(\zeta)| < \frac{1}{2}|g(\zeta)|;$$

$$(ii)：0 < |g(\zeta)| < \frac{1}{2}|f(\alpha)|;$$

$$(iii)：|f(\alpha) + g(\zeta)| = |f(\alpha)| - |g(\zeta)|;$$

事實上，由這三式，就知道：

$$\begin{aligned}|f(\alpha) + g(\zeta) + h(\zeta)| &\leq |f(\alpha) + g(\zeta)| + |h(\zeta)| \leq |f(\alpha)| - |g(\zeta)| + |h(\zeta)| \\ &\leq |f(\alpha)| - |g(\zeta)| + \frac{1}{2}|g(\zeta)| \leq |f(\alpha)| - \frac{1}{2}|g(\zeta)| < |f(\alpha)|.\end{aligned}$$

- 我們將選擇正數 r 相當小，使得不等式 (i), (ii) 都成立。
- 而且我們將選擇輻角 θ，使得等式 (iii) 成立。

(i) 在 $h(z) \equiv 0$ 時，當然不用管，自動成立！否則，用「小巫見大巫」補題乙（§53），可以找到 $\epsilon_1 > 0$，使得：只要 $r < \epsilon_1$ 就做得到。

(ii) 用「小巫見大巫」補題甲（§53），可以找到 $\epsilon_0 > 0$，使得：只要 $r < \epsilon_0$ 就做得到。所以我們就取 $r = \min(\epsilon_1, \epsilon_0, 1)$，就可以使得兩個要求都成立！

(iii) 就輻角來說，我們將讓 $g(\zeta)$ 的輻角恰好與 $f(a)$ 的輻角，相差 180°。這只要取：

$$\theta = \frac{\pi + \theta_0 - \theta_1}{\ell}.$$

代數學的故事

朋友，你學過代數吧！那麼，請你說說看，代數學在學些什麼？解方程式？對了！不過，也許你要說，那是「中學代數」嘛，人家「大學代數」學的可是什麼群啦、環啦、體啦，一些玄而又玄的東西，那裡是解方程式呢？不錯，群、環、體等抽象的代數系統，的確是近世代數所研究的對象，不過當初引進這些觀念，莫不是為了要有系統地處理方程式問題。如果我們說，代數史就是解方程式的歷史，也不為過。現在讓我們來回顧一下代數學發展的歷史吧！

我們很抱歉，沒能把今日代數的面貌告訴你。不過我們希望能澄清一點：今日的代數學並不是無中生有，從天而降的，它是有其歷史淵源；抽象化合公理化的處理，並不是無謂的符號遊戲，而是為了要提煉和整理一些具體的成果，以期能應用於更廣的領域，這是我們所要特別強調的。

二次方程古已解之

早在數千年前，古巴比倫人和埃及人，即已著手於代數學的探索。雖然他們解決代數問題的方法，早已湮沒不彰，但是，很明顯的，從他們那高度發展的文明所帶來的種種成就，可以看出他們對很多的代數技巧相當熟習。譬如說，規劃那些規模宏大的建築，處理浩瀚的天文資料，以及推算各種曆法等，在在都必須知道解一次和二次方程的實際知識才行。巴比倫人和埃及人的數學，具有一個共同的特色，那就是「經驗主義」：一些計算法則，似乎都是由經驗得來。

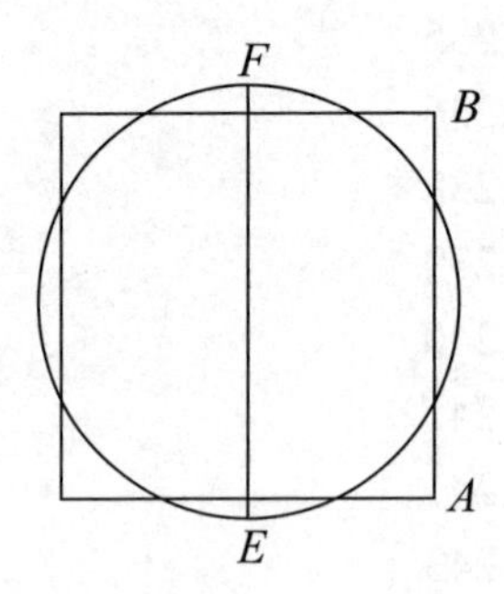

例如埃及人用正方形 ABCD 面積

$\left(\frac{8d}{9}\right)^2 \approx 3.1605 * r^2$

來計算圓面積

（d=EF 為圓之直徑，r 是半徑）。

邊長 $AB=\frac{8}{9}EF$。

而巴比倫人則用 $d=h+\frac{w^2}{2h}$ 來求一高 h 寬 w 的長方形之對角線長（見下圖）。大致說來，他們對於尋求特殊問題之解答的興趣，遠比歸納某類問題的解法技巧來得高。

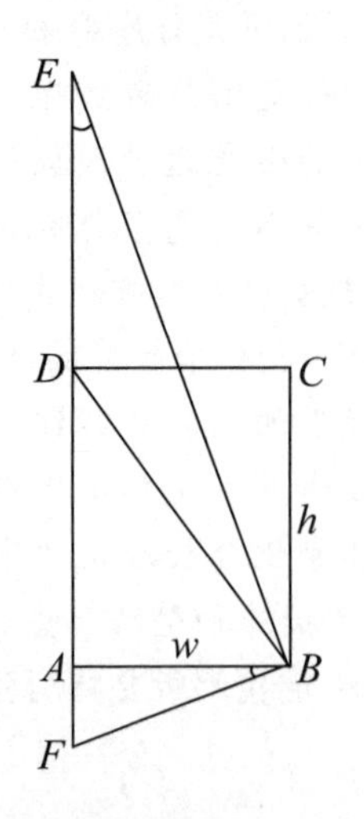

$\sqrt{h^2+w^2} \approx h+\frac{w^2}{2h}$.

在 $h \gg w$ 乃至 $h \approx w$ 時，

這的確是個很不錯的近似公式。

如圖，長方形 $ABCD$。

延長 AD 為 FE；$h=AD=DE$，

$\triangle ABE \sim \triangle AFE$；

$AF : AB = AB : AE$；$AF=\frac{w^2}{2h}$。

公式是說：

$DF=h+\frac{w^2}{2h} \approx DB=\sqrt{h^2+w^2}$。

你不妨試試幾個實例

$$(h, w) = (4, 3), (12, 5), (24, 7)\text{等等。}$$

$$\sqrt{4^2+3^2} \approx 4 + \frac{3^2}{2*4} = 5 + \frac{1}{8};$$

$$\sqrt{12^2+5^2} \approx 12 + \frac{5^2}{2*12} = 13 + \frac{1}{24};$$

$$\sqrt{24^2+7^2} \approx 24 + \frac{7^2}{2*24} = 25 + \frac{1}{48}.$$

在 $h \gg w$ 時，我們知道，依照二項級數的展開，

$$d = \sqrt{h^2+w^2} = h\left(1+\frac{w^2}{h^2}\right)^{\frac{1}{2}}$$

$$= h\left(1+\frac{1}{2}\cdot\frac{w^2}{h^2}+\cdots\right)$$

$$\approx h + \frac{w^2}{2h}\text{（當 } h \gg w\text{）}$$

當然，這也是切線法的結論。

只是不曉得巴比倫人是怎麼得來的！？

特別值得一提的，是巴比倫人解方程式的能耐。根據出土的資料顯示，巴比倫人備有一些倒數、平方根和立方根的數值表以供應用。有一個記載著 $u^3 + u^2$ 的數值表，似乎是求 $ax^3 + bx^2 = c$ 這類三次方程之近似解時所用（註一）。至於二次方程式，巴比倫然顯然已能確實地解出。古巴比倫的文獻上，曾有這麼一個問題：求一個數使之與其倒數之和等於一已知數。用我們現在的語言來說，他們是要解 $x + \frac{1}{x} = b$；事實上，這相當於解 $x^2 - bx + 1 = 0$。這個二次方程；而他們已經曉得答案是

$$\frac{b}{2} \pm \sqrt{\left(\frac{b}{2}\right)^2 - 1}$$

此外，他們也曾處理類似下面這樣的問題：若一矩形之周長和面積皆已知，試求其長及寬。這幾乎已經是典型的二次方程式了，只不過巴比倫人僅討論具體

的「應用問題」罷了。

公理化的數學觀

談到古代的數學，我們不能不提到希臘人。是希臘人開始探討理論性的、一般化的問題，才解脫了人類思想的桎梏，從而使數學有了長足的進步。希臘人對於數學最大的貢獻，莫過於公理系統的建立了。創出這個「公理化」的意念，該算是人類思想史上一個突破。

依照希臘人的觀念，幾何學是由一組公理出發，經過邏輯的演繹，從而得到種種定理的一種學問。希臘有一組他們偏愛的公理系統，那就是歐幾里得（Euclid）幾何的公理。他們認為這組公理有某種情形而上的意義，反映出宇宙的「真實」狀況。雖然公理化的概念對當時的代數並沒有絲毫的影響，然而近世代數學的各支，卻莫不以公理化的方法來處理。

由負數到判別式

希臘人的幾何觀，導致他們在發展代數上的一些缺陷。譬如說，用配方法解二次方程的時候，負根就忽略不計。因為他們認為負數是「不真實」的；換句話說，負數沒有幾何意義。負數是印度人所創用來表示負債的，據說第一世紀已經開始使用，不過真正可考的年代，大概是在西元 628 年左右。比起希臘人的專注於幾何學來，印度人更傾心於代數，也因此，代數學在他們的手中成長繁榮起來了。

印度人也知道一個正數有兩個平方根，一正一負，而負數則「無平方根」。同時，他們也知道一個二次方程有兩個根（負根和無理根都算在內）。因為印度人承認負數的存在，所以他們在解二次方程時，就不必像希臘人一樣，為了避免負係數，而分

$$\begin{pmatrix} ax^2 = bc + x, \\ ax^2 + bx = c \\ ax^2 + c = bx \end{pmatrix} \quad （a, b, c \text{ 皆為正}）$$

三種情形來討論。解法當然也是配方法，不過由於他們無法處理負數開平方，

自然也就無法解所有的二次方程了。

印度人的代數學，後來經過阿拉伯人的整理和潤飾，再傳到西方世界去。「代數學」的英文—algebra—便是來自阿拉伯文的 al-jabr（註二）。大家在中學時代所學的二次方程根的公式，就是回教帝國時代首度出現的，這個公式是說：二次方程式

$$ax^2+bx+c=0$$

的根是

$$x=\frac{-b\pm\sqrt{D}}{2a}$$

其中

$$D=b^2-4ac$$

即是該方程式的判別式（由於「虛數」尚未出現，自然 $D\geq 0$ 便成為有解的充要條件了。）

卡當公式來歷曲折

以後的幾百年間，數學家一直在尋求一個公式，希望能像解二次方程一樣地來解三次方程。除了某些特殊的例子以外，一般的三次方程都使數學家們束手無策。在 1494 年，甚至有人宣稱一般的三次方程是不可能有解的。幸好，有人不以為然，仍努力不懈，終於在 1500 年左右，義大利波隆納（Bologna）地方的一位數學教授「飛了」（del Ferro）解出

$$x^3+mx=n$$

型態的三次方程。他並沒有馬上發表他的方法，因為依照中世紀的風尚，任何發現都祕而不宣，而保留起來準備向對手挑戰或等待懸賞以領取獎金。（我們現在來看，他這領獎金的夢想，果真如同煮熟的鴨子——飛了。）大約在 1510

年，他還是私下將解法告訴他的朋友 Fior 以及他的女婿「對他奈何」（della Nave）。1535 年，Fior 提出三十個方程式向布雷沙（Brescia）市的一位叫「大舌頭」（Tartaglia，註三）的數學家挑戰，其中包含 $x^3+mx=n$ 型態的方程式。「大舌頭」全部解出來了，並且宣稱他也能解出

$$x^3+mx^2=n$$

型態的三次方程。1539 年，一位當時知名的數學家卡當（Cardan）力促「大舌頭」透露他的方法，在卡當答應守祕的保證之下，「大舌頭」勉強告訴他一個晦澀的口訣。1542 年卡當及其學生「肥了你」（Ferrari）在一次會晤「對他奈何」的場合，認定「飛了」的解法和「大舌頭」的如出一轍，於是卡當不顧自己當初的保證（誰又能奈何他呢？），也沒有經過「大舌頭」的允許，便將這個解法整理發表在他的書 Ars Magna 裡面，這便是一般所習稱的卡當公式的來歷（註四）。

三次方程的一般解

所謂「一般的」三次方程式，便是形如

$$x^3+bx^2+cx+d=0$$

的方程式，如果作 $y=x+\dfrac{b}{3}$ 的變數變換，則原方程式就變成

$$y^3+py+q=0 \tag{1}$$

因此只要考慮這種型態的三次方程就夠了。卡當最初發表時是用 $x^3+6x=20$ 這個例子來說明他的解法，在此，我們不妨考慮較一般的

$$x^3+mx+n=0 \tag{2}$$

其中 m 與 n 為正數。卡當引進兩個新變數 t 和 u，而令

$$t-u=n;\ t*u=\left(\frac{m}{3}\right)^3;$$

消去其中一個變數，再解所得之二次方程式，得到

$$t=\sqrt{\frac{n^2}{4}+\frac{m^3}{27}}+\frac{n}{2}$$
$$u=\sqrt{\frac{n^2}{4}+\frac{m^3}{27}}-\frac{n}{2}$$

卡當用幾何的方法證明

$$x=\sqrt[3]{t}-\sqrt[3]{u}$$

為 (2) 式之一個根，這可能與「大舌頭」得的根相同。

儘管當時已經是十六世紀，負數的觀念仍然受到歐洲人的排斥。所以，卡當（或許「大舌頭」也一樣）又解了 $x^3=mx+n$ 和 $x^3+n=mx$ 兩種型態的三次方程。雖然卡當也把負數稱為「幻數」，在他的書中負根與正根倒是兼容並蓄。不過，卡當對於虛根忽略不計，他管這種導致虛根的方程叫「錯誤」的問題。我們知道一個三次方程有三個根，所以，卡當的討論並不完備，直到兩個世紀後的 1732 年，才由歐拉（Euler）彌補完全。歐拉強調一個三次方程式永遠有三個根，並且指出如何得到這些根：若 ω 與 ω^2 表示 1 的兩個立方虛根，也就是

$$x^2+x+1=0$$

的兩個根，則 t 與 u 的立方根分別為 $\sqrt[3]{t}, \sqrt[3]{t}\omega, \sqrt[3]{t}\omega^2$ 和 $\sqrt[3]{u}, \sqrt[3]{u}\omega, \sqrt[3]{u}\omega^2$，如此，則

$$x_1=\sqrt[3]{t}-\sqrt[3]{u}$$
$$x_2=\sqrt[3]{t}\omega-\sqrt[3]{u}\omega^2$$
$$x_3=\sqrt[3]{t}\omega^2-\sqrt[3]{u}\omega$$

即為 (2) 式之三個根。同樣的道理，(1)式的三個根是

$$y_1=\sqrt[3]{-\frac{q}{2}+\sqrt{D}}+\sqrt[3]{-\frac{q}{2}-\sqrt{D}}$$
$$y_2=\omega\sqrt[3]{-\frac{q}{2}+\sqrt{D}}+\omega^2\sqrt[3]{-\frac{q}{2}-\sqrt{D}}$$
$$y_3=\omega^2\sqrt[3]{-\frac{q}{2}+\sqrt{D}}+\omega\sqrt[3]{-\frac{q}{2}-\sqrt{D}}$$

在這裡 $D=\frac{q^2}{4}+\frac{p^3}{27}$ 是三次方程 (1) 的判別式。看到這樣美妙的式子，我們無法不讚嘆和欽敬發現者的聰穎。

四次易解五次費思量

三次方程解出之後，緊接著四次方程的問題也在 1545 年被「肥了你」解決了。他的解法也發表在卡當的書中，和卡當公式屬於同期的性質，但複雜得多。「肥了你」的分法是引進一個新變數，以期使原來的四次方程經過配方後可分解成兩個二次式的乘積。因為所引進的新變數滿足一個三次方程，可由卡當公式解出，從而原方程式便很快可以解出來了。

在「大舌頭」、卡當和「肥了你」解決了三次和四次方程之後，大家注意力的焦點很自然地便落在五次方程了。數學家們都樂觀地認為，在短時間內應該可以發現五次和更高次方程的「一般解」了。我們先來澄清一下，什麼叫做一個 n 次方程的一般解呢？根據解二次和三次方程的經驗，我們了解，n 次方程的一般解，應該是一組計算公式，可以用來把該方程式的 n 個根，表為其係數的函數。還有，公式裡只能用到四則運算（加、減、乘、除）和開方。雖然在五次方程一般解的尋求上投下了不少心血，誰知兩個世紀過去了，依舊沒有任何真正的發展。

第一個真正的突破，要歸功於十八世紀末兼具法、義血統的拉格朗日（Lagrange）了。他提出一種統一的解法，把已知的四次以下方程式的一般解，納入單一的法則。他的想法，是把解一個給定方程式的問題，解化成「解另一個補助的方程式」，也就是所謂的預解方程式。拉氏的方法的確適用於一般的二次、三次以及四次的方程式。當原來的方程式數不超過四的時候，預解方程式的次數會低於原式的次數。不幸的是，碰到五次方程的情形，拉氏的方法就行不通了，因為照他的方法所求到預解方程式卻是六次的！

累積經驗啟後人

拉氏的方法之未能解出五次方程，暗示著一個令人驚異的可能性：莫非五次方程的一般解根本就不存在？拉氏自己就這麼想過：五次方程如此難解，要嘛就是這個問題超過了人類能力的極限，不然便是這個公式的性質必須跟已知的形式不一樣。1801 年高思（Gauss）也宣稱這個問題不可解，事後證實的確如此。儘管拉氏本人沒能解決這個問題，他也功不可沒，因為日後挪威的阿貝爾（Abel）和法國的葛羅瓦（Galois）都是從他的方法中，看出何以四次以下能解，高次的就不行。他的想法是這樣的：若 $x_1, x_2, \cdots, x_n$ 為方程式 $x^n + a_1 x^{n-1} + \cdots + a_n = 0$ 的 n 個根，則

$$a_1 = -(x_1 + x_2 + \cdots + x_n)$$
$$a_2 = x_1x_2 + x_1x_3 + \cdots + x_{n-1}x_n$$
$$\cdots$$
$$a_n = (-1)^n x_1x_2\cdots x_n$$

拉氏注意到即使 $x_1, x_2, \cdots, x_n$ 經過重新排列（「置換」），這些係數 $a_1, a_2, \cdots, a_n$ 依舊不變。換句話說，這些係數是 $x_1, x_2, \cdots, x_n$ 諸根的對稱函數。這個心得便是拉氏方法核心，同時也啟發了阿貝爾和葛羅瓦用排列置換來解決方程式的問題。

在 1799 到 1813 年的十多年間，拉氏的一位學生魯菲尼（Ruffini）一直想證明出：超過四次以上的一般方程不能用根式的方法求解，也就是說不能用四則運算和開方來表示它的根。1813 年魯氏證明，當原方程的次數大於或等於 5 的時候，其預解方程式次數不會低於 5。然後他就很自信地「以為」證明了超過四次的一般方程不可能有根式解。事實上，魯氏的努力並不算成功，因為在他那自以為是的證明裡，有個不小的漏洞，一直到 1876 年他本人才彌補起來。

阿貝爾是第一位充分證明五次以上的一般方程不能用根式解的人。與阿貝爾差不多同一時期的葛羅瓦，更從排列群的一些性質，建立了一套完整的理論，來判定什麼樣的方程式才能利用根式解。巧合的是，阿氏和葛氏都像流星

一樣，光芒一現，就迅速地離開人間。阿氏活了 27 年（1802-1829 年），而葛氏只有 21 年（1811-1832 年）壽命。更有甚者，他們這些劃時代的重要發現，在他們生前都沒有受到應有的重視。

有解無解耐尋味

阿氏讀過拉氏和高思有關方程式的論述。他在中學時代就想學高思處理二項式方程的方法，去研究高次方程的可解性。最初阿氏以為他解出了一般的五次方程，不過他很快地就發現其中的謬誤，因此，在 1824 到 1826 年這段時間，試著證明解的不可能性。首先他證明了這樣的定理：如果一個方程式可以用根式解，那麼根的公式裡出現的每個根式，都應可以表成諸根和 1 的某些方根之有理函數。這個結果正是魯氏用過但尚未證明的補助定理，——儘管阿氏定沒有見過他的論述。阿氏的證明相當複雜，而且繞圈子，甚至還有錯誤，不過幸虧並不影響大局。他終於證出了這樣的定理：如果僅允許四則運算和開方，那麼要想得到五次或更高次方程根的一般公式是不可能的。在此，我們必須強調一點，阿貝爾定理是需要一個很不尋常的證明的！因為，要驗證一個既有的公式，是否為一個給定的方程式之解，那是相當容易的事；但是要證明「任何」公式都不對，則完全是另一回事！

雖然一般的高次方程式不能用根式解，但仍然有不少特殊型態的方程式可用根式解。譬如二項式方程式

$$x^p = a \text{（} p \text{ 為質數）}$$

就是一個例子。另外，阿氏自己也曾找到了一些。於是接著的工作便是決定何種方程式可以用根式解。這個工作，剛由阿貝爾開始，葛羅瓦就把它結束了。1813 年葛氏找到了判別一個方程式是否可用根式解的充要條件。令人驚異的是，根據他的定理，居然有些整係數的五次方程，譬如

$$x^5 - 4x + 2 = 0$$

這個看起來相貌平凡的五次方程式，它的根竟然無法用加、減、乘、除和開方

來表示！

天才橫溢世未識

神童葛羅瓦十五歲就開始研究數學。他曾很認真而仔細地研究過拉格朗日、高思、阿貝爾和歌西（Cauchy）等人的論述。1829 年他寄了兩篇有關解方程式的論文給法國科學院。這兩篇文章交給歌西後，被遺失了。1830 年正月，他把他的研究成果，謹慎地寫成另一篇論文，再呈給科學院。這次送給傅立葉（Fourier），但是沒多久，傅氏去世，論文也丟了。在布阿松（Poisson）的建議下，他在 1831 年又寫了一篇新的論文，題目是「論方程式可以用根式解的條件」。這是他唯一完成的方程式論的論文，卻被布氏以「無法理解」為由退還給他，並建議將內容寫得充實些。這位天才橫溢的青年，最後在將滿 21 歲之前的一場決鬥中喪生。在去世的前夕，他匆忙記下自己的研究成果，託付給他的一個朋友。葛羅瓦那些燦爛輝煌的意念，簡直不可思議地超過了它那個時代，以致未能為當時的人所賞識（註五）。一到他死後數十年他那卓越的貢獻才開始受到注意。我們無法以粗淺的語言把葛氏的結果精確的告訴你。不過，我們不妨從實例中去體會葛氏的想法。

葛羅瓦群見分曉

考慮一個以 $x_1, x_2, \cdots, x_n$ 為根的 n 次方程式

$$x^n + a_1 x^{n-1} + \cdots + a_n = 0$$

在這裡，我們依照某一個固定的次序，來標示這些根。這些根的某一個「排列」，便是將 $x_1, x_2, \cdots, x_n$ 重新排成 $x_{i_1}, x_{i_2}, \cdots, x_{i_n}$ 的某一種方法。這裡的 $i_1, i_2, \cdots, i_n$，其實還是 $1, 2, \cdots, n$ 這 n 個數，每個出現一次，次序變更而已·為了方便起見，通常把一個排列想成「x_1 換成 x_{i_1}，x_2 換成 x_{i_2}，⋯」。因此，習慣上把一個排列記成

$$\begin{pmatrix} 1 & 2 & \cdots & n \\ i_1 & i_2 & \cdots & i_n \end{pmatrix}$$

這個記號表示：將 x_j 換成 x_{i_j}，（$1 \le j \le n$）。

$x_1, x_2, \cdots, x_n$ 的所有排列全體就記為 S_n。

葛氏的基本構想是這樣的：對任一多項式

$$x^n + a_1 x^{n-1} + \cdots + a_n \tag{3}$$

我們在 S_n 中找出一組排列跟它相應，這些排列由 $a_1, a_2, \cdots, a_n$ 這些係數來決定。這一組特定的排列，構成一種代數系統，即所謂的「群」。這個群我們把它稱為上列多項式(3)的「葛羅瓦群」。我們不打算在這裡改變話題，去明確定義群的觀念。不過我們可以大致說明一下葛羅瓦群是怎樣得到的：雖然 $x_1, x_2, \cdots, x_n$，這 n 個根總共有 $n!$ 種排列，但是葛羅瓦群裡的排列，卻必須保持諸根之間的一切關係。譬如說，方程式

$$x^4 - x^2 - 2 = 0 \tag{4}$$

有四個根：$x_1 = \sqrt{2}, x_2 = -\sqrt{2}, x_3 = \mathbf{i}, x_4 = -\mathbf{i}$。在所有的 24 種排列中，只有下列四種排列能保持 $x_1^2 = x_2^2$ 和 $x_3^2 = x_4^2$ 這兩種關係：

$$\begin{pmatrix} 1 & 2 & 3 & 4 \\ 1 & 2 & 3 & 4 \end{pmatrix}, \begin{pmatrix} 1 & 2 & 3 & 4 \\ 1 & 2 & 4 & 3 \end{pmatrix}, \begin{pmatrix} 1 & 2 & 3 & 4 \\ 2 & 1 & 3 & 4 \end{pmatrix}, \begin{pmatrix} 1 & 2 & 3 & 4 \\ 2 & 1 & 4 & 3 \end{pmatrix} \tag{5}$$

其他的排列，譬如

$$\begin{pmatrix} 1 & 2 & 3 & 4 \\ 3 & 2 & 4 & 4 \end{pmatrix}$$

把 $x_1^2 = x_2^2$ 變成 $x_3^2 = x_2^2$，也就是說 $(\mathbf{i})^2 = (-\sqrt{2})^2$，這當然不對。事實上，我們可以進一步證明上述的 4 種排列保持著「一切」的關係。(4) 式的葛羅瓦群便由 (5) 式這 4 種排列所組成。

一個多項式的代數性質，可以從它的葛羅瓦群反映出來。例如，一個多項式方程式，其可解性便可轉化成其葛羅瓦群的某種非常簡單的性質。事實上，當一個給定的方程式可以用根式解的時候，我們可以利用其葛羅瓦群的性質，

依照一個固定的步驟，把它的根真正地用根式表示出來。而且，當這個步驟行不通的時候，一定就是這個方程式不能用根式解。照這個辦法，我們可以得到阿貝爾的定理和四次以下方程式的解答公式。

附帶值得一提的是，阿貝爾和葛羅瓦在研究解方程式的過程中引進了代數學的另一重要觀念：如果有個「數的集合」，它的元素之間的加減乘除，所得的和差積商都還在集合內，那麼這個數集稱為「體」，如有理數全體是一「體」；或者於一某一特定的方程式其所有的根和有理數全體經加減乘除所衍生出來的數，也是一個體。

代數滋潤了幾何

解多項式所得的經驗，從歷史的觀點而言，可算是當代代數學的一塊基石。它引導了數學家們開始研究群論。雖然拉格朗日、阿貝爾和葛羅瓦也曾先後發表了一些排列的基本性質，但是第一位對排列群作詳盡研究的，則是法國大數學家哥西（可喜？可惜？）。1849 年柯西把他的研究成果發表在一系列的研究報告中。他雖然只討論排列群，卻是第一個提出群的觀念的人。至於群的抽象定義，則是在 1853 年才由英國的凱利（Cayley）提出來的。群的引進和方程式論的重大成就，在十九世紀初期，對於數學上許多領域的進展都有深遠的影響。其中最顯著的便是幾何學。代數學對於幾何學的影響甚多，我們這裡僅舉尺規作圖、非歐幾何、代數曲線三個例子來說明。

有心栽花花不發

首先談尺規作圖的問題。古希臘的幾何學們，對於用直尺和圓規來作幾何圖形的問題頗感興趣，而且在歐幾里得的時代，就已經知道許多這樣的作圖法。闢如說，希臘人知道如何二等分一個線段，二等分一個角，作一直線垂直於一已知直線，以及作一個正五邊形等。然，有三個似乎很基本的作圖題，希臘人始終無法解決。

一、三等分角問題——作一個角等於一個已知的三分之一。當幾何學家們知道怎樣去二等分任意角之後，他們立刻就想知道是否任意角也同樣可以三等分。他們單單用尺和圓規，僅能求到一些不錯的近似解而已。如果尺上有刻度，或者尺規再加上一條拋物線或各種其它的組合，他們便能辦到；但是光用直尺和圓規來做精確的三等分角，則一籌莫展。

二、倍立方問題——傳說中，這問題的來源，可追溯到西元前 429 年，一場瘟疫襲擊了雅典，造成四分之一的人口死亡。市民們推了一些代表去 Delos 地方請示阿波羅的旨意。神指示說，要想遏止瘟疫，得將阿波羅神殿中那個正立方的祭壇加大一倍。人們便把每邊增長一倍，結果體積當然就變成了八倍，然而瘟疫依舊蔓延。於是他們想到，或許神諭是要把祭壇的體積增大一倍，也就是每邊增至原來邊長的 $\sqrt[3]{2}$ 倍。這個問題，等於是要用直尺和圓規作一已知線段的 $\sqrt[3]{2}$ 倍長。結局很有意思，不知道到底是阿波羅覺得近似值就可以了，還是默許了雅典人用有刻度的尺，反正瘟疫就停止了。

三、方圓問題——據說哲學家 Anaxagoras 在監牢時想出這樣的問題：用直尺和圓規作一個正方形，使其面積等於一個已知圓的面積。換句話說，這等於是要用尺規作出一已知線段的 $\sqrt{\pi}$ 倍長。

隨著時代演進，這些問題的名聲與日俱增，希臘數學先賢並沒有因為知道 $\sqrt[3]{2}$ 近似於 1.259 就把問題拋諸腦後，仍然鍥而不捨地思考和研究。我們不由得要對他們的好奇心，致以最高的敬意。除了三大作圖題以外，還有一個有名的問題，乃是用尺規作多邊形。在歐幾里德時代，希臘人所知可以作圖的正 n 邊形，包括

$$n=2^k,\ 3\times 2^k,\ 5\times 2^k,\ 15\times 2^k \text{ 的情形}$$

其後兩千年，一直沒再發現過新的正多邊形之作圖法。而且幾何學家們也幾忽一致默認，再也不會有別的正多邊形可以用尺規來作圖了。

無心插柳柳成蔭

1796 年，德國的天才數學家，當年才十九歲的高思證明了正 17 邊形可以用尺規作圖。1826 年，他更進一步地宣稱，一個正 n 邊形可以作圖的充要條件，就是

$$n=2^k p_1 p_2 \cdots p_r,\ \text{其中 } k\geq 0$$

而 $p_1, p_2, \cdots, p_r$ 分別為形如 $2^{2^m}+1$，而且彼此互異的質數。說得更明白些，每個 p_i 必須是 3, 5, 17, 257, 65537 等質數之一（$2^{2^m}+1$ 不一定都是質數）。高思的論述中，確實證明了這個條件的充分性，然而，必要性並不明顯，高思也沒有證明。1837 年，汪徹（Wantzel）證明了高思條件的必要性，此外他還證明了三等分任意角和倍立方的不可能性。至於方圓問題則是1882年才由林得曼（Lindemann）證明為不可能。就這樣，三個古典的難題都在 19 世紀解決了。值得注意的是，這些古典難題之不可能性，其證明所用的都是代數的觀念（如體等），而不是幾何的方法。更讓人驚訝的是，這些有關的代數觀念，係來自當年解方程式的經驗和葛羅瓦的研究成果。

註 1 若令 $u=a\dfrac{x}{b}$，則原方程式變為 $u^3+u^2=\dfrac{a^2c}{b^3}$。因為 u^3+u^2 為 u 的漸增函數（當 $u>0$）時，所以從 u^3+u^2 的數值表，可利用插值法求得原方程式的近似解。

註 2 al-jabr一字是「補償」的意思，這個名稱來自代數運算的「移項」。當我們將 $x^2-7=9$ 左邊的 -7 去掉時，右邊就得「補上」7 而成為 $x^2=16$。

註 3 Tartaglia原名Niccolo Fontana，幼年時臉部曾被法國士兵以軍刀劃傷，因受驚嚇而說話結結巴巴，從此就被稱為「大舌頭」（Tartaglia）而不名。他自己寫的書也以此署名。

註 4 讀者也許會對「大舌頭」寄予無限的同情，然而「大舌頭」與卡當實在是一丘之貉。他曾「翻譯」一些阿基米得的論述，事實上是抄自三世紀前別人的作品。另外，他也曾把別人所發現的斜面上運動定律，宣稱是自己的創見。

註 5 葛羅瓦的求學過程一直坎坷不平，或許這也是他不受重視的原因之一。他曾兩度投考當時最好的巴黎工藝學院，結果都名落孫山。後來他進了較差的學校，卻因在大革命時期，抨擊該校校長，而遭校方開除。

補白

如果一個複數 $\alpha\in\mathbb{C}$ 是一個整數係數的多項式方程式的根，亦即，有 $c_j\in\mathbb{Z}, j=0, 1, 2, \cdots m$，使得：

$$\sum_{j=0}^{m} c_j * \alpha^j = 0, (m > 0,)$$

我們就說：α是個代數數，否則它是個超越（transcendental）數。代數數的全體$\mathbf{A}$當然是個「體」：允許加減乘除，還允許開（任意整數次）方，因此$\mathbb{G} \subset \mathbf{A}$。（注意到：$\sqrt[3]{2} \in \mathbf{A}$，但是$\sqrt[3]{2} \notin \mathbb{G}$。）Hermite首先證明了Euler常數是個超越數，Lindemann接著證明了π的超越性。

附錄二

我如何成為一位數學家？

Mark Kac（1914-1984）

這是在1930年夏天，在波蘭的Krzemieniec所發生的事情。那年我16歲。高中最後一年在九月就要開學，我必須思考未來的前途，作生涯規劃。因為數學與物理都是我的拿手，所以選擇讀工程似乎是實在與合理的事情。「一個家庭一個哲學家就已足夠」，這是我母親表述問題與建議解答的方式。「一個家庭一個哲學家」是指我的父親，他在德國的萊比錫大學讀哲學並且得到博士學位，其後又在莫斯科大學得到歷史與語言學結合的博士學位。儘管有這些優秀的學歷，但是由於社會普遍的反猶，讓他無法找到任何教職，除了在Tarbut學校當了兩年短暫的校長之外。我父親參與我的外祖父經營的紡織事業，多年後失敗，他只好靠著微薄的家教收入維生。他可能是歷史上懂得希伯來文、拉丁文、希臘文、甚至是斯拉夫舊教文的唯一商人。因為他的一些學生是當地希臘正教學院的學生，所以他很方便就學得後者。

這樣的生活並不是我母親對她的兒子所期望的，因此讀工程似乎是正確的方向。然而，在 1930 年的夏天，在我的心目中，選擇大學的科系並不是最重要的事情。因為一個經常折磨數學家與科學家間歇性發作的「疾病」，突然發生在我的身上，那就是：對一個問題著迷。發病的症狀都類似，而且很容易辨認，特別是患者的妻子更是心有戚戚焉，因為患者表現出的反社會行為持續加強。最常見的是，茶飯不思，也不睡覺。我的症狀特別顯著，因此家人開始為我擔心。

事實上，我的問題並沒有什麼了不起，甚至也不會產生重大的後續發展，這就是三次方程式的求解問題。答案早在1545年就由義大利數學家Cardano（卡丹公式，1501-1576）發表了。我所不知道的只是，它是如何想到與推導出來的。

在波蘭教育專家們為中學所設計的數學課程，在解完二次方程式之後就停止了。對於三次或更高次方程式好奇的學生，他們就回答說：「這對你們太高深了」，或者說：「不要急，當你以後讀到高等數學時，就會學到。」因此這個問題就形成一個禁地。但是我不理會它，決心要自己弄明白三次方程式的求解問題。

我拿起一本暑期數學讀物，打開在三次方程式這一節，讀到第一行我就被打敗了。開頭這樣寫著：「令 $x=u+v$。」因為我知道答案是兩個立方根之和，所以令 $x=u+v$，顯然是預期這樣的解答形式，但是整體說起來，我覺得這對學習者是不公平的。

在這個節骨眼上，我很接近於數學教學的一個奇妙分水嶺：一邊是如何想出證明或推理的策略，這大部分是超越邏輯範疇；另一邊是證明或推理的技巧，這是純演繹的工作，因此具有邏輯與形式的特性。〔譯者註：這是發現與證明的分水嶺，先有發現，才有證明。〕換言之，這是在求知過程中，動機與實踐的區別。不幸地，絕大部分的數學書都只呈現後者，而忽略前者。

在不了解背後的動機之下，我無法接受形式的推演。直接令，而不說明為什麼要這樣做，這對我是一種冒犯。我問父親，但是他太專注於他那瀕臨衰敗的商業，以至於對我沒有什麼幫助。因此我立定決心，要自己找尋一個滿意且不同的推導方法。我父親持懷疑的態度，這從他願意出高價就看得出來：只要我做成功，他就給我 5 元波蘭幣的獎金（這在當時是一個不小的數目）。

在我這一生中，有好多次因沉迷於問題而發狂的紀錄，有些問題在數學與科學上還產生過一些影響，但是在 1930 年後，我從未像這次那麼努力與狂熱於工作。我很早就起床，幾乎沒有時間吃早餐，我整天都在做計算，在一大堆白紙上寫滿公式，直到深夜累壞倒在床上。跟我講話是沒有用的，因為我只會回應以無意義的單音節咕嚕聲。我停止會見朋友，甚至放棄跟女朋友約會。由於缺少策略，我的工作漫無方向，經常重覆走著沒有結果的老路，躪跚於死胡同。

直到有一天早晨，答案出現在眼前，卡丹公式就在眼前的紙頁上發光！我花一整天或更多的時間，從堆積如山的紙堆中拾取論證的線索。最後終於把整個推導過程精練成三到四頁。我父親把我辛勞的成果瀏覽一遍後，就付給我獎金。

不久學校開學了，我把整理好的文章交給數學老師。他是一個親切的人，喜愛伏特加酒，他在聖彼得堡（St. Petersburg）大學受過良好的教育，但是當我認識他時，他已很少記得他所學的，並且也不在乎。不過，他還是很小心地研讀我的文章，並且代我投稿到華沙的 Mlody Matematyk（少年數學家）這本雜誌。這似乎就結束了，因為雜誌社一直沒有通知我文章已收到，又經過了幾個月也沒有從遙遠的華沙（Warsaw）傳來任何訊息。

然後，在1931年5月初，距離期末考只有幾個禮拜的時間，好消息突然降臨。在早上的後半，宗教靈修的課程正要開始。因為只有信奉羅馬天主教的同學要接受教導，對於我們少數幾個非天主教徒的學生，這段是自由時間。現在上課鐘響了；朦朧微暗的走廊幾乎沒有學生。我稍遲離開教室，在匆忙之中差一點就撞上正要進入教室的牧師。就在這時，我看見校長朝我走來。我猜這必是衝著我而來，因為宗教課從未有外行的專家會來造訪，而且我的週遭沒有人，走廊也只是通到教室的死巷。

根據我的經驗，會見校長大概不會是什麼好事，於是我開始回想，到底我有沒有做錯什麼事情，才讓校長走出辦公室來找我（有別於通常的召人進入校長室），我擔心可能要被處罰。事實上，從他的神秘表情看來，他將要獎賞我！甚至在他要開口之前，還特別調整一下自己以示莊重，這是一個學生在快要畢業的前夕所無法想像的事。他的第一句話就讓事情明朗。他說：「教育部的參事，Antoni Marian Rusiecki閣下，正在本校訪問，下午兩點半在他的辦公室要接見你。」這時果戈里（Gogol，俄國劇作家、小說家）的The Inspector General（巡案將軍）的景象立刻在我的腦海浮現，不過Antoni Marian Rusiecki是「真實的」人物，這讓我有幾秒鐘的時間一直回味著「參事閣下」這句話。原來Rusiecki是Mlody Matematyk雜誌的主編。

在兩點半正，我以週末的最佳整裝打理，去會見Rusiecki先生。他個子高大，有點瘦，蓄小鬍子，戴著金邊眼鏡。他對我講話時，宛如我們的地位是平等的。

「我們已經收到你的論文，會拖這麼久的理由是，在編輯會議的討論中，起先我們相信你的方法是已經知道的，因為在文獻上有許多不同的方法可以推導出卡丹公式，也許你只是重新發現其中之一而已。然而，經過我們搜尋文獻的結果，最後確信你的方法是新的，因此我們準備要刊登你的論文。」他們實現了承諾。在我畢業幾個月後，論文登出來了，我用Katz的名字發表，因為我覺得德文的拼字Katz，比斯拉夫文的Kac還要優雅。

在我會見Rusiecki先生要結束前，他問我將來有什麼計畫。我告訴他說，家人要我讀工程。他說：「不，你應該讀數學，顯然你對數學有天份。」我聽從他的勸告，走上數學之路，這救了我的生命。我的數學足夠好，也足夠幸運，我在 1938 年申請到博士後出國深造的研究獎學金。這是由波蘭富有的猶太家庭 Parnas 所捐贈，規定要有一個名額給猶太申請者，這是兩年期的獎學金。我在 1938 年 12 月抵達 John Hopkins 大學，二次世界大戰讓我滯留在美國，有家歸不得。如果我當初去讀工程，無疑地，我必然留在波蘭，跟我的家人和六百萬猶太同胞一樣，走上被希特勒殺害的相同命運。

最後附言：幾年前我的朋友，也是美國年輕的數學之星 Gian-Carlo Rota，在洛克斐勒大學演講，題目是「Umbral Calculus」，探討用新方法來處理不變式理論（invariant theory）。在演講中，Rota 順便討論 Sylvester 定理，這是有關於兩變數齊次式的一個美妙結果。他說：「我現在展示給你們看，如何用 Sylvester 定理來求解三次方程式。」我只聽他講幾句話，立刻就感覺到電流傳佈全身；因為我認識到，那就是在 1930 年夏天我所發現的方法。

【譯者註】Mark Kac（19141984）是波蘭裔的美國數學家，專攻機率論及其在物理學上的應用。本文是從他的自傳《機運之謎》（Enigmas of Chance，1985 年出版）這本書翻譯出來的。我再引 Kac 的一段話：

自從 1930 年的夏天，當我重新推導出卡丹公式，嚐到發現的喜悅之後，除了數學之外我就不想再做其它的事情。更精確地說，我只想做數學及其對物理學的應用。

他又說：我要讚美威力無比，但卻反覆無常的機運女神——泰姬（Tyche）。雖然我花費許多的數學生命，嘗試要證明她確實不存在，但是她仍然不吝惜地給我個人的生命帶來好運和幸福。

因此，我們可以說「三次方程式的卡丹公式救人一命」。

累加與累乘

有兩個記號非常有用而且非常簡單自然。

【累加】希臘字母 Σ 相當於拉丁字母的 S。用它代表累加（sum, summation）。請看 p.27, §11(7)式，$\Sigma_{j=0}^{m} a^j * x^j$，可以這樣讀：

《把 a sub j 乘 x 的 j 次方，讓足碼 j 從 0 變到 m，全部加起來》

再看看 p.93 倒數第三列，出現了 $\Sigma_j \beta_j^3$，在其處當然就是四個 β_j^3 的和，而

$\Sigma_{j\neq k}\beta_j^2\beta_k$，是《就不同的足碼 j, k 來將 $\beta_j^2\beta_k$ 作和[1]》。

如果足碼的範圍事先已經講清楚是從 1 到 n，那麼

$p_2=\Sigma_{j<k}\beta_j*\beta_k$，是《就足碼 $j<k$ 來將 $\beta_j*\beta_k$ 作和[2]》。

而 $\Sigma_{j\neq k}\beta_j*\beta_k$ 是《就不同的足碼 j, k 來將 $\beta_j*\beta_k$ 作和[3]》。

所以前者是後者的一半！

【累乘】希臘字母Π（發音）相當於拉丁字母的P。用它來代表累乘（product）。請看 p.84, §22(4)式，那個基本交錯式 $\Pi_{i<j}(x_i-x_j)$，可以這樣讀：

《把 (x_i-x_j) 對於一切合乎 $i<j$ 的一對足碼 j, k 作和》

再看 p.49, §14 最末列的 Lagrange 插值公式(2)，最外面出現了 $\Sigma_{j=0}^{m}$，這就確定了和式有 $m+1$ 項，每一項用足碼（標籤）j 來區辨，j 是從 $0, 1,\cdots,$ 一直到 m 為止；我的規定是：稱之為《第 j 項》（日常生活中你沒有聽說過第零項，但是在數學國中這是很常見的）。此地的第 j 項是 $\beta_j*\Pi_{i\neq j}\left(\dfrac{x-a_i}{a_j-a_i}\right)$；也就是用係數 β_j 去乘上一個累乘式，也就是《將 $\dfrac{x-a_i}{a_j-a_i}$ 對於所有不等於 j 的足碼 i 作乘積》，以 $m=3$ 為例[4]

$$\Sigma_{j=0}^{3}\beta_j*\frac{\Pi_{i\neq j}(x+a_i)}{\Pi_{i\neq j}(a_j-a_i)}=\beta_0*\frac{(x-a_1)(x-a_2)(x-a_3)}{(a_0-a_1)(a_0-a_2)(a_0-a_3)}+\beta_1*\frac{(x-a_0)(x-a_2)(x-a_3)}{(a_1-a_0)(a_1-a_2)(a_1-a_3)}+$$
$$\beta_2*\frac{(x-a_0)(x-a_1)(x-a_3)}{(a_2-a_0)(a_2-a_1)(a_2-a_3)}+\beta_3*\frac{(x-a_0)(x-a_1)(x-a_2)}{(a_3-a_0)(a_3-a_1)(a_3-a_2)}$$

【輪換式】這是累加的一種變形，如果有幾個文字被我們選定了一種順序，例如說 p, q, r, s 四個文字變數，那麼我們寫 Cycl $f(p,q,r,s)$，意思就是：兜圈子輪換那個式子 $f(p,q,r,s)$ 的變數，再作和：

$$\text{Cycl}\, f(p,q,r,s)=f(p,q,r,s)+f(q,r,s,p)+f(r,s,p,q)+f(s,p,q,r).$$

最常見的三元 x,y,z 的輪換式，例如：

$$\text{Cycl}\, x^2y=x^2y+y^2z+z^2x\neq\Sigma x^2y=x^2y+y^2x+y^2z+z^2y+z^2x+x^2z.$$

1　這樣一共有 $4*3=12$ 項。

2　這樣一共有 $\dfrac{n*(n-1)}{2}$ 項。

3　只要有一項 $\beta_1*\beta_4$，就還會有一項 $\beta_4*\beta_1$。

4　如果你看到下式左側，就隨手可以寫出右側，你對於累加或累乘應該是合格了。

第六章

遞迴與點算

本章的主題是排列組合。我們只談一些簡單有用的點算法。

出發點是加法原則，馬上就有了乘法原則，這就得到了基本的排列公式。乘法原則的反用就是除法原則，那麼由基本的排列公式就得到了基本的組合公式，也就是二項係數的解釋。二項係數在數學中到處出現。（像Pascal公式，我們就給出冗官原理的解釋。）最根本的是二項式定理。我們也講了與之有關的近似計算。

點算的公式差不多都是要用到遞迴法的證明。我們著重地闡明：這個方法是演繹而非歸納！我們舉了許多例子，例如取捨原理，雙重歸納，以及算幾平均不等式。

很早大家就接觸到等差級數和的公式，當然就會想到它的類推，即冪方和公式，或者高階等差級數。這整個想法可以歸之於差和分法的基本定理。排列組合的點算法是非常有趣又困難的學問。我們只能舉很少的例子。（像唱票過程中的鏡射原則，當然是有點難！）

§61　歸納與遞迴

歸納法的原意

歸納的意思是經驗的累積。看太陽從東邊出來，今天如此，明天如此，於是相信：「天天如此！」當然這是人類學習的基本辦法之一，幸虧人類有「記憶力」！（沒有記憶的民族註定要做奴隸）

數學歸納法

和歸納法（induction）相對的叫做演繹法（deduction）。就是數學上的所謂「證明」。

數學和平常的（「經驗」）科學有個不一樣之處：只有證明才算是理論的完成。

因此，你看到「數學歸納法」這個字，真糟糕：

數學歸納法不是「歸納法」，而是演繹法！歸納所得只是「猜測」！

我們將從一個最最簡單的例子來看數學歸納法是在做什麼：

例1　試證明：對於一切自然數 n, 下式都成立

$$1+2+3+\cdots+n=\frac{n(n+1)}{2}.$$

解釋　題目的意思是把上面這個式子，看成一句話，記做 $\mathcal{P}(n)$（命題，proposition.）。對於每個自然數 n，都各有它的一句話 $\mathcal{P}(n)$，因此，一共有無窮多句話，例如：

$$\mathcal{P}(1)\text{就是}\quad 1=\frac{1*2}{2};$$

$$\mathcal{P}(2)\text{就是}\quad 1+2=\frac{2*3}{2};$$

$$\mathcal{P}(3)\text{就是}\quad 1+2+3=\frac{3*4}{2};$$

$$\cdots\qquad\cdots$$

$$\mathcal{P}(21)\text{就是}\quad 1+2+3+\cdots+21=\frac{21*22}{2};$$

… …

我們必須證明這無窮多句話！

每一句話，（原則上）都是很容易驗證的，例如，第一句話，$\mathcal{P}(1)$，它的左側$=1$，而右側$=\frac{1*2}{2}$，當然就（算出來！）$=1=$左側，也就馬上驗證為真了！

$\mathcal{P}(2)$也很容易驗證：右側$=\frac{2*3}{2}=3$，而左側$=1+2=3$。也就驗證為真了！

數學歸納法的意思是：在驗證了第一句話，$\mathcal{P}(1)$之後，你不用再去驗證個別的$\mathcal{P}(2)$, $\mathcal{P}(3)$（這些驗證只有一點兒意義：「加強信心」）。你只要再做一件事：遞迴（recursion）。

遞迴的意思是：從$\mathcal{P}(k)$，去推得$\mathcal{P}(k+1)$。

此地是很容易的：

如果$\mathcal{P}(k)$是真確的：

$$\mathcal{P}(k): 1+2+3+\cdots+k=\frac{k(k+1)}{2};$$

那麼，兩側都加上$(k+1)$，左側成了

$$(1+2+3+\cdots+k)+\ (k+1);$$

右側成為：

$\frac{k(k+1)}{2}+\ (k+1)$；括出共同因子，$=(k+1)\left(\frac{k}{2}+1\right)=\frac{(k+1)*((k+1)+1)}{2}$；

所以我們就是從$\mathcal{P}(k)$，推導出：

$$(1+2+3+\cdots+k)+\ (k+1)=\frac{(k+1)*((k+1)+1)}{2};$$

這個式子恰好就是$\mathcal{P}(k+1)$。

所以數學歸納法有兩步：

必須驗證最先的句子；這叫做首例驗證。

然後製造遞迴機，也就是說：假定 $\mathcal{P}(k)$ 為真，由此推導出 $\mathcal{P}(k+1)$。

以上所說的數學歸納法，是看成由 n 推到 $n+1$，但是我們也可以採用「分析」的觀點，把「數學歸納法」解釋成：把 n 的情形，推給 $n-1$ 的情形！

例如說，要證明公式對於 $n=234$ 成立，也就是證明：

$$\mathcal{P}(234):1+2+3+4+\cdots+234 \stackrel{?}{=} \frac{234(234+1)}{2},$$

我們可以把問題推給 $n=233$ 的情形！因為如果

$$1+2+3+4+\cdots+233 \stackrel{?}{=} \frac{233(233+1)}{2} = \frac{233*234}{2},$$

那麼，兩邊加上 234，則：

$$(1+2+3+\cdots+233)+234 = \left(\frac{233*234}{2}\right)+234 = 234*\left(\frac{233}{2}+1\right) = \frac{234*235}{2},$$

就是所要的等式！

換句話說：要我們證明，「對於一切自然數 n, 公式都對！」我們是把 $n=234$ 的情形推給 $n=233$ 的情形！同樣地，又把 $n=233$ 的情形推給 $n=232$ 的情形！一直往下降！（這是遞迴機。）但是開頭時不成問題（這是首例驗證）：

$$1 = \frac{1*(1+1)}{2}.$$

所以我們的遞迴法就完成了！

所以，遞迴法就有兩件事，一是「驗證開頭的情形」，一是把後面的 n 的情形，推給前面的 n 的情形。這兩件事，都要做！（先寫哪一個倒是無所謂！）

骨牌的說法

我們想像在每個自然數 n 的位置上，放置了一張骨牌，代表了一個命題 $\mathcal{P}(n)$，當我們推導（證明）了命題 $\mathcal{P}(n)$ 的時候，就相當於推倒了這張骨牌。

數學歸納法（＝遞迴法）的意思就是用這樣子的手法來推倒所有的骨牌：

我們必須 1°：推倒第一張骨牌 $\mathcal{P}(1)$；

我們必須 2° 安排好「遞迴的機制」，使得：只要前面的那張骨牌 $\mathcal{P}(k)$ 倒下去的時候，恰恰可以連帶打到下一張骨牌 $\mathcal{P}(k+1)$。

冪方和

對於一切自然數 n，

$$\begin{aligned} S_1(n) &:= 1+2+3+4+\cdots+n=\frac{n(n+1)}{2}; \\ S_2(n) &:= 1^2+2^2+3^2+4^2+\cdots+n^2=\frac{n(n+1)(2n+1)}{6}; \\ S_3(n) &:= 1^3+2^3+3^3+4^3+\cdots+n^3=\frac{n^2(n+1)^2}{4}; \\ S_4(n) &:= 1^4+2^4+3^4+4^4+\cdots+n^4= ? \end{aligned} \tag{1}$$

註 顯然我們應該加上：

$$S_0(n) := 1^0+2^2+3^0+\cdots+n^0=n.$$

例 2 現在看公式 $S_2(n)$。驗證開頭的情形，即 $n=1$，這是太容易了：

$$1^2=\frac{1*(1+1)*(2*1+1)}{6}=\frac{6}{6} \text{。當然對。}$$

其次，如果一直到 $n=k$ 都對：

$$S_2(k) := 1^2+2^2+3^2+4^2+\cdots+k^2=\frac{k(k+1)(2k+1)}{6};$$

那麼，加上 $(k+1)^2$ 時，左邊是：

$$S_2(k+1)=(1^2+2^2+3^2+4^2+\cdots+k^2)+(k+1)^2,$$

右邊是：

$$\frac{k(k+1)(2k+1)}{6}+(k+1)^2=(k+1)*\left(\frac{k*(2k+1)}{6}+(k+1)\right)$$

$$=(k+1)*\frac{2k^2+k+6k+6}{6}=\frac{(k+1)(2k^2+7k+6)}{6}=\frac{(k+1)(k+2)(2k+3)}{6}$$

恰是想要的式子！因為 $(k+2)=(k+1)+1, (2k+3)=2(k+1)+1$。

習題 當 n 為自然數時，證明下列恆等式：

1. $1+x+x^2+\cdots+x^n=\frac{1-x^{n+1}}{1-x}.$

2. $1*2*3+2*3*4+\cdots+n*(n-1)*(n+2)=\frac{1}{4}n(n+1)(n+2)(n+3).$

習題 當 n 為自然數時，證明：

3. $n(n+1)(2n+1)$ 一定都是 6 的倍數！

4. $x^n-nx+(n+1)$ 一定都是 $(x-1)^2$ 的倍式！

5. $2x^n-na^{n-2}x^2+(n-2)\alpha^n$ 一定都是 $(x-\alpha)^2$ 的倍式！

6. $n(n+1)(n+2)(n+3)$ 一定都是 $4!=24$ 的倍數！

例 3：不等式 假設 $a>0$，則

對於一切自然數n，$(1+a)^{n+1}>1>(n+1)*a.$

證明 若 $n=1$ 則待證式成為：

$$(1+a)^2>1+2a,$$

因為左側$=1+2a+a^2$，而 $a^2>0$，此式當然成立。

若命題對於 $n=k$ 成立，即：

$$(1+a)^{n+1}>1+(k+1)*a.$$

則將上一式乘以$(1+a)>0$，那麼：

$$(1+a)*(1+a)^{k+1}>(1+a)*(1+(k+1)*a).$$

左側成為$(1+a)^{k+2}$，而右側

$(1+a)*(1+(k+1)*a)=1+(k+2)*a+(k+1)a^2$。當然$>1+(k+2)*a.$

於是：

$$(1+a)^{k+2}>1+(k+2)*a.$$

這就是命題於$n=k+1$的情形。因此證明完畢！

註解 首先我們引入很方便的記號：

$\forall n\in\mathbb{N}$，意思就是：「對於一切（for all, for any,）自然數n」。

所以這個命題就是說：

$$\forall n\in\mathbb{N}, \mathcal{P}(n);$$

其中，我們暫時用$\mathcal{P}(n)$表示不等式

$$\mathcal{P}(n):(1+a)^{n+1}>1+(n+1)*a.$$

你當然覺得題目稍微奇怪！？為何不用不等式

$$\mathcal{Q}(n):(1+a)^n>1+n*a.$$

代替$\mathcal{P}(n)$？也就是說成：

$$\forall n\in\mathbb{N}, \mathcal{Q}(n);$$

啊，你馬上看出不行，因為$n=1$時的情況，不是不等式，而是等式。

$$\mathcal{Q}(1):(1+a)^1>1+1*a$$

不成立。只有等號。

（實際上，$\mathcal{Q}(2)=\mathcal{P}(1), \mathcal{Q}(3)=\mathcal{P}(2), \cdots, \mathcal{Q}(n+1)=\mathcal{P}(n).$）

那麼，當然可以改為「寬鬆的不等式」：

$$\forall n \in \mathbb{N}, (\mathcal{R}(n):)(1+a)^n \geq 1+n*a.$$

但是「寬鬆的不等式」$\mathcal{R}(n)$比起「狹義的不等式」$\mathcal{Q}(n)$弱！

例 4　試證明：對於一切自然數 m, n，如下公式成立：

$$1+\frac{n-1}{1}+\frac{(n-1)n}{1*2}+\frac{(n-1)n(n+1)}{1*2*3}+\frac{(n-1)n(n+1)(n+2)}{1*2*3*4}+ \\ +\cdots+\frac{(n-1)n(n+1)(n+2)\cdots(n+m-2)}{1*2*3*\cdots*m}=\frac{n(n+1)(n+2)\cdots(n+m-1)}{1*2*3*\cdots*m}.$$

解　我們把這個式子叫做$\mathcal{P}(m, n)$。它牽涉到兩個足碼 m 與 n。所以整個命題是：

$$\forall (m \in \mathbb{N}, n \in \mathbb{N}), \mathcal{P}(m, n). \tag{2}$$

我們把座標平面上，縱橫坐標都是整數的點叫做格子點。於是這個命題是說：對於第一象限的一切的格子點(m, n)，$\mathcal{P}(m, n)$都成立。

因為格子點是排列成一行一行的，也是排列成一列一列的，所以很自然地產生了（兩碼，或者）兩維遞迴法。

我們也可以用前面說過的推骨牌的說法：老師已經在第一象限的一切的格子點(m, n)的位置上豎立了一張骨牌（也就是命題）$\mathcal{P}(m, n)$。如果我們證明了這個命題，就代表了那張骨牌已經被推倒了。我們想要推倒（＝推導）所有的骨牌！這樣子當然最少有兩種著手的方式！

- 我們可以固定 $m \in \mathbb{N}$。把一整行的格子點

$$(m, 1), (m, 2), \cdots, (m, n), (m, n+1), \cdots$$

全部一起考慮。把所有這些式子的全部，叫做$\mathcal{Q}(m)$，也就是說：

$$\mathcal{Q}(m) = '\forall n \in \mathbb{N}, \mathcal{P}(m, n)'.$$

那麼問題就成為：要證明

$$\forall n \in \mathbb{N}, \mathcal{Q}(m). \tag{3}$$

用骨牌的譬喻，我們把第 m 行一整行的骨牌紮成「一行束」，這一整束骨牌就叫做 $\mathcal{Q}(m)$；所以我們只是把一整束骨牌當成前面所說的一張骨牌來工作，也就是說：我們必須先推倒第一行束，而且必須建好遞迴的機制，使得：當我們推倒了第 m 行束的時候，恰恰可以利用它這個倒下來的力量，就把其次的那一行束 $\mathcal{Q}(m+1)$就被絆倒了！

・我們也可以固定 $n \in \mathbb{N}$。把一整列的格子點

$$(1, n), (2, n), \cdots, (m, n), (m+1, n), \cdots$$

全部一起考慮。把所有這些式子的全部，叫做 $\mathcal{R}(n)$，也就是說：

$$\mathcal{R}(n) = \text{'}\forall m \in \mathbb{N}, \mathcal{P}(m, n)\text{'}.$$

那麼問題就成為：要證明

$$\forall n \in \mathbb{N}, \mathcal{R}(n). \tag{4}$$

（我們也可以仿造剛剛說過的推骨牌的說法：除了是把「行」（column）改為「列」（row）：把第 n 列一整列的骨牌紮成「一列束」，這一整束骨牌就叫做 $\mathcal{R}(n)$。）

・好，就說前者吧。也就是證明(3)式。

當然（$m=1$ 時）$\mathcal{Q}(1)$可說是無聊的：

$$\forall n \in \mathbb{N}, 1 + \frac{n-1}{1} \stackrel{?}{=} \frac{n}{1} \cdot Yes!$$

（左 $= 1 + (n-1) = n$，右 $= \frac{1}{1} = 1 =$ 左。）

（如果你願意驗證的話）（$m=2$）$\mathcal{Q}(2)$，也是無聊的：

$$1+\frac{n-1}{1}+\frac{(n-1)n}{1*2}\overset{?}{=}\frac{n(n+1)}{1*2}.Yes!$$

（$左=1+n-1+\frac{n^2}{2}-\frac{n}{2}=\frac{n^2}{2}+\frac{n}{2}$，$右=\frac{n(n+1)}{2}=左!$）

現在假設$\mathcal{Q}(k)$成立。也就是說：$\forall n\in\mathbb{N}$，

$$1+\frac{n-1}{1}+\frac{(n-1)n}{1*2}+\frac{(n-1)n(n+1)}{1*2*3}+\frac{(n-1)n(n+1)(n+2)}{1*2*3*4}+\cdots+\frac{(n-1)n(n+1)(n+2)\cdots(n+k-2)}{1*2*3*\cdots*k}=\frac{n(n+1)(n+2)\cdots(n+k-1)}{1*2*3*\cdots*k}.$$

此式兩側，都加上一項$\frac{(n-1)n(n+1)(n+2)\cdots(n+k-1)}{1*2*3*\cdots*k*(k+1)}$，則

$$左側=1+\frac{n-1}{1}+\frac{(n-1)n}{1*2}+\frac{(n-1)n(n+1)}{1*2*3}+\frac{(n-1)n(n+1)(n+2)}{1*2*3*4}+\cdots+\frac{(n-1)n(n+1)(n+2)\cdots(n+k-2)}{1*2*3*\cdots*k}+\frac{(n-1)n(n+1)(n+2)\cdots(n+k-1)}{1*2*3*\cdots*k*(k+1)};$$

$$右側=\frac{n(n+1)(n+2)\cdots(n+k-1)}{1*2*3*\cdots*k}+\frac{(n-1)n(n+1)(n+2)\cdots(n+k-1)}{1*2*3*\cdots*k*(k+1)}$$

$$（通分）=\frac{[(k+1)+(n-1)]*n(n+1)(n+2)\cdots(n+k-1)}{1*2*3*\cdots*k*(k+1)}$$

$$=\frac{n(n+1)(n+2)\cdots(n+k-1)*[n+k]}{1*2*3*\cdots*k*(k+1)};$$

這個最後的式子，當然就是$\mathcal{P}(k+1,n)$。換句話說，我們已經推導出

$$\forall n\in\mathbb{N},\mathcal{P}(k+1,n)\ 成立。$$

這句話就是$\mathcal{Q}(k+1)$。

我們已經做了「首例驗證」，即$\mathcal{Q}(1)$，又進行了遞迴：由$\mathcal{Q}(k)$推導出$\mathcal{Q}(k+1)$。所以由數學歸納法，知道：$\forall m\in\mathbb{N},\ \mathcal{Q}(m)$成立。這就是待證的命題。

- 我們當然也可以做後者，也就是證明(4)式。

當然，首例驗證$\mathcal{R}(1)$可說是無聊的：對於一切$m\in\mathbb{N}$，

$$\mathcal{P}(m,1)\text{的左側}:=1+\frac{n-1}{1}+\frac{(n-1)n}{1*2}+\frac{(n-1)n(n+1)}{1*2*3}+\frac{(n-1)n(n+1)(n+2)}{1*2*3*4}$$
$$+\cdots+\frac{(n-1)\,n\,(n+1)(n+2)\cdots(n+m-2)}{1*2*3*\cdots*m}$$
$$=1+0+0+0+\cdots=1=\text{右側。}$$

其次要「遞迴」，也就是由 $\mathcal{R}(k)$ 去推導出 $\mathcal{R}(k+1)$。

$\mathcal{R}(k)$ 的意思是：對於一切 $m\in\mathbb{N}$，

$$\text{(i)}:1+\frac{k-1}{1}+\frac{(k-1)k}{1*2}+\frac{(k-1)k(k+1)}{1*2*3}+\frac{(k-1)k(k+1)(k+2)}{1*2*3*4}$$
$$+\cdots+\frac{(k-1)\,k\,(k+1)(k+2)\cdots(k+m-2)}{1*2*3*\cdots*m}$$
$$=\frac{k\,(k+1)(k+2)\cdots(k+m-1)}{1*2*3*\cdots*m}.$$

$\mathcal{R}(k+1)$ 的意思是：對於一切 $m\in\mathbb{N}$，

$$\text{(ii)}:1+\frac{k}{1}+\frac{k(k+1)}{1*2}+\frac{k(k+1)(k+2)}{1*2*3}+\frac{k(k+1)(k+2)(k+3)}{1*2*3*4}$$
$$+\cdots+\frac{k\,(k+1)(k+2)\cdots(k+m-2)(k+m-1)}{1*2*3*\cdots*m}$$
$$=\frac{(k+1)(k+2)\cdots(k+m-1)(k+m)}{1*2*3*\cdots*m}.$$

注意到現在是要由 (i) 式，推導出 (ii) 式，同樣有 $1+m$ 項，但是項項不同！這是麻煩多多了！（和上段的推導大不相同！）

此地 (ii) 的第 0 項，= (i) 的第零項，（我們的標碼 j 從零說起比較方便！）

其後的第 j 項，(ii) 比起 (i) 的對應項，多了

$$\frac{k\,(k+1)(k+2)\cdots(k+j-2)(k+j-1)}{1*2*3*\cdots*j}-\frac{(k-1)k(k+1)(k+2)\cdots(k+j-2)}{1*2*3*\cdots*j}$$
$$=\frac{k\,(k+1)(k+2)\cdots(k+j-2)[(k+j-2)-(k-1)]}{1*2*3*\cdots*j}=\frac{k(k+1)(k+2)\cdots(k+j-2)j}{1*2*3*\cdots*j}$$
$$=\frac{k(k+1)(k+2)\cdots(k+j-2)}{1*2*3*\cdots*(j-1)}=\begin{pmatrix} 1, & \text{當 } j=1, \\ \dfrac{k(k+1)(k+2)\cdots(k+j-2)}{1*2*3*\cdots*(j-1)}, & \text{當 } 2\le j\le m, \end{pmatrix}$$

於是

$$\text{(ii)的左側} = \text{(i)的左側} + \left(1 + \sum_{j=2}^{m} \frac{k(k+1)(k+2)\cdots(k+j-2)}{1*2*3*\cdots*(j-1)}\right) \tag{5}$$

上式的最末一個和式就是 $\mathcal{P}(m-1, k+1)$ 的左側！

這真是糟糕！因為我們現在恰好是要由 $n=k$ 去推導 $n=k+1$ 的情形，（不在乎 m，）而這裡卻出現了 $\mathcal{P}(m-1, k+1)$的左側！

我們如果相信定理是對的，那麼，

$$\mathcal{P}(m-1, k+1)\ \text{的左側} = \text{右側} = \frac{(k+1)(k+2)\cdots(k+m-1)}{(m-1)!},$$

於是，由(5)式，就有：

$$\begin{aligned}
\text{(ii)的左側} &= \text{(i) 的左側} + \frac{(k+1)(k+2)\cdots(k+m-1)}{(m-1)!} \\
&= \text{(i) 的右側} + \frac{(k+1)(k+2)\cdots(k+m-1)}{(m-1)!} \\
&= \frac{k(k+1)(k+2)\cdots(k+m-1)}{m!} + \frac{(k+1)(k+2)\cdots(k+m-1)}{(m-1)!} \\
&= \frac{(k+m)(k+1)(k+2)\cdots(k+m-1)}{m!} = \text{(ii)的右側}
\end{aligned}$$

那麼我們就得到 (ii) 式了，於是由遞迴法，命題就證明完畢了。

雙重歸納

當然這個「證明」有點「不對勁」，因為：在我們要得到公式 $\mathcal{P}(m, k+1)$ 的過程當中，已經用到 $\mathcal{P}(m-1, k+1)$ 的公式了！

所以這裡的說法不是原先所想的：一整列的骨牌紮成「一列束 $\mathcal{R}(k)$，先推倒第一列束，然後建構「遞迴的機制」，使得：利用第 k 列束倒下去的動力，就把下一個列束 $\mathcal{R}(k+1)$也絆倒了！

真正的工作稍微複雜一些：這裡所謂「遞迴的機制」，沒有那麼樣的輕鬆，可以利用第 k 列束倒下去的動力，就把下一個列束 $\mathcal{R}(k+1)$整束都直接絆倒！而是：對於這一列束的骨牌，同樣要建立「在這一列中的遞迴機制」，使得：在推倒第 m 張骨牌 $\mathcal{P}(m, k+1)$的時候，就可以絆倒（此列的）下一張骨牌 $\mathcal{P}(m+1, k+1)$。

注意 在剛剛這個例子中，兩種做法（推倒行束，或推倒列束）難易有別！

例 5 平面上 n 邊形的內角和是$(n-2)*180°$。

唯一的麻煩是：「驗證開頭的情形」，即 $n=3$ 的情形。當然這是平面幾何學中最根本的一個定理。（參見§71(1) 式。）

假定這個已經做過了，那麼，要從 $(n+1)$ 遞迴到 n，是太容易了，因為：（參見下圖左）在多邊形 $P_1P_2P_3 \cdots P_nP_{n+1}$ 中，我們只要連接 P_1P_n，就把 $(n+1)$ 邊形，剖成 n）邊形 $P_1P_2P_3 \cdots P_n$ 與一個三角形 $\triangle P_1P_nP_{n+1}$，而內角和就是：

$$(n-2)*180°+180° = (n-1)*180° = ((n+1)-1)*180°.$$

恰是想要的式子！

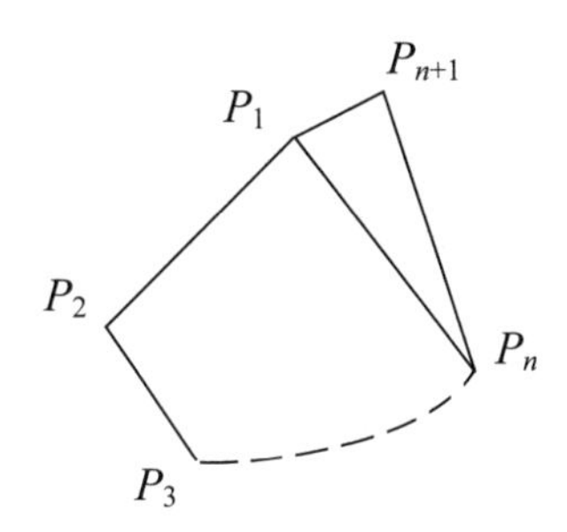

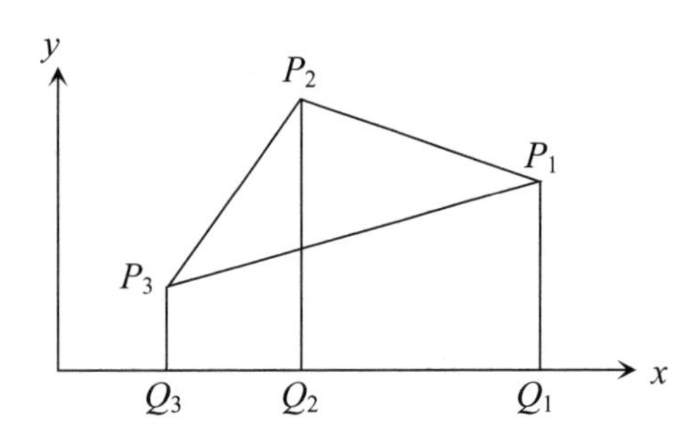

例 6 平面上 n 邊形 $P_1P_2P_3 \cdots P_n$ 的面積是：

$$\mathcal{A}(P_1P_2P_3 \cdots P_n)$$
$$= \frac{1}{2}(x_1y_2 - x_2y_1 + x_2y_3 - x_3y_2 + - + - \cdots + x_{n-1}y_n - x_ny_{n-1} + x_ny_1 - x_1y_n). \quad (6)$$

這裡假定頂點 P_j 是 $P_j = (x_j, y_j)$，而且，頂點的順序是所謂的「正的」（右手迴旋）方向。

唯一的麻煩是：「驗證開頭的情形」，即$n=3$的情形。（參見上圖右。）假定這個已經做過了，那麼，要從$(n+1)$遞迴到n，是太容易了，因為：我們如上例，連接P_1P_n，就把$(n+1)$邊形，剖成n邊形$P_1P_2P_3\cdots P_n$與一個三角形$\triangle P_1P_nP_{n+1}$，而面積符合加法原理：

$$\mathcal{A}(P_1P_2P_3\cdots P_nP_{n+1})=\mathcal{A}(P_1P_2P_3\cdots P_n)+\mathcal{A}(P_1P_nP_{n+1});$$

現在右側的第一項是公式(6)，第二項是

$$\frac{1}{2}(x_1y_n-x_ny_1+x_ny_{n+1}-x_{n+1}y_n+x_{n+1}y_1-x_1y_{n+1});$$

兩者相加，就是：

$$\frac{1}{2}(x_1y_2-x_2y_1+x_2y_3-x_3y_2+-+-\cdots+x_{n-1}y_n-x_ny_{n-1}$$
$$+x_ny_{n+1}-x_{n+1}y_n+x_{n+1}y_1-x_1y_{n+1});$$

這就是我們所要的遞推公式！

習題 7 對於一切自然數n, m，$\Pi_{j=1}^{m}(n+j-1)$一定都是$m!$的倍數！

例 8 試證明：

$$\left(1+\frac{x}{1}\right)\left(1+\frac{x}{2}\right)\left(1+\frac{x}{3}\right)\cdots\left(1+\frac{x}{n}\right)=1+x+\frac{x(x+1)}{2!}+\cdots+\frac{x(x+1)(x+2)\cdots(x+n-1)}{n!}.$$

註解 我們在p.252中已經解釋過Σ與Π。用Σ（累加），Π（累乘）的記號，這個恆等式是：

$$\prod_{j=1}^{m}\left(1+\frac{x}{j}\right)=\sum_{j=0}^{n}\frac{\Pi_{k=1}^{j}(x+k-1)}{j!}.$$

解 我們把這個<u>待證式</u>叫做$\mathcal{P}(n)$。

$\mathcal{P}(1)$是指：

$$\mathcal{P}(1):1+\frac{x}{1}=1+x.$$

當然成立。

現在<u>假定</u>$\mathcal{P}(k)$成立。亦即：

$$\left[\left(1+\frac{x}{1}\right)\left(1+\frac{x}{2}\right)\left(1+\frac{x}{3}\right)\cdots\left(1+\frac{x}{k}\right)\right]$$
$$=\left\langle 1+x+\frac{x(x+1)}{2!}+\cdots+\frac{x(x+1)(x+2)\cdots(x+k-1)}{k!}\right\rangle.$$

（注意到：左側用方括號，右側用角括號！）

我們<u>想要由此證明</u>$\mathcal{P}(k+1)$成立。亦即：

$$\left[\left(1+\frac{x}{1}\right)\left(1+\frac{x}{2}\right)\left(1+\frac{x}{3}\right)\cdots\left(1+\frac{x}{k}\right)\right]*\left(1+\frac{x}{k+1}\right)$$
$$\overset{?}{=}\left\langle 1+x+\frac{x(x+1)}{2!}+\cdots+\frac{x(x+1)(x+2)\cdots(x+k-1)}{k!}\right\rangle$$
$$+\frac{x(x+1)(x+2)\cdots(x+k-1)(x+k)}{(k+1)!}.$$

這裡的左端我們利用乘法分配律，則：

$$\begin{aligned}
\text{左端}&=[\quad]*\left(1+\frac{x}{k+1}\right)\\
&=[\quad]+[\quad]*\left(\frac{x}{k+1}\right)\\
&=\langle\quad\rangle+[\quad]*\left(\frac{x}{k+1}\right)\text{（末項重整！）}\\
&=\langle\quad\rangle+\left[\frac{x+1}{1}\cdot\frac{x+2}{2}\cdot\frac{x+3}{3}\cdots\frac{x+k}{k}\right]*\left(\frac{x}{k+1}\right)\\
&=\left\langle 1+x+\frac{x(x+1)}{2!}+\cdots+\frac{x(x+1)(x+2)\cdots(x+k-1)}{k!}\right\rangle\\
&\quad+\frac{x(x+1)(x+2)\cdots(x+k)}{(k+1)!};
\end{aligned}$$

這就是$\mathcal{P}(k+1)$的右側。因此證明完畢。

§61.1　算幾平均不等式

定義

對於 n 個實數，$b_1, b_2, \cdots, b_n$ 它們的算術平均就是

$$A_n := \frac{1}{n}\sum_{j=1}^{n} b_j; \tag{7}$$

若它們都是正的（最少是「非負的」），它們的幾何平均就是

$$G_n := \sqrt[n]{\prod_{j=1}^{n} b_j}; \tag{8}$$

註（算術的＝arithmetic，幾何的＝geometric。）

算幾不等式定理

對於 n 個非負的實數 $b_1, b_2, \cdots, b_n$，它們的算術平均必然大於它們的幾何平均，除非情況無聊：全部都相同！

我們要證明：只要諸 $b_j > 0$ 不全然相等，則：$A_n > G_n$。這個不等式記做命題 $\mathcal{P}(n)$，要證明對於一切自然數 $n > 1$，$\mathcal{P}(n)$ 都成立。

（首例驗證）在 $n = 2$ 時，

$$A_2 - G_2 = \frac{b_1 + b_2}{2} - \sqrt{b_1 * b_2} = \frac{(\sqrt{b_1} - \sqrt{b_2})^2}{2} > 0.$$

（因為我們假定 $b_1 > 0, b_2 > 0, b_1 \neq b_2$）故命題 $\mathcal{P}(2)$ 成立。

這個定理有個非常有趣的證明！必須稍稍繞個彎！

我們將對「$n = 2^m$ 是 2 的冪」的情形來做！（這是個比較簡單的問題！）

也就是說，我們暫時不會證明整個定理，只會證明比較簡單的。

補題 對於一切自然數 m，任意 2^m 個實數 b_j 只要諸 $b_j > 0$ 不全然相等，就成立

$$\mathcal{Q}(m) = \mathcal{P}(2^m)：A_{2^m} > G_{2^m}.$$

（首例驗證）$\mathcal{Q}(1)$ 成立，這是剛剛證明的。

現在要製造「遞迴機」，也就是說

假定 $\mathcal{Q}(k)$成立，則 $\mathcal{Q}(k+1)$也成立！後者是指：

$$\mathcal{P}(2^{k+1}) : \frac{1}{2^{k+1}}\sum_{j=1}^{2^{k+1}} b_j > \sqrt[2^{k+1}]{\prod_{j=1}^{2^{k+1}} b_j};$$

當然，要點是：你要保持腦筋清楚！

這一大堆正數 b_j（標籤 j，從 1 到 2^{k+1}），其實可以分成兩堆：

一堆的標籤 j，從 1 到 2^k，另一堆的標籤 j，從 2^k+1 到 2^{k+1}；

那麼對於這兩堆，都可以適用（我們假定成立的）命題 $\mathcal{Q}(k)$，因此

$$\Diamond : \frac{1}{2^k}\Sigma_{j=1}^{2^k} b_j \geq \sqrt[2^k]{\Pi_{j=1}^{2^k} b_j};$$

$$\frac{1}{2^k}\Sigma_{j=2^k+1}^{2^{k+1}} b_j \geq \sqrt[2^k]{\Pi_{j=2^k+1}^{2^{k+1}} b_j};$$

這兩個不等式的左側兩個正數做算術平均，那就適用命題 $\mathcal{Q}(1)=\mathcal{P}(2)$，也就是說：

$$\heartsuit : \frac{1}{2}\left(\left(\frac{1}{2^k}\sum_{j=1}^{2^k} b_j\right)+\left(\frac{1}{2^k}\sum_{j=2^k+1}^{2^{k+1}} b_j\right)\right) \geq \sqrt{\left(\frac{1}{2^k}\sum_{j=1}^{2^k} b_j\right)*\left(\frac{1}{2^k}\sum_{j=2^k+1}^{2^{k+1}} b_j\right)};$$

那麼利用剛剛的兩個不等式，就得到：（式子繼續寫下去！）

$$\geq \sqrt{\sqrt[2^k]{\prod_{j=1}^{2^k} b_j} * \sqrt[2^k]{\prod_{j=2^k+1}^{2^{k+1}} b_j}};$$

（我們不需要用到中間項，只要頭尾！因此）重新改寫為：

$$\spadesuit : \frac{1}{2}\left(\left(\frac{1}{2^k}\sum_{j=1}^{2^k} b_j\right)+\left(\frac{1}{2^k}\sum_{j=2^k+1}^{2^{k+1}} b_j\right)\right) \geq \sqrt{\sqrt[2^k]{\prod_{j=1}^{2^k} b_j} * \sqrt[2^k]{\prod_{j=2^k+1}^{2^{k+1}} b_j}};$$

我們腦筋清楚：整個大堆的算術平均，就是兩堆分別做出算術平均之後，再做這兩者的算術平均，也就是說：上♠式

$$左側=\frac{1}{2^{k+1}}\sum_{j=1}^{2^{k+1}} b_j=A_{2^{k+1}};$$

（以完全同樣的理由，可以把「算術平均」改為「幾何平均」）則上♠式

$$右側=\sqrt[2^{k+1}]{\prod_{j=1}^{2^{k+1}} b_j}=G_{2^{k+1}};$$

那麼，上面的♠式就成了：

$$\mathcal{Q}(k+1)=\mathcal{P}(2^{k+1}):A_{2^{k+1}}\geq G_{2^{k+1}};$$

這裡有個關鍵性的要點：我們要非常嚴謹！現在這個式子是「軟性的」不等式！因為允許等號！

我們回想一下，在◊處，兩個等號必須要求：兩堆的正數，各堆的每個數全等；

在♡處的等號必須要求：兩堆的算術平均也相等；

於是，在最後的「軟性的」不等式 $\mathcal{Q}(k+1)$中，等號必須要求：所有整堆的數 b_j 完全相等！因此由數學歸納法，我們證明了補題。

Maclaurin 的妙招

回到完整的算幾不等式定理來。我們必須對付「n 不是 2 的冪」的情形！這時候有個妙招！

如果 n 不是 2 的冪，那麼我們可以寫成：$2^{m-1}<n<2^m$，而給我們的是 n 個實數 $b_1, b_2, \cdots, b_n$,不全相等。

我們算出它們的算術平均與幾何平均：

$$A:=A_n=\frac{1}{n}\sum_{j=1}^{n} b_j;\ \ G:=G_n=\sqrt[n]{\prod_{j=1}^{n} b_j};$$

現在我們在這 n 個數 $b_1, b_2, \cdots, b_n$ 之外，另外再湊上 2^m-n 個正數：

$$b_{n+1}=A=b_{n+2}=b_{n+3}=\cdots=b_{2^m}.$$

這一個「更大堆」，一共有 2^m 個正數，那就可以適用剛剛證明的定理，也就是說：

$$\mathcal{Q}(m)=\mathcal{P}(2^m)：\frac{1}{2^m}\sum_{j=1}^{2^m} b_j \geq \sqrt[2^m]{\prod_{j=1}^{2^m} b_j};$$

或者不要根號：

$$♣：\left(\frac{1}{2^m}\sum_{j=1}^{2^m} b_j\right)^{2^m} \geq \prod_{j=1}^{2^m} b_j;$$

我們該把這個「更大堆」（一共有 2^m 個正數），分成（不相等的！）兩堆，一堆是前面 n 個，$b_1, b_2, \cdots, b_n$；另外一堆是後面 2^m-n 個，$b_{n+1}=A=b_{n+2}=b_{n+3}=\cdots=b_{2^m}$（都是 A），如此一來，我們就看出：

$$\Sigma_{j=1}^{2^m} b_j=\Sigma_{j=1}^{n} b_j+\Sigma_{j=n+1}^{2^m} b_j=n*A+\Sigma_{j=n+1}^{2^m} A=n*A+(2^m-n)*A;$$
$$\Pi_{j=1}^{2^m} b_j=(\Pi_{j=1}^{n} b_j)*A^{(2^m-n)}=G^n*A^{(2^m-n)};$$

把這兩個東西代入上♣式：

$$♣：A^{2m} \geq G^n*A^{(2^m-n)};$$

移項就得到：

$$A^n \geq G^n;$$

開 n 次方，就得到：

$$A \geq G;$$

我們嚴謹地思考，就知道：上面這式子根本是不等號，只要整堆的數 b_j 不完全相等！（因為此時，「更大堆」就不完全相等。）

§61.2 Cauchy-Schwarz 不等式

這個不等式非常重要非常有用，也非常簡單！

● n 維向量

把 n 個（可以相同的！）實數，$x_1, x_2, \cdots, x_n$，排列之後框在一起，我們給以壹個記號，就叫做一個 n 維向量。例如，四維向量可以寫成

$$\mathbf{u} = \begin{bmatrix} u_1 \\ u_2 \\ u_3 \\ u_4 \end{bmatrix}，或者\ \mathbf{u} = [u_1, u_2, u_3, u_4]. \tag{21}$$

u_j 是這個向量 $\mathbf{u}$ 的第 j 成份。

註 前者叫做行（column）向量，後者叫做列（row）向量。當然暫時沒有區別。請注意：在寫成橫列的時候，加上逗號，我認為是你的義務！如果不寫逗號，因而引起的任何誤解，責任是在寫的人！

● 定理

對於任何兩個 n 維向量 $\mathbf{u}, \mathbf{v}$，

$$|\sum_j u_j * v_j| \leq \sqrt{\sum_j u_j^2} * \sqrt{\sum_j v_j^2}, \tag{22}$$

證 雖然有不止一種證明法，我們此地卻是堅持遞迴法！

$n=1$ 時是無聊的恆等式。

$n=2$ 時，不等式成了：

$$(u_1 * v_1 + u_2 * v_2)^2 \leq (u_1^2 + u_2^2) * (v_1^2 + v_2^2); \tag{23}$$

展開之後，右側減去左側，就是：

$$(u_1^2 + u_2^2) * (v_1^2 + v_2^2) - (u_1 * v_1 + u_2 * v_2)^2$$

$$=u_1^2*v_2^2+u_2^2*v_1^2-2u_1*v_1*u_2*v_2=(u_1v_2-u_2*v_1)^2, \tag{24}$$

注意到這個計算也說明了等號成立的條件是：

$$u_1：v_2=v_1：v_2；$$

如果假定到 $n=k$ 為止，命題成立，則有：

$$(\sum_{j=1}^{k}u_j*v_j)^2\le(\sum_{j=1}^{k}u_j^2)*(\sum_{j=1}^{k}v_j^2);$$

現在計算 $n=k+1$ 的情形：

$$\begin{aligned}
&(\Sigma_{j=1}^{k+1}u_j^2)*(\Sigma_{j=1}^{k+1}v_j^2)-(\Sigma_{j=1}^{k+1}u_j*v_j)^2\\
=&(\Sigma_{j=1}^{k}u_j^2+u_{k+1}^2)*(\Sigma_{j=1}^{k}v_j^2+v_{k+1}^2)-(\Sigma_{j=1}^{k}u_j*v_j+u_{k+1}v_{k+1})^2\\
=&(\Sigma_{j=1}^{k}u_j^2)*(\Sigma_{j=1}^{k}v_j^2)-(\Sigma_{j=1}^{k}u_j*v_j)^2\\
&+\{(\Sigma_{j=1}^{k}u_j^2)v_{k+1}^2+(\Sigma_{j=1}^{k}v_j^2)u_{k+1}^2-2(\Sigma_{j=1}^{k}u_j*v_j)*u_{k+1}v_{k+1}\};
\end{aligned}$$

紐括號之前的項已經遞迴地假設為非負，所以，我們只要證明：紐括號之內也是非負！但是：

$$\begin{aligned}
&(\Sigma_{j=1}^{k}u_j^2)v_{k+1}^2+(\Sigma_{j=1}^{k}v_j^2)u_{k+1}^2-2(\Sigma_{j=1}^{k}u_j*v_j)*u_{k+1}v_{k+1}\\
\ge&(\Sigma_{j=1}^{k}u_j^2)v_{k+1}^2+(\Sigma_{j=1}^{k}v_j^2)u_{k+1}^2-2|\Sigma_{j=1}^{k}u_j*v_j|*|u_{k+1}v_{k+1}|\\
\ge&(\Sigma_{j=1}^{k}u_j^2)v_{k+1}^2+(\Sigma_{j=1}^{k}v_j^2)u_{k+1}^2-2\sqrt{\Sigma_{j=1}^{k}u_j^2}*|v_{k+1}|*\sqrt{\Sigma_{j=1}^{k}v_j^2}*|u_{k+1}|\\
=&(\sqrt{\Sigma_{j=1}^{k}u_j^2}*|v_{k+1}|-\sqrt{\Sigma_{j=1}^{k}v_j^2}*|u_{k+1}|)^2\ge 0.
\end{aligned}$$

如果你認真思考這個證明，就知道我們已經（遞迴地）證明了：等號成立的條件是：這兩個 n 維向量 $\mathbf{u},\mathbf{v}$ 成正比！

習題1 對於任何兩個 n 維的正的向量 $\mathbf{a},\mathbf{b}$

$$\Sigma\sqrt{a_j\,b_j}\le\sqrt{(\Sigma a_j)*(\Sigma b_j)}; \tag{25}$$

所謂「正的向量」，在此是指：各個成分都是「非負」。

等號成立的條件是：兩個向量成正比！

習題2 對於任何四個 n 維的正的向量 $\mathbf{a}, \mathbf{b}, \mathbf{c}, \mathbf{d}$

$$\Sigma \sqrt[4]{a_j * b_j * c_j * d_j} < \sqrt[4]{(\Sigma a_j) * (\Sigma b_j) * (\Sigma c_j) * (\Sigma d_j)}; \tag{26}$$

除非四個向量成正比！

習題3 對於任何三個 n 維的正的向量 $\mathbf{a}, \mathbf{b}, \mathbf{c}$

$$\Sigma \sqrt[3]{a_j * b_j * c_j} < \sqrt[3]{(\Sigma a_j) * (\Sigma b_j) * (\Sigma c_j)}; \tag{27}$$

除非三個向量成正比！

習題4 那麼一般的命題如何敘述？

§62　乘法原理：排列

例1：排列

一班新生有 53 個同學，新導師要主持選舉就說：「先選『班長與副班長』，我將用電腦做出 53 張選票，每張選票上有全部可能的『班長與副班長』配對，你們只要在上面勾就好了」。（他的數學程度不太好）你想他的想法行得通嗎？

解析

先想個比較簡單的問題：如果他想只選「班長」，這大概行得通！因為，他讓電腦（依照學號）印出全班 53 人的名字，印 53 張。

如果他先辦理「選班長」，再辦「選副班長」，那麼，第一張選票，列有 53 人的名字，但是，第二張選票，列有 52 人的名字，因為，班長已經選出，其名字不可以出現在第二張選票上！

由此可知，如果他要一張選票，列出所有可能的「搭配」，必須有 $53 * 52 = 2756$ 個欄位！一張紙印不出。

這裡出現了乘法原理了！我們可以用 Descartes 的座標法來解釋！

想像把53個人名字列在x軸上，另外也列在y軸上。（只要想像就好了！數學的妙用在此！）而且說x表示班長，y表示副班長，那麼，寫下一「點」（即寫下(x, y)），就是寫下一個可能的搭配！你要讓電腦列出所有可能的搭配，當然叫它不要點出「對角線上的點」！因為對角線上的點(x, y)，將有$x=y$，這是不被允許的搭配！所以印得出的點（可許的搭配），如何點算呢？你可以先逐行點算，每行有 $53-1=52$ 點，而共有 53 行。（你也可以先逐列點算，每列有 $53-1=52$ 點，而共有 53 列。）

例 2：排列

如上，若這個導師說：要選舉「班長，副班長，學藝股長」，那麼，有幾種搭配？答案是 $53*52*51=13780$。當然這時候你需要(x, y, z)三個軸，同樣地，要挖掉「對角面」上的點。如果已經選定了「班長x」，那麼，可以搭配的「副班長，學藝股長」(y, z)，就有 $52*51$ 個！
從n個不同的東西中挑出r個來「排列」，總共有這些「搭配」總數：

$$ {}_nP_r := n\,(n-1) * \ (n-2) \cdots * \ (n-r+1);\ {}_nP_0 := 1. \tag{1}$$

${}_nP_r$ 可以讀做n中取r的排列數。

所謂「排列」，強調的是，這些被選出來的東西，「地位」，各個不相同！

階乘

如這班學生學期末「排名次」，（不准許有相同名次！）那麼，總共有幾種可能？當然是：

$$ n! := {}_nP_n = n * \ (n-1) * \ (n-2) * \cdots * 2 * 1;\ 0! := 1. \tag{2}$$

$n!$可以讀做n的階乘（數）。

例 3

$$0! = 1;\ 1! = 1;\ 2! = 2;\ 3! = 6;\ 4! = 24;\ 5! = 120;\ 6! = 720;\ 7! = 5040.$$

習題1 若 $n \geq 6$，則

$$n! > \left(\frac{n}{2}\right)^n. \tag{3}$$

習題2 12個人的club，規定每個人取一個拉丁字母為代號，而且人各不同！請問，有幾種可能的「代號表」？

冗官定理

本來要從53個人中選舉幹部5人：班長，副班長，學藝股長，康樂股長，總務股長；後來發現多了一個才從別班轉來的學生，變成有 54 個人，請問幹部名單多了幾種可能？

證明　增多的可能性乃是：要這「新生」擔任幹部 $r=5$ 個職位之一，然後再從53人中，去補選其他的 $r-1=4$ 幹部；因此：

${}_{54}P_5 - {}_{53}P_5 = 5 * {}_{53}P_4$。一般地，有

$${}_{n+1}P_r - {}_nP_r = r * {}_nP_{r-1}. \tag{4}$$

排列級數的和

如上，設 $r>1$，由：

$${}_2P_r - {}_1P_r = r * {}_1P_{r-1};$$

$${}_3P_r - {}_2P_r = r * {}_2P_{r-1};$$

$$\cdots = \cdots$$

$${}_nP_r - {}_{n-1}P_r = r * {}_{n-1}P_{r-1};$$

$${}_{n+1}P_r - {}_nP_r = r * {}_nP_{r-1};$$

全部加總，就得到：

$$ {}_{n+1}P_r = r * \left(\sum_{k=1}^{n} {}_kP_{r-1}\right); $$

也就是：（改寫 $r-1=m$）

$$ \sum_{k=1}^{n} {}_kP_m = \frac{1}{m+1} * {}_{n+1}P_{m+1}. \tag{5} $$

● **負階排列數列及負階排列級數**

我們記

$$ {}_nP_{-4} := \frac{1}{(n+1)(n+2)(n+3)(n+4)}; \text{（如何定義 } {}_nP_{-5}\text{？）} \tag{6} $$

則有：

$$ {}_{m+1}P_{-4} - {}_mP_{-4} = (-4) * {}_mP_{-5}; \tag{7} $$

因此可以計算：

$$ \frac{1}{1*2*3*4*5} + \frac{1}{2*3*4*5*6} + \cdots + \frac{1}{n*(n+1)*(n+2)*(n+3)*(n+4)}. $$

§63 除（乘）法原理：組合

例 1：組合

如上的那班，有 54 個同學，下學期導師說：「我們有革新的制度，採用瑞士的『委員制』，我們選出 5 個『班務委員』就好了！每個委員地位完全相等！我將用電腦做出 53 張選票，每張選票上有全部可能的『委員會』，你們只要在上面勾就好了」。（記得他的數學程度不太好）你想他的想法行得通嗎？

解析 照上節的說法，

$$_{54}P_5 = 379501200;$$

這是「排列」：選出的幹部地位不相等！

現在改為「組合」：5 位幹部地位完全相等！那麼全部可能的「委員會」名單之數，當然少得多！因為「某甲擔任班長，某乙擔任學術股長」，和「某乙擔任班長，某甲擔任學術股長」，在原來的制度中，是兩種不同的幹部名單！而在委員會制中，都同樣是委員！

所以每個「委員會名單」，就相當於 $5! = 120$ 個排列數。

那麼，全部可能的委員會之數，乘上　$5! = 120$，就是 $_{54}P_5$；那麼，

全部可能的「委員會」，其數為：$_{54}\mathfrak{P}_5 \div 5! = 3162510$。顯然印不下！

從 n 個不同的東西中挑出 r 個來「組合」，總共有這些「組合數」：

$$_{n}C_r := \frac{n(n-1)*(n-2)\cdots*(n-r+1)}{r} = \frac{n!}{r!(n-r)!};\ _{n}C_0 := 1. \qquad (1)$$

$_{n}C_r$ 可以讀做 n 中取 r 的組合數。

● **排斥原理＝逆轉原理**

n 人中，公佈了及格的 r 個人的名單，就等於列出 $n-r$ 個「不及格名單」：

$$_{n}C_r = {}_{n}C_{n-r}. \qquad (2)$$

● **Pascal 冗官定理**

（你解釋看看！）

$$_{n+1}C_r = {}_{n}C_r + {}_{n}C_{r-1}. \qquad (3)$$

例 2　棋盤式的街道，某人現在站在「第 2 街第 4 路」的交叉口，她要走到「第 12 街第 25 路」的交叉口，不要走冤枉路，那麼有幾種走法？

解析 分成：「橫向」（往東）的 12－2＝10 段，以及「縱向」（往北）的 25－4＝11 段，共有 10＋11＝21 段（block）路，她要在「第一段」，「第二段」，等等，一直到「第 21 段」之中，選出 10 段走「橫向」（往東），其他的 21 段走「縱向」（往北），因此，走法有 ${}_{21}\mathfrak{C}_{10}={}_{21}\mathfrak{C}_{11}=352716$ 種。

習題 解方程式：

(i) ${}_{2x}C_{x-1}:{}_{2x-1}C_x=132:35$;

(ii) ${}_{x+1}C_{x-4}=\frac{5}{4}*{}_{x+1}P_3$;

(iii) $\frac{{}_{x+2}C_y}{6}=\frac{{}_{x+2}C_{y+1}}{10}=\frac{{}_{x+2}C_{y+2}}{10}$;

(iv) ${}_mC_{m-1}={}_{n+1}C_{n-1}$.

§64 引申

● 可以無限制重複的排列

有 n 種顏色的卡片（無限制供應），現在要拿出 r 張來排列，可以重複，請問有幾種排列法？

排列，是有順序或者位置的不同，第一張，第二張，等等，一直到第 r 張，每一張卡片，都有 n 種選擇，因此，答案是

$$\prod_{j=1}^{r} n=n^r. \tag{1}$$

同樣地，假設有某種語文，共有 n 個字母，那麼要拼湊出某一個字詞，使用了 r 個字母，如果你完全不懂這個語文，只憑瞎猜，那麼可能性是 n^r 種之多！

例 1 已知某題算術的答案是四位數，只憑瞎猜，那麼可能性是 $9*10^3=9000$ 種之多！

實際上，依照通常人講話的習慣，說「四位數」，最左的一位，千位數，必須是 1, 2, 3, 4, 5, 6, 7, 8, 9 之一。不可以用零開頭！但是，以下的

「百位數」，「拾位數」，「個位數」，都是可以用任何一個阿拉伯數碼，因此，得到這個答案。

例 2 已知某城市的汽車牌照是前面有兩個拉丁字母，再接了個四位數，那麼可能性是 $26^2 * 10^3$=676000 種之多！

有重複的全取排列

有 $n=r_1+r_2+\cdots+r_k$ 張卡片，其中有 r_1 張，是第一種式樣，有 r_2 張，是第 2 種式樣，等等，一直到第 k 種式樣，有 r_k 張。現在這全部的 n 張卡片，排成一列，請問有幾種排列法？

解析 這個困擾是：第 j 種式樣有 r_j 張，相同式樣的卡片互相不能分辨；我們先說答案：

$$\frac{n!}{r_1!\, r_2! \cdots r_k!};\tag{2}$$

例如說：給了 $A, A, A, A, A, B, B, C, C, C, C, D, D, D$ 一共 14 張；A 有 5 張，B 有 2 張，C 有 4 張，D 有 3 張，於是

$$\frac{14!}{5!\, 2!\, 3!\, 4!}=2522520.$$

我們用除法原理！想像用鉛筆把 A, A, A, A, A「加註」，寫成 A_1, A_2, A_3, A_4, A_5 其他有 $B_1, B_2; C_1, C_2, C_3, C_4, D_1, D_2, D_3$。那麼一共 14 張，張張都不同；於是全取的排列數就是 14！。

例如說，有個排列是：

$$B_1 A_3 A_4 D_2 D_1 C_2 C_4 C_1 A_5 B_2 A_1 C_3 D_3 A_2;$$

如果那時沒有加註（換句話說，如果把鉛筆註記的足碼擦掉），那麼這一個排列，與如下的排列沒有區辨：

$$B_2A_3A_4D_2D_1C_2C_4C_1A_5B_1A_1C_3D_3A_2;$$

（這兩種排列只差在B的足碼改變了！）那麼，每一個「無加註的排列」，在加註之後，就化成：

$$5!*2!*4!*3!$$

個不同的「有加註的排列」。所以證明完畢！

可以重複的組合

有n種顏色的卡片（無限制供應），現在要拿出r張卡片來組合，可以重複，請問有幾種組合法？答案是

$$_nH_r = {}_{n+r-1}C_r = \frac{n*(n+1)*(n+2)*\cdots*(n+r-1)}{1*2*3*\cdots*r}. \tag{3}$$

要注意：此地n與r大小關係是任意的！

例如：有3個歌星依序上台獻唱，然後，有7個聽眾（或裁判），人各一票，寫下她或他最喜歡的歌星；投票的「榜單」，共有$_3H_7=36$種可能。

如果是有7個歌星依序上台獻唱，然後，有3個聽眾（或裁判），則「榜單」共有$_7H_3=84$種可能。

例如：有x, y, z三個文字變數，那麼齊次7次多項式，最多有幾項？這三個文字變數的7次單項式，就是在它們中可以重複地取出7個來相乘，（由於乘法可換性，不用管順序，因此是組合不是排列！）那麼，如果所有係數都不是零，那叫做完全的齊次7次多項式，一共有$_3H_7=36$項。

但若是7個文字變數的齊次3次多項式，（最多）有$_7H_3=84$項。

公式的證明

（稍微難一點，也許可以先跳過！）假設有n個文字變數，記做

$$x_1, x_2, \cdots, x_n$$

要造出 r 次的乘積，當然寫成

$$x_1^{i_1} * x_2^{i_2} * \cdots * x_n^{i_n}; (i_1, i_2, \cdots, i_n, \geq 0, i_1 + i_2 + \cdots + i_n = r;)$$

但是這不方便！這種方式是公佈：

1 號歌星得 i_1 票，2 號歌星得 i_2 票，（等等，）n 號歌星得 i_n 票；也就是公佈了一個（n 項的）數列 i，（如果 n 很大，r 很小，則數列 i 中，有很多項是零！）

較好的方式是：司選委員會在整理好之後，要「唱票」：

$$j_1, j_2, j_3, \cdots, j_r;$$

這裡的 $j_1, j_2, \cdots, j_r$, 指的是「歌星的號碼」。但是已經整理好，使得：

得幾票，就唱票幾次，而且是連著，

$$j_1 \leq j_2 \leq j_3 \cdots \leq j_r;$$

若 $j_1 = 3$，就表示 1, 2 號的歌星拿到零票！若接下去：$j_2 = 3, j_3 = 3, j_4 = 3, j_5 = 7$，就表示：3 號的歌星拿到 4 票，而 4, 5, 6 號的這三位歌星也都拿到零票！所以我們要計算的 ${}_n\mathfrak{H}_r$ 就是要計算：這種（r 項的）數列 j 有幾種？

這裡的數列 j，可以出現重複項！但一定是相鄰的！因為一項一項只增不減。（但可以重複，故不增不減。）

那麼我們從這個數列 j 來造出另外一個數列 k：

$$k_1 = j_1, k_2 = j_2 + 1, k_3 = j_3 + 2, \cdots, k_r = j_r + r - 1;$$

如此一來，

$$(1 \leq) k_1 < k_2 < k_3 < \cdots < k_r \; (\leq n + r - 1).$$

換句話說：我們可以認為：（r 項的）數列 k 根本就表示了從 $n+r-1$ 個東西中取出 r 個的組合。

例 3 從 mathematician 這個字 13 個字母中，選出 4 個字母來排列，就得到一字。問可以造出有幾種字？

若選四個來組合，可以得到幾種組合？

解析 13 個字母中有：a 3 個，m 2 個，t 2 個，i 2 個，h, e, c, n 各一個；那麼，這四個字母的組合數與排列數，

- 四個字母若是 3 同，1 異，必是選 a, a, a 以及 m, t, i, h, e, c, n 中的某一個，組合數為 ${}_7C_1=7$；排列數為 $7*4=28$。
- 四個字母若是「2 同，2 同」，必是選 a, m, t, i, h, e, c, n 中的某兩個，組合數為 ${}_8C_2=28$；排列數為 $28*{}_4C_2=168$。

  後面的因子表示：四個位置中選兩個之組合，給某字母。
- 四個字母若是「2 同，2 異」，必是選 a, m, t, i, h, e, c, n 中的某一個字母兩次，再由剩下的 7 個字母中選兩個；組合數為 ${}_8C_1*{}_7C_2=168$；排列數為 $168*{}_4P_2=2016$。後面的因子表示：四個位置中選兩個之排列，給那兩個相異單次的字母。
- 四個字母若是都不相同，則組合數為 ${}_8C_4=70$；排列數為 $70*{}_4P_4=1680$。總合起來：組合數$=273$，排列數$=3892$。

習題甲

1. 自 species 中，取出 5 個字母，做排列與組合，其數各若干？
2. 在 300 與 800 之間的奇數，三個數碼都不同的有多少個？
3. 平面上有 A, B 兩點，過 A 點有 m 條直線，過 B 點有 n 條直線，它們都無重合或平行者。那麼這些直線會把平面分成幾塊區域？

   答案是 $m*n+2m+2n-1$。
4. 安排 7 人坐在長桌一側，但其中某 4 人不想相鄰。問方法有幾？
5. 安排 7 人坐在長桌一側，但其中某 3 人不想相鄰。問方法有幾？
6. 5 位老師與 15 位學生開會，當場決定成立一個五人小組，由 3 師 2 生組成，問組成法有幾？
7. 由 8 男與 4 女中，擇定一個五人小組，而男與女最少要有兩人，問組

成法有幾？

8.一旅行團 9 人，某路段安排中小兩車，中型車載客不得超過 7 人，小型車載客不得超過 4 人，問乘車的安排方法有幾？

環狀排列

n 個不同的東西，排在一圈輪盤的 n 個位置上，有幾種排列法？答案是 $(n-1)!$

這是因為輪盤可以轉動，一種排列可以轉動成 n 種不同的「直線排列」。因此

$$n\text{ 個物件的環狀排列數} = \frac{n!}{n} = (n-1)!\text{。} \tag{4}$$

另外一種說法是：隨便讓一物放在任一位置，因為輪盤可以轉動，這都是無所謂的！其後就有相對位置的關係，因此有 $(n-1)!$ 種不同的排列法。

如果我們把 n 個位置用么圓上的點 $P_j := \left(\cos\left(\frac{2\pi}{n} * j\right), \sin\left(\frac{2\pi}{n} * j\right)\right)$ 來表示，那麼，把物件編號為 $1, 2, \cdots, n$, 把物件 k 放在 P_{jk} 的位置，則：

$$\begin{pmatrix} 1, & 2, & \cdots & n & \text{物件} \\ j_1, & j_2, & \cdots & j_n & \text{位置} \end{pmatrix}$$

就構成了一個「直線」排列，這樣共有 $n!$ 種「直線」排列。但是在環狀排列的立場，把下一列改為 $(2, 3, \cdots, n, 1)$ 或者 $(3, 4, \cdots, n, 1, 2)$，或者⋯，等等，結果是<u>等價的</u>（equivalent）「環狀排列」！因此，不等價的「環狀排列」只有 $\frac{n!}{n} = (n-1)!$ 種。

更進一步，就有「手鐲狀排列」。意思就是：這些位置，不但可以轉動，而且可以（在立體空間中）「翻轉」！把下一列由 $(1, 2, 3, \cdots, n)$ 改為 $(n, n-1, n-2, \cdots, 2, 1)$，也要看成「翻轉等價」。於是，在 $n \geq 3$ 時，

$$n\text{ 個物件的手鐲狀排列數} = \frac{(n-1)!}{2}.(n > 3.) \tag{5}$$

吹毛求疵

$n=2$ 時，公式對嗎？

習題乙

1. 從 6 台人 4 華人中，選舉 5 人為委員，若限制最多只有兩華人，有幾種可能的結果？若限制最少要有兩華人，有幾種可能的結果？
2. 5 對夫妻，被叫出來跳 Hungary 舞，圍一圓圈，限定「男女穿插，而夫妻不相鄰」，則有幾種可能的安排？
3. p 顆白棋子，q 顆黑棋子，排成一列，但限定黑棋子不得相鄰，有幾種排法？
4. 某學系大一迎新會有 18 名新生，男女各半，

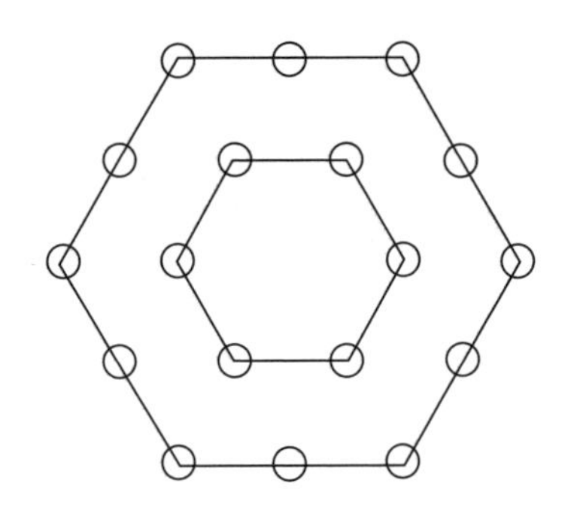

如左圖，座位安排成內外兩圈，內圈 6 座，外圈 12 座；各圈限定異性穿插而坐，以相對位置而言，有幾種坐法？

5. 桶柑 10 顆，蘋果 15 顆，二十世紀梨 20 顆，分給兩個小孩，有幾種分法？
6. 自 16 個數字：3, 1, 4, 1, 5, 9, 2, 6, 5, 3, 5, 8, 9, 7, 9, 3 之中拿四個出來成四位數，有幾種可能？（這些是圓周率的前面的數碼。）
7. 有 15 張卡片，分成紅綠藍三色，且上有數碼 1, 2, 3, 4, 5 之區別；今從中取出 5 張，必須有三色，且有各種數碼，問方法有幾？
8. 用 1, 2, 3, 4, 5 這些數碼，可以重複，寫出五位數，問會大於 23400 者有幾個？
9. 用阿拉伯數碼而不許重複使用，可寫出的不超過五位數的自然數，有幾個？若允許重複，答案當然是 99999。

例 4：迴避的票選　發 n 張票給 n 個理事，選理事長，不准選自己。結果竟然是每人都得到一票。請問這種投票有幾種可能？

解析　先不要管那個限制！我們把理事編號為 $1, 2, 3, \cdots, n$ 因此理事會就是集合 $E_n := \{1, 2, \cdots, n\}$，而如果理事 j 的票寫 σ_j，那麼 $\sigma := (\sigma_1, \sigma_2, \cdots \sigma_n)$ 就是 E_n 的一個排列，（因為票票不同，每人都得到一票）可能的投票情形，也就是所有的可能的排列，全部集合起來，成為一個集合 $\boxed{\text{n!}}$，這一共有 $n!$ 個元素。加上限制之後可能性就會減少了！

現在專針對第 j 號理事來思考：我們用 U_j 表示「第 j 號票投自己」的情形，全部集合成 U_j（其他的人怎麼寫不要管，只是我們仍然要求：投票的結果還是每人得一票），那麼：加上限制「不准選自己」，意思就是：我們要計算如下的集合之基數

$$\boxed{\text{n!}} \setminus (\cup_{j=1}^{n} U_j);$$

那麼我們可以利用取捨原理：

$$\begin{aligned}
\text{card}(\cup_{j=1}^{n} U_j) = & \sum_{j=1}^{n} \text{card}(U_j) \\
& - \sum_{i<j} \text{card}(U_i \cap U_j) \\
& + \sum_{i<j<k} \text{card}(U_i \cap U_j \cap U_k) \\
& - \cdots \\
& \pm \ddots \ddots \ddots \\
& + (-1)^{n-1} \text{card}(\cap_{j=1}^{n} U_j).
\end{aligned} \tag{6}$$

右側有 n 個和式，依序，第一個和式有 $n = {}_nC_1$ 項，第 2 個和式有 ${}_nC_2$ 項，第 3 個和式有 ${}_nC_3$ 項，等等，第 n 個和式有 ${}_nC_n = 1$ 項；

但是 $\text{card}(U_j) = (n-1)!$ 因為，j 號已經確定寫自己，那麼投票就變成是其他 $n-1$ 個人的排列了；同理，$\text{card}(U_i \cap U_j) = (n-2)!$ 因為，i, j 已經確定寫自己，那麼投票就變成是其他 $n-2$ 個人的排列了；依此類推，因此：

$$\text{card}(\cup_{j=1}^{n} U_j) = {}_nC_1 * (n-1)! - {}_nC_2 * (n-2)! + {}_nC_3 * (n-3)! - \cdots\cdots$$
$$+ \cdots\cdots + (-1)^{n-1}\, {}_nC_n * 1.$$

回到原來的問題，答案是：

$$\text{card}(\boxed{\text{n!}} \setminus \cup_{j=1}^{n} U_j) = n!\left(\frac{1}{0!} - \frac{1}{1!} + \frac{1}{2!} - \frac{1}{3!} + \cdots + \frac{(-1)^n}{n!}\right). \quad (7)$$

取捨原理

請用遞迴法證明公式(6)。

$n=2$ 是很顯然：$U_1 = (U_1 \cap U_2) \cup (U_1 \setminus U_2), U_2 = (U_1 \cap U_2) \cup (U_2 \setminus U_1)$，而$U_1 \cup U_2 = (U_1 \cap U_2) \cup (U_1 \setminus U_2) \cup (U_2 \setminus U_1)$，其中$\cup$是「互斥性的並聯」，在計算個數 card 時，適用加法律。就證明了。

現在假定公式 (6) 對於某一個自然數 n 成立，要進而證明：多一個集合時也對。為了記號書寫的方便，我不寫 U_{n+1}，改為 U_0。

如何計算 $\text{card}(\cup_{j=0}^{n} U_j) =$? 我們用

$$\cup_{j=0}^{n} U_j = U_0 \cup (\cup_{j=1}^{n} U_j);$$

因此：$\text{card}(\cup_{j=0}^{n} U_j) = \text{card}(U_0) + \text{card}(\cup_{j=1}^{n} U_j) - \text{card}(U_0 \cap (\cup_{j=1}^{n} U_j))$;(8)

右側的前兩項就已經有式子了。末一項，就以分配律

$$U_0 \cap (\cup_{j=1}^{n} U_j) = \cup_{j=1}^{n} (U_0 \cap U_j);$$

適用公式(6)，只是用 $U_j' \coloneqq U_0 \cap U_j$ 取代 U_j。

$$\text{card}(\cup_{j=1}^{n} U_j') = \Sigma_{j=1}^{n} \text{card}(U_j') - \Sigma_{i<j} \text{card}(U_i' \cap U_j')$$
$$+ \Sigma_{i<j<k} \text{card}(U_i' \cap U_j' \cap U_k') - + \cdots + (-1)^{n-1} \text{card}(\cap_{j=1}^{n} U_j').$$

（注意到 $U_i' \cap U_j' = U_0 \cap U_i \cap U_j$）等等）那麼代入(8)就證明了所要的公式！

§65 Pascal 二項式定理

$$
\begin{aligned}
(x+y)^2 &= {}_2C_0\,x^2 + {}_2C_1\,x^1 y^1 + {}_2C_2\,x^0 y^2; \\
(x+y)^3 &= {}_3C_0\,x^3 + {}_3C_1\,x^2 y^1 + {}_3C_2\,x^1 y^2 + {}_3C_3\,x^0 y^3; \\
\cdots &= \cdots + \cdots \\
(x+y)^n &= \textstyle\sum_{j=0}^{n} {}_nC_j\,x^{n-j} y^j;
\end{aligned}
\tag{1}
$$

證明　想像做這個乘法：

$$(x_1+y_1) * (x_2+y_2) * \cdots * (x_n+y_n);$$

這是n個因子$f_j=x_j+y_j$相乘。依照乘法分配律，我們在x_j與y_j兩者之間，擇定一個，叫它z_j，那就乘出了一項$z_1 * z_2 * \cdots * z_n$，所以一共有 2^n 項；如果要計算$(x+y)^n$，我們就令所有的$x_j=x, y_j=y$，那麼，原來的各項都變成$x^k * y^{n-k}$，其中，k是$z_j=x_j$的足碼j之總數，$n-k$就是$z_j=y_j$的足碼j之總數。所以，$(x+y)^n$的展開式子，一定是這種項$x^k * y^{n-k}$乘上一個係數，再總和而得，這裡$k=n, n-1, \cdots, 1, 0,$ 而且$x^k * y^{n-k}$的係數，就是從$j=0, 1, 2, \cdots, n$中找到k個的組合數${}_nC_k$, 證畢！

總和原理

$n \geq 1$時，

$$\sum_{k=0} {}_nC_k = 2^n; \tag{2}$$

奇偶對消原理

$n \geq 1$時，

$$\sum_{k=0} (-1)^k\,{}_nC_k = 0; \tag{3}$$

例 1 求$(1-2x)^{10}+(1-2x)^{9}$展式中的x^7的係數。

解析 ${}_{10}C_7\ (-2)^7+{}_9C_7\ 2^7=-10752$。

例 2 若$(1+x)^n$展式中的x^5的係數，恰為其前後兩項係數的算術平均，求n。

解析 令

$${}_nC_5=\frac{1}{2}\left({}_nC_4+{}_nC_6\right);$$

即是

$$2*\frac{n!}{5!(n-5)!}=\frac{n!}{4!(n-4)!}+\frac{n!}{6!(n-6)!};$$

約去分子$n!$，又通分乘以$6!*(n-4)!$，則得：

$2*6*(n-4)=6*5+(n-4)(n-5);\ n^2-21n+98=0,\ n=7$，或 14。

例 3 證明：

$${}_nC_0-2\,{}_nC_1+3\,{}_nC_2-4\,{}_nC_3+-\cdots+(-1)^n(n+1)\,{}_nC_n=0.$$

解析 （這當然有點難！）這裡，${}_nC_k$的係數是$(-1)^k*(k+1)$，如果把$(k+1)$分成k與 1，就成了

$${}_nC_k\,(-1)^k*k+{}_nC_k;$$

那麼，後面一項的和是「奇偶對消」：

$$\sum_{k=0}^{n}(-1)^k*{}_nC_k=0.$$

所以只剩下前面一項的和：

$$\sum_{k=0}^{n}(-1)^k * k * {}_nC_k = ?$$

但是：$k=0$ 的項可以棄掉，而 $k \geq 1$ 時，

$$k * {}_nC_k = k * \frac{n!}{k!(n-k)!} = \frac{n!}{(k-1)!(n-k)!} = n * {}_{n-1}C_k;$$

其中 n 可以括出，所以：

$$\sum_{k=0}^{n}(-1)^k * k * {}_nC_k = \sum_{k=1}^{n}(-1)^k * k * {}_nC_k = (-n) * \sum_{k=0}^{n}(-1)^{(k-1)} * {}_{n-1}C_{k-1} = 0$$

（又用一次奇偶對消！）

例 4：捲積法 證明：

$$({}_nC_0)^2 + ({}_nC_1)^2 + ({}_nC_2)^2 + \cdots + ({}_nC_n)^2 = \frac{(2n)!}{n!\,n!}.$$

解析 這當然有點難！你先想想看！如果利用「對稱律」${}_nC_k = {}_nC_{n-k}$，把上式寫成

$${}_nC_0 * {}_nC_n + {}_nC_1 * {}_nC_{n-1} + \cdots + {}_nC_n * {}_nC_0 = \frac{(2n)!}{n!\,n!}.$$

那麼這裡有更一般的公式

$$\sum_{j=0}^{n} {}_mC_j * {}_nC_{k-j} = {}_{m+n}C_k. \tag{4}$$

證明 這裡有 $(m+n)$ 個不同的東西，

$$A_1, A_2, \cdots, A_m; B_1, B_2, \cdots, B_n$$

我們已經把它們分成兩集，A 集與 B 集，現在要從全集($m+n$個)中，取 k 個出來組合，組合數為何？當然是（右側的）${}_{m+n}C_k$。

但是我們可以這樣子想：分成兩步驟！在 A 集中取 j 個，在 B 集中取 $k-j$ 個，合起來就是 k 個！那麼總數就是左側！

習題 以下固定 n，把 ${}_nC_k$ 寫成 c_k。

(i) $c_0+\dfrac{c_1}{2}+\dfrac{c_2}{3}+\cdots+\dfrac{c_n}{n+1}=\dfrac{2^{n+1}-1}{n+1}$;

(ii) $c_0 c_1+c_1 c_2+\cdots+c_{n-1} c_n=\dfrac{(2n)!}{(n+1)!(n-1)!}$;

(iii) $c_1^2+2c_2^2+3c_3^2+\cdots+nc_n^2=\dfrac{(2n-1)!}{(n+1)!(n-1)!}$;

(iv) $1^2 c_1+2^2 c_2+3^2 c_3+\cdots+n^2 c_n=n(n+1)2^{(n-2)}$;

(v) $1^3 c_1+2^3 c_2+3^3 c_3+\cdots+n^3 c_n=n^2(n+3)2^{(n-3)}$;

(vi) $\dfrac{c_1}{1}-\dfrac{c_2}{2}+\dfrac{c_3}{3}-+\cdots+(-1)^{n-1}\dfrac{c_n}{n}=\dfrac{1}{1}+\dfrac{1}{2}+\cdots+\dfrac{1}{n}$;

習題乙：三項式係數 若是

$$(1+x+x^2)^n=a_0+a_1 x+a_2 x^2+\cdots+a_{2n} x^{2n};$$

則有：

(i) $a_0+a_1+a_2+\cdots+a_{2n}=3^n$;

(ii) $a_0-a_1+a_2-a_3+\cdots+a_{2n}=1$;

(iii) $a_{n-r}=a_{n+r}$;

(iv) $a_0^2-a_1^2+a_2^2+\cdots+a_{2n}^2=a_n$;

(v) $a_0 a_2-a_1 a_3+a_2 a_4-\cdots+a_{2n-2} a_{2n}=a_{n+1}$;

例5 證明：對於一切自然數 n（或零）$(\sqrt{3}+1)^{2n+1}-(\sqrt{3}-1)^{2n+1}$ 都是整數，而且可以被 2^{n+1} 整除！

今由二項式定理，

$$(\sqrt{3}\pm 1)^{2n+1}=\sum_{j=0}^{2n+1} {}_{2n+1}C_j\sqrt{3}^{\,2n+1-j}\ (\pm 1)^j;$$

因此：（只要 $j=2k+1, k=0, 1, \cdots, n,$的項！）

$$I_n := (\sqrt{3}+1)^{2n+1}-(\sqrt{3}-1)^{2n+1}=2\sum_{k=0}^{n} {}_{2n+1}\mathfrak{C}_{2k+1}3^{n-k}\in\mathbb{N};$$

今將上式乘以

$$(\sqrt{3}+1)^2+(\sqrt{3}-1)^2=8,$$

得：

$$\begin{aligned}8*I_n&=I_{n+1}+(\sqrt{3}+1)^{2n+1}*(\sqrt{3}-1)^2-(\sqrt{3}+1)^2*(\sqrt{3}-1)^{2n+1}\\&=I_{n+1}+4(\sqrt{3}+1)^{2n-1}-4(\sqrt{3}-1)^{2n-1}=I_{n+1}+4I_{n-1};\end{aligned}$$

或者說：

$$I_{n+1}=8*I_n-4*I_{n-1};$$

今已知 $I_0=2=2*1, I_1=20=4*5$；所以，對於 $n=0,1$，果然 I_n 是 2^{n+1} 的整倍數。今若對於 $n=k$ 成立：

$$I_k=2^{k+1}*M, I_{k-1}=2^k*L;$$

然則：

$$I_{k+1}=8*2^{k+1}*M-4*2^k*L=2^{k+2}*(4M-L)$$

也是2^{k+2}的整倍數。於是，由數學歸納法，對於一切自然數n, I_n都是2^{n+1}的整倍數。

習題丙

1.若是 ${}_{10}P_r = 4 * {}_{10}P_{r-1}$，求$r$。

2.若是 $n! > \left(\frac{n}{2}\right)^n$，求$n$。

3.若$(1+x)^n$展式中之第五、六、七三項之係數成等差，求n。

4.寫出$(4+8x)^6$展開式中的最大係數項。

補白：Fibonacci 數列

這是令$x_1 := 1$, $x_2 := 1$，以下$x_3 := x_1 + x_2 = 2$, $x_4 := x_2 + x_3 = 3$, 5, 8, 13, ⋯, $x_{n+2} := x_n + x_{n+1}$。於是有公式：

$$\spadesuit_n：x_n = \frac{1}{\sqrt{5}}\left(\left(\frac{1+\sqrt{5}}{n}\right)^n - \left(\frac{1-\sqrt{5}}{2}\right)^n\right).$$

註 $\frac{\sqrt{5}\pm 1}{2} \approx 1.618\cdots, 0.618\cdots$，就是（大小，互逆）兩個黃金分割比。

我們可以這樣子的數學歸納：首先驗證$n = 1, 2, 3, 4, 5$都對。其次，因為

$$\heartsuit：3 = \left(\left(\frac{1+\sqrt{5}}{2}\right)^2 + \left(\frac{1-\sqrt{5}}{2}\right)^2\right) = \text{兩個黃金比的平方和};$$

如果$\spadesuit_n$對$n \leq (m+1)$成立，則可以證明$\spadesuit_{m+2}$也成立！

事實上，將$n = m$的式子$\spadesuit_m$，乘以♡，就得到：$3 * x_m = x_{m+2} + x_{m-2}$，亦即：

$$x_{m+2} = 3 * x_m - x_{m-2} = 2 * x_m + x_m - x_{m-2};$$

於是$= 2 * x_m + [x_m - x_{m-2}] = 2 * x_m + x_{m-1} = x_m + x_m + x_{m-1} = x_m + x_{m+1}$。此即$\spadesuit_{m+2}$；這就建立了遞迴機了！

§65.1　二項式定理與近似計算

● 輕重緩急

在二項式定理

$$(x+y)^n=\sum_{j=0}^{n} {}_nC_j\, x^{n-j} y^j. \tag{5}$$

中，x, y 的地位是相等的！我們在上式中寫為 x 的升冪式，同時就是 y 的降冪式（兩者的次數相加永遠是 n），在應用時，例如要計算 600000003^{13}，你一定是寫 $x=600000000$, $y=3$，而且就是如上的寫法！為什麼？因為 x, y 此時「大小懸殊」，我們寫成：

$$x \gg y,\ 或\ y \ll x;$$

於是展開時，雖然一共有 $13+1=14$ 項，如上的展開順序才對：先算重要的項，也就是（絕對值）大的項！

具體地說：如果要求「精確到有效數字 10 位」，你只要計算兩項（第零項與第一項）。你不要算！我們用電腦算！

$$6^{13}=13060694016;$$

（這是 11 位數）若是 $X^{13}=600000000^{13}$，那就是要在後面加寫 104 個數碼「零」。用科學記法，則有：

$$第零項=(6*10^8)^{13}=1.3060694016*10^{114};$$

第一項 $13*X^{12}*Y=8(6*10^8)^{12}*3=84894511104*10^{96}=8.4894511104*10^{106}$;
兩項相加就是：

$$1.306069486494511104*10^{114};$$

真正的答案是 1306069486494513650⋯，前面的 15 個數碼完全精確！

漢文說「輕重緩急」，有一點點問題！應該說「重輕急緩」，先做重的（急的），再做輕的（緩的）！只要算兩項就好了！

如果順序錯了，先算 Y^{13}，再算 $13Y^{12}X$，再算 $78*Y^{11}X^2, \cdots$, 你在 14 項中，算出來 12 項，即使都算得正確，也完全沒用！得零分。

在概念上，這一題的做法是這樣子的：所要計算的式子寫成

$$(X+Y)^{13}=X^{13}*(1+r)^{13},\ r=\frac{Y}{X}=\frac{1}{2*10^8};$$

由此可知 r 是非常小！（億分之一的一半）那麼，

$$(1+r)^{13}=1+13*r+\frac{13*12}{2!}r^2+\frac{13*12*11}{3!}+\cdots$$

那麼右邊的第二項比第一項不到千萬分之一；第三項比起第一項不到千億分之一！以下各項可說更不影響大局！

習題 剛剛的例子有點誇大！現在改為計算「精確到有效數字 7 位」：

$$60.003^3=?$$

你當然知道 $6^3=216$，那麼，以 $X=60,\ Y=0.03;\ r=\frac{Y}{X}=\frac{1}{20000}$，得：

$$(X+Y)^3=X^3*(1+3r+3*r^2+r^3);$$

第三項比起第一項，是 $3r^2$（不到億分之一 $=\frac{1}{10^8}$，）因此只要計算頭兩項：

$$60.003^3=216*10^3*(1+3*r)=2.16*10^5*\left(1+\frac{3}{20000}+\cdots=2.160648\cdots\right)*10^5.$$

我們經常要用這一招：當 $Y\ll X$ 時，記 $x=\frac{Y}{X}\ll 1$，則把 $(X+Y)^n$ 的計算，改用 X^n 做為「基準」，即是

$$(X+Y)^n=X^n*(1+x)^n;\ x=\frac{Y}{X}\ll 1;$$

$$(1+x)^n = 1 + n * x + {}_nC_2\, x^2 + {}_nC_3\, x^3 + \cdots + \tag{6}$$

例題　$\sqrt{6}$的近似值是2.449，請問精確到第幾位？

事實上你會計算

$$245^2 = (24 * 25) * 100 + 25 = 60025;$$

因此，$\sqrt{6} \approx 2.45$，

這當然是稍微高估了！應該加上一點點負數$\eta < 0$。我們就設想：

$$\sqrt{6} = 2.45 + \eta \text{，平方之：} 6 = 6.0025 + 4.9 * \eta + (\eta)^2;$$

換句話說：

$$-0.0025 = 4.9 * \eta + (\eta)^2;$$

現在已經知道η是個（絕對值）很小的（負的實）數，其平方不用講是絕對值更小的正數，那麼，忽略掉它，就得到：

$$-0.0025 \approx 4.9 * \eta$$

於是：

$$\eta \approx \frac{-0.0025}{4.9} \approx \frac{-0.0025}{5} = -0.0005 \text{，因而 } \sqrt{6} \approx 2.45 + (-0.0005) = 2.4495;$$

如果你用計算器，大概得到

$$\sqrt{6} \approx 2.4494897\cdots$$

誤差只有0.0000103。

習題戊 求近似值：

$$\sqrt{292.4}, \sqrt{9901}.$$

註：巴比倫的開平方法

這裡的想法可以總結如下：

若 $\sqrt{X} \approx A$，因而 $X - A^2$ 很小，則更進一步，我們就可以得到

$$\sqrt{X} \approx A + \frac{X - A^2}{2A}; \tag{7}$$

當然我還是很強調「取基準」的想法：要計算 $\sqrt{X}$，既然已經有了基準 A，而 $\sqrt{X} = A * \sqrt{\frac{X}{A^2}}$；這裡 $\frac{X}{A^2}$ 非常接近 1，從而 $\sqrt{\frac{X}{A^2}}$ 也非常接近 1（我們設想之為 $1+\eta$）。

我們只要記住，當 η 非常小時，

$$(1+\eta)^2 \approx 1 + 2\eta;$$

就可以了！

立方根的近似值

求 $\sqrt[3]{1332.1}$ 的近似值！

解析 我們當然記得：$11^3 = 1331$，因此 $\sqrt[3]{1332.1} \approx 11$。要更進一步，就設想其誤差為 η（很小！）即是，設：$\sqrt[3]{1332.1} = 11 + \eta$，那麼：

$$1332.1 = (11+\eta)^3 = 1331 + 3 * 11^2 * \eta + 3 * 11 * \eta^2 + \eta^3;$$

$$\text{即 } 363 * \eta + 33 * \eta^2 + \eta^3 = 1.1;$$

把 η^2, η^3，都忽略掉，則得：

$$363 * \eta \approx 1.1; \eta \approx \frac{1.1}{363} \approx 0.003; \sqrt[3]{1332.1} \approx 11.003.$$

電腦上算出（8 位小數後）：11.00302947。

故事：1728＋1

本附錄裡，我們讀一段有趣的文章，取自 R, Feynman: "Surely You're Joking, Mr Feynman!"（pp.196-198）.

註 R.Feynman 得到 Nobel 物理獎；他曾到巴西講學；巴西人用的是葡萄牙語文（Portuguese），不是西班牙語文；（當然葡萄牙語和西班牙語很接近，比起台語與華語之差更小！）但是 Feynman 教授犯了這一個錯誤，把兩者混為一談，他就在洛杉磯學了西班牙語！以為到南美就可以通行無阻了！巴西有許多日本裔居民；而日本是全世界產銷算盤（abacus）最多最好（！）的社會。故事由此展開。

我第一次在巴西時，有一次，我在一個餐館吃午餐；（我忘掉那是什麼時候，但我去餐館吃飯的時間總是與眾不同，因此我是當時唯一的客人，我吃的是（我喜歡的）牛肉燴飯；似乎有三四個侍者在。

一個日本人進來了，我曾經見過他四處兜售算盤；他開始向侍者們發話，挑戰説：他比侍者中任一個都可以加得更快！

顯然這是面子問題，侍者們説：耶？那你爲什麼不過去跟那位客人挑戰？

這個人走過來時，我表示抗議説：「我葡萄牙語講得不好！」

但他們笑著説：「數字是很容易的！」

他們拿來了鉛筆和紙；

這個人叫一個侍者出數字來加；這根本沒比頭，因爲我還在記下數字的時候，他已經一邊記一邊在算盤上計算了。

我建議侍者寫下兩列完全相同的數字，再同時交給我們，這也沒差，他還是快我很多。

但是，這個人有一點兒得意忘形了：他想證明他有多行！他說：「Multiplicaçao!（來乘法吧！）」

有人就出了個題目，他還是贏我，但不算是快我很多，我很會乘算。

這時候，這個人犯了大錯了：他提議「來除法吧！」；他未曾理解到：題目越難，我越有勝機！

我們就比了一道長除法，這次是平手。

這個日本人，顯然在算盤上浸淫甚久，而居然差點輸給餐館中的一個客人；讓他很受不了。

「Raios cubicos!（來立方根吧！）」，他狠狠地說。

開立方！他想用算術來開立方！基本算術的題目簡直不會有比這個更難的了，這個一定是他在算盤之域的最高境界了。

他在一張紙上隨便寫下一個數字——但我還記得它：1729.03。他開始工作了，當他奮力地開這個立方時，可以聽到他厲鬼般的囁嚅，咕噥：「mmmmmm-mmmagmmmmbrr…」

這時候，我只是坐在那兒。

一個侍者問：「你在幹嘛？」

我指著我的頭說：「我在想」。我在紙上寫下 12。一會兒我就得到 12.002。

用算盤的這個人，拭去他前額上的汗水，說：「12。」

我說：「哦，不！要更多位！更多位小數！」

我知道在用算術來開立方時：更多一位有效數字，就要比前面的更多更多的工作。

他又埋頭苦幹了！一陣唸唸有詞「Rrrrgrrrrrrmmmmm…」之後，當我又多寫了幾位數時，他抬起頭來說：「12.0！」

侍者們又興奮又大樂。他們告訴這個人：「看！他只用想的，而你需用算盤！他得到更多位小數喔！」

他完全疲憊，羞辱地離去。侍者們互相慶賀。

何以一個餐館客人可以擊敗算盤？

這數目是 1729.03。我恰好記得一立方英尺為 $1728=12^3$ 立方英寸，因此答案只超過 12 一點點。超過的部份 1.03，簡直只是 2000 分之一，而我在微積分學到：對於非常小的誤差 0，立方根的相對誤差只有三分之一。所以我所要做的只是算出超過的部份 1.03 除以 1728，再乘以 4（這是 12 的三分之一）。所以我能夠一下子得到好幾位有效數字。

幾個星期後這個人在我住的旅館休閒室碰到我。他認得我，就走過來。問我說：「請告訴我，你怎麼能夠開立方那麼快？」

我開始解釋說這是一種近似法，與誤差有關。「如果你給我的是 28，現在 27 的開立方是 3…」

他拿起算盤：zzzzzzzzzzz 了一陣，「哦，是的」他說。

現在我理解到：他不懂數。有了算盤，你不用記一大堆算術的組合；你所要做的只是：要記住如何來把算珠推上推下。你不用記 $9+7=16$；你只要記住：當你要加 9 的時候，要把十位數上的一珠推上而把個位數上的一珠推下。我們對基礎的算術是較他慢，但我們懂得數。

更進一步說，近似法的這一整個概念遠超過他的理解力所及，而開立方的精確計算經常是作不到的。所以我永遠無法教他懂我的開立方法，或者向他說明，何以他恰好選了 1729.03，可算是我運氣。

註 對於Feynman的故事，必須補充一點。所有的文明，都用拾進位；拾二進位，是還有點用的，因而也有點痕跡：拾二生肖，拾二時辰，以及拾二星宮，一呎拾二吋，甚至於「陸拾進位」，蓋 $60=\mathrm{lcm}(10, 12)$也！

英制保留許多「拾二進位」，他們的學生必須背「12×12」乘法表！因此 $12^3=1728$ 是「熟知的」！

數論的大師Hardy去醫院探看印度鬼才Ramanujan；他說：「剛剛我坐的計程車，號碼是 1729；顯然不太有趣！」「不！

$$1729=1+12^3=1000+729;$$

這是自然數之能夠以兩種方式表達為兩立方數的和之最小者！」

註：Newton 的二項式定理

以上我們已經知道，若 η（絕對值）很小，則：

$$(1+\eta)^n \approx 1+n*\eta;$$

不但對於 $n=2, 3, -1$ 都對！實際上，對於 $n=\frac{1}{2}, \frac{1}{3}$, 也都對！

更精確地，Newton 已經清楚，二項式展開公式

$$(1+x)^n = 1+n*x+{}_nC_2*x^2+{}_nC_3*x^3+\cdots+ \tag{8}$$

（只要 x 不大）對於任何數 n 都對！當然二項係數照公式計算：

$${}_nC_k := \frac{n*(n-1)*(n-2)*\cdots*(n-k+1)}{1*2*3*\cdots*k}; \tag{9}$$

例如：

$$(1+x)^{\frac{1}{2}} = 1+\frac{1}{2}x+\frac{\frac{1}{2}*\frac{-1}{2}}{1*2}x^2+\frac{\frac{1}{2}*\frac{-1}{2}*\frac{-3}{2}}{1*2*3}x^3+\cdots;$$
$$(1+x)^{\frac{1}{3}} = 1+\frac{1}{3}x+\frac{\frac{1}{3}*\frac{-2}{3}}{1*2}x^2+\frac{\frac{1}{3}*\frac{-2}{3}*\frac{-5}{3}}{1*2*3}x^3+\cdots;$$

當然他已經進入「無窮級數」的思考了！

如果 $n \notin \mathbb{N}_0$，則二項式定理的無窮展開級數仍然成立，只要$|x|<1$。

習題己 寫出展開式的前五項：

$$(1+x)^{-1}, (1+x)^{\frac{-1}{2}}.$$

補註

如果你同意：對於實數 n，當 $|x|$ 很小的時候，函數 $(1+x)^n$ 的導微函數是 $D(1+x)^n = n*(1+x)^{n-1}$，而且你相信 Maclaurin 展開式（§52.(8)）成立，則馬上

得到上述 Newton 公式。

§66　差和分法基本定理

只剩首末兩項

我們在前面已經講過：排列級數很容易計算：

$$\sum_{k=1}^{n} {}_kP_m = \frac{1}{m+1} * {}_{n+1}P_{m+1};$$

當然我們不必由第一項開始加起！因為，「從第 9 項加到第 235 項」，就等於，「從第一項加到第 235 項」，再減去「從第一項加到第 8 項」。我們「從第一項加起」，只是節省公式。

我們之所以可以得到這個公式，想法是很簡單：如果有一個數列

$$u_8, u_9, u_{10}, \cdots, u_{235},$$

（意思是：我們有個式子 $f(x) = \cdots$，而將其中的 x 用 $8, 9, 10, \cdots, 235$ 代入，算出來的值，就記做：$u_8, u_9, \cdots, u_{235}$;）我們拿這系列中的相鄰兩項，由右項減去左項得到一個新的系列：

$$v_9 = u_9 - u_8, v_{10} = u_{10} - u_9, \cdots, v_{235} = u_{235} - u_{234};$$

那麼，將這個 v 序列加起來，變成：（u_9 殺 u_9, u_{10} 殺 u_{10}, u_{11}殺 u_{11} , u_{233} 殺 u_{233}, u_{234} 殺 u_{234}，只剩 u 序列的首末兩項 u_8, u_{235}, 不相殺）於是算出：

$$\sum_{k=9}^{235} v_k = u_{235} - u_8; (v_n := u_n - u_{n-1}.)$$

以上這個想法叫做<u>差和分法基本定理</u>。因為這個 v 序列，叫做 u 序列的<u>左差分</u>（序列）。

如果改記為

$$v_8 = u_9 - u_8, v_9 = u_{10} - u_9, \cdots, v_{234} = u_{235} - u_{234};$$

那麼這樣子的 v 序列就稱為 u 序列的右差分（序列）。公式就成了：

$$\text{若}：v := \Delta u,\ v_n := u_{n+1} - u_n，\text{則} \sum_{j=a}^{b-1} v_j = u_b - u_a. \tag{1}$$

冪方和公式的計算

上面說過的冪方級數

$$S_k(n) = \sum_{j=1}^{n} j^k = 1^k + 2^k + \cdots + n^k;$$

其計算與排列級數

$$\sum_{j=1}^{n} {}_jP_k;$$

的計算非常有關係！事實上，因為

$${}_jP_k = j(j-1)\cdots(j-k+1) = j^k - + - + \cdots\ (j\text{ 的降冪式})；$$

以 $k=4$ 為例，則有

$${}_jP_k = j(j-1)(j-2)(j-3) = j^4 - 6j^3 + 11j^2 - 6j;$$

那麼，若是你已經算出冪方和

$$S_1(n) = \Sigma j,\ S_2(n) = \Sigma j^2,\ S_3(n) = \Sigma j^3,\ S_4(n) = \Sigma j^4;$$

當然就可以算出

$$\Sigma_j P_4 = S_4(n) - 6S_3(n) + 11S_2(n) - 6S_1(n);$$

一般地說，只要知道 1 階，2 階，3 階，一直到 k 階的冪方和 $S_1(n), S_2(n), \cdots, S_k(n)$, 就可以算出 k 階排列級數 $\Sigma_{j=1}^{n} {}_jP_k$。（當然這句話有點好笑：我們其實已經由差和分法基本定理，算出這個 k 階排列級數和了！）

現在要做逆向的思考！那麼，把上式寫成：

$$S_4(n)=\Sigma_j P_4+6S_3(n)-11S_2(n)+6S_1(n);$$

這一來，如果我們已經算得 4 階排列級數 $\Sigma_{j=1}^{n} {}_jP_4$，以及 $S_3(n), S_2(n), S_1(n)$，我們就可以算出 $S_4(n)$；

同理，如果我們已經算得 3 階排列級數 $\Sigma_{j=1}^{n} {}_jP_3$，以及 $S_2(n)$, $S_1(n)$，我們就可以算出 $S_3(n)$；

同理，如果我們已經算得 2 階排列級數 $\Sigma_{j=1}^{n} {}_jP_2$，以及 $S_1(n)$，我們就可以算出 $S_2(n)$；

同理，如果我們已經算得 1 階排列級數 $\Sigma_{j=1}^{n} {}_jP_1$，它就是 $S_1(n)$；

總結起來，一般地說，只要知道 1 階，2 階，3 階，一直到 k 階的排列級數 $\Sigma_{j=1}^{n} {}_jP_k$，就可以算出 1 階，2 階，3 階，一直到 k 階的冪方和 $S_1(n), S_2(n)\cdots, S_k(n)$。

習題1 用這個辦法算出：$S_3(n), S_4(n), S_5(n), S_6(n), S_7(n)$。

註 很可惜，無法從 $\Sigma\, {}_mP_{-4}$ 算出 Σm^{-4}。

例1 計算 $\dfrac{2}{1*3*4}+\dfrac{3}{2*4*5}+\cdots+\dfrac{n+1}{n(n+2)(n+3)}$。

解析 把第 j 項寫成

$$\frac{j+1}{j(j+2)(j+3)}=\frac{(j+1)^2}{j(j+1)(j+2)(j+3)}=\frac{j^2+2j+1}{j(j+1)(j+2)(j+3)};$$

又把分子寫成

$$j^2+2j+1=j(j+1)+j+1;$$

則得：

$$\frac{j+1}{j(j+2)(j+3)}=\frac{1}{j(j+2)(j+3)}+\frac{1}{(j+1)(j+2)(j+3)}+\frac{1}{j(j+1)(j+2)(j+3)};$$

於是算出總和：

$$\sum_{j=1}^{n}\frac{j+1}{j(j+2)(j+3)}=\left(\frac{1}{3}-\frac{1}{n+3}\right)+\frac{1}{2}\left(\frac{1}{6}-\frac{1}{(n+2)(n+3)}\right)$$
$$+\frac{1}{3}\left(\frac{1}{6}-\frac{1}{(n+1)(n+2)(n+3)}\right);$$

也可以整理成為

$$=\frac{17}{36}-\frac{6n^2+21n+17}{6(n+1)(n+2)(n+3)};$$

例 2 計算 $T_n(x)=1+2x+3x^2+\cdots+nx^{n-1}$。

解析 乘以 x，則得：

$$x*T_n(x)=x+2x^2+3x^3+\cdots+nx^n;$$

於是，相減得：

$$(1-x)*T_n(x)=1+x+x^2+\cdots+x^{n-1}-nx^n=\frac{1-x^n}{1-x}-nx^n;$$

故得：

$$T_n(x)=\frac{1-x^n}{(1-x)^2}-\frac{nx^n}{1-x}.$$

註 不太對！有個漏洞：若 $x=1$？實際上，$T_n(1)=\frac{n(n+1)}{2}$。

習題 算出 n 項和：

(i) $1+3x+5x^2+7x^3+\cdots$

(ii) $1+5x^2+9x^4+\cdots$

(iii) $2*5+3*6+4*7+\cdots$

(iv) $2*7+3*10+4*13+\cdots$

(v) $1*2*3+2*3*5+3*4*7+4*5*9+\cdots$

(vi) $1*3^2+2*4^2+3*5^2+\cdots$

(vii) $1*3^3+2*4^3+3*5^3+\cdots$

(viii) $\frac{4}{2*3*4}+\frac{7}{3*4*5}+\frac{10}{4*5*6}+\cdots$

(ix) $\frac{1}{3*4*5}+\frac{3}{4*5*6}+\frac{5}{5*6*7}+\cdots$

(x) $\frac{1}{1*4*7}+\frac{2}{4*7*10}+\frac{3}{7*10*13}+\cdots$

例 3 正餘弦等差級數

對於一切自然數 n 及實數 a, δ，設 $\sin\left(\frac{\delta}{2}\right)\neq 0$，則有

$$\text{(i)}：\Sigma_{j=0}^{n}\sin(a+j*\delta)=\frac{1}{2\sin\left(\frac{\delta}{2}\right)}\left(\cos\left(a-\frac{\delta}{2}\right)-\cos\left(a+\left(n+\frac{1}{2}\right)\delta\right)\right); \quad (2)$$

$$\text{(ii)}：\Sigma_{j=0}^{n}\cos(a+j*\delta)=\frac{1}{2\sin\left(\frac{\delta}{2}\right)}\left(\sin\left(a+\left(n+\frac{1}{2}\right)\delta\right)-\sin\left(a-\frac{\delta}{2}\right)\right);$$

我的建議是：

・將此級數，「乘除以角度公差值的半角之正弦的兩倍」，即乘上分式

$$\frac{2\sin\left(\frac{\delta}{2}\right)}{2\sin\left(\frac{\delta}{2}\right)}。$$

然後，保留分母，將分子與級數的各項，「積化和差」。

當然，你也可以做做看如下的六個「三角等差數列」的差分，$v:=\Delta u$, $v_n=u_{n+1}-u_n$，因而用得上差和分法基本定理！

$u=(u_n)$	$v=(v_n)=$ 主幹數列 ＊ 糾正因子
$\sin(a+n*\delta)$	$\cos\left(a+\frac{\delta}{2}+n*\delta\right)*2\sin\left(\frac{\delta}{2}\right)$
$\cos(a+n*\delta)$	$-\sin\left(a+\frac{\delta}{2}+n*\delta\right)*2\sin\left(\frac{\delta}{2}\right)$
$\tan(a+n*\delta)$	$\frac{1}{\cos(a+n*\delta)*\cos(a+(n+1)\delta)}*\sin(\delta)$
$\cot(a+n*\delta)$	$-\frac{1}{\sin(a+n*\delta)*\sin(a+(n+1)\delta)}*\sin(\delta)$
$\sec(a+n*\delta)$	$\frac{\sin\left(a+\frac{\delta}{2}+n*\delta\right)}{\cos(a+n*\delta)*\cos(a+(n+1)\delta)}*2\sin\left(\frac{\delta}{2}\right)$
$\csc(a+n*\delta)$	$-\frac{\cos\left(a+\frac{\delta}{2}+n*\delta\right)}{\sin(a+n*\delta)*\sin(a+(n+1)\delta)}*2\sin\left(\frac{\delta}{2}\right)$

(3)

註 我一點兒也沒有「要你背」的意思！（差分法比微分法囉嗦醜陋！）右側的後因子，是角差的糾正因子。前面的主幹因子呢：應該與下述對照！（這是將來你必須背的微分法的公式！）但是把 $a+n*\delta$ 寫為 x。

函數 $f(x)$	導來函數 $g=\frac{d}{dx}f(x)$	差分的主幹
$\sin(x)$	$\cos(x)$	$\cos\left(x+\frac{\delta}{2}\right)$
$\cos(x)$	$-\sin(x)$	$\sin\left(x+\frac{\delta}{2}\right)$
$\tan(x)$	$\sec^2(x)$	$\sec(x)*\sec(x+\delta)$
$\cot(x)$	$-\csc^2(x)$	$-\csc(x)*\csc(x+\delta)$
$\sec(x)$	$\tan(x)\sec(x)=\frac{\sin(x)}{\cos^2(x)}$	$\frac{\sin\left(x+\frac{\delta}{2}\right)}{\cos(x)*\cos(x+\delta)}$
$\csc(x)$	$-\cot(x)\csc(x)=\frac{-\cos(x)}{\sin^2(x)}$	$-\frac{\cos\left(x+\frac{\delta}{2}\right)}{\sin(x)*\sin(x+\delta)}$

(4)

§67　一種鏡射原則

● 問題

（$n=5$。）排兩列 n 行的格子，要把 1 到 $2n$ 的整數（其全體用 D_{2n} 表示），填進這些空格，但是：

♠：右側的必須大於左側，

♡：下側的必須大於上側的。

問 有幾種填空法？

答 $F(n)=\frac{1}{2(2n+1)}*{}_{2n+2}C_{n+1}$。

例如 $F(4)=14, F(5)=42; F(3)=5; F(2)=2$。

這個題目其實是機率論中最巧妙的一個技巧（鏡射原則）。

● 任意亂填

把這 $2n$ 個整數任意亂填入 $2n$ 個格子，方法總數是 $(2n)!$

● 左右的限制

現在只考慮一個限制：要把 1 到 $2n$ 的整數，填進這些空格，但是，先只要一種限制：

右側的必須大於左側，問有幾種填空法？

答 當然是：「要從這 $2n$ 個東西中，選出 n 個來，放在上一列」，（於是依照「左右的限制」，填空法是死板的！）因此答案是：

$${}_{2n}C_n=\frac{(2n)!}{n!\,n!}.$$

● 投票所的唱票過程

假設有 $2n$ 個人投票，只有兩個候選人（或黨）T(op)與 B(ottom)。唱票的情況有各式各樣的可能！

以 $n=5$ 為例，我們舉三個例子：

甲：$T, T, B, T, B, B, B, T, B, T;$

乙：$T, T, B, T, B, B, T, B, T, B;$

丙：$T, T, B, T, T, T, T, B, B, B.$

換句話說：

甲

T	1	2	4	8	10
B	3	5	6	7	9

乙

T	1	2	4	8	10
B	3	5	6	7	9

丙

T	1	2	4	5	6	7
B	3	8	9	10		

銅板序列

如果把銅板的正面叫做 T，反面叫做 B，而獨立重複地擲銅板，就得到一個銅板序列。如上就是三個長度 10 的銅板序列。長度 m 的銅板序列，總數一共有 2^m 個。

如果已經知道：正面一共出現了 r 次，那麼這種序列的總數是

$$_mC_r = \frac{m!}{r!(m-r)!}$$

後面§96（p.519）會講到Bernoulli的二項分佈（在不一定公正的銅版時），就是指這個機率

$$_mC_r p^r (1-p)^{m-r}.$$

唱票序列

我們上面舉了三個銅板序列的例子。但是對於派去投票所觀察的黨棍，他注意的是「唱票序列」。（他是 T 黨。）他只是記錄：到第 k 張開出來的票為止，我黨領先貴（敵）黨的票數 S_k 是多少：

$$S_k = X_1 + X_2 + X_3 + \cdots + X_k;\ X_k = \pm 1.$$

當然，$X_k = 1$ 的意思是：第 k 張開出來的票為 T，$X_k = -1$ 的意思是：第 k 張開出來的票為 B。於是，有如下的圖解：

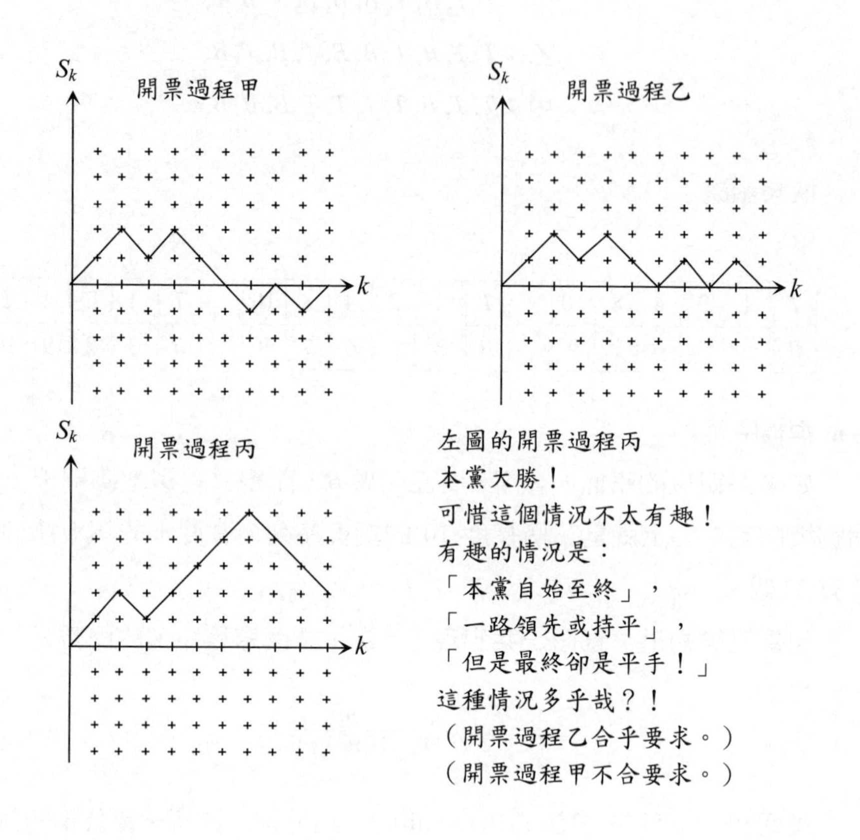

S_k
開票過程甲
k
S_k
開票過程乙
k
S_k
開票過程丙
k
左圖的開票過程丙
本黨大勝！
可惜這個情況不太有趣！
有趣的情況是：
「本黨自始至終」，
「一路領先或持平」，
「但是最終卻是平手！」
這種情況多乎哉？！
（開票過程乙合乎要求。）
（開票過程甲不合要求。）

記號

記號 card = cardinal，讀做 cardinal，意思就是「集合的個數」。全部可能的唱票序列以 $\Omega = \Omega_n$ 表示之，這種序列含有 $m \coloneqq 2n$ 項：

$$S = (S_1, S_2, S_3, \cdots, S_m) \in \Omega_n \text{ 的意思是}$$

$$X_j := S_j - S_{j-1} \in \{-1, +1\},\ \forall j = 1, 2, 3, \cdots, m;\ S_0 \coloneqq 0. \tag{1}$$

我們要討論種種可能的（的）唱票序列（或者叫做「漫步」）的集合：

$$U_n := \{S \in \Omega : S_{2n} = 0\};$$
$$V_n := \{S \in \Omega : S_1 \geq 0, S_2 \geq 0, \cdots, S_{2n} \geq 0\};$$
$$W_n := \{S \in \Omega : S_1 \neq 0, S_2 \neq 0, \cdots, S_{2n} \neq 0\};$$
$$W_{+n} := \{S \in \Omega : S_1 > 0, S_2 > 0, \cdots, S_{2n} > 0\}; \tag{2}$$
$$\Lambda_n := \{S \in \Omega : S_1 \geq 0, S_2 \geq 0, \cdots, S_{2n-1} \geq 0, S_{2n} = 0\};$$
$$\Delta_n := \{S \in \Omega : S_1 \neq 0, S_2 \neq 0, \cdots, S_{2n-1} \neq 0, S_{2n} = 0\};$$
$$\Delta_{+n} := \{S \in \Omega : S_1 > 0, S_2 > 0, \cdots, S_{2n-1} > 0, S_{2n} = 0\};$$

則有：

$$\text{card}(\Omega_n) = 2^{2n}, \text{card}\,(U) = {}_{2n}C_n; \tag{2}$$

以下，如果 n 是固定的，那就省略不寫！

● 正負對稱原理

$$\text{card}\,(W) = 2 * \text{card}\,(W_+); \tag{4}$$
$$\text{card}(\Delta) = 2 * \text{card}\,(\Delta_+).$$

● 基本補題

$$\text{card}\,(U) = \text{card}\,(V). \tag{5}$$

證　考慮上式的右側，假定有一個開票情況是這樣的 $S, S_m = S_{2n} = 0$。那麼開票過程中，最低迷的票數是 $\ell = \min\,(S_j : 0 \leq j \leq m)$。那麼最先到達這個「低迷票況」的時刻記為 k。在圖解中這一點是 $M = (k, \ell)$。

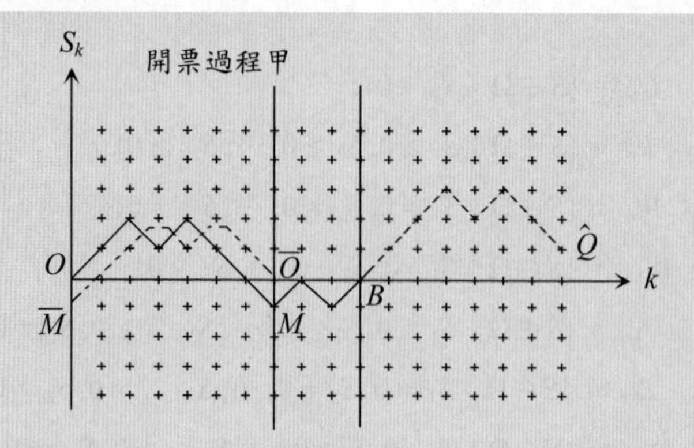

從開始開票到此點為止，（「沮喪期」）「票況」是（圖中從O到M的一段）

$$\text{前期}：(0=S_0,)S_1, S_2, \cdots, S_k;$$

其後的票況是：（圖中從M到B的一段）

$$\text{後期}：S_{k+1}, S_{k+2}, \cdots, S_m\ (=0);$$

現在把「前期票況」在時間上「反轉來看」，就得到：（左圖中從$\overline{M}$到$\overline{O}$的虛線一段）

$$(0 \geq \ell =)S_k, S_{k-1}, \cdots, S_1, S_0(0);$$

我們將它整個都加上$-\ell$，（注意到$\ell \leq 0!$）就變成了：

$$\text{變形段}：(\ell-\ell=)\ 0, S_{k-1}-\ell, S_{k-2}-\ell, \cdots, S_1-\ell, S_0-\ell\ (=-\ell);$$

這個變形段的第零項是$0=S_m$，與「後期票況」的末項一致$=S_m=0$；我們可以將這段黏接在「後期票況」之後（圖中從B到$\hat{O}$的虛線段）；於是得到一個「虛構的票況記錄」S'，時間上是從$0, 1, 2, \cdots$，到$m+k$：

$$S'：S_1, S_2, \cdots, S_k\ (=\ell); S_{k+1}, S_{k+2}, \cdots, S_m\ (=0), S_{k-1}-\ell, S_{k-2}-\ell, \cdots, S_1-\ell, -\ell;$$

這裡面，最小值當然是$\ell \leq 0$。

現在把這個票況全部再加上 $-\ell$，並且把時刻 k 之前的記錄銷毀，就得到一個票況記錄：（$T_0=S_k-\ell=0$，）（下圖丁）

$$T：T_1=S_{k+1}-\ell, T_2=S_{k+2}-\ell, \cdots, T_{m-k}=-\ell,$$
$$T_{m-k+1}=S_{k-1}-2\ell, \cdots, S_1-2\ell, T_m=-2\ell;$$

（確實是上圖從 M 經 B 到 $\hat{O}$ 的這段，往上挪。）

請注意：現在這個 $T\in V$，因為：$T_0=0, T_j-T_{j-1}=\pm 1$。而且：從 $T\in V$ 就可以反過來得到 $S\in V$。

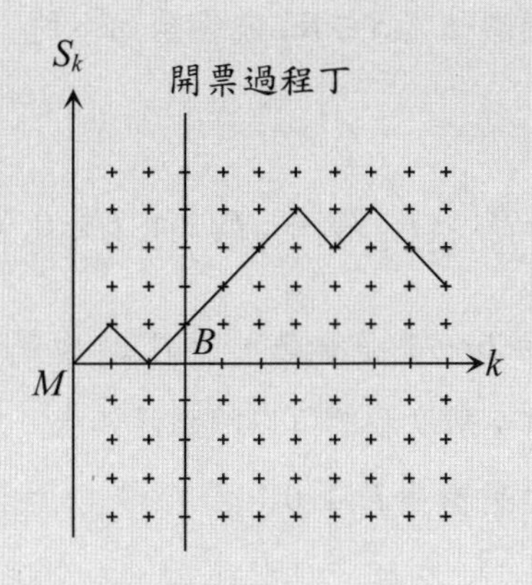

補題 2

$2*\text{card}(W_+)=\text{card}(V)$;（由正負對稱及上述補題，因而 $\text{card}(W)=\text{card}(U)$; (6)

證 考慮（下圖左）的一個開票情況 $S\in W_+, S_j>0, \forall j=1, 2, \cdots, 2n$。（因此 $T_{2n}\geq 2$。右端點 $Z=(2n, T_{2n})$。）那麼，令：

$$T_j:=S_{j+1}-1, j=1, 2, \cdots, m-1;$$

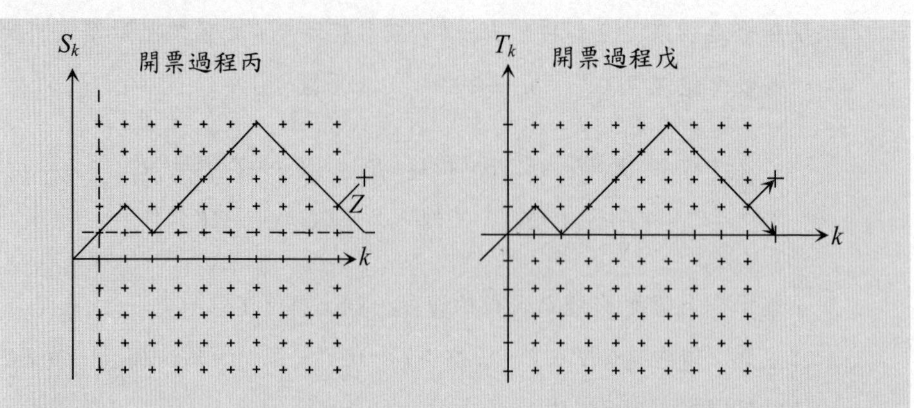

那麼，這一個開票情況 $S \in W_+$ 就得到如下的一個（只有 $m-1=2n-1$ 項的！）序列：

$$T' := (T_1, T_2, \cdots, T_{m-1}); T_j \geq 0, \forall j \leq m = 2n.$$

注意到：$m-1=2n-1$ 是奇數，而 T_{m-1} 也是奇數，故：$T_{m-1} \geq 0$，也就等於說 $T_{m-1} \geq 1$；那麼我們可以隨意地湊上一項 $T_m := T_{m-1} \pm 1$，（兩種選擇都可以！）結果都是 $T_m \geq 0$；

$$T = (T_1, T_2, \cdots, T_{m-1}, T_m) \in V;$$

結論是說：從一個 $S \in W_+$ 可以得到兩個 $T \in V$。

補題 3

$$\text{card}(\Lambda_n) = \text{card}(\Delta_{+(n+1)}); \tag{7}$$

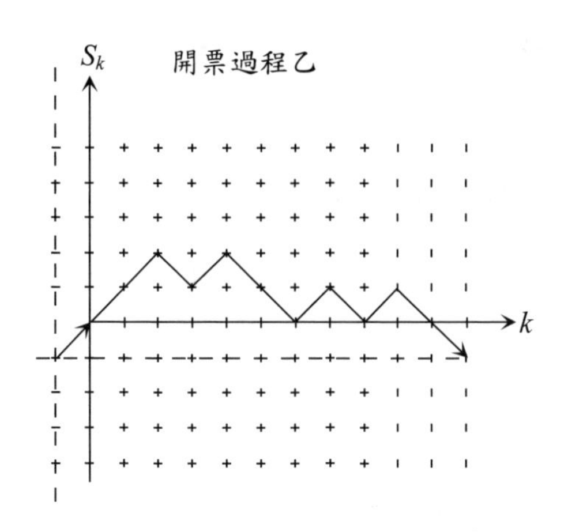

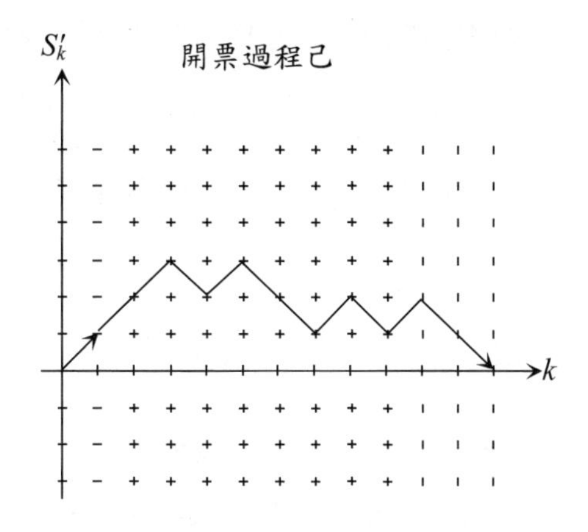

證 （上式的左側）開票情況$S \in \Lambda_n$是這樣的（上左圖）：

$$S_1 \geq 0, S_2 \geq 0, \cdots, S_{2n-1} \geq 0, S_{2n} = 0;$$

現在假定從頭多給T黨一張票，最後再給B黨一張票，

$$S'_1 = 1 > 0, S'_j := S_{j-1} + 1 > 0, (j = 1, 2, \cdots, 2n), S'_{2n+1} = S_{2n} + 1 = 1 > 0, S'_{2n+2} := 0;$$

則得：$S' \in \Delta_{+(n+1)}$。（上右圖。）

補題 4

$$\text{card}(\Delta_{n+1}) = 4 * \text{card}(W_n) - \text{card}(W_{n+1}). \tag{8}$$

證 $T \in \Delta_{n+1}$的意思是

$$T \in \{S \in \Omega_{n+1} : S_1 \neq 0, S_2 \neq 0, \cdots, S_{2n} \neq 0\} \backslash W_{n+1}.$$

公式的證明

我們要計算$F(n) = \text{card}(\Lambda_n)$。

利用補題 3（7 式），改為計算 $\text{card}(\Delta_{+(n+1)})$。

利用正負對稱原理（4 式），改為計算 $\frac{1}{2}\text{card}(\Delta_{(n+1)})$。

利用補題 4（8 式），改為計算 $\frac{1}{2}[4*\text{card}(W_n)-\text{card}(W_{n+1})]$。

利用補題 2（6 式），改為計算 $\frac{1}{2}[4*\text{card}(U_n)-\text{card}(U_{(n+1)})]$。

由公式(3)，就可以算出來了！

補白：排列組合公式摘要

假設：A 是一堆人，人數 $n=\text{card}(A)>0$。警察局長交代這個偵探一個任務：「聽說 A 中某些人組成了一個『玫瑰幫』X，請查出 X」。請問：有幾種可能的答案？

只知道 $X\subset A$, X 是 A 的子集，所有的 A 的子集的全體，2^A，叫作 A 的指數集（power set）。於是：$\text{card}(2^A)=2^n$。

進一步的訊息是：此幫 X 的人數確定是 $r>0$，請問：有幾種可能的答案？所有的 A 的子集具有基數 r 者的全體，記做

$$ {}_AC_r=\{X\subset A : \text{card}(X)=r\}.\text{於是 }\text{card}({}_A\mathfrak{C}_r)={}_nC_r. $$

局長進一步的訊息是：此幫是井然編序的組織，有一號二號，…，必須查出這個序列 $y=(y_1, y_2, \cdots, y_r)$，當然 $y : \{1, 2, \cdots, r\}\mapsto A$ 是個嵌射，即 $y\in {}_AP_r$。於是，可能的答案總數是 $\text{card}({}_AP_r)={}_nP_r$。

另一個不相干的問題是：A 是一堆歌星，聽眾只有 r 個人，聽完歌之後，各自寫下認為唱得最好的一位歌星給歌廳經理。那麼，經理拿到的榜單 Z 是個「從 A 中選出，可以重複的 r 人名單」$Z\in {}_AH_r$。可能的答案總數是 $\text{card}({}_AH_r)={}_nH_r$。

再一個不相干的問題是：某個班級 A，這學期要上 r 門課，$B=\{$國，英，數，理，化，…$\}$，$\text{card}(B)=r$。教務處隨便為每一門課抽籤抽出一位同學來喊「起立敬禮坐下」。（如果「倒楣」的話，可以被抽中好多門課。）教務處公佈的「敬禮生榜單」U，是一個「從 B 到 A 的映射 $U\in A^B$，所以，可能的答案

總數是 card $(A^B) = n^r$。

若 r = card $(B) \geq$ card (A)，要求每人「最少要喊一門課」。所有這些可能的「蓋射」U，總數是多少？

正名

上面的用詞，映射（mapping）是常見的。但嵌射（injection），蓋射（surjection），不算通行。四十年前已經見到「一一的」（one-one），「映成的」（onto）的譯詞。翻譯得沒錯，是合乎'one-one'、'onto'的英文字意，可惜這兩個英文字詞本身就不好！

'one-one' 的英文原意，絕對是更接近 bijective = injective + surjective。把'onto'用做形容詞 surjective，絕對是不太「雅」「順」。我以為最好是用：

injective-injection	surjective-surjection	bijective-bijection
嵌射	蓋射	對射

把「對射」譯成「一一且映成的」，實在是太痛苦了！

補白：Euler 的妙招

（也許現在通貨膨脹，這個問題就失去實用的意義了！）美國的錢幣，一塊錢之下的，本來有：1 分（cent）、5 分（nickel）、10（dime）、25 分（quarter）、半元 50 分，這幾種。那麼，用這些錢幣，要找還美金一塊錢，有幾種辦法？

換用一種說法是：如下的方程式 5 元一次方程式要求「非負整數解」，共有幾組解答？（題目中 $n=100$。）

$$x + 5y + 10z + 25u + 50v = n; \tag{9}$$

這裡，未知數 x, y, z, u, v,分別表示各種錢幣「用了幾個」。

Euler的想法是：考慮如下五個多項式相乘積的θ^{100}項的係數就好了！

$$(\theta^0+\theta^1+\theta^2+\cdots+\theta^{100}) * (\theta^{5*0}+\theta^{1*5}+\theta^{2*5}+\cdots+\theta^{20*5})$$
$$* (\theta^{0*10}+\theta^{1*10}+\theta^{2*10}+\cdots+\theta^{10*10}) * (\theta^{0*25}+\theta^{1*25}+\theta^{2*25}+\theta^{3*25}+\theta^{4*25})$$
$$* (\theta^{0*50}+\theta^{1*50})$$

這五個多項式就是

$$f_1(\theta) := \sum_{x=0}^{100} \theta^{x*1}; f_2(\theta) := \sum_{y=0}^{20} \theta^{5*y}; f_3(\theta) := \sum_{z=0}^{10} \theta^{10*z}; f_4(\theta) := \sum_{u=0}^{4} \theta^{25*u}; f_5(\theta) := \sum_{v=0}^{2} \theta^{50*v};$$

因為我們是要計算$n=100$（分的幣值），因而要計算$\Pi_{k=1}^{5} f_k(\theta)$的展開式中的$\theta^n$項，於是可知：你把$f_1(\theta)$改為$f_1(\theta)=\Sigma_{x=0}^{375}\theta^{x*1}$也完全沒有影響！把$f_4$改為$f_4(\theta) := f_4(\theta) := \Sigma_{u=0}^{228}\theta^{25*u}$，也完全沒有影響，等等！於是我們可以考慮把五個多項式函數改為：

$$f_1(\theta) := \Sigma_{x=0}^{\infty}\theta^{x*1} = \frac{1}{1-\theta}; f_2(\theta) := \Sigma_{y=0}^{\infty}\theta^{y*5} = \frac{1}{1-\theta^5}; f_3(\theta) := \frac{1}{1-\theta^{10}};$$
$$f_4(\theta) := \frac{1}{1-\theta^{25}}; f_5(\theta) := \frac{1}{1-\theta^{50}};$$

就此題說，這個看法似乎用途不大！但是 Euler 卻由此開發了一種很有用的技巧！

第七章

向量與定準

這一章的主題是定準。但是我們著重在幾何解釋，因此當然要談到向量。（差不多只限於二維與三維。）

做為應用的基礎，我們當然強調：向量的內外積的幾何意義。由此解說 Lagrange 恆等式，Cauchy 不等式，就很自然了。

做為運算的基礎，我們強調：雙重運算時的中堅原則與定準原則。

關於定準，我們是借助於置換的奇偶性，直接做完全的展開。然後推導出多重線性，交錯性，得到餘因子展開。這樣子之後，我們講了定準式的因式分解，（以及）尤其是展開定理的幾何應用。

關於矩陣與方陣的定準的乘法，我們差不多只限於定義。關於餘逆與消元法，我們也只能強調「滑移與扣消」的算術意義而已。

§71　Gibbs 的算術

低維定準

● 有號面積

（參見§61 例 6）

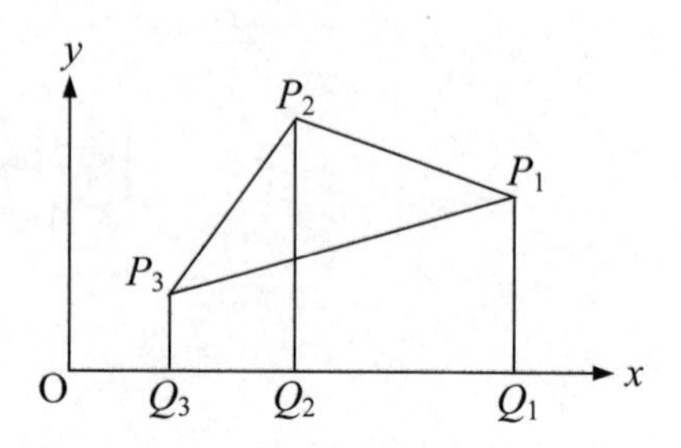

考慮如圖的三角形 $P_1P_2P_3$；頂點 $P_j=(x_j,\ y_j)$；則有號面積為：

$$\triangle(P_1P_2P_3)=\frac{1}{2}[x_1y_2-x_2y_1+x_2y_3-x_3y_2+x_3y_1-x_1y_3];$$

答案很容易記！三角形 $P_1P_2P_3$ 有三邊，

$$\overrightarrow{P_1P_2},\ \overrightarrow{P_2P_3},\ \overrightarrow{P_3P_1},$$

我們稱之為「有向線段」，都分「起點」「終點」！而且頭尾銜接！

對於每一段，我們都以起點的 x 乘以終點的 y，減去起點的 y 乘以終點的 x，稱之為 Sarrus 乘積，三項總和還要乘以因子 $\frac{1}{2}$：

$$\triangle(P_1P_2P_3)=\frac{1}{2}(\overset{--\times\to}{P_1P_2}+\overset{--\times\to}{P_2P_3}+\overset{--\times\to}{P_3P_1}).$$

$$\text{但}\overset{--\times\to}{P_1P_2}:=(x_1y_2-x_2y_1); \tag{1}$$

● 正負號的規約

有向線段頭尾銜接時，如果「旋向為正」，（「逆時針」！）就得到正號面積！若「旋向為負」，（「順時針」！）就得到負號面積！！

● 公式的證明

你當然可以自己導出：

$$\triangle(P_1P_2P_3)=\mathcal{A}(Q_1P_1P_2Q_2)+\mathcal{A}(Q_2P_2P_3Q_3)-\mathcal{A}(Q_1P_1P_3Q_3). \tag{2}$$

平面座標幾何學中，這個三角形面積公式，可以推行到多邊形！若 $n\geq 3$，

$$\mathcal{A}(P_1P_2\cdots P_n)=\frac{1}{2}(\overset{--\times\rightarrow}{P_1P_2}+\overset{--\times\rightarrow}{P_2P_3}+\cdots+\overset{--\times\rightarrow}{P_{n-1}P_n}+\overset{--\times\rightarrow}{P_nP_1}). \tag{3}$$

這是數學歸納法！（§61 例 6(6)式。）你只需要將多邊形拆割為幾（？$=n-2$）個三角形！(2)式是它的首例（$n=3$）。

實際上，你甚至於可以將這個公式，看成是在 $n=2$ 的情形也成立！但是這個情形的公式是：

$$\Delta(OP_1P_2)=\frac{1}{2}\overset{--\times\rightarrow}{P_1P_2}=\frac{1}{2}\begin{vmatrix}x_1, & x_2\\ y_1, & y_2\end{vmatrix}. \tag{4}$$

右側式子前面的因子 $\frac{1}{2}$，當然與「平面是二維的」有關。我們就不管它。那麼，另外的因子就是二維定準了。因為兩個<u>行矢</u>根本就是 P_1, P_2，我們可以把這個式子寫成：

$$\Delta(OP_1P_2)=\frac{1}{2}\det(P_1,P_2). \tag{5}$$

（這樣寫的時候，是把點 P_j 看成行矢 $\begin{bmatrix}x_j\\ y_j\end{bmatrix}$.）

註 思考一下！如果我們已經證明了這個<u>特殊的</u>三角形面積公式，那麼，（連接 OP_1, OP_2, OP_3）利用：

$$\triangle(P_1P_2P_3)=\triangle(OP_1P_2)-\triangle(OP_1P_3)-\triangle(OP_3P_2),$$

就證明了<u>一般的</u>三角形面積公式

$$\Delta(P_1P_2P_3)=\frac{1}{2}\begin{vmatrix}1, & x_1, & y_1\\ 1, & x_2, & y_2\\ 1, & x_3, & y_3\end{vmatrix}. \tag{6}$$

立體座標系

把上述平面幾何中的公式，類推到立體幾何學中？！

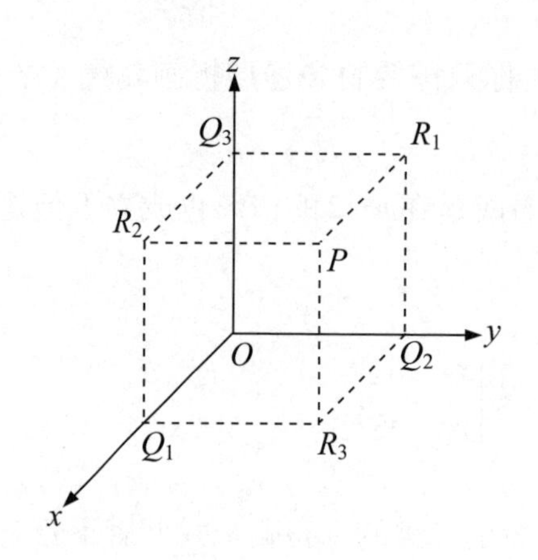

先解釋座標
$P=(u, v, w)$的意義：
如圖，直線$PR_3 \| z$軸，
交xy座標平面於點R_3；
R_3的平面座標為(x, y)，
平面$PR_1Q_3R_2 \| xy$座標面，
截z軸OE_3於點Q_3；
Q_3對z軸的座標為z，
於是，P的空間座標為(x, y, z)。

類推

我們馬上把上述平面幾何中的公式，類推到立體幾何學中？！在此，我們用⊿表示四面體的有號體積。

有號體積定理

如果有四個點$P_j=(x_j, y_j, z_j)$, $(j=1, 2, 3, 4)$則：

$$⊿(OP_1P_2P_3)=\frac{1}{6}\begin{vmatrix} x_1, & y_1, & z_1 \\ x_2, & y_2, & z_2 \\ x_3, & y_3, & z_3 \end{vmatrix};\text{（相當於(2)）} \tag{7}$$

$$⊿(P_0P_1P_2P_3)=\frac{1}{6}\begin{vmatrix} 1, & x_0, & y_0, & z_0 \\ 1, & x_1, & y_1, & z_1 \\ 1, & x_2, & y_2, & z_2 \\ 1, & x_3, & y_3, & z_3 \end{vmatrix}.\text{（相當於(1)）} \tag{8}$$

註 當然我們尚未定義四維定準！但是我們已經知道(6)式的解釋：

$$\begin{vmatrix} 1, & x_1, & y_1 \\ 1, & x_2, & y_2 \\ 1, & x_3, & y_3 \end{vmatrix} = \begin{vmatrix} x_2, & y_2 \\ x_3, & y_3 \end{vmatrix} - \begin{vmatrix} x_1, & y_1 \\ x_3, & y_3 \end{vmatrix} + \begin{vmatrix} x_1, & y_1 \\ x_2, & y_2 \end{vmatrix}. \tag{9}$$

同理，你猜得到 (8) 式的解釋，是說右側 =

$$\begin{vmatrix} x_1, & y_1, & z_1 \\ x_2, & y_2, & z_2 \\ x_3, & y_3, & z_3 \end{vmatrix} - \begin{vmatrix} x_0, & y_0, & z_0 \\ x_2, & y_2, & z_2 \\ x_3, & y_3, & z_3 \end{vmatrix} + \begin{vmatrix} x_0, & y_0, & z_0 \\ x_1, & y_1, & z_1 \\ x_3, & y_3, & z_3 \end{vmatrix} - \begin{vmatrix} x_0, & y_0, & z_0 \\ x_1, & y_1, & z_1 \\ x_2, & y_2, & z_2 \end{vmatrix}. \tag{10}$$

§71.1 Gibbs 的向量

Gibbs 向量的線性運算

我們在本節中，將介紹 Gibbs 的代數，再利用它來解說這個公式。

Gibbs 引進三個記號，$\mathbf{i}, \mathbf{j}, \mathbf{k}$, 稱為基本向量。對於任意三個實數 u, v, w，$\mathbf{u} = u * \mathbf{i} + v * \mathbf{j} + w * \mathbf{k}$ 就定出了一個（Gibbs 的）向量，而(u, v, w)乃是這個向量 $\mathbf{u}$ 的（第一第二第三）三個成分。

如果又有一個向量 $\mathbf{a} = a * \mathbf{i} + b * \mathbf{j} + c * \mathbf{k}$，那麼我們就規定：

兩個向量的加法的結果，就是「和向量」

$$\mathbf{u} + \mathbf{a} = (u + a) * \mathbf{i} + (v + b) * \mathbf{j} + (w + c) * \mathbf{k}. \tag{11}$$

如果又有一個實數 $\alpha \in \mathbb{R}$，那麼我們就規定：

係數 α 對於向量 $\mathbf{u}$ 的係數乘法的結果，就是向量

$$\alpha * \mathbf{u} = (\alpha * u)\mathbf{i} + (\alpha * v) * \mathbf{j} + (\alpha * w) * \mathbf{k}. \tag{12}$$

因此，任何向量都是用基本向量各自乘以一個係數，再加起來的結果。

數學上把這兩個運算，加法與係數乘法，合起來稱為線性運算，或線性組合。這兩個運算，都是逐成分的運算！

Gibbs 向量的內外積

在 **u**, **a** 兩個向量之間，Gibbs 又引進兩個運算，稱為內積與外積，記號分別是 $\mathbf{u}\cdot\mathbf{a}, \mathbf{u}\times\mathbf{a}$。

它們的定義，最簡單的一個方式就是用成分來表達：

$$\mathbf{u}\cdot\mathbf{a}=u*a+v*b+w*c=\mathbf{a}\cdot\mathbf{u}.$$

$$\mathbf{u}\times\mathbf{a}=\begin{vmatrix}\mathbf{i}, & \mathbf{j}, & \mathbf{k},\\ u, & v, & w,\\ a, & b, & c,\end{vmatrix}=-\mathbf{a}\times\mathbf{u}. \tag{13}$$

（請注意：式子中，內積與外積分別是對稱與交錯的。）

它們最重要的代數性質就是線性（分配律）：

♠：

內積	外積
$(\mathbf{u}+\mathbf{u}')\cdot\mathrm{a}=(\mathbf{u}\cdot\mathbf{a})+(\mathbf{u}'\cdot\mathbf{a})$, $\mathbf{u}\cdot(\mathbf{a}+\mathbf{a}')=(\mathbf{u}\cdot\mathbf{a})+(\mathbf{u}'\cdot\mathbf{a})$,	$(\mathbf{u}+\mathbf{u}')\times\mathbf{a}=(\mathbf{u}\times\mathbf{a})+(\mathbf{u}'\times\mathbf{a})$, $\mathbf{u}\times(\mathbf{a}+\mathbf{a}')=(\mathbf{u}\times\mathbf{a})+(\mathbf{u}'\times\mathbf{a})$,
$(\alpha*\mathbf{u})\cdot\mathbf{a}=\alpha*(\mathbf{u}\cdot\mathbf{a})=\mathbf{u}\cdot(\alpha*\mathbf{a})$,	$(\alpha*\mathbf{u})\times\mathbf{a}=\alpha*(\mathbf{u}\times\mathbf{a})=\mathbf{u}\times(\alpha*\mathbf{a})$,

有了線性，內外積只要對於基本向量來定義就可以了！而由於對於 **i**, **j**, **k**, 有輪換性，因此非常容易記憶：

♡：

內積	外積
$1=\mathbf{i}\cdot\mathbf{i}=\mathbf{j}\cdot\mathbf{j}=\mathbf{k}\cdot\mathbf{k}$,	$0=\mathbf{i}\times\mathbf{i}=\mathbf{j}\times\mathbf{j}=\mathbf{k}\times\mathbf{k}$,
$0=\mathbf{j}\cdot\mathbf{k}=\mathbf{k}\cdot\mathbf{j}$, $0=\mathbf{k}\cdot\mathbf{i}=\mathbf{i}\cdot\mathbf{k}$, $0=\mathbf{i}\cdot\mathbf{j}=\mathbf{j}\cdot\mathbf{i}$;	$\mathbf{i}=\mathbf{j}\times\mathbf{k}=-\mathbf{k}\times\mathbf{j}$, $\mathbf{j}=\mathbf{k}\times\mathbf{i}=-\mathbf{i}\times\mathbf{k}$, $\mathbf{k}=\mathbf{i}\times\mathbf{j}=-\mathbf{j}\times\mathbf{i}$;

§72　內外積的幾何意義

向量的表現

Gibbs 的向量概念，在物理科學中非常有用！

向＝方向（direction），量＝大小（magnitude）；具有方向與大小的物理量就叫做向量！這樣的抽象概念，卻是有其幾何的表現。

在立體空間中，如果 A, U, 是不同的兩點，那麼，想像中，我們可以畫一條線段，連接 U, A，記做 $\overline{AU}$，如果我們指定 A 為起點，U 為終點，那麼，我們就得到一個（非零的！）有向線段 $\overrightarrow{AU}$。這個非零的有向線段，其大小就是線段的長度 $|\overline{AU}|$，而方向也就是「從 A 到 U」。如果取定了空間的座標系，而 $A=(a, b, c), U=(u, v, w)$，那麼，我們就說：有向線段 $\overrightarrow{AU}$ 代表了 Gibbs 的向量

$$\overrightarrow{AU}=(u-a)*\mathbf{i}+(v-b)*\mathbf{j}+(w-c)*\mathbf{k};$$

特別地，當 $P=(x, y, z), O=(0, 0, 0)$（原點）時，我們用 $\overrightarrow{OP}$ 代表一個 Gibbs 的向量

$$\mathbf{u}=\overrightarrow{OP}=\mathbf{i}x+\mathbf{j}y+\mathbf{k}z; \tag{1}$$

問 什麼樣的情況下，有向線段 $\overrightarrow{PQ}$ 與有向線段 $\overrightarrow{AB}$ 代表了相同的「向量」？

答 條件就是：這四點（在一個平面上），$PQBA$（注意順序！）成為一個平行四邊形。

註 所以有人就說：向量就是不在乎起點的有向線段！

力的平行四邊形定律

如果某人出了力量 $\mathbf{F}$，另外一個人出了力量 $\mathbf{G}$，兩個人的合力 $\mathbf{F}+\mathbf{G}$ 是多少？最先想出清楚答案的大概是 Stevin。我們可以這樣子來用兩句話來解釋 Stevin 的貢獻，

- 力是向量，而
- 如果向量 $\mathbf{F}$ 用向量 $\overrightarrow{PQ}$ 來代表，向量 $\mathbf{G}$ 用 $\overrightarrow{QR}$ 來代表，則向量 $\mathbf{F}+\mathbf{G}$ 用 $\overrightarrow{PR}$ 來代表；

剛剛所說的這句話就是力的「三角形定律」；當然也可以說成：

如果向量 $\mathbf{F}$ 用 $\overrightarrow{PQ}$ 來代表，向量 $\mathbf{G}$ 用 $\overrightarrow{PS}$ 來代表，則我們畫出平行四邊形

$PQRS$時，向量$\mathbf{F}+\mathbf{G}$就是用對角的有向線段$\overrightarrow{PR}$來代表。

● 註：迷向

當然我們必須咬文嚼字一番：零向量的意思就是其大小為零，但是這時候，當然無方向可言！它是迷向的（isotropic）！零向量當然用一個零有向線段來代表！零有向線段是退化的（有向）線段，即是$\overrightarrow{PP}$，起點與終點重合為一，因而長度為零！

● 範方

一個向量$\mathbf{a}=a*\mathbf{i}+b*\mathbf{j}+c*\mathbf{k}$與自己的內積，就叫做它的範方（norm-square）。

$$|\mathbf{a}|^2 := \mathbf{a}\cdot\mathbf{a}=a^2+b^2+c^2; \tag{2}$$

當然，範方的平方根就叫做範數（norm）或模。由 Pythagoras 定理，一個向量的範數，其實就是代表它的有向線段的長度。因此也就是向量的大小（magnitude）。

● 內積的幾何解釋

假設兩個向量用相同起點C的有向線段來代表：$\mathbf{u}=\overrightarrow{CA}$, $\mathbf{v}=\overrightarrow{CB}$，我們就以$\angle ACB$做為兩向量的夾角：$\widehat{\mathbf{u},\mathbf{v}}=\angle ACB$；於是

$$\mathbf{u}\cdot\mathbf{v}=|\mathbf{u}|*|\mathbf{v}|*\cos(\widehat{\mathbf{u},\mathbf{v}}). \tag{3}$$

證　如下圖右，對於$\triangle ABC$，適用餘弦定律，則

(i)：$\overline{AB}^2=\overline{CA}^2+\overline{CB}^2-2\overline{CA}*\overline{CB}*\cos(\angle ACB)$；

但是：$\overline{CA}^2=|\mathbf{u}|^2$；$\overline{CB}^2=|\mathbf{v}|^2$；

$\overline{AB}^2=|\mathbf{v}-\mathbf{u}|^2=(\mathbf{v}-\mathbf{u})\cdot(\mathbf{v}-\mathbf{u})$；

(ii)：$\overline{AB}^2=\mathbf{v}\cdot\mathbf{v}+\mathbf{u}\cdot\mathbf{u}-2\mathbf{u}\cdot\mathbf{v}$；

比較 (i) 與 (ii)，就得證。

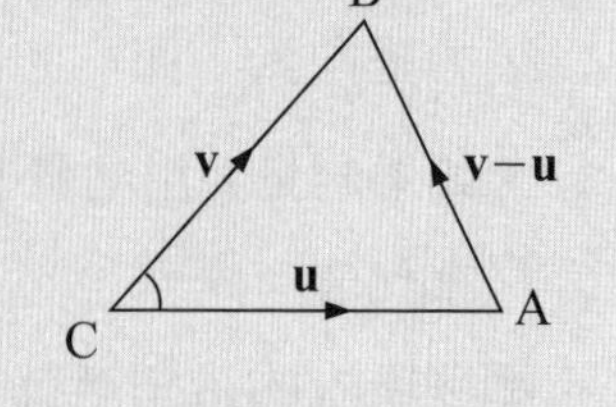

正交

於是內積為零，就稱為「垂直」，或「正交」，而以⊥記之。（特別地，零向量雖然迷向，卻與任何向量都正交。）

習題1 $(\mathbf{a} \times \mathbf{u}) \perp \mathbf{a}; (\mathbf{a} \times \mathbf{u}) \perp \mathbf{u}.$

推論：Cauchy 不等式

$$|\mathbf{a} \cdot \mathbf{u}| \leq |\mathbf{a}| * |\mathbf{u}|; \tag{4}$$

而且等號只限於：$\cos \widehat{(\mathbf{a}, \mathbf{v})} = \pm 1$。即是所夾角度為 $0, \pi$。

平行四邊形公式

對於任何兩個向量 $\mathbf{u}, \mathbf{v}$，都有：

$$|\mathbf{u} + \mathbf{v}|^2 + |\mathbf{u} - \mathbf{v}|^2 = 2(|\mathbf{u}|^2 + |\mathbf{v}|^2)。 \tag{5}$$

試解釋其幾何意義！

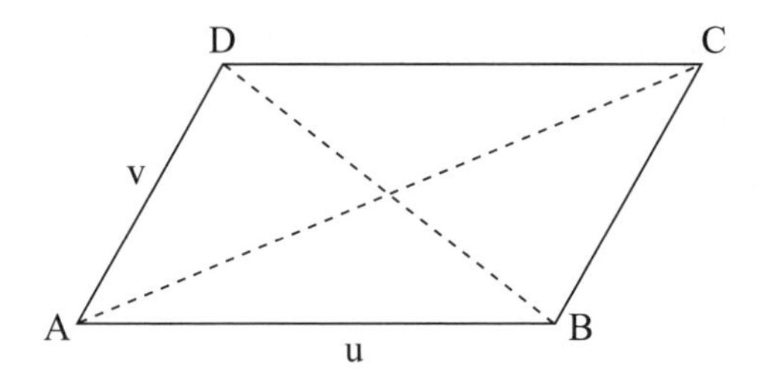

如左圖，$ABCD$ 是平行四邊形，$\overrightarrow{AB} = \mathbf{u}$，$\overrightarrow{AD} = \mathbf{v}$，則：$\overrightarrow{AC} = ?$ $\overrightarrow{DB} = ?$

習題2 對於三個向量 $\mathbf{u}, \mathbf{v}, \mathbf{w}$ ，若是

$$\mathbf{u} \cdot (\mathbf{v} - \mathbf{w}) = 0 = \mathbf{v} \cdot (\mathbf{w} - \mathbf{u});$$

則有：

$$\mathbf{w} \cdot (\mathbf{u} - \mathbf{v}) = 0.$$

菱形定律

對於兩個向量 $\mathbf{u}, \mathbf{v}$，若：$|\mathbf{u}|=|\mathbf{v}|$，則有：

$$(\mathbf{u}+\mathbf{v}) \perp (\mathbf{u}-\mathbf{v}).$$

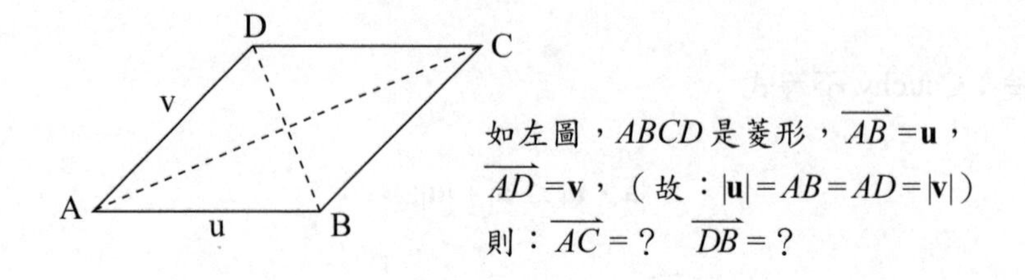
D
C
v
A
u
B
如左圖，ABCD 是菱形，$\overrightarrow{AB}=\mathbf{u}$，
$\overrightarrow{AD}=\mathbf{v}$，（故：$|\mathbf{u}|=AB=AD=|\mathbf{v}|$）
則：$\overrightarrow{AC}=?$　$\overrightarrow{DB}=?$

Lagrange 公式

我們用成分來計算，馬上得到：

$$|\mathbf{a}|^2 * |\mathbf{u}|^2 = |\mathbf{a} \times \mathbf{u}|^2 + |\mathbf{a} \cdot \mathbf{u}|^2.$$

也就是：

$$(\sum_j a_j^2) * (\sum_k u_k^2) = (\sum_{j<k} (a_j u_k - a_k u_j)^2) + (\sum_j a_j u_j)^2; \tag{6}$$

因而 $|\mathbf{a} \times \mathbf{u}| = |\mathbf{u}| * |\mathbf{a}| * \sin\widehat{(\mathbf{a}, \mathbf{u})}$。（因為末項是(3)。）

外積的幾何定義

上面的最後一式讓我們給外積一個解釋：用出發點是原點的有向線段來分別代表這兩個向量

$$\mathbf{a} = \overrightarrow{OP}, \mathbf{b} = \overrightarrow{OQ};$$

於是，畫出一個平行四邊形 $OPRQ$。在空間中，我們過 O 點，作出這個平行四邊形（的平面）的垂線（法線），$n'On$。

我們用這個平行四邊形 $OPRQ$ 的面積做為外積向量的大小，而用這個法線的方向做為外積向量的方向。

所以，只剩下一個問題：法線是直線，有兩個「指向」，$\overrightarrow{On'}$ 還是 $\overrightarrow{On}$？

這樣子可以有兩種規約，右手或左手。右手規約是：用右手放在平行四邊形的平面上，四指捲曲，由 $\overrightarrow{OP}$ 捲向 $\overrightarrow{OQ}$，這時候大拇指這個法向，就是外積的方向。

所以，「外積的方向」其實強調的是「旋轉」的轉向。右手規約就是「右手螺旋規約」。

註 所以你就知道：右手規約或左手規約，先天的地位是相等的。但是現在的地球上，右手規約佔優勢。所以我們也如此約定。

Pythagoras 定理，另一型

空間中的一個平行四邊形 $OPRQ$，其面積就是它在三個座標面上的投影四邊形面積的平方和再開平方。

中堅原理

（你要用心想一想：怎麼背公式？就知道我用詞的意思！）

$$(\mathbf{a}\times\mathbf{b})\times\mathbf{c}=(\mathbf{a}\cdot\mathbf{c})\mathbf{b}-(\mathbf{b}\cdot\mathbf{c})\mathbf{a};$$

$$\mathbf{a}\times(\mathbf{b}\times\mathbf{c})=(\mathbf{a}\cdot\mathbf{c})\mathbf{b}-(\mathbf{a}\cdot\mathbf{b})\mathbf{c}. \tag{7}$$

定準原理

若是 $\mathbf{a}=(a\mathbf{i}+b\mathbf{j}+c\mathbf{k}),\ \mathbf{u}=(u\mathbf{i}+v\mathbf{j}+w\mathbf{k}),\ \mathbf{p}=(p\mathbf{i}+q\mathbf{j}+r\mathbf{k})$，則

$$(\mathbf{a}\times\mathbf{u})\cdot\mathbf{p}=\mathbf{a}\cdot(\mathbf{u}\times\mathbf{p})=\begin{vmatrix}a, & b, & c\\ u, & v, & w\\ p, & q, & r\end{vmatrix}=(Sarrus!) \tag{8}$$

即 $=avr+bwp+cuq-cvp-bur-awq.$

因此就記做

$$\det(\mathbf{a},\mathbf{u},\mathbf{p})=\det(\mathbf{u},\mathbf{p},\mathbf{a})=\det(\mathbf{p},\mathbf{a},\mathbf{u}).$$

$$= -\det(\mathbf{p}, \mathbf{u}, \mathbf{a}) = -\cdots \qquad (9)$$

如右圖 $\mathbf{a}, \mathbf{u}, \mathbf{p}$ 的三條稜線構成平行六面體；底面平行四邊形的面積 $= |\mathbf{a} \times \mathbf{u}|$，高 $= \mathbf{p} \cdot \mathbf{n}$，是 $\mathbf{p}$ 投影於 $\mathbf{n}$ 方向；$\mathbf{n} = \mathrm{sign}\ (\mathbf{a} \times \mathbf{u})$是底面平行四邊形的法向；

p
n
u
O
a

因此，$(\mathbf{a} \times \mathbf{u}) \cdot \mathbf{p} =$ 平行六面體的有號體積。

● **相對的縱橫分解**

假設有兩個非零向量 $\mathbf{u}, \mathbf{v}$，一定可以找到兩個向量 $\mathbf{v}_{\perp \mathbf{u}}, \mathbf{v}_{\| \mathbf{u}}$，使得：

$$\mathbf{v} = \mathbf{v}_{\perp \mathbf{u}} + \mathbf{v}_{\| \mathbf{u}};\ \mathbf{v}_{\perp \mathbf{u}} \perp \mathbf{u},\ \mathbf{v}_{\| \mathbf{u}} \parallel \mathbf{u}.$$

解析　不妨設想 $\mathbf{u} = \mathbf{k}, \mathbf{v} = \alpha * \mathbf{i} + \beta * \mathbf{j} + \gamma * \mathbf{k}$，於是：$\mathbf{v}_{\| \mathbf{k}} = \gamma * \mathbf{k}, \gamma = (\mathbf{k} \cdot \mathbf{v})$；而 $\mathbf{v}_{\perp \mathbf{u}} = \alpha * \mathbf{i} + \beta * \mathbf{j}$，於是 $\mathbf{k} \times \mathbf{v} = \alpha * \mathbf{j} - \beta * \mathbf{i}$，那麼：$(\mathbf{k} \times \mathbf{v}) \times \mathbf{k} = \alpha * \mathbf{i} + \beta * \mathbf{j} = \mathbf{v}_{\perp \mathbf{k}}$。此地的 $\mathbf{k}$ 可以用任何單位向量 $\mathbf{u}$ 代替！最後，若 $\mathbf{u}$ 非單位向量，我們需要用 $\mathrm{sign}\,(\mathbf{u}) = \dfrac{\mathbf{u}}{|\mathbf{u}|}$ 代替 $\mathbf{k}$ 就好了！總之：

$$\mathbf{v}_{\| \mathbf{u}} = \frac{\mathbf{u} \cdot \mathbf{v}}{\mathbf{u} \cdot \mathbf{u}} * \mathbf{u};\ \mathbf{v}_{\perp \mathbf{k}} = \frac{(\mathbf{u} \times \mathbf{v}) \times \mathbf{u}}{\mathbf{u} \cdot \mathbf{u}}. \qquad (10)$$

§73　定準：置換的奇偶性

註 Leibniz（1646-1716）於 1676 年發明定準，比關孝和（1642-1703）（於 1683 年）稍早。

我們在§3 中，已經複習了二三維方陣的定準，尤其是它在聯立方程組上面的應用。現在要推廣到更高維的情形。因為高維時的計算是相當繁複的，我們不能太舉例計算。你也不必煩惱如何動手算。重要的是概念的掌握！實際的計算可以留給電腦。

方陣

對於一個自然數 n，考慮將 n^2 個實數寫成 n 列 n 行，然後也框起來，這就是一個 n 維（n 列（row，橫的！）且 n 行（column，縱的））的方陣。而所有這種方陣的全體，我們就記作 $\mathbb{R}^{n\times n}$。所以我們寫 $A\in\mathbb{R}^{n\times n}$ 的時候，意思就是：

$$A\text{是個 } n \text{ 維方陣，} A=\begin{bmatrix} a_{11}, & a_{12}, & \cdots & a_{1n} \\ a_{21}, & a_{22}, & \cdots & a_{2n} \\ \cdots, & \cdots, & \cdots & \cdots \\ a_{n1}, & a_{n2}, & \cdots & a_{nn} \end{bmatrix}; \tag{1}$$

回憶

我們已經學過 $n=1, 2, 3$ 時的 n 維方陣 A 的定準 $\det(A)$。當然，$n=1$ 時是完全無聊的。不過，即使只有 $n=2,3$ 這兩種情形的定準，我們也已經發現：它是非常簡便有用的東西。我們先看一下，在這樣簡單的算術與代數之中，有哪些東西是可以推廣到 $n\,(>3)$ 維方陣的定準去的。

(i)：$\det(A)$ 可以展開成 $n!$ 項；

(ii)：每一項，除了個正負號之外，都是 n 個因子相乘；

這裡的每個因子，就是方陣 A 之某個（位置之）元素，

(iii)：而最重要的一件事，就是：這 n 個因子必然來自方陣的不同行（換句話說，因而就是每行各取出一個元素），也必然來自方陣的不同列（換句話說，因而就是每列各取出一個元素）。

Levi-Civita 記號

顯然我們要煩惱的就在於正負號！我們可以這樣子寫出一項：

$$(\pm)a_{1j_1} * a_{2j_2} * a_{3j_3} * \cdots a_{nj_n}\text{；或者 }(\pm)\, a_{i_1 1} * a_{i_2 2} * \cdots * a_{ni_n};$$

這兩種方式的寫法，前者的意思是，我們從每列各取出一個元素：第 1 列取第 j_1 行的元素 a_{1j_1}，第 2 列取第 j_2 行的元素 a_{2j_2} 等等，一直到第 n 列取第 j_n 行的 a_{nj_n}。所以，這個正負號，與 $(j_1, j_2, j_3, \cdots, j_n)$ 有關係。Levi-Civita 就發明了一個記號 ε，

來表達這個「正一」或「負一」。於是，我們有：

$$\det(A) = \Sigma\varepsilon(j_1, j_2, j_3, \cdots, j_n) * a_{1j_1} * a_{2j_2} * a_{3j_3} * \cdots a_{nj_n}。\quad (2)$$

註 當然你會想到：何不改為：

$$\det(A) = \Sigma\varepsilon(i_1, i_2, i_3, \cdots, i_n) * a_{i_1 1} * a_{i_2 2} * \cdots * a_{ni_n};\quad (2)$$

你的想法對！而且，這兩個式子之中的 Levi-Civita 記號是相同的！

這裡出現了和式，它會有 $n!$ 項，要點是所有的足碼 j（或者足碼 i）都是各不相同，而且是在這個足碼集 $\{1, 2, 3, \cdots, n\}$ 中。因此要選擇一個 $(j_1, j_2, j_3, \cdots, j_n)$ 就是不可重複的排列。

Levi-Civita 就想到了一個好辦法：我們可以擴張這個記號的意義，也就是說，每個足碼 i 都是從這個足碼集中自由地選擇，i_2 不必管 i_1, i_3 也不必管 i_1, i_2，等等，每個足碼可以有 n 個選擇，於是 $(j_1, j_2, j_3, \cdots, j_n)$ 就變成是可以重複的排列，所以展開式一下子就變成有 n^n 項。（聽起來很可怕！例如 $n=10$，則 $n! = 3.6288 * 10^6$，$n^n = 10^{10}$。更大的 n，更不用講了，差很多！）

Levi-Civita 說：只要有兩個 j 出現相同，就令 $\varepsilon(j_1, j_2, j_3, \cdots, j_n) = 0$。結果，Levi-Civita 記號 ε 就有三個可能的值，即 $\mp 1, 0$。

而我們以 $\varepsilon(i_1, i_2, i_3, \cdots, i_n) = \mp 1$，稱為此排列 $(i_1, i_2, i_3, \cdots, i_n)$ 的奇偶性（parity）。

若 $\varepsilon(i_1, i_2, i_3, \cdots, i_n) = 1$，　稱為此排列 $(i_1, i_2, i_3, \cdots, i_n)$ 為偶（even）；

若 $\varepsilon(i_1, i_2, i_3, \cdots, i_n) = -1$，稱為此排列 $(i_1, i_2, i_3, \cdots, i_n)$ 為奇（odd）；

若 $\varepsilon(i_1, i_2, i_3, \cdots, i_n) = 0$，　則稱此排列 $(i_1, i_2, i_3, \cdots, i_n)$ 為退化的（degenerate）。

奇偶性的算術定義

我們記得基本交錯式的定義，其實有兩種：

$$\Phi(x_1, x_2, \cdots, x_n) := \Pi_{j<k}(x_j - x_k);$$

$$\Psi(x_1, x_2, \cdots, x_n) := \Pi_{j<k}(x_k - x_j)。$$

我不知道哪一個比較方便使用！但是一共有 $\frac{n(n-1)}{2}$ 個因子，兩個式子中，所有的因子恰好都對應地差了個正負號！因此

$$\Phi(x_1, x_2, \cdots, x_n) = (-1)^{\frac{n(n-1)}{2}} \Psi(x_1, x_2, \cdots, x_n);$$

$$\Phi(x_1, x_2, \cdots, x_n) \div \Psi(x_1, x_2, \cdots, x_n) = (-1)^{\frac{n(n-1)}{2}} = \pm 1.$$

（n 用 4 除，餘 0, 1，則取為正，餘 2, 3，則取負。）

當然，只要變數之中，有相同的，就得到交錯式Φ的值為零；

所有的這些變數 x_i 都不相同，這個交錯式就非零！那麼我們現在就定義：

$$\varepsilon(i_1, i_2, i_3, \cdots, i_n) := \frac{\Phi(x_{i_1}, x_{i_2}, \cdots, x_{i_n})}{\Phi(x_1, x_2, \cdots, x_n)} = \frac{\Psi(x_{i_1}, x_{i_2}, \cdots, x_{i_n})}{\Psi(x_1, x_2, \cdots, x_n)}. \tag{3}$$

排列與置換

前面我們已經提到「排列」。我們此地只需要談論不同的 n 個東西全部拿來排列的問題。所以一共有 $n!$ 種排列。我們就把這些東西編為數碼，從 1 到 n. 那麼，一個排列，就是：

$$[\alpha_1, \alpha_2, \cdots, \alpha_n]$$

此地，諸項 α_j 都在 1 到 n 之間，但是不會重複出現。

我們這樣寫的時候，這個「排列」，是靜態的（static）概念。動態的（dynamic）概念，叫做置換（substitution）。

這是因為，我們從頭就有一個「很自然」的排列，此地當然是指：

$$[1, 2, \cdots, n]$$

「置換」的意思是：我們思考如何從這個原本的自然的排列，變成現在的這個排列？「置換」強調的是這個動作過程；有的人因而主張寫成

$$\alpha = \downarrow \begin{pmatrix} 1, & 2, & \cdots, & n \\ \alpha_1, & \alpha_2, & \cdots, & \alpha_n \end{pmatrix}. \tag{4}$$

現在我們舉個例子思考 Levi-Civita 記號。設 $n=5$，則

$$\varepsilon(3, 2, 4, 1, 5) = \Phi(x_3, x_2, x_4, x_1, x_5) \div \Phi(x_1, x_2, x_3, x_4, x_5).$$

此地，x_2, x_5 根本沒有變化，有變化的是 x_1, x_3, x_4；事實上，要從 $\Phi(x_1, x_2, x_3, x_4, x_5)$ 變為 $\Phi(x_3, x_2, x_4, x_1, x_5)$ 我們先把 x_1, x_3「對調」，那麼由交錯性，會有個負號：

$$\Phi(x_3, x_2, x_1, x_4, x_5) = -\Phi(x_1, x_2, x_3, x_4, x_5).$$

其次，我們再把 x_4, x_1「對調」，那麼由交錯性，又會有個負號：

$$\Phi(x_3, x_2, x_4, x_1, x_5) = -\Phi(x_3, x_2, x_1, x_4, x_5).$$

兩者一結合，負負得正，就是：

$$\Phi(x_3, x_2, x_4, x_1, x_5) = \Phi(x_1, x_2, x_3, x_4, x_5).$$

因此：$\varepsilon(3, 2, 4, 1, 5) = +1$。

這樣子說，我們的 Levi-Civita 記號 $\varepsilon(i_1, i_2, i_3, \cdots, i_n)$，如果不退化，那麼它只是±1，而這個正或負，就是要思考：

如何從自然的 $\Phi(x_1, x_2, \cdots, x_n)$，每次只「對調兩個變數」，看看要幾次。

這個次數為偶，則得 ε 值 $=+1$,為奇數，則得值 -1。

你可以有種種方式來從 $\Phi(x_1, x_2, \cdots, x_n)$ 變成 $\Phi(x_{i_1}, x_{i_2}, x_{i_3}, \cdots, x_{i_n})$，

但是「對調次數」是偶數或奇數，卻是一定的，

因為它就是那個比值 $\Phi(x_{i_1}, x_{i_2}, \cdots, x_{i_n}) \div \Phi(x_1, x_2, \cdots, x_n)$。

不論你走捷徑或者走冤枉路，「對調次數」是偶是奇，不受影響。

例如剛剛的偶排列，我們只要對調兩次就好了，但是也可以對調 6 次，拚命走冤枉路。如下：（帽子表示「準備對調」。）

$\hat{1}$,	$\hat{2}$,	3,	4,	5
2,	1,	$\hat{3}$,	$\hat{4}$,	5
2,	$\hat{1}$,	5,	$\hat{4}$,	3
2,	$\hat{4}$,	$\hat{5}$,	1,	3
$\hat{2}$,	$\hat{5}$,	4,	1,	3
$\hat{5}$,	2,	4,	1,	3
3,	2,	4,	1,	5

定理

從一個排列 $\alpha = [\alpha_1, \alpha_2, \cdots, \alpha_n]$ 經過幾次對調，而變成另外一個排列 $\beta = [\beta_1, \beta_2, \cdots, \beta_n]$，這個次數的奇偶性，等於其「逆置換」（由 β 變為 α）所需對調次數的奇偶性。

轉置原則

由此可知，我們上面定義定準的時候，展開式的一項，寫成 $\varepsilon(j_1, j_2, j_3, \cdots, j_n) * a_{1j_1} * a_{2j_2} * a_{2j_3} * \cdots * a_{nj_n}$（這是由上而下，每一列取一個元素，相乘，再給以奇偶性的正負）。

或者寫成 $\varepsilon(i_1, i_2, i_3, \cdots, i_n) * a_{i_1 1} * a_{i_2 2} * \cdots * a_{ni_n}$（這是由左而右，每一行取一個元素，相乘，再給以奇偶性的正負），結果完全一樣！

列矢行矢與轉置

我們要探討定準的性質，先要注意記號。我們對於方陣 A，用 $A_{i\star}$ 表示其第 i 列矢，用 $A_{\star j}$ 表示其第 j 行矢；

$$A_{i\star} := [a_{i1}, a_{i2}, \cdots, a_{in}]_r; A_{\star j} := [a_{1j}, a_{2j}, \cdots, a_{nj}]_c; \tag{5}$$

這裡框框的右下寫 c = column 表示應該縱寫；寫 r = row 表示應該橫寫（這倒是可以省略）。於是我們寫：

$$\det(A) = \det_r(A_{1\star}, A_{2\star}, \cdots, A_{n\star}) = \det_c(A_{\star 1}, A_{\star 2}, \cdots, A_{\star n}).$$

這種記號的意思是：你可以把方陣的定準

$\det(A)$看成是 n^2 個「元素」a_{ij} 的函數，

也可以看成是 n 個列矢 $A_{i\bigstar}$ 的函數，

也可以看成是 n 個行矢 $A_{\bigstar j}$ 的函數。各種觀點都各有好處。

轉置原則是說：

$$\det(A) = \det \widetilde{A};\ \widetilde{A}_{ij} := a_{ji}; \tag{6}$$

此地，$\widetilde{A}$ 是 A 的轉置（transpose），結果它的行與列就是 A 的列與行，但是計算定準的結果是一樣的！

以下，我們談論「列」的地方，都可以改為「行」，這件事不再提了！

線性

現在考慮 $\det_r$。暫時寫第 i 列矢為 $A_{i\bigstar} = \mathbf{u}_i$；

$$\det(A) = \det_r(\mathbf{u}_1, \mathbf{u}_2, \cdots, \mathbf{u}_n).$$

固定足碼之一 $i \in I = \{1, 2, \cdots, n\}$，如果我們專注意這個第 i 列，因為展開式的每一項，都一定含有此列的 n 個元素 $a_{i1}, a_{i2}, \cdots, a_{in}$ 之一，我們把含有 a_{i1} 這個因子的項，（項數為何？）全部加起來，就可以寫成 $a_{i1} * \gamma_{i1}$；同樣地，我們把含有 a_{i2} 這個因子的項，（項數為何？）全部加起來，就可以寫成 $a_{i2} * \gamma_{i2}$；依此類推；所以：

$$\det(A) = a_{i,1} * \gamma_{i,1} + a_{i,2} * \gamma_{i,2} + \cdots + a_{i,n} * \gamma_{i,n}; \tag{7}$$

當然這裡每一項的另外的因子 $\gamma_{i1}, \gamma_{i2}, \cdots, \gamma_{in}$,，本身都是$(n-1)!$ 個項的和，而其每一項都是有 $(n-1)$ 個因子乘起來，當然前面要附上適當的正負號；（這暗示什麼？）

餘因子

無論如何，這些東西即是所謂的「餘因子」（co-factor），鐵定不會含有這一列的元素，完全由方陣中別的 $(n-1)$ 列 $\mathbf{u}_k$,（$k \neq j$）所決定，而與本列 $A_{i\bigstar} = \mathbf{u}_j$「無關」。

如果這個列矢是兩個列矢的和：

$$A_{i\bigstar} := [a_{i1}, a_{i2}, \cdots, a_{in}]_r = \mathbf{v} + \mathbf{w};$$

則此定準也將是兩個定準的和：

$$\begin{aligned} & \det{}_r (\mathbf{u}_1, \mathbf{u}_2, \cdots, \mathbf{u}_{i-1}, \mathbf{v}+\mathbf{w}, \mathbf{u}_{i+1}, \mathbf{u}_n) \\ = & \det{}_r (\mathbf{u}_1, \mathbf{u}_2, \cdots, \mathbf{u}_{i-1}, \mathbf{v}, \mathbf{u}_{i+1}, \mathbf{u}_n) + \det{}_r (\mathbf{u}_1, \mathbf{u}_2, \cdots, \mathbf{u}_{i-1}, \mathbf{w}, \mathbf{u}_{i+1}, \mathbf{u}_n); \end{aligned} \quad (8)$$

加性之外，還有對於這一列的「齊性」：

$$\det{}_r (\mathbf{u}_1, \mathbf{u}_2, \cdots, \mathbf{u}_{i-1}, s * \mathbf{v}, \mathbf{u}_{i+1}, \mathbf{u}_n) = s * \det{}_r (\mathbf{u}_1, \mathbf{u}_2, \cdots, \mathbf{u}_{i-1}, \mathbf{v}, \mathbf{u}_{i+1}, \mathbf{u}_n)。 \quad (9)$$

§73.1　定準的

● 多重線性

我們已經說過：加性與齊性，合起來稱為線性；所以定準式 $\det(\mathbf{u}_1, \mathbf{u}_2, \cdots, \mathbf{u}_n)$ 對於它的每一列矢 $\mathbf{u}_j$，都有線性。（所以叫做多重線性。）例如：

$$\begin{vmatrix} a, & b, & c \\ d, & e, & f \\ G_1 + \lambda * G_2 & H_1 + \lambda * H_2, & I_1 + \lambda * I_2 \end{vmatrix} = \begin{vmatrix} a, & b, & c \\ b, & e, & f \\ G_1, & H_1, & I_1 \end{vmatrix} + \lambda * \begin{vmatrix} a, & b, & c \\ b, & e, & f \\ G_2, & H_2, & I_2 \end{vmatrix}.$$

註 我們將一個方陣 A，乘上一個係數 λ，這是逐成分的操作；所得到的 $\lambda * A$，其定準為

$$\det(\lambda * A) = \lambda^n * \det(A); \quad (10)$$

這是因為 det 對於每一列都有線性。因此當然 $\det(\lambda * A) \neq \lambda * \det(A)$。除非 $n=1$，或 $\det(A)=0$。

交錯

對調兩列，則變號！於是推論出：

自滅性

定準式中，若兩列相同，則定準＝0；更進一步：兩列成比例，則定準也為零。

滑移

定準式中，將某一列減去另外一列的倍數，結果不影響這個定準！（這是加性與自滅性的結合。）

Vandermonde 定準

（=基本交錯式！）

這是一再出現的定準，必須絕對不出差錯地，隨手寫出答案！

$$\begin{vmatrix} 1, & 1, & \cdots, & 1 \\ x_1, & x_2, & \cdots, & x_n \\ x_1^2, & x_2^2, & \cdots, & x_n^2 \\ x_1^{n-1}, & x_2^{n-1}, & \cdots, & x_n^{n-1} \end{vmatrix} = \prod_{j>i} (x_j - x_i); \tag{11}$$

實際上，作為 $\mathbf{x} = (x_1, x_2, \cdots, x_n)$ 這 n 元的多項式來說，這是交錯式，因此含有因子 $\Pi_{j>i}(x_j - x_i)$；

這是齊 $\dfrac{n(n-1)}{2}$ 次式，因此，待證式左右只是差了一個常數因子。只要比較 $x_2 x_3^2 \cdots x_n^{n-1}$ 的係數就好了！（這可說是「主對角線的思考法」。）

注意　你不要把 $\Pi_{j<k}(x_k - x_j)$ 寫成 $\Pi_{j<k}(x_j - x_k)$；兩者差了個正負號因子 $(-1)^{\frac{n(n-1)}{2}}$，對於你最常用的 $n=3$ 的情形來說，這個因子 $(-1)^{\frac{n(n-1)}{2}} = -1$ 常常是要命的！

餘因子展開定理

回到剛剛所說的對於某一列的線性，我們就看 $i=1$ 好了。特別對於 $i=1, j=1$，這個領頭位置，我們馬上看出：餘因子 $\gamma_{1,1}$ 太簡單了：它就是把原來的方

陣 A，扣除掉第一行與第一列剩下來的小方陣的定準，（只少了一維！）有人就簡稱為「小定準」。那麼，餘因子 $\gamma_{1,2}=$？你如果猜：就是「扣除掉第 2 行與第 1 列剩下來的小方陣的定準」，那麼你雖然錯，卻是很聰明得很厲害。事實上只差了個負號！

一般地說，$\gamma_{i,j}$ 可以這樣算：「扣除掉第 i 列與第 j 行，剩下來的小方陣的定準」（「小定準」之一），再乘上$(-1)^{i+j}$ 就是所求的餘因子。

證明　當然，$i=1=i$ 的情形我們早就知道了！現在這個正負號怎麼來的？我們計算小定準的時候，所有「別的兩行的相對左右，別的兩列的相對上下」，都保持不變。但是我們可以利用已經會的 γ_{11} 的公式來計算 $\gamma_{i,j}$。事實上，如果 $i>1$，我們拿這第 i 列，與它的上面一列，對調！那麼，除了這兩列的上下關係有變化以外，任何兩列的相對上下，都保持不變！所以這樣子做了$(i-1)$次之後，就把原先的第 i 列，置換到第一列，此外別的兩列的相對上下」，都保持不變。

同樣地，如果 $j>1$，我們拿這第 j 行，與它的左邊一行，對調！這樣子做了$(j-1)$次之後，就把原先的第 j 行，置換到第一行，此外別的兩行的相對左右，都保持不變。

於是證明了餘因子定理。

推論

對於另外一個足碼 $k\neq i$，

$$a_{k,1}*\gamma_{i,1}+a_{k,2}*\gamma_{i,2}+\cdots+a_{k,n}*\gamma_{i,n}=0;$$

因為這個和式就是原來的方陣 A 的第 i 列矢 $A_{i\star}$ 改用其第 k 列矢 $A_{k\star}$ 去代替，而計算定準。我們把上式與 (7) 式合起來寫：對於任意兩個足碼 i, k，

$$\gamma_{i,1}*a_{k,1}+\gamma_{i,2}*a_{k,2}+\cdots+\gamma_{i,n}*a_{k,n}=\begin{cases}\det(A)\text{，若}\quad i=k\text{；}\\ 0\text{，若}\quad i\neq k.\end{cases} \tag{12}$$

降維

餘因子定理在概念上，是計算定準的一種辦法。把一個 n 維定準的計算化為降了一維的定準的計算，不過是要計算 n 個，也許得不償失。不過，如果某一列的大部分元素是零，那就另當別論了。若是只有一個元素非零，那是馬上降維了！

在計算定準的時候，我們經常用滑移法達到降維的目的。

例1 證明：

$$\begin{vmatrix} 1, & x_1, & y_1 \\ 1, & x_2, & y_2 \\ 1, & x_3, & y_3 \end{vmatrix} = \begin{vmatrix} x_2 - x_1, & y_2 - y_1 \\ x_3 - x_1, & y_3 - y_1 \end{vmatrix}.$$

解析　左側的定準，下兩列都減去首列，就得到：

$$\begin{vmatrix} 1, & x_1, & y_1 \\ 1, & x_2, & y_2 \\ 1, & x_3, & y_3 \end{vmatrix} = \begin{vmatrix} 1, & x_1, & y_1 \\ 0, & x_2 - x_1, & y_2 - y_1 \\ 0, & x_3 - x_1, & y_3 - y_1 \end{vmatrix}.$$

這是坐標平面上的三角形面積公式。（如果乘以 $\frac{1}{2}$!）右側的意思是把最標系原點平移到點(x_1, y_1)。當然也可以說是：用位移向量的外積 $\overrightarrow{P_1P_2} \times \overrightarrow{P_1P_3}$ 來計算面積。

對角方陣

如果方陣 U 在對角線之外的元素都是零，那就叫做對角（diagonal）方陣：

$$u_{i,j} = 0\text{，當 } i \neq j.$$

若對角成分為 $u_{j,j} = \lambda_j$，我們就記 $U = \text{diag}\ (\lambda_1, \lambda_2, \cdots, \lambda_n)$，當然這是節省空間的寫法。

$$\det(\text{diag}\,(\lambda_1, \lambda_2, \cdots, \lambda_n)) = \prod_{j=1}^{n} \lambda_j;$$

方陣的直和

如果 $(m+n)$ 維的方陣 C，最左上角的 m 維子方陣為 A，最右下角的 n 維子方陣為 B，而最右上的 $m \times n$ 型子矩陣為零矩陣，最左下角的 $n \times m$ 型子矩陣也是零矩陣，即

$$a_{i,j} = c_{i,j}, (i, j, \leq m); b_{i,j} = c_{m+i,m+j}, (i, j, \leq n), c_{i,j} = 0 = c_{j,i}, (i \leq m < j),$$

則我們記 $C = A \oplus B$。記號⊕可以讀做「直加」。於是：

$$\det (A \oplus B) = \det (A) * \det (B);$$

當然這個定義與公式，可以推廣到更多個方陣的直和（direct sum）。特別地，n 維的Kronecker么方陣，我們記作 $1_{\oplus n} = [\delta_{ij}]$。當然我們記得 $\delta_{ij} = 1$ 或 0，依照 $i=j$ 或否而定。

三角方陣

如果「若 $i<j$，則 $u_{i,j}=0$」，我們就說 U 是（左）下三角方陣。此時（一再利用降維法，由上而下）

$$\det (U) = \prod_j u_{j,j}.$$

你如何定義（右）上三角（upper-triangular）方陣？

例 2 一個 n 維的方陣 $A = [a_{ij}]$，假設它的對角線上的成分都是零，那麼它的定準展開式，一共有幾項？

解析 不是要計算定準！我們只要注意 a_{ij} 是否為零！也不用管交錯性！記這個項數為 f_n，當然：$f_1 = 0, f_2 = 1, f_3 = 2$。（好了，不能亂高興！答案相當煩！）事實上，答案在（§64.1 例 4(7)式）。即：

$$f_n = n!\left(\frac{1}{0!}-\frac{1}{1!}+\frac{1}{2!}-\frac{1}{3!}+\cdots+\frac{(-1)^n}{n!}\right). \tag{13}$$

我們將用遞迴法證明，因此，A是下圖左的方陣，而在其上方與左方再增一維，使用足碼0，得方陣B, $b_{00}=0$，B是下圖中的方陣，則其定準展開式的項數$=f_{n+1}$。如果把方陣B的第二行第一列拭去，就是B_{01}的小方陣B_{01}，其定準展開式的項數記為g_n。此種方陣與A不同之處，就是對角線上有（且只有）一個非零。

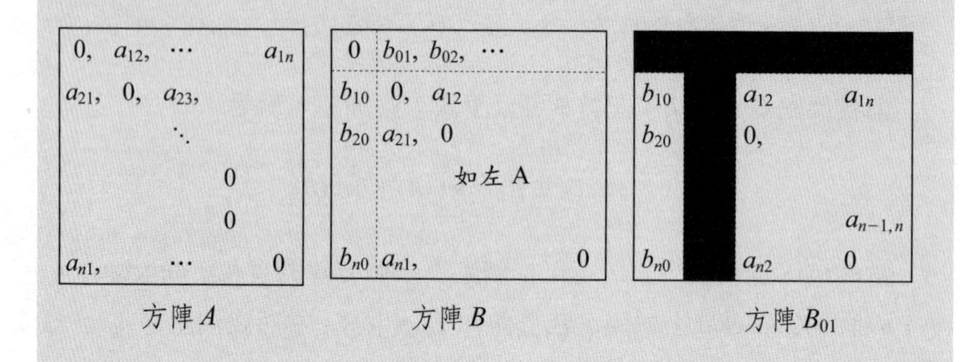

方陣A　　方陣B　　方陣B_{01}

要計算 det (B)的展開式的項數f_{n+1}，我們如果對於第一列來做定準式的Laplace 展開，則：

$$\det(B)=b_{00}*\det(B_{00})+b_{01}*\det(B_{01})+\cdots=b_{01}*\det(B_{01})+b_{02}*\det(B_{02})+\cdots;$$

其中$B_{00}, B_{01}, B_{02}, \cdots B_{0n}$，都是「餘方陣」，但是，我們不是要計算定準，只要計較「有幾項」。而因為$b_{00}=0$，所以不用煩惱$\det(B_{00})$有幾項。（實際上，當然是有f_n項！）

以下，$\det(B_{01})$，有幾項？它是將B的第零列與第一行刪去後的定準，（還要負號！We don't care!）我們記它的展開式有g_n項。現在這個小方陣B_{01}是n維的。它的形狀和A簡直一樣，事實上，只是首行與首列不同！它的右下$(n-1)$行$(n-1)$列與A根本相同！（這一點不重要！因為我們只是要管「零不零」，我們只是要計較有幾項！）它的對角線只有首行首列非零，其他都是零！所以我們把它的展開的項數記作 g_n。

其他的每個小方陣 $B_{02}, B_{03}, \cdots, B_{0n}$ 的定準展開式，項數也都是 g_n！因為只要對調兩行，形狀就變得相同了！結論是：

$$(\alpha): f_{n+1} = n * g_n;$$

另外，還有：

$$(\beta): g_n = f_n + f_{n-1};$$

實際上，如上圖右的方陣 B_{0n} 的定準展開式，項數也都是 g_n，如果對它的最上面一列來做Laplace展開，它比圖左 A 的定準展開式之項數，顯然多了 f_{n-1} 項。

你一定會奇怪：要證明 f_n 的公式，還沒證明完，反倒扯上 g_n，越來越困難？！事實上，這是「一不作二不休」的原則：就同時證明兩個公式吧！另外的公式是計算 g_n 的。我們如果相信公式 (β)，那麼應該有

$$(\text{ii}): g_n = (n+1)((n-1)!\left(\frac{1}{0!} - \frac{1}{1!} + \cdots + (-1)^{n-1}\frac{1}{(n-1)!}\right) + (-1)^n;$$

現在用遞迴法，首先計算出：

$$f_1 = 0, f_2 = 1, f_3 = 2, g_1 = 1, g_2 = 1, g_3 = 3;$$

驗證出：公式(i), (ii)都對！然後就利用(α), (β)，證明了：若對於 $n \leq k$ 時公式(i), (ii)都對，則：$n = k+1$ 時，公式也對！

例3 求定準值：

$$\begin{vmatrix} 3, & 1, & 2, & 5 \\ 6, & 3, & 1, & 15 \\ 5, & 2, & 7, & 20 \\ 3, & 1, & 5, & 0 \end{vmatrix}.$$

解析　我的計算如下：先約掉第4行，成了$5*\begin{vmatrix}3, & 1, & 2, & 1\\ 6, & 3, & 1, & 3\\ 5, & 2, & 7, & 4\\ 3, & 1, & 5, & 0\end{vmatrix}$.

第三列減去第一第二兩列的和，成了$5*\begin{vmatrix}3, & 1, & 2, & 1\\ 6, & 3, & 1, & 3\\ -4, & -2, & 4, & 0\\ 3, & 1, & 5, & 0\end{vmatrix}$.

第二列減去第一列的三倍，成了$5*\begin{vmatrix}3, & 1, & 2, & 1\\ -3, & 0, & -5, & 0\\ -4, & -2, & 4, & 0\\ 3, & 1, & 5, & 0\end{vmatrix}$.

於是由第四行降維：成了$(-5)*\begin{vmatrix}-3, & 0, & -5\\ -4, & -2, & 4\\ 3, & 1, & 5\end{vmatrix}$.

第三列加到第一列去，成了$(-5)*\begin{vmatrix}0, & 1, & 0\\ -4, & -2, & 4\\ 3, & 1, & 5\end{vmatrix}$.

於是由第一列降維：成了$(-5)*\begin{vmatrix}-4, & 4\\ 3, & 5\end{vmatrix}=-160$.

例4　求證定準值：

$$\begin{vmatrix}1, & a, & a^2, & a^3+bcd\\ 1, & b, & b^2, & b^3+cda\\ 1, & c, & c^2, & c^3+dab\\ 1, & d, & d^2, & d^3+abc\end{vmatrix}=0$$

證明　由加法原理，（針對第四行，）此定準值

$$D=\begin{vmatrix}1, & a, & a^2, & a^3\\ 1, & b, & b^2, & b^3\\ 1, & c, & c^2, & c^3\\ 1, & d, & d^2, & d^3\end{vmatrix}+\begin{vmatrix}1, & a, & a^2, & bcd\\ 1, & b, & b^2, & cda\\ 1, & c, & c^2, & dab\\ 1, & d, & d^2, & abc\end{vmatrix}$$

$$=D_1+D_2;$$

現在針對第二個定準 D_2 來思考：我們把各個橫列依次乘以 a, b, c, d，再把所得的第四縱行除以 $abcd$，這樣子定準值恰好不變：

$$D_2=\begin{vmatrix}1, & a, & a^2, & bcd\\ 1, & b, & b^2, & cda\\ 1, & c, & c^2, & dab\\ 1, & d, & d^2, & abc\end{vmatrix}=\frac{1}{abcd}*\begin{vmatrix}a, & a^2, & a^3, & abcd\\ b, & b^2, & b^3, & bcda\\ c, & c^2, & c^3, & cdab\\ d, & d^2, & d^3, & dabc\end{vmatrix}=\begin{vmatrix}a, & a^2, & a^3, & 1\\ b, & b^2, & b^3, & 1\\ c, & c^2, & c^3, & 1\\ d, & d^2, & d^3, & 1\end{vmatrix};$$

現在把最末行慢慢移到第一行：依次與它的前一行對調，（因而要變號！）所以，三次之後：

$$D_2=(-1)*\begin{vmatrix}1, & a, & a^2, & a^3\\ 1, & b, & b^2, & b^3\\ 1, & c, & c^2, & c^3\\ 1, & d, & d^2, & d^3\end{vmatrix}=-D_1\cdot D=D_1+D_2=0.$$

例 5　求定準值：

$$\begin{vmatrix}1+a, & 1, & 1, & 1, & 1\\ 1, & 1+a, & 1, & 1, & 1\\ 1, & 1, & 1+a, & 1, & 1\\ 1, & 1, & 1, & 1+a, & 1\\ 1, & 1, & 1, & 1, & 1+a\end{vmatrix}.$$

解析　前四列都減去第末列！

$$=\begin{vmatrix}a, & 0, & 0, & 0, & -a\\ 0, & a, & 0, & 0, & -a\\ 0, & 0, & a, & 0, & -a\\ 0, & 0, & 0, & a, & -a\\ 1, & 1, & 1, & 1, & 1+a\end{vmatrix}.$$

第一行加到最末行，然後由第一列降維：

$$=\begin{vmatrix} a, & 0, & 0, & 0, & 0 \\ 0, & a, & 0, & 0, & -a \\ 0, & 0, & a, & 0, & -a \\ 0, & 0, & 0, & a, & -a \\ 1, & 1, & 1, & 1, & 2+a \end{vmatrix} = a * \begin{vmatrix} a, & 0, & 0, & -a \\ 0, & a, & 0, & -a \\ 0, & 0, & a, & -a \\ 1, & 1, & 1, & 2+a \end{vmatrix}.$$

第一行加到最末行，然後由第一列降維：

$$= a * \begin{vmatrix} a, & 0, & 0, & 0 \\ 0, & a, & 0, & -a \\ 0, & 0, & a, & -a \\ 1, & 1, & 1, & 3+a \end{vmatrix} = a^2 * \begin{vmatrix} a, & 0, & -a \\ 0, & a, & -a \\ 1, & 1, & 3+a \end{vmatrix}.$$

第一行加到最末行，然後由第一列降維：

$$= a^2 * \begin{vmatrix} a, & 0, & 0 \\ 0, & a, & -a \\ 1, & 1, & 4+a \end{vmatrix} = a^3 * \begin{vmatrix} a, & -a \\ 1, & 4+a \end{vmatrix}.$$

第一行加到最末行，然後由第一列降維：$=a^4(5+a)$。

例 6 求定準值：

$$\begin{vmatrix} 1+a, & 1, & 1, & 1 \\ 1, & 1+b, & 1, & 1 \\ 1, & 1, & 1+c, & 1 \\ 1, & 1, & 1, & 1+d \end{vmatrix};$$

解

看起來與上一題類似，只是推廣些？！

我們先看（簡化的狀況）$n=2$ 維：

$$D_2 := \begin{vmatrix} 1+a, & 1 \\ 1, & 1+b \end{vmatrix} = a*b+a+b;$$

這是此兩元的 $n=2$ 次與 $n-1=1$ 次基本對稱多項式之和。

再看 $n=3$ 維：

$$\begin{vmatrix} 1+a, & 1, & 1 \\ 1, & 1+b, & 1 \\ 1, & 1, & 1+c \end{vmatrix} = abc+ab+ac+bc;$$

這是此三元的 $n=3$ 次與 $n-1=2$ 次基本對稱多項式之和。

實際上，你可以把最末列寫為

$$[1, 1, 1+c] = [1, 1, 1] + [0, 0, c];$$

對於最末列展開：

$$D_3 = \begin{vmatrix} 1+a, & 1, & 1 \\ 1, & 1+b, & 1 \\ 1, & 1, & 1 \end{vmatrix} + \begin{vmatrix} 1+a, & 1, & 1 \\ 1, & 1+b, & 1 \\ 0, & 0, & c \end{vmatrix};$$

但是右側第一個定準，可以將上面兩列減去最末列，

$$= \begin{vmatrix} 1+a, & 1, & 1 \\ 1, & 1+b, & 1 \\ 1, & 1, & 1 \end{vmatrix} = \begin{vmatrix} a, & 0, & 0 \\ 0, & b, & 0 \\ 1, & 1, & 1 \end{vmatrix} = a*b;$$

第二個定準，對最末列降維

$$= c* \begin{vmatrix} 1+a, & 1 \\ 1, & 1+b \end{vmatrix} = c*D_2 = c*(ab+a+b);$$

因而

$$D_3=a*b*c+ab+ac+bc;$$

現在考慮 $n=4$ 的情形，我們可以把最末列寫為：

$$[1, 1, 1, 1+d]=[1, 1, 1, 1]+[0, 0, 0, d];$$

對於最末列展開：

$$D_4=\begin{vmatrix} 1+a, & 1, & 1, & 1 \\ 1, & 1+b, & 1, & 1 \\ 1, & 1, & 1+c, & 1 \\ 1, & 1, & 1, & 1 \end{vmatrix}+\begin{vmatrix} 1+a, & 1, & 1, & 1 \\ 1, & 1+b, & 1, & 1 \\ 1, & 1, & 1+c, & 1 \\ 0, & 0, & 0, & d \end{vmatrix};$$

用前述的辦法：

$$D_4=\begin{vmatrix} a, & 0, & 0, & 0 \\ 0, & b, & 0, & 0 \\ 0, & 0, & c, & 0 \\ 1, & 1, & 1, & 1 \end{vmatrix}+d*\begin{vmatrix} 1+a, & 1, & 1 \\ 1, & 1+b, & 1 \\ 1, & 1, & 1+c \end{vmatrix};$$

$=abcd+abc+abd+acd+bcd.$

例 7 求定準值：

$$\begin{vmatrix} 1, & 1, & \cdots, & 1 \\ {}_1C_1, & {}_2C_1, & \cdots, & {}_{n+1}C_1 \\ {}_2C_2, & {}_3C_2, & \cdots, & {}_{n+2}C_2 \\ \cdots & \cdots & \cdots & \cdots \\ {}_nC_n & {}_{n+1}C_n & \cdots, & {}_{2n}C_n \end{vmatrix}$$

解 注意到這裡的維數是$n+1$，不是n。所以，第i列第j行的「元」是

$$a_{i,j}={}_{i+j-2}C_{i-1};(1\le i,j,\le n+1),$$

我們以$n=5$為例子，剛開始是

$$\det(A)=\begin{vmatrix} 1, & 1, & 1, & 1, & 1, & 1 \\ {}_1C_1, & {}_2C_1, & {}_3C_1, & {}_4C_1, & {}_5C_1, & {}_6C_1 \\ {}_2C_2, & {}_3C_2, & {}_4C_2, & {}_5C_2, & {}_6C_2, & {}_7C_2 \\ {}_3C_3, & {}_4C_3, & {}_5C_3, & {}_6C_3, & {}_7C_3, & {}_8C_3 \\ {}_4C_4, & {}_5C_4, & {}_6C_4, & {}_7C_4, & {}_8C_4, & {}_9C_4 \\ {}_5C_5, & {}_6C_5, & {}_7C_5, & {}_8C_5, & {}_9C_5, & {}_{10}C_5 \end{vmatrix};$$

我們從右到左，將右側的行減去其左一行，這不會改變定準！我們要用到 Pascal 的冗官原理，則：

$$a_{i+1,j+1}-a_{i+1,j}={}_{i+j}C_i-{}_{i+j-1}C_i={}_{i+j-1}C_{i-1};(1\le i,j\le n),$$

滑移之後成了

$$\det(A)=\begin{vmatrix} 1, & 0, & 0, & 0, & 0, & 0 \\ {}_1C_1, & {}_1C_0, & {}_2C_0, & {}_3C_0, & {}_4C_0, & {}_5C_0 \\ {}_2C_2, & {}_2C_1, & {}_3C_1, & {}_4C_1, & {}_5C_1, & {}_6C_1 \\ {}_3C_3, & {}_3C_2, & {}_4C_2, & {}_5C_2, & {}_6C_2, & {}_7C_2 \\ {}_4C_4, & {}_4C_3, & {}_5C_3, & {}_6C_3, & {}_7C_3, & {}_8C_3 \\ {}_5C_5, & {}_5C_4, & {}_6C_4, & {}_7C_4, & {}_8C_4, & {}_9C_4 \end{vmatrix};$$

可是這一來馬上把第一列變成$[1,0,0,0,\cdots,0]$。因而可以刪去第一行第一列，降維了！

$$\det(A)=\begin{vmatrix} {}_1C_0, & {}_2C_0, & {}_3C_0, & {}_4C_0, & {}_5C_0 \\ {}_2C_1, & {}_3C_1, & {}_4C_1, & {}_5C_1, & {}_6C_1 \\ {}_3C_2, & {}_4C_2, & {}_5C_2, & {}_6C_2, & {}_7C_2 \\ {}_4C_3, & {}_5C_3, & {}_6C_3, & {}_7C_3, & {}_8C_3 \\ {}_5C_4, & {}_6C_4, & {}_7C_4, & {}_8C_4, & {}_9C_4 \end{vmatrix};$$

以下繼續用這一招先滑移（將右側的行減去其左一行），再降維：

$$\det(A)=\begin{vmatrix} {}_2C_0, & {}_3C_0, & {}_4C_0, & {}_5C_0 \\ {}_3C_1, & {}_4C_1, & {}_5C_1, & {}_6C_1 \\ {}_4C_2, & {}_5C_2, & {}_6C_2, & {}_7C_2 \\ {}_5C_3, & {}_6C_3, & {}_7C_3, & {}_8C_3 \end{vmatrix};$$

$$\det(A)=\begin{vmatrix} {}_3C_0, & {}_4C_0, & {}_5C_0 \\ {}_4C_1, & {}_5C_1, & {}_6C_1 \\ {}_5C_2, & {}_6C_2, & {}_7C_2 \end{vmatrix}=\begin{vmatrix} {}_4C_0, & {}_5C_0 \\ {}_5C_1, & {}_6C_1 \end{vmatrix}=1.$$

問 求證 $(m+1)$ 維方陣的定準值

$$\begin{vmatrix} 1, & {}_pC_1, & {}_pC_2, & {}_pC_m \\ 1, & {}_{p+1}C_1, & {}_{p+1}C_2, & {}_{p+1}C_m \\ \cdots & \cdots & \cdots & \cdots \\ 1, & {}_{p+m}C_1, & {}_{p+m}C_2, & {}_{p+m}C_m \end{vmatrix}=1.$$

例 8：奇數維交錯定準

奇數（$n=2m+1$）維的交錯方陣的定準為零：

若 $a_{ij}=-a_{ji}$,（$1\le i\le j\le n=(2m+1)$），則 $\det(A)=0$。

證明 根據行列轉置定理，

$$\det(\tilde{A})=\det(A);$$

可是，$\tilde{A}=-A$，而維數為奇，$\det(-A)=-\det(A)$，因此 $\det(A)=-\det(A)=0$。

註：偶數維交錯定準（參看習題 8）

四維或偶數維的交錯方陣之定準為完全平方：

$$\begin{vmatrix} 0, & c, & -b, & u \\ -c, & 0, & a, & v \\ b, & -a, & 0, & w \\ -u, & -v, & -w, & 0 \end{vmatrix} = (au+bv+cw)^2;$$

例 9：降維法之一

對於 n 維方陣 $A=[a_{ij}]$，令 $n-1$ 維方陣 $B=[B_{ij}]$ 為

$$b_{ij}=a_{11}a_{ij}-a_{i1}a_{1j};\ (1<i\le n, 1<j\le n),$$

（注意足碼沒有 1）於是，其定準為

$$\det(B)=a_{11}^{n-2}\det(A).$$

證明　（當然假定 $a_{11}\neq 0$ 才有聊！）我們把第二行以下各行都乘上 a_{11}，因此原定準，就被乘上 a_{11}^{n-1} 倍。

於是將第 j 行都減去第一行的 a_{1j} 倍，那麼此行的第一列元素就 $=0$；所以現在的定準的第一列元素只有 $a_{11}\neq 0$，其他都是零！可以降維。降維後的方陣元素就是 B 方陣的元素！於是：

$$a_{11}*\det(B)=a_{11}^{n-1}*\det(A).$$

例 10 計算「右下三角方陣」的定準：

$$\begin{vmatrix} 0, & 0, & \cdots, & 0, & a_{1,n} \\ 0, & 0, & \cdots, & a_{2,n-1}, & a_{2,n} \\ \cdots, & \cdots, & \cdots, & \cdots, & \cdots \\ 0, & a_{n-1,2}, & \cdots & a_{n-1,n-1}, & a_{n-1,n} \\ a_{n,1}, & a_{n,2} & \cdots, & a_{n,n-1}, & a_{n,n} \end{vmatrix}.$$

解 既然我們有了右上三角定準定理，我們只要將此右下三角定準變換為右上三角定準！我們只要將從左到右的各行，倒換順序，也就是說：「將第 j 行與第 $n-j$ 行對調」，就好了，這樣子一共需要作幾次？一共要 $\text{floor}\left(\frac{n}{2}\right)$ 次，因此答案是：$(-1)^{\text{floor}\left(\frac{n}{2}\right)} * \prod_{j=1}^{n} a_{j,n+1-j}$。

習題

1. $$\begin{vmatrix} 2, & -1, & 5, & 9 \\ 3, & 3, & 3, & 11 \\ 2, & 3, & 1, & 2 \\ 5, & 7, & 3, & 7 \end{vmatrix} = ?$$

2. $$\begin{vmatrix} 8, & 7, & 6 \\ 4, & 3, & 2 \\ 16, & 10, & 28 \end{vmatrix} = ?$$

3. $$\begin{vmatrix} 1, & 5, & 8, & 7 \\ 4, & 20, & 9, & 5 \\ 7, & 35, & 2, & -6 \\ 10, & 51, & 51, & 0 \end{vmatrix} = ?$$

4. $$\begin{vmatrix} 1, & 15, & 14, & 4 \\ 12, & 6, & 7, & 9 \\ 8, & 10, & 11, & 5 \\ 13, & 3, & 2, & 16 \end{vmatrix} = ?$$

5. 求證定準值：

$$\begin{vmatrix} 1, & a+b+c, & ab+bc+ca, & abc \\ 1, & b+c+d, & bc+cd+db, & bcd \\ 1, & c+d+a, & cd+da+ac, & cda \\ 1, & d+a+b, & da+ab+bd, & dab \end{vmatrix} = \begin{vmatrix} 1, & a, & a^2, & a^3 \\ 1, & b, & b^2, & b^3 \\ 1, & c, & c^2, & c^3 \\ 1, & d, & d^2, & d^3 \end{vmatrix}$$

6. 求證定準值：

$$\begin{vmatrix} a, & b, & c, & d \\ -a, & b, & c, & d \\ -a, & -b, & c, & d \\ -a, & -b, & -c, & d \end{vmatrix} = 8abcd.$$

7. 求證定準值：

$$\begin{vmatrix} 1+x, & 2, & 3, & 4 \\ 1, & 2+x, & 3, & 4 \\ 1, & 2, & 3+x, & 4 \\ 1, & 2, & 3, & 4+x \end{vmatrix} = x^3\,(x+10).$$

8. $$\begin{vmatrix} a, & b, & c, & d \\ a, & a+b, & a+b+c, & a+b+c+d \\ a, & 2a+b, & 3a+2b+c, & 4a+3b+2c+d \\ a, & 3a+b, & 6a+3b+c, & 10a+6b+3c+d \end{vmatrix} = ?$$

9. 設 $y=x+\dfrac{1}{x}, z=y^6+\dfrac{1}{y^6}$ 求證定準值：

$$\begin{vmatrix} 1, & 0, & 0, & 1 \\ 2, & 1, & 0, & y^2 \\ 6, & 4, & 1, & y^4 \\ 20, & 15, & 6, & y^6 \end{vmatrix} = z.$$

10. 設 ω 為 1 的虛立方根，求證定準值：

$$\begin{vmatrix} 1, & \omega, & \omega^2, & 1 \\ \omega, & \omega^2, & \omega^3, & 1 \\ \omega^2, & \omega^3, & 1, & \omega \\ \omega^3, & 1, & \omega, & \omega^2 \end{vmatrix}^2 = -27.$$

11. 證明：

$$\begin{vmatrix} d, & c, & -b, & -a \\ -c, & d, & a, & -b \\ b, & -a, & d, & -c \\ a, & b, & c, & d \end{vmatrix} = (d^2+c^2+b^2+a^2)^2.$$

12. 證明：

$$\begin{vmatrix} a, & b, & b, & b \\ a, & b, & a, & b \\ a, & a, & b, & b \\ b, & b, & b, & a \end{vmatrix} = (a+b)(a-b)^3.$$

13. 證明：

$$\begin{vmatrix} \frac{1}{a_1-b_1}, & \frac{1}{a_1-b_2}, & \frac{1}{a_1-b_3} \\ \frac{1}{a_2-b_1}, & \frac{1}{a_2-b_2}, & \frac{1}{a_2-b_3} \\ \frac{1}{a_3-b_1}, & \frac{1}{a_3-b_2}, & \frac{1}{a_3-b_3} \end{vmatrix} = \frac{\Pi_{i<j}(a_i-a_j)(b_i-d_j)}{\Pi_{p,q}(a_p-b_q)}.$$

14. 證明：

$$\begin{vmatrix} \cos(A-B), & \cos(B-C), & \cos(C-A) \\ \cos(A+B), & \cos(B+C), & \cos(C+A) \\ \sin(A+B), & \sin(B+C), & \sin(C+A) \end{vmatrix} = -2\sin(A-B)\sin(B-C)\sin(C-A).$$

15. n 維方陣 $A=[a_{ij}]$，首行首列的各元素都是 1。其他的元素都合乎：

$$a_{i+1,j+1}=a_{i,j+1}+a_{i+1,j}.$$

求證其定準 $\det(A)=1$。

§74 定準式的雜題

計算

例 0 計算：

$$\begin{vmatrix} 1, & \frac{1}{2}, & \frac{1}{3}, & \frac{1}{4} \\ \frac{1}{2}, & \frac{1}{3}, & \frac{1}{4}, & \frac{1}{5} \\ \frac{1}{3}, & \frac{1}{4}, & \frac{1}{5}, & \frac{1}{6} \\ \frac{1}{4}, & \frac{1}{5}, & \frac{1}{6}, & \frac{1}{7} \end{vmatrix} = \frac{(2!\,3!)^3}{4!\,5!\,6!\,7!};$$

例 1 解方程式

$$\begin{vmatrix} a, & b, & ax+b \\ b, & c, & bx+c \\ ax+b, & bx+c, & 0 \end{vmatrix} = 0$$

解　你很可以直接展開，而解此二次方程式！

事實上將此定準Δ就第三行展開：

$$\Delta = (ax+b)\begin{vmatrix} b, & c \\ ax+b, & bx+c \end{vmatrix} - (bx+c)\begin{vmatrix} a, & b \\ ax+b, & bx+c \end{vmatrix}$$

$$= \begin{vmatrix} (ax+b)b, & (ax+b)c \\ ax+b, & bx+c \end{vmatrix} - \begin{vmatrix} (bx+c)a, & (bx+c)b \\ ax+b, & bx+c \end{vmatrix}$$

$$= \begin{vmatrix} b^2-ac, & (ac-b^2)x \\ ax+b, & bx+c \end{vmatrix} = (b^2-ac)*\begin{vmatrix} 1, & -x \\ ax+b, & bx+c \end{vmatrix}$$

$$= (b^2-ac)(ax^2+2bx+c).$$

那就用公式：$x = \dfrac{-b \pm \sqrt{b^2-ac}}{a}$。

例2 解方程式：

$$\begin{vmatrix} 1, & -1, & -2x^2, & 0 \\ 0, & 1, & -1, & -2x^2 \\ 2, & 0, & -5x^2+3x, & 0 \\ 0, & 2, & 0, & -5x^2+3x \end{vmatrix} = 0.$$

解 第三列減去第一列的兩倍，降維：

$$\begin{vmatrix} 1, & -1, & -2x^2, & 0 \\ 0, & 1, & -1, & -2x^2 \\ 0, & 2, & -x^2+3x, & 0 \\ 0, & 2, & 0, & -5x^2+3x \end{vmatrix} = \begin{vmatrix} 1, & -1, & -2x^2 \\ 2, & -x^2+3x, & 0 \\ 2, & 0, & -5x^2+3x \end{vmatrix} = 0.$$

即是

$$x * \begin{vmatrix} 1, & -1, & -2x^2 \\ 2, & -x^2+3x, & 0 \\ 2, & 0, & -5x+3x \end{vmatrix} = x\,(x^3-6x^2-x+6)=0;$$

因此：$x=0, \pm 1, 6$。

例3 解不等方程式：

$$\begin{vmatrix} 1, & 8, & 27 \\ (1+x)^3, & (2+x)^3, & (3+x)^3 \\ (2+x)^3, & (4+x)^3, & (6+x)^3 \end{vmatrix} \leq 0.$$

解 解不等方程式的要領是先解對應的方程式！

要利用 $U^3-V^3=(U-V)(U^2+UV+V^2)$；我們將第二列減去第一列，第三列減去第一列的 8 倍，括出此兩列的因子 $x*x$：

$$x^2*\begin{vmatrix} 1, & 8, & 27 \\ x^2+3x+3, & x^2+6x+12, & x^2+9x+27 \\ x^2+6x+12, & x^2+12x+48, & x^2+18x+108 \end{vmatrix}=0.$$

再將第三列減去第二列的四倍，括出此列的因子 $-3x$：

$$=-3x^3*\begin{vmatrix} 1, & 8, & 27 \\ x^2+3x+3, & x^2+6x+12, & x^2+9x+27 \\ x+2, & x+4, & x+6 \end{vmatrix}=0.$$

再將第二行與第三行各自減去第一行：

$$=-3x^3*\begin{vmatrix} 1, & 7, & 26 \\ x^2+3x+3, & 3x+9, & 6x+24 \\ x+2, & 2, & 4 \end{vmatrix}=0.$$

此時可以展開而得：

$$=(-3x^3)(-6)*(2x^2+11x+12)=18x^3*(x+4)(2x+3)=0.$$

三個實根是 $x=-4, \frac{-3}{2}, 0$。於是得到解答：

$x\le -4$，或者 $\frac{-3}{2}\le x\le 0$。

例 4 解方程式：

$$\Delta:=\begin{vmatrix} x^3, & 3x^2, & 3x, & 1 \\ x^2, & x^2+2x, & 2x+1, & 1 \\ x, & 2x+1, & x+2, & 1 \\ 1, & 3, & 3, & 1 \end{vmatrix}=0.$$

解 （顯然 1 是一個根。但沒有太大用途！）這等於求定準式的因式分解！（以最右下元素 1 為樞紐元，以最下列為基準列滑移，亦即：）

前三列都各自減去末一列！然後由末一行降維！括出因子$(x-1)^3$

$$\Delta=\begin{vmatrix} x^3-1, & 3(x^2-1), & 3(x-1), & 0 \\ x^2-1, & x^2+2x-3, & 2(x-1), & 0 \\ x-1, & 2(x-1), & x-1, & 0 \\ 1, & 3, & 3, & 1 \end{vmatrix}$$

$$=(x-1)^3*\begin{vmatrix} x^2+x+1, & 3x+3, & 3 \\ x+1, & x+3, & 2 \\ 1, & 2, & 1 \end{vmatrix}.$$

以最右下元素 1 為樞紐元，以最下列為基準列滑移：

$$\Delta=(x-1)^3*\begin{vmatrix} x^2+x-2, & 3x-3, & 0 \\ x-1, & x-1, & 0 \\ 1, & 2, & 1 \end{vmatrix}=\begin{vmatrix} x^2+x-2, & 3x-3 \\ x-1, & x-1 \end{vmatrix}.$$

再括出因子$(x-1)^2$

$$\Delta=(x-1)^3*\ (x-1)^2*\begin{vmatrix} x+2, & 3 \\ 1, & 1 \end{vmatrix}=(x-1)^{3+2+1}.$$

$x=1$ 是六重根！

定準式與對稱性

習題 求定準式的因式分解：

1. $$\Delta:=\begin{vmatrix} 1, & ad+bc, & a^2d^2+b^2c^2 \\ 1, & bd+ca, & b^2d^2+c^2a^2 \\ 1, & cd+ab, & c^2d^2+a^2b^2 \end{vmatrix}.$$

2. $$\Delta:=\begin{vmatrix} (a-x)^2, & (a-y)^2, & (a-z)^2 \\ (b-x)^2, & (b-y)^2, & (b-z)^2 \\ (c-x)^2, & (c-y)^2, & (c-z)^2 \end{vmatrix}.$$

3. $$\Delta:=\begin{vmatrix} x^2, & xy, & y^2 \\ y^2, & yz, & z^2 \\ z^2, & zx, & x^2 \end{vmatrix}.$$

例5 證明定準式的因式分解：

$$\Delta := \begin{vmatrix} a, & b, & c, & d \\ b, & a, & d, & c \\ c, & d, & a, & b \\ d, & c, & b, & a \end{vmatrix} = (a+b+c+d)(a-b+c-d)(a-b-c+d)(a+b-c-d).$$

解 當然這個方陣有些對稱性：它是（行列轉置）對稱的。每個元素就只是 a, b, c, d, 之一。因此其定準 Δ 一定是四次齊次式。

Δ一定有因式$S=a+b+c+d$，這是因為：只要將四列加在一起，就變成了$[S, S, S, S]$，就可以括出S。

現在我們要證明：Δ一定有因式$S_{12}=a+b+c+d.$

如果將上面兩列加在一起，將下面兩列加在一起（更清楚地說，把第一列加到第二列去，把第四列加到第三列去），那麼現在的定準就成了：

$$\Delta := \begin{vmatrix} a, & b, & c, & d \\ a+b, & a+b, & c+d, & c+d \\ c+d, & c+d, & a+b, & a+b \\ d, & c, & b, & a \end{vmatrix}.$$

我們專注在中間（第二與第三）兩列。

$$\begin{bmatrix} \mathbf{u} \\ \mathbf{v} \end{bmatrix} = \begin{bmatrix} a+b, & a+b, & c+d, & c+d \\ c+d, & c+d, & a+b, & a+b \end{bmatrix}.$$

這裡寫第二列與第三列為

$$\mathbf{u} := [a+b, a+b, c+d, c+d]_r, \ \mathbf{v} := [c+d, c+d, a+b, a+b]_r;$$

現在我們要介紹一個其實很簡單但是很重要的補助命題：

如果有個函數$F=F(\mathbf{u}, \mathbf{v})$是兩變元函數，具有交錯性，又有線性：

$$F(\mathbf{u}, \mathbf{v}) = -F(\mathbf{v}, \mathbf{u}); \ F(\mathbf{u}+\alpha*\mathbf{w}, \mathbf{v}) = F(\mathbf{u}, \mathbf{v})+\alpha*F(\mathbf{w}, \mathbf{v});$$

那麼：

$$F(\mathbf{u}-\mathbf{v}, \mathbf{u}+\mathbf{v})=2F(\mathbf{u}, \mathbf{v});$$

把它用到剛剛的定準函數去：

$$F(\mathbf{u}, \mathbf{v}):=\det([a, b, c, d], \mathbf{u}, \mathbf{v}\ [d, c, b, a]).$$

注意到，此地：

$$\mathbf{u}-\mathbf{v}=[a+b-c-d, a+b-c-d, c+d-a-b, c+d-a-b];$$
$$\mathbf{u}+\mathbf{v}=[a+b+c+d, a+b+c+d, c+d+a+b, c+d+a+b];$$

因此有：

$$\Delta=F(\mathbf{u}, \mathbf{v})=\frac{1}{2}F(\mathbf{u}-\mathbf{v}, \mathbf{u}+\mathbf{v})$$
$$=\begin{vmatrix} a, & b, & c, & d \\ a+b-c-d, & a+b-c-d, & c+d-a-b, & c+d-a-b \\ S, & S, & S, & S \\ a, & c, & b, & a \end{vmatrix}.$$

結論是Δ具有一次齊次因子$a+b-c-d$；

用完全類似的辦法，把第一列加到第三列去，把第二列加到第四列去，就知道：Δ具有一次齊次因子$S_{13}=a+c-b-d$；同理得到Δ的一次齊次因子$S_{14}=a+d-b-c$。

最後要決定常數係數k，使得：

$$\Delta=k*(a+b+c+d)(a-b+c-d)(a-b-c+d)(a+b-c-d).$$

一個簡單的辦法就是令：$a=1, 0=b=c=d$，代入等式的兩邊，得到

$$k=1。$$

例 6 證明定準式的因式分解：

$$\Delta := \begin{vmatrix} bc, & bw+cv, & uw \\ ca, & cu+aw, & wu \\ ab, & av+bu, & uv \end{vmatrix} = (bw-cv)(cu-aw)(av-bu).$$

解 把加法原理用到第二（中間）行：

$$\Delta := \begin{vmatrix} bc, & bw, & vw \\ ca, & cu, & wu \\ ab, & av, & uv \end{vmatrix} + \begin{vmatrix} bc, & cv, & vw \\ ca, & aw, & wu \\ ab, & bu, & uv \end{vmatrix}.$$

（注意到兩個定準式的中間行！）第一個定準的三個列，各自括出因子 bw, cu, av；同理第二個定準的三個列，各自括出因子 cv, aw, bu；

$$\Delta = abcuvw * \begin{vmatrix} \frac{w}{c}, & 1, & \frac{v}{b} \\ \frac{a}{u}, & 1, & \frac{w}{c} \\ \frac{b}{v}, & 1, & \frac{u}{a} \end{vmatrix} + abcuvw * \begin{vmatrix} \frac{b}{v}, & 1, & \frac{w}{c} \\ \frac{c}{w}, & 1, & \frac{u}{a} \\ \frac{a}{u}, & 1, & \frac{v}{b} \end{vmatrix}.$$

用輪換的方式，先調整行，再調整列：

$$\Delta = abcuvw * \left(\begin{vmatrix} 1, & \frac{v}{b}, & \frac{c}{w} \\ 1, & \frac{w}{c}, & \frac{a}{u} \\ 1, & \frac{u}{a}, & \frac{b}{v} \end{vmatrix} + \begin{vmatrix} 1, & \frac{w}{c}, & \frac{b}{v} \\ 1, & \frac{u}{a}, & \frac{c}{w} \\ 1, & \frac{v}{b}, & \frac{a}{u} \end{vmatrix} \right)$$

$$= abcuvw * \left(\begin{vmatrix} 1, & \frac{u}{a}, & \frac{b}{v} \\ 1, & \frac{v}{b}, & \frac{c}{w} \\ 1, & \frac{w}{c}, & \frac{a}{u} \end{vmatrix} + \begin{vmatrix} 1, & \frac{u}{a}, & \frac{c}{w} \\ 1, & \frac{v}{b}, & \frac{a}{u} \\ 1, & \frac{w}{c}, & \frac{b}{v} \end{vmatrix} \right).$$

第二三兩列都各自減去第一列，降維：

$$\Delta = abcuvw * \left(\begin{vmatrix} \frac{v}{b} - \frac{u}{a}, & \frac{c}{w} - \frac{b}{v} \\ \frac{w}{c} - \frac{u}{a}, & \frac{a}{u} - \frac{b}{v} \end{vmatrix} + \begin{vmatrix} \frac{v}{b} - \frac{u}{a}, & \frac{a}{u} - \frac{c}{w} \\ \frac{w}{c} - \frac{u}{a}, & \frac{b}{v} - \frac{c}{w} \end{vmatrix} \right).$$

把加法原理用到第一行：

$$\Delta = abcuvw * \begin{vmatrix} \frac{v}{b} - \frac{u}{a}, & \frac{a}{u} - \frac{b}{v} \\ \frac{w}{c} - \frac{u}{a}, & \frac{a}{u} - \frac{c}{w} \end{vmatrix} = abcuvw * \begin{vmatrix} \frac{av - bu}{ab}, & \frac{av - bu}{uv} \\ \frac{aw - cu}{ac}, & \frac{aw - cu}{uw} \end{vmatrix}.$$

通分而得：

$$= (av - bu)(aw - cu) * \begin{vmatrix} c, & w \\ b, & v \end{vmatrix}.$$

例 7　假設已給三個數 a_1, a_2, a_3，而且，對於數 $m = 0, 1, 2, \cdots,$令：

$$S_m := a_1^m + a_2^m + a_3^m;$$

試證明 a_1, a_2, a_3 為如下方程式之根：

$$f(x) := \begin{vmatrix} x^3, & x^2, & x, & 1 \\ S_3, & S_2, & S_1, & S_0 \\ S_4, & S_3, & S_2, & S_1 \\ S_5, & S_4, & S_3, & S_2 \end{vmatrix} = 0.$$

解　當然 a_1, a_2, a_3 為方程式 $g(x) := x^3 - px^2 + qx - r = 0$ 之根，其中：

$$p := a_1 + a_2 + a_3 = S_1,\ q := a_1a_2 + a_2a_3 + a_3a_1;\ r := a_1a_2a_3.$$

因此

$$S_0=3, S_1=p; S_2=p^2-2q; S_3=p^3-3pq+3r;$$

而且：

$$S_3=p*S_2-q*S_1+r*S_0;$$
$$S_4=pS_3-qS_2+rS_1;$$
$$S_5=pS_4-qS_3+rS_2;$$

在原來的定準式中把第 j 行記做 $\mathbf{v}_j$，現在可以進行如下的「滑移」（這不會改變定準值）：

把第一行 $\mathbf{v}_1$ 改為 $\mathbf{v}_1-p*\mathbf{v}_2+q*\mathbf{v}_3-r*\mathbf{v}_4$；

$$f(x)=\begin{vmatrix} x^3-p*x^2+q*x-r, & x^2, & x, & 1 \\ S_3-p*S_2+q*S_1-r*S_0, & S_2, & S_1, & S_0 \\ S_4-p*S_3+q*S_2-r*S_1, & S_3, & S_2, & S_1 \\ S_5-p*S_4+q*S_3-r*S_2, & S_4, & S_3, & S_2 \end{vmatrix}=0.$$

也就是

$$f(x)=\begin{vmatrix} g(x), & x^2, & x, & 1 \\ 0, & S_2, & S_1, & S_0 \\ 0, & S_3, & S_2, & S_1 \\ 0, & S_4, & S_3, & S_2 \end{vmatrix}=g(x)*\begin{vmatrix} S_2, & S_1, & S_0 \\ S_3, & S_2, & S_1 \\ S_4, & S_3, & S_2 \end{vmatrix}=g(x)*K.$$

換句話說：方程式 $f(x)=0$ 與方程式 $g(x)=0$ 是同一個意思！（假定常數定準 $K\neq 0$。）

習題 4 設 α, β, γ 為三次方程式 $x^3-ax^2+bx-c=0$ 之三根，求定準

$$\Delta := \begin{vmatrix} (\beta+\gamma)^2, & \alpha\beta, & \gamma\alpha \\ \alpha\beta, & (\gamma+\alpha)^2, & \beta\gamma \\ \gamma\alpha, & \beta\gamma, & (\alpha+\beta)^2 \end{vmatrix}.$$

§74.1　Laplace 展開定理的幾何應用

● 直線之兩點式定理

過兩（相異）點 $P_j = (x_j, y_j)$，$(j=1, 2,)$ 的直線為

$$\begin{vmatrix} 1, & x, & y \\ 1, & x_1, & y_1 \\ 1, & x_2, & y_2 \end{vmatrix} = 0. \tag{1}$$

證明　這個方程式代表一直線，而它又確實經過諸點 P_j。因為代入此等點之座標，則可滿足此方程式。

註　只要兩點 P_j 相異，則方程式必然是真正的直線。（因為方程式是真正一次！）

● 圓之三點式定理

過三（不共線）點 $P_j = (x_j, y_j)$, $(j=1, 2,)$的圓為

$$\begin{vmatrix} 1, & x, & y, & x^2+y^2 \\ 1, & x_1, & y_1, & x_1^2+y_1^2 \\ 1, & x_2, & y_2, & x_2^2+y_2^2 \\ 1, & x_3, & y_3, & x_3^2+y_3^2 \end{vmatrix} = 0.$$

證明　這個方程式代表一圓，（因為二次項沒有交叉項 $b*x*y$，而x^2, y^2 的係數相同！）而它又確實經過諸點 P_j。因為代入此等點之座標，則可滿足此方程式。

註　只要三點 P_j 不共線，則方程式必然是真正的圓。（因為方程式的 x^2+y^2 項的係數非零！）

但是如果三點 P_j 相異而共線，則方程式必然就是此直線。（因為方程式的 x^2+y^2 項的係數變為零！方程式是真正一次！圓退化為直線。）

● **定理**

假設有不共線的三點 $P_j=(x_j, y_j), (j=1, 2, 3)$ 其 x 座標都不相同，則唯一的一條，軸平行於 y 軸的拋物線，而且通過此三點者，就是

$$\begin{vmatrix} 1, & x, & y, & x^2 \\ 1, & x_1, & y_1, & x_1^2 \\ 1, & x_2, & y_2, & x_2^2 \\ 1, & x_3, & y_3, & x_3^2 \end{vmatrix}=0. \tag{3}$$

習題 5 求過五點 $P_j=(x_j, y_j), (j=1, 2, 3, 4, 5)$的二次錐線的方程式。

習題 6 求空間中，過不共線的三點 $P_j=(x_j, y_j, z_j), (j=1, 2, 3)$的平面的方程式。

習題 7 求空間中，過不共線的四點 $P_j=(x_j, y_j, z_j), (j=1, 2, 3, 4)$的球面的方程式。

§75 方陣與定準的乘法

● **列矢與行矢的乘法**

記得我們的記號是用 $[x_1, x_2, \cdots, x_n]_c$ 來表示行矢，也就是由上而下的寫法，例如，$[a, b, c]_c=\begin{bmatrix} a \\ b \\ c \end{bmatrix}$。我們這種記號寫法可以節省空間。至於列矢，我們當然可以寫 $[x_1, x_2, \cdots, x_n]_r$。（這樣比較公平些。）

如果有一個列矢 $\mathbf{u}=[u_1, u_2, \cdots, u_n]_r$，與一個行矢 $\mathbf{x}=[x_1, x_2, \cdots, x_n]_c$，而維數 n 相同，我們就定義其乘積為單獨一個數

$$\mathbf{u}\cdot\mathbf{x}:=\Sigma u_j * x_j \tag{1}$$

● **方陣乘行矢**

現在假設有一個 n 維的方陣 U，與一個 n 維的行矢 $\mathbf{x}$，我們如何定義 $U\cdot\mathbf{x}$？

我們可以把 U 看成是有 n 個列矢（列矢的維數 $=n$），由上而下排列，

$$U=\begin{bmatrix}\mathbf{u}_1\\ \mathbf{u}_2\\ \cdots\\ \mathbf{u}_m\end{bmatrix}; x=[\mathbf{x}_1,\mathbf{x}_2,\cdots,\mathbf{x}_n]_c=\begin{bmatrix}x_1\\ x_2\\ \cdots\\ x_\ell\end{bmatrix}; \tag{2}$$

而 $\mathbf{x}$ 本來就是一個行矢，因此每個列矢 $\mathbf{u}_i$，與這個行矢 $\mathbf{x}$，都可以相乘而得 $\mathbf{u}_i \cdot \mathbf{x}$，我們仍然把它們自上而下，（依照 $\mathbf{u}_i$ 的順序！）排成行矢，這就是以方陣 U 自左去乘行矢 $\mathbf{x}$

$$U\cdot\mathbf{x}=\begin{bmatrix}\mathbf{u}_1\cdot\mathbf{x},\\ \mathbf{u}_2\cdot\mathbf{x}\\ \vdots\\ \mathbf{u}_n\cdot\mathbf{x}\end{bmatrix}. \tag{3}$$

方陣相乘

現在假設有兩個 n 維的方陣 U 與 X，我們可以把 X 看成是有 n 個行矢，由左而右排列：

$$X=[\mathbf{x}_1,\mathbf{x}_2,\cdots,\mathbf{x}_n]. \tag{4}$$

方陣 U，可以（自左）與每個行矢 $\mathbf{x}_j$ 相乘而得行矢 $U\cdot\mathbf{x}_j$，我們仍然把它們自左排到右（依照 $\mathbf{x}_j$ 的順序），排成方陣，這就是方陣 U 自左去乘（同維）方陣 X：

$$U\cdot X=[U\cdot\mathbf{x}_1, U\cdot\mathbf{x}_2,\cdots,U\cdot\mathbf{x}_n]. \tag{5}$$

註 所以對於 n 維的行矢 $\mathbf{x}, \mathbf{y}$，以及列矢 $\mathbf{u}, \mathbf{v}$，我們前此定義的內積 $\mathbf{x}\cdot\mathbf{y}$, $\mathbf{u}\cdot\mathbf{v}$，都不是此地的乘法！（因此我的記號稍稍不同！）

可締性

如果 U, X 可乘，X, V 可乘，則：下式的兩側都是有意義的而且相等。

$$(U \cdot X) \cdot V = U \cdot (X \cdot V). \tag{6}$$

分配律亦即線性

如果 U_1, U_2 同型，如果 X_1, X_2 同型，而 U_i, X_j 可乘，則：

$$(\alpha * U_1 + U_2) \cdot (\beta * X_1 + X_2) = \alpha\beta * (U_1 \cdot X_1) + \alpha * (U_1 \cdot X_2) + \beta * (U_2 \cdot X_1) + U_2 \cdot X_2. \tag{7}$$

不可換性

如果 U, X 是同維方陣，因而可乘，而 U, X 也可乘，但是通常會出現不等：

$$U \cdot X \neq X \cdot U.$$

例 1　設：$U = \begin{bmatrix} 3, & -4 \\ 2, & 5 \end{bmatrix}, X = \begin{bmatrix} 1, & 0 \\ -2, & 2 \end{bmatrix}$；問

$$U \cdot X \stackrel{?}{=} X \cdot U.$$

解析　$U \cdot X = \begin{bmatrix} 11, & -8 \\ -8, & 10 \end{bmatrix} \neq X \cdot U = \begin{bmatrix} 3, & -4 \\ -2, & 18 \end{bmatrix}.$

對角方陣

兩個同維對角方陣是可換的！

么方陣

如果方陣 $1_{\oplus n} = [\delta_{i,j}]$ 的成分是 Kronecker 的 δ，那就叫做么方陣：

$$\delta(i,j) = \begin{cases} 1, 若 & i = k; \\ 0, 若 & i \neq k; \end{cases} \tag{8}$$

只要乘法說得通，一定有：

$$U \cdot 1_{\oplus n} = U;\ 1_{\oplus n} \cdot X = X. \tag{9}$$

● 純數方陣

么方陣乘上一個純數λ，就叫做純數方陣，它和純數λ，沒有什麼不同，只要乘法說得通，一定有：

$$U \cdot (\lambda * 1_{\oplus n}) = \lambda * U;\ (\lambda * 1_{\oplus n}) \cdot X = \lambda * X. \tag{10}$$

● 方陣乘積的定準公式

對於兩個同維方陣U, X，有

$$\det(U \cdot X) = \det(U) * \det(X). \tag{11}$$

證明 方陣$V = U \cdot X$的第i個列矢是

$$V_{i\star} = \sum_{j=1}^{n} u_{i,j} * \mathbf{x}_j;\ (\mathbf{x}_j = X_{j\star})$$

這是X的許多列矢$\mathbf{x}_j$的組合；因此，

$$\det(V) = \det_r\left(\sum_{j_1} u_{1,j_1} * \mathbf{x}_{j_1}, \sum_{j_2} u_{2,j_2} * \mathbf{x}_{j_2}, \cdots, \sum_{j_n} u_{n,j_n} * \mathbf{x}_{j_n}\right);$$

這裡有n重的線性！展開的時候，每個啞巴足碼j_v都是從1到n，所以一共有n^n項！看起來很可怕，可是，大部分的項都是0。這是因為，看其中的一項：（$(j_1, j_2, \cdots, j_n)$的項）

$$(u_{1,j_1} * u_{2,j_2} * \cdots * u_{n,j_n}) * \det_r(\mathbf{x}_{j_1}, \mathbf{x}_{j_2}, \cdots, \mathbf{x}_{j_n});$$

這個會是零，只要有某兩個足碼j是相同的。因此必須：$[j_1, j_2, \cdots, j_n]$是一個排列！此時，

$$\det_r(\mathbf{x}_{j_1}, \mathbf{x}_{j_2}, \cdots, \mathbf{x}_{j_n}) = \varepsilon(j_1, j_2, \cdots, j_n) * \det(X);$$

於是，

$$\det(V) = \sum_{j_1}\sum_{j_2}\cdots\sum_{j_n}(u_{1,j_1} * u_{2,j_2} * \cdots * u_{n,j_n}) * \varepsilon(j_1, j_2, \cdots, j_n) * \det(X)$$
$$= \det(U) * \det(X).$$

例 2 由恆等式

$$x^3 + y^3 + z^3 - 3xyz = \begin{vmatrix} x, & y, & z \\ y, & z, & x \\ z, & x, & y \end{vmatrix}.$$

證明若令 $\Phi(x, y, z) := x^3 + y^3 + z^3 - 3xyz$，

則：$\Phi(a, b, c) * \Phi(x, y, z)$ 可以寫為 $\Phi(u, v, w)$之形。

解析 因為方陣的相乘積的定準就是其等定準之乘積，因此就算出：

$$u = ax + by + cz;\ v = bx + cy + az;\ w = cx + ay + bz;$$

習題

1. 假設 A 是 k 維方陣，$1_{\oplus\ell}$ 是 l 維么方陣，B 是 $l \times k$ 型矩陣，則得如下擴張方陣 H（這是 $k+l$ 維方陣），

$$H = \begin{bmatrix} A, & 0 \\ B, & 1_{\oplus\ell} \end{bmatrix} = \begin{bmatrix} a_{11}, & \cdots, & a_{1k}, & 0, & 0, & \cdots, & 0 \\ \cdots, & \cdots, & \cdots, & \cdots, & \cdots, & \cdots, & \cdots \\ a_{k1}, & \cdots, & a_{kk}, & 0, & 0, & \cdots, & 0 \\ b_{11}, & \cdots, & b_{1k}, & 1, & 0, & \cdots, & 0 \\ b_{21}, & \cdots, & b_{2k}, & 0, & 1, & \cdots, & 0 \\ \cdots, & \cdots, & \cdots, & \cdots, & \cdots, & \cdots, & \cdots \\ b_{l1}, & \cdots, & b_{lk}, & 0, & 0, & \cdots, & 1 \end{bmatrix};$$

試證明：$\det(H)=\det(A)$。

2.採用上一題擴張方陣的記號，證明：

$$\det\left(\begin{bmatrix} A, & 0 \\ W, & V \end{bmatrix}\right)=\det(A)*\det(V).$$

（這裡 V 是 l 維方陣，W 是 $l\times k$ 型矩陣。）

§76　餘逆與消元法

● 餘方陣與逆方陣

假設 A 是一個 n 維方陣，我們已經講過（§73.(7)式）它的定準展開式，其中 $\gamma_{i,j}$ 是削去 A 的第 i 列第 j 行，剩下的方陣的定準，乘上$(-1)^{j+k}$。現在把 $\gamma_{i,j}$ 放在第 j 列第 i 行。（這樣子已經「轉置」了！）

所得的方陣叫做 A 的餘方陣，記做 $\widehat{A}$。於是有

$$\widehat{A}\cdot A=\det(A)*1_{\oplus n}=A\cdot\widehat{A}. \tag{1}$$

$$\text{餘方陣的定準 }\det(\widehat{A})=\det(A)^{n-1}. \tag{2}$$

如果 $\det(A)\neq 0$，我們就說 A 是正則的（regular）或可逆的，而且其「逆」為

$$A^{-1}=\frac{1}{\det(A)}*\widehat{A}\text{。因為 }A^{-1}\cdot A=1_{\oplus n}=A\cdot\widehat{A}. \tag{3}$$

● Cramer 公式

n 元一次聯立方程式（n 個），是：

$$\sum_{j=1}^{n}a_{i,j}*x_j=b_i,\ (i=1,2,\cdots,n), \tag{4}$$

用矩陣的寫法，就是：

$$A\cdot\mathbf{x}=\mathbf{b}; \tag{5}$$

（其中，$\mathbf{x}, \mathbf{b}$ 都是 n 維行矢。）

如果 $\det(A) \neq 0$，我們有逆方陣 A^{-1}，於是，上式自左乘以 A^{-1}：

$$\mathbf{x} = A^{-1} \cdot A \cdot \mathbf{x} = A^{-1} \cdot \mathbf{b}; \tag{6}$$

那這個公式就是 Cramer 公式！因為，此式第 i 成分是

$$x_i = \frac{1}{\det(A)} * (\sum_j \gamma_{j,i} * b_j); \tag{7}$$

而 $\Sigma_j \gamma_{j,i} * b_j$ 根本就是：將行矢 $\mathbf{b}$ 取代方陣 A 的第 j 行，所得的定準。

例 1 解四元一次聯立方程式：（但 a, b, c, d,互異。）

$ax + by + cz + dw = k,$

$a^2x + b^2y + c^2z + d^2w = k^2,$

$a^3x + b^3y + c^3z + d^3w = k^3,$

$a^4x + b^4y + c^4z + d^4w = k^4.$

解析 係數定準是

$\Phi(a, b, c, d) := abcd * (d-a)(d-b)(d-c)(c-a)(c-b)(b-a),$

於是：Cramer 公式給出：

$$x = \frac{\Phi(k, b, c, d)}{\Phi(a, b, c, d)} = \frac{k}{a} * \frac{(d-k)(c-k)(b-k)}{(d-a)(c-a)(b-a)}, y = \frac{k}{b} * \frac{(d-k)(c-k)(k-a)}{(d-b)(b-a)(b-c)},$$

$$z = \frac{k}{c} * \frac{(d-k)(k-a)(k-b)}{(d-c)(c-a)(c-b)}, w = \frac{k}{d} * \frac{(k-a)(k-b)(k-c)}{(d-a)(d-b)(d-c)}.$$

齊一次聯立方程組的有聊解定理

n 元齊一次 n 個方程式組聯立，居然有一個有聊解，則係數定準 $=0$。

證明 這是 Cramer 公式的結論！

固有問題

例 2　求常數λ，使得如下的齊一次方程式組聯立，居然有一個有聊解：

$$4x+3y+z=\lambda*x,$$
$$3x-4y+7z=\lambda*y,$$
$$x+7y-6z=\lambda*z.$$

解析　（記左側係數方陣為A，）此條件是它是<u>固有值方程式</u>的根：

$$D(\lambda):=\det(A-\lambda*1_{\oplus 3})=\begin{vmatrix}4-\lambda, & 3, & 1\\ 3, & -4-\lambda, & -7\\ 1, & 7, & -6-\lambda\end{vmatrix}=0. \qquad (8)$$

答案是：$\lambda=0,-3\pm2\sqrt{21}$。對於每個固有值，對應的一個有聊解，寫為行矢，就是一個<u>固有矢</u>！我們練習看看！

對於$\lambda=0, A-\lambda=\begin{bmatrix}4, & 3, & 1\\ 3, & -4, & 7\\ 1, & 7, & -6\end{bmatrix}$。

考慮最後一行的餘定準，得$[25,-25,-25]$，因此固有矢可以取$[1,-1,-1]_c$；

對於$\lambda=-3\pm2\sqrt{21}, A-\lambda=\begin{bmatrix}7\mp2\sqrt{21}, & 3, & 1\\ 3, & -1\mp2\sqrt{21}, & 7\\ 1, & 7, & -3\mp2\sqrt{21}\end{bmatrix}$。

考慮最後一行的餘定準，得$[22\pm2\sqrt{21},-46\pm14\sqrt{21},68\mp12\sqrt{21}]$；

因此固有矢可以取$[11\pm\sqrt{21},-23\pm7\sqrt{21},34\mp6\sqrt{21}]_c$。

Sylvester 的消去法

例 3　設$a_0*b_0\neq0$,而兩個方程式

$$f(x):=a_0x^3+a_1x^2+a_2x+a_3=0,$$

$$g(x) := b_0 x^2 + b_1 x + b_2 = 0,$$

聯立，居然有解 $x = \alpha$，則

$$\begin{aligned}
\alpha * f(\alpha) &:= a_0 \alpha^4 + a_1 \alpha^3 + a_2 \alpha^2 + a_3 \alpha &= 0,\\
f(\alpha) &:= \qquad a_0 \alpha^3 + a_1 \alpha^2 + a_2 \alpha + a_3 &= 0,\\
\alpha^2 * g(\alpha) &:= b_0 \alpha^4 + b_1 \alpha^3 + b_2 \alpha^2 &= 0,\\
\alpha * g(\alpha) &:= \qquad b_0 \alpha^3 + b_1 \alpha^2 + b_2 \alpha &= 0,\\
g(\alpha) &:= \qquad b_0 \alpha^2 + b_1 \alpha + b_2 &= 0,
\end{aligned}$$

五個方程式組聯立，居然有一個有聊解$(\alpha^4, \alpha^3, \alpha^2, \alpha, 1)$，則係數定準為零：

$$D := \begin{vmatrix} a_0, & a_1, & a_2, & a_3, & 0 \\ 0, & a_0, & a_1, & a_2, & a_3 \\ b_0, & b_1, & b_2, & 0, & 0 \\ 0, & b_0, & b_1, & b_2, & 0 \\ 0, & 0, & b_0, & b_1, & b_2 \end{vmatrix} = 0 \tag{9}$$

當然這是聯立方程式組有解的必要條件！但是事實上這也是充分條件！因為我們可以做這個滑移而不影響定準值：以係數 $\alpha^4, \alpha^3, \alpha^2, \alpha$，分別乘第一第二第三第四諸行矢，加到第五行去：則此行成為行矢：

$$[\alpha * f(\alpha), f(\alpha), \alpha^2 * g(\alpha), \alpha * g(\alpha), g(\alpha)]_c$$

這行的各個位置的餘因子，記為 $\mu_1, \mu_2, \mu_3, \mu_4, \mu_5$，則得：

$$D = (\mu_1 \alpha + \mu_2) * f(\alpha) + (\mu_3 \alpha^2 + \mu_4 \alpha + \mu_5) * g(\alpha) = 0.$$

這是 α 的恆等式，因而 $f(\alpha)$最少有一個一次因子 $\alpha - \alpha_0$ 是 $g(\alpha)$ 的因子，如此得到聯立方程式組的解 α_0。

例題 解下列方程式組：

$x + y = a,$

$y+z=b,$

$z+t=c,$

$-2x+t=d.$

解析　用加減消去法更快！

$$x_1=\frac{1}{3}(a_1-a_2+a_3-a_4),$$

$$x_2=\frac{1}{3}(2a_1+a_2-a_3+a_4),$$

$$x_3=\frac{1}{3}(-2a_1+2a_2+a_3-a_4),$$

$$x_4=\frac{1}{3}(2a_1-2a_2+2a_3+a_4).$$

習題

1.解一次聯立方程式組：

$2x-4y+3z+4t=-3,$

$3x-2y+6z+5t=-1,$

$5x+8y+9z+3t=9,$

$x-10y-3z-7t=2.$

答　$x=1, y=\frac{1}{2}, z=\frac{1}{3}, t=-1.$

2.解一次聯立方程式組：

$(b-c)x+(c-a)y+(a-b)z=d,$

$a(b-c)x+b(c-a)y+c(a-b)z=d^2,$

$a^2(b-c)x+b^2(c-a)y+c^2(a-b)z=d^3.$

答　若記 $D=-(b-c)(c-a)(a-b)$，則

$$x=\frac{d(d-b)(d-c)}{D}, y=\frac{d(d-c)(d-a)}{D}, z=\frac{d(d-a)(d-b)}{D}.$$

事實上係數定準為：

$$\Delta := \begin{vmatrix} (b-c), & (c-a), & (a-b) \\ a(b-c), & b(c-a), & c(a-b) \\ a^2(b-c), & b^2(c-a), & c^2(a-b) \end{vmatrix} \text{各行括出因子}$$

$$= (b-c)(c-a)(a-b) * \begin{vmatrix} 1, & 1, & 1 \\ a, & b, & c \\ a^2, & b^2, & c^2 \end{vmatrix}$$

$$= (a-b)^2 (b-c)^2 (c-a)^2.$$

3.解一次聯立方程式組：

$2x-4y+4z+t=0,$

$3x-2y+z-5t=0,$

$x+y+3z+2t=0,$

$4x+3y-z+3t=0.$

答 只有無聊解。

4.解一次聯立方程式組：

$2x-y+4z=0,$

$x+3y-2z=0,$

$x-11y+14z=0.$

答 $\frac{x}{10}=\frac{y}{-8}=\frac{z}{-7}=t.$

5.如下聯立方程式組有個有聊的解，求常數 k：

$4x-3y+2z=kx,$

$x+5y-3z=ky,$

$7x-y-3z=kz.$

答　$k=3, \frac{3\pm\sqrt{129}}{3}$.

§77　滑移與扣消

● 滑移法

在上一節的習題中，我們遇到了一個的題目（下述第二款）。所以我們藉此再解說滑移法，或者叫扣削法。因為它在數學中，以各種面目，一再出現，所以非常重要。

「滑移」的意思來自於幾何的形象：$\mathbf{u}$ 沿著 $\mathbf{v}$ 的方向滑移，意思是：用 $\mathbf{u}'=\mathbf{u}+\lambda*\mathbf{v}$ 取代 $\mathbf{u}$。

有時我們把 λ 改個正負，那麼也許可稱為扣削（消）法。那麼，「取 $\mathbf{v}$ 為樞紐，依照倍率 λ，將 $\mathbf{u}$ 扣削」，就是：用 $\mathbf{u}'=\mathbf{u}-\lambda*\mathbf{v}$ 取代 $\mathbf{u}$。

對於某些工作，這個扣削的倍率 λ，是直接由 $\mathbf{v}$ 與 $\mathbf{u}$ 決定的，因為扣削的目的，就在於要「消除某個障礙」，所以這種扣削法，應該特別稱為「扣消法」。我們舉甲乙丙三個應用。

甲. 面積與體積。我們已經講過：如此滑移的結果，$\mathbf{u}, \mathbf{v}$ 所形成的平行四邊形之面積，在滑移的前後是不變的！（你的數學的成熟度越高，就可以多講一句話！）你當然知道，還可以稍稍補充一點點：若是用 $\mathbf{u}'=\mu*\mathbf{u}+\lambda*\mathbf{v}$ 取代 $\mathbf{u}$，則這是「滑移並伸縮」，則面積變為 μ 倍。

乙. 定準。我們已經講過：如果 $\mathbf{u}, \mathbf{v}$ 是方陣 A 的兩列，那麼滑移的結果（除了改變這列矢 $\mathbf{u}$ 為 $\mathbf{u}'$ 之外，別的列完全不動），並不會改變定準值 $\det(A)$。（至於「稍稍再做個伸縮」，也只是要乘上 μ 倍。）

例1　要計算 $\det(A)$，我們可以用逐列「扣消法」，把方陣 A 變形為「右上三角方陣」，再計算對角線之乘積就好了！

具體地說，整個變形的工作分成 $n-1$ 個段落；在第一個段落，我們假

定 $a_{11} \neq 0$，而不必對第一列矢變動；於是，以第一列矢為樞紐列 $\mathbf{v}$，把其下的各列 $\mathbf{u}$，一個一個都扣消為 $\mathbf{u}' = \mathbf{u} - \lambda * \mathbf{v}$；扣削的倍率 $\lambda = \frac{a_{i1}}{a_{11}}$ 就是為了要消掉 $\mathbf{u}'$ 的第一個成分！於是，這個段落完成之後，新方陣（我們仍然記作）A，其第一行，只有 $a_{11} \neq 0$。其他成分 $a_{i1} = 0$（$i > 1$）。接著，第二段落，我們假定 $a_{22} \neq 0$，不必對第一第二兩個列矢再變動了；於是，以第二列矢為樞紐列 $\mathbf{v}$，把其下的各列 $\mathbf{u}$，一個一個都扣消為 $\mathbf{u}' = \mathbf{u} - \lambda * \mathbf{v}$；扣削的倍率 $\lambda = \frac{a_{i2}}{a_{22}}$ 就是為了要消掉新的列矢 $\mathbf{u}'$ 的第二個成分！於是，這個段落完成之後，新方陣 A 的第二行，兩個成分之下，$a_{i2} = 0$（$i > 2$）。

以下，在第 k 個段落，我們假定（當時的）$a_{kk} \neq 0$，不必對（第 1 到第 k）上面的 k 個列矢再變動了；於是，以第 k 列矢為樞紐列 $\mathbf{v}$，把其下的各列 $\mathbf{u}$，一個一個都扣消為 $\mathbf{u}' = \mathbf{u} - \lambda * \mathbf{v}$；扣削的倍率 $\lambda = \frac{a_{ik}}{a_{kk}}$ 就是為了要消掉新的列矢 $\mathbf{u}'$ 的第 k 個成分！於是，這個段落完成之後，新方陣 A 的第 k 行，k 個成分之下，$a_{ik} = 0$（$i > k$）。

（全部的扣消動作，最多要做 $\frac{n(n-1)}{2}$ 次）所有的滑移扣消，雖然會改變 A，但是都不會改變定準值 $\det(A)$。然而最後的方陣 A，已經變成右上三角方陣了！

如果要進行第 k 個段落時，發現當時的 $a_{kk} = 0$，那麼，就要找此行矢下面的一個非零成分 $a_{ik} \neq 0, i \geq k$；於是先要把這個第 i（$> k$）列，調換到第 k 列來，那麼要記錄這個調換所引起的定準變號；然後就正常進行扣消。（如果 $a_{ik} = 0$，$\forall i \geq k$；則 $\det(A) = 0$，而不用做下去了。）

有的人，工作方式不同：在要進行第 k 個段落時，設定 $a_{kk} \neq 0$ 之後，就先把這第 k 列「規範化」，也就是除以 a_{kk}（當然也要記錄這個伸縮率 a_{kk}）。這樣子方便於扣削，因為扣削的倍率就變成只是 a_{ik}。（當然最後的方陣 A，不但是右上三角方陣，而且主對角線都是 1，原來的方陣之定準則是所有記錄裡的伸縮率的相乘積。）

例 2 現在我們看§73 習題甲之 5。要計算 $\det(A)$的另外一個辦法，就與上面的例 1，精神上完全相同，而且只是做完第一個段落。也就是說做了$(n-1)$個滑移扣消，來把第一行除了最上方的元素 $a_{11} \neq 0$ 之外的各成分都扣消為零。

不過在所有的滑移扣消之前，多了一道「伸縮調整」的手續。目的是讓扣消倍率 $\lambda = \dfrac{a_{i1}}{a_{11}}$ 的計算輕鬆些。我們上面已經提到過：可以先把第一列規範化，基本上就是使得 $a_{11}=1$，但是還有一種修正的方式，那就是先把下面的各個列矢都乘上 a_{11}。當然此時方陣的定準，就膨脹了 a_{11}^{n-1} 倍。所以滑移時，只要取扣削的倍率 $\lambda = a_{i1}$ 就好了！如此，做完了這全部的$(n-1)$個滑移之後，得到方陣 B，

$$b_{i,j} = a_{11} * a_{i,j} - a_{i,1} * a_{i,j}, (i > 1, j > 1),$$

但是其第一行只有 $b_{11} = a_{11} \neq 0$，因而

$$\det(B) = a_{11}^{n-1} * \det(A) = a_{11} * \det([b_{i,j} : 1 < i \leq n, 1 < j \leq n]).$$

這就是待證的式子。

你想，萬一 $a_{11}=0$？$\det(B)=0$。（因為其各行各列都成比例！）那麼待證的式子就無聊了：$0^{n-2} * \det(A) = \det(B) = 0$。

丙.解聯立一次方程式。對於 n 元一次 m 個方程式聯立的求解，消去法通常是最有效（又最死板）的辦法。消去法就是滑移法！

通常用分離係數法，就得到 $m \times (n+1)$ 型的矩陣，

$$[A; b] := \left[\begin{array}{cccc|c} a_{11}, & a_{12}, & \cdots, & a_{1n}, & b_1 \\ a_{21}, & a_{22}, & \cdots, & a_{2n}, & b_2 \\ \cdots, & \cdots, & \cdots, & \cdots, & \cdots \\ a_{m1}, & a_{m2}, & \cdots, & a_{mn}, & b_m \end{array}\right];$$

例 3 解聯立方程式

(i) $4x-4y+3z=32$;

(ii) $5x+3y-4z=-15$;

(iii) $x+2y+z=0$.

解析

$$\begin{bmatrix}4 & -4 & +3 & =32\\ 5 & +3 & -4 & =-15\\ 1 & +2 & +1 & =0\end{bmatrix}\xrightarrow{1}\begin{bmatrix}1 & +2 & +1 & =0\\ 4 & -4 & +3 & =32\\ 5 & +3 & -4 & =-15\end{bmatrix}$$

$$\xrightarrow{2}\begin{bmatrix}1 & +2 & +1 & =0\\ 0 & -12 & -1 & =32\\ 0 & -7 & -9 & =-15\end{bmatrix}\xrightarrow{3}\begin{bmatrix}1 & +2 & +2 & =0\\ 0 & -1 & -12 & =32\\ 0 & -9 & -7 & =-15\end{bmatrix}$$

$$\xrightarrow{4}\begin{bmatrix}1 & +1 & +2 & =0\\ 0 & +1 & +12 & =-32\\ 0 & +9 & +7 & =15\end{bmatrix}\xrightarrow{5}\begin{bmatrix}1 & +1 & +2 & =0\\ 0 & +1 & +12 & =-32\\ 0 & +0 & -101 & =303\end{bmatrix}$$

- 把常數項放在最右行。以等號分隔；各行對應到不同的未知數，你不用寫，順序也是看方便就好，但是必須排列得正確整齊！各列都代表一個方程式。

  記住：這樣子的矩陣，將隨著工作的進行而變動！

- 在第一段落（對付第一行矢）時，我們就取此行矢中的一個非零元素，它的那一列（方程式！）就成了此工作段落中的樞紐列。我們此地看中第三列的 1，因此我們這裡的第 1 步，就是把第 3 列調到第 1 列。

  和定準計算不一樣的是：我們對調兩列，根本不必留記錄！

  （這一列相當於 $\mathbf{v}$。）我們現在恰好有：$a_{11}=1$，否則，有很多（人或者）軟體的習慣是：馬上把這列用這個係數 a_{11} 去除，這是一種規範化，把這個樞紐常數變成一。

- 我們就對這第二第三兩列做滑移；該列當作 $\mathbf{u}$，要變成 $\mathbf{u}-\lambda*\mathbf{v}$，倍數 $\lambda=\frac{a_{i1}}{a_{11}}$。（在 $a_{11}=1$ 時，就減少除法的麻煩，這是剛剛的規範化的目的。）

  此地的第二步，就使得第一行已經合乎要求了：只剩第一列處非零。

・我看這裡的第二行不方便，所以我們的第三步，就是對調第二與第三兩行。（換句話說，現在第二行是未知數z，第三行是未知數y。）
第四步是把這兩列都乘上-1。
・現在在第二行中，就選擇第二列為樞紐列（a_{22}為樞紐元），將第三列滑移。

小消去法

如果我們得到了一個右上三角矩陣，那麼工作基本上已經結束。因為上述矩陣，意思是：

$$\begin{aligned} x+z+\quad 2y&=0\\ 0+z+\ 12y&=-32\\ 0+0-101y&=303, \end{aligned}$$

那麼從最後最下面的方程式，就得到：$y=-3$，於是代入其上方的方程式，$z-36=-32$，就得到$z=4$；再將y, z代入其上的方程式，得到$x-2=0, x=2$。

以上的辦法叫做小消去。（最後的矩陣是個右上三角矩陣，未知數，乃是由最下面的方程式開始解，再往上方的方程式代入，<u>倒推著</u>（backward），而解出全部。）

必須注意到：第5步的滑移，並沒有對樞紐列上方的第一列操作！因此才會是右上三角方陣，只是把對角線<u>左下方</u>都消去而成為零。

$$\xrightarrow{5'}\begin{bmatrix}1 & +0 & -10 & =32\\ 0 & +1 & +12 & =-32\\ 0 & +0 & -101 & =303\end{bmatrix}\xrightarrow{6}\begin{bmatrix}1 & +0 & -10 & =32\\ 0 & +1 & +12 & =-32\\ 0 & +0 & -1 & =-3\end{bmatrix}$$
$$\xrightarrow{7}\begin{bmatrix}1 & +0 & 0 & =2\\ 0 & +1 & +0 & =4\\ 0 & +0 & +1 & =-3\end{bmatrix}$$

・如果是「大消去」，那麼剛剛的第5步的滑移，應該改為對樞紐列上方的列，也要滑移！結果這一行也只剩下樞紐元非零。（如上的5′。）然後第6步，我們把第三列規範化；

- 因為第三行我們的樞紐元沒有選擇，而根據「大消去」的精神，我們的第七步，就是以這樞紐把其他列都滑移。結果成了對角方陣。
（因為我們都有規範化，實際上最終的係數方陣變成么方陣。）於是答案可以直接讀出！$x=2, z=4, y=-3$，記住你曾經調換 y, z。

例4：冗餘

例如，解聯立方程式

$$\begin{aligned} &\text{(i)}\ \ 4x-4y+3z=32,\\ &\text{(ii)}\ 5x+3y-4z=-15,\\ &\text{(iii)}\ x+2y+z=0,\\ &\text{(iv)}\ 3x+18y+4z=-32. \end{aligned}$$

解析

$$\begin{bmatrix} 4 & -4 & +3 & =32\\ 5 & +3 & -4 & =-15\\ 1 & +2 & +1 & =0\\ 3 & +18 & +4 & =-32 \end{bmatrix} \xrightarrow{1} \begin{bmatrix} 1 & +2 & +1 & =0\\ 4 & -4 & +3 & =32\\ 5 & +3 & -4 & =-15\\ 3 & +18 & +4 & =-32 \end{bmatrix}$$

$$\xrightarrow{2} \begin{bmatrix} 1 & +2 & +1 & =0\\ 0 & -12 & -1 & =32\\ 0 & -7 & -9 & =-15\\ 0 & +12 & +1 & =-32 \end{bmatrix} \xrightarrow{3} \begin{bmatrix} 1 & +1 & +2 & =0\\ 0 & -1 & -12 & =32\\ 0 & -9 & -7 & =-15\\ 0 & +1 & +12 & =-32 \end{bmatrix}$$

滑移的結果是

$$\xrightarrow{4} \begin{bmatrix} 1 & +1 & +2 & =0\\ 0 & +1 & +12 & =-32\\ 0 & +9 & +7 & =15\\ 0 & +1 & +12 & =-32 \end{bmatrix} \xrightarrow{5} \begin{bmatrix} 1 & +1 & +2 & =0\\ 0 & +1 & +12 & =-32\\ 0 & +0 & -101 & =303\\ 0 & +0 & +0 & =0 \end{bmatrix};$$

- 所以，如果在計算當中，出現一個列矢是零列矢，那就刪去它，因為那是冗餘的（redundant）方程式。（只是宣稱太陽從東邊出來，而且零等於零。）

・如果在計算中，出現一個列矢，常數項非零，而其前的係數項都是零，那麼你已經得到一個矛盾方程式了，工作也就可以中止了！
當方程式的個數 $m>n$（未知數的個數）時，這種情形才是常態！

例 5：自由參數

解聯立方程式

$$\begin{aligned} x+2y-4z+\ \ t&=0,\\ 4x-4y+8z+3t&=32,\\ 5x+3y-6z-4t&=-15, \end{aligned}$$

解析　我們用大消去法

$$\begin{bmatrix} 1 & +2 & -4 & +1 & =0\\ 4 & -4 & +8 & +3 & =32\\ 5 & +3 & -6 & -4 & =-15 \end{bmatrix} \xrightarrow{1} \begin{bmatrix} 1 & +2 & -4 & +1 & =0\\ 0 & -12 & +24 & -1 & =32\\ 0 & -7 & +14 & -9 & =-15 \end{bmatrix}$$

$$\xrightarrow{2} \begin{bmatrix} 1 & +0 & +0 & +\frac{5}{6} & =\frac{16}{3}\\ 0 & -12 & +24 & -1 & =32\\ 0 & +0 & +0 & -\frac{101}{2} & =\frac{-101}{3} \end{bmatrix} \xrightarrow{2} \begin{bmatrix} 1 & +0 & +0 & +\frac{5}{6} & =\frac{16}{3}\\ 0 & +1 & -2 & +\frac{1}{12} & =\frac{-8}{3}\\ 0 & +0 & +0 & -\frac{101}{2} & =\frac{-101}{3} \end{bmatrix}$$

（此地的第 2 段落之後，我們做了規範化！）到了第三段落時，我們發現第三行（未知數 z）的此處是 $a_{33}=0$；那該如何進行？

$$\xrightarrow{3?} \begin{bmatrix} 1 & +0 & +\frac{5}{6} & =\frac{16}{3} & +0\\ 0 & +1 & +\frac{1}{12} & =\frac{-8}{3} & +2\\ 0 & +0 & -\frac{101}{2} & =\frac{-101}{3} & +0 \end{bmatrix} \xrightarrow{4} \begin{bmatrix} 1 & +0 & +\frac{5}{6} & =\frac{16}{3} & +0\\ 0 & +1 & +\frac{1}{12} & =\frac{-8}{3} & +2\\ 0 & +0 & +1 & =4 & +0 \end{bmatrix}$$

以大消去的精神，我們完成兩個滑移消去：

$$\xrightarrow{5}\begin{bmatrix} 1 & +0 & +0 & =2 & +0 \\ 0 & +1 & +0 & =-3 & +2 \\ 0 & +0 & +1 & =4 & +0 \end{bmatrix}$$

注意到現在在等號的右側有兩行，一行是常數行，其右是（自由參數的）z 行。我們可以把這個分離變數的式子，「把變數裝回去」，那就讀出解答了：

$$x=2; y=-3+2z, t=4;$$

未知數 z 完全自由，可以任意取，因此叫做自由參數，而 y 就由 z 決定。

註 實際上，y, z 的角色可以顛倒！兩者互相決定！

例題 如下方程式組有解的條件為何？

$a_1 x+b_1 y+c_1=0;$

$a_2 x+b_2 y+c_2=0;$

$a_3 x+b_3 y+c_3=0;$

解析 先假設此方程式組有解 (x_0, y_0)。這時候如下的齊次方程式組

$$a_1 x+b_1 y+c_1 z=0;$$
$$a_2 x+b_2 y+c_2 z=0;$$
$$a_3 x+b_3 y+c_3 z=0;$$

就有一個有聊解 $(x_0, y_0, 1)$。因此其係數定準式為零：

$$D:=\begin{vmatrix} a_1, & b_1, & c_1 \\ a_2, & b_2, & c_2 \\ a_3, & b_3, & c_3 \end{vmatrix}=0.$$

所以這是必要條件！

其實，這差不多也就是充分條件！

如果：$C_3 := \begin{vmatrix} a_1, & b_1 \\ a_2, & b_2 \end{vmatrix} \neq 0$，則由第一第二兩個方程式，就可以用Cramer公式，得到此兩方程式聯立的唯一的解答：$x=\frac{A_3}{C_3}, y=\frac{B_3}{C_3}$，代入第三方程式，就沒有問題了！因為$a_3 * x + b_3 * x + c_3 = \frac{D}{C_3} = 0$。

如果$C_1 = a_2 b_3 - a_3 b_2 \neq 0$，或者$C_2 = a_3 b_1 - a_1 b_3 \neq 0$，情形也相似！這些狀況都是說三線共點！

另外一方面，如果$C_1 = 0 = C_2 = C_3$，意思就是：三線都平行。可以解釋為共點於無窮遠！

習題1 解如下方程式組：

$x+y-z=2,$

$2x-3y+z=4,$

$4x-y+3z=1,$

習題2 解如下方程式組：

$2x+4y-3z=1,$

$3x-8y+6z=5,$

$8x-2y-9z=-23,$

習題3 解如下方程式組：

$x-10y-3z-7w=2,$

$2x-4y+3z+4w=-3,$

$3x-2y+6z+5w=-1,$

$x+8y+9z+3w=5,$

第八章

指數與對數

我們先檢討指數的寫法，及它的代數性質。闡明了當指數由自然數推廣到有理數再到實數時，那些好的性質都可以保持。順便也就介紹了雙曲函數。我們也解釋了實數系的完備性，再介紹對數函數。當然簡單的指數方程與對數方程都只是用到那些代數性質而已。指數與對數的重要性來自於這種概念到處出現：（計算尺，尤其是）對數尺度是國民的必備常識。我們解說了分貝，半衰期，乃至於「八度」。等比數列與指數函數乃是離散與連續的對照，情形就如同人世的複利率與大自然的連續利率對比。如此，所謂插值問題也就很自然了。

所有的指數型演化，只有爆炸與衰減的區別，其它都只是時間尺度的不同。所以我們就以函數的定義域或值域的平移伸縮來解說。另外，我們也解釋了 Malthus 的人口論，就是「加減比較法與乘除比較法」的比擬。順便也就闡明了多項式與指數的制圍。

§81　分數指數

§81.1　指數寫法的檢討

● 加與乘的對照

我們說過：乘法的出發點是「重複的」加法的速寫，指數寫法的出發點是「重複的」乘法的速寫！

$$3+3+3+3+3=5*3=15;\ 3*3*3*3*3=3^5=243;$$

兩者對照起來：（原本假定 m, n 為自然數。）

指數分配律：$B^{m+n}=B^m*B^n$;	$(m+n)*B=m*B+n*B$;
指數可締律：$(B^n)^m=B^{m*n}$;	$m*(n*B)=(m*n)*B$;
底數分配律：$(B*C)^m=B^m*C^m$;	$m*(B+C)=m*B+m*C$; (0)

左側就是指數定律！（原本都假定 m, n 為自然數，B, C 是實數。）

● 兩變數函數

我們寫 B^m，這裡有兩個變數 B 與 m，於是就有兩個偏函數。

- 如果固定指數 m，那麼這就是一個冪方（power）函數。亦即 m 次方函數。它會把底數 x 變成函數值 x^m。
- 如果固定底數 B，那麼這就是一個指數函數，亦即以 B 為底的指數函數。它會把指數 m，變成函數值 B^m。

● 零指數

繼續對照「加」與「乘」，則：（不論 x 為何！）

$$1*x=x,\ 0+x=x,$$

（不論 x 為何！）右側「零個 x 相加總是零」：$0*x=0$；

同理，（我們應該規定）「零個 x 相乘總是么」：

$$x^0 := 1. \tag{1}$$

負指數

繼續對照：「加」的反算是減法，「乘」的反算是除法，故：

$(-1)*3=-3$ 的意思是：與 3 相加會得到零的那個數！

$3^{-1}=\frac{1}{3}$ 的意思是：與 3 相乘會得到壹的那個數！

因此，對於自然數 n，（不論 x 為何！只要 $x \neq 0$）我們都規定：

$$x^{-n} := \frac{1}{x^n}, \tag{2}$$

這樣子規定之後，三個定律照舊成立！（只要禁止底數為零。）

例 1 $3^{(-4)+6}=3^2=9=\frac{1}{81}*729=3^{-4}*3^4;$

$(3^{-2})^3=\left(\frac{1}{9}\right)^3=\frac{1}{729}=3^{(-2)*3};$

$(3*2)^{-3}=\frac{1}{6^3}=\frac{1}{216}=\frac{1}{27}*\frac{1}{3}=3^{-3}*2^{-3};$

冪方函數的嵌射律

對於整數 $n \neq 0$，以及實數 $x>0, \xi>0$，

$$\text{如果 } x^n=\xi^n\text{，則：}x=\xi\text{。} \tag{3}$$

當然，這個嵌射律其實只是下述命題的結論而已：

冪方函數的單調性

對於整數 n，

$$\text{若 } n>0\text{，}0<x<\xi\text{，則 } x^n<\xi^n\text{；}$$

$$\text{若 } n<0\text{，}0<x<\xi\text{，則 } x^n>\xi^n\text{；} \tag{4}$$

● 指數函數的嵌射律

對於整數 m, n，以及實數 B，只要限定 $B \neq 1, B \neq 0$：

$$\text{如果 } B^m = B^n\text{，則：} m = n. \tag{5}$$

當然，這個嵌射律其實只是下述命題的結論而已：

● 「指數函數」的單調性

對於整數 m, n

$$\text{若 } A > 1, m < n\text{，則 } A^m < A^n\text{；} \tag{6}$$
$$\text{若 } 0 < A < 1, m < n\text{，則 } A^m > A^n\text{；}$$

● 簡單分數指數

繼續對照「加」與「乘」，

兩個 12（相加）是 $12 + 12 = 2 * 12 = 24$，

三個 12（相加）是 $12 + 12 + 12 = 3 * 12 = 36$，

要解釋 $\frac{1}{3}$ 個 12（相加）$\frac{1}{3} * 12 \stackrel{?}{=} 4$，是甚麼，

當然是：「那個東西自己三個相加會得到 12！」

兩個 8（相乘）是 $8 * 8 = 8^2 = 64$，

三個 8（相乘）是 $8 * 8 * 8 = 512$，

要解釋 $\frac{1}{3}$ 個 8（相乘）$8^{\frac{1}{3}} \stackrel{?}{=} 2$，是甚麼，

當然是：「那個東西自己三個相乘會得到 8！」

那麼，不論 $x > 0$ 為何，若 n 是自然數，我們都規定：

$$x^{\frac{1}{n}} := \sqrt[n]{x}, \tag{7}$$

意思是：「那個正數自己 n 個相乘，會得到 x！」

這個正數做叫做 x 的 n 次方根；我們已經習慣把 $\sqrt[2]{x}$ 只寫為 $\sqrt{x}$。

有理指數

例如 $x>0$，則 $x^{0.6}=x^{\frac{3}{5}}$ 如何定義？有兩個解決的辦法：

甲是 $x^{0.6}=\sqrt[5]{x^3}$；

乙是 $x^{0.6}=(\sqrt[5]{x})^3$；

要證明兩個辦法是「殊途同歸」，你只需要證明兩者 5 的次方相同！

甲的 5 次方是 $(\sqrt[5]{x^3})^5=x^3$；

乙的次方是 $((\sqrt[5]{x^3})^3)^5$，

但是：$A^{m*n}=(A^n)^m=(A^n)^m$；所以後者 $=((\sqrt[5]{x^3})^5)^3=x^3$。證明完畢。

問 那麼：$27^{\frac{-2}{3}}$ 如何定義？

答 有 6（$=3!$）種方式來定義！因為，你要將 27，做三種操作：

開立方，倒逆，平方，而有各種順序！

$$27^{\frac{-2}{3}}=(\frac{1}{\sqrt[3]{27}})^2=\frac{1}{(\sqrt[3]{27})^2}=(\sqrt[3]{\frac{1}{27}})^2=\sqrt[3]{(\frac{1}{27})^2}=\frac{1}{\sqrt[3]{27^2}}=\sqrt[3]{\frac{1}{27^2}}.$$

各種定義都得到相同的結果！（這件事本身就是指數可締律的一種！）

定律仍然成立

經過繁瑣的驗證，可以證明：把指數由「整數」放寬限制而允許為「有理數」時，上面所說的定律都照樣成立！

但是我們必須限制底數 $B>0$，否則開方會有問題！同時，在談指數函數的嵌射律與單調性時，當然把退化的底數 $B=1$ 排除在外！

例 2 化簡 $\frac{\sqrt[5]{4}*\sqrt{8}*(\sqrt[3]{\sqrt[5]{4}})^2}{\sqrt[3]{\sqrt{2}}}$.

解析 原式＝

$$\frac{2^{\frac{2}{5}}*2^{\frac{3}{2}}*2^{\frac{2*2}{3*5}}}{2^{\frac{1}{6}}}=2^{\frac{2}{5}+\frac{3}{2}+\frac{4}{15}-\frac{1}{6}}=2^2=4.$$

例 3　設 $x^{\frac{1}{2}}+x^{-\frac{1}{2}}=3$，求 $\dfrac{x^{\frac{3}{2}}+x^{-\frac{3}{2}}+7}{x^2+x^{-2}+3}$。

解析　首先，若令 $u=x^{\frac{1}{2}}=\sqrt{x}, v=x^{-\frac{1}{2}}=\dfrac{1}{\sqrt{x}}=\dfrac{1}{u}$，壞處是：用了兩個變數 u, v！

其實 $u*v=1$，用一個就夠了！

但是有一點點好處：分子成了

$$x^{\frac{3}{2}}+x^{-\frac{3}{2}}+7=u^3+v^3+7;$$

分母成了

$$x^2+x^{-2}+3=u^4+v^4+3;$$

你記得公式：

$$u^3+v^3=(u+v)(u^2+v^2-u*v);$$
$$u^2+v^2=(u+v)^2-2*u*v;$$

此地已告訴我們：$u+v=3, u*v=1$，所以：

$$u^2+v^2=3^2-2=7; u^3+v^3=3*(7-1)=18;$$

其實：

$$u^4+v^4=(u^2+v^2)^2-2*(u*v)^2=7^2-2=47;$$

綜合起來：原式=

$$\frac{18+7}{47+3}=\frac{1}{2}.$$

習題甲 計算下列：

(i) $\left(\frac{64}{125}\right)^{\frac{-2}{3}}(0.04)^{\frac{-1}{2}}\left(\frac{1}{9}\right)^{-0.5}$;

(ii) $\left(0.027^{\frac{-2}{3}}+\left(\left(\frac{2}{5}\right)^{-2}\right)^{-0.5}\right)*(81^{0.25}+32^{0.6}-2)^{\frac{1}{2}}$;

(iii) $\frac{8^{n+2}-6*2^{3n+3}}{2^n*4^{n+2}}$.

習題乙 計算下列：

(i) $\left(x^{\frac{a}{a-b}}\right)^{\frac{1}{c-a}}*\left(x^{\frac{b}{b-c}}\right)^{\frac{1}{a-b}}*\left(x^{\frac{c}{c-a}}\right)^{\frac{1}{b-c}}$;

(ii) $\left(x^{\frac{a+b}{c-a}}\right)^{\frac{1}{b-c}}*\left(x^{\frac{b+c}{a-b}}\right)^{\frac{1}{c-a}}*\left(x^{\frac{c+a}{b-c}}\right)^{\frac{1}{a-b}}$;

(iii) $\left(x^{\frac{a}{a-b}}\right)^{\frac{a}{c-a}}*\left(x^{\frac{b}{b-c}}\right)^{\frac{b}{a-b}}*\left(x^{\frac{c}{c-a}}\right)^{\frac{c}{b-c}}$.

有理指數的性質

到此為止，我們對於正的實數 x 以及有理分數 y，都可以定義 x^y。而且（知道）這樣子推廣了定義之後的指數函數，仍然滿足原有的性質！

指數定律

（若 $A>0, x>0, \xi>0$）

$$\begin{aligned} A^{y+\eta} &= A^y * A^\eta; \\ A^{y*\eta} &= (A^y)^\eta; \\ (x*\xi)^\beta &= (x^\beta)*(\xi)^\beta. \end{aligned} \tag{8}$$

冪方函數的單調性定律

$$\begin{aligned} &\text{若 } \beta>0,\ 0<x<\xi\text{，則 } x^\beta<\xi^\beta\text{；} \\ &\text{若 } \beta<0,\ 0<x<\xi\text{，則 } x^\beta>\xi^\beta. \end{aligned} \tag{9}$$

「指數函數」的單調性定律

$$\text{若 } A>1, y<\eta\text{，則 } A^{y}<A^{\eta}\text{；} \qquad (10)$$
$$\text{若 } 0<A<1, y<\eta\text{，則 } A^{y}>A^{\eta}\text{；}$$

這些定律的證明，非常繁瑣，而且不太有趣！所以我們就省略掉了。

例如：要證明冪方函數的單調律第一句話，就設 $\beta=\frac{n}{m}, m\in\mathbb{N}, n\in\mathbb{N}$。

於是，由：$0<x<\xi$，得到 $x^n>\xi^n$。（這是 n 次冪方函數的單調性！）

另外一方面，我們利用（正整）m 次冪方函數的單調性，就可以排斥 $\sqrt[m]{x^n}\geq\sqrt[m]{\xi^n}$ 的可能性！因為那會使得：

$$(\sqrt[m]{x^n})^m\geq(\sqrt[m]{\xi^n})^m \text{ 亦即 } x^n\geq\xi^n\text{，}$$

結論是：$\sqrt[m]{x^n}<\sqrt[m]{\xi^n}$，這就是我們所要的：$x^{\beta}<\xi^{\beta}$。

正常與反常

冪方函數的單調律，意思是：「若指數固定，則可由底數的大小來判別大小」。

由 $0<x<\xi$，可得 $x^{\beta}<\xi^{\beta}$；這是指數 $\beta>0$ 的「正常」情形。

但若指數 $\beta<0$，則由 $x<\xi$，得到 $x^{\beta}>\xi^{\beta}$；這樣子「反轉大小」，經常會增加錯誤的機會！你最好以 $-\beta$ 為指數來判別：$x^{-\beta}<\xi^{-\beta}$，然後再變號：$x^{\beta}>\xi^{\beta}$。

指數函數的單調性，意思是：若底數相同，則由指數的大小，就可以判別大小了：由 $x<y$，可得 $A^x<A^y$；這是 $A>1$ 的「正常」情形。

底數一定要正數，但若它小於 1，則是「反常」的情形，也就是說：如果取底數 $B<1$，則由 $x<y$，得到 $B^x>B^y$；這樣子「反轉大小」，經常會增加錯誤的機會！你最好以 $A=\frac{1}{B}>1$ 為底數！

例 4　比較大小：$\sqrt{3}, \sqrt[3]{4}$,與 $\sqrt[4]{5}$。

解析　底數不能化為相同，當然是改為「把指數化成相同」：

$\sqrt{3}=3^{\frac{1}{2}}, \sqrt[3]{4}=4^{\frac{1}{3}}, \sqrt[4]{5}=5^{\frac{1}{4}}$。那麼需要把 $\frac{1}{2}, \frac{1}{3}, \frac{1}{4}$ 通分！公分母為 12，故得：$\sqrt{3}=3^{\frac{1}{2}}=3^{\frac{6}{12}}=729^{\frac{1}{12}}; \sqrt[3]{4}=4^{\frac{1}{3}}=4^{\frac{4}{12}}=256^{\frac{1}{12}}, \sqrt[4]{5}=5^{\frac{1}{4}}=5^{\frac{3}{12}}=125^{\frac{1}{12}}$，故得：$\sqrt[2]{3}>\sqrt[3]{4}>\sqrt[4]{5}.$

例 5 $\sqrt[3]{3}>\sqrt{2}>\sqrt[5]{5}$。

例 6 比較大小：$\sqrt[8]{32}, \sqrt[11]{128}$。

解 把底數化成相同，當然是取 2 為底：$\sqrt[8]{32}=2^{\frac{5}{8}}, \sqrt[11]{128}=2^{\frac{7}{11}}$，但

$$\frac{5}{8}=\frac{55}{88}, \frac{7}{11}=\frac{56}{88}, 55<56,$$

故 $\sqrt[8]{32}<\sqrt[11]{128}$。

習題丙 比較大小：$\sqrt[5]{5} \lessgtr \sqrt[6]{6}; \sqrt[5]{\frac{1}{27}} \lessgtr \frac{1}{\sqrt[8]{243}}$。

● **順序的困擾**

A^{BC} 是指 $(A^B)^C$ 抑或 $A^{(B^C)}$？

例如：$5^3=125, (5^3)^2=125^2=15625=5^6=5^{3*2}. 3^2=9, 5^{3^2}=5^9=1953125$。

因為 $(A^B)^C=A^{B*C}$，所以 A^{BC} 不應該是指這個！因為 A^{B*C} 很好寫！若你是要談論這個 A^{B*C}，你就該直接寫 A^{B*C}。

習題丁 解（最簡單的指數）方程式：

$$\text{(i) } 2^x=64;$$

$$\text{(ii) } 3^{(x^2)}=(3^x)^2;$$

$$\text{(iii) } \left(\frac{1}{27}\right)^x=9^{1-x};$$

$$\text{(iv) } \frac{3^{x^2+1}}{3^{x-1}}=81;$$

習題戊　（上述指數方程式其實只用到嵌射律，如下則用到單調律！）解不等方程式：

$$\text{(i) } 3^{2x-1} > \frac{1}{27};$$

$$\text{(ii) } (0.2)^{x^2-3x-2} > 0.04;$$

例 7　解方程式：$2^{2x} + 3 * 2^{x-1} - 1 = 0$;

解析　仔細觀察！當然你知道：$2^{2x} = (2^x)^2$，$2^{x-1} = \frac{1}{2} * 2^x$，換句話說，這個方程式應該改用 $X = 2^x$ 做為未知數才方便！

$X^2 + \frac{3}{2}X - 1 = 0$，即 $2X^2 + 3X - 2 = 0$，得 $X = -2, \frac{1}{2}$；

故得 $X = 2^x = -2, \frac{1}{2}$；但是：負值的 $2^x = -2$ 是偽根；因此只有 $X = 2^x = \frac{1}{2}$；$x = -1$。

習題己　解方程式

(i) $2^{2x+1} - 33 * 2^{x-2} + 1 = 0$;

(ii) $3^{2x+5} = 3^{x+2} + 2$;

(iii) $2^{x+2} - 2^{-x} = 3$;

(iv) $2^{x+1} - 3 * 2^{-x} + 5 = 0$;

例 8　解方程組：$x + y = 3, 3^x + 3^y = 12$；

解析　這是騙人的兩元方程！事實上，$y = 3 - x$，故 $3^y = 3^{3-x} = \frac{27}{3^x} = \frac{27}{X}$，只須令 $X = 3^x$，於是：$X + \frac{27}{X} = 12$，$X^2 - 12X + 27 = 0$，$3^x = X = 3, 9$；因而 $x = 1, 2$；當然這是對稱的：$(x, y) = (1, 2), (2, 1)$。

例 9 解方程組：$2^{x+y}=32, 4^x-4^y=48$；

解析 注意到 $4^x=(2^x)^2, 4^y=(2^y)^2$；因此，最簡單的「代換法」就是令：$X=2^x$，$Y=2^y$；因而，原方程組變成：

$$X*Y=32, X^2-Y^2=48;$$

我們可以消去常數項：

$$3*(X*Y)-2*(X^2-Y^2); 2X^2-3XY-2Y^2=0;$$
$$(2X+Y)(X-2Y)=0; X=2Y, X=\frac{-Y}{2};$$

後者不合：$X=2^x>0, Y=2^y>0$ 的要求！故得：$X=2*Y$，代入得 $Y^2=16, Y=4$，（因為 $Y=-4$ 也不合要求！）於是：$y=2, x=3$。

習題庚 解方程組

(i) $2^{x+3}+9^{y+1}=35, 8^{\frac{x}{3}}+3^{2y+1}=5;$

(ii) $z^x=y^{2x}, 2^z=2*4^x, x+y+z=16;$

(iii) $3^x*2^{2y}=3981312, 5^x*2^y=400000.$

習題辛 解聯立方程式：$x^{2y}=y^{2x}; x^3=y^2$。（解答有三組！）

§81.2 實數指數

實數指數

我們思考一個問題：如何定義無理數的指數，例如說：$B^{\sqrt{2}}=$？（$B>0$）

這個問題的理論層次較高，我們將在下一節，當作附錄，稍加解釋，所以我們此地只是揭示如下的這個基本定理。

實數指數函數的基本定理

前面對於有理數β以及正實數B所定義的$B^\beta>0$，其實可以推廣到：對於一般的實數β以及正實數B。而且這樣子的定義，將會滿足許多性質：

- 指數三大定律式(8)（指數加法律，指數乘法律，底數的乘法律）；
- 冪方函數的單調律式(9)（以及其推論，即冪方函數的嵌射律）；
- 指數函數的單調律式(10)（以及其推論，即指數函數的嵌射律）；
- 冪方函數的蓋射性定律：對於任何實數$\beta\neq 0$，以及任何實數$x>0$，一定有唯一的一個實數$u>0$，使得：$u^\beta=x$。實際上這就是：$u=x^{\frac{1}{\beta}}$。
- 指數函數的蓋射性律：對於任何非一的正實數$B>0, B\neq 1$，以及任何正實數$x>0$，一定有唯一的一個實數v，使得：$B^v=x$。實際上這就是我們要定義的對數函數：$v=\log_B(x)$。

總結

兩變數函數x^y的通常的定義域，有如下圖：

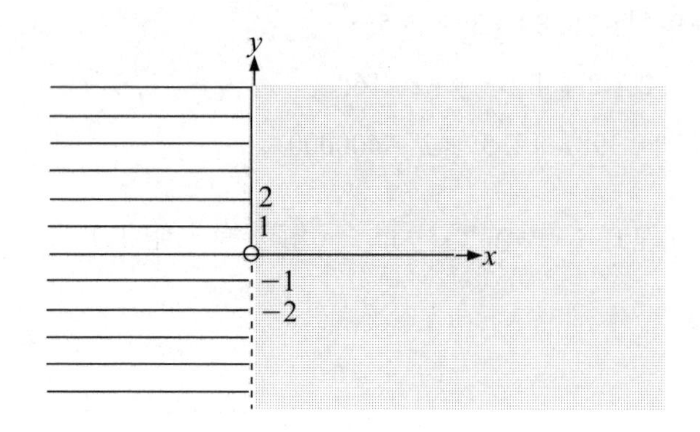

註：底數為零的尷尬

這裡有幾個問題：

- 固定指數β，若變動的底數$x=0$，問：$x^\beta=$？
- 固定底數0，若變動的指數$y=0$，問：$0^y=$？
- $0^0=$？

例 1 定義 $x^{\frac{1}{2}}=\sqrt{x}$，這就必須開方，為了避免虛數的麻煩，我們就規定母數必須為正！此地，是否允許 $x=0$？

實際上，這裡有「極限」與「連續性」的考慮。因為，若令 $x>0$，而讓 x「慢慢變小，趨近於零」，那麼 $\sqrt{x}$ 也一樣，「趨近於零」，所以規定：「當 $x=0$ 時，$\sqrt{x}=0$。」是個合理的規約。不過，採取這樣的規約時，必須很清楚：在題目中的 x，「永遠不會是負的」。否則可能發生「不連續」（「躍斷」）。

例 2 定義 $x^{\frac{1}{3}}=\sqrt[3]{x}$，這就必須開立方，這裡沒有虛數的麻煩，我們允許母數為任何實數，可正可負也可以是零，實際上，這裡連續性也免煩惱。

結果，有人規定：當指數 $\beta=\dfrac{n}{m}$ 為有理數，且其既約分母 $m\in\mathbb{N}$ 為奇數時，就說「冪函數」x^{β} 的定義域包含一切正負實數，且只當 $\beta<0$ 時，要把零排斥在外。當然 m 為偶時，還是規定母數 x 必須為正！（且只當 $\beta>0$ 時，要把零包容在內。）

如果有理數 β 固定了，當然這個規約行得通！但是如我們此地是要討論 x^{y}，那麼，y 在有理數 β 的附近變動時，這個定義變成「時有時無」，非常麻煩。所以最簡單的辦法就是：只當 β 為整數時，我們才讓 x 可以取負值。

對於任何實數 $\beta>0$，我們同樣地可以規定：當 $x=0$ 時，$x^{\beta}=0$。但是若 β 非自然數，則這種定義，是必須煩惱底數 x 是否會跨過正負的交界點 $x=0$。

對於任何實數 $\beta<0$，我們不可以規定，當 $x=0$ 時的函數值 x^{β}。

另外一方面說（對於 $\beta=0$），在討論多項式的時候，$x^{0}=1$ 是最方便的規約。所以，通常：$0^{0}=1$ 也是很好，有用的規約。

現在考慮兩個自然數 $m\in\mathbb{N}, n\in\mathbb{N}$，因為：$0^{n}=0$，不論如何開 m 次方，（$m\in\mathbb{N}$）我們都有：$0^{\frac{n}{m}}=0$，結論是：在 y 為有理數 $y=\dfrac{n}{m}>0$ 時，當然是：$0^{y}=0$。

但是因為：$A^{\frac{-n}{m}}=\frac{1}{A^{\frac{n}{m}}}$，分母在$A=0$ 時為零（分數為「無限大」），所以在y為負有理數$y=\frac{-n}{m}<0$時，當然是：0^y（$=\infty$）就不能定義了！那麼，0^y在$y=0$的兩側，概念上有天淵之別。所以，「0^y在$y=0$時的值」，就大有問題了：

考慮y「從右側趨近於零」，應該規定：$0^0=0$；

考慮y「從左側趨近於零」，應該規定：$0^0=\infty$。

雙曲函數

以下，做為如上的指數函數的性質之代數的練習，我們介紹「雙曲函數」。

● Euler 公式

以下，取定了一個數$e>1$。（到底是多少，其實無所謂！）於是定義：

$$\begin{aligned}
\cosh(t) &:= \frac{1}{2}(e^t+e^{-t});\\
\sinh(t) &:= \frac{1}{2}(e^t-e^{-t});\\
\tanh(t) &:= \frac{e^t-e^{-t}}{e^t+e^{-t}};\\
\coth(t) &:= \frac{e^t+e^{-t}}{e^t-e^{-t}};\\
\operatorname{sech}(t) &:= \frac{2}{e^t+e^{-t}};\\
\operatorname{csch}(t) &:= \frac{2}{e^t-e^{-t}}.
\end{aligned} \tag{11}$$

● 偶奇性

（你要做以下這些計算！）

$$e^t=\cosh(t)+\sinh(t);$$

$$\cosh(-t)=\cosh(t);$$

$$\operatorname{sech}(-t)=\operatorname{sech}(t);$$

$$\begin{aligned}\sinh(-t)&=-\sinh(t);\\ \operatorname{csch}(-t)&=-\operatorname{csch}(t);\\ \tanh(-t)&=-\tanh(t);\\ \coth(-t)&=-\coth(t).\end{aligned}\tag{12}$$

● 逆數關係

$$1=\cosh(t)*\operatorname{sech}(t)=\sinh(t)*\operatorname{csch}(t)=\tanh(t)*\coth(t).\tag{13}$$

● 商除關係

$$\begin{aligned}\tanh(t)&=\frac{\sinh(t)}{\cosh(t)}=\frac{\operatorname{sech}(t)}{\operatorname{csch}(t)};\\ \coth(t)&=\frac{\coth(t)}{\sinh(t)}=\frac{\operatorname{csch}(t)}{\operatorname{sech}(t)}.\end{aligned}\tag{14}$$

● 平方關係

$$1=\cosh^2(t)-\sinh^2(t)=\operatorname{sech}^2(t)+\tanh^2(t)=\coth^2(t)-\operatorname{csch}^2(t).\tag{15}$$

● 函數值範圍

對於一切 t，

$$\begin{aligned}1\le\cosh(t)&<\infty;\\ -\infty<\sinh(t)&<\infty;\\ -1<\tanh(t)&<1;\\ 1<|\coth(t)|;&\ (t\neq0),\\ 0<\operatorname{sech}(t)&\le1;\\ \operatorname{csch}(t)\neq0;&\ (t\neq0),\end{aligned}\tag{16}$$

● 加法定理

$$\cosh(s+t) = \cosh s \cosh t + \sinh s \sinh t;$$
$$\sinh(s+t) = \sinh s \cosh t + \cosh s \sinh t; \quad (17)$$
$$\tanh(s+t) = \frac{\tanh s + \tanh t}{1 + \tanh s \tanh t};$$

當然也就有對應的倍角定律！

$$\cosh(2t) = 2\cosh^2 t - 1;$$
$$\sinh(2t) = 2\sinh(t)\cosh(t); \quad (18)$$
$$\tanh(2t) = \frac{2\tanh(t)}{1 + \tanh^2(t)};$$

● 積化和差公式

$$2\sinh(s)\cosh(t) = \sinh(s+t) + \sinh(s-t);$$
$$2\cosh(s)\cosh(t) = \cosh(s+t) + \cosh(s-t); \quad (19)$$
$$2\sinh(s)\sinh(t) = \cosh(s+t) - \cosh(s-t);$$

● 和差化積公式

$$\sinh(s) + \sinh(t) = 2\sinh\left(\frac{s+t}{2}\right)\cosh\left(\frac{s-t}{2}\right);$$
$$\cosh(s) + \cosh(t) = 2\cosh\left(\frac{s+t}{2}\right)\cosh\left(\frac{s-t}{2}\right); \quad (20)$$
$$\cosh(s) - \cosh(t) = 2\sinh\left(\frac{s+t}{2}\right)\sinh\left(\frac{s-t}{2}\right);$$

§82 對數

實數系的完備性

有盡與無盡的小數

我們慣常採用十進位記數法，所以，隨便寫一個小數，例如說 345.678，我們都知道它的意思；這是有盡的小數。

我們開始學習「分數化為小數」：37/25＝1.48，很快的就遇到：

$$\frac{2}{7}=0.285714285714\cdots$$

它會一直循環下去，因為隨時停止，那個有盡小數都不可能是 $\frac{2}{7}$；不過誤差越來越小！概念上，這一列有盡小數：

$$0.2, 0.28, 0.285, 0.2857, 0.28571, 0.285714, 0.2857142, \cdots$$

「極限」就是 $\frac{2}{7}$；

在高等數學中，這叫做實數系的完備性：這一數列越來越大，可是不會「走向正無限」（＝「前途茫茫」）（因為都小於 0.5，隨便說），那就趨近一個極限！

當然也可以說：

$$\frac{-173}{7}=-28.7142857142857\cdots$$

右邊代表下面這一個數列的極限：

$$-28.7, -28.71, -28.714, -28.7142, \cdots$$

這一數列越來越小，可是不會「走向負無限」，因為都大於 -29。

我們學過有理數，也就是分子分母都是整數的分數；無盡的循環小數，代表了有理分數，而且這個有理分數的分母，一定含有2, 5, 之外的質因數；如果一個有理分數的分母，只含有2, 5, 的質因數，那麼一定可以表示成有盡的小數。

註 我們還必須約定：偽循環小數

$$1.4799999\cdots = 1.48;$$

那麼我們可不可以寫一個不循環的無盡小數？例如說，有個聰明的孩子就寫了：

$$0.123456789101112131415161718192021\cdots$$

實數系的完備性公理

遞增的數列，只要有界，就一定會收斂到某個實數。

所以剛剛所舉的不循環的無盡小數，一定是代表了一個實數。

平方根函數

我們講過「開平方法」，因此有一定的方法來把 $\sqrt{2}$ 展開為無窮盡的（必然不循環的！）小數：

$$\sqrt{2} = 1.4142135623730950488016887242 1\cdots$$

同樣地，我們可以說：$\sqrt{2}$ 就是如下數列的「極限」：

$$1.4,\ 1.41,\ 1.414,\ 1.4142,\ 1.41421,\ 1.414213,\ 1.4142135,\ 1.41421356,\ \cdots$$

用這種觀點，任何正實數都可以開平方，開立方，開幾次方！

無理指數

我們現在就利用「有理指數」的定義，以及其單調性，再配合上實數系的完備性，就可以對無理指數 y，以及正的底數 B，定義 B^{β}。

例如 $\beta = \sqrt{2}, B = 33.45$，如何定義 $33.45^{\sqrt{2}}$？

對 $B=33.45, B^{1.4}=B^{\frac{7}{5}}=\sqrt[5]{B^7}$，同樣可以計算：$B^{1.4}=\sqrt[100]{B^{141}}$，然後再計算：$B^{1.414}$, $B^{1.4142}$，等等，於是，由實數系的完備性，這一數列越來越大（又都小於 $36^{1.5}=216$，不會趨近無窮大），那就趨近一個極限，即 $B^{\sqrt{2}}$。

這個辦法可以適用於任何的無理實數 β。因為你一定可以找到遞增的有理數列（a_n），使得它收斂到 β。

$$a_1 \le a_2 \le a_3 \cdots;\ \lim_{n\to\infty} a_n=\beta; \tag{1}$$

現在，由於（有理）指數函數的單調性，我們知道：

$$B^{a_1}; B^{a_2}; B^{a_3}, \cdots$$

也是一個有界單調的數列，即是：

$$\text{若 } B>1\text{，} B^{a_1} \le B^{a_2} \le B^{a_3} \cdots \text{有界；} \tag{2}$$
$$\text{若 } B<1\text{，} B^{a_1} > B^{a_2} > B^{a_3} > \cdots \text{有界；}$$

那麼這個數列必然會趨近某個極限，我們就記作：

$$\lim_{n\to\infty} B^{a_n}=B^{\beta}. \tag{3}$$

當然類似於這個數列（a_n），我們也可以採取遞減的有理數列（b_n），使得它收斂到 β。

$$b_1 \le b_2 \le b_3 \cdots;\ \lim_{n\to\infty} b_n=\beta; \tag{4}$$

於是定義 $$B^{\beta}=\lim_{n\to\infty} B^{b_n}. \tag{5}$$

指數函數的單調性定理

若 $A>1$，而 $y<\eta$，則：$A^y<A^\eta$，如何證明？

事實上，對於 $y<\eta$（假設它們非有理數），我們可以取兩個遞增的正有理數列（c_n：$n=1, 2, 3\cdots$），（d_n：$n=1, 2, 3\cdots$），分別收斂到 y, η，又取兩個有理

數 a, b，使得：$y<a<b<d_1$，那麼：

$$A^{c_1} \le A^{c_2} \le \cdots < A^a < A^b < A^{d_1} \le A^{d_2} \le A^{d_3} \cdots$$

再用實數系的完備性，就可以證明指數函數的單調性：

$$A^y \le A^a < A^b < A^\eta.$$

對半分割法

給定一個底數 $A>1$，及一個實數 $t>0$，我們要怎樣來計算出一個數 $A^t>0$？

我們現在要指出：有了關鍵性的加法律，我們差不多只要一個最簡單的情形就夠了！我們只要開平方！

$$A^{\frac{1}{2}} := \sqrt{A}.$$

事實上，加法律導致

$$B^{\frac{1}{2}} * B^{\frac{1}{2}} = B^{\frac{1}{2}+\frac{1}{2}} = B^1 = B; B^{\frac{1}{2}} = \sqrt{B}.$$

那麼，讓 $B=A$，再讓 $B=\sqrt{A}$，再讓 $B=\sqrt[4]{A},\cdots$，這使得：

$$A^{\frac{1}{4}} = \sqrt{\sqrt{A}} = \sqrt[4]{A}, A^{\frac{1}{8}} = \sqrt[8]{A};\cdots$$

二進有理指數

例如 $t=\frac{11}{4}$，我們如何定義 A^t？當然是用（$\frac{11}{4}=2+\frac{1}{4}*3$）。

$$A^{\frac{1}{4}} = A^2 * (\sqrt[4]{A})^3。$$

對於一切「二進有理數」t，也就是說，當 t 可以寫為 $t=\frac{k}{2^m}, k\in\mathbb{N}, m\in\mathbb{N}$ 時，指數加法律就確定了 A^t。

註 以希臘尺規作圖法的說法：這樣子的A^t，可以用尺規作圖法，由A造出來！

二進無理指數

任何正實數t都可以做二進位展開：

$$t=a_0+\frac{a_1}{2}+\frac{a_2}{2^2}+\frac{a_3}{2^3}+\cdots a_0\in\mathbb{N}_0, j>0\text{ 時，}a_j\in\{0, 1\}; \tag{6}$$

通常這是無窮級數。我們就取到第n項，得到「部分和」t_n

$$t_n=a_0+\frac{a_1}{2}+\frac{a_2}{2^2}+\frac{a_3}{2^3}+\cdots+\frac{a_n}{2^n}. \tag{7}$$

於是我們就可以用上二進有理指數的定義法，來算出A^{t_n}，最後，利用實數系的完備性，就知道：遞增數列（A^{t_n}：$n\in\mathbb{N}$）會收斂到一個正數，那就是我們所要的（如(3)式），

$$A^t:=\lim_{n\to\infty}A^{t_n}.$$

這樣子的建構，也很容易證明所有的指數函數的運算律，與單調律。

指數函數的凸性

對於實數$s\neq t$（及$A>1$）都有

$$\frac{A^s+A^t}{2}>\sqrt{A^s*A^t}.$$

解析 令$x=A^s>0, y=A^t>0, x\neq y$，於是，上面這個不等式只是算幾平均不等式的一例而已：

$$\frac{x+y}{2}>\sqrt{x*y}.$$

● **推論甲**

上例只是「兩點中點凸性」。對於（不全等的）n 個實數。$s_1, s_2, \cdots, s_n$, 就有：

$$\frac{1}{n}(A^{s_1}+A^{s_2}+\cdots+A^{s_n})>A^{\frac{1}{n}(s_1+s_2+\cdots+s_n)}. \tag{8}$$

● **推論乙**

對於實數 α, β, s, t, 如果 $\alpha+\beta=1, \alpha>0, \beta>0, s\neq t$，就有：

$$\alpha*A^s+\beta*A^t>A^{\alpha*s+\beta*t}. \tag{9}$$

註 為何叫做「兩點中點凸性」？如果我們畫出「指數函數圖」Γ：$y=A^x$，在這條曲線上任意取兩點 $P=(s, A^s), Q=(t, A^t)$，那麼中點是 $S=\left(\frac{s+t}{2}, \frac{A^s+A^t}{2}\right)$。但是，曲線 Γ 上，橫座標 $\frac{s+t}{2}$ 處的點是 $R=\left(\frac{s+t}{2}, A^{\frac{s+t}{2}}\right)$，鐵定在中點 S 的下方。

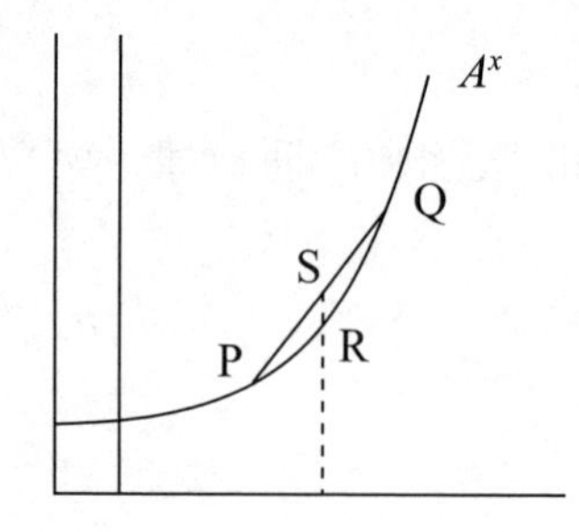

「曲線段中點」R 必在直線段中點 S 下方。推論乙是說：整段曲線 PRQ，鐵定在直線段 PSQ 的下方。

§82.1　指數函數的反函數

上節已經對於一切底數 $B>0$，與「指數」u，定義了 $B^u>0$。如果固定指數 u，而讓底數 B 變動，這是「冪方函數」，相對地說，這比較簡單！如果固定底數 B 而讓指數 u 變動，這是非常有趣的「指數函數」，而且根本是全宇宙最重要的函數！

我們已經知道：$B=1$ 的時候完全無聊，因此以下我們都排斥掉這個情形。

逆向思考

對數的定義是：如果 $B>0, B\neq 1$，而且 $x>0$，則有唯一的一個實數 u，使得：$B^u=x$，於是我們記：$\log_B x=u$。

由指數定律就得到對數定律：

$$\log_B (x*y)=\log_B (x)+\log_B (y);\ \log_B (x\div y)=\log_B (x)-\log_B (y); \tag{10}$$

$$\log_B (x^n)=n*\log_B (x)\text{；（尤其是）}\log_B \sqrt[n]{x}=\frac{1}{n}\log_B (x). \tag{11}$$

證明　前者：若 $\log_B (x)=n, \log_B (y)=v$，亦即 $B^u=x, B^v=y$，則由指數加法定律，

$$B^{u+v}=B^u*B^v=x*y;$$

亦即 $\log_B (x*y)=u+v=\log_B (x)+\log_B (y)$。（另一半？）

後者：若 $\log_B (x)=u, x^n=y$，亦即 $B^u=x$，因而（由指數乘法定律）$y=x^n=(B^u)^n=B^{u*n}$，故 $\log_B (y)=n*u$；亦即待證式。（另一半？）

後者，n 本來就不需要是（正）整數。在證明中，$n=\log_x (y)$，因此：

$$\log_x (y)=\frac{\log_B(y)}{\log_B(x)}.\ (x>0, y>0, B>0, x\neq 1, B\neq 1) \tag{12}$$

這就是所謂的換底公式。把 y 對 x 的對數，改用「雙方對於第三者的對數」表達出來！

例 1　$\log_{243} 27=$？$\log_{243} \frac{1}{27}=$？$\log_{\frac{1}{243}} \frac{1}{27}=$？

解析　$243=3^5, 27=2^3$；故：$27=3^3=3^{5*\frac{3}{5}}=(3^5)^{\frac{3}{5}}$，於是 $\log_{243} (27)=\frac{3}{5}$。那麼馬上得到：$\log_{\frac{1}{243}}\left(\frac{1}{27}\right)=\frac{-3}{5}$。$\log_{\frac{1}{243}} \frac{1}{27}=\frac{3}{5}$。

例 2

$\log_2 1=0$; $\log_2 2=1$; $\log_2 4=2$; $\log_2 8=3$; $\log_2 16=4$; $\log_2 32=5$;

$\log_2 64=6$; $\log_2 128=7$; $\log_2 256=8$; $\log_2 512=9$; $\log_2 1024=10$.

註 在電腦的習慣，寫成 $\log_2(128)=7$ 也許比較好！

$\log_3 3=1$; $\log_3 9=2$; $\log_3 27=3$; $\log_3 81=4$; $\log_3 243=5$; $\log_3 729=6$;

$\log_5 5=1$; $\log_5 25=2$; $\log_5 125=3$; $\log_5 625=4$; $\log_5 3125=5$; $\log_5 15625=6$.

例 3 $\log_{\sqrt[3]{4}} 512=\dfrac{\log_2(512)}{\log_2(\sqrt[3]{4})}=\dfrac{9}{\frac{2}{3}}=13.5$。

● **練習題**

填空：

$\log_{64} 256=$	$\log_{32} 512=$	$\log_8 (128)=$
$\log_{128} 512=$	$\log_{256} 32=$	$\log_{512} (1024)=$
$\log_{\frac{1}{4}} 32=$	$\log_{64} \dfrac{1}{128}=$	$\log_{\frac{1}{16}} \left(\dfrac{1}{128}\right)=$
$\log_{\frac{1}{9}} \dfrac{1}{243}=$	$\log_{243} \dfrac{1}{729}=$	$\log_{\frac{1}{27}} \left(\dfrac{1}{81}\right)=$
$\log_{0.5} \sqrt[3]{4}=$	$\log_{\sqrt[3]{243}} \dfrac{1}{720}=$	$\log_{\frac{1}{6}} (\sqrt[3]{0.25})=$
$\log_{\frac{1}{26}} 125=$	$\log_{625} \dfrac{1}{3125}=$	$\log_{\frac{1}{15625}} \left(\dfrac{1}{625}\right)=$

註 要利用換底公式來計算

$\log_A (B)=\dfrac{\log_C B}{\log_C A}$時，右邊先不寫 C。寫好了，再選擇適當的底數 C。

例 4 解 $\log_{5-x}(35-x^3)=3$。

解析 $35-x^3=(5-x)^3$; $x=2, 3$。

例 5 解聯立方程式：$\log_2 (xy)-7=0$; $\log_2 (y^2+18x^2)-1=\log_2 (x^2+xy+2y^2)$。

解析 照定義，這等於：

$$x*y=2^7=128;\ (y^2+18x^2)=2*\ (x^2+xy+2y^2);$$

解得：$x=\pm 8, y=\pm 16$。

對數函數的單調律

由指數函數的單調律馬上得到：

$$\text{若 } B>1, u>v>0\text{，則 } \log_B(u)>\log_B(v)\text{；} \tag{13}$$
$$\text{若 } 0<B<1, u>v>0\text{，則 } \log_B(u)<\log_B(v)\text{；}$$

這樣子就可以解對數不等式了！

例 6 解 $\log(x^2-4)>\log(x+2)$。

解析 $x>3$。（底數 >1。）

例 7 解 $5*2^{2x+3}>7$。

解析 此即：$2^{2x+3}>\frac{7}{5}$，亦即：

$$2x+3>\log_2\left(\frac{7}{5}\right)=\frac{\log(7)-\log(5)}{\log(2)};\ x>\frac{\log(7)-\log(5)-3\log(2)}{2\log(2)}\approx -1.257.$$

習題 解：$3*0.5^{3x-1}<25$。

補註：對數函數的凹性 若底數 $B>1$，則對於兩個正數 $x\neq y$，

$$\frac{\log_B(x)+\log_B(y)}{2}<\log_B\left(\frac{x+y}{2}\right) \tag{14}$$

§82.2　常用對數

● 底數的選擇

理論上任何非壹的正數都可以拿來做底數，但是，在理論上最常用的底數是2，以及一個相當高深的Euler常數e，暫時我們還用不上！但是最「常用的」實用的底數，當然是10；事實上，當我們在使用科學記法的時候，或者說在使用十進位時，已經在使用常用對數了！

● 計算的三階

加減是計算的最低階，其次是乘除；至於乘方尤其開方，那是最累的計算；古時最需要計算的人是天文曆算學者，他們成年累月計算，沒有computer。偉大的數學家 Gauss，曾經租了個 computer，那是個「心算奇才」，Gauss 就請求他的恩主，聘雇了這位 computer（「計算師」），幫助 Gauss 做計算工作。

發明對數就是把計算都降階了！所以說：發明了對數（表），就使得全歐洲的天文學者，「壽命加了二十歲」！用在計算的二十年光陰，都省下來了！

道理是：

- 要計算$u=x*y, v=x\div y$，我們只要「查表」，（而非計算！不費力！）查出$X=\log(x), Y=\log(y)$，於是做加減：

$$U=X+Y; V=X-Y;$$

然後再查表求出：（antilog 當然是指「反」對數！）

$$u=\text{antilog}(U); v=\text{antilog}(V);$$

- 要計算$p=x^n, q=\sqrt[n]{x}$，我們只要「查表」，（而非計算！不費力！）查出$X=\log(x)$，於是做乘除：

$$P=n*X; Q=X\div n;$$

然後再查表求出：

$$p = \text{antilog}\,(P);\ q = \text{antilog}\,(Q).$$

例 1：二進位

大家都很熟悉 2^n，最少到 $n=10$ 為止；底下是接下去的表：

2^n	2048	4096	8192	16384	32768
n	11	12	13	14	15
2^n	65536	131072	262144	524288	1048576
n	16	17	18	19	20
2^n	2097152	4194304	8388608	16777216	33554432
n	21	22	23	24	25
2^n	67108864	134217728	268435456	536870912	1073741824
n	26	27	28	29	30

那麼，請計算下列：

$$\text{(i) } 536870912 \div 8388608;$$

$$\text{(ii) } \frac{128^4 * 512^2}{33554432};$$

$$\text{(iii) } \sqrt[3]{\frac{4194304 * 16777216}{8192}}.$$

上面這個例題的含意是：有了上面的「底數二的指數值表」，你當然不太需要做甚麼計算，主要在「動眼」（查，抄），不在動手：只有一點點加減乘除，都在心算的範圍內！

你當然覺得奇怪：這個「底數二的指數值表」，為何是上下顛倒？這樣子，本來就不該叫做指數函數表，而是對數函數表！我們上下顛倒其實是對的：因為這樣子更方便！要計算(iii)：$X=\sqrt[3]{\frac{4194304 * 16777216}{8192}}$，我們想：$\log_2 (X) = Y$是多少？求出來之後，再去查 $2^Y = X$就好了！

那麼：$\log_2(4194304)=22$, $\log_2(16777216)=24$; $\log_2(8192)=13$；所以 $\log_2\left(\frac{4194304*16777216}{8192}\right)=22+24-13=33$；於是 $Y=\log_2(X)=\frac{33}{3}=11$; $X=2^{11}=2048$。

這例子，都取「二的冪數」來計算，所以我們給的表就是「二為底對數表」，列出 $\log_2(x), x=2^n$；（$n=1, 2, \cdots, 30$）對於通常遇到的計算，當然沒有用。

註 唯一的用途是你可以查出：1 M = 1048576，1 G = 1073741824。

● 常用對數

通常遇到的計算，都是有小數點的近似計算；所列出的 $\log(x)$，通常都是近似到 0.0001 以內；底數取為 10，是最方便不過的了！因為，要查 $\log_{10}(3.2)=u$, $\log_{10}(320)=u+2$, $\log_{10}(0.32)=u-1$, $\log_{10}(0.00032)=u-4$，查表的工作，完全沒有區別！

任何一個正數 x，都可以寫成（「科學記法」）：

$$x=A*10^n;\ 1\leq A<10;\ (n\text{ 是整數}), \tag{15}$$

結果，

$$\log_{10}(x)=n+\log_{10}(A);\ 0\leq\log_{10}(A)<1;$$

n 當然就是 $\log_{10}(x)$的「地板整數部份」，寫 x 時，點算小數位，就知道 n 了！根本用不著查表！查表只是在查 $\log_{10}(A)$。

所以通常的「常用」對數函數表（兩面），所列的就是$\log_{10}(x)$（到小數點以下四位的值），列出 $x=1, 2, 3, \cdots, 999$。

問 你仔細看去，其實是 $x=101, 102, \cdots, 999$；那我有無講錯？

例 2 給你 $\log(3)=0.47712$, $\log(2)=0.30103$，你就能夠寫出

$$\log(4)=0.60206，\log(5)=0.69897，$$
$$\log(6)=77815，\log(8)=0.90309，\log(9)=0.95424；$$

當然你也就馬上可以解出 $2^x=3$，因為：$x=\log_2 3=\frac{\log_{10}3}{\log_{10}2}=\frac{0.47712}{0.30103}=1.585$。

註 $\log(7)=0.84510$。

習題甲 由以上的數據，計算下列：

(i)$\log(\sqrt{5})$;

(ii)$\log(0.75)$;

(iii)$\log(1.4)$;

(iv)$\log(1.8)$;

(v)$\log(0.00063)$。

例 3 由以上的數據，計算下列：$\log_2(5)$; $\log_5(20)$。

解析

$$\log_2(5)=\frac{\log(5)}{\log(2)}=\frac{0.69897}{0.30103}=2.3219;$$

$$\log_5(20)=\frac{\log(20)}{\log(5)}=\frac{1.30103}{0.69897}=1.8614。$$

例 4 $\left(\frac{1}{2}\right)^{95}$，寫成小數，在小數點之後，先要寫幾個零？開頭的數碼是啥？

解析 令 $x=\left(\frac{1}{2}\right)^{95}$；$\log\ (x)=95*\ (-0.30103)=-28.5979;\ =-29+0.4021$；故先要有 28 個零；開頭的數碼是 2；因為：$0.30103<0.4021<0.47712$。

習題乙 決定下列數是幾位數，其開頭的數碼是啥？

(i) 45^{20};

(ii) 8^{31}。

習題丙 決定下列兩數的大小順序：

(i) $\frac{27^{13}}{16^{12}}$，與 4.9^6；

(ii) 5^6，與 $2*6^5$。

習題丁 計算下列（常用對數）：

(i) $\frac{1}{2}\log 20449+\log\frac{4}{7}-\log\frac{13}{35}+\frac{5}{11}$;

(ii) $\log\frac{28}{15}-2\log\frac{3}{14}+3\log\frac{6}{7}$;

(iii) $\log 75-\log(13*8)+\frac{1}{2}\log 10816-2\log\left(\frac{\sqrt{3}}{2}\right)$.

指數方程式

許多指數方程式，只要用到對數就變得很簡單！

例 5　解 $7^{2x-1}-3^{3x-2}=7^{2x+1}-3^{3x+2}$.

解析　（先以 7^{2x}，3^{3x} 為基準，計算之！）化為：

$$\left(9-\frac{1}{9}\right)*3^{3x}=\left(7-\frac{1}{7}\right)*7^{2x};$$

於是：

$$\left(\frac{27}{49}\right)^x=\frac{27}{35},\ x=\frac{\log(27)-\log(35)}{\log(27)-\log(49)}\approx 0.435.$$

習題戊　解方程式：

(i) $5^{x+1}=3^{x^2-1}$;

(ii) $(a^2-b^2)^x=\left(\frac{a-b}{a+b}\right)^{2x-1}$（但 $a>b>0$），

(iii) $2^x*5^y=1,\ 5^{x+1}*2^y=2$;

(iv) $z^x=y^{2x},\ 2^z=2*4^x;\ x+y+z=16$.

對數方程式

牽涉到未知數的對數的方程式叫做對數方程式。

註　照規約，只寫 log，都是指常用對數 $\log_{10}$。

例 6　解 $\log(x-1)-\log(x^2-5x+4)+1=0$;

解析 不如寫為：

$$\log(x^2-5x+4)=\log(x-1)+1=\log(10*(x-1));$$

那麼：去掉log，也就是取「反」（anti-）對數，或者說：用10做底數，求「乘冪」，得到：

$$x^2-5x+4=10*(x-1);\ x^2-15x+14=0;\ x=14,\ 或\ 1;$$

但是，$\log(u)$ 不允許 $u\le 0$，因此，只有 $x=14$ 合乎所求！

習題己 請解：

(i) $\log x+\log(x+3)=1$;

(ii) $\log(7-9x)^2-\log(3x-4)^2=2$;

(iii) $2\log\sqrt{1-x^2}=1+\log\left(x-\dfrac{17}{40}\right)$;

(iv) $x^{\log x}=1000x^2$;

(v) $x^{\log x}=\dfrac{1000}{x^2}$;

(vi) $x^{\log x}=10000$;

(vii) $3^{\log x}=2^{\log 3}$;

(viii) $10^{3\log x}=2x+1$;

(ix) $\log\sqrt{3x+4}+\dfrac{1}{2}(5x+1)=1+\log 3$;

(x) $2\log_x(25)-3\log_{25}x=1$;

例7 請解：$\sqrt{x}-\sqrt{y}=3,\ \log(x)+\log y=2$.

解析 第一式平方，得

$$x+y-2\sqrt{x*y}=9;$$

而第二式說：$x*y=100$；故得：

$$x+y=9+20=29;\ x*y=100;$$

於是：x, y,有一為 25，一為 4。

習題庚 請解聯立方程：

(i) $\log x+\log y=2+\log 3;\ 2x+3y=85;$

(ii) $\log x+\log y=1+\log 2;\ 3x-2y=2;$

(iii) $x\log 3-\log 81=3y\log 3+\log 9;$

$\log 4-\log x=\log y-\log 2;$

§83　對數概念的應用

常用對數

● 計算尺

加減的計算可以改用簡單的實物模擬操作來代替，於是就有計算尺的發明！這是類比（analog）計算機，不是現在更厲害的數位計算機（= computer，電腦）。我們不必多說，只要有實物，一下子就清楚了！

例 1 等比數列 1, 3, 9, 27, ⋯；最末項 $<10^7$，再一項就 $>10^7$ 了；問共有幾項？

解析 $\log_3(10^7)=\dfrac{7}{0.4771}\approx 14.67$；故有 14 項。

必須注意：對於等比數列，若是計算「第某項是多少」，那是乘冪（也就是指數）計算：$C*A^{n-1}$；反過來，要問第幾項才是 $\ell=C*A^{n-1}$，那就要做對數計算了：$n=1+\log_A\dfrac{\ell}{C}$。

● 對數尺度

我們前面已經講過：要比較兩個量，基本上有「加減比較法」，與「乘除比較法」兩種；後者其實就是「對數比較法」！

地震的 Richter（對數）尺度

地震的強度，高了 1 級，意思就是強度能量大了 10 倍；高了 2 級，意思就是強度能量大了 100 倍；要比較前後兩次地震的強度 u, v 是用

$$\log\left(\frac{v}{u}\right)=\log v-\log u.$$

問 有一位王老師說：埔里將有 14 級的大地震。勸大家買急救避難貨櫃屋。你覺得呢？

答 九二一的大地震是 7 級。他說「14 級的大地震」，意思是「加倍」。可見這個人全民數檢的初三（九年級）程度都達不到！$10^{14-7}=10^7$ 那是「九二一的大地震的一千萬倍」。我們不用去避難！「在家裡，享受最後快樂的人生，等著上天堂」，才對！我們智商 100 的正常人卻要聽智商 60 的人講的話。

噪音的（對數）尺度

噪音的強度，大了 1 貝爾（Bel），意思就是聲音強度能量大了 10 倍；高了 2 Bel，意思就是聲音強度能量大了 100 倍（這是紀念發明電話的Bell而用的單位）；所以，強度大了 1 個分貝（dB = deciBel，deci = 分 = $\frac{1}{10}$），意思就是聲音強度能量大了 $10^{\frac{1}{10}}$ 倍；

$$\begin{aligned}1\text{dB}&\equiv 10^{\frac{1}{10}}\approx 1.2589;\\ 3\text{dB}&\equiv 10^{\frac{3}{10}}\approx 2;\end{aligned}\tag{1}$$

噪音強度能量大了 2 倍，就是多了（約）3 個分貝。

酸鹼度

水的分子式是 H_2O，它的一個「分子」是由兩個氫原子與一個氧原子結合而成的；但是，一個水「分子」也可以分解為一個氫離子 H^+，與一個氫氧離子 OH^-，化學方程式是：

$$H_2O \to H^+ + OH^-.$$

在完全純粹的水中，在通常的（溫度壓力）條件下，可以說：每 1 公升水，有 10^{-7} 摩爾（Mole）的氫離子，也就有同樣多的氫氧離子！

1 Mole，就是「$6.02 * 10^{23}$ 個」，這個數目叫做「Avogadro 常數」。

東西溶解在水中，我們要講「濃度」，就是用「1 升中有幾個 Mole」來計算的！這叫做「Mole濃度」；所以，在正常的條件下，純粹的水中，氫離子的濃度是 10^{-7} 個 Mole 濃度，也就是 10^{-7} M。而氫氧離子的濃度也是同樣多。化學家習慣上用框框表示「Mole濃度」，因此，在正常的條件下，純粹的水中，

$$[H^+] = 10^{-7}; [OH^-] = 10^{-7}.$$

如果我們將某些溶質溶解在水中，這就會改變其中的氫離子的（個數）濃度，也會改變水中氫氧離子的（個數）濃度！若是酸性的東西，就會增加氫離子的濃度，減少氫氧離子的濃度！若是鹼性的東西，就會增加氫氧離子的濃度，減少氫離子的濃度。這個酸鹼度的比較，就是用對數的尺度，這就是所謂的 pH 值與 pOH 值：

$$\text{溶液的 pH} = -\log[H^+]；\text{溶液的 pOH} = -\log[OH^-]. \quad (2)$$

在正常的條件下，氫離子的濃度與氫氧離子的濃度，相乘積是固定的：

$$[H^+] * [OH^-] = 10^{-14}；\text{溶液的 pH} + \text{溶液的 pOH} = 14. \quad (3)$$

於是：酸性的溶液，其 $pH < 7$；$pOH > 7$；鹼性的溶液，其 $pH > 7$；$pOH < 7$；溶液的 pH 值，增加 1，意思是：氫氧離子的濃度，大了 10 倍，氫離子的濃度減少成為一成。（酸性減少，鹼性增加！）

長度的對數尺度

10^{25} 米　　（$\approx 10^9$ 光年）銀河系之間距；

10^{20} 米　　我們的銀河系之半徑；

10^{15} 米　　（≈4 光年）最近的恆星之距；

10^{10} 米　　日地之距；

10^{5} 米　　月球直徑；

10^{0} 米　　孩童身高；

10^{-5} 米　　細胞直徑；

$5*10^{-7}$ 米　　可見光波長；

10^{-15} 米　　電子之直徑。

時間的對數尺度

10^{17} 秒　　地球的年齡；

10^{15} 秒　　恐龍誕生時；

10^{15} 秒　　Copernicus 誕生至今；

$3.15*10^{7}$ 秒　　地球公轉周期 $=1$ 年；

$8.64*10^{4}$ 秒　　地球自轉周期 $=1$ 天；

10^{0} 秒　　心跳的周期；

10^{-4} 秒　　高音的周期；

10^{-10} 秒　　光穿過眼球的透鏡系的時間；

10^{-20} 秒　　最近核的電子繞（重原子）核的周期。

質量的對數尺度

$2*10^{30}$ 公斤　　太陽；

$6*10^{24}$ 公斤　　地球；

$7.4*10^{22}$ 公斤　　月亮；

10^{10} 公斤　　帝國大廈；

$0.5*10^{2}$ 公斤　　人體；

10^{-10} 公斤　　霧珠一滴；

10^{-25} 公斤　　重的原子；

10^{-30} 公斤　　電子。

對數方格紙

要顯現對數尺度，使用對數方格紙是一個好方法。方格紙上有許多的縱線與橫線，分成「粗型」「中型」「細型」三種線條；縱橫的（最醒目）粗型線的交點是粗型「格子點」，相鄰的粗型格子點之間的線段，叫做粗型格段，長度都一樣，這是方格紙的一個基準長度；因此，方格紙上有幾個粗型正方格子。

通常的方格紙，把每個粗型格段（用十進位制的精神！）分成 10 段，這是「等差分割」，所以，所得的中型格段，長度也都一樣，是粗型格段長度的 $\frac{1}{10}$；再繼續下去：把每個中型格段等分成 10 段（或許 5 段）細型格段。

所謂對數方格紙，意思是兩軸或一軸不用「等差分割」，改用「等比分割」，如此得到「兩」軸對數（有人稱為「全」對數）方格紙，與「單」軸對數（有人稱為「片」對數）方格紙。（軸字被省掉，因此常看不懂！）

對數方格紙，不論是單軸或雙軸，最初的一步：劃出最醒目的粗型縱橫線，粗型格段，粗型正方格子，確定基準長度，這些都是和平常的方格紙完全一樣的！

但是接下來，就有一軸或兩軸改用「等比分割」，也就是「採用對數尺度」：把每一個粗型格段，分成 9（$=10-1$）個（長度不等的！）中型格段，也就是有 10 個「割點」，（植樹問題！）這 10 點，雖然沒有註記，但是我們可以一目瞭然：從左到右（或者從下到上），對應到 $1, 2, 3, \cdots, 10$；們可以想像做了這樣子的註記；越往右，間距越小！因為：「1, 2 的距離」，就是「2, 4 的距離」，也就是「4, 8 的距離」。

這就是「對數尺度」的意思：想像中註記 x 的點與左端點（想像中註記 1 者）距離恰好是基準長度的 $\log_{10}(x)$；所以每一個粗型格段的右端，對於此段而言，是註記為 10，但它其實是右邊的粗型格段的左端，而對於右邊的粗型格段而言，是應該註記為 1 的。

例 1　我們列出所謂的 Fibonacci 數列，到第 30 項為止：

$1, 1, 2, 3, 5, 8, 13, 21, 34, 55,$

89, 144, 233, 377, 610, 987, 1597, 2584, 4181, 6765,

10946, 17711, 28657, 28657, 46368, 75025, 121393, 196418, 317811, 514229,

我們把它的第 11 到 30 項，畫在半對數方格紙上，差不多是一條線上！

注意 用平常方格紙，其實無法畫！

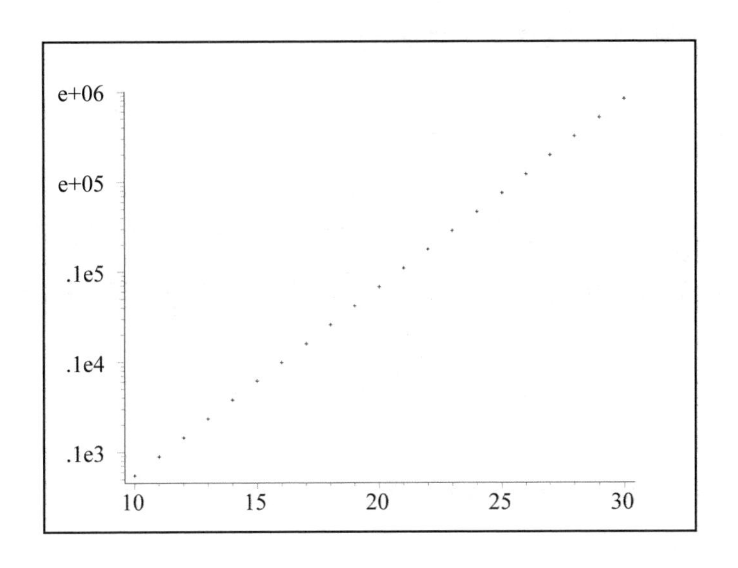

● 等比數列於半對數方格紙

一般地說：如果是等比數列，那麼，點畫在在半對數方格紙上，就是一條線上！這是因為：

$$y_n = y_1 * \gamma^{n-1}; \log(y_n) = \log(y_1) + (n-1) * \log(\gamma); \tag{4}$$

Fibonacci 數列，幾乎是個等比數列，公比是黃金分割比：

$$\lim_{n\to\infty} \frac{y_{n+1}}{y_n} = \gamma := \frac{\sqrt{5}+1}{2} \approx 1.618; \tag{5}$$

任何一個未規範的指數函數，於半對數方格紙上的圖解，都是一條直線！反過來說：若一個函數於半對數方格紙上的圖解，是一條直線，則它必定是一個未規範的指數函數！

例 2 我們提到過：相似形體的面積與長度的平方正比，而體積則與長度的立方正比；例如說：有個法老打算造個金字塔，底邊是正方形，斜面是正三角形，他叫宰相數學家來擬計畫，計畫好之後，他說：「底面積 A 擴大成兩倍吧！我給你兩倍的錢與人工」；

注意 苦也！需要 $\sqrt{8}\approx 2.828$ 倍！體積公式是：

$$V=\frac{1}{3\sqrt{2}}*A^{\frac{3}{2}};$$

這是個半立方函數，可以用平常方格紙畫（如右），但是畫在雙對數方格紙上，是很清楚的一條直線（下圖左），而且斜率是 $\frac{3}{2}$，這是因為：

$$\log V=\log\left(\frac{1}{3\sqrt{2}}\right)+\frac{3}{2}*\log(A);$$

一般地說：一個未規範的冪方函數在雙對數方格紙上，一定是一條直線，而且斜率等於其冪指數：

$$y=c*x^{n}\text{，則 }\log(y)=\log(c)+n*\log(x); \tag{6}$$

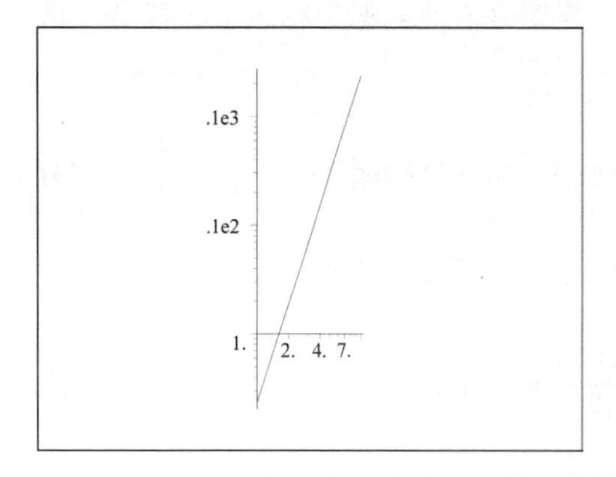

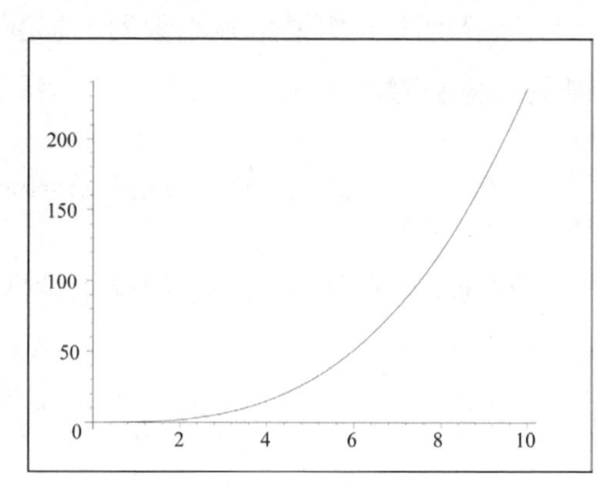

圖 8.1：左：半立方函數圖於雙對數方格紙；右：平常方格紙

● Kepler

Kepler 費心地算出當時各個行星的繞日長半徑 L，與繞日的周期 T；

	水	金	地	火	木	土
$L=$	0.39	0.725	1	1.575	5.2	9.54
$T=$	88	228	365	687	4332	10760

請在雙對數方格紙上畫出！

習題 假定有 $y=C*x^m$ 的函數關係，請在雙對數方格紙上，標出兩點，

$$(0.78, 176), (2.0, 730)$$

並算出「對數斜率」，

$$m=\frac{\log(y_2)-\log(y_1)}{\log(x_2)-\log(x_1)}. \tag{7}$$

§83.1 二進位

註 計算器慣用 log 表示常用對數 $\log_{10}$；ln 表示<u>自然對數</u> $\log_e$。有人主張用 lg 表示「二為底的對數」$\log_2$，我贊成！

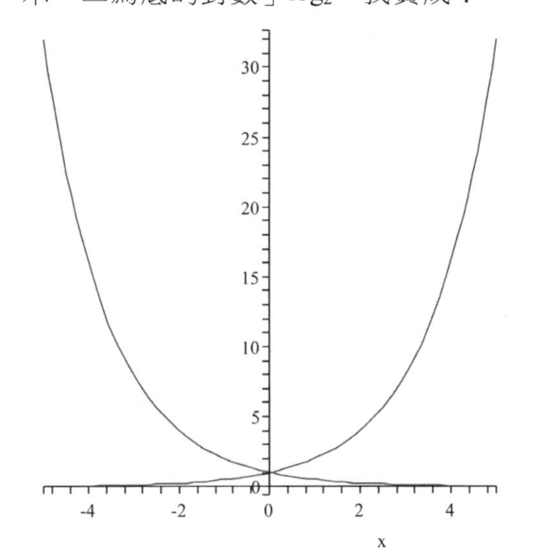

● **例 1：細菌滋生**

$$y(t)=A*2^{\frac{t}{T}}; \tag{11}$$

● **例 2：放射性衰減**

$$y(t)=A*2^{-\frac{t}{T}}; \tag{12}$$

兩個函數圖畫在一起，更可以看出是互為鏡射。

例 1 的 $y(t)$是指：在時刻 t，（這「培養皿」中的）細菌的菌口，於是常數 T的意義就很清楚了：在 $t=0$ 時，$y(0)=A$ 是初始的菌口，在 $t=T$時，菌口將加倍，$y(T)=2*A$，在 $t=2*T$ 時，菌口成了，$y(2*T)=4*A$，以下每經過 T 時間，菌口就再加倍，因此這裡的 T 就是倍增期。

例 2 的 $y(t)$是指：在時刻 t，（這個古物中）剩下來的放射性元素的量，於是常數 T 的意義就很清楚了：在 $t=0$ 時，$y(0)=A$ 是初始的含量，在 $t=T$時，含量將消失一半：$y(T)=\frac{A}{2}$，在 $t=2*T$時，含量成了，$y(2*T)=\frac{A}{4}$，以下每經過 T時間，放射性含量就再消失一半，因此這裡的 T 就是半衰期。

● 模型的適用性

例 1 的模型正確嗎？當然不會完全正確。不過卻是相當正確！在菌口很少的時候，「培養皿」中的「培養液」非常充裕，相對於菌口來說，是無窮大，所以沒有生存競爭的問題，不論是理論或者經驗，這個模型是非常好的！

你可以攻擊這個模型的地方，主要是它有兩個自相矛盾之處。

其一，就是它的「爆炸性」：當 t 趨近無窮大時，$y(t)$ 也趨近無窮大，而且太快了！但是這個矛盾不重要。其實只要 $y(t)$ 很大，培養液就不是（相對於菌口來說）無窮大，此模型就不對了。

其二，細菌照道理是「一個一個的存在」，這就有「量子性」。（這個意思是：例如說「人口」，不可以算出來，某時刻的人數是 3232456.789 人。）

不過這個攻擊也沒有用！這個模型只是「近似」。個數很大的時候，就原子性（量子性）來攻擊是毫無意義的。

● 放射性崩壞

如果把這個攻擊移到例 2，就等於說：所討論的具放射性的原子，當然是一個一個地存在。某時刻的原子數也不可以有小數點。實際上，在精確的理論中，例二的模型也是需要有相當大的原子數時，才是正確的。

所謂放射性物質，意指這種物質其原子的原子核不穩定，會破壞（分裂）；有趣的是：你簡直沒有辦法控制它！它是由「運氣」來控制的！每種放射性都有它的半衰期；它有一半的機會，在這段期間內崩壞，也有一半的機會，在這段期間內「安然無恙」！神明為每個放射性「擲銅板」，正面就叫它崩裂，反面就叫它不崩裂。

但是，我們面對的所謂放射性物質，即使是「非常少量」，所涉及的具放射性的原子（核），其個數還是很多！你要記住：Avogadro 數是 1mole $=6.02*10^{23}$。例如說，10^{-10} 克，就可以有 10^{11} 個原子核。這樣子的數目絕對夠格稱為「大數」，所以機率論的大數定律就成立了!我們就不必煩惱「運氣」了，就可以把「差不多，」「大概」，說成「必然」了！

所以，放射性物質，在經過一個「半衰期」的時間後，它就（確定！）只剩下一半。

假設某放射性物質的「半衰期」為 T，它的質量本來是 m_0，但經過一段時間 t 後，只剩下質量〔依 (12) 式〕，

$$m(t)=m_0*\left(\frac{1}{2}\right)^{\frac{t}{T}}.$$

問 經過的時間 t 多久？

解析 取對數，則

$$\frac{t}{T}=\log_{\frac{1}{2}}\left(\frac{m}{m_0}\right);$$

用 $\frac{1}{2}$ 做底，對許多人是很不慣！可以改用 2 做底：也就是顛倒分子分母：

$$\frac{m_0}{m}=2^{\frac{t}{T}};$$

因此：

$$t=T*\log_2\left(\frac{m_0}{m}\right); \tag{13}$$

例如說：質量只剩下 $\frac{1}{8}$，表示經過了 3 個「半衰期」；對於這種放射性，半衰期就是最方便常用的時間單位！

碳十四定年法

放射性物質的「半衰期」並非那麼容易就確定，但是現在越來越進步，越來越可靠了！（請你查一下：「碳十四」的「半衰期」，現在比較可靠的數據是多少！）我們這裡就規定：

$$T_C = 5700\text{ 年} \tag{14}$$

如果古某時有一物質，它含有放射性碳十四的量是 m_0，而現在它的含量只剩下 m，則經過的時間 $t=\log_2\left(\frac{m}{m_0}\right)$。

問題是：如何判斷 m 與 m_0？

（例如說：英國某地宣稱找到了圓桌武士 Arthur 王的圓木桌。真或假？）

要點是：

- 木桌來自有機的「樹木」。有機物一定含有「碳」原子。
- 基本上，「碳」原子有兩種：（「正常的」）「碳十二」與（「具有放射性的」）「碳十四」。
- 兩種「碳」原子，在地球表面上，主要在大氣的二氧化碳中存在；兩者的含量相當懸殊！不過，大氣是很好的「氣態溶液」，「很快」就混得很好了！可以認為大氣中，兩種原子「碳十四」與「碳十二」的比例，已經相當穩定不變！我們記之為 y_0。
- 植物在它活著的時候，它的碳，歸根究柢，都是從大氣中的光合作用而來（動物則是由取食動物或植物而來），因此其體內的碳原子，「碳十四」與「碳十二」的比例，就是外在的這個穩定不變的比例。
- 但是生物死後，它含有的「碳十四」就會以放射性崩壞而減少！它含有的「碳十二」則不會改變；所以：自生物死亡起，它遺體中的碳，「碳十四」與「碳十二」的比例，就一直在減少之中；我們可以現在設法檢測出這個比例，記之為 y。
- 於是：

$$\frac{y}{y_0}=2^{\frac{-t}{T}};\ t=\log_2\left(\frac{y_0}{y}\right);$$

註 對於普通的考古，對於台灣人來說，差不多 t 都是以仟年計，因而 t 與 T 是相當的！不太大也不太小，那麼，$\frac{y}{y_0}$ 就不會太小或太接近於 1；這使得碳十四定年法，非常有用！

翁秉仁教授告訴我：大坌坑文化約 1960 年出土之遺物，碳十四之含量，算出有：

$$0.43<\frac{y}{y_0}<0.6;$$

於是取 $\log_2$，可得：

$$\log_2\left(\frac{1}{0.43}\right)>\log_2\left(\frac{y_0}{y}\right)>\log_2\left(\frac{1}{0.6}\right);$$

即：

$$1.217>\frac{t}{T}>0.737;$$

即 $1.217*5700=6937>t>0.737*5700=4200$；於是判定此文化約在BC.（公元前）5000 年到 BC.2000 年間。

地質考古

地球的年齡現在估計約 $45*10^8$ 年；因此，地質考古須用半衰期很長的！某處發現翼手龍化石，取同一地層中雲母（含鉀！）的鉀 40 與氬 40 之含量比，得 $92\%:8\%=y:(1-y)$; $y=0.92$；此雲母中的氬 40，其實純粹來自於放射性的鉀 40 的蛻變！此蛻變之半衰期為

今 $$T=13*19^8\text{ 年}.\qquad(15)$$

$$\frac{t}{T} = -\log_2(0.92) \approx 0.12；$$

於是估計其年代為 0.12 個半衰期 = $1.56 * 10^8$ 年。

半衰期與半對數方格紙

若是某放射性物的半衰期為 T，其質量在 t 時為 $m(t)$，則

$$\frac{t}{T} = -\log_2\left(\frac{m(t)}{m(0)}\right);$$

那麼應該畫在半對數方格紙上，呈一條直線狀：$(t_1, m_1), (t_2, m_2), \cdots$。

習題 請圖解並算出半衰期：

物			
氧 20	(0 秒, 34)	(8, 2.288)	(20, 1.263)
鈾 234	(0 萬年, 47)	(11, 34.65)	(40, 15.50)
銅 64	(0 分, 8.8)	(480, 5.68)	(1280, 2.72)

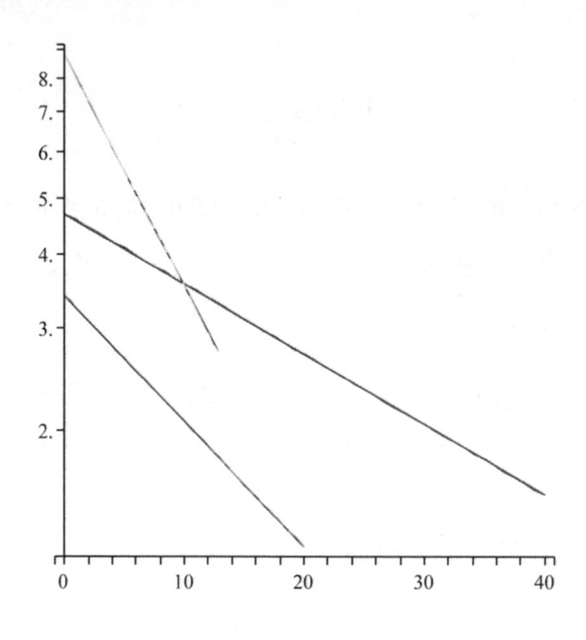

我把 Maple 的文句寫在下面：

```
with(plots):
u2 := ln(2):
a1 := 4.7: a2 := 3.4: a3 := 8.8:
b1 := 25: b2 := 14: b3 := 7.56:
logLoines := plot({[t, a1*exp (−u2*t/b1), t = 0..40], [t, a2*exp (−u2*
t/b2), t = 0..20]
[t, a3*exp (−u2*t/b3), t = 0..12.8]}):
ab1 := logplot({[0, 3.4], [8, 2.288], [20, 1.263]}):
ab2 := logplot({[0, 4.7], [11, 3.465], [40, 1.550]});
ab3 := logplot({[0, 8.8], [4.8, 5.68], [12.80, 2.72]}):
display({logLines, ab1, ab2, ab3});
```

答案是：14 秒，25 萬年，756 分。

聲音的高低

聲音都來自於振動：聲音的強弱是振動的大小的表現；而聲音的高低則是振動的「頻率」的表現。

「頻率」以每秒振動 1 次叫做 1 個 Hertz（赫茲）；鋼琴上的中央C鍵，其「頻率」= 262 赫。

音域

所以要談一件樂器的音域，應該是指它發出的音波的頻率範圍。要說某個聲樂家的音域之寬度，可以用她發出的最高音 f_t 與最低音頻率 f_b 之比的對數來計算：

$$\log\left(\frac{f_t}{f_b}\right)) = \log_2\left(\frac{f_t}{f_b}\right),$$

這時候就說成：音域達幾個 octave =「八度」。

如果我們採用「首調的唱法」，那麼

$$do, re, mi, fa, sol, la, ti, \dot{do},$$

的頻率是遞增的，我們將它們的頻率記做：

$$C, D, E, F, G, A, B, \dot{C};$$

Pythagoras 已經知道：

$$\frac{D}{C}=\frac{9}{8}; \frac{E}{D}=\frac{10}{9}; \frac{F}{E}=\frac{16}{15}; \frac{G}{F}=\frac{9}{8}; \frac{A}{G}=\frac{10}{9}; \frac{B}{A}=\frac{9}{8}; \frac{\dot{C}}{B}=\frac{16}{15}; \tag{16}$$

於是，所謂一個八度，即是從 C 到 $\dot{C}$，其頻率是加倍：

$$Octave=\frac{\dot{C}}{C}=2（倍）.$$

註 所謂「八度」，犯了一個「植樹問題」的錯誤：其實，（八棵樹）只有七個間隔！如果在鋼琴上連黑鍵也算上去，從 C 到 $\dot{C}$ 一共有 13 個鍵，（13 棵樹）有 12 個間隔！

從 C 到 D，和從 D 到 E，中間有「半音」，鋼琴上看得出來：中間有（半音的）黑鍵；

從 E 到 F，則只是個「半音」，鋼琴上看得出來：中間沒有（半音的）黑鍵；可是，從 C 到 D，和從 D 到 E，並不相等：

$$\frac{D}{C}=\frac{9}{8}>\frac{E}{D}=\frac{10}{9}.$$

到了Bach，他就用了「十二平均率」：強迫兩者相等，而且強迫等於從 E 到 F（「半音」）的兩倍「距離」：

$$\frac{D}{C}=\frac{E}{D}=\frac{G}{F}=\frac{A}{G}=\frac{B}{A}=\left(\frac{F}{E}\right)^2=\left(\frac{\dot{C}}{B}\right)^2. \tag{17}$$

所以，一個「八度」的「距離」，我們將它均分為 12 個半音的「距離」；這裡的「距離」，是乘除的度量，不是加減的度量！因此，規定：

$$半音=\frac{F}{E}=\frac{\dot{C}}{B}=\sqrt[12]{2}=1.059463094<\frac{16}{15}=1.06666666\cdots \tag{18}$$

而「兩個半音」：

$$\frac{D}{C}=\frac{E}{D}=\frac{G}{F}=\frac{A}{G}=\frac{B}{A}=(\sqrt[12]{2})^2=1.122462048; \tag{19}$$

介於 $\frac{10}{9}=1.11111\cdots$ 與 $\frac{9}{8}=1.125$ 之間。

簡單整數比

漢文化，大概是音樂不太高明的文化吧。長期都是用「宮」=Do，「商」=Re，「角」=Mi，「徵」=Sol，「羽」=La。

音樂的旋律就是發音頻率的高低變化，這些頻率，都必須與「基本頻率」成簡單的整數比。因此，以 Do=1，就得到：

「宮」$=\text{Do}=1$，「商」$=\text{Re}=\frac{9}{8}$，「角」$=\text{Mi}=\frac{5}{4}$，「徵」$=\text{Sol}=\frac{4}{3}$，「羽」$=\text{La}=\frac{5}{3}$。

Pythagoras 的問題，大約是這樣子的：

只有三個基本「音階」（即音的「間隔」，我們用「頻率之比」來表示，就是：

$$大一點的全音 u:=\frac{9}{8}；小一點的整階 v:=\frac{10}{9}；半階 w:=\frac{15}{16}； \tag{20}$$

那麼，要找出「八度音程」：

$$f_1<f_2<f_3<\cdots<f_8=2*f_1; \tag{21}$$

要求：7 個比

$$\frac{f_{j+1}}{f_j}\in\{u, v, w\}; (j=1, 2, \cdots, 7) \tag{22}$$

問 假設這 7 個比之中，有ℓ個 u, m 個 v, n 個 w。則：

$$\ell+m+n=7;\ u^{\ell}*v^{m}*v^{n}=\frac{f_8}{f_1}=2; \tag{23}$$

請算出解答！

答案是：$\ell=3, m=2, n=2$。

如果我們再要求：

$\frac{f_j}{f_1}$越簡單越好，$j=2, 3, \cdots, 7$,

那麼，解答是唯一的！

註 何謂「最簡單」？例如說，我們就定義：這些分數的「分子分母的總和最小！」

§84　指數函數的伸縮與平移

二次拋物線的標準形

如下是 6 條拋物線，畫在同一張座標紙上。

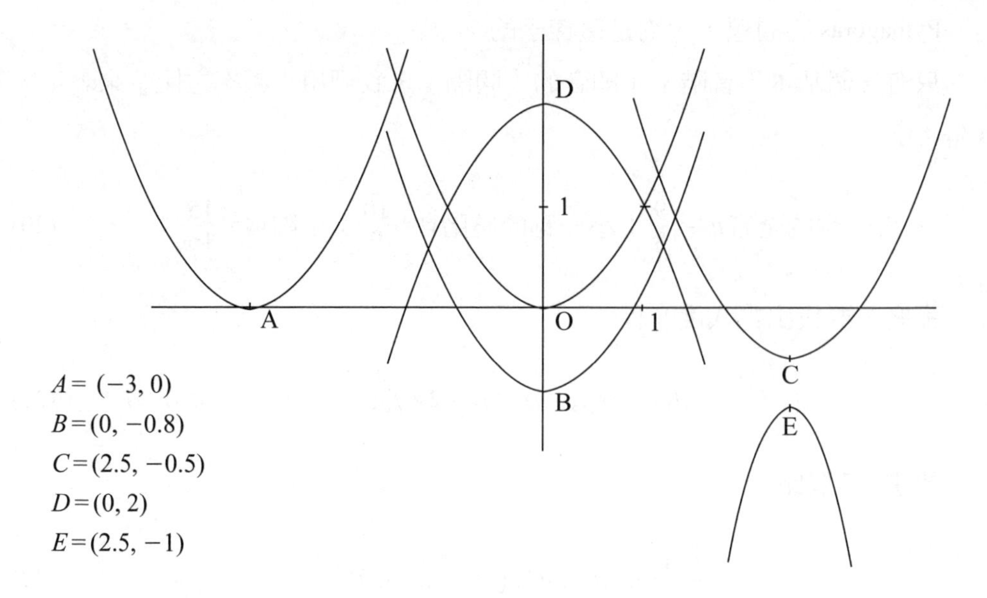

我們就用頂點來區辨它們：

Γ_O：$y=x^2$ 這是我們的標準（平方曲線）；

Γ_A：$y=(x+3)^2$ 這是將Γ_O做x軸向的平移；

Γ_B：$y=-0.8+x^2$ 這是將Γ_O做y軸向的平移；

Γ_C：$y=-0.5+(x-2.5)^2$ 這是將Γ_O做一般（x軸與y軸）的平移；

Γ_D：$y=2-x^2$； 這是將Γ_O對於水平線$y=1$做鏡射；

Γ_E：$y=-1-2*(x-2.5)^2$ 這是將Γ_D做平移伸縮；

亦即將Γ_O做平移伸縮與鏡射。

定理

（設h, k, c為常數，$c>0$。）若曲線Γ是方程式$\phi(x, y)=0$的圖形；則：

$\phi(x-h, y)=0$ 的圖形是將Γ往右移動h。

$\phi(x, y-k)=0$ 的圖形是將Γ往上移動k。

$\phi(x, 2*k-y)=0$ 的圖形是將Γ對直線$y=k$做鏡射。

$\phi(2*h-x, y)=0$ 的圖形是將Γ對直線$x=h$做鏡射。

$\phi\left(x, \frac{y}{c}\right)=0$ 的圖形是將Γ沿著y方向伸脹c倍。

$\phi\left(\frac{x}{c}, y\right)=0$ 的圖形是將Γ沿著x方向伸脹c倍。

$\phi(-x, -y)=0$ 的圖形是將Γ繞著原點旋轉180°。

習題1 自己在座標紙上，一條一條畫畫看！

註 若$h<0$，「往右移動h」當然就是往左移動。

若$k<0$，「往上移動k」當然就是往下移動。

若$0<c<1$，「伸脹c倍」當然就是縮小了。

瑕伸縮

若$c=-1$，「伸脹c倍」當然就是鏡射了。更一般地，若$c<0$，「伸脹c倍」就是有伸縮而且有鏡射，我們也稱之為瑕伸縮。

被動的觀點

上面所說的「平移」、「伸縮」、「鏡射」等等的解釋，叫做「主動的

（active）觀點」。意思是把整條曲線的每一點都「運動」了，搬到新位置。但是我們也可以採取「被動的觀點」：我們就只是畫好一條拋物線，

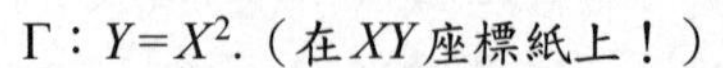
Γ：$Y=X^2$.（在 XY 座標紙上！）

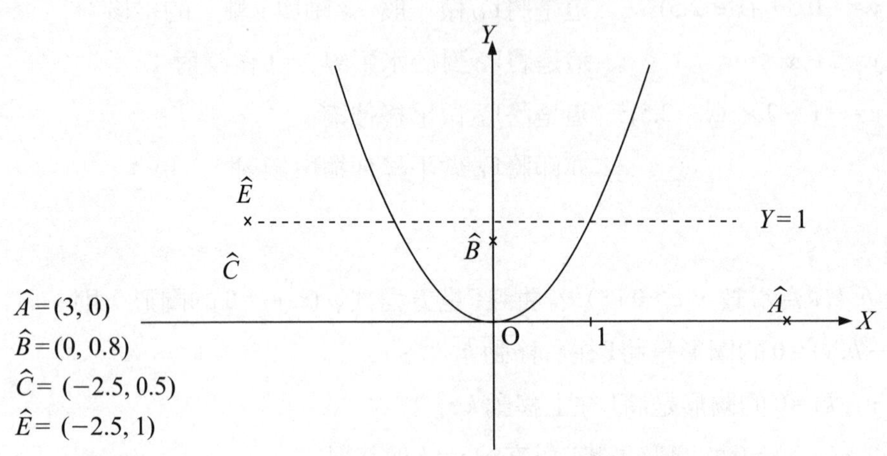

但是，我們改用新的座標(x, y)，它的方程式就變不同了！

f_A：$y=(x+3)^2$;　（將原點平移到 $\hat{A}$）$X=x+3, Y=y$；

f_B：$y=-0.8+x^2$;　（將原點平移到 $\hat{B}$）$X=x, Y=y+0.8$；

f_C：$y=-0.5+(x-2.5)^2$;　（將原點平移到 $\hat{C}$）$X=x-2.5, Y=y+0.5$；

f_D：$y=2-x^2$;　（對 $Y=1$ 做鏡射）$Y=2-y$；

f_E：$y=-1-2*(x-2.5)^2$;　（平移伸縮且鏡射）$Y=\frac{-y-1}{2}, X=(x-2.5)$；

或　$Y=-(y+1), X=\frac{x-2.5}{\sqrt{2}}$。

註　在歐氏幾何學的立場，應該考慮座標軸的旋轉。但是在一般的物理科學中，橫軸代表自變數，縱軸代表依賴變數，不能混在一起！因此只應該考慮兩軸分別做伸縮平移，或者再加上鏡射。

狹義的歐氏運動不包括鏡射。但是包括平轉，即旋轉 180°，使得：

$X=-x, Y=-y$。

定理

對於任何一個正領的二次函數 $y=ax^2+bx+c$,（$a>0$）其圖解拋物線Γ都可以

從（「標準拋物線」？）平方函數曲線Γ_O：$y=x^2$，經由x軸與y軸的平移，與單一軸的伸縮，而得到！

如果領導係數為負，則我們需要再配合上y軸上的鏡射。（另外也可以改用「平轉」。）

證明 $a>0$，則Γ：$y=ax^2+bx+c$就（「配方成」）等於是

$$\Gamma：y+\frac{b^2-4ac}{4a}=a*\left(x+\frac{b}{2a}\right)^2; \tag{1}$$

那麼它可以寫為：$Y=X^2$，經由下述三者之一：

$$\text{(i)}：X=\left(x+\frac{b}{2a}\right), Y=\frac{1}{a}*\left(y+\frac{b^2-4ac}{4a}\right);$$

$$\text{(ii)}：X=\sqrt{a}*\left(x+\frac{b}{2a}\right), Y=\left(y+\frac{b^2-4ac}{4a}\right);$$

$$\text{(iii)}：X=a*\left(x+\frac{b}{2a}\right), Y=a*\left(y+\frac{b^2-4ac}{4a}\right).$$

註 除了兩軸的平移之外，(i)只含y軸的伸縮；(ii)只含x軸的伸縮；(iii)只含「整個平面各向同性（isotropic）的伸縮」。

若是$a<0$，

- (i)的式子照舊，但是，y軸上除了平移伸縮之外還有鏡射！
- (ii)必須改為：$X=\sqrt{-a}*\left(x+\frac{b}{2a}\right), Y=-\left(y+\frac{b^2-4ac}{4a}\right)$；

  x軸上有平移伸縮，y軸上除了平移（沒有伸縮！）之外，還有鏡射！
- (iii)改為：$X=-(-a)*\left(x+\frac{b}{2a}\right), Y=-(-a)*\left(y+\frac{b^2-4ac}{4a}\right)$；

  除了兩軸的平移之外，有各向同性的伸縮（倍率$-a>0$），還平轉！

例1 討論一次函數$y=m*x+k.$ ($m\neq 0.$)

解析 先固定$m\neq 0$.則任何一條直線Γ都可以由「標準直線」$Y=m*X$，經由對一軸的平移而得到！

$$(i)：X=x, Y=y-k；或(ii)：X=x+\frac{k}{m}, Y=y;$$

其次，若斜率 m 為正，則此直線 Γ 可以由「標準直線」$Y=X$，經由對一軸的平移與伸縮而得到！

$$(i)：X=x, Y=\frac{1}{m}(y-k)；或(ii)：X=m*\left(x+\frac{k}{m}\right), Y=y;$$

再其次，若斜率 m 為負，則此直線 Γ 可以由「標準直線」$Y=-X$，經由對一軸的平移與伸縮而得到！

$$(i)：X=x, Y=\frac{1}{-m}(y-k)；或(ii)：X=(-m)*\left(x+\frac{k}{m}\right), Y=y.$$

● **狹義的平直變換**

數學上最簡單最重要的「變換」，就是平移與（狹義的）伸縮。兩者合起來就叫做狹義的平直變換。平移代表了原點的改變，而伸縮代表了尺度的改變。我們用「狹義」的意思是沒有鏡射。不會倒轉增減的方向！

例如說：華氏溫標 f 與攝氏溫標 c 之間，是「平直變換」：$f=32+1.8*c$；那麼，$f=0$ 是 $c=\frac{-32}{1.8}$，而 $c=0$ 是 $f=32$。但是係數 1.8 或 $\frac{5}{9}$ 都是正的！否則，你說的「溫度增加」，與我說的「溫度增加」，就顛倒了！

● **增減或凸凹**

以上我們用座標的狹義的平直變換的觀點，討論一次函數 $y=m*x+k$.（$m\neq 0$），結論是：其實只有兩型：遞增型 $m>0$，遞減型 $m<0$。

同樣地，用座標的狹義的平直變換的觀點，二次函數 $y=a*x^2+b*c+c$,（$a\neq 0$），也是只有兩型：凸型 $a>0$，凹型 $a<0$。

例 2　討論三次函數 $y=a*x^3+b*x^2+c*x+d$.（$a\neq 0$.）

解析 還是先配方！那麼，

$$y=a*\left(x+\frac{b}{3a}\right)^3+a*p\left(x+\frac{b}{3a}\right)+q; \tag{2}$$

那麼用平移：$X=x+\frac{b}{3a}, Y=y-q$，就得到：

$$Y=a*\ (X^3+P*X).$$

那麼可以說：這個「三次拋物線」$Y=a*\ (X^3+P*X)$ 是「有心的」：Y是X的奇函數，因此，$X=0=Y$是此曲線的平轉中心。

- 如果：$P<0$，我們寫為：$P=-3\alpha^2$，則：$\pm\alpha$ 就是y對於x的導函數為零之處。$Y'=3a*(X^2-\alpha^2)$；因此，$X=\pm\alpha$ 就是局部的極值點。
- 如果：$P<0$，我們寫為：$P=3\alpha^2$，則：$Y'=3\alpha*(X^2+\alpha^2)$，其正負號是固定的。則函數固定是狹義地單調！曲線在$X=0$ 處「反曲」。因為在此點的左右，凹凸性恰好相反！

指數函數的標準形

未規範的指數函數

我們已經解釋過：若$B>0$，對於任何實數x，都可以定義B^x，讓x做為自變數（而固定B），這樣子我們就得到「以B為底的」指數函數了。現在推廣這個概念，把這種函數，乘上一個常數$A>0$，

$$f(x)=A*B^x;\ (A>0, B>0) \tag{3}$$

叫它做「未規範的（unnormalized）指數型函數」。A 叫做幅度係數。此地的「規範性」，當然是指原來的$A=1$ 的情形。當然我們不必討論$B=1$ 的無聊的情形！

本節的主題是說：所有的未規範的指數函數，其實都是同一個樣子，同一個圖形！只差在自變數的伸縮與平移！

平移

先考慮對於自變數 x 做平移，會得到什麼樣的東西？

$$B^{x-h}=B^{-h}*B^{x}=C*B^{x},\ C=B^{h}>0.$$

x 軸上的平移，就相當於 y 軸上的伸縮！因此可知：只要底數 B 相同，幅度係數 C 不同的兩個「等比函數」，$f_1(x)=C_1*B^x, f_2(x)=C_2*B^x$，其實是相同的？！我們將改用這樣子的說法：把自變數改為 $t=$ time（時刻），則這兩個「等比函數」只差在「早晚」，只是時間起點的不同而已！（互為自變數平移！）

如果 $C_j=B^{-h_j}, j=1,2,$則：（$\delta=h_2-h_1=\log_B\left(\dfrac{C_1}{C_2}\right)$）

$$f_2(x)=f_1(x-h_2+h_1)=f_1(x-\delta).$$

底數不同（大於 1）

現在我們看看兩個底數不同的指數函數，如下圖是（左）$y=\sqrt{2}^x$，（右）$y=4^x$ 的圖解。

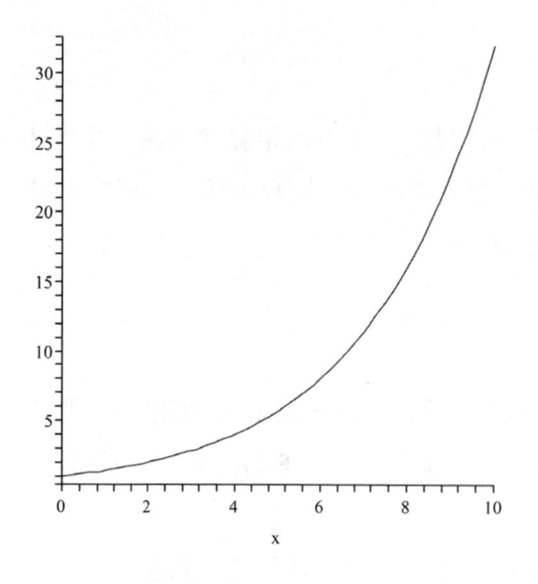

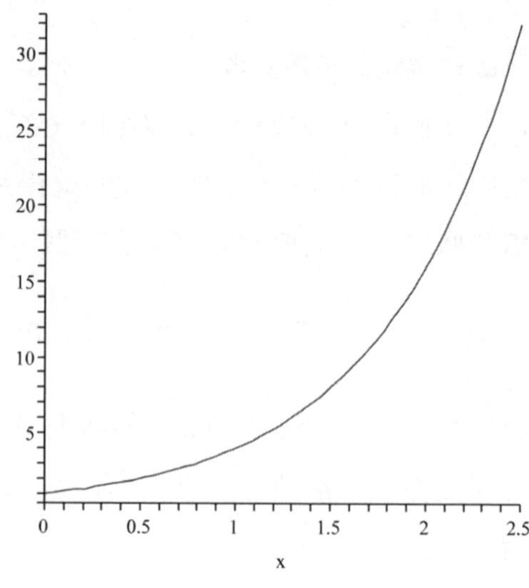

左右函數的底數雖然不同，但兩條曲線看起來是一樣的！只是橫軸上的尺度不同！

實際上很容易證明！一個底數是 $\sqrt{2}$，一個底數是 $4=2^2$，我們就取 2 做為公底數，寫：$\sqrt{2}=2^{\frac{1}{2}}, 4=2^2$，於是 $f_1(x)=2^{\frac{1}{2}*x}, f_2(x)=2^{2*x}=f_1(4*x)$。

只要令（橫軸上的伸縮）：$X=0.25*x$，則 $y=4^X=\sqrt{2}^x$。換句話說：只要把左圖影印一份，在拷貝上，本來寫 x 的地方，改寫為 $X=0.25*x$ 就得到右圖了。

所以說：如果底數 $B_1>1, B_2>1$ 那麼指數函數 $f_1(x)=B_1^x, f_2(x)=B_2^x$ 的圖解其實是一樣的！（兩者，自變數的尺度互為伸縮而已！）

因為如果算出 $B_1=B^{h_1}, B_2=B^{h_2}$，

則：$f_1(x)=B^{h_1*x}, f_2(x)=B^{h_2*x}$，當然就有：（倍率 $\gamma=\frac{h_2}{h_1}$）

$$f_2(x)=f_1\left(\frac{h_2}{h_1}*x\right)=f_1\ (\gamma*x).$$

底數不同（小於 1）

前面的兩個例子，底數不同，但是都大於 1，現在改為小於 1，請參看下圖。（左 $y=\left(\frac{1}{\sqrt{2}}\right)^x$，右 $y=\left(\frac{1}{4}\right)^x$.）

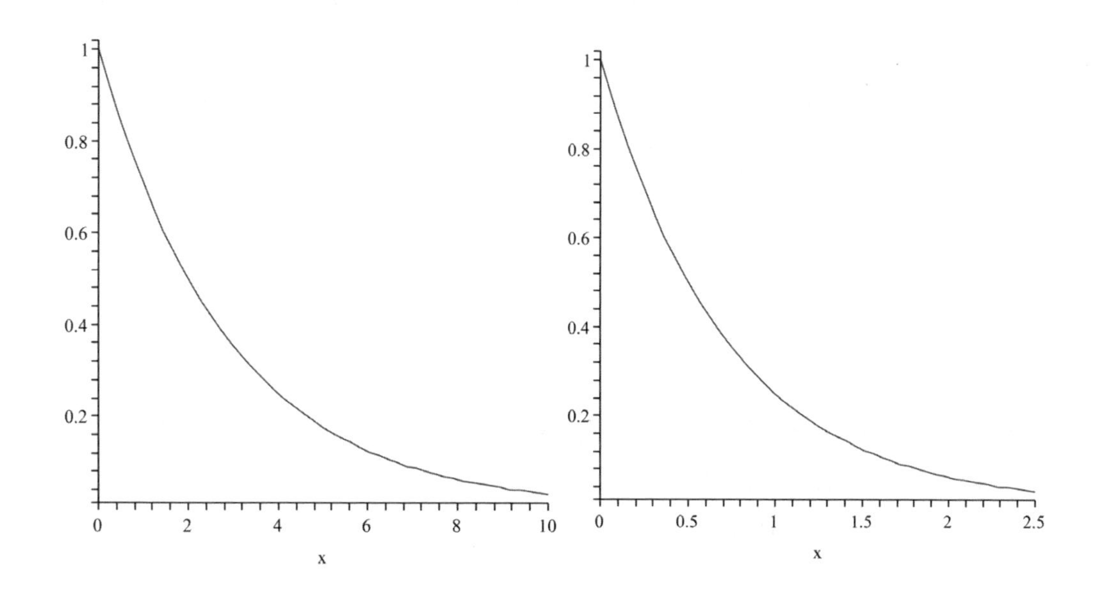

● 指數型函數的兩型

你注意到：左右圖的底數雖然不同，但看起來是一樣的曲線，只是橫軸的尺度不同而已！

你馬上可以證明！（和上面的例子一樣。）

這樣看起來，指數型函數的圖解可以說是只有兩種形狀：

底數大於 1 的遞增型（指數爆炸型）與

底數小於 1 的遞減型（指數衰減型）。

同型的指數型函數的圖解互相可以轉換，只要將橫軸上的變數做伸縮。

● 橫軸上的瑕伸縮

實際上這兩型的函數圖，差不多是「同樣的形狀」，因為只要令 $X=-x$，這是在平面上對於直線 $x=0$（也就是 y 軸）所做的鏡射（reflection）。（注意：這個鏡射是 x 座標軸的鏡射！）

數學上，有人就把 $X=c*x, (c\neq 0)$ 叫做伸縮。狹義的伸縮專指 $c>0$ 的情形，c 是伸縮的倍率。而在 $c<0$ 時，它實際上是要做一次倍率 $|c|>0$ 的伸縮，然後再做個鏡射，我們就叫它做 x 軸上的瑕伸縮。

如果我們把自變數寫為 t，代表時間，那麼，時間軸上的鏡射，就把時間的前後關係顛倒了！並不切合我們的經驗。因此，物理學上，時間軸的瑕伸縮，不太有用。至於狹義的伸縮，只是代表時間的量度單位的改變，那是經常出現的。所以，我們說：指數型函數有兩型，雖然，若是時軸也允許瑕伸縮的話，指數型函數全部只有一型！

以下我們會闡明：等比（指數）型函數是在大自然中，最簡單又非常有用的一種函數，（我們把自變數改為 t，代表時間）而且把函數改寫成

$$y=A*2^{K*t}.$$

這種樣子，其中 $A>0$，K 是任何非零實數。（當然 $K=0$ 是「退化」的情況！）

這裡的常數 K，它的正負，就決定了「爆炸型或衰減型」的分辨。事實上，2^K 就是原本的底數 B：

$$2^{K*t}=B^t.\ (K>0,\text{則 } B>1;\ K<0,\text{ 則 } 0<B<1.)$$

我們要允許一個（正的）常數 A，是因為這牽涉到物理變數 y 的單位。一方面這也牽涉到時間的起點！這是因為 A 就是 $t=0$ 時的 y 的值。

這個原子性（或者量子性）就是離散性，而離散與連續之間的「互相協和性」，可以幫助我們了解這個指數函數的意義。

現在先回來解釋為何把函數 $A*B^t$ 叫做「等比型」。

就以例 1「培養皿」中的菌量來說，如果：研究者在 $t_0=9$（a.m.）時刻，量得菌量 $q_0=y(t_0)=A*B^{t_0}$，然後每隔 δ（$=10$ 分鐘）量一次，得到：

$$q_j=y(t_j),\ t_j:=t_0+j*\delta,\ (j=1,2,3,\cdots)$$

那麼：

$$q_j=A*B^{t_0+j*\delta}=A*B^{t_0}*B^{j*\delta}=q_0*B^{j*\delta}=q_0*r^j,\ r:=B^\delta.$$

結論是：

$$\frac{q_1}{q_0}=\frac{q_2}{q_1}=\frac{q_3}{q_2}=\cdots=r.$$

等比型的涵義就清楚了！

問 1 例如說，$q_0=3*10^{-6}, q_1=5*10^{-6}$。請問：何時 $y(t)=\frac{q_0+q_1}{2}=4*10^{-6}$？是在 $t=\frac{t_0+t_1}{2}$ 時？

解析 指數函數的凸性，就是說：$y\left(\frac{t_0+t_1}{2}\right)<\frac{y(t_0)+y(t_1)}{2}$。所以，$y(t)=\frac{q_0+q_1}{2}=4*10^{-6}$ 的時刻 t，一定在 $\frac{t_0+t_1}{2}=9:05'$ 之後！

問 2 繼續剛剛這一題的討論，如果理論上，$y(t)=5*10^{-4}$ 是個「臨界量」，那麼，何時會到達這個臨界量？

§85　離散與連續

● 數列

我們已經提到「數列」，在經濟科學中，常常出現的時間序列一詞，其實就是數列。（英文是 time series，反倒是不合乎現代數學的用法！譯做「序列」，或「數列」，才好！）這裡的「時間」，是個可以省略的形容詞，它的意思是：在數列

$$q_1, q_2, q_3, \cdots, q_n, \tag{1}$$

中，足碼代表時間。

舉例來說，「股票族」天天注意「什麼 Dow-Jones 指數」，那是一個時間序列，或者她／他注意某個特定公司的股票價格，那也是一個時間序列。

在這樣的例子中，你就知道：本來這裡的足碼，並不限定要從 1 開始。（在數學上，你經常會發現從零開始也許更方便！）

足碼代表時間，也許是如這個例子中的，代表「日曆」上的日子。所以 q_j 的 j，如果是 $j=$「(2)28」，則 $j+1=$「(3)1」。

人所能夠處理的當然都是「有窮的數列」。但是數學上，也許常常要思考「無窮的數列」。所以常常把遇到的有窮數列，看成是：它只是「無窮數列的一段」而已。

● 離散的函數與連續的數列

在物理科學中，時間數列經常以記錄的數據出現。例如說，氣象當局必須記錄（每天的）雨量，水庫當局必須記錄每天的水位。

事實上，在颱風日，必須記錄每小時的水位，或者每刻鐘的水位。

不。也許現在這麼高科技，電腦監控，t 時刻的水位 $h(t)$ 根本是在監控室的電腦螢幕上顯現。這樣子的顯現，就是函數 $y=h(t)$ 的圖解：橫軸是時間軸，縱軸是水位高的軸。

這樣子一想，我們就知道：

「數列只是離散的函數」，「函數」只是「連續的序列」。

離散化與連續化

我們再強調上一段的敘述，再舉一兩個例子。例如，某個研究中，需要測量「培養皿」中的細菌量 $y=f(t)$，這是隨著時間 t 一直在變化的；那麼就叫研究助理去測量，「每 10 分鐘 $=\delta$ 量一次」，所以得到的數據，將是數列，

$$q_j = f(t_j),\ t_j := t_0 + j * \delta,\ (j = 1, 2, 3, \cdots,) \tag{2}$$

另外一種例釋：某生理學家，需要知道實驗中，老鼠血液中某物質的濃度 $y(t)$，也許是就叫研究助理去測量，「每刻鐘 $=\delta$ 量一次」，所得到的數據，也是如上的數列。

所以我們就明白：對於任何一個函數 $f(t)$，我們取定啟始時刻 t_0 與採樣間隔 $\delta>0$ 之後，就得到一個「時間序列」，這序列就叫做此函數的一個採樣，或者叫做離散化（discretization）。

反過來說：如果我們有一個數列 $q_1, q_2, \cdots$, 如 (1)，我們希望可以由此數列，（以適當的 t_0, δ,）定出這個函數 f，「找出 f 的公式」！這個操作，就是此數列的連續化。

我們可以說：這才是科學中常常要遇到的很重要的問題！因為任何科學的目的差不多都是要找「公式」。

數據的插值

所謂「找公式」，通常並非「海底撈針的方式」！一定是做種種的思考之後，相信 y 的公式一定是具有某種形式。這種形式的式子中，含有某些未知的常數，我們常稱之為待定參數。這些都是要靠觀察（最好是伴著實驗）所得的數據來決定的。

於是大概有兩類問題，其一稱為「插值問題」。因為通常的想法是：如果公式中含有 m 個獨立的待定參數，那麼我們要，而且只要，有 m 個數據，就可以解出這些參數來！

例1 考慮某物（鉛垂向上）的拋物運動，理論上，很好很簡單的模型是說，此物在 t 時刻的高度是

$$y(t)=c+b*t-\frac{g}{2}t^2.$$

現在知道 $y(0)=411.70, y(1)=446.0; y(2)=470.45$，要決定參數 a, b, c。

● Lagrange 插值公式

給你一組 m 個不同的數值（α_j），及另一組（可以相同的）數值（β_j），（其中 $j=1, 2, \cdots, m$），請寫出一個多項式 $f(x)$，使得：$\deg(f(x))<m$，而且：$f(\alpha_j)=\beta_j, \forall_j$。

答案是：

$$f(x)=\sum_j\prod_{i\neq j}\frac{(x-\alpha_i)}{(\alpha_j-\alpha_i)}*\beta_j; \tag{3}$$

（§14.(2)式，）當然，你直接可以驗證這個答案是正確的！並且，在次數 $\deg(f(x))<m$ 的條件下，解答是唯一的！

（要注意：自變數的值 α_j 應該是事先控制的。依賴變數的值 β_j 才是觀察所得。自由度是 m。）

另外一個辦法是由如下的公式出發：

$$\begin{vmatrix} 1, & x, & x^2, & \cdots, & x^{m-1}, & f(x) \\ 1, & \alpha_1, & \alpha_1^2, & \cdots, & \alpha_1^{m-1}, & \beta_1 \\ 1, & \alpha_2, & \alpha_2^2, & \cdots, & \alpha_2^{m-1}, & \beta_2 \\ \cdots, & \cdots, & \cdots, & \cdots, & \cdots, & \cdots \\ 1, & \alpha_m, & \alpha_m^2, & \cdots, & \alpha_m^{m-1}, & \beta_m \end{vmatrix}=0. \tag{4}$$

只要對最末行來展開就好了！餘定準都是 Vandermonde 定準，即是基本交錯式！

註解

插值公式當然要用座標幾何來解釋！給了你 m 個點 (α_j, β_j)，要畫一條 $(m-1)$次（以下）的曲線 $y=f(x)$，經過這些點！

通常不是叫你寫出這個式子！通常是，另外給一個數 γ，要你計算 $f(\gamma)$。

如果 γ 在這些 α_j 的極小與極大之間，則這個問題是內插（interpolation）題，

如果 γ 在這些 α_j 的極小與極大之外，則這個問題是外插（extrapolation）題，

我們取用「插值」一詞，反倒更方便合用。

類推

上述的插值公式，非常美麗簡單，但不是很有用！有一個理由是：多項式函數次數超過 2 的項之係數，其物理意義就有點困難可疑了。實際上，我們還可以提出類似的「三角多項式插值問題」，反倒更有用。這就是說：求這些係數 a_j, b_j，使得「三角多項式」

$$f_{2m}(\theta)=\sum_{j=0}^{m} a_j \cos(j\theta)+\sum_{j=0}^{m-1} b_j \sin(j\theta) \tag{5}$$

符合 $f(\alpha_j)=\beta_j$。這裡自變數的值是事先控制的 $\alpha_j=i*\dfrac{2\pi}{2m}$，$i=1, 2, \cdots, 2m$。（問：這裡自由度是偶數 $2m$，若改為奇數 $2m+1$，應該怎麼寫 f_{2m+1} 呢？）

數據的適配

科學工作，不論是做實驗或者純觀察，數據都會有誤差！自由度的原理是說：「公式中含有 m 個參數，則取 m 個數據，就可以確定這些參數了」。結果是：數據 m 件中，任何一件的小誤差都可能大大影響到所得的公式的正確性。因此，比較好的辦法，並不是說「m 個參數，取 m 個數據夠用就好了」。通常是要取得更多個，足夠多個的數據！這樣子可以減少：由於觀測的誤差而產生的公式的誤差」。通常這是用「最小平方法」！

這種觀點，不是要選取參數，使得：$f(x_j)=y_j$,（$\forall j=1, 2, 3, \cdots n,$）

而是要選取參數，使得：總平方誤差 $\Sigma_{j=1}^{m}|f(\alpha_j)-\beta_j|^2$ 為最小！

這樣子的問題不是插值問題，而是「最佳適配（best-fitting）問題」：使得數據與理論的模型，最是相配！

例 2 我們現在杜撰一個工作：用強力的器具，把一顆石頭拋上去，利用許多高等的器材，而得到那塊石頭在著地前 14 秒內，每間隔 1 秒的高度

$$(y_j: j=0, 1, 2, \cdots, 14)=(411.70, 446.0, 470.45, 485.20, 490.2, 484.95, 470.46, 445.90, 411.54, 367.53, 313.52, 249.81, 176.280, 93.0, 0.0).$$

請用最小方差法，將這個數據，對於如下的公式做出最好的一個「適配」：

$$y_j=c+v*j-\frac{g}{2}j^2;$$

解析 令

$$E(c, v, g):=\sum_{j=0}^{7}\left[y_j-(c+v*j-\frac{g}{2}j^2)\right]^2;$$

這當然是三個參數 (c, v, g)的二次函數。我們希望找到這個函數的極小點 (c_0, v_0, g_0)。

我們會解「單一個變數的二次函數的極小問題」，那麼對於三個變數的問題，只要針對每個變數，把另外的兩變數都當作已知，思考這一個「偏函數」的極小問題，就可以利用§55(5)的（國中生的）Fermat 臨界點處方了，再把三個偏處方的連立起來就好了！

更清楚些：想像已經知道 v_0, g_0，我們把「偏函數」$E(c, v_0, g_0)$整理成單一個變數 c 的二次降冪式

$$E(c, v_0, g_0)=A_1*c^2+B_1*c+C_1;$$

極小點 c_0 必須滿足：

$$(i): A_1*2c_0+B_1=0.$$

同樣地整理出另外兩個降冪式

$$E(c_0, v, g_0) = A_2 * v^2 + B_2 * v + C_2 \text{；} E(c_0, v_0, g) = A_3 * g^2 + B_3 * g + C_3 \text{；}$$

就得到：

$$\text{(ii)：} A_2 * 2v_0 + B_2 = 0 \text{；(iii)：} A_3 * 2g_0 + B_3 = 0 \text{；}$$

把它們都寫出來，形式上是很整齊的（稱為正規方程式）：

$$\text{(i)：} c * \Sigma 1 + v * \Sigma j + \frac{g}{2} * \Sigma j^2 = \Sigma y_j;$$

$$\text{(ii)：} c * \Sigma j + v * \Sigma j^2 + \frac{g}{2} * \Sigma j^3 = \Sigma j * y_j;$$

$$\text{(iii)：} c * \Sigma j^2 + v * \Sigma j^3 + \frac{g}{2} * \Sigma j^4 = \Sigma j^2 * y_j;$$

計算應該讓電腦做！這三個一次方程式聯立，就算出：
$g_0 = 9.8, v_0 = 98, c_0 = 411.6$。所以「用理論算出的數據」是：

411.60, 445.90, 470.40, 485.10, 490.0, 485.10, 470.40, 445.90,
411.60, 367.50, 313.60, 249.90, 176.40, 93.10, 0.

結論是「非常吻合」。

等比數列的連續化

定理

對於一個未規範化的指數函數 $F(t) := A * B^t$ 以及任意取定的啟始時刻 t_0 與採樣間隔 $\delta > 0$，所得到的離散化數列

$$f_j := F(t_0 + j * \delta) = A * B^{t_0} * B^{j * \delta};$$

一定是正項等比數列：

$$f_j := f_0 * r^j; r := B^\delta, f_0 := A * B^{t_0}.$$

而且，如果底數B大於或小於1，則公比r也與之相同：$(B-1)(r-1)>0$。反過來說也對：對於任何一個正項等比數列（$f_0 * r^j$）以及任何一個正數$B>0$, $A>0$，只要$(B-1)(r-1)>0$，必定可以找到唯一的啟始時刻t_0與採樣間隔$\delta>0$，使得指數函數$A * B^t$的離散化數列就是此數列。

證明　$\delta = \log_B(r); t_0 = \log_B\left(\frac{f_0}{A}\right)$。

例3　指數函數的適配

請將如下的數據，

$$(y_j : j=0.7) = (35.9, 379.0, 3930, 40741, 422588, 4385500, 45490000, 471850000)$$

對於如下的公式做出<u>最好的一個「適配」</u>：

$$y_j = F(j), F(t) := A * B^t.$$

解　如果我們死板地令「適配的誤差平方和」為

$$E_F(A, B) := \sum_j (F(j) - y_j)^2 = \sum_j (A * B^j - y_j)^2,$$

那麼對於參數B的偏導微就不是那麼簡單了。

所以我們就「改題目」！我們取這個函數F的常用對數，成為

$$G(t) := \log_{10} F(t) = \log(A) + t * \log(B) = \alpha + t * \beta; \alpha := \log(A), \beta := \log(B);$$

於是數據也取對數，成為：

$$z_j := \log(y_j) = (1.5551, 2.5786, 3.5944, 4.6100, 5.6259, 6.6420, 7.5679, 8.6738);$$

現在令「適配的誤差平方和」為

$$E_G(\alpha, \beta) := \sum_j (G(j) - z_j)^2 = \sum_j (\alpha + j * \beta - z_j)^2,$$

正規方程式是：

$$\alpha * \Sigma_j 1 + \beta * \Sigma j = \Sigma z_j;$$
$$\alpha * \Sigma_j j + \beta * \Sigma j^2 = \Sigma j * z_j;$$

或即：

$$8 * \alpha + 28 * \beta = 40.9378,$$
$$28 * \alpha + 140 * \beta = 185.975;$$

解得：$\alpha = 1.5595, \beta = 1.0165$。也就是：

$$A = 36.266, B = 10.3872.$$

§86 等比數列

兩種模型

兩種比較法

市場中有銷售的競爭，一個說：「我算你便宜些，少算 10 元」；另一個說：「我算你便宜些，少算 20 元」；前者指的是一斤，後者指的是一盒約六斤，那麼幼稚園大班生都曉得不買後者！

乘除比較法

我們比較某物的價格，昨天 p_1，今天 p_2，「加減比較法」是計算 $p_2 - p_1$；「漲價」是指 $p_2 > p_1$（>0），也就是 $p_2 - p_1 > 0$；跌價是指 $p_2 - p_1 < 0$。「乘除比較法」是計算 $\frac{p_2}{p_1}$；「漲價」是指 $\frac{p_2}{p_1} > 1$，跌價是指 $\frac{p_2}{p_1} < 1$。

註 做乘除比較時，一切數據都設為正。

問1 世界大戰中，Hitler 把歐洲猶太人口多少人中的多少人殺掉了？Stalin 把蘇聯人口多少人中的多少人殺掉了？毛澤東把中國人口多少人中的多少人殺掉了？

1947-49 年中，台灣人 $6*10^6$ 人中 20000 人被殺掉了；波布政權把柬埔寨人口多少人中的多少人殺掉了？誰最有資格稱為殺人魔雄？（顯然應該用乘除的比較！）

問題 假設傳來一個 N 項的「時間序列」（隨著時間而變得序列）：

$$p：p_1, p_2, p_3, \cdots, p_N; \tag{1}$$

請你猜想下一項 p_{N+1} 是多少？

許多人需要做這件事，而且是經常在做這件事。（那些股票族！）例如說，當總統的人，他（或她）要規畫國政，就要問：我國人口如何變化？（美國是每十年普查一次。）

如果是1870年開始有普查，當年人口數是 p_1，請問Grant總統，你猜 p_2 = ？

註 Grant 被公認為優秀的將軍（美國歷史上第二位上將），拙劣的政治家，最不入流的商人，但數學程度是總統之中很不差的。

連續性

先講最極端的情形，$N=1$，只有一個資料！只有 p_1，要你猜 p_2。如果不告訴你 p_1 代表甚麼，只給你 p_1，要你猜 p_2 = ？那麼，最佳的猜測是：$p_2=p_1$。

理由是「連續性」，我們預期：「變化不太大」。

等差或等比

如果題目改為 $N=2$，換句話說：只給你兩個資料 p_1, p_2，要你猜下一個 p_3 = ？如果不告訴你 p 代表甚麼，那麼，「最佳的」猜測大概是下述兩者之一：

$$\text{或者是 } p_3=2*p_2-p_1\text{；或者是 } p_3=\frac{p_2^2}{p_1}.$$

等差模型

對於一個聰明的小學生，他她很可能已經想到一個關鍵：「照這個趨勢！」如果 $p_2>p_1$, 數列（到此為止！）是在增加之中，這一期已增加了

$$p_2 - p_1;$$

由「連續性」，我們預期：第二期的增加量也一樣（「變化不太大」），即：

$$p_3 - p_2 = p_2 - p_1; p_3 = 2 * p_2 - p_1.$$

換句話說：畫在方格紙上，橫軸代表「十年度」，縱軸代表「人口」（所以兩軸的尺度互不相涉），在橫座標 year = 1 =（1870 年度），縱座標 p_1, 畫下第一點；在橫座標 year = 2 =（1880 年度），縱座標 p_2, 畫下第二點；那麼你就猜：第三點是橫座標 year = 3 =（1890 年度），縱座標 $2 * p_2 - p_1$；如此三點共一線，而且是等間距。

對於一個聰明的小學生，這幾乎是最好又最簡單的模型。

等差模型的意思就是假定：這個時間序列是一個等差數列！

$$p_{j+1} - p_j = \delta \text{ 是個常數，與 } j \text{ 無關。} \tag{2}$$

等差數列的要素

通常記一個有限的等差數列 p 的公差為 δ，項數為 N，另外，習慣上，用 a 表示首項，用 ℓ 表示末項；連同 N 項總和 S，都是一個等差數列 p 的要素，共五個。這裡面，N 是自然數，而且應該把 $N=1$ 的情形排除在外！又，$\delta=0$ 的情形，應該說是退化的等差數列（這等於說：常數是退化的一次式）。五個要素，由兩個關係式子聯繫：

$$\ell = a + (N-1) * \delta; \tag{3}$$

$$S = \frac{a+\ell}{2} * N;$$

因此，一個有窮的等差數列 p 有三個獨立的要素。

● 植樹問題的困擾

公式中出現$(N-1)$的機會很多！它應該叫做間隔數，恰好是「項數減 1」。這是最大的困擾！

● 等比模型

（假定那個小學生已經畢業，進了中學！）對於一個聰明的中學生，他或她很可能已經想到一個關鍵：「照這個趨勢！」只不過，用等比代替等差。

如果p代表的是「人口」，或者「菌口」，或者「獸口」！3000 隻生了 40 隻，則同一時間內，9000 隻就會生 120 隻，依此想法：

$$p_2 : p_1 = p_3 : p_2; p_3 = \frac{p_2^2}{p_1}.$$

● 等比數列

等比模型的意思是：數列p在第j期中所增加的比例都維持一樣，與j無關，因而（對照(2)）：

$$\frac{p_2}{p_1} = \frac{p_3}{p_2} = \cdots = \frac{p_N}{p_{N-1}} = r; \tag{4}$$

● 等比數列的要素

我們記這個等比數列（英歐文略寫為G.P.,「幾何數列」，）p的公比為r，其他如項數N，首項a，末項ℓ，以及N項總和S，意思如前所述。這些就是一個等比數列p的五要素。

N是自然數，而且應該把$N=1$的情形排除在外！又，$r=1$的情形，應該說成是退化的等比數列（這等於說：常數是退化的一次式）。五個要素，由兩個關係式子聯繫：

$$\ell = a * r^{N-1}; \tag{5}$$

$$S = a * \frac{r^{N-1}}{r-1}.$$

因此：一個等比數列 p 也是同樣有三個獨立的要素。

● 等比級數定理＝割圓恆等式

這是一再出現的：

$$1+x+x^2+\cdots+x^{N-1}=\begin{cases} N, 若\ x=1; \\ \frac{1-x^N}{1-x}, 若\ x\neq 1; \end{cases} \tag{6}$$

● 證明（「自套法」）

若 $x\neq 1$，而 $s=1+x+x^2+\cdots+x^{N-1}$，則：$x*s=x+x^2+\cdots+x^N$，故：$s(1-x)=1-x^N$。（這個證明也是一種差和分法根本定理！）我們還要提醒你：植樹問題的困擾！

● 逆轉原理

我們可以把原來的等比數列逆轉而寫：

$$\ell, \ell*\frac{1}{r}, \ell*\frac{1}{r^2}, \cdots, a*r, a; \tag{7}$$

則：項數不變！首項與末項的地位顛倒了，（首項變成末項，末項變成首項！）而且公比反倒！r 變成 $\frac{1}{r}$。（遞降變成遞增，遞增變成遞降。）

例 1 你可以對照這兩個數列：

甲　0.0016, 0.008, 0.04, 0.2, 1, 5, 25, 125, 625, 3125;

乙　3125, 625, 125, 25, 5, 1, 0.2, 0.04, 0.008, 0.0016;

例 2 有四項的 G.P.，首兩項和＝60，末兩項和＝240。求解！

解析　今 $a+a*r=60$, $ar^2+ar^3=240$；相除立得：$r^2=4$; $r=2$；於是 $a=20$，因此數列為：

$$20, 40, 80, 160;$$

註 我把公比 $r<0$ 的情形排除不算，通常的書上絕不如此！因此本題有另外一解：$r=-2, a=-60$，

$$-60, 120, -240, 480;$$

● **幾何中項**

在兩相異正數 $a, b,$ 之間，插入一項 u，使成等比，則 $u=\sqrt{a*b}$ 叫做等比中項，或幾何中項。

例 3 三數等比，其和為 19，其積為 216，求此三數。

解析 「三數等比」時，我們經常可以設中間項為 m，公比為 r，於是首末兩項為 $a=\frac{m}{r}$, $\ell=m*r$;（依照逆轉原理，$a, \ell,$ 可以對調，因此我們的 $r\gtrless 1$ 難辨！）於是：

$$\frac{m}{r}+m+m*r=19, \frac{m}{r}*m*(m*r)=216,$$

即：$m\left(1+\frac{1}{r}+r\right)=19; m^3=216$，解得 $m=6$；於是：

$$r+\frac{1}{r}=\frac{13}{6}, 6r^2-13r+6=0, r=\frac{2}{3}, \frac{3}{2};$$

答：4, 6, 9;（或 9, 6, 4.）

習題甲 假設 p 是 G.P.

(i) $a=p_1=16, p_2=8$，求 p_5；

(ii) $a=280, r=\frac{-1}{2}$，求 p_9；

(iii) $a=5, \ell=p_n=640, r=2$，求項數 N；

(iv) $p_2=-24, p_5=81$，求首項 a，公比 r；

習題乙 假設三數等比，其和為 14，其平方和為 84，求此三數。

習題丙 一直角三角形的三邊長 a, b, c 等比，求公比 r。

例 4 （參見例 1）今有一 G.P.，首項 0.0016，末項 3125，公比為 $\frac{1}{5}$，問有幾項？

解析 今 $0.0016=\frac{1}{5^4}, 3125=5^5$，公比為 5，也就是說，數列為：

$$5^{-4}, 5^{-3}, 5^{-2}, 5^{-1}, 5^0, 5^1, 5^2, 5^3, 5^4, 5^5;$$

一共有 $10=(5-(-1))+1$ 項；（注意到植樹問題的陷阱！）
你不應該用「點算法」！那麼：「從頭到尾」，放大倍率是

$$\frac{3125}{0.0016}=5^{5+4}=5^9;$$

這是「一段一段乘以 5」的結果！故一共須要的「分段」數為 $N-1=9$，也就是說：項數 $=10$。

例 5 今有一 G.P.，首項 3125，末項 0.0016，公比為 $\frac{1}{5}$，問有幾項？

解析 用剛剛的辦法，則「從頭到尾」，放大倍率是

$$\frac{0.0016}{3125}=5^{-4-5}=5^{-9};$$

這是「一段一段乘以 $\frac{1}{5}=5^{-1}$」的結果！故一共需要的「分段」數為 $N-1=9$；即項數 $N=10$。

註 對於大部份的人來說，遞降的數列比較困難！所以你可以將數列逆轉來做，變成：首項 $0.0016=\frac{1}{5^4}$，末項 $3125=5^5$，公比為 5，那麼：問題歸結為

前一例題。

例 6 《西遊記》裡的西牛賀洲的某小國，在 1580 年（元旦），1590 年，兩度公告了全國普查的人口數，各為 39458, 40182 人，此國大君，問他的宰相說：何時我國人口有 43802 人？何時我國人口有 50000 人？

解析 這個宰相到濱江初中留學後，數學程度和你一樣高明，懂得G.P.。今「每一段的放大倍率」是公比

$$r=\frac{40182}{39458}=1.018348624;$$

而「從頭到尾的放大倍率」是

$$\frac{43802}{39458}=1.110091743;$$

這是「一段一段地乘上公比 r」的結果！

$$r=1.01835, r^2=1.037034; r^3=1.05606; r^4=1.07544;$$
$$r^5=1.095172; r^6=1.115267;$$

事實上預期的人口數（15 項的）序列是如下的等比數列：

39458, 40182, 40919, 41670, 42435, 43213, 44006, 44814;
45636, 46473, 47326, 48194, 49079, 49979, 50896;

那麼，43802，落在第 6「分段」；我們利用對數，就可以算出大約是 5.744188 段，後面再說！如果你用比例插值法，是 5.7424549798；至於突破五萬大關，（預期）要到第 13 期之後！

§86.1 等比增加與制囿

例 1 某甲隨口說：「我今天起，開始儲蓄，今天存一元，然後每天加倍，存一個月！」他做得到嗎？

解析 $2^{10}=1024=1K>1000=10^3$；因此：$2^{20}>10^6; 2^{30}>10^9$（=billion，十億），說的人諒必是 Marcos 總統的兒子吧！

註 故事裡，發明了棋戲的宰相，對於國王的獎賞，只說：「就在這棋盤上第一格放一顆米粒，以後每一格就加倍，我就心滿意足了」。

一共 64 格，國王賞不了，只好殺了他！

例 2 在例 1 的那個人，第 20 天時，當天的存款還是 $2^{19}<10^6$；如果他的朋友，一個有錢人某乙，說：「我今天起，開始儲蓄，今天存一百萬元，第二天兩百萬元第三天三百萬元，依此類推，存一個月！」他做得到嗎？只要他的財產有 $\frac{30*31}{2}*10^6=4.65*10^8$ 元，他就做得到了！

例 3 現在思考兩個小問題：

(i) 在第幾天，甲當天的存入額 $p_N=2^{N-1}$，大於乙的當天存入額 $q_N=N*10^6$？

(ii) 在第幾天，甲的累積存款 S_N，大於乙的累積存款 T_N？

解析 （你差不多只要記得：$2^{10}=1024>10^3$ 就夠了！）因為乙的出手就是「百萬」，我們先問甲第幾天才有存入額 $2^{N-1}>10^6$；答案當然是：$N=21$，這是因為 $2^{10}=1024>10^3$，但是「大得不多」！就因為 $1024\approx 10^3$，所以現在，摩登的 $1K=2^{10}=1024$，代替了古時的 $1K=10^3=1000$（=Kilo）；故 $M_+=2^{20}\approx 10^6=M$；

從第 21 天開始的兩個數列是：

$$p: M_+,\ 2M_+, 4M_+, 8M_+, 16M_+, 32M_+, \cdots$$

$$q: 21M, 22M, 23M, 24M, 25M,\ 26M, \cdots$$

在第 $26=N_1$ 天，當天的存入額已經「甲大於乙」了：$p_{26}>q_{26}$；

差不多是 32：26=16：13；如此解決了問題 (i)。

現在考慮問題 (ii)。依等比級數和的公式：$S_N=2^N-1=2*p_N-1$（你根本可以看成 2^N，而等差級數和的公式：$T_N=\frac{N(N+1)}{2}*10^6$），

那麼從第 26 天開始的兩個數列是：

$$S: 64M,\quad 128M, 256M, 512M, \cdots$$

$$T: 315M, 378M, 406M, 435M, \cdots$$

到了第 $29=N_2$ 天，累積存款也是甲大於乙了。

Malthus 的人口論

要點是：

- 糧食的生產量以算術數列增加；
- 人口以幾何數列增加；
- 那麼，終究糧食應付不了人口，只好以天災人禍來解決！

正名

在平常的語文中，許多字詞，意思都差不多；但是，數學上常有精細分辨的必要。古時，progression, sequence, series,都混著用，現在，progression 已經廢棄不用，但是保留在三個略寫中，即：

A.P. 算術數列,=等差數列；

G.P. 幾何數列,=等比數列；

H.P. 調和數列；

英文的 sequence, series,都是數列，但是數學文中，現在都是用：

sequence=數列，series=級數（只有「time series」=「時間序列」），

級數是一項一項之間有加號連結的，而數列（以及更一般的「序列」），則是以逗號分隔各項的！Malthus 的用字是 series，但意思是「數列」，不應該

是級數。

Malthus 的前兩個要點，是生物社會學的問題，第三個卻是數學。

定理

如果有兩個數列，一個是等比數列 p，首項為正，且公比 $r>1$，

$$p：p_1=a, p_2=a*r, p_3=a*r^2, \cdots, \tag{8}$$

另外有一個數列 q，是等差數列：

$$q：q_1=b, q_2=b+d, q_3=b+2d, \cdots, \tag{9}$$

那麼只要項數夠大：$n>\ell$，從那以後的每一項來比較，都是 p_n 大於 q_n。

$$\text{(Malthus)}：\lim_{n\to\infty}\frac{b+n*d}{a*r^n}=0.(a>0, b>0, d>0, r>1.) \tag{10}$$

Archimedes 原理

隨便給兩個數L, ϵ，不論 L 多麼大，ϵ 多麼小，只要 $\epsilon>0$，那麼，在如下的序列中，

$$\epsilon, 2\epsilon, 3\epsilon, 4\epsilon, \cdots$$

一定找得到一個比 L 大！換句話說：一定找得到一個自然數 N，使得：$N*\epsilon>L$；當然其後的每一項也如此。

$$\lim_{n\to\infty}\frac{L}{n*\epsilon}=0.(L>0, \epsilon>0.) \tag{11}$$

例證 如果 $\epsilon=0.00000067, L=30000000009$，則取 $N=\text{floor}\left(\frac{L}{\epsilon}\right)+1$。

註 floor 意思是「地板」。這就是把一個正數的小數部份棄掉，只要整數部份，例如 floor $(\pi)=3=$ floor $(\sqrt{10})$。但是，對於負數呢？floor $(-\pi)=-4$, floor (x)

規定成：不大於x的「最大整數」。

多項式的制囿與指數制囿

（這小節先複習§53的小巫見大巫補題丙。目地在「小巫見大巫原理」。）

貳階的 Archimedes 原理

假設有個二次式

$$f(x)=a*x^2+b*x+c;\ (a>0),$$

另外有個一次以下的式子

$$g(x)=h*x+k;$$

那麼，一定找得到一個自然數N，使得：只要$x>N$，就一定會有$f(x)>g(x)$。

$$\lim_{x\to\infty}\frac{h*x+k}{ax^2+bx+c}=0.(a>0,\ h>0.) \tag{12}$$

想法

這個講法不好！要說$f(x)>g(x)$，可以改用兩種說法之一，甲種說法是：

$$f(x)-g(x)=a*x^2+(b-h)*x+(c-k)>0;$$

乙種說法是：

$$a*x^2>(h-b)x+(k-c);$$

（這樣子，一次項就合併成一項，等於說$b=0$，而零次項也合併成一項，等於說$c=0$），用乙種說法，那麼這個貳階的 Archimedes 原理就是說：

不論h, k為何，只要$a>0$，那麼，在x夠大的時候，都有

$$ax^2>hx+k;$$

「x 夠大的時候」，意思就是：「找到自然數 N，使得：當 $x \geq N$ 時」。

我們現在要煩惱的係數已經減少了，只剩 a, h, k 三個（而不是原來的五個 a, b, c, h, k），現在更進一步，把上式，除以 $a>0$，改成：

$$x^2 > \frac{h}{a}x + \frac{k}{a};$$

這樣子，就等於說固定了 $a=1$（用 $\frac{h}{a}$ 代替 h，用 $\frac{k}{a}$ 代替 k），我們現在要煩惱的係數已經減少了，只剩 h, k 兩個：不論 h, k 為何，只要 x 夠大，都有：

$$x^2 > hx + k;$$

現在我們再把問題「分解」成兩個問題！我們想證明：

不論 h, k 為何，只要 x 夠大，都有：

$$\text{(i) } x^2 > 2 * hx;$$

$$\text{(ii) } x^2 > 2 * k;$$

把兩式相加，除以 2，就得到所求！

兩個問題都很容易解決！如果我們改寫 $2h = H_1$，改 $2k$ 為 H_0，則我們只要找夠大的自然數 N，使得：$N > H_1, N > H_0$。

● 更高階的 Archimedes 原理

不論 $H_0, H_1, \cdots, H_{j-1}$ 為何，只要 x 夠大（x 大於某自然數 N），就使得：

$$x^j > H_{j-1}x^{j-1} + \cdots + H_0; \tag{13}$$

或者說：只要最高次項的係數 $a>0$ 為正，那麼，在 x 很大的時候，$f(x) = ax^j +$（$j-1$ 次以下）一定大於零。

或者說：兩個多項式 $f(x), g(x)$，次數有大小：$\deg(f(x)) > \deg(g(x))$，而前者的最高次項的係數 $a>0$ 為正，那麼在 x 很大的時候，一定 $f(x) > g(x)$。

例 4 $f(x) = 0.02 * x^5 - 4x^3 + 2x^2 - 76; g(x) = 48x^4 + 660x^3 - 42x^2 + 490x + 2000;$

求自然數 N，使得只要 $x \ge N$，就有 $f(x) > g(x)$。

解析　我們希望 $f(x) > g(x)$，就等於要：

$$0.02 * x^5 > [48x^4 + 660x^3 - 42x^2 + 490x + 2000] - [-4x^3 + 2x^2 - 76];$$

也就是：

$$0.02 * x^5 > 48x^4 + 664x^3 - 44x^2 + 490x + 2076;$$

說好了 $x > N > 0$，因此只要

$$0.02 * x^5 > 48x^4 + 664x^3 + 490x + 2076;$$

就好了；現在把上式乘以 $50 = \frac{1}{0.02}$，就變成：

$$x^5 > 2400x^4 + 33200x^3 + 24500x + 103800;$$

（這是一種「規範化」，使得左邊變成「標準的」）右邊有 4 項，那麼，我們只要同時有：

$$\text{(i) } \frac{1}{4}x^5 > 2400x^4;$$

$$\text{(ii) } \frac{1}{4}x^5 > 33200x^3;$$

$$\text{(iii) } \frac{1}{4}x^5 > 24500x;$$

$$\text{(iv) } \frac{1}{4}x^5 > 103800;$$

就好了！那麼只要：

$$\text{(i) } x > 2400 * 4 = 9600;$$

$$\text{(ii) } x^2 > 33200 * 4 = 132800;$$

$$\text{(iii) } x^4 > 24500 * 4 = 9800;$$

$$(iv)\ x^5 > 415200;$$

你看得出來：只要 (i) $x>9600$，其他就當然成立了！你就取 $N=9600$ 吧。實際上取 $N=10^4$ 也可以！

習題 請找出一個自然數 N，使得只要 $x>N$，就一定有：

$$f(x)=4x^7-5x^5+57x^2-8800x-9999>44x^6+8x^5-5x^4-6x^3+200x^2+8000x+10^5.$$

例 5 只要 N 夠大，就有：

$$10^{-6}*1.000007^N>38*N^2+5000N+456789.$$

解析 （從例 4 學到了！）我們只要同時有下述三個就好了：

$$\text{(i) } 1.000007^N>3*10^6*40*N^2;$$
$$\text{(ii) } 1.000007^N>3*10^6*5000N;$$
$$\text{(iii) } 1.000007^N>3*10^6*500000;$$

右邊是 N 的 2 次式；今若 $N>2$，則有二項式定理：記 $\epsilon=0.000007$，

$$(1+\epsilon)^N=1+N\epsilon+\frac{N(N-1)}{2}\epsilon^2+\frac{N(N-1)(N-2)}{6}\epsilon^3+\cdots+\epsilon^N$$
$$>\frac{N(N-1)(N-2)}{6}\epsilon^3;$$

所以，我們只要同時有下述三個就好了：

$$\text{(i) } \frac{N(N-1)(N-2)}{6}\epsilon^3>3*10^6*40*N^2;$$
$$\text{(ii) } \frac{N(N-1)(N-2)}{6}\epsilon^3>3*10^6*5000N;$$
$$\text{(iii) } \frac{N(N-1)(N-2)}{6}\epsilon^3>3*10^6*500000.$$

● 小巫見大巫原理

如果n越來越大，當然，n^2, n^3, n^4等等，也都越來越大，其實，（後）一個比（前）一個大！n是一萬，則n^3是萬億（=兆）；

但是這些都不如2^n；因為，萬億$=10^{12}$，只寫12個零，而$2^{10000}>10^{3000}$，少說也要3000個零；萬億對它只是小小小巫。

註 我們做個小小的總結：

如果$f(x)$是個k次多項式（$k>0$），那麼：數列

$$f(1), f(2), \cdots, f(n), \cdots$$

（的絕對值）一定會趨近無限大！如果 $g(x)$ 是另外一個多項式，那麼：我們就可以比較它們之趨近無限大的「速度」。事實上，

$$\text{如果：}\deg(g(x))>\deg(f(x))\text{，則有：}\lim_{n\to\infty}\frac{f(n)}{g(n)}=0. \tag{14}$$

也就是說：數列$f(n)$之見數列$g(n)$，是「小巫見大巫」！

多項式數列之趨近無限大，其階級是由它的次數決定的。

可是，任何多項式數列和等比數列相比，都是「小巫見大巫」，只要後者的公比大於1。等比數列互相之間的比較，其階級是由它們的公比之大小決定的：

$$\text{如果：}1<A<B\text{，則有：}\lim_{n\to\infty}\frac{A^n}{B^n}=0. \tag{15}$$

問 那麼，對數數列與等差（一次！）數列相比？

答 雖然

$$\lim_{n\to\infty}\log(n)=\infty,$$

對數數列之趨近無限大，其速度是出奇地慢！

你想：$n=10^8$，則 $\log(n)=8$。人家跑到一億，你才跑到八。當然是：

$$\lim_{n\to\infty}\frac{\log(n)}{n}=0. \tag{16}$$

事實上，調和級數發散：

$$1+\frac{1}{2}+\frac{1}{3}+\cdots+\frac{1}{n}+\cdots=\infty. \tag{17}$$

這算是很晚才被（偉大的 Leibniz）發現的！為何？

微積分學會告訴我們：

$$H_n := 1+\frac{1}{2}+\frac{1}{3}+\cdots+\frac{1}{n} \approx \ln(n) = \log(n) * 2.302585093\cdots \tag{18}$$

（這裡的 $\ln(x)=\ln_e(x)$ 是所謂自然對數。其底數 e 是 Euler 常數。見後述。§87.(4)式。）

我們算到 200 項，列表於下。加到 10^8 項的時候才是 18.4206807⋯

1.0000	1.5000	1.8333	2.0833	2.2833	2.4500	2.5929	2.7179	2.8290	2.9290
3.0199	3.1032	3.1801	3.2516	3.3182	3.3807	3.4396	3.4951	3.5477	3.5977
3.6454	3.6908	3.7343	3.7760	3.8160	3.8544	3.8915	3.9272	3.9617	3.9950
4.0272	4.0585	4.0888	4.1182	4.1468	4.1746	4.2016	4.2279	4.2535	4.2785
4.3029	4.3267	4.3500	4.3727	4.3949	4.4167	4.4380	4.4588	4.4792	4.4992
4.5188	4.5380	4.5569	4.5754	4.5936	4.6115	4.6290	4.6463	4.6632	4.6799
4.6963	4.7124	4.7283	4.7439	4.7593	4.7744	4.7894	4.8041	4.8186	4.8328
4.8469	4.8608	4.8745	4.8880	4.9014	4.9145	4.9275	4.9403	4.9530	4.9655
4.9778	4.9900	5.0021	5.0140	5.0257	5.0374	5.0489	5.0602	5.0715	5.0826
5.0936	5.1044	5.1152	5.1258	5.1363	5.1468	5.1571	5.1673	5.1774	5.1874
5.1973	5.2071	5.2168	5.2264	5.2359	5.2454	5.2547	5.2640	5.2731	5.2822
5.2912	5.3002	5.3090	5.3178	5.3265	5.3351	5.3437	5.3521	5.3605	5.3689
5.3771	5.3853	5.3935	5.4015	5.4095	5.4175	5.4253	5.4331	5.4409	5.4486
5.4562	5.4638	5.4713	5.4788	5.4862	5.4935	5.5008	5.5081	5.5153	5.5224
5.5295	5.5366	5.5436	5.5505	5.5574	5.5642	5.5710	5.5778	5.5845	5.5912
5.5978	5.6044	5.6109	5.6174	5.6239	5.6303	5.6366	5.6430	5.6493	5.6555
5.6617	5.6679	5.6740	5.6801	5.6862	5.6922	5.6982	5.7042	5.7101	5.7160
5.7218	5.7276	5.7334	5.7391	5.7449	5.7505	5.7562	5.7618	5.7674	5.7729
5.7785	5.7840	5.7894	5.7949	5.8003	5.8056	5.8110	5.8163	5.8216	5.8269
5.8321	5.8373	5.8425	5.8476	5.8528	5.8579	5.8630	5.8680	5.8730	5.8780

§86.2　無窮等比級數

● 例 1：無限循環小數

我們都學過以小數計算除法，例如：45 ÷ 37 = ？你馬上算出：

	1. 21 6	最後的餘數 = 8
37	45	已經出現過！
	37	因此，
	8 0	第四位小數
	7 4	以下是重複的！
	60	即是：
	37	216216⋯
	23	因此，寫成：
	22 2	$\frac{45}{37}=1.\dot{2}1\dot{6}.$
	80	這是無限循環小數

反過來說，無限循環小數：

$$s = 51.3737373737\cdots = ?$$

我們可以認為這是

$$a_0 = 51;\ a_1 = 0.37,\ a_2 = 0.0037 = a_1 * r,\ r = \frac{1}{100},\ a_3 = a_2 * r,\ a_4 = a_3 * r,\ \cdots.$$

因此，$\frac{a_1}{100} = a_2, \frac{a_2}{100} = a_3, \cdots, \frac{a_n}{100} = a_{n+1}, n = 1, 2, \cdots,$

$$\frac{s}{100} = \frac{a_0}{100} + a_2 + a_3 + \cdots = \frac{a_0}{100} + (s - a_0 - a_1);$$

$$(s - a_0) * (\frac{99}{100}) = a_1;$$

就可以解出這個無限循環小數：

$$s = 51.\dot{3}\dot{7} = a_0 + a_1 * \frac{99}{100} = 51 + \frac{37}{99}.$$

例 2 （最常見的特例！）

$$1 + \frac{1}{2} + \frac{1}{4} + \frac{1}{8} + \cdots + = 2. \tag{21}$$

無窮等比級數

如果數 x 的絕對值 $|x| < 1$，則以此為公比的「無窮等比級數」的和是

$$A + A * x + A * x^2 + A * x^3 + \cdots + A * x^n + \cdots = \frac{A}{1-x}. \tag{22}$$

例 3：Archimedes 的級數

考慮這條拋物線 $y = x^2$；取其上的兩點 $A = (a, a^2), B = (b, b^2)$，這兩點的連線是：

$$AB：(y - a^2) = (x - a) * \frac{b^2 - a^2}{b - a} = (a + b)(x - a); \tag{23}$$

線段 $\overline{AB}$ 就割出一個弓形域：

$$a < x < b, x^2 < y < a^2 + (b + a)(x - a); \tag{24}$$

要計算它的面積。

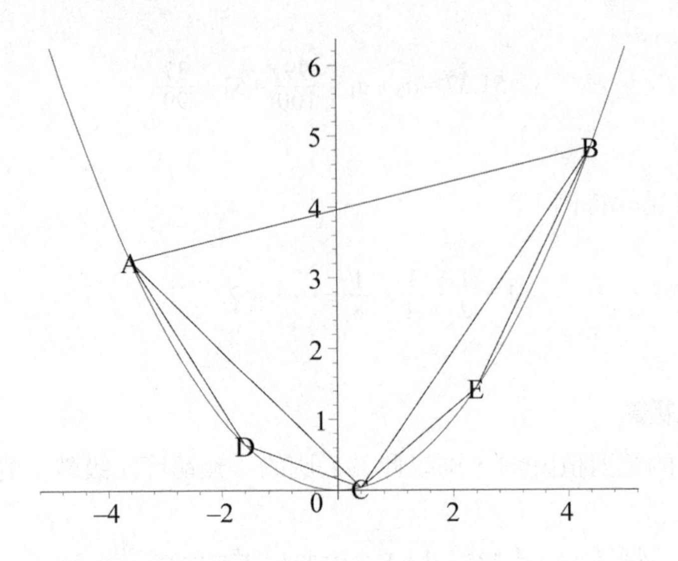

解析　若從邊 AB 的中點，做一直線與拋物線的軸平行，而交這拋物線於點 $C=(c, c^2), \left(c=\frac{a+b}{2}\right)$，做出$\triangle ABC$，我們就說 $\triangle ABC$是「建基於（AB，或者不如說是）$[a..b]$ 的阿基米德三角形」，記作 $\triangle^0$。（這裡，附在 I 與$\triangle$的碼，都只是標籤，不是指數。）

現在把 $I^0=I=[a..b]$ 對分，成為兩個閉區間 $[a..c]$ 及 $[c..b]$，我們又可以分別做出建基於 $[a..c]$ 及 $[c..b]$ 的阿基米德三角形，

這是自$\triangle^0$導出的，這兩個阿基米德三角形記作$\triangle_1^0$及$\triangle_2^1$；

如圖中的 $\triangle ADC, \triangle BCE$。（我們的圖，把 y 軸縮小成$\frac{1}{4}$。）

以下仿此，把 I_k^n 對分成 I_{2k-1}^{n+1} 及 I_{2k}^{n+1} 做出阿基米德三角形（把 $I_1^1=[a..c]$及 $I_2^1=[c..b]$，對分成 $I_1^2, I_2^2, I_3^2, I_4^2$ 做出新的 Archimedes 三角形 $\triangle_1^2, \triangle_2^2, \triangle_3^2, \triangle_4^2$），……一直下去。

先算$\triangle ABC=$？事實上，由公式（最後用到 $c=\frac{a+b}{2}$），

$$\triangle ABC=\begin{vmatrix}1, & a, & a^2\\ 1, & c, & c^2\\ 1, & b, & b^2\end{vmatrix}=\frac{1}{2}(b-a)(c-a)(b-c)=\frac{1}{8}(b-a)^3. \tag{25}$$

那麼，由第 k 階的一個阿氏三角形，可以導出兩個阿氏三角形，但是「建基」已打對折，故面積成了 $\frac{1}{8}$，但有兩個，所以，面積共是$\triangle ABC$ 的 $\frac{1}{4}$ 倍，以下依此類推。所以我們得到無窮等比級數：

$$\frac{1}{8}(b-a)^3\left\{1+\frac{1}{4}+\frac{1}{4^2}+\cdots\cdots\right\}$$
$$=\frac{1}{8}(b-a)^3\Big/\left(1-\frac{1}{4}\right)=\frac{1}{6}(b-a)^3 \tag{26}$$

● **定理**

拋物弓形域的面積就是基礎 Archimedes 三角形面積的 $\frac{4}{3}$ 倍。

問 在弧 AB 以下，x 軸以上，這一段面積 $A'ABB'$ 為何？

$$梯形\ AA'B'B=\frac{1}{2}(A'A+B'B)A'B'$$
$$=\frac{1}{2}(a^2+b^2)(b-a)$$

所以，所求之面積 $=\frac{1}{2}(a^2+b^2)(b-a)-\frac{1}{6}(b-a)^3=\frac{1}{3}(b^3-a^3)$。

Archimedes 的這個結果，用今日的積分記號來寫就是：

$$\int_a^b x^2\,dx=\frac{1}{3}(b^3-a^3). \tag{27}$$

● **註：積分的記號與幾何解釋**

希臘人已經有很先進的積分的概念！即：

$$\int_a^b f(x)\,dx:=\lim\sum_{j=1}^{n} f(\xi_j)(x_j-x_{j-1}). \tag{28}$$

式子左側是「被積分函數 $f(x)$ 在積分範圍$[a..b]$上的積分」；式子右側是什麼意思呢？

假設我們有一個函數 $f(x)$，我們在座標平面上畫出曲線 Γ：$y=f(x)$。我們就假定$f(x)$是正值函數：$f(x) \geq 0$，（不論x如何）於是曲線Γ在橫軸的上方。假設$a<b$，我們就畫出兩條縱線$x=a$與$x=b$。於是，此兩線與橫軸與曲線Γ，四條線界定出一塊區域。這塊區域$\mathcal{R}$就是：$\{(x, y) : a \leq x \leq b, 0 \leq y \leq f(x)\}$。那麼它的面積如何解釋？

式子的右側就是說：這個面積就是「近似面積的極限」。那個和式就是近似面積：

我們把橫軸上的區間$[a..b]$分割成n個小段，

$$a=x_0<x_1<x_2<\cdots<x_{n-1}<x_n=b;$$

第j個小段是$[x_{j-1}..x_j]$，其寬度就是$\Delta_j x=x_j-x_{j-1}$。我們在每個小段都各擇取一個「樣本點」ξ_j，那就算出函數值$\eta_j=f(\xi_j)$，從而得到曲線Γ上的對應的點$R_j=(\xi_j, \eta_j)$，過這一點畫橫線$y=\eta_j$，於是它和橫軸$y=0$，以及兩條縱線$x=x_{j-1}$, $x=x_j$就圍出一個瘦長條矩形域，面積是$\eta_j * \Delta_j x=f(\xi_j)(x_j-x_{j-1})$；所以上面這式子的右側中的和式就是這些瘦長條矩形域的面積的總和，也就是區域$\mathcal{R}$的近似面積。取極限的意思就是要讓所有的這些寬度都「縮小到零」。（通常用等差分割，$x_j=a+j*\Delta x$; $\Delta x=\frac{b-a}{n}=\Delta_j x$, 與$j$無關。那就只需要令$n\to\infty$來計算和式的極限。）如果函數$f(x)$不是正值，那麼幾何意義要稍做修改，但是算術的定義卻可以保留，沒有問題！

Bode 序列

這個章節可以說是前面所說插值與適配問題的一個有趣的例子！

註 考慮從3開始的倍增數列到第8項：

$$3, 6, 12, 24, 48, 96, 192, 384;$$

前面加上一項0，就成了：

$$0, 3, 6, 12, 24, 48, 96, 192, 384;$$

由此，每項加上 4 再除以 10，這就是 Bode 序列！

事實上，1772 年，德國天文學家 J.Bode 公佈了（1766 由 J.Titius 發現的）這個數列，與太陽系諸行星的「距日長」相對照（天文單位 Astronomical Unit 是地日距 $=1.496*10^{11}$ 米）：

planet	行星	序碼	Bode 值	距日長	週期（年）
Mercury	水星	$-\infty$	0.4	0.39	0.2408
Venus	金星	0	0.7	0.725	6152
Earth	地球	1	1.0	1.0	1.0
Mars	火星	2	1.6	1.575	1.8809
minor planets	小行星群	3	2.8	2.1-3.3	3-6
Jupiter	木星	4	5.2	5.2	11.8622
Saturn	土星	5	10.0	9.54	29.458
Uranius	天王星	6	19.6	19.18	84.0153
Neptune	海王星	?	7	30.07	164.79
Pluto	冥王星	8	38.8	39.4	247.697

Bode 序列的公式是：

$$\text{Bode}(n)=\frac{3*2^n+4}{10},\ n=-\infty, 0, 1, 2, \cdots, 7.8. \tag{29}$$

其他註解：

（0°）（當然，星相學家 Kepler 已經猜測過！）

（1°）1801 年元旦開始，陸續地發現了「小行星群」。（發現者是一共六個人的天文學家，自稱為「星空的巡警員」，celestial police。）有種種理論說：這裡本來有個行星，後來破裂成一群！）

（2°）天文學界最近已經把冥王星降級，不讓它有行星的資格！

（3°）照規定：若 $A>1$，則 $A^{-\infty}=0$。

§87　利率

● 率的意義

我們慣常使用「率」這個字，都是一種乘性的比較。都用到除法。但是還有兩種不同的用法，必須分辨。

例如說，「投票率」。這是「實際去投票的人數」除以「有投票權的人數」。因此，這個率是純粹「無名數」，而且一定是個「小數」，在區間(0..1)內。（只有在中國，北韓，這種匪國，才有接近於1的率！）

但是，像「功率」這種物理名詞，它的意思是：所作的「功」（work），分佈在一段時間內，因此，將這個功量，除以這段時間，就是「平均功率」。

● 利率的意義

那麼「利率」是什麼意思？它其實兼有兩者！

我存了錢（本金）P在銀行，經過一段時間T，本利和為$R=P+Q$，那麼多賺的利息是Q，這個金額是和本金P以及時間T有關。

Q與P的關係比較簡單，就是「成正比」，因此計算「收益比率」為$\frac{Q}{P}$；這是率的第一種用法。

但是Q（或者$\frac{Q}{P}$）與時間T的關係比較複雜！（當然，時間越長賺越多）那麼依照第二種用法，就算出「平均利率」$\frac{Q}{P}\div T=\frac{Q}{P*T}$。數學程度差的人，到達這個階段就停止不繼續思考了！這樣子的概念就是「單利的利率」。

● 單利與複利

某年，西牛賀洲的一個小國玻朵科與一個島國蓬萊交涉，請求「低利貸款」，一億「天」元，要進行該國的一個十年大工程；島國蓬萊評估的結果，願意給他們這筆貸款，但要求單利每年 4%的利息，也就是說，十年後要還給蓬萊國1.40億；島國蓬萊有個鄰近的敵對國家，叫做驊赤藍，就去向這小國的總理說，同樣的貸款，但願意以更低的利率，即年利率 3.5% 貸給他們，但要求複利計算。居然就成交了！你想這個總理數學程度如何？

連本利率

那個傢伙當然數學不及格！如果是複利，年利率3.5%，十年的總連本利率是：

$$1.035^{10}=1.410598761>1.40=1+10*0.04;$$

因此利息更高！

只要有複利的思考，就可以對付如下的問題：

問1 甲銀行說：「你現在存 100 萬元，100 年後，還給你本金 100 萬之外還加上利息 1 億」。

乙銀行說：「你現在存 100 萬元，明年，還給你本金 100 萬之外還加上利息 5 萬」。

請問：何者給你更高的利率？

問2 採購主任閱讀同一物質的兩種品牌之說明，比較其「耐蝕性」。甲種品牌說：經過一年，仍然維持99%以上的效能；乙種品牌說：經過 50 年，仍然維持 55%以上的效能；請問：何者給你更高的耐蝕性？（更低的「受蝕率」？）

問 1 的解 甲：100 年的平均利率是：（說 100 年是故意誇大！）

$$\frac{\frac{(101-1)*10^6}{10^6}}{100\text{ 年}}=1\text{／年。}$$

當然銀行的意思不是「每年給你 100 萬利息」。當然，也不會，經過 50 年，給你 5000 萬利息。

銀行當然是複利計算！所以經過 50 年，給你的本利和將是 $101^{\frac{50}{100}}\approx 10.05$ 百萬。如果只過了 1 年，甲銀行給你本利和是 $101^{\frac{1}{100}}\approx 1.047232$ 百萬。這是比乙銀行的利率低！

問 2 的解 甲的單一年平均受蝕率，是 $(1-0.99)\div$ 年 $=0.001\div$ 年；

而在 50 年中，乙的平均受蝕率，是 $(1-0.55)\div(50\text{ 年})=0.009\div$ 年；

但若是以 10 年來算，則「耐蝕比」為 $0.55^{\frac{10}{50}}$；同理，以 1 年來算，則「耐蝕比」為 $0.55^{\frac{1}{50}}\approx 0.9881$；即是：平均受蝕率，

是(1 − 0.9881) ÷ (50 年) = 0.0002377 ÷ 年；

例 3 某鎮人口在 1970 年為 35401，在 2000 年為 41502，問：該鎮的每年人口增加率為何？

解析 如果你計算出：

$$\frac{\frac{41502}{35401}-1}{30}=0.0057446588;$$

那是相當於單利法的「年利率」；這應該用複利計算，

$$\sqrt[30]{\frac{41502}{35401}}=1.005314122;$$

因此，每年人口增加率為 0.005314122。

註 因為是用電腦算的，就抄了那麼多位小數！其實這是錯誤的做法！

例 4 某縣的實業總產值從 2000 年到 2005 年間增加了 98.3%，問：該縣的實業總產值每年增加率為何？

解析 $\sqrt[5]{1.983}=1.147$，故每年增加率為 0.147。

註 對於許多經濟現象與物理現象，等差數列就是單利模型，不合理！等比數列就是複利模型，才合理。所有的商用數學，只要掌握了複利的概念，就解決了一半；剩下的另外那一半，卻不是數學：利率會變動！

零存整付與整存零付

這是最基本的兩個商用數學的模型！（你可以「顧名思義」！）

- 零存整付：每次存款 x，每一期利率為 γ，那麼，存了 N 期之末，就此連本帶利總共可以拿多少？

第 1 期初的存款，到了 n 期末，得本利和 $x*(1+\gamma)^n$，

第 2 期初的存款，到了 n 期末，得本利和 $x*(1+\gamma)^{n-1}$，

依此類推，$x*(1+\gamma)^j, \cdots,$

第 n 期初的存款，到了 n 期末，得本利和 $x*(1+\gamma)^1$，

所以共得：

$$y=\sum_{j=1}^{n} x*(1+\gamma)^j;$$

首項 $x(1+\gamma)$，公比 $(1+\gamma)$，共 n 項：

$$\left(\begin{array}{l} \frac{y}{x}=(1+\gamma)*\frac{(1+\gamma)^n-1}{\gamma} \\ \frac{x}{y}=\frac{\gamma}{(1+\gamma)*((1+\gamma)^n-1)} \end{array}\right.; \quad (1)$$

• 整存零付：一開始就存進一筆錢 Y，然後每一期的期末，領出 x；每一期利率為 γ，如此領了 n 期，恰好領光光；x, Y 有何關聯？

我們可以這樣想：如果每次他從銀行甲領到錢時，他都交給「牽手」，而她都把這些錢，立即存入銀行乙，而銀行乙也照同樣的利率來計算！於是，到了 n 期末，最末一期零付款到手的時候，他交給了她，而她已經在銀行乙「零存」存了 $(n-1)$ 期！她就去銀行乙，整個領出來，加上這最後一筆 x，就應該是：（她的牽手＝）他如果在銀行乙存款 Y，經過 n 期的本利和！

$$Y*(1+\gamma)^n=x*(1+\gamma)*\frac{(1+\gamma)^{n-1}-1}{\gamma}+x$$

$$=x*\frac{(1+\gamma)^n-1}{\gamma};$$

$$Y=x*\frac{(1+\gamma)^n-1}{\gamma*(1+\gamma)^n};$$

$$\left(\begin{array}{l} \frac{Y}{x}=\frac{1-(1+\gamma)^{-n}}{\gamma}; \\ \frac{x}{Y}=\frac{\gamma}{1-(1+\gamma)^{-n}}; \end{array}\right. \quad (2)$$

例5 建商售屋一棟，售價1000萬，言明以200萬交款交屋，然後以年利率2%計算，分成20年即240個月份，逐期同額付款，問每月應交付款額多少才合理？

解析 這等於「整存零付」，建商整存 $Y=1000-200=800$（萬元）；而期數 $n=120$，每期利率 γ，合乎：

$$(1+\gamma)^{12}=1+0.02=1.02;\ \gamma=\sqrt[12]{1.02}=1.001651581;$$

故每月應交付款額 x 應該是：

$$x=800*\frac{\gamma}{1-1.02^{-20}}=2.960325.$$

習題1 如果購屋者交了10年後，打算把剩下的餘款，一次繳清，那麼應該交多少才合理？

自然指數

問1 假設：我存款的銀行，經理和我是非常好的朋友；有一天，我想到一個發財的妙招，就去找他商量！我說：「現在存款的年利率是多少？」他告訴我，是 $\gamma=2\%$。（這個例題是數學，因此，真正是多少，並不重要！）

好，我就說：「可以不可以，讓我佔便宜，讓我半年複利一次？」

他笑一笑，說：他有相當的權限：「在1%以內，可以！」

很好，那我多賺了多少？

答 半年複利一次，一年就有兩期了，一期的利率是：

$$\frac{\gamma}{2}=0.01,$$

於是兩期的「連本利率」是

$$\left(1+\frac{\gamma}{2}\right)^2=1.01^2=1.0201;$$

比起本來的「連本利率」$1+\gamma=1.02$ 來說，利率增大了 0.0001。

問2 假設：我「得寸進尺」，我就要求他：「那麼，讓我每三個月複利一次，可乎？」（經理的數學程度不錯，他知道這是在他的權限內！）他說：「可以！」那我多賺了多少？

答 一年複利四期，一期的利率是：

$$\frac{\gamma}{4}=0.05,$$

於是四期的「連本利率」是

$$\left(1+\frac{\gamma}{4}\right)^2=1.005^4=1.020150500625;$$

當然又比一年複利 2 期更有利；順便說一下：若是一年複利 3 期，則連本利率是

$$\left(1+\frac{0.02}{3}\right)^3\approx 1.0201336296296296296$$

當然介於兩者之間！

無時無刻不在複利之中

假設：我「得寸進尺」，我就要求他：「讓我每月複利一次，可以吧！每日複利一次，每小時複利一次，可以吧！每分鐘複利一次，可以吧！每秒鐘複利一次，可以吧！」

經理的數學程度不錯，他唸過一點微積分，他就說了：算了，乾脆就來個「無時無刻不在複利之中」吧！我不怕你「得寸進尺」，實際上沒有這回事！你進得很有限！分釐毫絲，只是兩絲多一點點而已！你的「總連本利率」是 1.020201340，實得利率 0.020201340，比起名義上的利率 $\gamma=0.02$，只多了 0.000201340：

$$\frac{1.020201340-1}{0.02}=1.010067\cdots$$

連續複利與自然指數

把上面所說的做個一般的思考：如果名義上的利率為γ，那麼，改為n期來複利，所得的連本利率為

$$y_n=\left(1+\frac{\gamma}{n}\right)^n;$$

這當然是n越大越有利！它的「最大限度」就記做 $\exp(\gamma)$，乃是「連續複利」（=無時無刻不在複利之中！）的結果；$\exp(\gamma)$就叫做γ的自然指數值：

$$\exp(\gamma):=\lim_{n\to\infty}\left(1+\frac{\gamma}{n}\right)^n. \tag{3}$$

習題 2 求$\left(1+\frac{1}{2}\right)^2, \left(1+\frac{1}{3}\right)^3, \left(1+\frac{1}{4}\right)^4, \left(1+\frac{1}{5}\right)^5, \cdots$。

偉大的 Euler

其實，其極限為：

$$e:=\exp(1)=\lim_{n\to\infty}\left(\frac{n+1}{n}\right)^n=2.7182818284590\cdots; \tag{4}$$

（這叫做自然對數之底 = 自然指數之底；記做e，紀念偉大的 Euler。）

意思就是名義利率為 1 時的實質的連本利率。

連本利率與名義上的利率

反過來說：

若知道實得的總連本利率y，又給定期數n，那麼：

$$y=\left(1+\frac{\gamma}{n}\right)^n; \tag{5}$$

就可以算出（分為n期時）「名義上的利率」

$$\gamma_n=n*(\sqrt[n]{y}-1). \tag{6}$$

例6 $\gamma=0.5$，則：$\gamma_5=5*(\sqrt[5]{1.5}-1)=0.422358855$；意思是：要得到實質利率 0.5（也就是連本利率 1.5），那麼用 5 期的複利來計算，只要名義上的利率是 0.422358855 就可以了！$\left(1+\frac{0.422358855}{5}\right)^5=1.5$；

若是用 $n=10$來計算，只要名義上的利率是 $\gamma_{10}=0.413797440$ 就可以了！

若是用 $n=20$來計算，只要名義上的利率是 $\gamma_{20}=0.409603080$ 就可以了！

若是連續複利，只要名義上的利率 $\gamma_\infty=\ln(1.05)=0.4054651081$ 就可以了！

連續複利與自然對數

把上面所說的做個一般的思考！我們將讓「期數」n 趨近無窮大，（也就是計算複利的期間縮小到零！）那就知道：如果要得到實質的連本利率y，（而以連續複利來計算，）只要名義上的利率

$$\gamma=\ln(y):=\lim_{n\to\infty} n*(\sqrt[n]{y}-1); \tag{7}$$

這個 $\ln(y)$，就叫做y的自然對數值。

所以這兩個函數 exp, ln,互相顛倒：

$\exp(\gamma)$是：名義上的利率是γ時，連續複利之下，所得的連本利率；

$\ln(y)$是：連續複利之下，要得到連本利率y，所要的名義上的利率。

平均利率

前面我們已經提到過「率」的兩種意義，而且通常的所謂利率，其實兼有兩者！

如果我們觀察某個隨時變化的物理量，假設它在時刻t的值是$f(t)$，且永遠為正（假設我們是拜金主義者，所以就借用金錢的用語），那麼，從時刻t到時刻$t+\delta$，這一段時間內，它的「平均利率」，就是

$$\Delta_{\div} f(t,\delta):=\frac{f(t+\delta)-f(t)}{f(t)*\delta}. \tag{8}$$

§87.1　自然指數與自然對數

● **瞬時利率**

進一步的思考是：如上的平均利率，會隨著 δ 而變，我們要看：「當 δ 趨近零時，這個平均利率會趨近多少」，這就是瞬時利率

$$D_{\div} f(t) := \lim_{\delta \downarrow 0} \frac{f(t+\delta) - f(t)}{\delta * f(t)}. \tag{9}$$

註 在微分學中，這個記號就是對數導微（logarithmic differentiation）。

● **例 1：膨脹率**

記一物體在溫度 T 時的長度為 $\ell(T)$，體積為 $V(T)$，那麼當溫度改變為 $T+\delta$ 時，長度變為 $\ell(T+\delta)$，體積變為 $V(T+\delta)$；於是，在這段溫度的變化之中，它的

$$平均長度膨脹率 = \Delta_{\div}\, \ell(T,\delta) = \frac{\ell(T+\delta) - \ell(T)}{\ell(T) * \delta};$$

$$而平均體積膨脹率 = \Delta_{\div}\, V(T,\delta) = \frac{V(T+\delta) - V(T)}{V(T) * \delta}.$$

當然可以考慮相應的「瞬時利率」，也就簡稱為長度膨脹率，體積膨脹率。對於固體，通常考慮前者，但是對於氣體，通常考慮後者，因為前者沒有意義。

對於理想氣體，體積膨脹率其實就是絕對溫度的倒數！

證明 因為 $p * V = n * R * T$（我們假定：「定壓」），於是：

$$\frac{\Delta V}{V} = \frac{\Delta T}{T};\ \Delta_{\div} V(T,\delta) = \frac{1}{T}.$$

● **指數函數的瞬時利率**

對於 $f(t) = A * B^t$，我們馬上算出來它的「平均利率」

$$\Delta_{\div} f(t, \delta) := \frac{A * B^{t+\delta} - A * B^t}{A * B^t} = \frac{B^\delta - 1}{\delta};$$

這是與時刻 t 無關的！只與小段時間 δ 有關。那麼計算瞬時利率時，就是這個平均利率的極限。而且只是與底數 B 有關。我們就記做：

$$\ln(B) := \lim_{\delta \to 0}\left(\frac{B^\delta - 1}{\delta}\right); \tag{10}$$

如果我們取 $\delta_n := \frac{1}{n}$，讓 n 趨近無窮大，當然就有 $\lim_{n\to\infty} \delta_n = 0$，所以上面這個式子，就給我們：

$$\ln(B) = \lim_{n\to\infty}\left(n * \left(B^{\frac{1}{n}} - 1\right)\right);$$

這恰好就是上一節所給的定義〔公式(4)〕。

註 實際上，我們只要有「開平方」的工具就可以計算了！這是因為：我們只要讓 $\delta_n = \frac{1}{2^n}$，則只需要讓 $n \to \infty$，就使得 $\delta_n \to 0$ 了！

那麼我們可以這樣計算

$$\ln(B) = \lim_{n\to\infty}(2^n * (B^{2^{-n}} - 1))。 \tag{11}$$

此地的 $B^{2^{-n}}$ 當然只是將 B 一再地開方！

例 2 我們可以計算 ln(2) 如下。

n	2^n	$2^{\frac{1}{2^n}} - 1$	$2^n * (2^{\frac{1}{2^n}} - 1)$
1	2	0.414213562	0.828427124
2	4	0.189207115	0.756828460
3	8	0.090507733	0.724061864
4	16	0.044273782	0.70838051
5	32	0.021897149	0.70070877
6	64	0.010889286	0.69691430
7	128	0.005429901	0.6950273

n	2^n	$2^{\frac{1}{2^n}}-1$	$2^n*(2^{\frac{1}{2^n}}-1)$
8	256	0.002711275	0.6940864
9	512	0.001354720	0.6936166
10	1024	0.000677131	0.693382
11	2048	0.000338508	0.693264
12	4096	0.000169240	0.693207
13	8192	0.000084616	0.693174
14	16384	0.000042307	0.69316
15	32768	0.000021153	0.69314
16	65536	0.000010577	0.69317
17	131072	0.000005288	0.6931
18	262144	0.000002644	0.6931
19	524288	0.000001322	0.6931
20	1048576	$6.61*10^{-7}$	0.6931

指數演化的基本定理

（未規範化的）指數函數就是「具有固定瞬時利率的函數」；其底數就是其瞬時利率的自然指數函數值：

$$B=e^{\lambda};$$

10 是對於人類最方便使用的底數，2 是對於人類在概念上最自然的底數，不過在大自然中，Euler 常數 e 更自然：

$$e:=1+\frac{1}{1!}+\frac{1}{2!}+\frac{1}{3!}+\cdots=2.718281828459\cdots$$

增長與衰減這兩型的區別就是瞬時利率 λ 正負號的區別。如上我們已經知道：細菌滋生是很常見的生命現象，不過這種簡單的指數增長模型只能適用於短時期內。反倒是，指數衰減的現象在長期的演化中常常出現。我們如果拿 $2^{\frac{-t}{T}}=e^{-\ln(2)*\frac{t}{T}}$ 與 $B^t=e^{\lambda*t}$ 相比較，就知道：

若半衰期為 T，則：此指數衰減型的函數，其

$$瞬時利率 = \lambda = -\frac{\ln(2)}{T}\text{；}底數 = B = 2^{-\frac{1}{T}}\text{；}半衰期 = T = \frac{\ln(2)}{-\lambda}\text{。} \tag{12}$$

● 例 3：簡單摩擦

假設一個具有質量 M 的質點，在一個純粹的阻尼介質內做直線運動，我們又假定它除了受到一個摩擦力之外完全沒有其他的力量之作用，並且這摩擦力的大小與速度成正比，但是方向恰好相反，於是

$$F = -K * v;$$

K 稱為阻尼常數。（我們這裡取的座標軸方向就是速度的方向！因此 $v > 0$。）於是，由 Newton 第二定律，質點的加速度為

$$a = -\frac{K}{M} * v; \tag{13}$$

但是，如果把速度看成時刻 t 的函數：$v = v(t) > 0$，從 t 到 $t+\delta$ 這段時間內，速度的「平均利率」應該是：

$$\frac{v(t+\delta) - v(t)}{\delta * v(t)} = \frac{1}{v(t)} * 平均加速度\text{；}$$

那麼我們的簡單摩擦模型，告訴我們：這個速度函數的瞬時利率就是：

$$\frac{a(t)}{v(t)} = -\frac{K}{M} = -\kappa;$$

因此，這個「固定瞬時利率」就是負的阻尼率 $\kappa = \frac{K}{M} = -\lambda$。結論就是：這個質點的速度就是一個指數衰減型的函數：（我們以 $v_0 > 0$ 為初速度，$x_0 = 0$ 為「初時位置」）

$$v = v_0 * e^{\frac{-K}{M} * t}; \tag{14}$$

例 3 的衍生

（這一段比較高深，也許你可以先跳過！）上面已經算出「速度 v 做為時間 t 的函數」。我們也可以算出：「位置 x 做為時間 t 的函數」。因為座標軸方向就是速度的方向，$v>0$，因此座標 x 是時間 t 的遞增函數。

現在記極限位置為：

$$x_\infty := \lim_{t\to\infty} x(t). \tag{15}$$

因為半衰期為：$T=\dfrac{\ln(2)}{-\lambda}=\dfrac{\ln(2)*M}{K}$，馬上看出：

從 0 到 T 這段時間，和其後同樣長的時段相比較，速度是對應地打對折！那麼，以走過的「里程」來相比較，也成相同的比例！那麼很顯然：

$$x(T)=\frac{1}{2}*x_\infty;\ x(2T)-x(T)=\frac{1}{2}*x(T),\ x(3T)-x(2T)=\frac{1}{2^2}*x(T),\cdots,$$

因而：

$$x(T)=x_\infty\left(1-\frac{1}{2}\right),\ x(2T)=x_\infty*\left(1-\frac{1}{2^2}\right),\cdots,\ x(n*T)=x_\infty*\left(1-\frac{1}{2^n}\right).$$

$$x(t)=x_\infty*\left(1-2^{\frac{-t}{T}}\right)=x_\infty*\left(1-e^{-\frac{K}{M}t}\right); \tag{16}$$

或者 $x_\infty-x(t)=x_\infty*e^{-\frac{K}{M}t}$;

你這樣看，是以 x_∞ 為新座標 $X=x_\infty-x$ 的原點，而新座標軸方向與原來的速度方向顛倒！那麼新座標的變化率，只是原來的速度，但是改「正」為「負」：

$$V(t)=-v(t)=-\frac{K}{M}*x_\infty=-v_0*e^{\frac{-K}{M}*t}. \tag{17}$$

因此：

$$x_\infty=v_0*\frac{M}{K};\ v_0=\frac{K}{M}*x_\infty. \tag{18}$$

例 4：電阻與電感組合系的阻尼減衰

假設有一個理想的電路，恰好具有電阻 R 與電感 L，而毫無電容。

我們可以把這個阻感電路體系和上述的簡單摩擦系相比擬：

阻感	體系	摩擦	質點
電量	Q	位移	x
電流	I	速度	v
電流變化率		加速度	a
電壓	V	力量	F
（自）電感	L	慣性質量	M
電阻	R	阻尼常數	K

要點是：電阻產生的阻抗電壓相當於摩擦阻力，方向與電流反向，大小與電流成正比：

$$V=-R*I;$$

於是這個電路的「運動」，就是指數減衰型。

$$I=I_0*e^{\frac{-R}{L}*t}; \tag{19}$$

第九章

機率

後四節講機率論。我們強調了「擇優觀」，以此統一地解釋了種種「代表值」與「參差度」。（我們強力推薦這兩個詞語！）

同樣地，在兩變量統計中也用最小方差法講迴歸直線，於是介紹了相關係數爲兩個迴歸係數的幾何平均。

我們採用了「虛擬實境」的「籤筒模型」，來解釋機率，這是我們一貫的堅持。

§91　頻度分布

註 一切學問都來自於需要！一切的數學都只是常識的精煉！

假設我們把某次考試（全班 50 人）第 n 號學生的分數寫成 x_n；這樣子我們有一個（「函數」）也就是數列

$$X=(x_1, x_2, \cdots, x_{50});$$

數列的意思是：如果老師抄錯了，把 x_3 與 x_{11} 對調了，那就非常糟糕！因為只要對調了兩項的數列

$$X'=(x_1, x_2, x_{11}, x_4, x_5, x_6, x_7, x_8, x_9, x_{10}, x_3, x_{12}, \cdots, x_{50})$$

就是不同的數列！

● 頻度觀：記述統計的數據

這樣子我們就明白記述統計中的「數據」，是什麼意思了：它就是「不在乎這樣子的對調順序」。

註 所以「頻度觀的數據」，有些像「集合」，不過卻是允許重複。

如果老師只給出六種分數，0, 20, 40, 60, 80, 100，那麼她（或他，以下都如此）只要知道：零分的有 m_0 人，20 分的有 m_1 人，40 分的有 m_2 人，60 分的有 m_3 人，80 分的有 m_4 人，100 分的有 m_5 人，她就得到完全的資訊了！（就這一次的考試而言！）

我們要強調：統計數據 $((\xi_1, m_1), \cdots, (\xi_K, m_K))$ 和數列 $(x_1, x_2, \cdots, x_M)$，足碼的意義不同！因為前者 ξ_j 的足碼 $j=1, 2, \cdots, K$，用以分辨種種不同的分數，而後者 x_n 中的足碼 n，則代表不同的人。（因此 $M=m_1+m_2+\cdots+m_K$。）前者是「以分數為本位」，排列的時候由低分到高分（或者顛倒），後者是「以人為本位」，排列的時候由學號低到學號高。前者就是頻度觀。

頻度觀的有用，常常是因為：

K 遠比 M 為小！（因為，人數很多，分數相同的人很多。）

如果總頻度M很大很大，那麼，後者一定是非常非常的不方便！因為它比起前者，多了很多資訊，多出來許多「完全沒有用的」資訊！

統計學的第一步就是做了一番「資訊的濃縮」，大大的簡化，而絲毫沒有丟掉有用的資訊！

記述統計的要義就是這種「頻度觀」：把數列$X=(x_1,x_2,\cdots,x_M)$，化成「頻度表」

$$\begin{pmatrix}\xi_1, & \xi_2, & \cdots, & \xi_K\\ m_1, & m_2, & \cdots, & m_K\end{pmatrix}.$$

這裡例子中的第一個數列ξ_j是表示成績（分數），而第二個數列就列出這個成績的學生數，即是其頻度；在實用上，通常，第一個數列都是相同間距（例如說，成績的間距為5分），根本就不用寫出這個數列！只要明白開頭的項ξ_1（例如45分），以及間距（例如5分），就好了。所以實用上的頻度表，只要一個數列：$(m_1,m_2,\cdots,m_K)$。例如(1, 0, 0, 2, 2, 8, 7, 12, 9, 3, 0, 6)。（此例子中，無人得分為50, 55, 95，因此必須寫頻度為零。）

當然我們經常把「頻度表」畫成頻度的「柱狀圖」（histograph）來呈現！在這種柱狀圖中，於橫軸上的$x=a$與$x=b$處，畫出縱線，則兩線之間所夾的柱塊面積就代表了：變量x落在這個範圍內的總頻度。

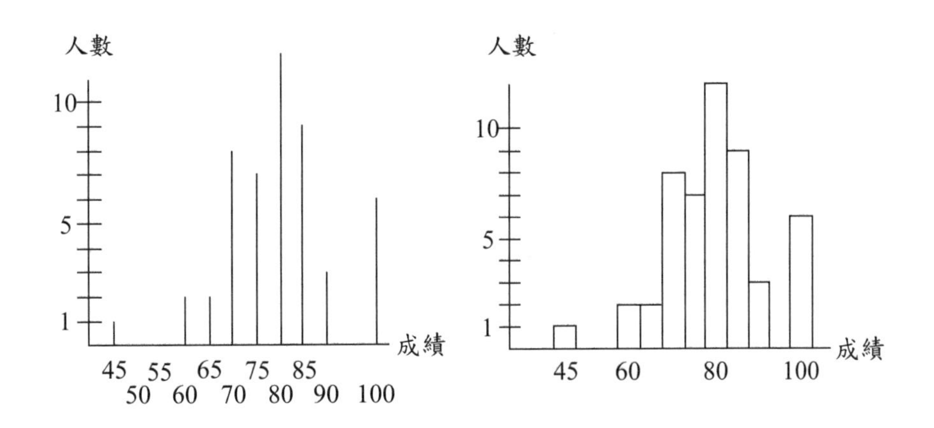

以上是兩種方式的柱狀圖。也許應該建議用右邊這種方式！

大量的數據：分階

我們思考：如何應付大量的數據？

舉例來說，如果是「很多」，但還不是「多到不能應付」，那麼許多人都想得到「分階」的辦法。如果是幾千人，或者幾百人（甚至於只要幾十人），也許就把成績分成「五分一階」，50 到 55，55 到 60，60 到 65，等等。

問 那麼 65 分的人算在哪一階？

答 我是非常不死板的人！給你一個非常不死板的建議：就把他當成 0.5 個人在[60..65] 這一階，0.5 個人在 [65..70] 這一階。（你只是「在概念上」計算，並不是「捉他來劈成兩半」！）我們要讓學生明白：數學只是一種方便，數學只是常識！

原本的數據，被分階化之後，所得的數據，當然又丟掉一些資訊！

- 我們不能說這些被丟掉的資訊完全是無用的！
- 我們只是說：我們這樣子做，「丟掉的資訊不算太多，但是，可以減輕負擔！」意思是說：若要記下：0 分的 m_0 人，1 分的 m_1 人，等等，那麼要寫下這個數列，$(m_0, m_1, \cdots, m_{100})$共 100 項。

若是以 5 分為一階，則要 20 項。在「古時」，這種「負擔的節約」，是必須考慮的！

更重要的是：我們這樣子分階化，對於數據之呈現，是非常方便的！例如，教務處對於校長要簡報某次月考，某科目的成績，分階化之後的數據當然簡潔許多，我們說「七十幾分的有多少人」，就把 73 分與 76 分的人都包括了，無視於兩人的區別。這樣子，所損失的資訊，對校長而言簡直是零！（太詳盡的資訊對她是不利的！）

- 但是分階的意思並非叫教務處的職員把學生的成績 73 改寫為 75, 76 也改寫為 75！若是這樣子做，就荒謬絕倫了！

● 分階的利弊

愚蠢的大眾，認為分階是天經地義。其實古今大大不同！適用分階的狀況有：批改作業，簡單的等第（甲乙丙丁）就好；有些「檢定型的考試」，也只需要分簡單的等第；有些科學的測量，其精密度受限，因而四捨五入，這其實是一種不得不的分階。

但是，像入學考試，已經算出各科分數，現在的電腦又那麼方便，將各科分數再去分階？！

● 連續型的頻度分布

想像一個很有代表性，很極端的情境：有個封閉的玻璃瓶子，我們要研究在其中的所有氣體分子的速度，或者就明確一點，只講 x 方向的速度成分 v_x。N 個分子！N 是大到這個程度：10^{21} 以上。這樣子一想，很自然就跑出「連續型的頻度分布」來了！

這就是說，我們只能想像畫出一條頻度曲線，它是在橫軸的上方；橫軸變數是 v_x，縱軸變數是「頻度密度」，那麼，畫兩條縱線 $v_x = a$, $v_x = b$ 時，這兩條線與曲線以及橫軸，所包圍的面積就代表了：速度 v_x 介於 a, b 之間者的氣體分子的頻度。

註 當你畫出頻度（密度）曲線時，兩個軸的意義以及尺度當然不同！例如，橫軸代表「成績分數」，它的量綱也是「成績分數」，例如：「一單位長度代表一個成績間距的 5 分」；而縱軸的量綱則是頻度除以橫軸的量綱！因為面積代表頻度！

對於頻度太大而變量的間距太小的數據，連續型的頻度分布，變成了唯一可行的數學模型！而對於許多具體的數據，頻度只是上仟上萬，在很多情形下，連續型的頻度分布居然也是一個很好的近似！

§92 分布之代表值與參差度

● 記述統計的基本問題

我們回到原先的例子：把某次考試第 n 號學生的分數寫成 x_n；如果校長問老師：「她們這次考得怎麼樣？」，要怎麼回答？這是記述統計的基本問題。稍稍精細些，問題就是：如何從這一堆數據 X 得出一個代表值（central tendency）與參差度？

數學的妙用就是可以把問題分析得很清楚，把不精確的問題變成精確的問題。換句話說：不懂數學的人，連問題都問不清楚！

平均與標準差

假設我們以 α 當做 X 的代表值（或者說「參考點」），則對某生 n 的實際成績 x_n 來說，就產生偏差 $x_n-\alpha$，而絕對偏差為 $|x_n-\alpha|$，（平）方（偏）差為 $|x_n-\alpha|^2$；

● 命題

使總偏差等於 0 的代表值 α 就是算術平均 $\mathfrak{M}(X)$。這個命題不太重要！下述才重要！

● 主定理

使「總平方偏差 $\Sigma(x_n-\alpha)^2$ 為最小」的代表值 α 也是算術平均 $\mathfrak{M}(X)$。

這是最小平方法的最簡單的一個例子！（因為最簡單所以最重要！）

我常常要提醒高中的老師：你的學生，在初中時代，所學到的最簡單而且最重要的數學知識就是「配方法」！這就是把 $a*x^2+b*x+c$ 寫成 $a*\left(x+\frac{b}{2a}\right)^2+\cdots$。由此可得二次方程式的根，而且可以解決一元二次函數的極大極小問題！如果 $a>0$，則極小點在 $\frac{-b}{2a}$，如果 $a<0$，則極大點在 $\frac{-b}{2a}$，總之，極值點在 $\frac{-b}{2a}$！

另外一件事，就是「規範化」。例如，要解二次方程式 $a*x^2+b*x+c=0$，

等於解 $x^2+\frac{b}{a}*x+\frac{c}{a}=0$；這個「除以首項係數 a」，就是規範化。數學上經常要做這種工作，意思是「先把周圍環境，清理乾淨，不要等一下礙手礙腳！」這裡的規範化，使得二次式變成「么領」，領導項的係數是一。

註 以上所說，即使對於一個數學成績很差的學生，也是一下子就懂！么領化之後，配方法就更簡單：把 $x^2+p*x+q$ 寫成 $\left(x+\frac{p}{2}\right)^2+\cdots$。於是有：

● 么領二次式極值定理與 Steiner 公式

么領二次函數 $f(x)=x^2+p*x+q$ 的極小點是 $\beta=\frac{-p}{2}$，而且：

$$f(x):=x^2+p*x+q=f(\beta)+(x-\beta)^2, \beta:=\frac{-p}{2}; \tag{1}$$

換句話說：函數值 $f(3.24)$ 的意思是將式子中的 x 用一個數 3.24 代入去計算，這樣子的值，會隨著你代入的 x 而變化，代來代去，能夠找到的最小的函數值，就是當你用 $\beta=\frac{-p}{2}$（「極小點」）代入時所得的 $f(\beta)$（「極小值」）。那麼，如果你已經算出這個「極小點」β 與「極小值」$f(\beta)$，對於一般的函數值 $f(x)$ 是多少？你不用再代入計算了！它一定是 $f(\beta)+(x-\beta)^2$，也就是極小值 $f(\beta)$ 再加上此點 x 與極小點 β 的差距之平方。

註 這個 Steiner 公式，一再地出現於許多的物理科學。

回到我們原先的記述統計的問題來！此時的二次式是 $\Sigma\ (x_n-\alpha)^2$。（自變數是 α。這對於學生是一個困擾！）要點是先規範化！領導項的係數是 N（＝學生總數，或者說，總頻度，於是規範化之後，成為對於「參考點」α 的「平均平方偏差」：

$$f(\alpha)=\frac{1}{N}\Sigma\ (\alpha-x_n)^2=\alpha^2-2*\alpha*\frac{\Sigma x_n}{N}+\Sigma x_n^2.$$

使得這個平均平方偏差為最小的參考點，就是算術平均 $\alpha=\mathfrak{M}(X)$，而那個極小值就叫做<u>變異數</u>（variance）$\mathfrak{V}(X)$。

$$\mathfrak{M}(X)=\frac{\Sigma x_n}{N};$$
$$\mathfrak{V}(X)=\frac{\Sigma(x_n-\mathfrak{M}(X))^2}{N} \tag{2}$$
$$=\frac{\Sigma x_n^2}{N}-\left(\frac{\Sigma x_n}{N}\right)^2;$$

Steiner 公式有兩個簡單的應用。其一是（最後一式）簡單的口訣：

「變異數 $\mathfrak{V}(X)$ 等於『平方的平均』減去『平均的平方』。」

另外一個應用是這樣：要計算算術平均 $\mathfrak{M}(X)$，以及變異數 $\mathfrak{V}(X)$，古老的做法是隨便選定一個參考點 α，於是計算相對於此的偏差 x_n-a，以及平方偏差 $(x_n-\alpha)^2$，把各項都加起來，再除以 N，就得到相對於此參考點 α 的平均偏差

$$\text{相對平均偏差甲}=\frac{1}{N}\Sigma\,(x_n-\alpha);$$
$$\text{相對平均平方偏差乙}=\frac{1}{N}\Sigma\,(x_n-\alpha)^2; \tag{3}$$

（當然，如果前者為零，那就是「瞎貓碰著死老鼠」，就一舉算出兩個量 $\mathfrak{M}(X)$, $\mathfrak{V}(X)$；否則）我們也只要稍做「修正的計算」，就得到：

$$\mathfrak{M}(X)=\alpha+\text{甲}；$$
$$\mathfrak{V}(X)=\text{乙}-(\alpha-\mathfrak{M}(X))^2. \tag{4}$$

當然這個計算的根據，就是：

平移的原則

將全班每個人的分數一律減去分數 c，這個數據，就記做 $X-c$；那麼這個新數據再取算術平均，就等於從原來數據的算術平均中減去 c；但是新舊數據的變異數是一樣的：

$$\mathfrak{M}(X-c)=\mathfrak{M}(X)-c;$$
$$\mathfrak{V}(X-c)=\mathfrak{V}(X); \tag{5}$$

● 伸縮的原則

將全班每個人的分數一律除以 $c>0$，這個數據，就記做 $X \div c$；那麼這個新數據再取算術平均，就等於從原來數據的算術平均中除以 c；但新數據的變異數是將舊數據的變異數除以 c^2：

$$\mathfrak{M}(X \div c) = \mathfrak{M}(X) \div c;$$
$$\mathfrak{V}(X \div c) = \mathfrak{V}(X) \div c^2. \tag{6}$$

● 標準差

將數據的變異數開方，稱為其標準差：

$$\mathrm{sd}(X) = \sqrt{\mathfrak{V}(X)};\ \mathrm{s}d\,(X \div c) = \mathrm{sd}\,(X) \div c . \mathrm{sd}\,(X - c) = \mathrm{sd}\,(X). \tag{7}$$

註 為何要開方？你必須有量綱的警覺！討論一堆長度測量的數據，單位是公尺，算出的變異數，單位是平方公尺！

註 採用頻度觀，則計算公式改為

$$\text{令 } M := \Sigma m_j,$$
$$\mathfrak{M}(X) = \frac{\Sigma m_j * y_j}{M}; \tag{8}$$
$$\mathfrak{V}(X) = \frac{\Sigma y_j^2}{M} - \mathfrak{M}(X)^2.$$

● 無聊的數據

若是 $\mathrm{sd}\,(X) = 0 = \mathfrak{V}(X)$，意思是；所有的項都相等，$x_1 = x_2 = x_3 = \cdots = x_N$，這樣子的數據 X 叫做無聊的（trivial）。

● 基本問題的答覆方式

我們回到原先的例子，該如何回答校長的問題？不要定性的回答「很好」、「很差」或「普通」；定性的回答給人一個「太籠統」的感覺！定量的回答就是說：「報告校長，她們的算術平均是 $\mathfrak{M}(X)$」。

如果校長有些常識，她一定追著問：很參差嗎？（M型社會，M型學校？）（定量的！）答案是：「報告校長，她們的標準差是 $\mathrm{sd}(X)$」。（或者：「她們的變異數是 $\mathfrak{V}(X)$」。這樣子稍微差一點！）

算術平均是 $\mathfrak{M}(X)$ 是最常被使用的代表值，而標準差 $\mathrm{sd}(X)$ 是最常被使用的參差度。而且兩者是配合起來使用的！

● 數據之無偏化

對於一個數據 X，若其算術平均為 $\mu = \mathfrak{M}(X)$，則把 X 平移為 $X-\mu$，稱為 X 的無偏化，因為這一來，數據 $X-\mu$ 的算術平均變成 $0 = \mathfrak{M}(X-\mu)$，這樣子的數據叫做無偏的（unbiased）。

● 數據之（弱）標準化

對於一個數據 X，除非無聊，否則，其標準差 $\sigma = \mathrm{sd}(X) > 0$，於是，把 X 伸縮為 $X \div \sigma$，稱為 X 的弱標準化，因為這一來，數據 $X \div \sigma$ 的標準差變成 $1 = \mathrm{sd}(X \div \sigma)$，這樣子的數據叫做弱標準的（uni-scaled）。

● 數據之標準化

對於一個數據 X，若將它無偏化兼且弱標準化，變成

$$\hat{X} = \frac{X-\mu}{\sigma};\ \mu = \mathfrak{M}(X),\ \sigma = \mathrm{sd}(X); \tag{9}$$

則稱之為 X 的（強）標準化。此時 $\hat{X}$ 為（強）標準的數據，因為：其算術平均為 0，其標準差為 1。

以後，我們把這個形容詞「強」字，省略掉！

§92.1 中位數與絕對誤差

現在思考更難的類似題目：

● 定理

假設我們以 α 當做 X 的「參考點」，而（計算絕對偏差的總和 $\Sigma|x_n-\alpha|$，或者說）要計算絕對偏差的平均

$$f_1(\alpha) := \frac{1}{N}\Sigma|x_n-\alpha| = f_1(\alpha; X)\text{，（省略掉 }X\text{）} \tag{10}$$

那麼要使它為最小，這個代表值 α 就應該選為中位數 $\mathfrak{M}_{ed}(X)$，而極小值 $\mathcal{E}rr(X)$ 可以稱做平均絕對誤差。

$$\mathcal{E}rr(X) = \min_{\alpha} f_1(\alpha) = f_1(\mathfrak{M}_{ed}(X)). \tag{11}$$

基本問題的另外一種答覆方式

我們也可以這樣子回答校長：

「報告校長，她們的中位數是 $\mathfrak{M}_{ed}(X)$，她們的絕對誤差是 $\mathcal{E}rr(X)$」。這樣子的回答是以中位數 $\mathfrak{M}_{ed}(X)$ 當作代表值，而以絕對誤差 $\mathcal{E}rr(X)$ 當作參差度。這兩者也是配合起來使用的！

我們可以說：這一對差不多是常被使用的「第二對」「代表值與參差度」。

註：更高階的問題

對於資優生，應該把以上的兩種思考，從 $k=2$ 與 $k=1$，推廣到一般的自然數 $k>2$：

假設我們以 α 當做數據 X 的「參考點」，而計算絕對偏差的 k 次冪之平均

$$f_k(\alpha) := \frac{1}{N}\Sigma|x_n-\alpha|^k, \tag{12}$$

那麼要使它為最小，這個代表值 α 就應該選為 k 階中位數 $\mathfrak{M}ed_k(X)$，而極小值之 k 次方根 $\mathcal{E}rr(X)$，可以稱做 k 階平均絕對誤差。

$$\mathcal{E}rr_k(X)^k := \min_{\alpha} f_k(\alpha) = f_k(\mathfrak{M}ed_k(X)). \tag{13}$$

當然，你注意到：這裡有量綱的考慮！並且，我們這樣子的定義與前此的說法完全一致：

$$\mathfrak{M}ed_1(X) = \mathfrak{M}_{ed}(X),\ \mathcal{E}rr_1(X) = \mathcal{E}rr(X);\ \mathfrak{M}ed_2(X) = \mathfrak{M}(X),\ \mathcal{E}rr_2(X) = \text{sd}(X).$$

Sorry！對於 $k \neq 1, k \neq 2$，這並無簡單的公式！

不過，若是讓 k 趨近正無窮大呢？要記住：對於任何正數 $u > 0$，$\lim_{n \to \infty} u^n$ 鐵定是無聊的，因為只有三擇：除非 $u = 1$，否則極限就是 0,或 ∞。

一個嚴重的後果就是：我們無法考慮 $\lim_{k \uparrow \infty} f_k(\alpha; X)$，因為它鐵定無聊！所以我們就稍稍改動 $f_k(\alpha; X)$ 的定義，也就是說，我們就改為考慮

$$g_k(\alpha; X) := \sqrt[k]{f_k(\alpha; X)} = \left(\frac{1}{N}\Sigma |x_n - \alpha|^k\right)^{\frac{1}{k}};$$
$$\mathcal{E}rr_k(X) := \min_\alpha g_k(\alpha) = g_k(\mathfrak{M}ed_k(X)). \tag{14}$$

但是這時候我們就有法子考慮極限了：

$$g_\infty(\alpha; X) := \lim_{k \uparrow \infty} g_k(\alpha; X);$$
$$\mathcal{E}rr_\infty(X) := \min_\alpha g_\infty(\alpha) = g_\infty(\mathfrak{M}ed_\infty(X)). \tag{15}$$

● 命題

∞階之中位數與∞階平均絕對誤差，分別為：

$$\mathfrak{M}ed_\infty(X) = \frac{\max(X) + \min(X)}{2}, \mathcal{E}rr_\infty = \frac{\max(X) - \min(X)}{2}. \tag{16}$$

這裡 $\max(X)$, $\min(X)$分別是數據中的最大項與最小項。

你當然同意：用這一對來當做代表值與參差度，是非常（最！）不好的！你報告給校長聽，她沒有得到有用的資訊！

● 定理：平移及伸縮的協變性

對於 $1 \leq k \leq \infty$，

$$\mathfrak{M}ed_k(X - c) = \mathfrak{M}ed_k(X) - c, \mathcal{E}rr_k(X - c) = \mathcal{E}rr_k(X); \tag{17}$$
$$\mathfrak{M}ed_k(X \div c) = \mathfrak{M}ed_k(X) \div c, \mathcal{E}rr_k(X \div c) = \mathcal{E}rr_k(X) \div c.$$

● 註：眾數

厲害的資優生如你，也許會想到 $\mathfrak{Med}_0(X)=$？那該如何解釋？答案是眾數（Mode），也就是「頻度最大者」的 x_j。當然這是在「單峰分布」的情形下才有意義！

● 高階平均

假設有一堆正實數 $X=(x_1, x_2, \cdots, x_n)$，我們定義其 k 階平均為

$$\mathfrak{M}_k(X) := \sqrt[k]{\frac{1}{n}(x_1^k + x_2^k + \cdots + x_n^k)} = \sqrt[k]{M(X^k)}; \tag{18}$$

實際上對於一切實數 $k \neq 0$，這個式子都有定義，而且：$\mathfrak{M}_1(X)=\mathfrak{M}(X)$ 就是算術平均，而 $\mathfrak{M}_{-1}(X)$ 就是調和平均。Cauchy 不等式說：$\mathfrak{M}_2(X) \geq \mathfrak{M}_1(X)$，「其實等號不可能成立，除非無聊」！推廣言之，

● 高階平均不等式

對於任何兩個數 $k>m$（你可以設為整數！）都有：

$$\mathfrak{M}_k(X) > \mathfrak{M}_m(X)\text{，除非無聊。} \tag{19}$$

證明　最少對於自然數，我們已經知道：$\mathfrak{M}_2(X) > \mathfrak{M}_1(X)$，假定 X 有聊。這是用到 Cauchy 不等式。那麼用遞迴法，假定了：

$$\mathfrak{M}_k(X) > \mathfrak{M}_{k-1}(X),$$

但是，同樣地，用 Cauchy 不等式，就得到：

$$(x_1^{k-1} + x_2^{k-1} + \cdots + x_n^{k-1}) * (x_1^{k+1} + x_2^{k+1} + \cdots + x_n^{k+1}) > (x_1^k + x_2^k + \cdots + x_n^k)^2;$$

現在寫：

$$(x_1^k + x_2^k + \cdots + x_n^k) = n * (\mathfrak{M}_k(X))^k; \tag{20}$$

就得到：

$$(\mathfrak{M}_{k-1}(X))^{k-1} * (\mathfrak{M}_{k+1}(X))^{k+1} > (\mathfrak{M}_k(X))^{2k};$$

由遞迴法的假定，就得到：

$$(\mathfrak{M}_{k+1}(X))^{k+1} > (\mathfrak{M}_k(X))^{2k} \div (\mathfrak{M}_{k-1}(X))^{k-1} > (\mathfrak{M}_k(X))^{2k-(k-1)} = (\mathfrak{M}_k(X))^{k+1});$$

於是遞增數列（$\mathfrak{M}_k(X)$：$k=1, 2, 3, \cdots$）收斂！因為有界！事實上，設 $X=(x_1, x_2, \cdots x_n)$中的最大項為 λ，則：

$$\lambda^k < x_1^k + x_2^k + \cdots + x_2^n < n * \lambda^k;$$

因而：

$$\frac{\lambda}{\sqrt[k]{n}} < M_k(X) < \lambda;$$

其實這樣子就已經看出：$\lim_{k\uparrow\infty} \mathfrak{M}_k(X)$ 被挾持為 $\alpha = \max X$。

回到 $\mathcal{E}rr_\infty(X)$,與 $\mathfrak{M}ed_\infty(X)$ 的討論來。現在

$$g_\infty(\alpha; X) := \lim_{k\uparrow\infty} g_k(\alpha; X) = \max_j (x_j - \alpha) = \max\{|\alpha - \min(X)|, |\alpha - \max(X)|\}。$$

其極小點當然是 $\alpha = \dfrac{\min(X) + \max(X)}{2}$。

例 假設全班 7 個人的分數是：$X=(40, 50, 50, 60, 70, 80, 90)$。則：

$$\mathfrak{M}ed_1(X) = 60,\ \mathfrak{M}(X) = 6.285714;\ \mathfrak{M}ed_{10}(X) = 64.98635;\ \mathfrak{M}ed_\infty(X) = 65.$$

眾數 $\mathfrak{M}ed_0(X) = 50$；如下的五條曲線是 Γ_k：$y = g_x\left(x, \dfrac{X}{10}\right)$，自下往上，依次是：$k = \dfrac{1}{50}, \dfrac{1}{10}, 1, 2, 10$。（前兩者接近 $k=0$，最末者接近 $k=\infty$.）最低點的橫坐標應該是 $\mathfrak{M}ed_k(X)$。

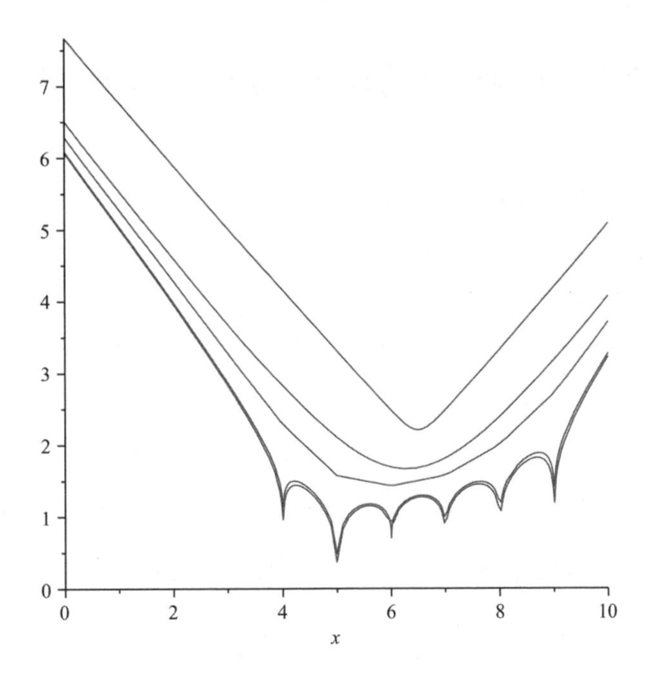

§93 Markov 與 Chebyshev 不等式

假設這一班有 48 個人，考了一次試，平均分數是 23 分（對不起，故意把你們看扁了！）那麼成績超過 46 分的人，一定不到一半 23 人；成績超過 69 分的人，一定不到三分之一 16 人；超過 92 分的人數不到 12 個人。你一定懂得我的意思。這就是下面所謂的

定理

（Markov 不等式）設 $\mathfrak{M}(X)=\mu, X\geq 0$，則對於 $k>1$，

$$\mathfrak{F}_X(X>k*\mu)<\frac{1}{k};\ \mathfrak{F}_X(X\geq k*\mu)\leq\frac{1}{k}. \tag{1}$$

這裡用 $\mathfrak{F}_X$ 表示數據 X 的相對頻度。$\mathfrak{F}_X\ (X>c)$ 的意思就是：「$x_1, x_2, \cdots, x_N$ 中，大於 c 者」的個數，除以總頻度 N。

推論：Chebyshev 不等式

設 $\text{sd}\,(X)=\sigma, \mathfrak{M}(X)=\mu$，則對於 $k>1$，

$$\mathfrak{F}_X(|X-\mu|>k*\sigma)<\frac{1}{k^2};\ \mathfrak{F}_X(|X-\mu(X)|\geq k*\sigma)\leq\frac{1}{k^2}, \tag{2}$$

● **推論：另外一種 Markov 不等式**

設 $\mathfrak{M}_{ed}(X)=\mu, \mathcal{E}rr(X)=\epsilon$，則對於 $k>1$，

$$\mathfrak{F}_X(|X-\mu|>k*\epsilon)<\frac{1}{k};\ \mathfrak{F}_X(|X-\mu(X)|\geq k*\mu)\leq\frac{1}{k}, \tag{3}$$

● **相對頻度**

我們在這裡就發現用相對頻度 $\mathfrak{F}_X$ 的辭彙是非常方便非常自然的！我們前面說到頻度觀，假定了分數為 x_j 的人數（頻度）有 m_j，那麼，意思就是

$$\mathfrak{F}_X(X=x_j)=\frac{m_j}{N}; \tag{4}$$

我們知道：以上，在計算 $\mathfrak{M}(X), \mathrm{sd}(X)$，等等的時候，真正相干的只是 X 的相對頻度 $\mathfrak{F}_X$，而不是絕對頻度！

● **累積頻度**

對於某些事項的討論，也許用累積（相對）頻度，更加方便！例如說，參加某種升學考試，則一個考生注意的焦點只是她的成績所占的名次。如果數據是 $X=(x_1, x_2, \cdots, x_N)$，她是足碼 ℓ，成績是 $x_\ell=\xi_i$（我們把各種分數，由小到大列出：$\xi_1<\xi_2<\cdots$），則比她成績高的頻度（即人數）是：

$$\sum_{j=\ell+1}^{K} m_j=\psi_1(\ell); \tag{5}$$

「最少與她相等者」，頻度為：

$$\sum_{j\geq\ell} m_j=\psi(\ell); \tag{6}$$

這樣子的兩個函數都叫做餘累積頻度（函數），這裡，餘的意思是「從上

面算下來」。

（注意：在三角函數時，餘角是從 90°算下來！補角是從 180°算下來！）

反過來說，從下面算上去，就是兩種累積頻度函數

$$\sum_{j\leq\ell} m_j = \phi(\ell); \sum_{j<\ell} m_j = \phi_1(\ell);$$

我想還是把它們都「規範化」（都除以總頻度 N）寫成：

$$\Phi_X(\xi) = \frac{1}{N}\sum_{j\leq\ell} m_j, \Phi_{1X}(\xi) = \frac{1}{N}\sum_{j<\ell} m_j; \Psi_X(\xi) = \frac{1}{N}\sum_{j=\ell} m_j. \tag{7}$$

- Markov 不等式是說：（把 (3) 改寫！）

  當 $\mathfrak{M}_{ed}(X) = \mu, \mathcal{E}rr(X) = \epsilon$，則對於 $k > 1$，

$$\Phi_X(\mu + k * \epsilon) + \Psi(\mu - k * \epsilon) \leq \frac{1}{k}. \tag{8}$$

- Chebyshev 不等式是說：（把 (2) 改寫！）

  當 $\mathfrak{M}(X) = \mu, \text{sd}(X) = \epsilon$，則對於 $k > 1$，

$$\Phi_X(\mu + k * \epsilon) + \Psi(\mu - k * \epsilon) \leq \frac{1}{k^2}. \tag{9}$$

§94 兩變量記述統計

假設我們把第 n 號學生的前後兩次（同一科）考試的分數寫成 x_n, y_n；這樣子我們有兩個數列，即

$$X = (x_1, x_2, \cdots, x_N); Y = (y_1, y_2, \cdots, y_N)$$

項數當然相同 n 指涉到同一個人，全班 M 人！

我們能夠做些什麼樣的分析呢？

兩變量

我們當然可以分別對 X 與對 Y，做出分析，計算

$$\mathfrak{F}_X, \mathfrak{M}(X), \text{sd}(X), \mathfrak{M}_{ed}(X)\text{，與 }\mathfrak{F}_Y, \mathfrak{M}(Y), \text{sd}(Y), \mathfrak{M}_{ed}(Y);$$

真正增加了興趣的是：要把兩者合併起來討論的題材！例如說，學生進步了多少？（進步是可正可負的！）

如果改變解釋，例如說 X 與 Y 分別是數學與物理的考試成績，很自然的問題就是：這兩樣相關到何種程度？

● 兩變量的數據之頻度柱狀圖

（不妨想像有大量數據 $N \gg 1.$）

如果考科 X（的成績），可能的值，由小到大，寫成 $\xi_1, \xi_2, \cdots, \xi_{K1}$；

而考科 Y（的成績），可能的值，由小到大，寫成 $\eta_1, \eta_2, \cdots, \eta_{K2}$；

兩變量 X 與 Y 結合起來，就可能取值(ξ_i, η_j)，種種的 i，種種的 j。

於是我們可以問：「考 X 得 ξ_i，考 Y 得 η_j」的頻度是多少？假設有 $m_{i,j}$ 個。

所謂頻度觀，就是說：「整個數據的要點，在於這個結合頻度」。

畫圖時，就是在橫座標 ξ_i 縱座標 η_j 處，豎立一根高度為 $m_{i,j}$ 的「長柱」。

當然我們應該提醒學生，對於大量的數據，而且變數的測定相當精細的時候，這些密密麻麻的長柱，想像在遠遠的高處來看，就只是在 xy 座標平面之上的一個曲面 $z = f(x, y)$。

● 岸界頻度與條件頻度

在做計算的時候，我們是把這個「兩變量頻度」寫成一個矩陣，$[m_{i,j}]$。那麼在它的（左邊或者）右邊，畫一條「岸界線」（margin），把第 i 橫列的頻度全部加總起來 $\Sigma_j m_{i,j} = m_{i,Y}$，當然 $m_{i,Y}$ 就是變量 X 取值為 ξ_i 的頻度，把它寫在線的右側，於是我們得到額外的一行。完全同樣地，在這個矩陣，$[m_{i,j}]$ 的（上邊或者）下邊，畫一條「岸界線」，把第 j 縱行的頻度全部加總起來 $\Sigma_j m_{i,j} = m_{X,j}$，當然 $m_{X,j}$ 就是變量 Y 取值為 η_j 的頻度，把它寫在此線的下側，於是我們得到額外的一列。所以，X 的頻度行 $[m_{i,Y}]$ 與 Y 的頻度列 $[m_{X,j}]$，就稱做岸界頻度（marginal frequency）。另外，每一個橫列，像第 i 列，$m_{(i,.)}$ 就是「當 $X = \xi_i$ 時的，變量 Y 的條件頻度；由此當然可以計算：在 $X = \xi_i$ 的條件下，變量 Y 的條

件平均 $\mathfrak{M}$（$Y：X=\xi_i$），條件變異數 $\mathfrak{V}$（$Y：X=\xi_i$），條件標準差 sd（$Y：X=\xi_i$）。

$$\begin{aligned}
&\mathfrak{M}\,(Y：X=\xi_i)=\frac{\Sigma\eta_j * m_{i,j}}{m_{X,j}};\\
&\mathfrak{V}\,(Y：X=\xi_i)=\frac{\Sigma\eta_j^2 * m_{i,j}}{m_{X,j}}-\left(\frac{\Sigma\eta_j * m_{i,j}}{m_{X,j}}\right)^2;\\
&\mathrm{sd}\,(Y：X=\xi_i)=\sqrt{\mathfrak{V}(Y：X=\xi_i)}.
\end{aligned} \tag{1}$$

類似地，每一個縱行，像第 j 行，$m_{(\cdot,j)}$，就是當 $Y=\eta_j$ 時的，變量 X 的條件頻度。由此當然可以計算：在 $Y=\eta_j$ 的條件下，變量 X 的條件平均 $\mathfrak{M}$ $(X：Y=\eta_i)$，還有條件標準差 sd $(X：Y=\eta_j)$，等等。

線性回歸方程式

問題是：當有了兩變量的頻度時，如何提出個一次函數 $Y=u*X+v$，（斜率 u，截距 v），使得它可以極適配地由 X 推定 Y？

如果有這樣子的式子，那麼，當 $X=x_n$ 時，

推測值 $=Y=u*x_n+v$，實測值 $=y_n$，誤差為 $y_n-\ (u*x_n+v)$.

最小方差法就是：要讓所有這種推算誤差的平方和 $N*\phi\,(u, v)$ 為最小！

$$\phi\,(u, v):=\frac{1}{N}\sum_{n=1}^{N}\,(y_n-\ (u*x_n+v))^2. \tag{2}$$

於是得到了極小點：$(u, v)=(\alpha, \beta)$（其計算在附錄的小節）

$$\begin{cases}\alpha=\dfrac{Cov(X, Y)}{\mathfrak{V}(X)},\\ \beta=\mathfrak{M}(Y)-\alpha*\mathfrak{M}(X),\end{cases} \tag{3}$$

$$\text{其中 } Cov(X, Y):=\mathfrak{M}\,(X*Y)-\mathfrak{M}\,(X)*\mathfrak{M}\,(Y).$$

這裡的 $Cov(X, Y)$ 就是所謂「協變異」（covariance），就是「相乘積的平均，減去平均的相乘積」，當然也可以用結合的兩變量（相對）頻度而表達成

$$Cov(X, Y)=\Sigma m_{i,j}*\xi_i*\eta_j-\ (\Sigma m_{i,j}*\xi_i)(\Sigma m_{i,j}*\eta_j). \tag{4}$$

而前面所提的變異數 $\mathfrak{V}(X)=Cov(X,X)$ 就是自己與自己的協變異。

我們如果用點斜式的說法，則是：

- Y 對於 X 的回歸直線，將經過平面數據 (X, Y) 的重心 $(\mathfrak{M}(X), \mathfrak{M}(Y))$，
- 而斜率 $\alpha=\frac{Cov(X,Y)}{\mathfrak{V}(X)}$；
- X 對於 Y 的回歸直線，$X-\mathfrak{M}(X)=\gamma*(Y-\mathfrak{M}(Y))$，將經過兩個數據的重心 $(\mathfrak{M}(X), \mathfrak{M}(Y))$，
- 而「逆斜率」$\gamma=\frac{Cov(X,Y)}{\mathfrak{V}(Y)}$。

線性相關係數

這是以上兩個回歸係數 α, γ 的幾何平均：

$$\rho_{X,Y}=\pm\sqrt{\alpha*\gamma}=\frac{Cov(X*Y)}{\mathrm{sd}(X)*\mathrm{sd}(Y)}. \tag{5}$$

正或負相關

兩個回歸係數 α 與 γ，將同時為正或者同時為負，由此決定線性相關係數 r 的正負！我們因而稱呼兩變量 X 與 Y，是正或負相關。由 Schwarz 不等式得知：相關係數的絕對值不會超過一。

事實上，若 $|\rho|\geq 0.7$，我們就說：兩變量 X 與 Y 高度相關，
若 $|\rho|\leq 0.3$，我們就說：兩變量 X 與 Y 低度相關。

零相關

當然，在 $\rho=0=Cov(X,Y)$ 時，我們稱呼兩變量 X 與 Y，是「零相關」（uncorrelated）。這比說「不相關」更好！說「不相關」，非常容易與下述的定義混淆了！

獨立性

若一個二維的數據 (X, Y)，其相對的結合頻度分布，是它的相對的岸界分布的直積：

$$\frac{m_{i,j}}{N} = \frac{m_{i,Y}}{N} * \frac{m_{X,j}}{N}; \tag{6}$$

我們就說 X, Y 互相獨立！

此時兩者必然零相關 $\rho_{X,Y}=0$，但是逆命題當然不成立！X, Y 兩者零相關的時候，X, Y 通常不是互相獨立的！

● **定理**

對於一個二維的數據(X, Y)，

$$\begin{aligned}&\text{(i). } \mathfrak{M}(X+Y) = \mathfrak{M}(X) + \mathfrak{M}(Y);\\&\text{(ii). } \mathfrak{V}(X+Y) = \mathfrak{V}(X) + \mathfrak{V}(Y) + 2Cov(X, Y).\end{aligned} \tag{7}$$

● **證明後者**

比較兩式：

$$\mathfrak{M}((X+Y)^2) = \mathfrak{M}(X^2) + \mathfrak{M}(Y^2) + 2\mathfrak{M}(X * Y);$$
$$(\mathfrak{M}(X+Y))^2 = (\mathfrak{M}(X))^2 + (\mathfrak{M}(Y))^2 + 2\mathfrak{M}(X) * \mathfrak{M}(Y);$$

於是相減即得所求！

注意 對於平均，加法公式永遠成立，但是對於變異數，(7ii)式推廣成：

$$\mathfrak{V}(X_1 + X_2 + \cdots + X_n) = \sum_{j=1}^{n} \mathfrak{V}(X_j) + 2\sum_{i<j} Cov(X_i, X_j).$$

要求「零相關」，才能夠說 $\mathfrak{V}(\Sigma X_j) = \Sigma \mathfrak{V}(X_j)$.

回歸係數的計算

這一小節是附錄，牽涉到線性代數解析幾何（與微分學）。

● 一元二次式：配方與心

二次式 $\phi(x)=ax^2+bx+c,$（$a\neq 0$）要寫成 $a*(x-a)^2+C$ 的形狀，則 $a=\frac{-b}{2a}$，這是周知的配方法！微分學的說法：這 α 是 $\phi'(x)=0$ 的根！

而在解析幾何的說法：這是拋物線 $y=\phi(x)$ 的中心軸的 x 座標。

● 一元二次式：正定性

假設 $a>0$，則當 $|x|$ 夠大時，$\phi(x)$ 就會很大，超過你給的任何正數，故 $\phi(x)$ 只有極小，沒有極大，極小點當然就是 $\frac{-b}{2a}$。

$\phi(x)$ 的「判別式」是 $D:=b^2-4ac$，若 $D<0$，（而 $a>0$），則此二次式 $\phi(x)=a*(x-\phi)^2-\frac{D}{4a}$ 為正定（positive-defnite），意思是：不論將 x 用何實數代入，函數值都是正的。（當然方程式 $\phi(x)=$ 無實根。）

● 二元二次式：配方與心

兩元二次多項式

$$\phi(x,y):=ax^2+bxy+cy^2+ex+fy+g. \tag{8}$$

的心為 (α,β) 的意思是：可以把 $\phi(x,y)$（配方）寫為

$$\phi(x,y)=aX^2+bXY+cY^2+G.\ X:=x-\alpha,\ Y:=y-\beta;$$

而且寫法唯一，換句話說：(α,β) 必須是下述聯立方程式的唯一解：

$$\begin{aligned}\frac{\partial\phi(x,y)}{\partial x}&:=2ax+by+e=0,\\ \frac{\partial\phi(x,y)}{\partial y}&:=bx+2cy+f=0.\end{aligned} \tag{9}$$

註 左側出現了「偏」導微，例如：$\frac{\partial}{\partial x}$ 的意思是：把 y 看成常數，只對 x 導微，$\frac{\partial}{\partial y}$ 仿此。

這個條件就是係數定準非零，也就是說：ϕ (x, y)的「主部」（齊二次部分），$\phi_2(x, y) := ax^2 + bxy + cy^2$ 的判別式 $D = b^2 - 4ac \neq 0$。

二元二次式：正定性

要二元二次式有唯一的極小點，那就一定是：如上的「心」(α, β)，並且要：齊二次式 $\phi_2(X, Y) = aX^2 + bXY + cY^2$ 是正定的：只要 X, Y 不同時為零，則此式 > 0。

這個條件就是：判別式 $D = b^2 - 4ac < 0$，而且 $a > 0$。

回歸直線的計算

今由 (2) 式，

$$\phi(u, v) = u^2\frac{\Sigma x_n^2}{n} + 2uv\frac{\Sigma x_n}{N} + v^2 - 2u\frac{\Sigma x_n y_n}{N} - 2v\frac{\Sigma y_n}{N} + \frac{\Sigma y_n^2}{N};$$

換句話說：

$$a = \mathfrak{M}(X^2), b = 2\mathfrak{M}(X), c = 1, e = -2\mathfrak{M}(X * Y), f = 2\mathfrak{M}(Y).$$

當然，$D = b^2 - 4ac = -4\mathfrak{V}(X) < 0$，（除非無聊！）因此 $\phi(u, v)$是正定的！（這句話本身有點無聊吧！）其他的計算其實很簡單！（只要脾氣好！）

習題 統計的計算當然要靠電腦，現在的很多計算器也都有二元回歸計算的功能。這裡給的數據，當然算是簡單的，只要做個一題就算了。

兩變元 X（數學成績）Y（英文成績）的頻度表

X\Y	60	70	80	90	累計
55	3	2	1	2	8
65	3	3	3	0	9
75	1	6	5	2	14
85	2	5	8	7	22
95	1	0	2	4	7
累計	10	16	19	15	60

我們可以先做個平移伸縮，用$\xi=\frac{X-45}{10}, \eta=\frac{Y-50}{10}$，於是：$\xi$平均$=3.1833$，$\eta$平均$=2.65$；$\xi$平方平均$=11.6167$，$\eta$平方平均$=8.0833$，於是：$\mathrm{sd}(\xi)=1.2178$, $\mathrm{sd}(\eta)=1.0435$。$\xi*\eta$的平均是$=8.8833$，於是相關係數$=0.3568$。

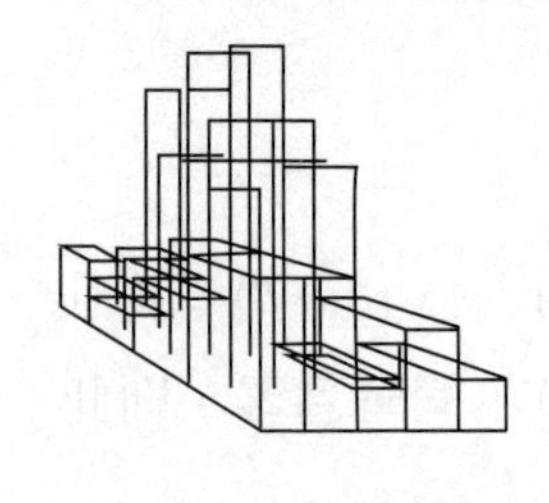

如左，是這個二維數據的頻度柱狀圖。畫得不好，請原諒吧！

§95 機率與頻度

虛擬實境

隨機變數

「隨著機會而變的數」，就叫做「隨機變數」，這當然是整個機率論最根本最重要的一個概念！必須清楚地解說。

我想，最簡單的說法是：隨機變數＝虛擬實境的統計數據。假設去年那一班的數學科學期成績如下：

$$X=(x_1, x_2, \cdots, x_N);$$

這是個實實在在的統計數據！（n號的學生之成績為x_n。）

現在想像我今年這個班的一個學生，來跟我請病假：她無法參加學期考試。我說：好吧，我不願意花時間再去出一份補考題！我們就來賭一賭運氣吧！

我把這個去年的成績單上的成績，一個一個地寫在卡片上，然後你就抽出一張，那就是你的學期考試的成績X！當然，這一來你的成績X將是個「碰運氣的數」，「隨著機會而變的數」，也就是「隨機變數」。（在此，「機會」是具體地由「卡片」來代表！現在，足碼n是用來區辨卡片，x_n是寫在卡片n上的那個成績！）

於是這個學生對於她將得到的學期考試的成績X，就可以有一些概念了！$X\geq 90$（會是90分以上）的機會有多少？$X<59$（會是不及格）的機會有多少？（等等。）

「預期」的成績是多少？

機率對應於（相對）頻度

所以我們這裡有一個對照（或者說「翻譯」）：

X可以代表一份真正的統計數據，（即去年的一個班級的學期成績單！）

X也可以代表一個隨機變數（即是她將得到的學期考試的成績）！

於是，依照前者的解釋，去年班上有頻度6%的人，學期成績在90分以上（$\mathfrak{F}_X\ (X\geq 90)=0.06$），而依照後者的解釋，她有6%的機率，學期考試的成績在90分以上（$\mathfrak{P}\ (X\geq 90)=0.06$）。同樣地，依照前者的解釋，去年班上有頻度8%的人成績不及格（$\mathfrak{F}_X(X<60)=0.08$），而依照後者的解釋，她有8%的機率，學期考試的成績不及格（$\mathfrak{P}\ (X<60)=0.08$）。總而言之：在前者的解釋時若是「頻度」，在後者的解釋時，就對應到「機率」。

期望值對應於算術平均

依照前者的解釋，去年班上學期成績的算術平均是$\mathfrak{M}\ (X)=78.4$，而這也就是今次這位同學學期考試成績的期望值$\mathfrak{E}\ (X)=78.4$。（當然許多書上都說成「數學期望值」（mathematical expectation），我覺得不必加上一個形容詞，因為我們沒有機會用到別的「非數學的」（non-mathematical）期望值！）

不過，當然我們要提醒學生：說是說「期望值」，但是她當然不用期待會得到這個期望值78.4，因為事實上，去年老師給的分數裡面沒有一個$x_n=78.4$。

（Ah hah! Mathematical expectation is what you should not expect!）

（除了這兩個詞之外，算了，不用再翻譯了！）於是，記述統計中所謂的變異數$\mathfrak{V}\ (X)$，標準差sd (X)，到了機率論，還是叫做變異數，標準差。當然，中位數$\mathfrak{M}_{ed}(X)$還是叫中位數。記號也都不變，只是觀念上不同！記述統計學中的數據當然是真實的，但是，翻譯到機率論來，一切都是虛擬實境！

記述統計	機率論
統計數據	隨機變數
相對頻度 $\mathfrak{F}_X$	機率 $\mathfrak{P}(X)$
累積相對頻度	累積機率
算術平均 $\mathfrak{M}(X)$	數學期望值 $\mathfrak{E}(X)$
變異數 $\mathfrak{V}(X)$	變異數 $\mathfrak{V}(X)$
標準差 sd (X)	標準差 sd (X)
中位數 $\mathfrak{M}_{ed}(X)$	中位數 $\mathfrak{M}_{ed}(X)$
相關係數 $\rho(X, Y)$	相關係數 $\rho(X, Y)$

籤筒模型

● 籤筒模型

以上所說的「虛擬實境」的說法，雖然很簡單，但是很重要，很有用！可以說一切「機率論的思考」，都可以歸之於這個模型！例如說，某某人對著一位懷孕的母親說：「你的胎兒是男孩的機率是 0.51」那這是什麼意思？

這句話可以這樣解釋：「你的胎兒的性別是由註生娘娘的籤筒決定的！她的籤筒中（也許）有 300 枝籤，都寫上男或女，其中有 153 枝籤，寫的是男，而當註生娘娘要決定你這個胎兒的性別時，她就是從籤筒中隨便抽出一枝籤！因此，你這胎生男孩的機率是 $0.51=\frac{153}{300}=0.51$。

當然，也許註生娘娘的籤筒有 800 枝籤，其中有 408 枝籤，寫的是男。效果完全一樣！

如果某某人對著這一位懷孕的母親說：「你的胎兒是男孩的機率是 0.5」，那這句話當然也可以用這個籤筒模型來加以解釋！只不過現在可以說：「你的胎兒的性別是由註生娘娘的銅板決定的！銅板的兩面各寫『男』『女』，她就是拿這個公正銅板隨便一丟，她就看銅板顯示的面，決定你這胎的性別！」當然也可以說：註生娘娘的籤筒中有 58 枝籤，其中有 29 枝籤，寫的是男。機率論的觀點完全不在乎模型的詳細內容，因為要緊的只是「機率分布」。

總之，「籤筒」（數學上就是機率空間！）是隱含的，次要的！要緊的是

「隨機變數」的機率分布。

當然在現在這個例子中，「隨機變數」這個詞有些不對，「隨著機會而變的」，不是「數」，而是「性別」（gender）。所以我們應該把籤筒模型說成：（抽象的）「籤筒」中，每根「籤」，都寫了某種可能發生的「事象」。

如果我們在討論的是「當預定反攻大陸的那一天的天氣」，那麼，寫的這些「事象」，就是「陰」，「雨」，「晴」，或者可以有更詳盡細緻的「事象」。

例 1 室中有男生 46 人，女生 25 人，隨便挑出一人，請問：是男生的機會有多少？是女生的機會有多少？

解析 機會各是 $\frac{46}{71}, \frac{25}{71}$。

註：大數定律

某個地方選里長，兩人同票，用抽籤決定。這是真的機會各半！不過這是還沒抽的時候說的。抽了之後，就此沒有「機會」了！這時候，「機率」已經失去意義了！所以大部分的人都同意：「一次就決定」的事象，談機率沒有意義。

好吧，那麼通常說生男生女機會各半，（也許男的多一點，101：100，這不太重要，為了簡便，我們說成機率各半！）我們已經用籤筒模型來解釋機率，意思就是：要孕育的時候，註生娘娘，就「擲銅板」，正面就得女嬰，反面就得男嬰。因此，並非說這裡 100 個孕婦（假定無雙胞胎），她們的肚子中就有 50 個男嬰，50 個女嬰；事實上，我們對面的楊家，就生了 6 個孩子，不是 3 男 3 女，而是 6 千金；註生娘娘的「擲銅板」，有 $\frac{1}{64}=\left(\frac{1}{2}\right)^6$ 的機會是這樣子！所以對於我們對面的楊太太，她還是認為「生男生女機會各半」這句話有問題。所以機率的概念有點奇妙！

但若是在一家大醫院，這個月接生了 200 個嬰兒，那麼「一定接近男女各百」，這就是「大數定律」。「擲銅板」20001 次，並不是說一定有 10000.5 次正面，有 10000.5 次反面，恰恰不可能有「半次的」！但正面，反面，一定都接近 10000 次。此地 $N=20001$，次數已經不少了，已夠格稱為大數了！

● 素樸集合論的觀點

如果室內有張三，「挑到張三」，就是一個「基本事象」，在籤筒模型，等於是在一根籤上寫了「張三」。一個「基本事象」就等於一個人名，或竟是等於一個人！

籤筒模型其實是最素樸的集合論的觀點！要討論「機會」的問題時，先把所有可能的「基本事象」一個一個都作成一籤一籤，所有可能的「基本事象」全部組成一個集合 Ω。（這就等於說，Ω 是所有的籤的集合，換言之，就是「籤筒」。當然也可以看成是室內所有 71 人的集合。）通稱為宇集（universal set）。「被挑到的是個男生」這是個「事象」B，這是許多「基本事象」（= 籤）的集合，它是Ω的子集，我們也就可以把它看成是所有男生的集合。

那麼在籤筒模型，「事象」B 的機率就是 $\mathcal{P}(B)=\frac{\text{card}(B)}{\text{card}(\Omega)}=\frac{46}{71}$。

註 這裡我們用 $\text{card}(A)$ 表示集合 A 的「元素的個數」，即是基數（cardinal number）。我們不要用太方便的記號，如 $\#(A)$。你就把 $\text{card}(A)$讀成「cardinal of A」。

在素樸集合論的觀點，先把所有可能的「基本事象」ω 全部組成一個集合Ω，而且假定我們知道：

♠這些「基本事象」都有相同的機會。

我們所要討論的任何事象 A 都被解釋為 Ω 的子集，因此也就是由一些基本事象所集成的。於是出現事象 A 的機率就是

$$\mathcal{P}(A):=\frac{\text{card}(A)}{\text{card}(\Omega)}. \tag{1}$$

例 2 接著上例，隨便挑出一人，請問：是（戶籍）桃園人的機會有多少？是台北縣人的機會有多少？

當然，我們分別用 $Toh, Vang$表示室中所有桃園人的集合，台北縣人的集合，那麼，機率各是：$\mathcal{P}(Toh) := \frac{\text{card}(Toh)}{\text{card}(\Omega)}$, $\mathcal{P}(Vang) := \frac{\text{card}(Vang)}{\text{card}(\Omega)}$。

事象的邏輯操作

接著上例，隨便挑出一人，請問：是桃園人男生的機會有多少？當然我們要把兩個集合 Toh, B做交截（intersection）操作，得到「又是桃園人又是男生的」的集合 $Toh \cap B$，再計算

$$\frac{\text{card}(Toh \cap B)}{\text{card}(\Omega)}.$$

這裡有個對照：

事象的邏輯操作	集合的操作
U 且 V	$U \cap V$
U 或 V	$U \cup V$
U 不發生	$\Omega \setminus U$
U 發生而 V 不發生	$U \setminus V$
U, V 兩者中發生其一而不發生另一	$(U \setminus V) \cup (V \setminus U) = U \Delta V$

互斥事象

兩個事象 U, V 稱為互斥，意思就是：「若 U 發生，則 V 不發生，反之，若 V 發生，則 U 不發生，」在集合的寫法，就是：

$$U \cap V = \emptyset.$$

那麼就有加法原理：若兩個事象 U, V 互斥（$U \cap V = \emptyset$），則：

$$\mathcal{P}(U \cup V) = \mathcal{P}(U) + \mathcal{P}(V). \tag{2}$$

由遞迴法立知：若 $n \geq 2$ 個事象 U_j, $(j = 1, 2, \cdots, n)$ 兩兩互斥，則：

$$\mathcal{P}(\cup_{j=1}^{n} U_j) = \sum_{j=1}^{n} \mathcal{P}(U_j). \quad (\forall i \neq j, U_i \cap U_j = \emptyset.) \tag{3}$$

由此推得：

取捨原理

對於任兩個事象 U, V 不論互斥與否，都有：

$$\mathcal{P}(U \cup V) = \mathcal{P}(U) + \mathcal{P}(V) - \mathcal{P}(U \cap V). \tag{4}$$

證明　三個事象 $U \setminus V, V \setminus U, U \cap V$ 互斥！

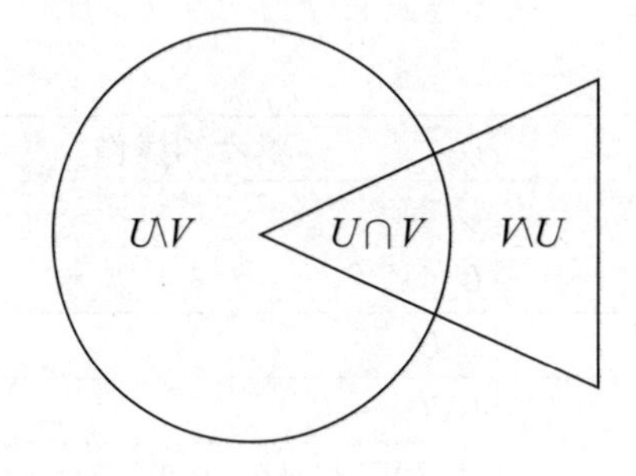

圓盤 $= U$
三角區域 $= V$

習題：初中數學比賽的一題

設正方形 $ABCD$ 的邊長為 1。分別以四個頂點 A, B, C, D 為圓心，1 為半徑，畫圓盤，當然只有其四分之一的部分會在這個正方形內，把這樣子的一塊四分之一的圓盤，分別記做 $\mathcal{R}(A), \mathcal{R}(B), \mathcal{R}(C), \mathcal{R}(D)$。

p. 兩塊 $\mathcal{R}(A)$與 $\mathcal{R}(C)$的交界區域，即圖中之（p），面積為何？

q. 兩塊 $\mathcal{R}(A)$與 $\mathcal{R}(B)$的交界區域，即圖中之（q），面積為何？

r. 四塊重複的的部分，即圖中之（r），面積為何？

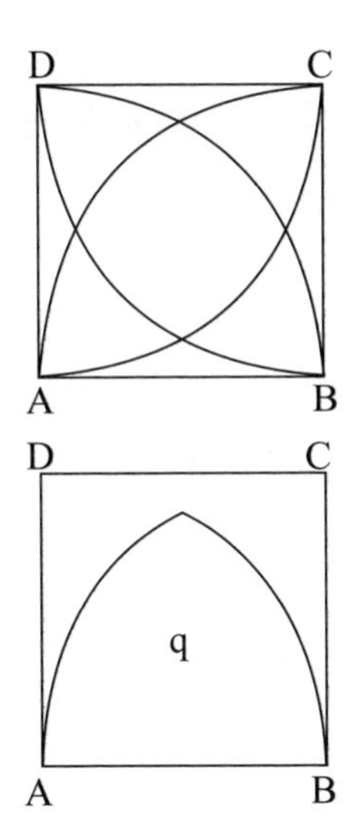

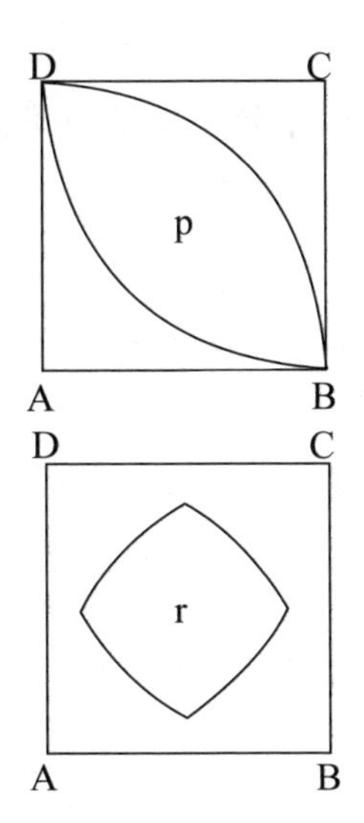

解析

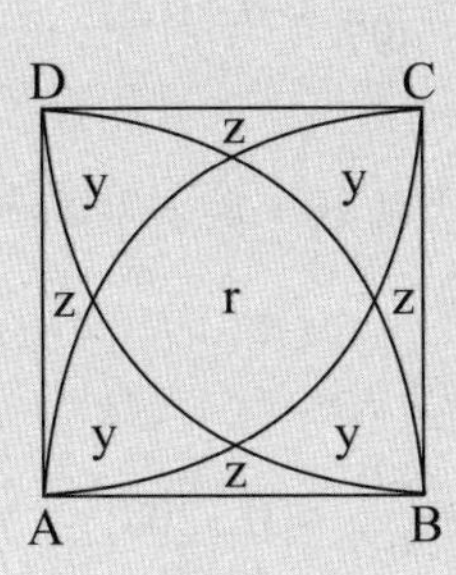

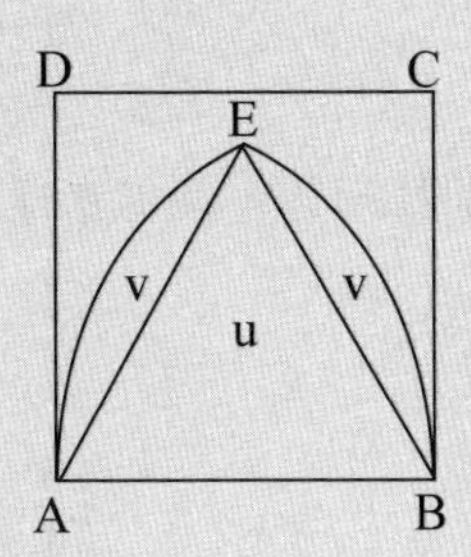

如上圖左，將正方形分割成 9 塊，注意對稱性！則 $r+4*y+4*z=1$；(i).

p. $\mathcal{R}(A)$, $\mathcal{R}(C)$兩塊的面積都是$\frac{\pi}{4}$，因此，從 A 到 C 這個眉形域的面積，

就是$p=\frac{\pi}{4}+\frac{\pi}{4}-1=r+2*y$;(ii)

q. 其次，如右上圖，則$u=\frac{\sqrt{3}}{4}$是正三角形的面積，而扇形的面積是$u+v$ $=\frac{\pi}{6}$，因此，圖中的q，面積為$q=u+2*v=\frac{\pi}{3}-\frac{\sqrt{3}}{4}$。

r. 故得：$q=r+2*y+z=\frac{\pi}{3}-\frac{\sqrt{3}}{4}$;(iii)

這三個方程式(i, ii, iii)聯立，就可以解出$r=\frac{\pi}{3}-\sqrt{3}+1$。

（另外有：$z=1-\frac{\sqrt{3}}{4}-\frac{\pi}{6}$; $y=\frac{\pi}{12}+\frac{\sqrt{3}}{2}-1$。）

例 3 室中考生，男 46，女 25，但是 71 份試題卷中，有兩份有瑕疵，請問：

甲：「兩個幸運兒」都是男生的機會有多少？

乙：一男一女的機會有多少？

丙：都是女生的機會有多少？

解析 如果籤上寫了「兩個幸運兒」，一共要 ${}_{71}\mathfrak{C}_2=\frac{71*70}{2}=2485$ 根籤。我們當然假定每根籤的機會均等！

在甲的情形，「兩個幸運兒」都是男生的籤，共有 ${}_{46}\mathfrak{C}_2=\frac{46*45}{2}$ 根，於是機會為：

$$\frac{46*45}{71*70}=\frac{23*9}{71*7}=\frac{207}{497}\approx 0.4165;$$

在丙的情形，「兩個幸運兒」都是女生的籤，共有 ${}_{25}\mathfrak{C}_2=\frac{25*24}{2}$ 根，於是機會為：

$$\frac{25*24}{71*70}=\frac{60}{71*7}=\frac{60}{497}\approx 0.1207;$$

在乙的情形，有兩種算法，有的人（喜歡乘法計算）計算這種籤的根數 46 $*$ 25，因而機會為：

$$\frac{46*25}{\frac{71*70}{2}}=\frac{230}{71*7}=\frac{230}{497}\approx 0.4628;$$

有的人喜歡（減法計算），由排斥甲丙的情形，得到機會為：$1-\frac{267}{497}=\frac{230}{497}\approx 0.4628$。

機率與排列組合

籤筒模型就是把機率的問題變成排列組合的問題！

例 4 隨機在 300 與 800 之間取一個奇數，三個數碼都不同的機會多少？

這樣子的數一共有 176 個，而在 300 與 800 之間的奇數共有 $\frac{800-300}{2}=250$ 個。因此，機率是 $\frac{176}{250}$。

習題 1 某次顧問會議，7 個顧問被隨機安排，列坐在長桌一側，其中某 4 人其實很不想相鄰。問：居然可以不尷尬的機會多少？

習題 2 前一題，改仇人數為 3，答案是？

習題 3 自 5 女生與 15 男生中，隨機抽出一個五人小組，問：此小組有 3 女 2 男的機率如何？

習題 4 由 8 男與 4 中，隨機擇定一個五人小組，則：男與女最少各有兩人的機率如何？

習題 5 丟擲骰子 6 次，各次出現不同數，機會多少？答案當然是：$\frac{6!}{6^6}=\frac{5}{18^2}$。

習題 6 甲乙兩盒中各有 12 枚「鑽石」，除了甲盒中有一為真外，其餘都是贗品。現在由甲盒中只隨機留下一枚，其餘全放入乙盒中，然後再隨機由乙盒中拿出 11 枚放入甲盒中。問：真鑽留在甲盒的機會如何？大於一半嗎？

例 5 以下這幾段你可以暫時先假設 $n=10$，或者 $n=100$。

這裡有 n 個東西都編了號，應該放在它們各自的，也編了號的，位置上。現在甲向乙挑戰：「你閉著眼睛把這些東西隨便『歸位』，一件放在一個位置上。只要其中有某件東西恰好放對位置，就算你贏，我輸你一塊錢；否則，沒有一件東西放對位置，就算我贏，你輸我一塊錢」。誰的勝算大？

某次的測驗，填充題有 n 個空，而且連正確的答案 n 個，都印出來了，只是不照順序。應試者要從這 n 個答項中各挑一個去填一個空白。某應試者乙，恰好腦中一片空白，想要投降交白卷。主考官甲說：你就亂挑亂填吧，只要有一個對，就算你過關。請問：乙過關的機會大不大？

某秘書乙，被老闆甲叫去說：你明天起不用來了！（You are fired!）你最後的任務是：把這裡的 n 件信函，一件一件放入那堆已經寫了郵遞地址的 n 個信封內，等著工友拿去郵局寄。

乙扯爛污，就把這 n 件信函，看都不看，一件一件隨便地放入一封一封的信封內。而且告訴那個工友。工友當然沒有拿去寄，而是向老闆報告。老闆甲馬上再把乙叫來，說：「現在你就賭一下運氣吧，你剛剛未寄出的這些，我們檢視一下，只要有一封信件，是在正確的信封內，我就留你。」請問：某乙的機會 s_n 如何？

解析　我們考慮 n 維方陣 A，用行 i 代表信封上的人名，用 j 代表信函的真正對象，於是，定準展開式的一項，$(\pm)a_{1\sigma_1}a_{2\sigma_2}\cdots a_{n\sigma_n}$ 就是表示：信封上是給 i 的，但是內容卻是給 $j=\sigma_i$ 的！本來定準展開式有 $n!$ 項，但是如果：方陣 A 的對角線是零，則展開式只有 f_n 項，這些項就是代表：這個秘書真的讓所有的信都投錯了！（前面已經算過！在§64 例 4(6)式與(7)式）這樣的機率：

$$1-s_n=\phi_n=\frac{f_n}{n!}=\frac{1}{0!}-\frac{1}{1!}+\frac{1}{2!}-\frac{1}{3!}+\cdots+\frac{(-1)^n}{n!}.$$

換句話說：

$$s_n=\sum_{j=1}^{n}\frac{(-1)^{j-1}}{j!}. \tag{5}$$

n 到 2 到 10，算到四位小數就是：

0.5000, 0.6667, 0.6250, 0.6333, 0.6319, 0.6321, 0.6321, 0.6321, 0.6321;

實際上 $\lim_{n\to\infty}\phi_n=\frac{1}{e}\approx 0.3679$，這是因為：（此公式永遠對！）

$$e^t = 1 + t + \frac{t^2}{2!} + \frac{t^3}{3!} + \cdots = \sum_{j=0}^{\infty} \frac{t^j}{j!}. \quad (6)$$

§96　條件機率

兩個隨機變數的結合

機率論的有趣與有用，當然是因為討論兩個隨機現象之間的關聯而引起！我們還是用虛擬實境的對照談起吧！

例如說，這一年級的學生 N 個人的學期成績已經整理好了，我們只對兩科（例如說是數學與英文吧）有興趣，於是有兩變數數據：

$$(X, Y) = ((x_1, y_1), (x_2, y_2), \cdots (x_N, y_N));$$

（這裡的足碼 n 代表學號，也就是代表某位學生。）現在我們想像：在 N 張卡片上，每一張都寫了 (x_n, y_n)，然後說，「你抽到哪一張，就是你這次月考的這兩科成績」；這時候，足碼 n 代表了某種「運氣」，而你的這兩科成績將都是隨機變數。當然你可以討論機率，例如，「兩科都是 80 分以上的機率 $\mathfrak{P}_{X,Y}$（$X \geq 80, Y \geq 80$）如何？」根據我們的翻譯原則，這就是統計數據 (X, Y) 中的相對頻度 $\mathfrak{F}_{X,Y}$（$X \geq 80, Y \geq 80$）。我們當然也可以，對照到兩變數統計數據，由簡單的翻譯，做出兩個隨機變數之間的一些機率論的思考！例如說相關係數 $\rho_{X,Y}$。

條件機率

當然這樣子就可以用虛擬的數據的「條件頻度」來解釋條件機率。

例 1　在 §94. 的習題中，如果已知某人數學 95 分，則她英文 90 分的機率為：

$\mathcal{P}(Y=90 : X=95) = \frac{4}{7} \approx 0.5714 > \mathcal{P}(Y=90) = 0.25$。

又：$\mathcal{P}(X=95 : Y=90) = \frac{4}{15} \approx 0.2667 > \mathcal{P}(Y=90) = 0.25$。（大得不多！）

最有趣的是：

$$\mathcal{P}(X=55 : Y=90) = \frac{2}{15} = \mathcal{P}(X=55); \mathcal{P}(Y=90 : X=55) = \frac{1}{4} = \mathcal{P}(Y=90).$$

告訴你「英文考最高」（90 分）對於是否「你數學考最低（55 分）」完全沒有影響！這兩個事象 U :=「英文考最高（90 分）」（亦即 $Y=90$），和 V :=「數學考最低（55 分）」（亦即 $X=55$），是獨立的！

習題 仔細看那個表。「告訴你 X= 多少」，對於 Y= 多少，通常機率都受到影響！反之亦然！找找看，有無獨立的其他例子？

事象對事象的條件機率

上例的記號 $\mathcal{P}(X=55 : Y=90)$ 是在事象 $Y=90$ 發生時，事象 $X=55$ 發生的條件機率。

我們也可以直接由籤筒模型來解釋「在事象 U 發生時，事象 V 的條件機率」

$$\text{(i) } \mathcal{P}(V : U) := \frac{\mathcal{P}(U \cap V)}{\mathcal{P}(U)}.$$

$$\text{因而 (ii) } \mathcal{P}(V \cap U) := \mathcal{P}(U) * \mathcal{P}(V : U). \tag{1}$$

例 2 室中 71 人，隨機挑出一人，已知此人是桃園人，請問此人為女生的機會 $\mathcal{P}(G : Toh)$ = ？又：如果已知此人是女生，請問此人為桃園人的機會 $\mathcal{P}(Toh : G)$ = ？

假設：card $(G)=25$, card $(Toh)=7$, card $(G \cap Toh)=3$；於是：

$$\mathcal{P}(G : Toh) = \frac{3}{7},\ \mathcal{P}(Toh : G) = \frac{3}{25}.$$

獨立性

兩個事象 U, V 稱為<u>獨立</u>（independent），如果

$$\mathcal{P}(U \cap V) = \mathcal{P}(U) * \mathcal{P}(V)\text{：杜撰的記號是 } U \perp\!\!\!\perp V\text{。} \tag{2}$$

其實這個意思（差不多）就是：

$$\mathcal{P}(U : V) = \mathcal{P}(U),\ \mathcal{P}(V : U) = \mathcal{P}(V). \tag{3}$$

例 1 中的 U 與 V 就是獨立的兩個事象。可是，在那個例子中，兩個隨機變數（數學成績）X 與（英文成績）Y 卻不是獨立的！

「兩個隨機變數 X 與 Y 是獨立的」，意思應該是：「X 取什麼值 x_i」，與「Y 取什麼值 y_j」，都是獨立的！

$$\mathrm{X} \perp\!\!\!\perp \mathrm{Y} \quad 即\ \mathcal{P}(X=x_i, Y=y_j) = \mathcal{P}(X=x_i) * \mathcal{P}(Y=y_j), \forall i,j. \tag{4}$$

例 3 室中有男生 46 人，女生 25 人，隨機挑出兩人，請問：兩人都是男生的機會有多少？一男一女的機會有多少？兩人都是女生的機會有多少？

解析 這是前節的例題。我們的「籤筒模型」，用到 ${}_{71}\mathfrak{C}_2=2485$ 根「籤」！應該 71 根籤就夠吧！

我們可以這樣想：先從這小「籤筒」（只有 71 根籤）抽一根，是男生的機會有 $p_1=\frac{46}{71}$；

抽出之後，不要放回去！小「籤筒」只剩下 70 根籤；

再抽一根，「又是男生」的機會有 $p_2=\frac{45}{70}$。

這裡的 p_2 是條件機率！是「在第一根籤抽中男生」的條件下的機率！就可以用上乘法公式(ii)了。

兩人都是女生的機會，$\frac{25}{71}*\frac{24}{70}$，也就同理算出了。

但是要計算「挑出一男一女」的機會有多少，若用現在的說法，則：

第一次抽出男生的機會有 $p_1=\frac{46}{71}$；在此條件下，「第二次抽出女生」的機會有 $p_1=\frac{25}{70}$；

於是，「第一次抽出男生，第二次抽出女生」的機會有 $\frac{46}{71}*\frac{25}{70}$；

顛倒來說：「第一次抽出女生，第二次抽出男生」的機會有 $\frac{25}{71}*\frac{46}{71}$；

「挑出一男一女」這個事象 W，其實是：「第一次抽出男生，第二次抽出女生」這個事象 U，與「第一次抽出女生，第二次抽出男生」的這個事象 V，兩者的聯合：$W=U\cup V$。然而兩者互斥：$U\cap V=\emptyset$，於是 $\mathcal{P}(W)=\mathcal{P}(U)+\mathcal{P}(V)=2*\frac{46*25}{71*70}$。

Bayes 定理

如果隨機變數X有諸種可能的值$x_1, x_2, \cdots, x_m$，機率各為$p_i = \mathcal{P}(X=x_i)$，假設在（$X=x_i$的情況，即事象）U_i下，發生事象V的條件機率為$q_i = \mathcal{P}(V : U_i)$，則：事象$V$發生的機率是：

$$\mathcal{P}(V) = \sum_i p_i * q_i; \tag{5}$$

反過來說：在發生事象V的情況下，事象U_i：$X=x_i$的機率是

$$\frac{q_i * p_i}{p_1 * q_1 + p_2 * q_2 + \cdots + p_m * q_m}. \tag{6}$$

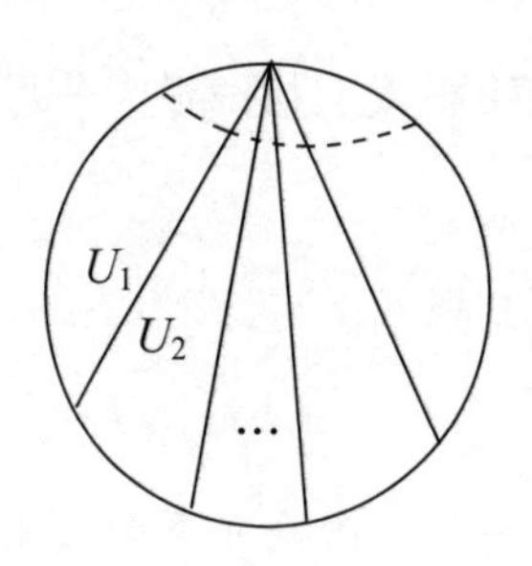

左圖虛線之上是事象V
U_j的面積p_j即是其機率$\mathcal{P}(U_j)$
虛線之上U_j的部分是事象$V \cap U_j$
其面積為$\mathcal{P}(U_j \cap V) = p_j * q_j$
相加就得(5)式
於是條件機率
$\mathcal{P}(U_j : V) = \mathcal{P}(U_j \cap V) \div \mathcal{P}(V)$如(6)式。

例 4 桌上有 ABC 三個筆盒，其內有紅色、黑色與綠色筆，

數目如右：

	A 盒	B 盒	C 盒
紅色筆數	4	2	8
綠色筆數	4	2	6
黑色筆數	0	4	7

我吩咐助教隨機從一盒中，任取兩枝筆，求：她會拿來一紅一綠的機會。若她拿來的果然是一紅一綠，你猜她是開哪一盒？

解析 來自 A 盒，而得 gr（一紅一綠）的條件機率$\mathcal{P}(gr : A) = \frac{4*4}{_8\mathfrak{C}_2} = \frac{4}{7}$；

同理，$\mathcal{P}(gr : B)=\frac{2*2}{{}_8\mathfrak{C}_2}=\frac{1}{7}$；$\mathcal{P}(gr : C)=\frac{8*6}{{}_{21}\mathfrak{C}_2}=\frac{8}{35}$；

於是，因為 $\mathcal{P}(A)=\mathcal{P}(B)=\mathcal{P}(C)=\frac{1}{3}$，所以得到一紅一綠的總機率是：

$$\frac{1}{3}*\left(\frac{4}{7}+\frac{1}{7}+\frac{8}{35}\right)=\frac{11}{35}.$$

反之：

$$\mathcal{P}(A : gr) : \mathcal{P}(B : gr) : \mathcal{P}(C : gr)=\frac{4}{7} : \frac{1}{7} : \frac{8}{35}=20 : 5 : 8;$$

即是：$\mathcal{P}(A : gr)=\frac{20}{33}, \mathcal{P}(B : gr)=\frac{5}{33}, \mathcal{P}(C : gr)=\frac{8}{33}.$

§96.1 二項分佈

例 1 有個不公正的（unfair）銅板，出現正面的機會為 0.7，出現反面的機會為 0.3，現在獨立地一再地投擲 10 次，出現了正面的次數一共為 X，那麼 X 是個隨機變數，可能是 $0, 1, 2, \cdots, 10$。

$X=j$ 的意思是出現了 j 次正面，$10-j$ 次反面，例如說，「前面 j 次都是出現了正面，後來的 $10-j$ 次都是反面」，那麼，這樣子的機會是 $0.3^j*0.7^{10-j}$。可是，要出現「正面 j 次，反面 $10-j$ 次」，我們到底要在哪些「第幾次」出現正面？這等於是說，在 $1, 2, 3, \cdots, 10$ 之中，選 j 個出來，要這幾次出現正面，其他各次都是反面。結論是：（如果我們記 $n=10$, $p=0.3, q=1-p=0.7$。）

$$\mathcal{P}(X=j)={}_n\mathfrak{C}_j*p^j*q^{n-j}. \tag{7}$$

你當然馬上看出：總機率為

$$\sum_{j=0}^{n} {}_n\mathfrak{C}_j p^j q^{n-j}=(p+q)^n=1.$$

因為這個式子就是二項式定理的展開式！於是，對於 $0<p<1, q:=1-p$，我們把這樣子的隨機變數 X 叫做 Bernoulli 的二項式隨機變數。這樣子的機率分佈叫做 Bernoulli 的二項式分佈（binomial distribution）。

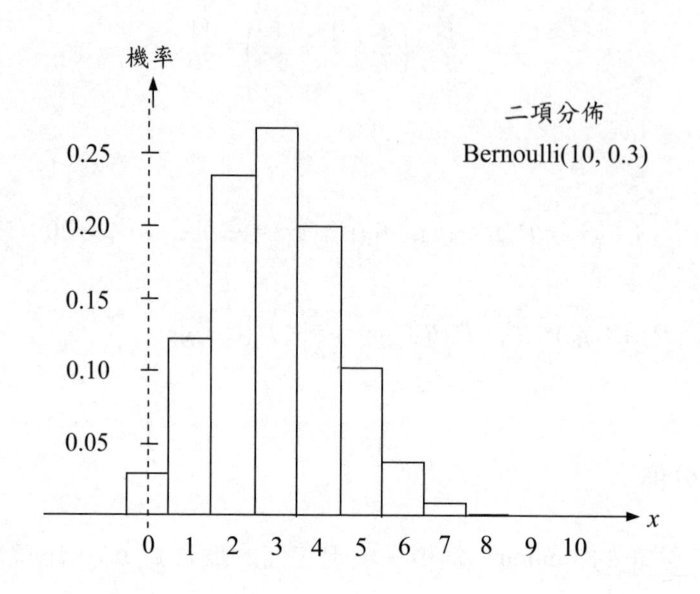

● 二項式分佈（或隨機變數）的基本定理

對於二項式隨機變數 X，

$$\mathfrak{E}(X)=n*p;$$
$$\mathfrak{V}(X)=n*p*(1-p). \tag{8}$$

● 一種證明：二項係數的計算法

我們先計算 $\mathfrak{E}(X)=\Sigma_{j=0}^{n}({}_nC_j p^j q^{n-j})*j$；

首先，展開的和式中，先把 $j=0$ 的項拿掉！得：

$$\mathfrak{E}(X)=\sum_{j=1}^{n}({}_nC_j p^j*q^{n-j})*j=\sum_{j=1}^{n}\frac{n!}{j!(n-j)!}p^j*q^{n-j}*j=\sum_{j=1}^{n}\frac{n!}{(j-1)!(n-j)!}p^j*q^{n-j}*j.$$

（如果事先沒把 $j=0$ 的項拿掉，會得到可怕的後果：「約掉零」！）

現在的分式其實差不多是二項係數，但是分子是$n!$，「與分母不諧」！若是 $(n-1)!$ 就相諧了。因此括出n, $n!=n*(n-1)!$ 結果：

$$\mathfrak{E}(X)=\sum_{j=1}^{n}\frac{n*(n-1)!}{(j-1)!(n-j)!}p^{j}*q^{n-j}.$$

這樣子有點像二項式定理的展開式，這裡的要點是把對於$j=1,2,3,\cdots,n$的事，改寫成對於

$$k=j-1, k=0,1,2,\cdots,n-1.$$

於是用$j=k+1$代入：

$$\mathfrak{E}(X)=\sum_{k=0}^{n-1}\frac{n*(n-1)!}{(k)!(n-1-k)!}p^{k+1}*q^{n-1-k}.$$

括出 $n*p$，則得：

$$\mathfrak{E}(X)=n*p*\sum_{k=0}^{n-1}\frac{(n-1)!}{(k)!(n-1-k)!}p^{k}*q^{n-1-k}.$$

如果把 $n-1$ 寫為m，則整個和式就是二項式定理的展開式

$\sum_{k=0}^{m}\frac{m!}{(k)!(m-k)!}p^{k}*q^{m-k}=1$；證畢！

這裡的技巧叫做「足碼代換」，這是數學中最重要的「變數代換」的一種！

現在思考：$\mathfrak{E}(X^2)=\sum_{j=0}^{n}({}_{n}C_{j}p^{j}q^{n-j})*j^{2}$.

用剛剛的辦法，先把$j=0$的項拿掉，又約掉一個j，再改j為$j=k+1$，得：

$$\mathfrak{E}(X^2)=\sum_{j=1}^{n}\frac{n!}{(j-1)!(n-j)!}p^{j}q^{n-j}*j=n*\sum_{k=0}^{n-1}\frac{(n-1)!}{k!(n-1-k)!}p^{k+1}q^{n-1-k}*(k+1).$$

此時有個要點：把 $*(k+1)$分成兩項！

$$=n*\sum_{k=0}^{n-1}\frac{(n-1)!}{k!(n-1-k)!}p^{k+1}q^{n-1-k}*k+n*\sum_{k=0}^{n-1}\frac{(n-1)!}{k!(n-1-k)!}p^{k+1}q^{n-1-k}.$$

後面一項就是剛剛算過的$n*p$；而前面一項，

$$=n\sum_{k=0}^{n-1}\frac{(n-1)!}{k!(n-1-k)!}p^{k+1}q^{n-1-k}*k=np\sum_{k=1}^{m}\frac{m!}{(k-1)!(m-k)!}p^kq^{m-k}.$$

這裡$m:=n-1$，現在再把足碼代換的技巧，用到足碼$k=i+1, i=0, 1, 2, \cdots, m-1=n-2$：

$$=n*p*m*p\sum_{i=0}^{m-1}\frac{(m-1)!}{i!(m-1-i)!}p^iq^{m-1-i}=n*p*m*p.$$

於是，$\mathfrak{V}(X)=\mathfrak{E}(X^2)-(\mathfrak{E}(X))^2=n*p+n*p*m*p-(n*p)^2=n*p-n*p^2=n*p(1-p)$。

另外一種證明：機率論

投擲銅板第j次，若出現了正面，就記$X_j=1$，否則就記$X_j=0$，那麼X_j是個隨機變數，（$j=1, 2, \cdots, n$）而且互相之間都是獨立的。但是我們的$X=\Sigma_{j=1}^{n}X_j$；另外，

$$\mathfrak{E}(X_j^2)=p=\mathfrak{E}(X_j);\ \mathfrak{V}(X_j)=p*q;$$

於是：

$$\mathfrak{E}(X)=\Sigma\,\mathfrak{E}(X_j)=n*p,\ \mathfrak{V}(X)=\Sigma\,\mathfrak{V}(X_j)=n*p*q.$$

例 2　某生的解題能力是「平均五題中可以解出四題」，現在他面對著試卷上6道題目，但是入學門檻是必須解得四題才錄取。問他的機會如何？

解析　$p=0.8, q=1-p=0.2, n=6$，則：

$$\mathcal{P}(X\geq 4)=\sum_{j=4}^{6}\mathcal{P}(X=j)={}_6C_4\,p^4q^2+{}_6C_5\,p^5q+{}_6C_6\,p^6=\frac{2816}{3125}.$$

例 7 國家的壽險記錄是 70 歲的老者（如我），再一年內的死亡機率是 0.03，今此社區內，有五位 70 歲老者。問年內有兩人會蒙主恩召的機率如何？

解析 ${}_5C_2\, p^2 q^3 = 0.008214.$

問 甲乙兩人的比賽記錄是 2：1；現在甲要「在乙贏 4 局前勝過 6 局」，機率如何？答案：$\frac{12800}{19683}$。

例 8 無窮等比級數

A, B, C 三人，參加如次之賭博（競賽）：袋中有四白球與 8 黑球。輪到「賽權」的競賽者，自袋中隨機取出一球，若為白球則獲勝，而競賽結束，否則，將黑球放回袋中，將「賽權」傳給下一個參賽者。「賽權」的順序是由 A 開始：$A, B, C, A, B, C, A, \cdots$。請問：個人之勝機如何？

解析 當然，「這個競賽在第 N 幾局結束」的 N，本身就是個隨機變數！$N=1, 2, 3, \cdots$，有無限種可能！實際上：$N=1$ 的機率是：$\frac{4}{12}=\frac{1}{3}$。因此，$N>1$ 的機率為 $\frac{2}{3}$。

如果 $N>1$，則：$N=2$ 的「條件機率」還是 $\frac{1}{3}$，因此，$N=2$ 的真正機率是 $\frac{2}{3}*\frac{1}{3}$。

於是，$N>2$ 的機率是：$\frac{2}{3}*\frac{2}{3}=\left(\frac{2}{3}\right)^2$；

如果 $N>2$，則：$N=3$ 的「條件機率」還是 $\frac{1}{3}$，因此，$N=3$ 的真正機率是 $\left(\frac{2}{3}\right)^2*\frac{1}{3}$。

於是由遞迴法，對於一切自然數 m，（我們記 $p=\frac{1}{3}; q:=1-p=\frac{2}{3}$。）

$$\mathcal{P}(N>m) = q^m; \mathcal{P}(N=m) = p*q^{m-1}; \tag{9}$$

以上所說的根本和 A, B, C 三人的競賽毫無關係：

只不過是：我一個人在丟銅板，「一直丟擲到出現正面為止」。

如果N是結束時的局數，那麼就有上面這個公式！這樣子的隨機變數，叫做「等比分佈的變數」。當然我們由無窮等比級數的公式，驗證到：

$$p+p*q+p*q^2+p*q^3+\cdots=\frac{p}{1-q}=1。$$

現在回到原來的問題來！一句話就解決了：

A勝利的意思就是$N=1, 4, 7, 10, \cdots$，因此機率是：

$$p+p*q^3+p*q^6+\cdots=\frac{p}{1-q^3}=\frac{1}{1+q+q^2}=\frac{9}{19};$$

B勝利的意思就是$=2, 5, 8, 11, 14, \cdots$，因此機率是：

$$p*q+p*q^4+p*q^7+\cdots=\frac{p*q}{1-q^3}=\frac{q}{1+q+q^2}=\frac{6}{19};$$

而C勝利的意思就是$N=3, 6, 9, 12, \cdots$,因此機率是：

$$p*q^2+p*q^5+p*q^8+\cdots=\frac{p*q^2}{1-q^3}=\frac{q^2}{1+q+q^2}=\frac{4}{19};$$

其實，以機率來考慮，$N=1$，則A已經贏了！必須在「A第一次得黑球」的條件下，B才有機會。而在此條件下，B的機會就是原先A的機會！由此可知：兩人的機會之比是$A:B=1:\frac{2}{3}$；同理：$B:C=1:\frac{2}{3}$；結論是：

$$A:B:C=9:6:4;$$

但是機率的總和$=1$，故得機會分別為：$\frac{9}{19}, \frac{6}{19}, \frac{4}{19}.$

問 求「等比分佈的變數」N之數學期望值！

解 這是要計算：

$$\mathfrak{E}(N)=\sum_{m=1}^{\infty} m*\mathcal{P}(N=m)=\sum_{m=1}^{\infty} m*p*q^{m-1}.$$

也就是：

$$s=1*p+2*p*q+3*p*q^2+4*p*q^3+\cdots$$

我們用 Euler 方式的解法！把（每項寫成縱行！）它寫成：

$$\begin{aligned} s=p+pq+pq^2+pq^3+\cdots \\ +pq+pq^2+pq^3+\cdots \\ +pq^2+pq^3+\cdots \\ +\cdots \end{aligned}$$

因此，（逐列是無窮等比級數）

$$s=\frac{p}{1-q}+\frac{p*q}{1-q}+\frac{p*q^2}{1-q}+\frac{p*q^3}{1-q}+\cdots$$

再用一次無窮等比級數的公式，

$$s=\frac{\frac{p}{1-q}}{1-q}=\frac{p}{(1-q)^2}=\frac{1}{p}.$$

§97 連續機率

例 1 在么圓上隨機畫一弦，其長度的期望值為何。

解說

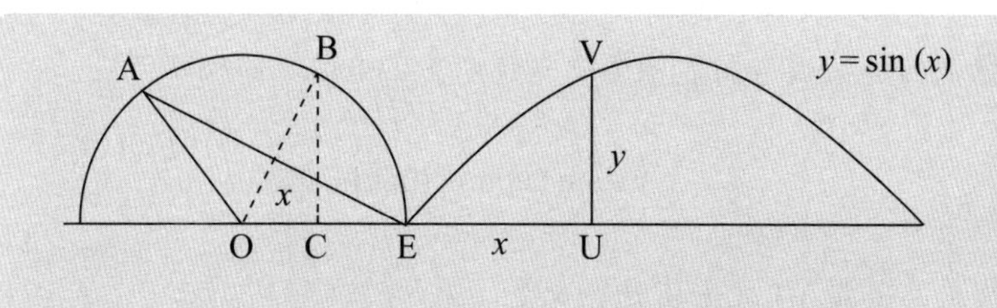

以O為圓心，1為半徑畫一圓。（此地只畫了半圓。）要隨機取一弦，意思是隨機在圓上取兩點E, A連結出一弦$\overline{EA}$。顯然我們可以固定一點E, 只要隨機取另外一點A好了！（這是一種勻齊性的想法！這是簡化問題的一種思考！）

我們做個座標系，以E為原點$E=(0,0)$，令$O=(-1,0)$，看起來有點怪！假定圓心角$\angle EOA=\theta$，那麼，「在圓內，隨機取一點A」，意思就是：在0到2π的範圍內，隨機取一個數（弧度！）$\theta\in[0..2\pi]$。

這時候的弦長$\overline{EA}=2\sin\left(\frac{\theta}{2}\right)$。所以問題就被我們翻譯成為：

隨機選一個數$\theta\in[0..2\pi]$，求$2\sin\left(\frac{\theta}{2}\right)$的數學期望值。

我們做一點幾何：做弦EA的中垂線半徑OB，又從B做到OE的垂線，垂足為C。於是：

$$\angle EOB=\frac{1}{2}\angle EOA=\frac{\theta}{2}, \overline{EA}=2*\overline{BC}\cdot\overline{BC}=\sin\left(\frac{\theta}{2}\right).$$

我們只要做個「變數代換」，令：$x=\frac{\theta}{2}$，就可以簡化問題了！

因為x與θ的關係只是伸縮，「在區間$[0..2\pi]$內，以勻齊的機會，隨機地選一個數θ」，就等於「在區間$[0..\pi]$內，以勻齊的機會，隨機地選一個數$x=\frac{\theta}{2}$」。圖中，θ是EA的弧長，而x等於EB的弧長，弦長$\overline{EA}$是$\overline{BC}=\sin(x)$的兩倍，這告訴我們：畫出解析幾何學上的正弦曲線$y=\sin(x)$，應該有些幫助！概念上，這條曲線怎麼畫？我們想像讓參考的動點B從E點出發，在么圓上移動，以EB弧長$x=\overline{EU}$為橫座標，以垂線長$\overline{CB}=\overline{UV}$為縱座標，就得到取線上的點$V=(x,\sin(x))$了。

所以原先的那個機率問題就變成：我們畫正弦曲線的標準半段

$$y=\sin(x), x\in[0..\pi].$$

這曲線的「高度」y之平均是多少？

積分

這個問題當然就變成：這曲線與 x 軸所圍的面積，除以區間長 π。而面積的問題就是積分學的問題。

在積分學中，如果 $y=f(x), (x\in [a..b])$，畫出一條曲線，而且永遠在上半面（$f(x)\geq 0$），則這曲線與 x 軸，在兩縱線 $x=a, x=b$ 之間，所包圍的面積，就記作：

$$\int_a^b f(x)\,dx.$$

於是曲線的平均高度就是

$$\mathfrak{E}(y) := \frac{1}{b-a}\int_a^b f(x)\,dx. \tag{1}$$

離散與連續之類推

上述的題目，暗示我們另外一個題目：

在么圓上先取定一點 E，於是，由此點 $E=P_0$ 出發，將圓等分為 n 段弧，也就是做個正 n 邊形 $P_1P_2\cdots P_n$，（$P_n=P_0=E$）

問題是：從諸點 $P_1, P_2, \cdots, P_{n-1}$ 中，隨機地取一點 $Q=P_j, (1\leq j\leq n)$ 求弦長 $\overline{EQ}$ 的期望值 $\mathfrak{E}(\overline{EQ})$。

解析 因為角度 $\angle EOP_j=j*\frac{2\pi}{n}$，仿上，

$$\overline{EP_j}=2\sin(\angle EOP_j)=2\sin\left(j\frac{\pi}{n}\right),$$

我們要計算：

$$\mathfrak{E}(\overline{EQ})=\frac{1}{n-1}\sum_{j=1}^{n-1} 2\sin\left(j\frac{\pi}{n}\right). \tag{2}$$

我們已經學過正弦等差級數的算法（參見§66，(2)式），這就是：

先後乘除以 $2\sin\left(\frac{\pi}{2n}\right)$，於是，由：

$$2\sin\left(\frac{\pi}{2n}\right)*\sum_{j=1}^{n-1}\sin\left(j\frac{\pi}{n}\right)=\sum_{j=1}^{n-1}\left(\cos\left((2j-1)\frac{\pi}{2n}\right)-\cos\left((2j+1)\frac{\pi}{2n}\right)\right)$$

$$=\cos\left(\frac{\pi}{2n}\right)-\cos(2n-1)\frac{\pi}{2n}$$

$$\text{得到：}\mathfrak{E}_n(\overline{EQ})=\frac{2}{n-1}\cot\left(\frac{\pi}{2n}\right). \tag{3}$$

問　如果題目改一改，改成：

「在 n 個點 P_j, $(j=1,2,3,\cdots,n)$ 中，隨機選一點 Q」，結果如何？

答　這就是要計算

$$\mathfrak{E}_n(\overline{EP_j})=\frac{1}{n}\sum_{j=1}^{n}2\sin\left(j\frac{\pi}{n}\right). \tag{4}$$

因為：弦長 $\overline{EP_n}=0$，多了這一項，(4)式＝式(3)乘以 $\frac{n-1}{n}$，答案是：

$$\mathfrak{E}_n(\overline{EQ})=\frac{2}{n}\cot\left(\frac{\pi}{2n}\right); \tag{5}$$

那麼回到我們最先的問題，我們只要取極限，讓 $n\uparrow\infty$ 就好了！

$$\text{隨機的弦長}=\mathfrak{E}(\overline{EQ})=\lim_{n\to\infty}\mathfrak{E}_n(\overline{EQ})=\frac{4}{\pi}. \tag{6}$$

連續機率

籤筒模型只有一個小麻煩：「所有的機率只會是有理數」？若說「某事件發生的機率為 $\frac{1}{\pi}$」，要如何解釋？

當然可以改成：在么圓盤 D 中畫個單位正方形 I，隨機地丟擲一點於 D 中，若此點落在 I 內，就發生該事件，否則就不發生。像這樣子的機率，在日常的小攤販的商業行為（小賭）中常常出現。

由機率密度函數製造隨機變數

我們可以把上述模型稍做修改！

我們要想像在座標紙上畫一條「曲線」，Γ：$y=\rho(x)$,（$a \le x \le b$,）但是這裡要求：

- $\rho(x) \ge 0$，因此曲線Γ是在 x 軸的「上方」。（可以碰觸到 x 軸！但是不能伸到 x 軸下方。）
- 介於兩縱線 $x=a$, $x=b$,之間，x 軸與曲線Γ之間所夾的範圍 $\mathcal{R}$，總面積為

$$\int_a^b \rho(x)\,dx = 1. \tag{7}$$

於是，我們就可以解釋：以 ρ 為機率密度函數（probability density function）的「連續型的隨機變數」X 如何製造：

想像把一根針，完全隨機地，插到座標紙上這個範圍 $\mathcal{R}$ 來！然後看針的 x 座標是多少，這就是隨機變數 X。

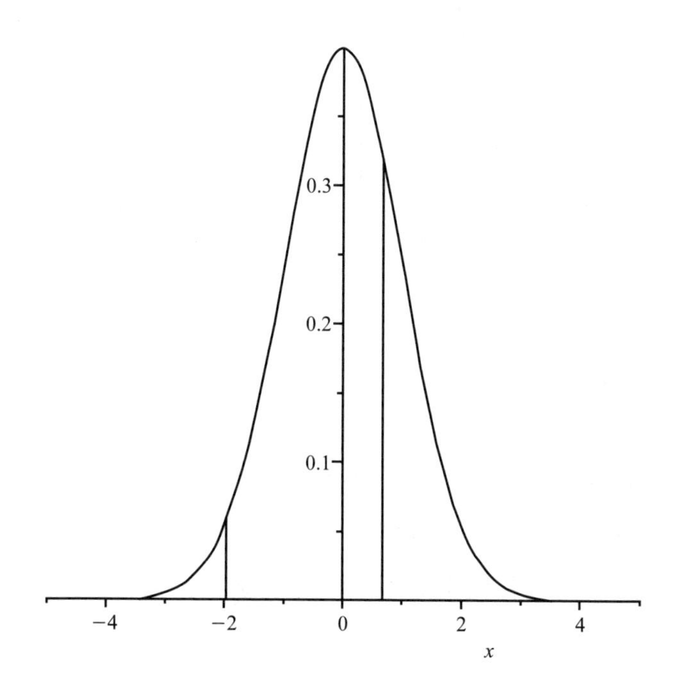

例2 如上圖是標準常態機率密度。

我們畫兩條縱線，$x=\alpha, x=\beta,$（$\alpha<\beta$）則其間所夾的面積，就是此隨機變數」X會落在 $[\alpha..\beta]$ 的機率 $\mathcal{P}(\alpha\leq X\leq\beta)$。

（下圖中，$\alpha=-1.96, \beta=0.675$，於是算出此機率為 $\Phi(\beta)-\Phi(\alpha)$，$=0.725$，）

對於種種的密度函數，這些都是有表可查的：此地的記號Φ是標準常態分佈函數。$\Phi(\beta)$ 是表示此隨機變數會落在「從最左方 $x=-\infty$ 一直到 β 為止」這範圍內的機率！（也就是「累積機率」。）

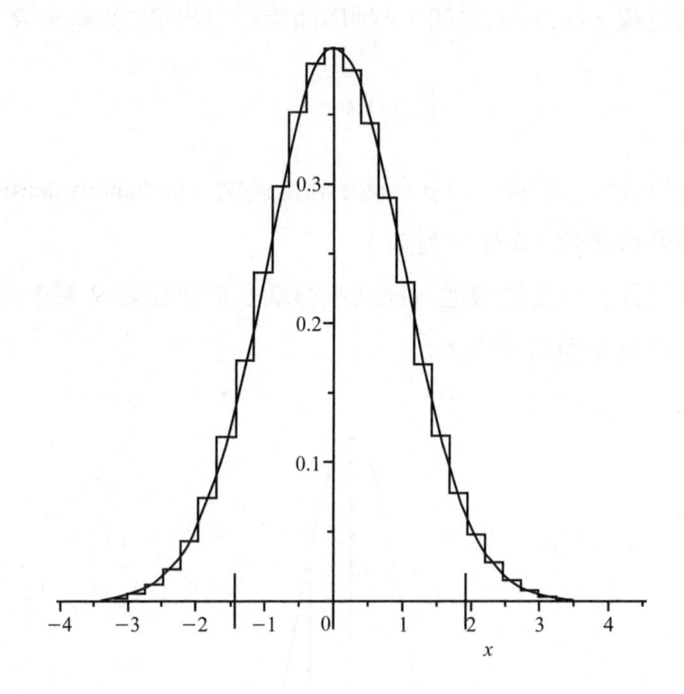

中央極限定理

（Laplace-de Moivre-Gauss）二項式分佈，由次數p與「正面率」p決定，我們如果固定p，而讓n趨近無窮，則這個分佈會趨近常態分佈！換句話說：只要n夠大，要計算有關於它的種種機率，只需要從標準常態分佈函數。Φ就可以得到近似值了！（其實我們常常遇到的許多統計資料，如果接近常態的話，也都可以類似地計算！）

我們可以看上面這個圖：我們畫了個標準常態機率密度函數的圖 $y=\frac{1}{2\pi}e^{\frac{-x^2}{2}}$。另外，又畫了個「二項式分佈 BerN(64, 0.36)標準化了的圖」。

何謂「標準化了的機率分佈圖」？我們看§96.1 的圖。那是「柱狀圖」。比較清潔的圖是不要有內部的縱線！（也就是說：因為隨機變數的取值是離散的，我們就畫從 $x=k-0.5$ 到 $x=k+0.5$ 而高為機率 $\mathcal{P}(X=k)$的水平橫線，然後把這些現段用縱的線段連結起來。）

於是先把「縱軸」移到（平均值或）期望值 $\mathfrak{E}(X)=n*p$ 處，然後，把橫軸方向「收縮」即是除以標準差 $\sqrt{n*p*q}$，另外又是把縱軸方向「伸脹」，即是乘以標準差 $\sqrt{n*p*q}$。這就完成了「標準化了的隨機變數」$\hat{X}$的機率密度圖。我們在上圖中，就把二項式分佈BerN(64, 0.36)標準化了的機率分佈圖畫出來了。

同時也畫出了標準常態機率密度函數曲線的圖。

記住：「常態」都是由「標準常態」經過自變數的伸縮平移而得！縱軸依賴變數代表密度的值，因此，橫軸縮，則縱軸伸！

這樣一對照，你就知道：中央極限定理「常態近似」的意義！這裡，$n=64$ 並不算太大，但是這個近似已經很好了！

例如說：你要計算

$$\mathcal{P}(18\le X\le 30)=\sum_{k=18}^{30}{}_{64}C_k*(0.36)^k*(0.64)^q,$$

這等於在圖中要計算兩條縱線 $X=17.5$ 與 $X=30.5$ 之間的面積。

換算在「標準化了的橫軸」上，乃是從 $\hat{X}=\alpha:=\frac{17.5-n*p}{\sqrt{npq}}=-1.4427$ 到 $\hat{X}=\beta:=\frac{30.5-n*p}{\sqrt{npq}}=1.9427$（$\alpha, \beta$ 都顯現在圖中橫軸上），

那麼，從標準常態機率密度函數曲線算得的面積是（查表！）

$$\Phi(\beta)-\Phi(\alpha)=0.9739-0.0748=0.8991.$$

我讓電腦軟體 Maple 計算的答案是：

$$\sum_{k=18}^{30} {}_{64}C_k * (0.36)^k * (0.64)^{64-k} = 0.9001.$$

例3 某次學測，某科目成績統計據說很是「常態」，而平均分數$=60$，標準差$=10$。考試當局將成績分成 A, B, C, D, E 五等第，各佔總考生的7%, 24%, 38%, 24%, 7%。請你估計「分界線分數」。

解析 如果此隨機變數用X表示，則我們要將之伸縮平移才會得到標準常態變數：$\hat{X}=\frac{X-\mu}{\sigma}=\frac{X-60}{10}$。現在查表！查出四點：$\alpha_j=1, 2, 3, 4$，使得：$\Phi(\alpha_1)=0.07$, $\Phi(\alpha_2)=0.07+0.24=0.31$, $\Phi(\alpha_3)=0.31+0.38=0.69$, $\Phi(\alpha_4)=0.69+0.24=0.93$。結果是：$\alpha_1=-2.92$, $\alpha_2=-1.422$, $\alpha_3=1.422$, $\alpha_4=2.92$。

現在是用$\hat{X}=\alpha_j$，反求X就好了，亦即計算：$X=10*\alpha_j+60=30.8$, 45.78, 74.22, 89.2。這就是答案。

注意 當然你要注意對稱性！你的計算量最少減半！（更重要的是錯誤的機會減半！）常態分佈是左右對稱的！也就是說：標準常態分佈函數（標準常態累積機率函數）Φ滿足了：

$$\Phi(-x)+\Phi(-x)=1。（特別是）\Phi(0)=\frac{1}{2}。 \tag{8}$$

由對稱性，所以給你的表，當然是「打對折」就好了！只給你$\Phi(x), x\geq 0$的部分！

有的書，給你的表，是$\Phi(x)-\frac{1}{2}$，有的是$2*\left(\Phi(x)-\frac{1}{2}\right)=2*\Phi(x)-1$。

還有的是用上述種種值的「餘」！（也就是「從一減下來」！）$1-\Phi(x)$，或者$2(1-\Phi(x))$。腦筋要冷靜！

此地給你：

$$\Phi(0.6749)=0.75;\ \Phi(1)=0.8413;\ \Phi(2)=0.9772;\ \Phi(3)=0.9987;$$

$\Phi(2.81)=0.995$; $\Phi(2.327)=0.99$; $\Phi(1.645)=0.95$; $\Phi(1.2816)=0.9$; $\Phi(0.842)=0.8$;

（另外：$\Phi(1.422)=0.69$, $\Phi(2.92)=0.07$。上面已用到。）

● **離散分佈的累積機率函數**

我們先考慮記述數據統計的情形。例如說：如果全班考試成績 X 已經統計出來，我們用 $F_X(x)$ 表示：考試成績不超過 x 的（人數）頻度，這個函數 F_X 就是 X 的累積頻度函數！我們把它規範化得到 Φ_X，換句話說：我們只是把「累積頻度」F_X「除以總頻度」，變成累積的相對頻度。

在機率論的情形，這樣子我們就得到（離散分佈的，或者說）隨機變數的累積機率函數。這個函數 Φ_X 的意思就是：對於每個實數 x，這個隨機變數 X 會取值 $\leq x$ 的機率 $\Phi_X(x) := \mathcal{P}(X \leq x)$。

例 4 下圖是 Bernoulli(10, 0.3)二項分佈的累積機率函數圖。

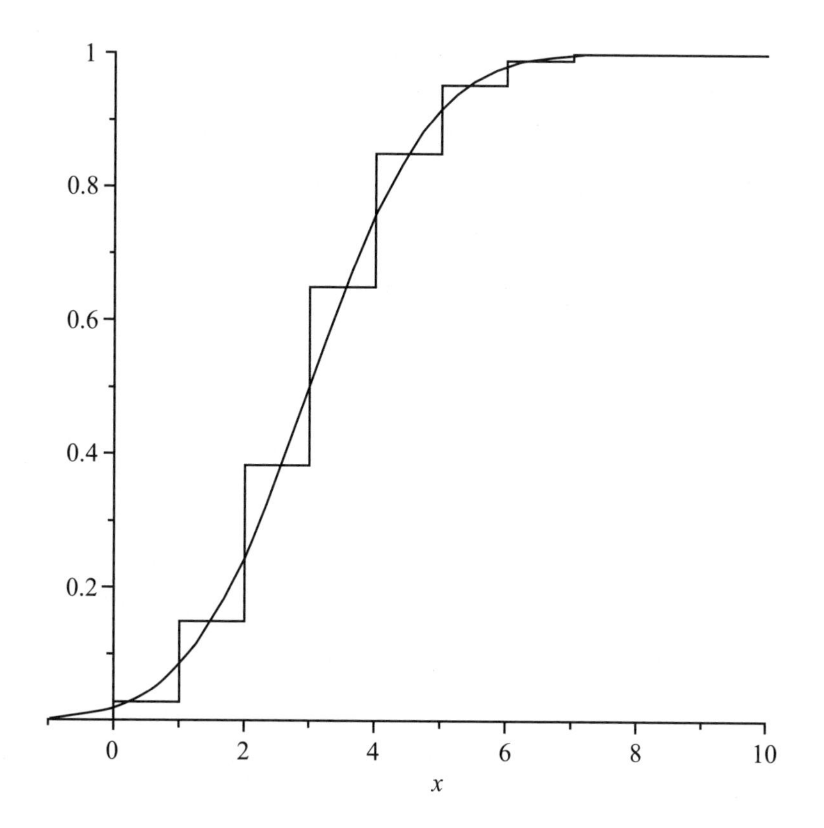

二項隨機變數X= Bernoulli (n, p)的最小值是 0，因此，當$x<0$時，$\Phi_X(x)=0$。不過，當$x=0$時，

$$\Phi_X(x)=\mathcal{P}(X\le x)=\mathcal{P}(X=0)=q^n;$$

當然這也就是「累積到此為止所有的機率」！所以Φ_X就在此$x=0$處跳躍（不連續），其躍度為q^n；以下，函數Φ_X在相鄰兩個自然數之間都是保持為常數，只有在x=自然數k處，有躍度$\mathcal{P}(X=k)={}_n\mathfrak{C}_k p^k q^{n-k}$。所以我們在$x=k$處，從縱高$y=\Phi_X(k-1)$處，往上畫一條縱線段，長度$=\mathcal{P}(X=k)$，到達縱高$\Phi_X(k)$。

由累積機率函數製造隨機變數

假設我們要製造一個隨機變數X，它的可能的值是$\xi_1<\xi_2<\xi_3<\cdots<\xi_n$，而機率各是$\eta_j=\mathcal{P}(X=\xi_j)>0$。我們可以這樣子做：

先畫出累積機率函數圖

$$y=F_X(x)=\Sigma\,(\eta_j : \xi_j\le x);$$

當然這個「曲線」永遠不會超出「長條」$0\le y\le 1$的範圍！

現在，在y軸上，在這個單位區間$0\le y\le 1$中，我們「隨機地」取一點y，然後畫這個縱座標的橫線，與累積機率函數圖相交於一點，再把它投影到x軸上，讀出這個橫坐標，就是你要的隨機變數。

（也可以在座標紙上，隨意地將一根針插到這「橫長方條帶」上，不看橫座標！畫這點的縱座標的橫線，⋯）

既然了解了這個辦法，那麼對於「連續型的隨機變數」就更簡單了！

所謂「連續型的隨機變數」X，我們可以（暫時！）這樣定義：我們隨便畫一條曲線Γ，只是要求它：從「最左邊」出發到「最右邊」，出發點必須在直線$y=0$（即x軸）上，而終點必須在$y=0$上；而且，（最重要的關鍵性的要求！）這（函數）曲線必須是遞增的：當x增加時，y不能減少！（曲線往右時，只允許往上！）

這樣子我們就可以製造出一個隨機變數X，使得其累積機率函數圖$y=\Phi_X$

(x)，就是此曲線Γ。

事實上，此曲線Γ當然是落在座標紙上的長條帶 $0 \le y \le 1$ 中，要製造隨機變數X，我們只要，隨意地將一根針插到這「橫長方條帶」上，不看橫座標！畫這點的縱座標的橫線，與曲線Γ相交於一點，再把它投影到x軸上，讀出這個橫坐標，就是你要的隨機變數。

§98 資訊

自從有歷史以來人們一直想要對於訊息給出一個適當的定義。這是在 1948 年，C. Shannon 才得到完全的解答。結果，在整個物理科學，工程科學，以及社會科學中，都引起了革命性的影響。

棄除價值判斷

要理解什麼是訊息，最重要的心理態度是放棄價值判斷！講到某一句話所含的資訊，絕對與這句話是好消息或者壞消息，完全無關！

假設丟個銅板，查看它是正面或者反面，未看之前與看了之後，當然有區別，因為你多了一些資訊。同樣地，擲骰子，看它出現什麼點數，看了之後也是多了資訊。點數是多少，影響到賭客的錢財，但是與資訊無關！

骰子出現的點數，這是一個隨機變數X，我們假定這是一個公正的骰子，六面的機率都是$\frac{1}{6}$，那麼，如果說賭博的約定是：X就是賭客的所賺的，那麼，算出期望值$=\frac{7}{2}$（意思就是參加這個賭戲，票價必須是$\frac{7}{2}$才公平）。那麼現在把各面點數 1, 2, 3, 4, 5, 6 改為 1, 4, 9, 16, 25, 36 這就是不同的一個隨機變數Y,了，那麼，算出期望值$=\frac{91}{6}$（意思就是參加這個賭戲，票價必須是$\frac{91}{6}$才公平）。可是我們當然知道：這兩種不同的隨機變數，「一擲之後，看到出現的點數」，所得的資訊是一樣的！

以上所要說明的就是：一個隨機變數X，

假設它可能出現的值是 $x_1 < x_2 < x_3 < \cdots < x_n$；

各自具有機率 $p_1, p_2, p_3, p_n.$

當我們「看到現實」，也就是「確定了X到底為何」時，我們所得的資訊，是由 $(p_1, p_2, \cdots, p_n)$ 所決定的，但是與 $(x_1, x_2, \cdots, x_n)$ 完全無關。我們把這個資訊量，記做$H(p_1, p_2, \cdots, p_n)$。

Shannon 公式

$$H(p_1, p_2, \cdots, p_n) = -(p_1 \lg(p_1) + p_2 \lg(p_2) + \cdots + p_n \lg(p_n)). \tag{1}$$

註 lg，是否為 log 漏掉了 o？Yes and No. 我們知道：所有的對數 $\log_A(x)$其實與底數A簡直沒有關係，因為改A為B只是需要乘上一個常數$\alpha = \log_B(A)$而已，也就是說，相當於單位的換算（如同英尺換公尺）而已。（我們必須要求$\log_B(A) > 0$，否則正負號不同！）所以這裡的 log, 可以取底數 = 10（常用對數），也可以取e（自然對數），但是在資訊的世界，自然的底數是 2，因此我們以下就取 $\lg = \log_2$。這樣子的資訊量的單位，叫做 bit. = binary unit of information.

例 1 丟（公正的）銅板一次，看到其為正或反，我們得到多少資訊？

解析 You get a ‘bit’ of information.

$$-\left(\frac{1}{2}\lg\left(\frac{1}{2}\right) + \frac{1}{2}\lg\left(\frac{1}{2}\right)\right) = 1.$$

例 2 丟（公正的）骰子一次，看到其點數，我們得到多少資訊？

解析 $6 * \left(-\frac{1}{6}\lg\left(\frac{1}{6}\right)\right) = \log_2(6) = \frac{\log(6)}{\log(2)} = \frac{0.3010 + 0.4771}{0.3010} = 2.585$ bit.

問 1 若一個隨機變數X，可能出現的值有n種，而且機會均等，都是$\frac{1}{n}$；那麼當我們確知答案時，我們得到多少資訊？

答案是

$$H\left(\frac{1}{n},\frac{1}{n},\frac{1}{n},\cdots,\frac{1}{n}\right)=\lg(n)=\frac{\log(n)}{\log(2)}. \tag{2}$$

例 3 如果我做了手腳，讓這個骰子只會出現 3，其他各面都是騙人的，那麼人家來向我報告擲骰子的結果時，當然我沒有得到任何資訊。數學上，是規定：當 $p=0$ 時，$p*\log(p)$ 的值 $=0$，因為這合乎連續性的原則：

$$\lim_{p\downarrow 0} p*\log p=0, \tag{3}$$

● 定理

在 $p_1\geq 0, p_2>0, p_1+p_2=1$ 的條件下，$H(p_1,p_2)=p_1\lg\left(\frac{1}{p_1}\right)+p_2\lg\left(\frac{1}{p_2}\right)$ 的極大點是：$p_1=p_2=\frac{1}{2}$ 時，因而極大值為 1。

註 在微積分學中，可以證明：在半直線 $x\geq 0$ 上，函數 $g(x):=x\log(x)$ 是個凸函數！也就是說：隨便取兩點 $x_1\geq 0, x_2\geq 0$，則：

$$g\left(\frac{x_1+x_2}{2}\right)<\frac{g(x_1)+g(x_2)}{2}; \tag{4}$$

現在對於區間[0..1]內的點 $x_1\neq\frac{1}{2}$，我們取 $x_2=1-x_1\in[0..1]$，於是 $\frac{x_1+x_2}{2}=\frac{1}{2}$；即是 $g\left(\frac{1}{2}\right)<\frac{g(x_1)+g(x_2)}{2}$。翻譯成 H 函數，這就是：

$$H(x_1,1-x_1)<H\left(\frac{1}{2},\frac{1}{2}\right)=1.\ (0\leq x_1\leq 1, x_1\neq 2,)$$

在下圖中，我們畫出函數圖 $y=x*\lg(x)$，然後做左右鏡射圖 $y=(1-x)*\lg(1-x)$；最後，兩個函數相加，再做上下的鏡射，就得到函數圖 $y=H(x,(1-x))$。函數極大值在 $x=1-x=\frac{1}{2}$ 時。

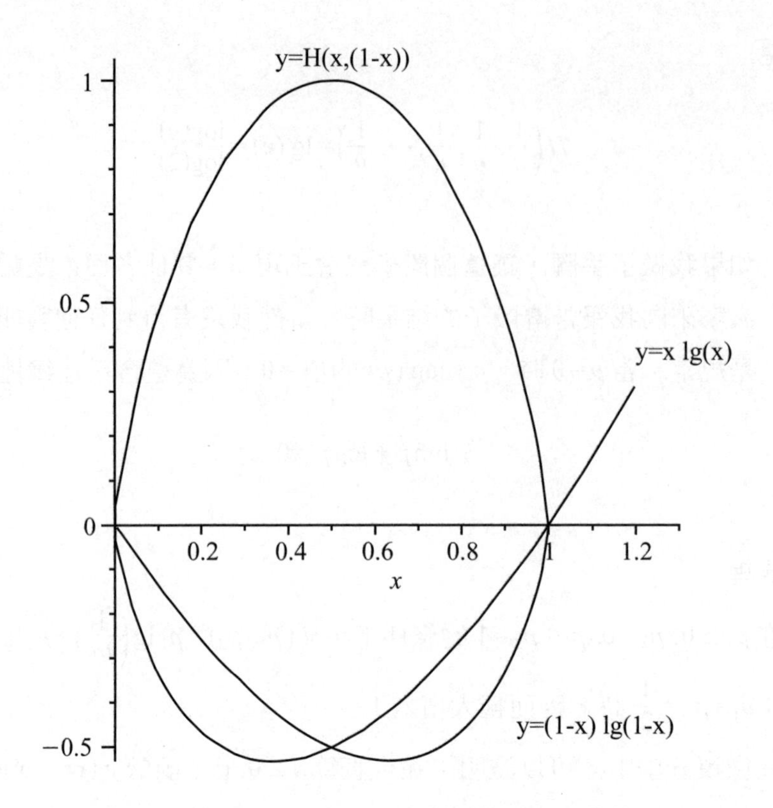

定理

在 $p_j \geq 0, \Sigma_{j=1}^{n} p_j = 1$ 的條件下，$H(p_1, p_2, \cdots, p_n)$的極大值是在：$p_1 = p_2 = \cdots = p_n = \frac{1}{n}$時，而極大值為 $\lg(n)$。

證明 這是用「偏函數法」！因為p_j有一些限制，那麼現在假設我們限制得很嚴，讓所有的p_j都固定不動，只是剩下兩個，例如p_1, p_2可以活動，當然它們必須滿足：

$$p_1 + p_2 = 1 - p_3 - p_4 - \cdots - p_n;\ 0 \leq p_1,\ 0 \leq p_2.$$

那麼：

$$H(p_1, p_2, \cdots, p_n) = \sum_{j=3}^{n} p_j \lg\left(\frac{1}{p_j}\right) + p_1 \lg\left(\frac{1}{p_1}\right) + p_2 \lg\left(\frac{1}{p_2}\right);$$

這一來，右側的第一個和式變成了常數，我們的問題就成了兩個變數的限制極大值問題：

在 $p_1+p_2=1-\Sigma_{j=3}^{n}p_j=1-s>0, p_1\geq 0, p_2\geq 0,$ 的條件下，如何使：$p_1\lg\left(\frac{1}{p_1}\right)+p_2\lg\left(\frac{1}{p_2}\right)$ 得到極大？

改記 $P_1=\frac{p_1}{1-s}, P_2=\frac{p_2}{1-s}$，則這個問題變成了求 $H\ (P_1, P_2)$ 的極大點的問題，於是答案就是 $P_1=P_2=\frac{1}{2}$，因此就是在 $p_1=p_2$ 時。於是，由遞迴法，就可以證明定理了。

驚訝度與無知度

在例 3 中，人家來向我報告擲骰子的結果時，完全在意料之中，也許我「故作驚訝狀」，其實我絲毫不會驚訝。所以我們有一種觀點來解釋資訊。如果是做一個實驗，來找出一個隨機變數 X 到底是多少，而得到報告是 $X=x_j$，事先的資訊是說：$X=x_j$ 的機率是 p_j，那麼，我得到這個報告時，我的驚訝度是 $\lg\left(\frac{1}{p_j}\right)$。

那麼，在還沒有得到報告以前，我對於這個實驗的無知度定義為「這個實驗可能給我的驚訝度」的期望值 $H(p_1, p_2, \cdots, p_n)=\Sigma p_j*\lg\left(\frac{1}{p_j}\right)$。

如果人家來報告一個爆冷門的結果，p_j 甚小，則我們會「跌破眼鏡」，因為太驚訝了：$\lg\left(\frac{1}{p_j}\right)$ 很大！不過，我們應該採取對數尺度，機會只有一成的事件，（$\mathfrak{P}\ (X_j)=p_j=0.1$）與機會「只有萬一」的事件（$\mathfrak{P}\ (X_k)=p_k=0.0001$），後者帶給你的驚訝度，只是前者的四倍！而這種驚訝的機會，相比之下，卻是少得多，只有千分之一。所以，不可能的事件（機率 $p=0$），雖然帶給你無限的驚訝度，可是，放心，這一項在計算期望值的時候，是毫無貢獻的！

驚訝度所指涉的是發生了一個事件 $X=x_j$，至於無知度，所指涉的卻不是一個事件，而是我們尚未做這個實驗之前，對於種種可能發生的狀況的整個不清楚的程度。

你得到的資訊，意思就是你的無知度減少了多少！

例 4 某項比賽，例如某個網球大賽，參加的 n 個人，誰會奪冠？假設你是個網球迷（而且特別迷這個賽），你有個賽前的機率分佈$(p_1^0, p_2^0, \cdots, p_n^0)$。

於是，你對於「誰會奪冠？」的無知度，就是：

$$H_0 := H(p_1^0, p_2^0, \cdots, p_n^0).$$

第一天賽完之後，你馬上要調整你的機率分佈了（有些人被淘汰了，明天的賽程，誰 versus 誰，有相剋？等等），變成了$(p_1^1, p_2^1, \cdots, p_n^1)$，於是，你對於「誰會奪冠？」的無知度，就是：

$$H_1 := H(p_1^1, p_2^1, \cdots, p_n^1).$$

請注意：被淘汰的人 j，現在 $p_j^1 = 0, p_j^1 * \lg(p_j^1) = 0$（照定義！）整個說起來，無知度減少了！（雖然情勢仍然是曖昧不明，可是，還是你已經多了資訊量 $H_0 - H_1$，這就是你的無知度的減少量！）

當然，決賽完了時，你已經沒有任何無知度了。

最簡單的情況是：「我完全是門外漢（網球白癡），而這個比賽有 2^m 個人參賽，天天淘汰一半」。那麼：

$$p_j^i = \frac{1}{2^{m-i}}, \forall j = 1, 2, \cdots, 2^{m-i}.$$

因此：$H_i = m - i$ (bit.) 每天得到 a bit of information. 每天減少「一個無知度」。

習題 1 英文中，拉丁字母連同空白字母，出現的頻率如下：請計算一下，單獨看到一個字母時的資訊是多少？

字母	頻率	字母	頻率	字母	頻率
空白	0.2	h	0.047	w	0.012
e	0.105	d	0.035	g	0.011
t	0.072	l	0.029	b	0.0105
o	0.0654	c	0.023	v	0.008
a	0.063	f	0.0225	k	0.003
n	0.059	u	0.0225	x	0.002
i	0.055	m	0.021	j	0.001
r	0.054	p	0.0175	q	0.001
s	0.052	y	0.12	z	0.001

習題 2：考試學

・出一題是非題，意思是要得到多少資訊？

解析 老師是假定：一個完全不懂的學生，他就憑亂猜而做答。所以懞懂與無知，資訊量是 1 bit。

・出一題二選一的選擇題，（這當然等於一題是非題！）得到的資訊是多少？

・出一題 n 選一的選擇題，得到的資訊是多少？當然是 $\lg(n)$。

一題五選一的選擇題，得到的資訊是 $\lg(5)$。

・一題（「組合式的」）選擇題，有五個項目 *ABCDE*，試卷上說好了：從這五個項目中，找出一些去塗到答案卡上的對應的格，必須完全正確才是對的答案。請問此時，一題得到的資訊是多少？每一項目，塗與不塗，有兩個選擇，因此，所塗的格，一共有 $2^5=32$ 種格式。答案是 5bit。

・如上，但是試題上加了一句話：「但是，五格完全不塗，絕對不是正確的答案，那是用來表示你不做這一題！」請問：出這一題，得到的資訊是多少？答案是 $\lg(31)=4.9542$。

・以上的各種情況，假設該題標明的分數是 10 分。（做對了得 10 分。）那麼，站在考試學的立場，應該對做錯的人，給以負分，也就是「要倒扣」。數學上，這意思就是：要讓一個完全亂猜的答案，所得分數的期望值為零。

請問：對以上的各種情況，要如何扣分。

對於是非題，應該規定錯了，扣 10 分。對於 n 選一的選擇題，應該規定錯了，扣 $\frac{10}{n-1}$ 分。

對於五個項目「組合式的」選擇題，應該規定錯了，扣 $\frac{10}{31}$ 分。

最後，對於：五個項目，「組合式的」，而排斥了全空白的，選擇題，應該規定錯了，扣 $\frac{10}{30}$ 分。

● 一個偽幣問題

給了你 12 個同樣的銅幣，不過，已經知道其中有一枚是偽幣。它的重量不對。現在給你一個天平，但沒有砝碼。你要怎樣用最少次數的秤比，找出那枚偽幣（從 12 枚中），並且說出是較輕或較重。

因此，從頭，無知度 $=\lg(12)+\lg(2)=\lg(24)$。

沒有砝碼的意思是：你不能秤重，但是你可以「秤比」：這就是指出兩盤之中，哪個較輕哪個較重，或者說「兩盤等重」。

你將取出兩堆各 n 個銅幣（$1 \le n \le 6$）放在天秤兩盤上；如果兩盤等重，則偽幣必定在剩下的那堆（$12-2n$）個銅幣中。（雖然不知道偽幣較重或較輕。）

如果兩盤不等重，則偽幣必定在兩堆之一（雖然不知道偽幣在哪一堆，可是我們已經分辨兩堆之孰重孰輕），由此可知：取 $n=4=\frac{12}{3}$ 時，得到最大的資訊 $\lg(3) \approx 1.585$；

每一次的秤比，最多只能得到的資訊量就是 $\lg(3)$，而一開始的無知度 $=\lg(24)$，$\frac{\lg(24)}{\lg(3)} \approx 2.893$，因此你最少要做 3 次的秤比。

實際的操作如下：

・第一次先拿四個銅幣，子、丑、寅、卯，放在左盤，四個銅幣，辰、巳、午、未，放在右盤；於是有三種可能的狀況：

1.左右等重，

2.左重右輕，

3.左輕右重。

・在狀況 1.，我們已經知道：「子丑寅卯辰巳午未」，這八枚都是正幣，偽幣在「申、酉、戌、亥」之中；於是我們拿兩個銅幣，子、申，放在左盤，兩個銅幣，酉、戌，放在右盤。然則又有三種可能的狀況！（這一步的資訊量為

$$\frac{1}{4}\lg(4)+\frac{3}{8}\lg\left(\frac{8}{3}\right)+\frac{3}{8}\lg\left(\frac{8}{3}\right)\approx 1.565.$$

11.左右等重，因此偽幣為亥（機率 $\frac{1}{4}$）。然則

111.只需再拿偽幣「亥」與正幣「子」相秤比，就知道偽幣亥是較輕或較重。

12.左重右輕，（機率 $\frac{3}{8}$）。然則有兩種可能的狀況：偽幣在右（酉、戌之一）且較輕，或者偽幣申在左且較重，無論如何，我們再拿兩個（輕重各一的）嫌疑銅幣，申、酉，放在左盤，兩個正銅幣，子、丑，放在右盤。然則有三種可能的狀況：

121.左右等重，（可知申、酉，為正幣，）則偽幣為戌且較輕；

122.左重右輕，可知偽幣較重，當然是申；

123.左輕右重，可知偽幣較輕，當然是酉；

13.左輕右重，（機率 $\frac{3}{8}$）。然則有兩種可能的狀況：偽幣在右（酉，戌之一）且較重，或者偽幣申在左且較輕，無論如何，我們再拿兩個銅幣，申、酉放在左盤，兩個正銅幣，子、丑放在右盤。然則有三種可能的狀況：

131.左右等重，（可知申、酉為正幣，）則偽幣為戌且較重；

132.左重右輕，可知偽幣較重，當然是酉；

133.左輕右重，可知偽幣較輕，當然是申；

・在狀況 2.，我們已經知道：偽幣在「子丑寅卯辰巳午未」這八枚中，

「申、酉、戌、亥」都是正幣；於是我們拿四個銅幣，寅、卯、辰，巳，放在左盤，四個銅幣，丑、午、申、酉，放在右盤。然則又有三種可能的狀況！（這一步的資訊量為

$$\frac{1}{4}\lg(4)+\frac{3}{8}\lg\left(\frac{8}{3}\right)+\frac{3}{8}\lg\left(\frac{8}{3}\right)\approx 1.565。）$$

21.左右等重，因此偽幣為子輕，或未重（機率 $\frac{1}{4}$）。然則

211.只需再拿嫌疑銅幣「子」與正幣「亥」相秤比，就知道偽幣是兩者中的哪個。

22.左重右輕（機率 $\frac{3}{8}$）。然則有兩種可能的狀況：偽幣在左（寅，卯之一）且較重，或者偽幣午在右且較輕，無論如何，

・我們再拿兩個（輕重各一的）嫌疑銅幣，寅、午放在左盤，兩個正銅幣，戌、亥放在右盤。這就秤比出來了！

23.左輕右重，這是上一款的對偶！

狀況 3.的情形也是狀況 2 的對偶！（自己說說看！）

補白：Buffon 的指針問題

美國國旗是星條旗，有 13 條矩形橫條帶，代表了獨立革命當時的 13 州。現在想像把它放在地平面上，假設有一根針 I，針長 λ 恰好是橫條帶的寬度（不妨設之為單位長）現在隨機地將針往上拋，問：掉下來之後針會碰到橫條線的機率 K 是多少？

解 （數學問題當然都是理想化！我們的針當然只有長度沒有寬度。這是個「隨機的線段」。我們改為考慮平面上有無限多條平行線 $y=m; m$ 是一切整數。）我們要思考：針這個「隨機線段」I 會與某一條 $y=m$ 相交這個事件的機率 $p(I)$。不要急著確定針長！所以我們把它記做 $|I|=\lambda$。而這個相交的事件的機率，應該只與 $|I|=\lambda$ 有關！因此可記做 $p(I)=p(\lambda)$。

我們想像把「針」（隨機線段）I 分成兩小段 $I=I_a\cup I_b$。於是，「本針 I 與一橫線相交」的事件，就等於是兩個事件之一發生了：「小段 I_a 與一橫線相

交」，或者「小段I_b與一橫線相交」；

這兩個小事件是互斥的！（我們假定 $|I| = \lambda < 1$ 就好了。當然，我們認為：針不可能整個線段是橫條的一段。）於是有加法原理：

$$\text{若 } \lambda = \lambda_a + \lambda_b \text{，則 } p(\lambda) = p(\lambda_a) + p(\lambda_b);$$

（這裡必須假定 $\lambda < 1$，否則沒有互斥性！變得很複雜了。換言之：$p(\lambda) = K * \lambda$。但是$K = ?$）如果我們不談機率，改為考慮一條由許多折線段連成的「曲線」Γ，求它和這些橫線的交點個數的期望值$\mathfrak{E}(\Gamma)$，那麼加法原理就成立了：

$$\text{若 } \Gamma = \cup_j \Gamma_j \text{ 則 } \mathfrak{E}(\Gamma) = \sum_j \mathfrak{E}(\Gamma_j);$$

記住：若長度 $|\Gamma_j|$ 很小，則：期望值$\mathfrak{E}(\Gamma_j)$ = 機率 $p(\Gamma_j)$。

現在考慮諸 Γ_j 是正n邊形的一邊，$\Gamma = \cup_j \Gamma_j$ 是此正n邊形的邊緣。如果我們讓n趨近無窮大，而周長 $|\Gamma|$ 趨近π，則：此圓 Γ 與一橫線相交的交點數，幾乎可以確定是 2，於是：

$$K = \frac{2}{\pi}.$$

習題簡答

p.2【問】

我們也有左閉右開的區間 $[a..b)$，左開右閉的區間 $(a..b]$；換句話說：

當我們遇到「$x\in [a..b)$」，就把這句話讀成「$a\leq x<b$」；

當我們遇到「$x\in (a..b]$」，就把這句話讀成「$a<x\leq b$」；

當我們遇到「$x\in [a..\infty)$」，就把這句話讀成「$a\leq x$」；

當我們遇到「$x\in (-\infty..b)$」，就把這句話讀成「或者 $x<b$」；

當我們遇到「$x\in (-\infty..b]$」，就把這句話讀成「$x\leq b$」。

p.6【習題】

注意到給你的是對 x 降冪！於是：

$$\begin{aligned}
f_{10}(x,y)&=3\,(x^7y^3+x^3y^7)=3\,(x*y)^2\,(x^4+y^4);\\
f_6(x,y)&=8\,(x^5y+xy^5)+9x^3y^3-6\,(x^4y^2+x^2y^4)\\
&=8\,(x*y)*\,(x^4+y^4)+9\,(x*y)^3-6\,(x*y)^2*\,(x^2+y^2);\\
f_8(x,y)&=-7x^4y^4=-7\,(x*y)^4;\\
f_5(x,y)&=-2\,(x^3y^2+x^2y^3)=-2\,(x*y)^2\,(x+y).
\end{aligned}$$

那麼由書上的 (6)式，

$$\begin{aligned}
f_{10}(x,y)&=3q^3\,(p^4-4p^2q+2q^2);\\
f_6(x,y)&=8q*\,(p^4-4p^2q+2q^2)+9q^3-6q^2*\,(p^2-2q);\\
f_8(x,y)&=-7q^4;\\
f_5(x,y)&=-2q^2p.
\end{aligned}$$

於是：

$$f(x,y)=3q^3\,(p^4-4p^2q+2q^2)+8q\,(p^4-4p^2q+2q^2)+9q^3-6q^2\,(p^2-2q)-7q^4-2q^2p.$$

p.20【習題】

$18=86*r_1-197*r_0.$

p.27【問】

若：$f(x)=2x^3-4x+8$，$g(x)=7x^2+2x-6$，$h(x)=-2x^2+5x+4$，則：

$\deg\,(f(x)+g(x))=2$，$\deg\,(f(x)+h(x))=1.$

p.33【習題 1】

$\text{hcf}\,(x^4+2x^3-x-2,\,x^3+4x^2+x-6)=\,(x+2)(x-1)=x^2+x-2.$

p.34【習題 2】

其實只要把書中對於$\mathbb{Z}$的輾轉相除法的證明照抄，但是，把「整數」改為「整式」（=多項式），把「公因數」改為「公因式」。

【問 1】

如果$f(x) \in \mathbb{Z}[x]$么領，則在 $\mathbb{Z}[x]$ 中，帶餘除法行得通：$g(x) = q(x) * f(x) + r(x)$，但是通常$r(x)$不是么領的！所以似乎是不能用輾轉相除法。事實上，輾轉相除法還是行得通！（這用到 Gauss 補題，參看§17.）

p.35【問 2】

如果$h(x) := \text{hcf}\ (f(x), g(x)) = P(x) * f(x) + Q(x) * g(x)$；而：$\deg\ (P(x)) \geq \deg\ (g(x))$，那麼用 $g(x)$ 去除 $P(x)$（帶餘除法），

得到：$P(x) = q(x) * g(x) + P_1(x)$，$\deg(P_1(x)) < \deg(g(x))$，於是：$h(x) = P_1(x) * f(x) + Q_1(x) * g(x)$，其中 $Q_1(x) = Q(x) + q(x) * f(x)$。

如果考慮「次數」deg，於

$$h(x) - P_1(x) f(x) = Q_1(x) * g(x),$$

左側次數$< \deg\ (f(x)) + \deg\ (g(x))$，就知道右側的 $\deg\ (Q_1(x)) < \deg\ (f(x))$。

p.41【習題 1】

$-777600 = -2^7 * 3 * 5 * 5^2.$

【問 1】

（這需要排列組合的知識！可以留到後面再做！）質數 5 必須是 C, D 之一的因子。質數 2 呢？必須寫出 $2^7 = 2^3 * 4^2$；質數 3 呢？必須寫出 $3^5 = 3^3 * 3^2$；於是必須：

$$A^3 * B^3 = -2^3 * 3^3;\ C^2 * D^2 = 2^2 * 2^2 * 5 * 2 * 3 * 2;$$

先說C, D：必須把$(2, 2, 3, 5)$這四個「東西」，拿幾個，相乘，給C；換句話說：$C = \pm 2^{\alpha} * 3^{\beta} * 5^{\gamma}$，這裡，$\alpha = 0, 1, 2$；$\beta = 0, 1$；$\gamma = 0, 1$；一共有 $2 * 3 * 2 * 2 = 24$ 種可能的，填答；（頭一個2指的是正負號！）；於是D就是$D = \pm 2^{2-\alpha} * 3^{2-\beta} * 5^{2-\gamma}$；只有 2 種填答法。（它的正負號是獨立的！）

其次$A = \pm 2^{\delta} * 3^{\epsilon}$，$B = \mp 2^{1-\delta} * 3^{1-\epsilon}$，而$\delta = 0, 1$，$\epsilon = 0, 1$；一共有$2 * 2 * 2 = 8$ 種填答法；B 並無自由度！所以可能的正確答案，（為電腦閱卷來著想！）一共有 $24 * 2 * 8 = 384$ 種。

p.49【習題：Lagrange 的插值公式】代入立得：$f(\alpha_i) = \beta_i$。

請參看：《整》115-118；144-146；尤其 176-178；

p.53【習題 1】

$1\pm\mathbf{i}, \frac{3}{2}.$

【習題 2】

$\sqrt{3}\pm\sqrt{2}\mathbf{i}, -\sqrt{3}\pm\sqrt{2}\mathbf{i}, \frac{-1\pm\sqrt{5}}{2}.$

【習題 3】

今設方程式：$x^3+px-q=0$ 的根為 $\alpha\pm\beta\mathbf{i}, \gamma, (\alpha, \beta, \gamma\in\mathbb{R},)$則 $x^3+px-q=(x-\alpha-\mathbf{i}\beta)(x-\alpha+\mathbf{i}\beta)(x-\gamma)$，於是：

$$\gamma=-2\alpha, p=-3\alpha^2+\beta^2, q=-2\alpha\,(\alpha^2+\beta^2),$$

現在做綜合除法：x^3+px+q 除以 $x-2\alpha$。

$$\begin{array}{lllll} 1 & +0 & +(\beta^2-3\alpha^2) & -2\alpha\,(\alpha^2+\beta^2) & \|2\alpha \\ & +2\alpha & +4\alpha^2 & +2\alpha\,(\alpha^2+\beta^2) & \\ \hline 1 & +2\alpha & +(\alpha^2+\beta^2) & \underline{+0} & \end{array}.$$

p.56【習題 1】$\frac{4}{x+3}.$

【習題 2】$x.$

p.69【習題（分項分式）】

(i)例 10 已經有了一個答案，但那是站在 $\mathbb{Q}[x]$ 的立場！（因而 x^2-3 是質式。）若是採取 $\mathbb{R}[x]$ 的觀點，則：$x^2-3=(x-\sqrt{3})(x+\sqrt{3})$。那麼：

$$\frac{-5x+2}{x^2-3}=\frac{E}{x-\sqrt{3}}+\frac{E}{x+\sqrt{3}}$$

得到：$E+F=-5$，$E-F=\frac{2}{\sqrt{3}}.$

(ii)$\frac{-1}{x+1}+\frac{1}{8x^2}-\frac{1}{16x}+\frac{17}{16(x+2)}+\frac{1}{(x+2)^2}+\frac{3}{4(x+2)^3}.$

(iii)$\frac{1}{x+1}-\frac{x-2}{x^2+x+1}-\frac{2x+3}{(x^2+x+1)^2}+\frac{2x}{(x^2+x+1)^3}.$

(iv)$\frac{x^2}{(x^2+x+1)(x^2+1)}=\frac{-x}{x^2+x+1}+\frac{x}{x^2+1}.$

(v)$\frac{-1}{x+1}+\frac{2}{x+2}.$

(vi)$\frac{5}{9(x-1)}+\frac{1}{3(x-1)^2}+\frac{4}{9(x+2)}.$

p.70【習題】

當然是令此兩根為 $\alpha, -\alpha$，另外一根為 β，因此：

$x^3-5x^2-16x+80=(x-\alpha)(x+\alpha)(x-\beta)=(x^2-\alpha^2)(x-\beta)=x^3-\beta x^2-\alpha^2x+\alpha^2\beta=0$；

故：$\beta=5$。由 $x^3-5x^2-16x+80=(x-5)(x^2-16)$，得另外的根 ± 4。

p.81【問 1】對稱式 x^2y+xy^2.

【問 2】交錯式 x^2y-xy^2.

【問 3】$x^2y=\frac{x^2y+xy^2}{2}+\frac{x^2y-xy^2}{2}$.

p.83【問 1'】對稱式 $x^2y+x^2z+y^2x+y^2z+z^2x+z^2y$.

【問 2'】交錯式 $x^2y-xy^2+y^2z-z^2y+z^2x-x^2z$.

【問 1''】$\Sigma x^2y=x^2y+x^2z+x^2u+y^2x+y^2z+y^2u+z^2x+z^2y+z^2u+u^2x+u^2y+u^2z$.

p.84【問 2''】騙你的啦：四元交錯式，最少是 6 次。

【問 1'''】${}_{26}P_2=26*25=650$ 項

p.85【習題 1】

我們記基本交錯式為 $\Delta=(x-y)(y-z)(z-x)$。

(i)$-\Delta*(\Sigma x)$; (ii)$-\Delta*\Pi(x+y)$; (ii)的要點是記 $X=x^2$ 等。

(iii)$-\Delta*(\Sigma x^2y^2+(\Pi x)*(\Sigma x))$; (iv)$\Delta*(\Pi x+\Sigma x)$; (v)$\Delta*(\Sigma x-\Sigma a)$.

p.86【習題 2】

(i)$80xyz(x^2+y^2+x^2)$; (ii)$5*(\Pi(y+z))*(\Sigma x^2+\Sigma yz)$; (iii)$\Pi(y+z-x)$.

【習題 3】

四元對稱式 $f(x,y,z,u)=\Sigma(x+y)^3$ 必定有一次因子 $x+y+z+u$：我們固定變元 y, z, u，看成只是 x 的多項式，這是「偏函數觀點」。（「以偏概全」的妙法也！）於是：採用因式定理，用 $x=-(y+z+u)$ 代入，得到零！這是因為：$(x+y)^3=-(z+u)^3$，等等。

【習題 4】

(i)A^2; (ii)-1.

p.98【習題 1】

$\Sigma\alpha=\frac{-1}{2}$，$\Sigma\alpha\beta=-2$，因此(i)$\Sigma\alpha^2=\left(\frac{-1}{2}\right)^2-2*(-2)=\frac{17}{4}$;

$\Sigma\alpha^3-3\Pi\alpha=(\Sigma\alpha)*(\Sigma\alpha^2-\Sigma\alpha\beta)=\frac{-1}{2}*\left(\frac{25}{4}\right)=\frac{-25}{8}$.

又：$\Pi\alpha=\frac{-1}{2}$，因此：(ii)$\Sigma\alpha^3=\frac{-37}{8}$.

(iii)$\Sigma\frac{1}{\alpha\beta}=\frac{\Sigma\gamma}{\Pi\alpha}=\frac{\frac{-1}{2}}{\frac{-1}{2}}=1$.

最後，利用

$$(\Sigma\alpha)^3=\Sigma\alpha^3+3\Sigma\alpha^2\beta+6\Pi\alpha,$$

就可以算出：(iv)$\Sigma\alpha^2\beta=20$.

p.98【習題 2】

$p_1=\Sigma\alpha=2, p_2=\Sigma\alpha*\beta=1, \Pi\alpha=p_3=3$。於是

(i)$\Sigma\frac{\alpha}{\beta\gamma}=\Sigma\frac{\alpha^2}{p_3}=\frac{1}{3}(p_1^2-2p_2)=\frac{2^2-2}{3}=\frac{2}{3}$.

(ii)$\Sigma\frac{\alpha\beta}{\gamma}=\Sigma\frac{\Pi\alpha}{\gamma^2}=\frac{3}{\gamma^2}$；看起來不是頂輕鬆，我們改用

$\Sigma\frac{1}{\alpha^2}=\left(\Sigma\frac{1}{\alpha}\right)^2-2\Sigma\frac{1}{\alpha*\beta}=\left(\Sigma\frac{\beta*\gamma}{p_3}\right)^2-2\Sigma\frac{\gamma}{p_3}=\left(\frac{p_2}{p_3}\right)^2-2*\frac{p_1}{p_3}$

$=\left(\frac{1}{3}\right)^2-2*\frac{2}{3}=\frac{-11}{9}$。因此(ii) $=\frac{-11}{3}$.

(iii)用 $\beta+\gamma=p_1-\alpha$，問題是計算 $\Pi(p_1-\alpha)$。

但是 Vieta 定理是說：$\Pi(x-\alpha)=x^2-2x^2+x-3$，故以 $p_1=2$ 代入 x 就好了！(iii)$=2^3-2*2^2+2-3=-1$。

(iv)現在由 $\Sigma\alpha^2=p_1^2-2p_2=2$，得到：

(iv)$=\Pi(2-\alpha^2)=8-4\Sigma\alpha^2+2\Sigma\alpha^2\beta^2-\Pi(\alpha)^2$.

只須再計算：

$$\Sigma\alpha^2\beta^2=(\Sigma\alpha\beta)^2-2*(\Pi\alpha)*\Sigma\alpha)=1^2-2*3*2=-11.$$

故答案為 $8-4*2+2*(-11)-3^3=-31$.

(v)$\alpha*\left(\frac{1}{\beta}+\frac{1}{\gamma}\right)=\frac{\alpha*\beta+\alpha*\gamma}{\beta*\gamma}=\frac{p_2-\beta\gamma}{\beta\gamma}=p_2\frac{\alpha}{p_3}-1$;

故：(v)$=\frac{p_2}{p_3}\Sigma\alpha-3=\frac{1}{3}p_1-3=\frac{-3}{7}$.

p.101【習題 3】$\sqrt{2}, 3\sqrt{2}, 5\sqrt{2}$.

【習題 4】$-4, -6; 5, 6$.

p.102【習題 5】

設四根為 $\alpha, \beta, \gamma, \delta$; $\alpha\beta=\gamma\delta$，於是：$s=\alpha\beta\gamma\delta$。我們暫時記 $\sqrt{s}=\alpha\beta=\gamma\delta$；於是有：

$$p=\alpha+\beta+\gamma+\delta;$$
$$q=\alpha*\beta+\gamma*\delta+(\alpha+\beta)(\gamma+\delta)=2\sqrt{s}+(\alpha+\beta)(\gamma+\delta);$$
$$r=\alpha\beta(\gamma+\delta)+\gamma\delta(\alpha+\beta)=\sqrt{s}(\alpha+\beta+\gamma+\delta)=\sqrt{s}p.$$

結論是：$r^2=sp^2$.

p.104【習題 1】

(i)$x^5-15x^4+26x^2-7x+51=0$,

(ii)$x^5-4x^3-x^2+1=0$,

(iii)$x^6+2x^3+3x^2+x-5=0$,

(iv)$4x^5-9x^3-6x^2-13x-6=0.$

p.106【習題 2】

$10x^6-9x^5+3x^3-x^2+5=0.$

p.108【習題 3】

(i)$2x^5-4x^3+32x^2-256=0$ 即$x^5-2x^3+16x^2-128=0.$

(ii)$8x^5-2x^4-x^3-2x^2+1=0.$

(iii)$x^5-24x^2-256=0.$

(iv)$x^7+405x^4-243x^2+2187=0.$

【習題 4】

答案是 6 倍：$x^3-15x^2-14x+2=0.$

【習題 5】

(i)乘以 $2^2*3*11=132$。注意到 $8=2^3$，所以，乘以 $2*3*11=66$ 還不行！(ii)乘以 $2*3*5=30$。

p.111【習題 6】

$g(x)=x^4-24x^2-47x-22.$

【習題 7】

$g(x)=2x^3+13x^2+27x+20.$

【習題 8】

(i)$x^4-24x^2-62x-45=0.$　(ii)$x^4-7x^2+12=0.$

【習題 9】

兩解：$g_1(x)=x^4+8x^3-111x-96=f(x+3),$

$g_2(x)=x^4-8x^3+17x-8=f(x-1).$

p.112【習題 10】

$\beta\gamma=\dfrac{\alpha\beta\gamma}{\alpha}=\dfrac{-3}{\alpha}\beta\gamma+\dfrac{1}{\alpha}=\dfrac{-\alpha}{2}$。得：$3x^3-6x^2+8x-8=0$。

p.114【習題 1】

$x^4+14x^3+50x^2+6x+1=0.$

p.115【習題 2】

$y^3-39y^2+225y-68=0.$

p.117【習題 3】

$y^3-2qy^2+(pr+q^2)y+r^2-pqr=0.$

【習題 4】

$(p^3-4pq+8r)y^3+(p^3-4pq+12r)y^2+(6r-pq)y+r=0.$

p.120【習題】

我們都令 $y=x+\dfrac{1}{x}$，於是

(1) $3y^3-2y^2-3y+2=0$，$y=\dfrac{2}{3}, -1, +1.$

(2) $2y^4-9y^3+10y^2-3y=0$；$y=0, 1, \dfrac{1}{2}, 3.$

(3) $(x+1)(6x^6-7x^5+9x^4-16x^3+9x^2-7x+6)=0$，$x=-1$ 或 $6y^3-7y^2-9y-2=0$；$y=2, \frac{-1}{2}, \frac{-1}{3}$.

(4) $x=1$ 或 $y=\frac{-1\pm\sqrt{5}}{2}$.

(5) $x=-1$ 或 $y=\frac{1\pm\sqrt{5}}{2}$.

p.129【習題】

(i)5. (ii)2.

p.134【習題】

(1) 無實根。

(2) 1 正根，1 負根，2 複虛根。

(3) 0 正根，2 負根，2 複虛根。

(4) 1 正根，1 負根，5 複虛根。

(5) 正根兩重根，1 負根，4 複虛根，事實上是$(x^3+1)(x^4-1)=0$。

(6) 2 正根，1 負根，2 複虛根，事實上可以先取出 $x=1$。

(7) 0 正根，若 n 奇，則有 1 負根，n 偶，則無負根。

(8) 2 個正根，3 個負根。

p.140【習題】

(1)1.213, (2)0.180, (3)2.138, (4)0.110, (5)−5.135, (6)3.236, (7)−2.157,
(8)事實上 $f(x)=(x+1)(3x-2)(x^3-4x+1)=0$。另三根是−2.115, 0.254, 1.861.

p.148【習題 1】

$\cos(4\theta)+\mathbf{i}*\sin(4\theta)=e^{\mathbf{i}4\theta}=(\cos(\theta)+\mathbf{i}*\sin(\theta))^4=(\cos^4(\theta)-6\cos^2(\theta)\sin^2(\theta)+\sin^4(\theta))+\mathbf{i}*4(\cos^3(\theta)\sin(\theta)-\cos(\theta)\sin^3(\theta))$;

因此：$\cos(4\theta)=\cos^4(\theta)-6\cos^2(\theta)\sin^2(\theta)+\sin^4(\theta))$;

$\sin(4\theta)=4(\cos^3(\theta)\sin(\theta)-\cos(\theta)\sin^3(\theta))=4\sin(\theta)\cos(\theta)*(\cos^2(\theta)-\sin^2(\theta))$;

再利用平方關係 $\sin^2(\theta)=1-\cos^2(\theta)$就好了！

p.149【習題 2】

$(1\pm\mathbf{i})=\sqrt{2}*e^{\mathbf{i}\frac{\pm\pi}{4}}$，於是：

$(1+\mathbf{i})^{4n+1}+(1-\mathbf{i})^{4n+1}=(-1)^n*2^{2n+1}=2^{\frac{2n+1}{2}}*\left(e^{\mathbf{i}\frac{(2n+1)\pi}{4}}+e^{\mathbf{i}\frac{-(2n+1)\pi}{4}}\right)$
$=2^{\frac{2n+1}{2}}*2\cos\left(\frac{(2n+1)\pi}{4}\right)=(-1)^n*2^{2n+1}$。

【習題 3】

最常用到 $\cos(30°)=\sin(60°)=\frac{\sqrt{3}}{2}$，$\sin(30°)=\cos(60°)=\frac{1}{2}$。

$$\sqrt{3}+\mathbf{i}=2e^{\mathbf{i}\frac{\pi}{6}};\ \frac{-1+\sqrt{3}\mathbf{i}}{2}=e^{\mathbf{i}\frac{2\pi}{3}};$$

所求的答案分別是：$2^{15}\mathbf{i}$; $\mathbf{i}$; 1.

【習題 4】

兩個式子，分別就是如下式子的實虛部分而已：

$$e^{\mathbf{i}\alpha}+e^{\mathbf{i}\beta}+e^{\mathbf{i}\gamma}=0.$$

現在利用恆等式

$A^3+B^3+C^3-3ABC=(A+B+C)(A^2+B^2+C^2-AB-BC-CA).$

p.152【習題 1】

(i)$-2*\left[\cos\left(\frac{\pi}{10}+\frac{2n\pi}{5}\right)+\mathbf{i}\sin\left(\frac{\pi}{10}\frac{2n\pi}{5}\right)\right]$，$(n=0, 1, 2, 3, 4.)$

(ii)$\sqrt[3]{2}*[\cos(20°+n*120°)+\mathbf{i}\sin(20°+n*120°)]$，$(n=0, 1, 2,)$

(iii)$\sqrt[12]{2}*\left[\cos\left(\frac{-15°}{2}+n*60°\right)+\mathbf{i}\sin\left(\frac{-15°}{2}+n*60°\right)\right]$. $(n=0, 1, 2, 3, 4, 5.)$

【習題 2】

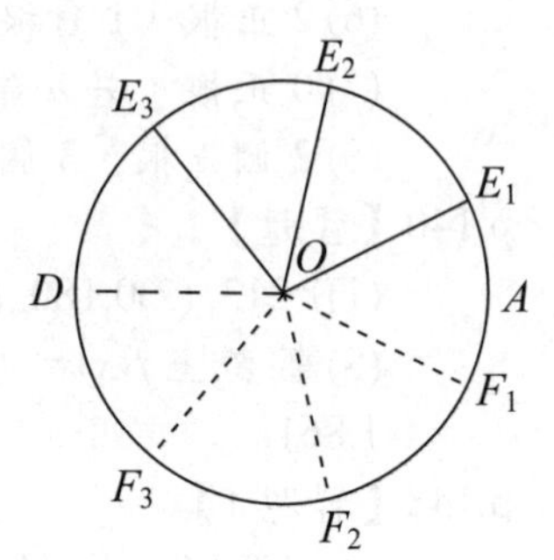

如右圖，考慮割圓方程式

$$x^7+1=0$$

的根與係數的關係，

不對！反倒是考慮自逆（簡約的割圓）方程式

$$\frac{x^7+1}{x+1}=x^6-x^5+x^4-x^3+x^2-x+1=0$$

才對。於是令 $y=x+\frac{1}{x}$，得方程式

$$y^3-y^2-2y+1=0; y=2\cos\left(\frac{\pi}{7}\right), 2\cos\left(\frac{3\pi}{7}\right), 2\cos\left(\frac{5\pi}{7}\right);$$

或者說：$\cos\left(\frac{\pi}{7}\right), \cos\left(\frac{3\pi}{7}\right), \cos\left(\frac{5\pi}{7}\right)$ 是方程式

$$8Y^3-4Y^2-4Y+1=0$$

的根，因而：

(i)$\cos\left(\frac{\pi}{7}\right)+\cos\left(\frac{3\pi}{7}\right)+\cos\left(\frac{5\pi}{7}\right)=\frac{1}{2};$

(ii)$\cos\left(\frac{\pi}{7}\right)*\cos\left(\frac{3\pi}{7}\right)*\cos\left(\frac{5\pi}{7}\right)=\frac{-1}{8}$;

必須強調：(i)是非常容易的！因為在「複數的向量解釋」中，$\cos\left(\frac{\pi}{7}\right)$, $\cos\left(\frac{3\pi}{7}\right)$, $\cos\left(\frac{5\pi}{7}\right)$三者乃是圖中三個向量（=複數）$\overrightarrow{OE_1}, \overrightarrow{OE_2}, \overrightarrow{OE_2}$的實部，也就是（其等之共軛）三個向量（=複數）$\overrightarrow{OF_1}, \overrightarrow{OF_2}, \overrightarrow{OF_2}$的實部，照割圓方程$x^7+1=0$的意思，七個根是$E_i, F_i, A=1$。這七個向量的和為零！也就是說：六個向量（=複數）$\overrightarrow{OE_1}, \overrightarrow{OE_2}, \overrightarrow{OE_2}, \overrightarrow{OF_1}, \overrightarrow{OF_2}, \overrightarrow{OF_2}$之和為$-\overrightarrow{OD}=\overrightarrow{OA}=-(-1)=1$。就此知道(i)是其「打對折」。

p.158【習題 1】

答：$-1\sqrt[3]{A}+\sqrt[3]{B}$, $-1+\omega\sqrt[3]{A}+\omega^2\sqrt[3]{B}$, $-1+\omega^2\sqrt[3]{A}+\omega\sqrt[3]{B}$，其中$A=(-1+\sqrt{5})/2$與$B=(-1-\sqrt{5})/2$.

p.159【習題 2】

(i)4, $-2\pm\mathbf{i}\sqrt{3}$, (ii)8, $\frac{1\pm\mathbf{i}\sqrt{3}}{2}$; (iii)令$A=2+\sqrt{3}$, $B=2-\sqrt{3}$，則三根為：$\sqrt[3]{A}+\sqrt[3]{B}$, $\omega*\sqrt[3]{A}+\omega^2*\sqrt[3]{B}$, $\omega^2*\sqrt[3]{A}+\omega*\sqrt[3]{B}$.

(iv)仿上，但是$A=\frac{3}{4}+\frac{\sqrt{1887}}{72}$, $B=\frac{3}{4}-\frac{\sqrt{1887}}{72}$.

(v)$-1+\sqrt[3]{A}+\sqrt[3]{B}$, $-1+\omega*\sqrt[3]{A}+\omega^2*\sqrt[3]{B}$, $-1+\omega^2*\sqrt[3]{A}+\omega*\sqrt[3]{B}$，其中：$A=4+2\sqrt{6}$, $B=4-2\sqrt{6}$.

(vi)$1+\sqrt[3]{A}+\sqrt[3]{B}$, $1+\omega*\sqrt[3]{A}+\omega^2*\sqrt[3]{B}$, $1+\omega^2*\sqrt[3]{A}+\omega*\sqrt[3]{B}$，其中：$A=\frac{-5}{2}+\frac{5\sqrt{749}}{54}$, $B=\frac{-5}{2}-\frac{5\sqrt{749}}{54}$.

【習題 3】3.

【習題 4】底之半徑$=\frac{5}{2}$，高$=8$。

p.160【習題 5】

$\frac{(2a^2-3ab+c)^2}{4}+(b-a^2)^3\leq 0$.

p.161【習題 6】

(1) $2\cos(20°)$, $2\cos(140°)$, $2\cos(260°)$;

(2) $2\sqrt{2}\cos(15°)$, $2\sqrt{2}\cos(135°)$, $2\sqrt{2}\cos(255°)$.

p.163【習題 7】

(i) $5+1$, $5\omega+\omega^2$, $5\omega^2+\omega$.

(ii) $x+2=7-1$, $7\omega-\omega^2$, $7\omega^2-\omega$.

(iii) $x=7-3$, $7\omega-3\omega^2$, $7\omega^2-3\omega$.

(iv) $x=\sqrt[3]{16}-\sqrt[3]{4}$, $\sqrt[3]{16}\omega-\sqrt[3]{4}\omega^2$, $\sqrt[3]{16}\omega^2-\sqrt[3]{4}\omega$.

p.164【習題】

1. $\frac{-\sqrt{3}\pm\sqrt{3-4(2-\sqrt{3})}}{2}$, $\frac{\sqrt{3}\pm\mathbf{i}\sqrt{4(2+\sqrt{3})-3}}{2}$;

2. $\frac{3\pm\sqrt{13}}{2}, \frac{1\pm\sqrt{5}}{2}$;

3. $-1\pm\sqrt{2}\mathbf{i}, 1\pm 2\mathbf{i}$; 4. $\frac{-3\pm\sqrt{13}}{2}, \frac{-5\pm\sqrt{33}}{2}$.

p.169【習題】

1. $\frac{1\pm 2\mathbf{i}}{3}, \frac{1\pm\sqrt{3}\mathbf{i}}{2}, \frac{-1\pm\sqrt{3}\mathbf{i}}{2}$;

2. $\frac{1\pm\sqrt{3}\mathbf{i}}{2}, \frac{1\pm\sqrt{15}\mathbf{i}}{4}, \frac{3\pm\sqrt{5}}{2}, \pm\mathbf{i}$.

3. 二重根 1，單純根 −1，另外 $y=x+\frac{1}{x}$ 有解 $y=\frac{-1}{2}, \frac{-1}{3}$。

4. $\cos\left(n*\frac{2\pi}{7}\right)+\mathbf{i}*\left(n*\frac{2\pi}{7}\right), (n=0, 1, \cdots, 6)$.

p.175【習題 1】

$v_2+v_8=z_2, v_2*v_8=w_2,$

$v_3+v_5=w_1, v_3*v_5=z_2,$

$v_6+v_7=w_2, v_6*v_7=z_1.$

p.184【習題 1】

(i)$6x(x^2+1)^2$, (ii)$6x^2+22x+12$, (iii)$5x^4-24x^3+39x^2-28x+12$.

【習題 2】

若 $f(x)=h(x)^m*g(x), (m\geq 2,)$ 則

$Df(x)=h(x)^{m-1}*[m*g(x)+h(x)*g'(x)]$.

p.185【習題 3】

(i)−3，(ii)2（三重），(iii)2（三重）。

【習題 4】

$(n>1)$ 必須 $r^{n-1}=q^n$。

p.190【問 1】$\lim_{v\to\alpha}f(v)$; $\lim_{tt\to\alpha}f(tt)$;

【問 2】$\int_a^b f(v)dv$; $\int_a^b f(tt)dtt$.

p.191【習題 1】

取 $\delta=10^{-10}$，可以使得：當 $|32x|<0.4*10^{-8}$。

p.193【習題 2】

(i)$\lim_{x\uparrow\infty} h(x)=\infty$,

(ii)$\lim_{x\uparrow\infty} h(x)=-\infty$,

(iii)$\lim_{x\downarrow-\infty} h(x)=\infty$,

(iv)$\lim_{x\downarrow-\infty} h(x)=-\infty$.

p.205【習題 1】比較一下：

$$\Gamma：x^3+y^3=-6x*y,$$

$$\Gamma_0：X^3+Y^3=3X*Y,$$

我們如果令

$$X=-x, Y=-y,$$

則下面的那式子變成

$$x^3+y^3=-3xy;$$

與上面的式子很接近了！只要再伸縮一下就好了！正確的辦法是：

$$X=-\frac{x}{2}, Y=-\frac{y}{2},$$

所以，你可以把原來的標準的Descartes蔓葉線Γ_0，座標紙整個旋轉180°，再把坐標軸上註記 −1, −2, −3⋯的地方，改為註記 2, 4, 6, ⋯就好了！（你可以看到這裡的圖，在原點附近不漂亮！因為原點是奇異點！我讓電腦軟體Maple（用黑箱作業的方式）畫。懶得教它！它笨笨的！在§54中，我是用參數畫圖，一步一步指示它畫。）

p.207【習題 1】

β是函數f的局部的狹義的極小點，意思是：存在一個$\delta>0$，使得：若$\delta>|x-\beta|>0$，而且$f(x)$有意義，則：$f(x)>f(\beta)$。

p.209【習題 2】

(i)狹義局部極大點：−1，狹義局部極小點：2；
(ii)狹義局部極大點：−2，狹義局部極小點：−1；
(iii)狹義局部極大點：1，狹義局部極小點：0, 2；
(iv)狹義局部極小點 1。

p.216【習題 1】

(i)$\sqrt[10]{1020}\approx 2+\frac{1}{5120}*(-4)=2-\frac{1}{1280}\approx 1.9992.$
(ii)$f'(x)=12x^2+2; f'(5)=302, f(5)=510. f(5.00002)=510.00604.$
(iii)$\sqrt[3]{510.00604}=2+\frac{1}{3*64}*(-1.9934)=2-0.02076=1.97924.$

p.217【習題 2】

$2^{10}=1024$.有近似根±2。事實上，$f(2)=1$，$f(-2)=-3$。而
$f'(x)=20x^9-12x^3+4x+1; f'(2)=10153, f'(-2)=-10151;$
因此有近似根 1.9999; −2.0003。

p.218【習題 3】

$2^{11}=2048$。有近似根 −2。事實上，$f(-2)=3$，$f'(-2)$=11200 − 9。因此有近似根 −2.0003。

p.220【習題 4】

i. $y*\eta=2p\,(x+\xi)$; ii. $\frac{\xi*x}{a^2}+\frac{\eta*y}{b^2}=1$; iii. $\xi*y+\eta*x=k^2$.

【習題 5】

i. 取其上定點(ξ,η)附近的一個動點(x,y)，則有：

$$x^5=a^3y^2,\ \xi^5=a^3\eta^2,\ a^3\,(y^2-\eta^2)=\ (x^5-\xi^5);$$

此兩點連線（亦即割線）的斜率為

$$\frac{y-\eta}{x-\xi}=\frac{x^4+x^3\xi+x^2\xi^2+x\xi^3+\xi^4}{a^3(y+\eta)}.$$

於是其極限（亦即切線斜率）為：

$$m:=\lim_{x\to\xi}\frac{y-\eta}{x-\xi}=\frac{5\xi^4}{2a^3\eta};\ \frac{-1}{m}=-\frac{2a^3\eta}{5\xi^4}.$$

因此，

切線為：$y-\eta=\frac{5\xi^4}{2a^3\eta}*\ (x-\xi)$,

法線為：$y-\eta=\frac{2a^3\eta}{5\xi^4}*\ (x-\xi)$。

ii. 此曲線對於y為偶對稱。故只需要討論$y>0$。在$x=a$時，$y=a$。今取點$P=\ (a,a)$附近的一點$Q=\ (x,y)$，則有：

$$y^2(2a-x)=x^3;$$

而本來就有：

$$a^2(2a-a)=a^3;$$

兩者相減，得：

$$y^2(2a-x)\ -\ a^2(2a-a)=x^3\ -\ a^3;$$

要盡量湊出$\Delta x=x-a,\ \Delta y=y-a$，故得：

$$2a\,(y-a)(y+a)\ -\ (y-a)(y+a)x-a^2\,(x-a)=\ (x-a)(x^2+ax+a^2);$$

把$\Delta y = y - a$，$\Delta x = x - a$，分列左右：

$$(y-a) * [2a(y+a) - (y+a)x] = (x-a) * [x^2 + ax + a^2 + a^2];$$

因此，割線斜率即差分商為

$$\frac{y-a}{x-a} = \frac{x^2+ax+a^2+a^2}{2a(y+a)-(y+a)x};$$

現在令$x \to a$，$y \to a$，就得到切線斜率

$$m = \lim \frac{x^2+ax+a^2+a^2}{2a(y+a)-(y+a)x} = 2;$$

故切線為$y - a = 2(x-a)$；法線為$2(y-a) + (x-a) = 0$。

iii. 在$x = 2p$時，$y = p$。

今取點$P = (2p, p)$附近的一點$Q = (x, y)$，則有：

$$y(x^2 + 4p^2) = 8p^3;$$

而本來就有：

$$p(4p^2 + 4p^2) = 8p^3;$$

兩者相減，得：

$$(y-p)x^2 + p(x^2 - 4p^2) + 4p^2(y-p) = 0;$$

要盡量湊出$\Delta x = x - 2p$，$\Delta y = y - p$，故得：

$$(y-p)(x^2 + 4p^2) + p(x-2p)(x+2p) = 0;$$

把$\Delta y = y - p$，$\Delta x = x - 2p$，分列左右：

$$(y-p)x^2 + p(x^2 - 4p^2) = -(x-2p)p(x+2p);$$

因此，割線斜率即差分商為

$$\frac{y-p}{x-2p}=-\frac{p(x+2p)}{x^2+4p^2};$$

現在令 $x\to 2p$，$y\to p$，就得到切線斜率

$$m=\lim\frac{-p(x+2p)}{x^2+4p^2}=\frac{-1}{2}\;;$$

故切線為

$$y-p=\frac{-1}{2}(x-2p);\ x+2y=4p.$$

法線為

$$y-p=(x-2p).\ y=2x-3p.$$

iv. 取其上定點(ξ,η)附近的一個動點(x,y)，則有：

$$xy^2+yx^2=a^2=\xi\eta^2+\eta\xi^2;$$

湊出 $x-\xi$，$y-\eta$ 的式子，則有：

$$xy^2+yx^2-\xi\eta^2-\eta\xi^2=0;$$

於是：$(x-\xi)y^2+\xi(y^2-\eta^2)+y(x^2-\xi^2)+(y-\eta)\xi^2=0;$
$\xi(y^2-\eta^2)+(y-\eta)\xi^2=-[(x-\xi)y^2+y(x^2-\xi^2)]$；就可以括出 $y-\eta, x-\xi$ 的比：

$$\frac{y-\eta}{x-\xi}=\frac{y^2+y(x+\xi)}{\xi(y+\eta)+\xi^2};$$

此即兩點連線（亦即割線）的斜率！
取極限$(x,y)\to(\xi,\eta)$，就得到切線斜率

$$m=\lim-\frac{y^2+y(x+\xi)}{\xi(y+\eta)+\xi^2}=-\frac{\eta(\eta+2\xi)}{\xi(\xi+2\eta)};$$

於是：

切線為 $y-\eta=-\dfrac{\eta(\eta+2\xi)}{\xi(\xi+2\eta)}*(x-\xi)$;

法線為 $y-\eta=-\dfrac{\xi(\xi+2\eta)}{\eta(\eta+2\xi)}*(x-\xi)$。

v. 今取點 $P=\left(\dfrac{3a}{2},\dfrac{3a}{2}\right)$ 附近的一點 $Q=(x,y)$，則有：

$$x^3+y^3=3axy,$$

於是：

$$\left[x^3-\left(\frac{3a}{2}\right)^2\right]+\left[y^3-\left(\frac{3a}{2}\right)^3\right]=3a\left[x*y-\left(\frac{3a}{2}\right)*\left(\frac{3a}{2}\right)\right]$$
$$=3a\left[x-\left(\frac{3a}{2}\right)\right]*y+3a\left(\frac{3a}{2}\right)*\left[y-\left(\frac{3a}{2}\right)\right],$$

移項而分別湊出 $x-\left(\dfrac{3a}{2}\right),y-\left(\dfrac{3a}{2}\right)$ 的式子，則有：

$$\left[x-\left(\frac{3a}{2}\right)\right]*\left[x^2+x*\left(\frac{3a}{2}\right)+\left(\frac{3a}{2}\right)^2-3ay\right]$$
$$=\left[y-\left(\frac{3a}{2}\right)\right]*\left[3a*\frac{3a}{2}-\left(y^2+y*\left(\frac{3a}{2}\right)+\left(\frac{3a}{2}\right)^2\right)\right];$$

因此，割線斜率即差分商為

$$\frac{y-\dfrac{3a}{2}}{x-\dfrac{3a}{2}}=\frac{x^2+x*\left(\dfrac{3a}{2}\right)+\left(\dfrac{3a}{2}\right)^2-3ay}{3a*\dfrac{3a}{2}-\left(y^2+y*\left(\dfrac{3a}{2}\right)+\left(\dfrac{3a}{2}\right)^2\right)};$$

取極限 $(x,y)\to\left(\dfrac{3a}{2},\dfrac{3a}{2}\right)$，就得到切線斜率

$$m=\lim\cdots=-1.$$

於是：

切線為 $y-\dfrac{3a}{2}=-\left(x-\dfrac{3a}{2}\right)$；即 $x+y-3a=0$。

法線為 $y-\dfrac{3a}{2}=x-\dfrac{3a}{2}$；即 $y=x$。

p.258【習題】

1. $n=1$ 時，左 $=1+x$，右 $=\dfrac{1-x^2}{1-x}=1+x=$ 左，故成立。

設 $n=k$ 時，命題成立，亦即：

$$1+x+x^2+\cdots+x^k=\frac{1-x^{k+1}}{1-x}.$$

兩側加上 x^{k+1}，則得：

$$1+x+x^2+\cdots+x^k+x^{k+1}=\frac{1-x^{k+1}}{1-x}+x^{k+1}.$$

上式右側通分，得

$$=\frac{1-x^{k+1}+x^{k+1}(1-x)}{1-x}=\frac{1-x^{k+2}}{1-x}.$$

這就是所要證明的 $n=k+1$ 時的式子。因此依照數學歸納法，原命題對於一切自然數 n 而言，都是恆等式！

2. $n=1$ 時，左 $=1*2*3=6$，右 $=\frac{1*2*3*4}{4}=6=$ 左，故成立。

設 $n=k$ 時，命題成立，亦即：

$$1*2*3+2*3*4+\cdots+k*(\mathrm{k}+1)*(k+2)=\frac{1}{4}k(k+1)(k+2)(k+3).$$

兩側加上 $(k+1)(k+2)(k+3)$，則得：

$$\begin{aligned}&1*2*3+2*3*4+\cdots+k*(\mathrm{k}+1)*(k+2)+(k+1)(k+2)(k+3)\\=&\frac{1}{4}k(k+1)(k+2)(k+3)+(k+1)(k+2)(k+3).\end{aligned}$$

上式右側括出 $(k+1)(k+2)(k+3)$，得

$$(k+1)(k+2)(k+3)*\left(\frac{k}{4}+1\right)=(k+1)(k+2)(k+3)*\frac{k+4}{4}=\frac{(k+1)(k+2)(k+3)(k+4)}{4}.$$

這就是所要證明的 $n=k+1$ 時的式子。因此依照數學歸納法，原命題對於一切自然數 n 而言，都是恆等式！

3. $n=1$ 時，$\phi(n)\coloneqq n(n+1)(2n+1)=1*2*3=6$，故命題成立。

設 $n=k$ 時，命題成立，亦即：

$$\phi(k)=k(k+1)(k+2)=2k^3+3k^2+k=6*M, M\in\mathbb{N}.$$

於是計算：$n=k+1$ 時，

$$\phi(k+1)=(k+1)*(k+2)*(2*(k+1)+1)=(k+1)(k+2)*(2k+3)$$
$$=2k^3+9k^2+13k+6=\phi(k)+(6k^2+12k+6)=6*[M+k^2+2k+1],$$

當然也是 6 的整倍數。因此依照數學歸納法，原命題對於一切自然數 n 而言，都成立！

4. 記 $\phi_n(x):=x^n-nx+(n-1)$. $n=1$ 時，$\phi_1(x)=x-x+0=0$，當然是（任何東西！特別是）$(x-1)^2$ 的倍式，故命題成立。
設 $n=k$ 時，命題成立，亦即：$\phi_n(x)=(x-1)^2*g(x)$，其中 $g(x)$ 是個多項式。於是 $x^k=kx-(k-1)+(x-1)^2*g(x)$，然則：

$$x^{k+1}=x*x^k=x*[kx-(k-1)+(x-1)^2*g(x)]=k*x^2-(k-1)x+x(x-1)^2*g(x);$$

那麼計算：

$$\phi_{k+1}(x)=[x^{k+1}]-(k+1)x+k=[k*x^2-(k-1)x+x(x-1)^2*g(x)]*(k+1)x+k$$
$$=kx^2-2kx+k+x(x-1)^2g(x)=k(x-1)^2+xg(x)(x-1)^2$$
$$=(x-1)^2*[k+xg(x)],$$

也是$(x-1)^2$ 的倍式，亦即：$n=k+1$ 時，命題成立。因此依照數學歸納法，原命題對於一切自然數 n 而言，都成立！

5. 記 $\phi_n(x):=2x^n-n\alpha^{n-2}x^2+(n-2)\alpha^n$
$n=1$ 時，$\phi_1(x)=\frac{1}{\alpha}(2\alpha x-x^2-\alpha^2)=\frac{-1}{\alpha}(x-\alpha)^2$ 是$(x-\alpha)^2$ 的倍式，故命題成立。
設 $n=k$ 時，命題成立，亦即：

$$\phi_k(x)=2x^k-k\alpha^{k-2}x^2+(k-2)\alpha^k=(x-\alpha)^2*g(x),$$

其中 $g(x)$ 是個多項式。於是

$$2x^k=k\alpha^{k-2}x^2-(k-2)\alpha^k+(x-\alpha)^2*g(x),$$

然則，乘以 x：

$$2x^{k+1}=k\alpha^{k-2}x^3-x*(k-2)\alpha^k+x*(x-\alpha)^2*g(x),$$

那麼計算：

$$\begin{aligned}\phi_{k+1}(x) &= 2x^{k+1} - (k+1)\alpha^{k-1}x^2 + (k-1)\alpha^{k+1}\\ &= k\alpha^{k-2}x^3 - x*(k-2)\alpha^k + x*(x-\alpha)^2*g(x) - (k+1)\alpha^{k-1}x^2 + (k_1)\alpha^{k+1}\\ &= k[\alpha^{k-2}x^3 - \alpha^{k-1}x^2 - \alpha^k x + \alpha^{k+1}] + [-\alpha^{k-1}x^2 + 2\alpha^k x - \alpha^{k-1}] + xg(x)*(x-\alpha)^2\\ &= k(x+\alpha)*(x-\alpha)^2 - \alpha^{k-1}(x-\alpha)^2 + xg(x)*(x-\alpha)^2\\ &= [k(x+\alpha) - \alpha^{k-1} + xg(x)]*(x-\alpha)^2\end{aligned}$$

也是$(x-\alpha)^2$的倍式，亦即：$n=k+1$時，命題成立。因此依照數學歸納法，原命題對於一切自然數n而言，都成立！

6. 這個命題我們記做$Q(4)$。對於任意自然數m，命題$Q(m)$是說：連續m個自然數的相乘積必定是$m!$的倍數。

$Q(1)$無聊。

$Q(2)$是說：連續兩個整數的相乘積一定可以被 $2!=2$ 整除，這是很顯然：兩個之中一定有一個是偶數！

$Q(3)$是說：連續三個整數的相乘積一定可以被 $3!=6$ 整除。這也是很顯然：三個之中一定有一個是偶數！而且三個之中一定有一個是3的倍數！（注意到2與3互質。）於是相乘積必定又是2的倍數，又是3的倍數，因此是$2*3=6$的倍數！

現在就可以證明本命題$Q(4)$：連續四個整數的相乘積一定可以被 $4!=24$ 整除。

$n=1$時，$\phi(n):=n(n+1)(n+2)(n+3)=1*2*3*4=24$，故命題成立。

設$n=k$時，命題成立，亦即：

$$\phi(k)=k(k+1)(k+2)(k+3)=24*M,\ M\in\mathbb{N}.$$

於是計算：$n=k+1$時，

$$\begin{aligned}\phi(k+1) &= (k+1)(k+2)(k+3)*(k+4)\\ &= (k+1)(k+2)(k+3)*k+4(k+1)(k+2)(k+3)\\ &= \phi(k) + (k+1)(k+2)(k+3),\end{aligned}$$

如果你同意：連續三個自然數的相乘積必定是$3!=6$的倍數，則$(k+1)(k+2)(k+3)=6*L$，上式說明：$\phi(k+1)=24*M+4*6*L=24*(M+L)$當然也是24的整倍數。於是本命題對於$n=k+1$也成立！

因此依照數學歸納法，原命題對於一切自然數n而言，都成立！

p.266【習題 7，定理】

先說，有另外的一種證明是：我們將來會有組合的公式（§63(1)式.與§64(3)式.）

$$_n\mathfrak{C}_m=\frac{n*(n-1)*(n-2)\cdots*(n-m+1)}{m!}.$$
$$_n\mathfrak{H}_m=\frac{n*(n-1)*(n+2)\cdots*(n-m+1)}{m!}.$$

這是整數，因此分子是$m!$的整倍數。

回到我們的問題來！我們把這個命題記做$\mathcal{P}(n,m)$。

上面我們已經說到命題$\mathcal{Q}(m)$：

$\mathcal{Q}(m)$：連續m個自然數的相乘積，必定是$m!$的倍數.

換句話說：命題$\mathcal{Q}(m)$就是無限多個命題（$\mathcal{P}(n,m)$，$n=1,2,3\cdots$）的全部！

現在可以對m遞迴來證明$\mathcal{Q}(m)$。（如同我們上面的計算就是把$m=4$歸之於$m=3$。）

如上我們已經說過$\mathcal{Q}(1)$, $\mathcal{Q}(2)$, $\mathcal{Q}(3)$都成立。我們假定$\mathcal{Q}(p)$成立：連續p個自然數的相乘積，必定是$p!$的倍數。

我們想證明$\mathcal{Q}(p+1)$：連續$p+1$個自然數的相乘積，必定是$(p+1)!$的倍數。

換句話說：對於一切自然數n, $\mathcal{P}(n,p+1)$成立。

我們知道$\mathcal{P}(n,p+1)$無聊地成立。現在假設$n=k$時$\mathcal{P}(n,p+1)$成立，亦即：

$$[k(k+1)\cdots(k+p)]=L*\ (p+1)!,\ L\in\mathbb{N}.$$

於是：

$$\begin{aligned}&(k+1)(k+2)\cdots*\ (k+p)*\ (k+p+1)\\&=[(k+1)(k+2)\cdots*\ (k+p)]*k+[(k+1)(k+2)*\cdots*\ (k+p)]*\ (p+1)\\&=L*\ (p+1)!+[(k+1)*\ (k+2)*\cdots*\ (k+p)]*\ (p+1)\end{aligned}$$

但是我們已經假設$\mathcal{Q}(p)$成立，因此：連續p個自然數的相乘積，必定是$p!$的倍數：

$$[(k+1)(k+2)*\cdots*\ (k+p)]=M*p!$$

於是：

$$[(k+1)(k+2)*\cdots*(k+p)*(k+p+1)=L*(p+1)!+M*p!*(p+1)$$
$$=(p+1)!*(L+M).$$

亦即$\mathcal{P}(k+1,p+1)$成立。

於是由數學歸納法，命題$\mathcal{P}(n,p+1)$對於一切自然數n而言，都成立！

上面這句話就是命題$\mathcal{Q}(p+1)$。

換句話說：我們已經由$\mathcal{Q}(p)$推導出$\mathcal{Q}(p+1)$。但是$\mathcal{Q}(1)$是無聊的，於是，由數學歸納法，命題$\mathcal{Q}(m)$對於一切自然數m而言，都成立！

p.274【習題 1】

這只是(22)式，只是令$u_j=\sqrt{a_j}$，$v_j=\sqrt{b_j}$。

【習題 2】

由上一題，對於任何六個n維的正的向量**a, b, c, d, e, f**，有：

$$\Sigma\sqrt{a_jb_j}\leq\sqrt{(\Sigma a_j)*(\Sigma b_j)};$$
$$\Sigma\sqrt{c_jd_j}\leq\sqrt{(\Sigma c_j)*(\Sigma d_j)};$$
$$\Sigma\sqrt{e_jf_j}\leq\sqrt{(\Sigma e_j)*(\Sigma f_j)};$$

現在令：$e_j=\sqrt{a_j*b_j}, f_j=\sqrt{c_j*d_j}$，代入末一式子，再用前兩式子代入，就得到(26)式。

咦？漏掉等號了？（上面三個）等號要成立的條件是：(**a**, **b**), (**c**, **d**), (**e**, **f**), 每一對成正比！歸根結柢，就是要四個量**a, b, c, d**, 都成正比！

【習題 3】

用Maclaurin的妙招就好了！換句話說，在上一習題（式(26)）中，我們令：$d_j:=\sqrt[3]{a_j*b_j*c_j}$,就完成了。

【習題 4】

對於任何一個mxn型的正的矩陣$A=[a_{ij}]$，也就是說：

$$A=\begin{bmatrix}a_{11}, & a_{12}, & \cdots & a_{1n}\\ a_{21}, & a_{22}, & \cdots & a_{2n}\\ \cdots, & \cdots, & \cdots & \cdots\\ a_{m1}, & a_{m2}, & \cdots & a_{m}\end{bmatrix},$$

都有：

$$\sum_{j=1}^{n}\sqrt[m]{\prod_{i=1}^{m}a_{ij}}<\sqrt[m]{\prod_{i=1}^{m}(\sum_{j=1}^{n}a_{ij})};$$

除非m個列向量成正比！

p.276【習題1】

我們知道：

$1!=1>\frac{1}{2}$; $2!=2>\left(\frac{2}{2}\right)^2=1$; $3!=6>\left(\frac{3}{2}\right)^3=\frac{27}{8}$;

$4!=24>\left(\frac{4}{2}\right)^4=16$; $5!=120>\left(\frac{5}{2}\right)^5=\frac{3125}{32}$; $6!=720<\left(\frac{6}{2}\right)^6=729$;

那麼以下就是遞迴法：如果已知

$$k!<\left(\frac{k}{2}\right)^k;$$

則：

$$(k+1)! = (k+1)*(k!) < (k+1)*\left(\frac{k}{2}\right)^k;$$

但是，由二項式定理，（$k>2$ 時，）

$$\left(\frac{k+1}{k}\right)^k+\left(1+\frac{1}{k}\right)^k=1+k*\frac{1}{k}+\frac{k(k-1)}{2!}*\left(\frac{1}{k}\right)^2>2,$$

因而：

$$\left(\frac{k+1}{2}\right)^{k+1}=\left(\frac{k+1}{2}\right)*\left(\frac{k}{2}\right)^k*\left(\frac{k+1}{k}\right)^k$$
$$=(k+1)*\left(\frac{k}{2}\right)^k*\frac{1}{2}*\left(\frac{k+1}{k}\right)^k>(k+1)*k!*\frac{1}{2}*\left(\frac{k+1}{k}\right)^k>(k+1)!$$

【習題2】

4626053752320000.（只好請電腦算.）

p.279【習題】

(i)6; (ii)8; (iii)(5, 2); (iv)$m=\frac{n*(n+1)}{2}$.

p.283【習題甲】

1.690, 12; 2.176; 3.$m*n+2m+2n-1$; 4.$4!*3!=144$; 5.144; 6.1050. 7.442; 8.246.

p.285【習題乙】

1.120, 186; 2.312; 3.$p>q$ 時，$\frac{(p+1)!}{q!(p-q+1)!}$;

4.${}_9C_3*{}_9C_3*2*6!*6!=7315660800$.

5.$(10+1)(15+1)(20+1)=3696$.（或 $-2=3694$。如果人必有份。）

6.4500; 7.150; 8.2175; 9.32499.

p.291【習題】

(i)此和為 $\mathcal{S}=\frac{n!}{1*0!\,n!}+\frac{n!}{2*1!(n-1)!}+\frac{n!}{3*2!(n-2)!}+\cdots+\frac{n!}{(n+1)*n!\,0!}$;

故乘以$(n+1)$，得：

$$(n+1)*\mathcal{S}=\frac{(n+1)!}{1!\,n!}+\frac{(n+1)!}{2!*(n-1)!}+\frac{(n+1)!}{3!(n-2)!}+\cdots+\frac{(n+1)!}{(n+1)!\,0!};$$

由(2)式，$=\sum_{j=1}^{n+1}{}_{n+1}C_j=2^{n+1}-1$；證畢。

(ii)這要用例 4 的捲積法！考慮展開式：

$$(1+x)^n=\sum_{j=0}^{n}c_jx^j;$$
$$(1+x)^n=\sum_{k=0}^{n}c_{n-k}*x^k;$$

於是求兩者相乘積的x^{n-1}項之係數：

$$\Sigma\,(c_j*c_{n-k}\colon 0\le j\le n,\,0\le k\le n,\,k+j=n-1)={}_{2n}C_{n-1}.$$

(iii)考慮展開式：

$$(1+x)^n=\sum_{j=0}^{n}c_jx^j;$$
$$n*(1+x)^{n-1}=\sum_{j=1}^{n}j*\,c_jx^{j-1};$$
$$(1+x)^n=\sum_{k=0}^{n}c_{n-k}*x^k;$$

（只看第二第三兩式！）於是求兩者相乘積的$x^{n-1}=x^{k+j-1}$項之係數：

$$\Sigma\,(j*c_j*c_{n-k}\colon 1\le j\le n,\,0\le k\le n,\,k+j-1=n-1)=n*{}_{2n-1}\mathfrak{C}_{n-1}.$$

【註】我為什麼要先寫第一式呢？因為第二式就是它的「導微」！（如§51所說。）

(iv)可以練習硬算法，尤其要練習「足碼的推移」：

$$\mathcal{S}=\sum_{j=1}^{n}j^2*\frac{n!}{j!(n-j)!}=\sum_{j=1}^{n}j*\frac{n!}{(j-1)!(n-j)!}$$

改用足碼$k=j-1,\,k=1,2,\cdots,(n-1)$，故：

$$\mathcal{S}=\Sigma_{k=0}^{n-1}\ (k+1)*\frac{n!}{k!(n-1-k)!}=n*\Sigma_{k=0}^{n-1}\ (k+1)*\frac{(n-1)!}{k!(n-1-k)!}$$
$$=n*\Sigma_{k=0}^{n-1} k*\frac{n!}{k!(n-1-k)!}+n*\Sigma_{k=0}^{n-1}\frac{(n-1)!}{k!(n-1-k)!}$$

末一項 $=n*\Sigma_{k=0}^{n-1}\ C_k=n*2^{k-1}$.

前一項只是再做一次「足碼的推移」：（令 $k-1=i$）

$$\sum_{k=0}^{n-1} k*\frac{n!}{k!(n-1-k)!}=\sum_{k=1}^{n-1} k*\frac{n!}{k!(n-1-k)!}=\sum_{k=1}^{n-1} k\frac{(n-1)!}{(k-1)!(n-1-k)!};$$
$$=(n-1)*\Sigma_{i=0}^{n-2}\ {}_{n-2}C_i=(n-1)*2^{n-2};$$

兩項的和，是

$$\mathcal{S}=n*2^{k-1}+n*(\mathrm{n}-1)*2^{n-2}=2^{n-2}\ (n^{n-2}+2n);\ Q.E.D.$$

(v)其實只是上一題的方法，再多用一次而已！但是可以說得更為簡潔漂亮一點：

$$j^3={}_j\mathfrak{P}_3+3*{}_j\mathfrak{P}_2+{}_j\mathfrak{P}_1;$$

於是：原式

$$=\Sigma_{j=1}^{n} j^3*\frac{n!}{j!(n-j)!}=\Sigma_{j=1}^{n}\ [{}_jP_3+3*{}_jP_2+3*{}_jP_1]*\frac{n!}{j!(n-j)!}$$
$$=\Sigma_{j=3}^{n}{}_jP_3*\frac{n!}{j!(n-j)!}+3*\Sigma_{j=2}^{n}{}_jP_2*\frac{n!}{j!(n-j)!}+\Sigma_{j=1}^{n}{}_jP_1*\frac{n!}{j!(n-j)!}$$
$$=n\ (n-1)(n-2)*\Sigma_{j=3}^{n}\frac{(n-3)!}{(j-3)!(n-j)!}$$
$$+3n\ (n-1)*\Sigma_{j=2}^{n}\frac{(n-2)!}{(j-2)!(n-j)!}+n*\Sigma_{j=1}^{n}\frac{(n-1)!}{(j-1)!(n-j)!}$$
$$=n\ (n-1)(n-2)*2^{n-3}+3n\ (n-1)*2^{n-2}+n*2^{n-1}$$
$$=(n^3+3n^2)*2^{n-3}.$$

(vi)這要對 n 做遞迴。$n=1$ 不用證。因此設：對於某個 $n\in\mathbb{N}$,

$$\phi(n):=\sum_{k=1}^{n}\frac{(-1)^{k-1}}{k}*{}_nC_k=\sum_{k=1}^{n}\frac{1}{k};$$

現在利用 Pascal 恆等式：

$$_{n+1}C_k = {_nC_k} + {_nC_{k-1}};$$

於是：

$$\phi(n+1) = \sum_{k=1}^{n+1} \frac{(-1)^{k-1}}{k} * {_{n+1}C_k} = \sum_{k=1}^{n} \frac{(-1)^{k-1}}{k} * [{_nC_k} + {_nC_{k-1}}] + \frac{(-1)^n}{n+1};$$

因此 $= \Sigma_{k=1}^{n} \frac{1}{k} + \Sigma_{k=1}^{n} \frac{(-1)^{k-1}}{k} * {_nC_{k-1}} + \frac{(-1)^n}{n+1};$

整個問題推給：

$$\sum_{j=0}^{n} \frac{(-1)^j}{j} * {_nC_j} = \frac{1}{n+1};$$

這個恆等式的證明與(i)相似！只要左右都乘以$(n+1)$就好了！

p.291【習題乙：三項式係數】

這一題可以叫做三項式係數的計算練習！定義式為：

$$(♠)：(1+x+x^2)^n = a_0 + a_1x + a_2x^2 + \cdots + a_{2n}x^{2n}.$$

(i)只要在定義式（♠）中，令$x=1$就好了！（這是總和原理！）

(ii)雖然這是一種對消原理，但是比(3)式更微妙一些！我們從定義式，以$-x$代替x，則得：

$$(♡)：(1-x+x^2)^n = a_0 - a_1x + a_2x^2 + \cdots + a_{2n}x^{2n};$$

現在只要在式（♡）中，令$x=1$就好了！（這也是一種總和原理！）

(iii)這是一種逆轉原理：（§63(2)）如果在在定義式（♠）中，以$\frac{1}{x}$代替x，就得到：

$$\left(1+\frac{1}{x}+\frac{1}{x^2}\right)^n = a_0 + a_1 * x^{-1} + a_2 * x^{-2} + \cdots + a_{2n} * x^{-2n};$$

兩邊乘以x^{2n}，再與（♠）對照就好了！

(iv)由上述逆轉原理，

$$(♠')：(1+x+x^2)^n = a_{2n} + a_{2n-1}x + a_{2n-2}x^2 + \cdots + a_0x^{2n};$$

與上面的（♡）相乘：

$$(1+x+x^2)^n*(1-x+x^2)^n$$
$$=[a_{2n}+a_{2n-1}x+a_{2n-2}x^2+\cdots+a_0x^{2n}]*[a_0-a_1x+a_2x^2+\cdots+a_{2n}x^{2n}];$$

但是左側：

$$(1+x+x^2)^n*(1-x+x^2)^n=(1+x^2+x^4)^n=[1+(x^2)+(x^2)^2]^n,$$

那麼由（♠），左側

$$=a_0+a_1*x^2+a_2*x^4+\cdots+a_{2n}*x^{4n};$$

只要比較右側的 x^{2n} 項，就好了！

(v)接續上題的解，我們只要比較 x^{2n+2} 的項，就好了！

p.293【習題丙】

(i)7; (ii)7, 14; (iii)$4^6*{}_6C_4(2x)^4=983040x^4$.

p.295【習題丁】

$60.003^3\approx 216000+32.4=216032.4$.

p.297【習題戊】

$\sqrt{292.4}\approx 17.1$, $\sqrt{9901}\approx 99.5$.

p.301【習題己】

$(1+x)^{-1}=1-x+x^2-x^3+x^4-x^5+x^6-\cdots$,

$$(1+x)^{\frac{-1}{2}}=1-\frac{1}{2}x+\frac{1*3}{2^2*2!}x^2-\frac{1*3*5}{3!\,2^2}x^3+\frac{1*3*5*7}{4!\,2^4}x^4-\frac{1*3*5*7*9}{5!\,2^5}x^5+\cdots$$

p.304【習題 1】

$$\mathcal{S}_1(n)=\frac{n(n+1)}{2}=\frac{n^2}{2}+\frac{n}{2};$$
$$\mathcal{S}_2(n)=\frac{n(n+1)(2n+1)}{6}=\frac{n^3}{3}+\frac{n^2}{2}+\frac{n}{6};$$
$$\mathcal{S}_3(n)=\frac{n^2(n+1)^2}{4}=\frac{n^4}{4}+\frac{n^3}{2}+\frac{n^2}{4};$$
$$\mathcal{S}_4(n)=\frac{n(n+1)(2n+1)(3n^2+3n+1)}{30}=\frac{n^5}{5}+\frac{n^4}{4}+\frac{n^3}{3}-\frac{n}{30};$$
$$\mathcal{S}_5(n)=\frac{n^2(n+1)^2(2n^2+2n-1)}{12}=\frac{n^6}{6}+\frac{n^5}{2}+\frac{5n^4}{12}-\frac{n^2}{12};$$
$$\mathcal{S}_6(n)=\frac{n(n+1)(2n+1)(3n^4+6n^3-3n+1)}{42};$$
$$\mathcal{S}_7(n)=\frac{1}{24}n^2(n+1)^2(3n^4+6n^3-n^2-4n+2).$$

p.305【習題】

(i)$\frac{2(1-x^n)}{(1-x)^2}-\frac{1+(2n-1)x^n}{1-x}$; (ii)$\frac{4(1-x^{2n})}{(1-x^2)^2}-\frac{3+(4n-3)x^{2n}}{1-x^2}$; (iii)$\frac{n}{3}(n+4)(n+5)$;

(iv)$n(n^2+5n+8)$; (v)$\frac{n}{2}(n+1)^2(n+2)$; (vi)$\frac{n(n+1)}{12}(3n^2+19n+32)$;

(vii)$\frac{n(n+1)}{30}(2(n+2)(3n^2+21n+41)+15)$;

(viii)$\frac{5}{6}-\frac{3n+5}{(n+2)(n+3)}$; (ix)$\frac{7}{24}-\frac{4n+7}{2(n+3)(n+4)}$; (x)$\frac{n(n+1)}{2*(3n+1)(3n+4)}$.

p.316【補充】

我們有了 ${}_AC_r$ 的解釋：這是 A 中 r 元的子集的全體，另外有 2^A 的解釋：這是 A 中所有子集的全體，於是當然有：

$$2^A=\sqcup_{r=0}^{n}{}_AC_r;$$

那麼我們可以計算上式的基數，就得到：

$$2^n=\sum_{r=0}^{n}{}_nC_r.$$

p.327【習題 1】

這是要練習「成份計算」：

$$(\mathbf{a}\times\mathbf{u}).\mathbf{a}=(a_2u_3-a_3u_2)a_1+(a_3u_1-a_1u_3)a_2+(a_1u_2-a_2u_1)a_3=0.$$

【習題 2】

若是 $\mathbf{u}.(\mathbf{v}-\mathbf{w})=0$，則有：$\mathbf{u}.\mathbf{v}=\mathbf{u}.\mathbf{w}$，同理，有 $\mathbf{v}.\mathbf{w}=\mathbf{v}.\mathbf{u}$；因而 $=\mathbf{u}.\mathbf{v}=\mathbf{u}.\mathbf{w}$；於是得到：$\mathbf{w}.(\mathbf{u}-\mathbf{v})=0$。

p.350【問】

還是用 Pascal 恆等式：

$${}_{n+1}C_k={}_nC_k+{}_nC_{k-1};$$

下一列減去上一列就好了！

p.352【習題】

1.0; 2.−96; 3.23; 4.0.

5. 甲種證明法，純粹用對稱性來考慮！

今左側之定準式，若對調兩個文字變數 a 與 b（c，d 不變），則第二與第三兩列就對調了，由此可知：此定準式乃是四個變數的交錯式。

其次數爲（各行次數之和）$0+1+2+3=6$。
右側之定準式，若對調兩個文字變數 a 與 b（c，d 不變），則第一與第二兩列就對調了，由此可知：此定準式也是四個變數的交錯式。其次數也是 $0+1+2+3=6$。
左右兩個定準式都是 Vandermonde 基本交錯式的常數倍。那麼只要比較 d^3c^2b 的項之係數 $1=1$，就確定相等！
乙種證明法，用滑移計算！今第二行減去第一行的 $(a+b+c+d)$ 倍，第三行減去第一行的 $(\Sigma a*b)$ 倍，則：原定準

$$D=\begin{vmatrix} 1, & -d, & -d(a+b+c), & abc \\ 1, & -a, & -d(b+c+d), & bcd \\ 1, & -b, & -d(c+d+a), & cda \\ 1, & -c, & -d(d+a+b), & dab \end{vmatrix};$$

於是，第三行減去第二行的 Σa 倍，則：

$$D=\begin{vmatrix} 1, & -d, & d^2, & abc \\ 1, & -a, & a^2, & bcd \\ 1, & -b, & b^2, & cda \\ 1, & -c, & c^2, & dab \end{vmatrix};$$

這就是例 4 中的定準 $-D_2=D_1=$ 右側定準。

6. 各行分別括出 a, b, c, d，然後，前三列都減去第末列！得

$$D=abcd*\begin{vmatrix} 2, & 2, & 2, & 0 \\ 0, & 2, & 2, & 0 \\ 0, & 0, & 2, & 0 \\ 0, & 0, & 0, & 1 \end{vmatrix}=8abcd.$$

7. 前三列都減去第末列！再各自括出因子 x，得：

$$D=\begin{vmatrix} x, & 0, & 0, & -x \\ 0, & x, & 0, & -x \\ 0, & 0, & x, & -x \\ 1, & 2, & 3, & 4+x \end{vmatrix}=x^3*\begin{vmatrix} 1, & 0, & 0, & -1 \\ 0, & 1, & 0, & -1 \\ 0, & 0, & 1, & -1 \\ 1, & 2, & 3, & 4+x \end{vmatrix}.$$

現在把前三行都加到第四行，得：

$$D=x^3*\begin{vmatrix}1, & 0, & 0, & 0\\ 0, & 1, & 0, & 0\\ 0, & 0, & 1, & 0\\ 1, & 2, & 3, & 10+x\end{vmatrix}=(x+10)x^3.$$

8. 由下而上，末三列都各自減去其上一列！然後由第一行降維！

$$=\begin{vmatrix}a, & b, & c, & d\\ 0, & a, & a+b, & a+b+c\\ 0, & a, & 2a+b, & 3a+2b+c\\ 0, & a, & 3a+b, & 6a+3b+c\end{vmatrix}=a*\begin{vmatrix}a, & a+b, & a+b+c\\ a, & 2a+b, & 3a+2b+c\\ a, & 3a+b, & 6a+3b+c\end{vmatrix};$$

以下按此要領！

$$=a*\begin{vmatrix}a, & a+b, & a+b+c\\ 0, & a, & 2a+b\\ 0, & a, & 3a+b\end{vmatrix}=a^2*\begin{vmatrix}a, & 2a+b\\ a, & 3a+b\end{vmatrix}=a^2*\begin{vmatrix}a, & 2a+b\\ 0, & a\end{vmatrix}=a^4.$$

9. 除了 y, z 之外，又記 $p := x^2+\frac{1}{x^2}$; $q := x^4+\frac{1}{x^4}$;

$$\begin{aligned}&y^2=p+2,\\ &y^4=q+4p+6;\\ &y^2*y^4=y^6=z+6q+15p+20;\end{aligned}$$

現在回到待證式左側的定準，末行減去首行，再對第一列降維：

$$\Delta=\begin{vmatrix}1, & 0, & 0, & 0\\ 2, & 1, & 0, & p\\ 6, & 4, & 1, & q+4p\\ 20, & 15, & 6, & z+6q+15p\end{vmatrix}=\begin{vmatrix}1, & 0, & p\\ 4, & 1, & q+4p\\ 15, & 6, & z+6q+15p\end{vmatrix}.$$

末行減去首行的 p 倍，減去第二行的 q 倍：

$$\Delta=\begin{vmatrix}1, & 0, & 0\\ 4, & 1, & 0\\ 15, & 6, & z\end{vmatrix}=z.$$

10. 這只是要證明：

$$D^2=-27; D:=\begin{vmatrix} 1, & \omega, & \omega^2, & 1 \\ \omega, & \omega^2, & 1, & 1 \\ \omega^2, & 1, & 1, & \omega \\ 1, & 1, & \omega, & \omega^2 \end{vmatrix}.$$

第二行第三行分別乘以ω^2, ω，

$$D:=\begin{vmatrix} 1, & 1, & 1, & 1 \\ \omega, & \omega, & \omega, & 1 \\ \omega^2, & \omega^2, & \omega, & \omega \\ 1, & \omega^2, & \omega^2, & \omega \end{vmatrix}.$$

末三行各自減去第一行：

$$D:=\begin{vmatrix} 1, & 0, & 0, & 0 \\ \omega, & 0, & 0, & 1-\omega \\ \omega^2, & 0, & \omega-\omega^2, & \omega-\omega^2 \\ 1, & \omega^2-1, & \omega^2-1, & \omega-1 \end{vmatrix}.$$

對首列降維三次，就得到：

$$D=1*(1-\omega)*\ (-1)(\omega-\omega^2)(\omega^2-1).$$

以$\omega=\frac{-1}{2}+\frac{\sqrt{3}}{2}\mathbf{i}$，就算出：$D=3\sqrt{3}\mathbf{i}.$

11. （並不好算！我的辦法也許不是最好的！）第一列乘以d，再在外面除以d：

$$\Delta=\frac{1}{2}\begin{vmatrix} d^2, & c*d, & -b*d, & -a*d \\ -c, & d, & a, & -b \\ b, & -a, & d, & -c \\ a, & b, & c, & d \end{vmatrix};$$

現在把第二三四列各各乘上$(-c), (b), (a)$，加到第一列去：

$$\Delta=\frac{1}{d}*\begin{vmatrix} d^2, & c*d, & -b*d, & -a*d \\ -c, & d, & a, & -b \\ b, & -a, & d, & -c \\ a, & b, & c, & d \end{vmatrix}\begin{matrix} \\ \nwarrow(-c) \\ \nwarrow(b) \\ \nwarrow(a) \end{matrix}=\frac{1}{d}*\begin{vmatrix} d^2+c^2+b^2+a^2, & 0, & 0, & 0 \\ -c, & d, & a, & -b \\ b, & -a, & d, & -c \\ a, & b, & c, & d \end{vmatrix};$$

$$=\frac{d^2+c^2+b^2+a^2}{d}\begin{vmatrix} d, & a, & -b \\ -a, & d, & -c \\ b, & c, & d \end{vmatrix}=\frac{d^2+c^2+b^2+a^2}{d}(d^3+dc^2+db^2+da^2).$$

12. 記$u=b-a$，後三行減去第一行，則：

$$\Delta=\begin{vmatrix} a, & u, & u, & u \\ a, & u, & 0, & u \\ a, & 0, & u, & u \\ a, & 0, & 0, & -u \end{vmatrix}.$$

再第二列減去第一列：

$$=\begin{vmatrix} a, & u, & u, & u \\ 0, & 0, & -u, & 0 \\ a, & 0, & u, & u \\ b, & 0, & 0, & -u \end{vmatrix}.$$

降維刪去第一列第二行：

$$=(-u)\begin{vmatrix} 0, & -u, & 0 \\ a, & u, & u \\ b, & 0, & -u \end{vmatrix}=(-u^2)*\begin{vmatrix} a, & u \\ b, & -u \end{vmatrix}=-u^2(a+b).$$

13. 各列通分則待證式成為：

$$\begin{vmatrix} (a_1-b_2)(a_1-b_3), & (a_1-b_3)(a_1-b_1), & (a_1-b_1)(a_1-b_2) \\ (a_2-b_2)(a_2-b_3), & (a_2-b_3)(a_2-b_1), & (a_2-b_1)(a_2-b_2) \\ (a_3-b_2)(a_3-b_3), & (a_3-b_3)(a_3-b_1), & (a_3-b_1)(a_3-b_2) \end{vmatrix}\stackrel{?}{=}-\prod_{i<j}(a_i-a_j)(b_i-b_j);$$

但是作為(a_1, a_2, a_3)這三元的多項式來說，這是交錯式，因此含有因子$\Pi_{i<j}(a_i-a_j)$；
但是作為(b_1, b_2, b_3)這三元的多項式來說，這是交錯式，因此含有因子$\Pi_{i<j}(b_i-b_j)$；

作爲$(a_1, a_2, a_3, b_1, b_2, b_3)$這六元的多項式來說，這是齊 6 次式，因此，待證式左右只是差了一個常數因子。只要比較$a_1^2 a_2 b_1^2 b_2$的係數就好了！

14. 我們將定準式對於第一列展開，得到「輪換式」

$$\begin{aligned}\Delta &= \Sigma_{cyc} \cos(A-B) * (\cos(B+C)\sin(C+A) - \cos(C+A)\sin(B+C)) \\ &= \Sigma_{cyc} \cos(A-B)\sin(A-B) = \frac{1}{2}\Sigma_{cyc}\sin(2A-2B);\end{aligned}$$

但：$\sin(2A-2B)+\sin(2B-2C)=2\sin(A-C)\cos(A+C-2B)$；故：

$$\begin{aligned}\Sigma_{cyc}\sin(2A-2B) &= 2\sin(A-C)(\cos(A+C-2B)-\cos(C-A)) \\ &= 2\sin(A-C)*2\sin(B-A)\sin(C-B).\end{aligned}$$

15. 記號很重要！我們如果把足碼改爲以 $i=0$ 開始，那麼這個方陣可以叫做（n 維）Pascal 方陣，因爲其(i, j)元素爲：

$$a_{ij} = {}_{i+j}C_i = \frac{(i+j)!}{i!\,j!}.$$

而足碼則是 $0, 1, 2\cdots, (n-1)$。$n=6$ 的方陣如下：

$$A_6 := \begin{bmatrix} 1, & 1, & 1, & 1, & 1, & 1 \\ 1, & 2, & 3, & 4, & 5, & 6 \\ 1, & 3, & 6, & 10, & 15, & 21 \\ 1, & 4, & 10, & 20, & 35, & 56 \\ 1, & 5, & 15, & 35, & 70, & 126 \\ 1, & 6, & 21, & 56, & 126, & 252 \end{bmatrix};$$

現在我們對於 A 來滑移：從最右行開始，依次各各減去其左的那行。在這個例子中，就成了：

$$\det(A) = \det(B_1),\ B_1 = \begin{bmatrix} 1, & 0, & 0, & 0, & 0, & 0 \\ 1, & 1, & 1, & 1, & 1, & 1 \\ 1, & 2, & 3, & 4, & 5, & 6 \\ 1, & 3, & 6, & 10, & 15, & 21 \\ 1, & 4, & 10, & 20, & 35, & 56 \\ 1, & 5, & 15, & 35, & 70, & 126 \end{bmatrix};$$

這個方陣B_1就是棄掉A的最下方一列，而在最上方增加一列，即：[1, 0, 0, 0, 0, 0]。
所以對於定準的計算來說，可以棄掉B_1的首行首列：

$$\det(A) = \det(B_1) = \det(C_1);\ C_1 = \begin{bmatrix} 1, & 1, & 1, & 1, & 1 \\ 2, & 3, & 4, & 5, & 6 \\ 3, & 6, & 10, & 15, & 21 \\ 4, & 10, & 20, & 35, & 56 \\ 5, & 15, & 35, & 70, & 126 \end{bmatrix};$$

現在我們對於C_1來滑移：從最右行開始，依次各各減去其左的那行。在這個例子中，就成了：

$$\det(C_1) = \det(B_2),\ B_2 = \begin{bmatrix} 1, & 0, & 0, & 0, & 0 \\ 2, & 1, & 1, & 1, & 1 \\ 3, & 3, & 4, & 5, & 6 \\ 4, & 6, & 10, & 15, & 21 \\ 5, & 10, & 20, & 35, & 56 \end{bmatrix};$$

這個方陣B_2，差不多就是把C_1的最下方一列棄掉，而在最上方增加一列，即：[1, 0, 0, 0, 0]，但是「最左行」不對！
不過沒有關係：對於定準的計算來說，可以棄掉C_1的首行首列：

$$\det(B_2) = \det(C_2);\ C_2 = \begin{bmatrix} 1, & 1, & 1, & 1 \\ 3, & 4, & 5, & 6 \\ 6, & 10, & 15, & 21 \\ 10, & 20, & 35, & 56 \end{bmatrix};$$

繼續下去：

$$\det(C_2) = \det(B_3) = \det(C_3);\ B_3 := \begin{bmatrix} 1, & 0, & 0, & 0 \\ 3, & 1, & 1, & 1 \\ 6, & 4, & 5, & 6 \\ 10, & 10, & 15, & 21 \end{bmatrix};\ C_3 = \begin{bmatrix} 1, & 1, & 1 \\ 4, & 5, & 6 \\ 10, & 15, & 21 \end{bmatrix}$$

繼續下去：

$$\det(C_3)=\det(B_4)=\det(C_4);\ B_4:=\begin{bmatrix}1, & 0, & 0\\ 4, & 1, & 1\\ 10, & 5, & 6\end{bmatrix};\ C_4:=\begin{bmatrix}1, & 1\\ 5, & 6\end{bmatrix};$$

繼續下去：

$$\det(C_4)=\det(B_5)=\det(C_6);\ B_5:=\begin{bmatrix}1, & 0\\ 5, & 1\end{bmatrix};\ C_6:=[1].$$

p.358【習題】

1. Δ是 6 次交錯式，找 a^3b^2c 的項來比較，故得：

$$\Delta=K*\ (a-b)(a-c)(a-d)(b-c)(b-d)(c-d).\ K=1.$$

2. Δ是(a, b, c)的 6 次交錯式，也是(x, y, z)的 6 次交錯式。因此有：

$$\Delta=K*\ (x-y)(y-z)(z-x)(a-b)(b-c)(c-a).$$

找 a^2x^2by 的項來比較，必須是含在斜對角的三個因子乘積中，故得：$K=2$。

3. 有個妙法是利用 Vandermonde 定準！今各列都括出第一行元素：

$$\Delta=x^2y^2z^2*\begin{vmatrix}1, & \frac{y}{x}, & \left(\frac{y}{x}\right)^2\\ 1, & \frac{z}{y}, & \left(\frac{z}{y}\right)^2\\ 1, & \frac{x}{z}, & \left(\frac{x}{z}\right)^2\end{vmatrix}=x^2y^2z^2*\left(\frac{x}{z}-\frac{z}{y}\right)\left(\frac{x}{z}-\frac{y}{x}\right)\left(\frac{z}{y}-\frac{y}{x}\right).$$

因此原式 $=(x^2-yz)(y^2-zx)(z^2-xy)$。

p.363【習題 4】

這是三根的對稱多項式！

若令 $\alpha=0$，則得：

$$\Delta=\begin{vmatrix}(\beta+\gamma)^2, & 0, & 0\\ 0, & \gamma^2, & \beta\gamma\\ 0, & \beta\gamma, & \beta^2\end{vmatrix}=(\beta+\gamma)^2*\begin{vmatrix}\gamma^2, & \beta\gamma\\ \beta\gamma, & \beta^2\end{vmatrix}$$
$$=(\beta+\gamma)^2*\gamma*\beta*\begin{vmatrix}\gamma, & \beta\\ \gamma, & \beta\end{vmatrix}=0.$$

因此，Δ有一個因子α。

其次，若令$\alpha=-(\beta+\gamma)$，代入此（α之！）多項式，則得：

$$\Delta=\begin{vmatrix}\alpha^2, & \alpha\beta, & \gamma \\ \alpha\beta, & \beta^2, & \beta\gamma \\ \gamma\alpha, & \beta\gamma, & \gamma^2\end{vmatrix}=0.$$

因此，Δ有一個因子$\alpha+\beta+\gamma$。

那麼這個齊6次對稱式

$$\Delta=k*\alpha*\beta*\gamma*(\alpha+\beta+\gamma)^3,$$

比較$\alpha^4\beta\gamma$的係數，立知$k=2$，故得：$\Delta=2a^3c.$

p.365【習題5】

$$\begin{vmatrix}x^2, & x*y, & y^2, & x, & y, & 1 \\ x_1^2, & x_1*y_1, & y_1^2, & x_1, & y_1, & 1 \\ x_2^2, & x_2*y_2, & y_2^2, & x_2, & y_2, & 1 \\ x_3^3, & x_3*y_3, & y_3^2, & x_3, & y_3, & 1 \\ x_4^2, & x_4*y_4, & y_4^2, & x_4, & y_4, & 1 \\ x_5^2, & x_5*y_5, & y_5^2, & x_5, & y_5, & 1\end{vmatrix}=0.$$

【習題6】

$$\begin{vmatrix}x, & y, & z, & 1 \\ x_1, & y_1, & z_1, & 1 \\ x_2, & y_2, & z_2, & 1 \\ x_3, & y_3, & z_3, & 1\end{vmatrix}=0.$$

【習題7】

$$\begin{vmatrix}x^2+y^2+z^2, & x, & y, & z, & 1 \\ x_1^2+y_1^2+z_1^2, & x_1, & y_1, & z_1, & 1 \\ x_2^2+y_2^2+z_2^2, & x_2, & y_2, & z_2, & 1 \\ x_3^2+y_3^2+z_3^2, & x_3, & y_3, & z_3, & 1 \\ x_4^2+y_4^2+z_4^2, & x_4, & y_4, & z_4, & 1\end{vmatrix}=0.$$

p.369【習題】

1. 我們對最末行來展開，那就等於擦掉最末行與最末列，而不改變其定準！以下一直做「對最末行來展開」的操作，總共做了 n 次，那麼就等於從原來的方陣擦掉最右 n 行與最下 n 列，而不改變其定準！
2. 就方陣乘法來說：

$$\begin{bmatrix} A, & 0 \\ W, & 1_{\oplus\ell} \end{bmatrix} * \begin{bmatrix} 1_{\oplus k}, & 0 \\ 0, & V \end{bmatrix} = \begin{bmatrix} A, & 0 \\ W, & V \end{bmatrix}.$$

再利用定準乘法原理，以及上一題，而得到：

$$\det\left(\begin{bmatrix} A, & 0 \\ W, & 1_{\oplus\ell} \end{bmatrix}\right) * \det\left(\begin{bmatrix} 1_{\oplus k}, & 0 \\ 0, & V \end{bmatrix}\right) = \det\left(\begin{bmatrix} A, & 0 \\ W, & V \end{bmatrix}\right).$$

p.384【習題 1】

$x=\frac{13}{10}, y=\frac{-21}{20}, z=\frac{-7}{4}.$

【習題 2】

$x=1, y=2, z=3.$

【習題 3】

$x=1, y=\frac{1}{2}, z=\frac{1}{3}$，$w=-1.$

p.391【習題甲】

(i)$\frac{375}{16}$; (ii)$\frac{18}{25}$; (iii)1.

【習題乙】

(i)1; (ii)1; (iii)$\frac{1}{x}$.

p.393【習題丙】

$\sqrt[5]{5}>\sqrt[6]{6}$；把底數化成相同，當然是取 3 為底：

$\sqrt[5]{\frac{1}{27}}=3^{\frac{-3}{5}}, \frac{1}{\sqrt[8]{243}}=3^{\frac{-5}{8}}$；而 $\frac{-5}{8}<\frac{-3}{5}$，因此：$\sqrt[5]{\frac{1}{27}}>\frac{1}{\sqrt[8]{243}}.$

【習題丁】

(i)$x=6$; (ii)$x=0, 2$; (iii)$x=-2$; (iv)$x=2, -1$.

p.394【習題戊】

(i)$x>-1$; (ii)$-1<x<4$.

【習題己】

(i)$x=2, -3$.

(ii)令 $u=3^{x+2}$，得：$u=1, x=-2$.（或 $u=\frac{-2}{3}$，不合！）

(iii)令 $u=2^x$，得 $u=1, x=0.$（$u=\frac{-1}{4}$不合。）

(iv)令 $u=2^x$，得 $u=\frac{1}{2}, x=-1.$（$u=-3$ 不合。）

p.395【習題庚】

(i)$x=2, y=\frac{-1}{2}$; (ii)$x=0$ 或 $z=y^2$; (iii)$x=5, y=7.$

【習題辛】

$(1, \pm 1), \left(\frac{9}{4}, \frac{27}{8}\right).$

p.408【練習題】

$\log_{64} 256=\frac{2}{3}, \log_{32} 512=\frac{9}{5}, \log_8 (128)=\frac{7}{3},$

$\log_{128} 512=\frac{9}{7}, \log_{256} 32=\frac{5}{8}, \log_{512} (1024)=\frac{10}{9},$

$\log_{\frac{1}{4}} 32=\frac{-5}{2}, \log_{64} \frac{1}{128}=\frac{-7}{6}, \log_{\frac{1}{16}} \left(\frac{1}{128}\right)=\frac{7}{4},$

$\log_{\frac{1}{9}} \frac{1}{243}=\frac{5}{2}, \log_{243} \frac{1}{729}=\frac{-6}{5}, \log_{\frac{1}{27}} \left(\frac{1}{81}\right)=\frac{4}{3},$

$\log_{0.5} \sqrt[3]{4}=\frac{-2}{3}, \log_{\sqrt[3]{243}} \frac{1}{729}=\frac{-18}{5}, \log_{\frac{1}{8}} (\sqrt[3]{0.25})=\frac{2}{9},$

$\log_{\frac{1}{25}} 125=\frac{-3}{2}, \log_{625} \frac{1}{3125}=\frac{-5}{4}, \log_{\frac{1}{15625}} \left(\frac{1}{625}\right)=\frac{2}{3}.$

p.409【習題】

$x>\log_8 \left(\frac{6}{25}\right).$

p.409【對數函數的凹性】證明：這是因為

$$\frac{\log_B (x)+\log_B (y)}{2}=\log_B (\sqrt{x*y})<\log_B \left(\frac{x+y}{2}\right).$$

p.413【習題甲】

(i)0.3495; (ii)−0.1249; (iii)0.1461; (iv)0.2553; (v)−3.2007.

【習題乙】

(i)$20*\log(45)=33.064233$ 位數，開頭 1；

(ii)$31*\log(8)=27.996$ 28 位數，開頭 9。

【習題丙】

(i)$\frac{27^{13}}{16^{12}}>4.9^6$; (ii)$5^6>2*6^5$.

【習題丁】

(i)2.7970; (ii)1.4082; (iii)4.

p.414【習題戊】

(i)$x=-1, 1+\log_3 5=2.4650$;

(ii)$x=\dfrac{\log(a-b)-\log(a+b)}{\log(a-b)+3\log(a+b)}$; (iii)$x\approx -0.699, y\approx 0.301$;

(iv)$(x=0, y=15, z=1)$; $(x=4, y=3, z=9)$; $(x=\dfrac{56}{9}, y=\dfrac{-11}{3}, x=\dfrac{121}{9})$.

p.415【習題己】

(i)$x=2$; (ii)$x=\dfrac{47}{39}, x=\dfrac{11}{7}$; (iii)$x=\dfrac{1}{2}$; (iv)$x=10000, \dfrac{1}{10}$; (v)$x=10$; (vi)$x=100, x=0.01$; (vii)$x=2$; (viii)$x=\dfrac{\sqrt{5}+1}{2}$;(ix)$x=7, x=\dfrac{-128}{15}$ 為偽根；(x)$x=25^{-1}, 25^{\frac{2}{3}}$.

p.416【習題庚】

(i)$x=\dfrac{45}{2}, y=\dfrac{40}{3}$; $x=20, y=15$;

(ii)$x=4, y=5, x=\dfrac{-10}{3}$ 為偽根；

(iii)$x=3+\sqrt{33}, y=\dfrac{-3+\sqrt{33}}{3}$。

p.423【習題】

$m=1.51$.

p.441【問 2】

$\dfrac{q_n}{q_0}=\dfrac{500}{3}=\left(\dfrac{q_1}{q_0}\right)^n=\left(\dfrac{5}{3}\right)^n$; $n=\dfrac{\log(500)-\log(3)}{\log(5)-\log(3)}=10.015$.

（因為間隔 10 分鐘，這是在 101 分鐘後。）

p.454【習題甲】

(i)$p_5=1$; (ii)$\dfrac{35}{32}$; (iii)8; (iv)$a=16, r=\dfrac{-3}{2}$.

p.455【習題乙】

2, 4, 8.

【習題丙】

$r=\sqrt{\dfrac{\sqrt{5}\pm 1}{2}}$.

p.463【習題】

$N=100$ 就夠了！

p.476【習題 1】

開頭建商整存 $Y=800$；

10 年後的價值 $Y*(1+\gamma)^{120}=Y*1.02^{10}$。

購屋者所交的款項，以 10 年後的價值來計算，共值

$$Z=\sum_{j=1}^{120} x*(1+\gamma)^{120-j}=\frac{x}{\gamma}*[(1+\gamma)^{120}-1];$$

於是：她或他應該一次繳清

$$Y*1.02^{10}-Z=Y*\left[1.02^{10}-\frac{1.02^{10}-1}{1-1.02^{-20}}\right]=Y*\frac{1.02^{10}}{1+1.02^{10}}=439.476.$$

p.478【習題 2】

2.25, 2.370370369, 2.441406250, 2.48832.

p.519【習題 1】

(1)與(2)$\frac{4!*3!}{7!}=\frac{1}{35}$。

【習題 2】

$\frac{2}{7}$.

【習題 3】

$\frac{1050}{2*11*13}$.

【習題 4】

$\frac{442}{{}_{12}\mathfrak{C}_6}$.

【習題 5】

$\frac{6!}{6^6}=\frac{5}{18^2}$.

【習題 6】

$\frac{12}{23}$.

p.522【習題】

$X=55$ 與 $Y=90$ 相獨立。

p.546【習題 1】

4.0457687 bit.（二進制.）（相當於自然單位的 2.80431.）

記號索引與解說

特別的記號

$|\ \ |$=「複數之絕對值」函數（p.6），或向量的「範」，「大小」（p.325）

∠=幾何的「角度」（angle）。但是電工學上常常用做虛指數函數（p.143），即：

$$\angle(\alpha) = \cos(\alpha) + \mathbf{i} * \sin(\alpha).$$

≍的意思是「漸近於」（p.200）。

$\overrightarrow{P_1P_2}$上面加上箭頭，這是「從P_1到P_2的有向線段」，「向量」。（p.320）

⊕這可以讀做「直加」，$A \oplus B$是方陣A與B的直和（p.341）

而 Kronecker 么方陣，可以記作$1_{\oplus n} = [\delta_{ij}]$ p.341

方括號（框框），做為「小學生的中括號」，我們不太使用！

$f(x) \in K[x]$，讀做「$f(x)$是個（係數在K中的）多項式（p.28）。

$\mathbf{b} = [b_1, b_2, \cdots, b_n]$，指明$\mathbf{b}$是個向量；而$A = [a_{ij}]$指明A是個方陣（p.331）。

$[H^+]$表示「氫離子H^+的濃度」，借用自化學！（p.418）.

撇號，有時用來表示「導微」（p.182）這是太方便了，所以我盡量不使用！

f'就讀做 primeof f（p.182）。於是進一步，高階導來式也如此，例如f''是 f prime prime.（p.185）

$\mathbf{u}.\mathbf{a}$是向量$\mathbf{u}$與$\mathbf{a}$的內積（p.324）。

$\mathbf{u} \times \mathbf{a}$是向量$\mathbf{u}$與$\mathbf{a}$的外積（p.324）。

$\mathbf{v}_{\perp\mathbf{u}}$是向量$\mathbf{v}$之與$\mathbf{u}$相垂直的部分（p.330）。

$\mathbf{v}_{\parallel\mathbf{u}}$是向量$\mathbf{v}$之與$\mathbf{u}$相平行的部分（p.330）。

⫫用來表示比⊥（垂直）更強的關係！有兩處：

$X \perp\!\!\!\perp Y$即：兩隨機變數（或數據）X與Y「互獨立」（p.522）。

$f(x) \perp\!\!\!\perp g(x)$即：兩多項式$f(x)$與$g(x)$「互質」（p.32）。

⊳是四面體的有號體積（p.322）。

對於一個方陣A的附帶記號

A^{-1}是A的逆方陣（p.370）。

$\hat{A}$是A的餘方陣（p.370）。

A_{i*}是A的第i列矢（p.335）。

A_{*j}是A的第j行矢（p.335）。

$A_{i*} := [a_{i1}, a_{i2}, \cdots, a_{in}]_r$，框右下$r$=row 表示要橫寫（可省略！）（p.335）。

$A_{*j} := [a_{1j}, a_{2j}, \cdots, a_{nj}]_c$，框右下$c$=column 表示要縱寫（p.335）。

$\tilde{A}$是A的<u>轉置</u>（transpose）（p.336）。

邏輯的記號

$\forall n \in \mathbb{N}$意思就是：「<u>對於一切</u>（for all, for any）（p.259）。

$\exists x \in \mathbb{Q}$意思就是：「<u>存在一個</u>（there exists an）有理數x。

集合的記號

$\varnothing$是空集合（emptyset），空無一元。

$A \cap B$是A與B的交截集（intersection），讀做 A cap B。

若$A \cap B = \varnothing$，讀做「A與B互斥（disjoint）」，即「沒有交集」。

$A \cup B$是A與B的並聯集（union），讀做 A cup B。

$A \sqcup B$是「A與B」的互斥並聯。（必然$A \cap B = \varnothing$）（p.14, p.122）

$A \backslash B$是「自A扣去B」（p.22, p.246, p.286）。

「$\alpha \in \mathbb{R} \backslash \mathbb{Q}$」是說：「$\alpha$是個無理實數」。

A^B是從B到A的映射的全體（p.316）

2^A集合A的所有的子集的全體（p.316）

希臘字母

Δ常常代替對應的拉丁字母D，表示「判別式」，（discriminant），「判準」（p.3, p.157）。或者如聯立一次方程式的係數定準（p.9）。

<u>差分（diference）算子</u>，標準的記號就使用Δ（p.303）。

（雖然你必須辨認，它是指「左差分」抑或「右差分」？）

δ_{ij},這樣的δ，具有兩個足碼，就是 Kronecker 的 delta.（p.367）

ε_{ijk}這樣的ε，具有三個（以上的）足碼，就是Levi-Civita的記號（p.332）。

ω代表 1 的原始的n次方根。（如 p.151，與§46.）

最常用來表示 1 的立方虛根之一（p.8）。（意即$n=3$.）

Π對應到拉丁字母 P，常用於「累乘」（product）（p.266）。

ρ常用來表示密度函數。如果附帶了兩個足碼（大寫隨機變數），如$\rho_{X,Y}$,則是「線性相關係數」（p.505）；

Σ對應到拉丁字母 S，常用於「累加」（summation）（p.266）。

Σ_{cyc}是輪換式（p.86）。

德文字體

德體	拉丁體	例證與讀法
$\mathfrak{E}$	E	$\mathfrak{E}(X)$,「隨機變數X的期望值」（p.511）
$\mathfrak{F}$	F	$\mathfrak{F}_X$,「X的相對頻度」（p.502）

德體	拉丁體	例證與讀法
$\mathfrak{M}$	M	$\mathfrak{M}(X)$,「X的算術平均」(p.492) $\mathfrak{M}_k(X)$,「X的k階算術平均」(p.499) $\mathfrak{M}ed_k(X)$,「X的k階中位數」(p.497)
$\mathfrak{P}$	P	$\mathfrak{P}_X$,「隨機變數X的機率分佈」(p.511)
sd	sd	sd (X),「X的標準差(standard deviation)」(p.495) sd $(X:Y=\eta_j)$,「相對於$Y=\eta_j$的X的條件標準差」(p.505)
$\mathfrak{V}$	V	$\mathfrak{V}$ (X),「隨機變數或數據X的變異數」(p.493)

● 日本式拉丁字體

記號	意義
$\mathbb{A}$	代數數(的全體=)系(p.244)
$\mathbb{C}$	複數體(p.24)
$\mathbb{G}$	希臘規矩數體(p.170)
$\mathbb{N}$	自然數系(p.1)
$\mathbb{N}_0$	非負整數系(p.1)
$\mathbb{Q}$	有理數體(p.1, p.24)
$\mathbb{R}$	實數體(p.1, p.24)
$\mathbb{R}^{n\times n}$	n維方陣系(p.331)
$\mathbb{Z}$	整數系(p.1)
$\mathbb{Z}_p$	對於質數p的同餘類所成的體(p.176)
$\mathbb{Z}_p^\times$	$\mathbb{Z}_p$的非零元的循環群(p.176)

$f(x)\in\mathbb{Q}[x]$,意即:$f(x)$是個x的有理係數多項式;
$f(x)\in\mathbb{Z}[x]$,意即:$f(x)$是個x的整係數多項式。

● 其他記號(拉丁字母)

abs =| |這是「絕對值」函數,請讀做「absolute」(p.145)。

arg 這是一個複數之輻角函數,請讀做「argument」(p.145)。

${}_nC_r$,「n中取r的組合數」(p.278, p.316)。

${}_AC_r$,「集合A中的r個元素的子集之全體」(p.316)。

D=Differentiation,是「微導操作」,亦即「微導機」(p.180)。其「反逆」為

$D^{\dashv}$=「逆微導操作」(p.180)。雖然你將來也許常常見到D^{-1}這樣子的寫法。

det (A)是方陣 A 的定準（determinant）。

Dom (h)這是函數 h 的定義域（Domain of definition）（p.22）。

$\mathcal{E}rr(X)$ 讀做 error of X，意思是「平均絕對誤差」（p.497）；推廣為$\mathcal{E}rr_k(X)$ $=k$ 階平均絕對誤差（p.497），及 $\mathcal{E}rr_\infty(X)=$「半幅」（p.498）。

ev_α 這是計值（evaluation）函數（p.28）。

${}_nH_r$,「n 中取 r 可重複的組合數」（p.281）。

i, **j**, **k**,這是 Gibbs 的基本向量（p.323）。

i＝虛數單位（p.6）。

$K[x]$＝多項式環，K 表示三個「體」$\mathbb{Q}, \mathbb{R}, \mathbb{C}$ 之一，

$f(x) \in K[x]$表示「多項式$f(x)$ 的係數都屬於 K」。

lg 這是「以二為底的對數」$\log_2$（p.423, p.542）。

lim 讀做 limit，意思是「極限」（p.188）。

max (u, v)讀做「maximum of u and v」，指的是 u, v 之最大者（p.27）。

min (u, v)讀做「minimum of u and v」，指的是 u, v 之最小者。

（以上兩個記號，可推廣到不止兩個數。）

mod 這是「除法求餘」，請讀做 modulo（p.42）。

${}_nP_r$,「n 中取 r 的排列數」（p.275）。

$\mathcal{P}_m(x; K)$這是 m 次以下多項式的全體，（係數在 K 中者）（p.25）。

${}_AP_B$,「從 B 到 A 的嵌射全體」（p.316）。

pH 值，pOH 值這兩個是借用自化學的記號（p.417）。

$\mathcal{S}_k(n)$ 這是自然數從頭到 n 為止的 k 次冪方之和（p.257）。

$V_f(a)$ 這是 Sturm 變號數函數（p.222）。

圖

拋物線	p.432
$y=H(x, (1-x))$	p.544
Bernoulli(10, 0.3)二項分佈機率柱狀圖	p.526
Bernoulli(10, 0.3)二項分佈累積機率函數圖	p.539
一個二維數據的頻度積木圖	p.510
標準常態機率密度	p.535
指數函數（細菌滋生）	p.423
半立方函數圖於雙對數方格紙	p.422
Fibonacci 數列於半對數方格紙	p.421

表

太陽系諸行星的「距日長」	p.471, 423
英文拉丁字母出現的頻率表	p.547
事象的邏輯操作 vs 集合的操作對照表	p.515

正名

索　引

漢字索引

ㄊ

ㄑ

ㄒ

ㄩ

歐字索引

A

Abel（＝阿貝爾） p.239
absolute value（＝絕對值） p.6
acceleration（＝加速度） p.210
active（＝主動的） p.434
additivity（＝加性） p.15
Witch of Agnesi（箕舌線） p.220
alternating（＝交錯的） p.14, 80, 82
Anaxagoras p.244
antilog（＝反對數） p.410-411
anti-symmetric（＝反對稱的） p.80, 82
Archimedes（其 級 數） p.459-461, 467-469
Archimedes公理 p.459；（更高階的） p.461
associate（＝相伴） p.41
asymptote（＝漸近線） p.196

B

Bach（巴哈）十二平均律 p.430
backward（＝倒推）substitutionp. p.380
Babylon（＝巴比倫的）開平方法 p.297
Bayes 定理 p.524
Bernoulli 二項分佈 p.309, 526, 539, 540
best-ftting（＝數據的適配） p.445
bit . = binary unit of information（＝資訊量的單位） p.542
binomial theorem（＝二項式公式） p.16
Bode 序列 p.470-471
Buffon 的指針問題 p.550

C

card（= cardinal = 基數） p.310, 514, 522
Cardano（＝卡丹＝卡當＝Cardan）公式 p.141, 154, 248
Cauchy（＝歌西） p.180, 188, 190, 191, 193, 241, 319, 327
Cauchy（= Cauchy-Schwarz）不等式 p.180, 188, 190, 191, 193, 241, 319, 327
Cauchy 極限的解釋法 p.180, 188, 190, 191, 193, 241
Cayley（＝凱利） p.243
central limit theorem（＝中央極限定理） p.536-537
Chebyshev 不等式 p.487, 501, 501, 503
cissoid（＝蔓形線） p.199, 220
co-factor（＝餘因子） p.336
compass（＝規） p.169
completing the square（＝配方） p.111
component-wise（＝逐成份的運算） p.323
composite（合成式，合成數） p.38
computer（＝「計算師」） p.410, 416
conjugate（＝共軛） p.6
convexfunction（＝凸函數） p.543
covariance（＝協變異） p.505
Cramer 公式 p.10, 12, 370-371, 384

國家圖書館出版品預行編目(CIP)資料

楊維哲高中資優數學講義. 二, 代數／楊維哲作.--三版.--臺北市：五南圖書出版股份有限公司, 2023.07
面； 公分

ISBN 978-626-366-291-9(平裝)

1.CST: 數學教育 2.CST: 代數
3.CST: 中等教育

524.32 112010554

ZD21

楊維哲高中資優數學講義之二：代數

作　　者 — 楊維哲（313.5）

發 行 人 — 楊榮川

總 經 理 — 楊士清

總 編 輯 — 楊秀麗

副總編輯 — 王正華

責任編輯 — 張維文

封面設計 — 姚孝慈

出 版 者 — 五南圖書出版股份有限公司

地　　址：106台北市大安區和平東路二段339號4樓

電　　話：(02)2705-5066　　傳　　真：(02)2706-6100

網　　址：https://www.wunan.com.tw

電子郵件：wunan@wunan.com.tw

劃撥帳號：01068953

戶　　名：五南圖書出版股份有限公司

法律顧問　林勝安律師

出版日期　2012年 4 月初版一刷

2016年 7 月二版一刷

2023年 7 月三版一刷

定　　價　新臺幣680元

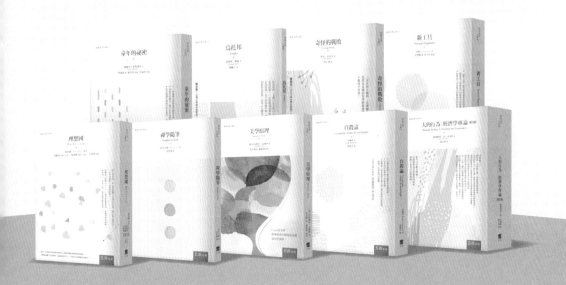